中国政法大学精品系列教材

经 济 法 学

（第三版）

中国政法大学教材编审委员会 审定

主　编　李曙光

撰稿人　（以姓氏笔画为序）

时建中　李曙光　徐晓松

中国政法大学出版社

2018·北京

中国政法大学精品系列教材
编 审 委 员 会

作者简介

　　李曙光　男，法学博士，中国政法大学教授、博士生导师。现任中国政法大学研究生院院长，中国政法大学破产法与企业重组研究中心主任，国务院学位委员会法学学科评议组成员，最高人民法院应用法学研究所研究员，中国经济体制改革研究会特邀研究员，中国法学会经济法学研究会学术委员会副主任，中国侨联常委、特聘专家委员会副主任兼秘书长等。国际破产协会理事会执行理事，美国破产学会终身外籍会员，美国哈佛大学法学院高级访问学者。曾任最高人民法院应用法学研究所副所长，中国证监会第13届至15届主板发行审核委员会委员。是全国人大财经委员会《企业破产法》《企业国有资产法》《合伙企业法》《证券投资基金法》等起草小组主要成员。自1993年至今，担任国家经贸委、国家发改委、中国人民银行总行、国家工商总局、亚洲开发银行、世界银行等有关国企民企改革与市场价格改革等多个大型项目的专家组组长、中方首席顾问等。主要著述有：《法思想录》《转型法律学——市场经济的法律解释》《破产法的转型》《国有资产法律保护机制研究》《公司重整法律评论（第1~4卷）》《危困企业并购艺术》《上市公司退市风险处置：规则、数据与案例》等。

　　徐晓松　女，法学博士，中国政法大学教授、博士生导师。现任中国政法大学民商经济法学院学术委员会委员、学位委员会委员，兼任中国法学会经济法学研究会常务理事，北京市法学会常务理事，北京市法学会经济法研究会副会长。曾主持完成国家社科基金年度项目、北京市社科基金年度项目、司法部法治建设与法学理论研究项目、国务院国有资产监督管理委员会科研项目、国家住房和城乡建设部科研项目；曾参与教育部重大攻关项目研究，曾担任世界银行驻北京办事处研究项目法学咨询专家；科研成果入选国家哲学社会科学成果文库、获国家级及省部级奖励；曾获"北京市优秀中青年法学家""北京市优秀教师""北京市优秀青年骨干教师"等荣誉称号，曾主持本科"经济法总论"课程建设，入选北京市教委精品课程目录。代表性论著有：《管制与法律的互动：经济法理论研究的起点和路径》《国家股权及其制度价值：兼论国有资产管理体制改革的走向》《论国有资本经营预算的生存环境及其对法律调整的影响》《公司治理："结构"抑或"问题"》《公司资本监管与中国公司治理》《国有股权行使和监管法律制度研究》《国有企业治理的法律问题研究》《公司法与国有企业改革研究》《公司法》《企业法概论》等。

时建中　男，法学博士，中国政法大学教授、博士生导师。现任中国政法大学副校长，中国政法大学竞争法研究中心主任。兼任中国科学技术法学会副会长，中国法学会经济法学研究会副会长，北京市法学会理事，国务院反垄断委员会专家咨询组成员、商务部新一轮多边贸易谈判贸易与竞争政策议题谈判专家咨询组成员（召集人），WTO与中国——东盟自由贸易区法律贸易研究会（深圳）执行理事长、国务院法制办反垄断法修改审查专家小组专家等。曾获司法部"九五"期间优秀科研成果一等奖等。代表性著述有：《可转换公司债法论》、《公司法原理：精解、案例及运用》、《反垄断法——法典释评与学理探源》、《三十一国竞争法典》、《我国〈反垄断法〉的特色制度、亮点制度及重大不足》、《试论反垄断法的国际合作》、《外资银行监管的法律问题研究》、《掠夺性定价的经济学分析和法律对策》、《电信市场发展与竞争立法关系：国外的经验及启示》、《联合国贸易和发展会议〈竞争法范本〉》（译著）、《私人诉讼与我国反垄断法目标的实现》等。

编写说明

　　为了深化教学改革，提高教学质量，中国政法大学教材编审委员会组织中国政法大学长期从事教研的专家、学者，打造一套在全国有重大影响的中国政法大学精品系列教材。

　　本套教材力求适应高等教育教学改革的新要求，面向并体现21世纪高等教育的新思想和新观念，在内容上注意吸收国内外教育、科研的最新成果，正确阐述本学科的基本理论、基础知识，努力做到知识性、理论性和实践性的统一。具体地讲，本系列教材的编写力求体现以下特征：

　　一、权威性。本套教材的编写人员在专业领域中具有较高学术水准、丰富的实践经验和教学经验，从而确保了每种教材在本学科领域中具备权威影响力。

　　二、基础性。本套教材体现"三基"，即基本概念、基本理论和基本体系，保证传授知识的完整性和系统性。

　　三、新颖性。本套教材体现"三新"，即知识点新、法律法规（司法解释）新、体例新，给读者呈现出一道全新而前沿的知识盛宴。

　　四、实用性。本套教材注重理论和实践相结合，重视收集典型案例、整理资料索引、编写多种引导学生自测的思考练习。

　　五、针对性。本套教材主要是针对本科生撰写的，但对研究生入学考试和相关职业考试也有重要的参考价值。

　　本套教材编写体例上继承了传统教材的优点，做到科学、规范、统一，并力求有所创新，以适应新世纪高等教育发展的全新要求。

　　参与编写本套教材的人员，或为学界有重要影响的学科带头人，或为在各自领域有较大影响的学术骨干，或为学术研究中崭露头角的学科新秀，他们均是具有丰富教学经验的一线教师，深谙教育教学的特点与规律。本套教材即是他们在教学和研究领域长期钻研的结晶。

本套教材的出版虽经长期酝酿、反复推敲，但疏漏之处在所难免，希望读者不吝指正。

中国政法大学教材编审委员会

2007 年 8 月

第三版说明

　　《经济法学（第二版）》自 2013 年出版以来已逾 5 载。其间，我国经济法学涉及的政治、经济、社会环境以及法律制度本身发生巨大变化，许多重要的经济法律制度经历了修订、删改与填补空白的过程，把这些立法与制度及司法实践的变化及时反映到教材中是必要的。为此，我们三位编者花了不少功夫对《经济法学（第二版）》各自负责的部分进行了大量修订，具体如下：

　　第一章"经济法的概念"，增加了党的十九大报告内容、十八届三中全会《中共中央关于全面深化改革若干重大问题的决定》"政府与市场关系"表述，并修正了司法考试改革后的相应表述。

　　第二章"经济法的产生"，完善了基本理论的阐述逻辑以及文字表达，结合学界研究情况修订了思考题。

　　第四章"经济法律关系"，完善了基本理论的阐述逻辑以及文字表达，根据 2012 年以来《民事诉讼法》《消费者权益保护法》的最新修订以及最高人民法院的相关司法解释，修订本章所涉公益诉讼制度内容，并修订思考题。

　　第五章"宏观调控法原理"，增加"十三五"规划纲要内容和新的案例分析。

　　第六章"税收与预算法"，增加"营改增"内容，删除了营业税的单独表述，增加了修改《资源税法》的说明，并根据新法修改了《个人所得税法》、《企业所得税法》和《预算法》的内容。

　　第七章"财政政策与财政法"，增加政府对农业投入的最新内容和采购法实施条例内容等，并删除国债相关失效法律条例。

第八章"货币政策与中央银行法",增加了货币政策工具、"利率市场化"进程、宽松货币政策、国务院金融稳定发展委员会、人民银行维持金融稳定的职能、对深度贫困地区脱贫攻坚的支持、改进和加强海洋经济发展金融服务等内容。

第九章"自然资源和资源管理法",根据2016年修订的《水法》《野生动物保护法》等法律进行了相应修改。

第十章"产业政策与产业法",根据近年来产业政策的调整转换,对政策的名称及表述进行了相应修改。

第十一章"外贸与外资法",根据国家2013年~2017年对《外商投资产业指导目录》的修订,修改和补充教材相关内容,修订了思考题。

第十三章"一般市场监管法律制度",根据我国2017年修订的《反不正当竞争法》删除了原本属于《反垄断法》规定的内容,同时对市场混淆行为、商业贿赂、引人误解的虚假宣传、侵犯商业秘密、有奖销售、商业诽谤、互联网竞争行为等进行阐述。

第十四章"金融市场监管法",增加IPO注册制改革、对《证券法》的修改建议,并依据《期货交易管理条例》的多次修订调整相应内容。

第十五章"消费者保护法",根据全国人大2013年修订的《消费者权益保护法》、2015年修订的《食品安全法》、2013年《最高人民法院关于审理食品药品纠纷案件适用法律若干问题的规定》、2016年《最高人民法院关于审理消费民事公益诉讼案件适用法律若干问题的解释》、2017年《最高法院办公厅关于对十二届全国人大五次会议第5990号建议的答复意见》,修改和补充教材相关内容,并选用法律修订后的新案例替换了原教材中的案例,同时对思考题进行修改。

第十六章"国有资产法",增加《民法总则》、十八届三中全会《中共中央关于全面深化改革若干重大问题的决定》、《关于深化国有企业改革的指导意见》和《关于国有企业功能界定与分类的指导意见》的内容,删除四种地方国有资产监管模式的内容,改为用一句话概括表达,增加了《关于加强和改进企业国有资产监督防止国有资产流失的意见》内容。

　　此外，2018 年国务院进行机构改革，成立市场监督管理总局、统合金融监管机构等，据此对全书各章所涉表述进行相应修改。

　　其他还有若干文字修改，特此说明。

李曙光

2018 年 7 月于蓟门法大

第二版说明

21 世纪人类社会的发展速度可以用"爆炸"两字加以形容。世界经济在全球化浪潮的推动下日趋融合，各国的联系也越发紧密。每个国家的经济发展都面临着新的情境。2008 年全球爆发金融危机之后，老牌的资本主义国家纷纷开始讨论政府的作用，新兴市场国家的经济发展模式也受到越来越多的关注。不论是理论界还是实务界，关于市场与政府作用的讨论越来越多，这表明世界经济的发展进入了一个全新的阶段。原先仅仅强调政府主导作用或者仅仅强调市场作用的经济发展模式正在受到挑战。

外部经济环境的变化，加之人口红利、土地红利的消失，以政府投资拉动的中国式经济增长方式正在受到严峻考验，经历了长达 30 年快速发展的中国经济正在加速转型。市场经济就是法治经济。法律的制定应当服务与牵引经济发展，这是法治经济的要求。一方面，我国建立社会主义市场经济的时间尚短，市场经济的规则仍在逐步完善，法律需要及时制定并得到有效实施；另一方面，宏观经济、金融、环境、财税等方面的法律规范亟需修订、更新以满足经济转轨的需要。

我国的经济法在国际与国内的双重压力之下不断发展。自 2007 年以来，《反垄断法》《企业国有资产法》等多部法律相继颁布施行，《资源税暂行条例》《个人所得税法实施条例》等一系列行政法规生效出台，更有数量庞大的地方法规和政府规章陆续颁布，这为学界提供了众多可供研究的范本。理论界对于经济法的作用以及部门法的研究逐渐深入，其研究成果也应反映在本教材中。

此次再版距首版已逾 5 载，经济法以及经济法学的发展越来越受到社会的重视。恰应中国政法大学出版社之邀，编者遂对原版《经济法学》进行了修订。本教材的修订分工与第一版相同，李曙光为主编，修订人（以姓氏笔画为序）分别为时建中、李曙光、徐晓松。具体修订分工如下：

李曙光：第二版序言，第一章，第五章，第六章，第七章，第八章，第十四章第三、四节，第十六章；

徐晓松：第二章，第四章，第十一章，第十五章；

时建中：第三章，第九章，第十章，第十二章，第十三章，第十四章第一、二、五、六节。

本版在第一版的基础上，完善了经济法的基础理论，更新了反垄断法、财税法、产业法、国有资产法等方面的最新法律法规，重新编排了部分课后习题。编者希望通过这些方面的变化为学生以及同行提供一本与时俱进、可资参考的经济法教材。囿于编者能力，本书或有谬误，还请读者不吝指出，编者会在今后加以修订。

李曙光

2013 年 3 月于蓟门法大

绪 言

法学虽然在中国现今没有受到足够的重视，这从法治在社会中的畸形地位可窥见一斑，但是法学教育近年来却受到了特别关注。据统计，截止到2005 年，中国大陆共有法学院 559 所，法学专业在校生 449 295 人。[1] 比较一下 30 年前的 1976 年只有 8 所法学院系以及 1991 年法学专业在校生只有25 075 人的数字，法学高等教育短时期内的崛起与发展甚为惊人。法学教育兴起的原因不详，有的说是法学本科好念、好毕业；也有的说是法学院毕业的学生好分配；还有的说是法学学生未来从事的社会职业地位高。不论怎么说，我想，法学教育的"热度"是与现实中人们与社会对法治的内在期待相关的。因此，法学专业成为最近 10 年来中国高等教育中最热门的专业。

不论法学教育是真发达还是虚繁荣，总之，伴随法学教育的热量，法学教师与法学教材的数量也随之膨胀起来。据统计，截止到 2003 年，法学教师共有 12 769 人，1992 年 ~2003 年的 12 年间，共出版高等学校法学教材7053 种。[2]

法学专业课程不超过 100 门，可是却有如此之多的教材，这是颇具中国法学教育特色的现象。在西方法学教育发达的国家，各个学科的教材往往控制在几种。如美国公司法的权威性教材也就三五种，而且经年不变。像美国哈佛大学法学院罗伯特·克拉克教授 1986 年出版的公司法教材，一直在美国各法学院沿用至今。

中国法学教材的过度"繁荣"导致如下后果：教材的权威性不强，相互抄袭、重复，没有特色，体系混乱，以及不同学校教材之间相互排斥。经济

---

〔1〕 朱景文主编：《中国法律发展报告——数据库与指标体系》，中国人民大学出版社 2007 年版，第520 ~525 页。

〔2〕 教育部社政司编：《全国高校社科统计资料汇编》（1992 ~2003），高等教育出版社 1993 年至 2004年版。转引自朱景文主编：《中国法律发展报告——数据库与指标体系》，中国人民大学出版社2007 年版，第 549 页。

法教材就是一个典型的例子。虽没有精确的统计，但按照法学院的数目、法学教材的总量与市面经济法教材的出售情况简单估算，经济法教材的种类不会少于 100 种。

纵观国内出版的经济法教材，虽然在诸多种类中不乏有一些精品，但大多数现有教材体系混乱不一，总论、分论纠缠不清，内容繁杂、雷同、陈旧、与实践脱节，只见树木，不见森林。它们既没有一个清晰的脉络，也没有与现实社会法律转型中的问题结合起来。

不过说实话，在中国蓬勃兴旺的法学教育、本科生大规模扩招的现实以及对于法学教材强劲的市场需求面前，哪本教材能够完全避免重蹈上述覆辙呢？好的教材特点都是相似的，我认为至少应具备如下特点：脉络清晰、概念准确、重点突出、详略有序、内容新颖、深浅得当、文献丰富、案例典型、原创性强……说起来容易，但真要编写起来，殊为不易。

应该说，编写出一本好的法学教材在目前这个法学教育转型期是极其困难的，对于经济法教材来说尤其如此。经济法教材编写之难是因为以下几个因素：首先，民法与经济法有关学科生存理由的激辩，多多少少影响了经济法学科的发展。经济法飘忽不定的学科定位，特别是关于经济法理论范畴是否独立存在等问题的争论，也使得一部分人对经济法学作为独立法学学科的质疑难以稀释，其教材的编写难度自然就高；其次，在社会与法律转型期的实践中，对经济法作为一个独立专业与职业存在的合理性亦有不少的挑战，如全国各级法院纷纷取消经济审判厅（庭），这也在很大程度上损害了经济法专业的威信，削弱了经济法教材的可实践性；最后，由于经济法学科招生数量高于其他专业，对教材的需求旺盛，这就使得从事经济法教学科研的教师们"萝卜快了不洗泥"，难免会有一些误人子弟的"东郭先生"，在他们的演绎下，经济法教材的编写自然就成了"剪刀加浆糊"或复制加粘贴的"技术"。

不同的经济法教材有不同的经济法定位观，经济法教材的编写体例及其内容是受不同的经济法观念所影响与左右的。现在大多数经济法教材之所以大同小异或者是有所差异，都是因为有不同的经济法观念。那么，不同的经济法观何以生成？我认为这主要是基于对经济法在现代市场经济法律体系中的地位及经济法作为游戏规则在社会中的作用的认识不同而生成。在中国现代市场经济法律体系中，经济法究竟居于何种地位呢？

我一直认为，市场经济法律体系由四类法律构成：

第一类是有关市场经济基础——产权的法律。对产权的界定与再界定以及不断确认是推动市场经济发展的最重要的制度保障，政府理性干预的界限就是为了界定和明晰产权，其中产权又包括公产权和私产权。在中国社会，有关产权的法律体系主要由五方面法律构成：一是宪法，作为国家的根本大法及其他基本法律的母法，宪法对于一个社会的公私产权作初始的界定、确定与保护；二是物权法（或财产法，含知识产权法），主要偏重于对公民私有财产权的初始界定、确定与保护；三是国有资产法，又称国有财产法，对公产权特别是国有财产权作初始的界定、确定与保护；四是土地法，在国有土地所有权和集体土地所有权的结构下，土地法对于土地所有权的各项权能作初始的界定、确定与保护；五是税法，税收基本法及税法体系对作为纳税主体的公民的财产征收、征用予以界定和保护。

第二类是与市场经济运行密切相关的法律。这类法律又可以细分为有关市场进入的法律、有关市场交易的法律和有关市场退出的法律三部分。有关市场进入的法律就是规范市场主体进入市场的门槛的法律，包括国有企业法、个人独资企业法、合伙企业法、公司法和商业银行法等；有关市场交易的法律就是规范市场主体在进入市场后如何行为的法律，合同法、票据法、担保法和证券交易法等都属于此部分；有关市场退出的法律就是解决市场主体在进入市场后如何退出问题的法律，破产法等属于此部分。

第三类是有关政府宏观调控与市场管制的法律，此类法律主要是体现国家维护市场经济秩序和社会秩序等公共利益，作为"经济警察"和"守夜人"发挥作用的一面。政府"有形的手"作为自由市场经济的替代手段，往往直接或间接干预社会经济，它通过一套相互协调配合的宏观调控法与市场监管法来实现。这类法律主要包括预算法、财政法、中央银行法、资源法、产业法、外资法、外贸法，以及反垄断法、反不正当竞争法、金融市场监管法、食品药品市场监管法、房地产市场监管法、反洗钱法、反欺诈交易法等。

第四类是社会保障与公共福利法，也就是体现政府作为"慈善家"职能的法律。这类法律为包括市场主体在内的公民个人提供公共福利、社会救济以及最低生活保障等方面的规则。它对于维护社会的公平分配与再分配、正义的共享以及市场经济的良性运行有着至关重要的作用。这类法律主要包括劳动法、劳动合同法、社会保险法（含养老、医疗、失业、伤残等法律）、社会救济法、反贫困法、反歧视法等。

经济法从广义来说，涉及上面四大类市场经济的法律。从狭义来说，经济法属于第三类法律，即有关政府宏观调控与市场管制方面的法律。经济法作为游戏规则，也主要在社会中的这一领域发挥作用。因此，我认为，作为经济法教材，应涵盖第三类法律的基本内容。不论现有的经济法教材是否承认与认可上述分类，实际上多数经济法教材是以上述第三类市场经济法律为基本内容，再辅之以其他分类中的内容，各取所需对教材进行内容编排的。

编写一本好的经济法教材，是每一位经济法教师心中的梦想。我们编写本教材的初衷是想克服现有经济法教材的通病，并努力编写出一本能满足现有法学本科生需要、同时具有鲜明的法大风格特点的经济法教材。经过编写者的反复讨论，我们对本教材的编章结构设计如下：第一编经济法原理，第二编宏观调控法，第三编市场监管法，第四编其他经济法律制度。第一编涉及作为经济法基本理论所应掌握的四大问题，即经济法的概念、沿革、理念和经济法律关系。这些基本理论问题在经济法学界多有争论，各种教材表述不一，我们试图理清一个基本理论的脉络。第二编则是基于一个整体的政府宏观调控的经济法观念，即政府对于经济宏观运行的影响主要着力点在税收、财政、货币、资源、产业、外资等领域，对于相应领域的法律我们对其作了一个宏观的梳理和脉络的描述。关于第三编市场监管，我们则分为一般市场监管和特殊市场监管。一般市场监管我们主要截取了反垄断法、反不正当竞争法两部分内容，而特殊市场监管我们则主要将金融市场监管法列入。我们之所以设计第四编其他经济法律制度，是因为消费者保护法（广义上应含侵权行为法）和国有资产法作为中国现实改革与社会转型中的重大问题与基本知识，既涉及个人与国家的利益保护问题，又涉及市场监管的问题，还涉及市场交易的问题，而将其列入上述各编中皆不恰当，故将其放置最后，独立成编。

我们编写本教材还想突出一个特色，就是理论与现实的真正结合。我们强调经济法教材必须直面中国社会经济转型与法律转型中最前沿的理论问题。好在我们几个编写者在结合学科前沿与参与立法方面都有一些独特的优势，如徐晓松教授参与了国务院国资委许多政策的研讨与制定，她承担的经济法总论课程还刚刚被评为北京市精品课程；时建中教授参与了即将出台的反垄断法等竞争法的立法起草工作；我则参与了正在进行中的国有资产法、期货交易法的立法起草工作。我们对立法的参与和对学科前沿动态的了解都多多少少反映在本教材中。同时，本教材在国内同类教材中较早尝试系统编列经济法案例，在每一个与实践相关的章节中都精选典型案例，略述其详，提供线索及评介，以备学生查检。

我们期望法学院的学生在使用本教材时，应把握本教材宏观的脉络与关键的知识点。本教材并没有也无法涵盖所有的经济法知识点，我们只想提供一个经济法的纲要性、基础性、思想性与线索性的内容，重在启发学习者的思路，开阔学习者的视野，提供经济法基本理论问题与基本知识点的讨论，为学习者进一步的学习和思考提供脉络与进路。教材各章附有内容提要和思考题，以备参考。

本教材以李曙光为主编，撰稿人（以姓氏笔画为序）分别为时建中、李曙光、徐晓松。具体编写分工如下：

李曙光：绪言，第一章，第五章，第六章，第七章，第八章，第十四章第三、四节，第十六章；

徐晓松：第二章，第四章，第十一章，第十五章；

时建中：第三章，第九章，第十章，第十二章，第十三章，第十四章的第一、二、五、六节。

本教材编写过程中得到了学界许多同仁的支持与帮助，在此我们谨表谢意。我们还要特别感谢中国政法大学法学专业系列教材编委会以及中国政法大学出版社责任编辑对本教材的强有力支持与细致审校。

不管怎么样，教材的好坏最终是由学生来评价的。本教材由于编写时间仓促，加之三位编写者之间磨合时间甚短，风格前后有异，文字稍嫌粗糙，观点或有重叠，谬误之处在所难免。只能敬请学习使用者批评指正，在下一版好好修改了。

李曙光
2007 年 8 月 12 日于蓟门法大

|目 录|

第三编　市场监管法

第四编　其他经济法律制度

第一编 经济法原理 <<<

第1章
经济法的概念

学习目的与要求：

　　经济法的概念是经济法学科生长的支点和基点。"经济法"一词有多种理解，其最基本的含义是与经济相关的法；作为一门学科，经济法又是法学这一独立学科的组成部分。现实社会生活中，政府对经济和市场的干预是通过一定形式的法律规则来实现的，政府对经济活动管制的程度往往会使经济法律规则呈现出不同的特征。中国社会转型期存在许多经济法重点、难点和焦点问题，我们应把研究重点放在具体的法律问题和法律规则上来。就发展方向而言，经济法研究将是从"高管制度经济法"到"中管制度经济法"，最后到"低管制度经济法"演变的过程。通过本章的学习，要求学生掌握经济法的辞源、有关经济法概念的各家学说以及经济法的调整对象等内容。

第一节　经济法辞源

一、经济法的域外辞源

　　据查证，最早使用"经济法"这一概念的是法国重农学派的尼古拉·博多（Nicolas Baudeau，1730～1792年），在其1771年出版的《经济哲学初步入门或文明状态分析》一书中第一次使用了"经济法规"这一概念。博多认为，"无与伦比、永恒不变、普遍存在……神圣而重要的"经济法规，属于自然法，而且制约着"经济社会"[1]。18世纪法国空想共产主义的著名代表之一摩莱里（Morelly）在1755年出版的《自然法典》一书中也使用了"经济法"这一概念。《自然法典》第四篇"合乎自然意图的法制蓝本"，被作者称为"法律草案"，共12个部分，117条。其中，第二部分"分配法或经济法"有12条，主要就作者所设想的未来公有制社会的

---

[1] ［法］阿莱克西·雅克曼、居伊·施朗斯：《经济法》，宇泉译，商务印书馆1997年版，第1~2页。

"自然产品或人工产品的分配"作出了规定。[1]在摩莱里看来，社会产品分配上的弊端是私有制产生的根源，所以，他设想通过法律从分配上确立社会经济生活的主要原则。这个原则就是"做其所能，取其目前所需"，或者是"（人）本着自己的能力、知识、需要和特长参加共同劳动，并同时按照自己的全部需要来享用共同的产品，享受共同的快乐。"19 世纪 30～40 年代，另一位法国空想共产主义者德萨米（Dezamy），在 1843 年出版的《公有法典》一书中也使用了"经济法"的概念，并且进一步发展了摩莱里的经济法思想。[2]《公有法典》全书共 19 章，其中，第三章为"分配法和经济法"。在该章中，作者认为，由于财富的吸引，许多竞争者汇集于大城市，这些人的数目激增，以至于其中的大多数，仅靠微薄的工资度日，拖着沉重的负担。这种人口拥挤的现象愈是显著，他们的财富和生活条件的不平等现象便愈大，而且因为随着不平等现象的增长，公众的不安和不满亦在增长。所以凡是发生这种人口拥挤现象的地方，便愈加存在纠纷和动荡的根源；也正是在这些地方要克服更多的障碍，才能确立真正的自由。为此，作者设想了一个"自然简单"而又"经济的"体制来管理社会的分配和经济工作，以此"确立真正的秩序"。

上述所称的"经济法"，并非严格意义上的法律或法规，而是指社会运动的法则，是一种理想的社会运行和财富分配的原则和方法，具有自然法的思想。但是，这些思想曾经风靡一时，并对后来的一些社会思潮产生了极为重要的影响，甚至在一些社会主义国家的法律形成和经济发展过程中都产生了作用，因此不能低估其理论和现实意义。

到了 19 世纪中期，法国著名无政府主义者、经济学家和政治家蒲鲁东（P. J. Proudhon，1809～1865 年）开始明确提出应当用"经济法"来解决社会矛盾。蒲鲁东在 1865 年的《论工人阶级的政治能力》一书中指出，法律应该通过普遍和解来解决社会生活矛盾，为此需要改组社会，由"经济法"来构建新社会组织的基础。因为公法会造成政府过多地限制经济自由，私法则无法影响经济活动的整个结构，必须将社会组织建立在"作为政治法和民法之补充和必然结果的经济法"之上。[3]经济法是"公正原则应用于政治经济学……（成为）相互关系条例"。[4]"所谓相互关系，意味着分享土地、划分财产、劳动不受约束、行业分离、职权有特别规定、按个人劳动或集体劳动确定个人负责或集体负责、将管理费用减到最低程度、消灭寄生现象和贫困现象。"[5]这是历史上最早提出的经济法理念和学说。

继蒲鲁东之后，社会经济迅速变化，各国对"经济法"一词的使用也越来越频

〔1〕 ［法］摩莱里：《自然法典》，黄建华、姜亚洲译，商务印书馆 1982 年版，转引自杨紫烜主编：《经济法》，北京大学出版社、高等教育出版社 1999 年版，第 23 页。

〔2〕 ［法］泰·德萨米：《公有法典》，黄建华、姜亚洲译，商务印书馆 1982 年版，第 30～41 页。

〔3〕 ［法］阿莱克西·雅克曼、居伊·施朗斯：《经济法》，宇泉译，商务印书馆 1997 年版，第 2 页。

〔4〕 ［法］阿莱克西·雅克曼、居伊·施朗斯：《经济法》，宇泉译，商务印书馆 1997 年版，第 3 页。

〔5〕 ［法］阿莱克西·雅克曼、居伊·施朗斯：《经济法》，宇泉译，商务印书馆 1997 年版，第 114 页。

繁。在德国，首先在由学者雷特（Ritter）撰稿，1906 年创刊的《世界经济年鉴》中，使用了"经济法"（Wirtschaftrecht）一词来说明世界经济有关各法。此后，20世纪初期，德国学者赫德曼（Hedemann）在 1916 年《经济学字典》中使用了"经济法"的概念。他认为经济法是经济规律在法律上的反映。他将有关保护、监督卡特尔的法律称为经济法。作为对现实经济法律制度的概括，现代意义上的经济法概念基本形成。在第一次世界大战及其恢复时期，德国法学家们注意到德国政府颁布的一系列国家干预私人经济生活的法令，将这些法令统称为"经济法"，并有一大批以"经济法"命名的著作问世，如鲁姆夫的《经济法的概念》（1922 年），赫德曼的《经济法基础》和《德意志经济法》（1939 年），阿鲁斯鲍曼的《德国新经济法》，哥特施密特的《帝国经济法》等。赫德曼教授还将 1917 年于耶那大学建立的"大经济法律考察研究所"改名为"经济法研究所"，经年开设经济法课程，编著经济法通讯半年刊，并撰写经济法学术著作。

继德国学者之后，欧洲其他国家和日本等国家的学者也逐步接受和广泛使用"经济法"一词，并对之进行专门研究，从而推动了经济法学在 20 世纪初的形成以及在日后的发展。日本学者孙田秀春 1924 年的著作《劳动法总论》中专门有"劳动法与经济法的关系"一文，对德国经济法研究作了介绍，日本经济法理论研究从此开始。[1]

二战后的苏联，也从德国移植了"经济法"这一概念。苏联教育部还定《经济法》（国立莫斯科大学、斯维尔德洛夫法学院合编）为法学本科教材。在专著方面，有拉普捷夫等人主编的《经济法理论问题》和《经济法》。[2] 另外，受到以狄骥为代表的社会连带主义学说和德国经济法学说的影响，曾经参加 1922 年《苏俄民法典》起草的著名民法学家 A. T. 戈伊赫巴尔格，在其所著《苏俄经济法》一书中，对该法典第 1 条关于私权行使不得违反社会经济目的、第 4 条关于民事主体的权利能力以发展苏俄生产力为目的等条款进行解释时，提出了苏维埃民法就是经济法的见解。

与以上对"经济法"一词的使用方法不同，在英美法系国家，"经济法"（Economic Law）是个泛指，一般指的是一切与经济有关的法律及其规则，并没有什么特别的含义。而"Law and Economics"（法经学）却很发达，但这是从制度经济学那里成长起来的另一个新兴学科，与大陆法系讲的经济法有一定差距。

二、经济法的本土辞源

在我国，"经济法"这一概念的引进至少也有将近 40 年的历史了。彭真同志早在 1979 年所作的《关于七个法律草案的说明》中已经正式使用这一概念。北京大学于 1980 年在国内最早开设经济法专业，中国政法大学、北京大学等院校于 1980 年

---

〔1〕　［日］金泽良雄：《经济法概论》，满达人译，甘肃人民出版社 1985 年版，第 4 页。
〔2〕　［苏联］B. B. 拉普捷夫主编：《经济法》，中国社会科学院法学研究所民法经济法研究室译，群众出版社 1987 年版。

在国内最早招收挂靠在其他专业的经济法硕士研究生，并于1983年经国家教委批准正式设置经济法硕士点，后又于1993年经国家教委批准在国内首先设立了经济法学博士点。而中国最早的经济法译著是国立莫斯科大学、斯维尔德洛夫法学院合编，中国人民大学原苏联东欧研究所（现东欧中亚研究所）翻译，中国人民大学出版社1980年出版的《经济法》；中国最早的经济法著作是刘隆亨著的北京大学出版社1981年出版的《经济法简论》。

在政策文件上，我国的决策部门和政策制定部门往往把"有关经济的法"统称为"经济法"，这在一些领导人讲话和政策文件中表现得很突出。早在1979年6月26日召开的第五届全国人民代表大会第二次会议上，彭真同志在《关于七个法律草案的说明》中明确指出："我们这次代表大会将要审议通过的法律和它们的贯彻执行，迈出了加强和健全我国社会主义法制的一大步。今后，更巨大的任务还在我们面前，随着经济建设的发展，我们还要经过系统的调查研究，陆续制定各种经济法和其他法律，使社会主义法制逐步完备起来。"[1]此后，有关机关的文件也频频使用"经济法"、"经济立法"和"经济法规"等词语。由于当时《民法通则》等民事法律尚在襁褓之中，民事法律统统被当时的领导人和政策文件描述为经济法。例如，前最高人民法院院长郑天翔于1985年4月3日在第六届全国人民代表大会第三次会议上所作的最高人民法院工作报告中指出："从1979年到六届人大常委会第十次会议，全国人大和人大常委会共已通过经济法二十个，把有关的重要经济关系和经济活动准则用法律形式固定下来，但是，已经制定的经济法在某些地方、某些方面还没有得到充分地遵守和执行，不少应当由法院审理的违反经济法的案件没有由人民法院审理，法制观念薄弱。藐视国法、藐视法庭的行为时有发生，这不利于社会主义的四化建设。"[2]再如，全国人民代表大会常务委员会前副委员长田纪云1994年3月15日在第八届全国人民代表大会第二次会议上所作的全国人民代表大会常务委员会工作报告中指出，"今后一年的工作任务"之一是"继续把经济立法放在第一位，使立法适应发展社会主义市场经济的需要"[3]。

在学科建设上，经济法被认为是一门区别于民商法和行政法，有着自己独有的学术范畴、研究方法和调整对象的独立学科。北京大学、中国政法大学分别于1980年、1983年率先在本科阶段开设全国第一个经济法专业，建立经济法专业硕士点。1993年国家教委颁布的《普通高等学校本科专业目录》确定法学类专业分为法学、经济法、国际法、国际经济法、劳动改造学五个专业。教育部1998年颁布修订的《普通高等学校本科专业目录》又将这五个专业合并为一个法学专业。可以说经济法作为一个独立的本科专业在全国范围内存在了十几年的时间，在法学各专业合并

---

〔1〕　参见彭真："关于七个法律草案的说明"，载《人民日报》1979年7月1日，第1版。
〔2〕　参见郑天翔："最高人民法院工作报告"，载《人民日报》1985年4月16日，第2版。
〔3〕　参见田纪云："全国人民代表大会常务委员会工作报告"，载《人民日报》1994年3月26日，第3版。

为一个法学专业以前，经济法专业是法学各本科专业中学生规模最大的。自从 1983 年 3 月国务院学位委员会办公室颁布《高等学校和科研机构授予博士和硕士学位的学科、专业目录》（试行草案），1990 年 11 月国务院学位委员会、国家教委联合颁布授予《博士、硕士学位和培养研究生的学科、专业目录》起，法学便被划分为法学理论、法律思想史、法制史、宪法学、民法学、经济法学、刑法学、诉讼法学、劳动法学、国际经济法学等 15 个专业。至 1997 年，国务院学位委员会颁布了新的《授予博士、硕士学位和培养研究生的学科、专业目录》（以下简称《学科、专业目录》），该目录将授予学位的学科划分为 12 个门类，88 个一级学科，381 个二级学科。法学一级学科又分为法学理论、法律史、宪法学与行政法学、刑法学、民商法学（含劳动法学、社会保障法学）、诉讼法学、经济法学、环境与资源保护法学、国际法学（含国际公法、国际私法、国际经济法）、军事法学 10 个二级学科，从而在专业设置上，"经济法"成为与民商法、行政法、刑法等相区别的独立学科。另外，国务院于 1981 年专门成立了"国务院经济法规研究中心"（1986 年并入国务院法制局），专司经济法规的起草、修订和组织协调工作。1984 年"中国经济法研究会"成立，该团体的主要活动就是促进部门经济法的研究。

在立法、司法上，我国的全国人民代表大会常委会以构建完善的社会主义市场经济法律体系作为其主要目标任务，为此专门在全国人大常委会法制工作委员会设置了经济法室来审核研究与市场经济相关的法律。在第九届和第十届全国人大常委会的立法规划中，都单立了"经济法"这一门类，将"经济法"理解为与宪法、民商法、行政法、社会法等相并列的法律门类，第十届全国人大常委会立法规划的 76 项立法中，属于"经济法类"的立法计划有国有资产法、外汇法、反垄断法、企业所得税法、预算法（修订）等 14 件。2011 年 10 月国务院发布的《中国特色社会主义法律体系》白皮书也单独把经济法作为中国特色社会主义法律体系的部门。在人民法院审判体制的改革方面，1979 年，全国各级人民法院开始设立经济审判庭，主要受理商品购销、农村承包经营、银行和信用社贷款等经济合同纠纷。在 2000 年最高人民法院裁撤经济审判庭之前，各级法院中都存在着独立于民事审判庭之外的经济审判庭，由经济审判庭来审判经济类案件，这意味着法院体系承认"经济法"专属案件的存在。2000 年最高人民法院进行机构改革，撤销了原来的经济审判庭，将原来由经济审判庭审理的案件改由民事审判二庭审理。最高人民法院以下的省高院、市中院和基层法院也相继效仿，取消了经济审判庭的设置，一律改经济庭为民事庭。最高人民法院进行的包括撤销经济审判庭在内的司法审判改革活动的一个重要原因就是要建立"大民事"格局。最高人民法院公开的理由是，建立"大民事"格局能够"使审判庭与我国现行三大法律体系相对应，机构设置更规范，布局更合理"[1]。

---

[1]　金朝武："论经济审判庭的撤销与经济法的地位"，载杨紫烜主编：《经济法研究》（第 2 辑），北京大学出版社 2001 年版。

据此来看，最高人民法院似乎认为"经济法"并不是一个独立的法律部门，只是民商法的补充，而只有民商法、刑法、行政法才构成法律体系的三大部门法支柱。虽然经济审判庭的名称已经取消，但是，金融审判庭、清算与破产审判庭等的建立都体现出法院系统对经济案件的重视和经济法的独特独立价值。

国家统一法律职业资格考试对"经济法"一词也有自己的使用方式。参照教育部法学专业主干课程的设置，2018 年国家统一法律职业资格考试的科目为：中国特色社会主义法治理论、法理学、宪法、中国法律史、刑法、民法、刑事诉讼法、民事诉讼法、行政法与行政诉讼法、经济法、知识产权法、商法、国际法、国际私法、国际经济法、环境资源法、劳动与社会保障法、司法制度和法律职业道德 18 个科目，其中，经济法是指竞争法、消费者法、银行业法、财税法、土地法和房地产法。考核要求是：要求深入了解和准确理解相关经济法律知识、原理、规定，并藉此解释、论证观点，分析现象，辨明正误；要求能够在中国特色社会主义法治理论指导下，运用相关经济法律原理、观点和方法，对经济法治理论问题、经济社会法律现象和实务进行分析、判断、综合、评价，做到政治立场正确、事实认定清楚、法律适用准确。[1]

综上所述，作为一个长期存在的用语，"经济法"一词已经深入到社会生活的各个方面，并在相当程度上自成体系。这些对"经济法"词义的使用方式，成为我们研究经济法学的基本语境。

第二节　经济法概念的各家学说

由于经济法辞源的多样性，有关经济法概念的各家学说也是流派纷呈，说法各异。下面分别予以介绍。

一、西方国家经济法概念的学说[2]

（一）德国

一战及其前后，德国的经济法学说开始形成，代表性的观点有以下几种：

1. 世界观说。该学说的代表人物为学者赫德曼（Hedemann）。该学说认为，以具有现代法特征并渗透于现代法的经济精神为基调之法为经济法。正如 18 世纪以"自然"为该时代的基调一样，在现代则以"经济性"作为时代的基调，而以此经济性为特征的法为经济法。

2. 集成说。该学说的代表是努斯鲍姆（Nussbaum）。该学说认为，凡是以直接影响国民经济为目的的规范的总体就是经济法。因而，间接影响到国民经济的法律，如财政法，以及只以个人生活为对象的法律，如民法，则应排除于经济法之外。

---

〔1〕　参见《2018 年国家法律执业资格考试大纲》。
〔2〕　以下各派学说系综合各经济法专著与教材的引述，经整理而成。

3. 组织经济说。这是哥特施密特（Goldschmidt）所倡导的学说。他认为，经济法是"组织经济固有之法"，而所谓"组织经济"是以改进生产为目的而规制的交易经济和共同经济。哥特施密特把社会学方法和经济政策的观点加以结合把握经济法，这种认识将对经济法的认识向前推进了一步，使得经济法与传统民商法区分开来。

4. 企业法说。这是卡斯克尔（Kaskel）的学说。该学说认为，经济法是关于经济企业者的法，但关于经济企业者的法并不全是经济法，只有规制企业管理或完成经济企业者的事业而产生的关系，才是经济法调整的对象，所以，劳动法和商法不是经济法。他的这一见解，由豪斯曼（Haussmann）作了进一步的发展。豪斯曼认为，正如商业活动领域限定传统商法的特定素材一样，今日的经济活动的重点不仅限于商业，而且也表现在生产、加工、银行和金融等各个方面，这种企业活动的法律，要求与商业活动的法律具有同等的资格。

5. 方法论说。该学说的代表人物为卢姆夫（Rumpf）。他将对法律领域中经济的客观实际部分所作的法学上的全面探讨理解为经济法的研究，企图从这一论点出发，来建立综合民法和商法的经济法的基础，并使这样的私人经济法与公共甚至国家经济法既对立又在整个法学体系中处于统一综合的地位。另一早期学者盖勒（Geiler）也认为，经济法无非是在有关经济生活的法律领域中，适用法学研究的社会学方法而已。

6. 机能说。该学说的代表人物为柏姆（F. Bohm）。该学说是一种基于法律的机能，并以经济统制为经济法中心概念的认识。例如柏姆（F. Bohm）主张以经济统制作为经济法的中心概念，着重于国家统制经济和特定经济政策意义上的经济秩序以及有关的经济制度。赫梅尔勒（Heamerle）认为国家统制经济特有的法律为经济法，经济法是国家有计划地对经济加以组织和管理之法，并认为经济活动因受国家决策方针的拘束，而逐渐失去自主性。

二战以后至 20 世纪 80 年代，德国的经济立法在经济的宏观调控和微观规制上全面展开，这个时期的经济法学说有：

1. 冲突法说，以 Ernst Rudolf Huber 为代表。该学说认为，经济法是调整经济活动主体，即企业家与劳工，在经济活动中的自由与受拘束之间的冲突的特别法。其特征为个人自由与团体或国家对其所为的拘束间的冲突。他将经济法的内容体系分为：经济私法，其内容涉及企业法及私法自治原则；经济行政法，内容涉及国家机关对私经济秩序的管理、干预和引导，以及国家自为经济活动的公营事业；经济刑法，关系到对违反经济法的刑事惩罚；经济基本体制法，关系到对经济秩序与经济体系（市场经济、管理与引导之经济、国家直接支配之经济或混合体系等）所作的基本决定。Gerhard Rauschen bach 也认为，经济法是一种冲突法，它以国家行政措施之干预，追求公共的整体利益和社会协和为目标。他强调了经济法与民商法及劳工法的区别，但认为经济法同宪法及行政法有密切关系。他认为经济法的内容包括四

第
一
章

部分：经济基本体制形态，经济法中的基本权利及国家经济活动；国家经济机关的组织，各种职业公会和私法上的经济团体；卡特尔法；经济引导与经济监督。

2. 机能说，以 Nipperdey 为代表。该学说认为，经济法系以保障和促进经济发挥其适当机能为目的的公法和私法。其体系安排应顾及传统的法学分类，因此他将经济法的内容分为：经济基本体制法；经济私法，规定私人企业的组织形态、私人企业财产、企业与企业及其顾客之间的关系；经济行政法，规定国家监督、保护、引导、管理和影响经济的法律措施，以及国家自为经济活动的公营事业；经济刑法；经济诉讼法，规定对有关经济法上争端的诉讼问题；国际经济法。

3. 经济总体关系说，以 Welter Schmidt-Rimpler 为代表。该学说认为，经济法的任务在于探求总体经济的运行，在怎样的范围内经由自治自决还是公权决定，才能形成正确合理的秩序，以实现法所追求的正义价值。所以，凡对经济的形成具有作用的法律规范，不论其系自治自决或公权决定的规定，皆为经济法。但这些法律规范应涉及总体经济的运行，不能仅是个人经济关系的规范，借此以同民商法相区别。

4. 经济协调法说，以 Walter R. Schluep 为代表。该学说认为，经济法是经济协调法。它将政治所决定的经济协调模式（自由竞争、国家统筹管理的计划经济或两者的混合）予以法律规范化。经济法体系包括经济基本体制法和协调法，经济基本体制法是制定经济协调体系的法律规范的总称。宪法中规定有使一定协调模式制度化的任务，经济法应使此任务得以具体实现。

5. 经济指导管理法说，以 Gerd Rinck 为代表。该学说认为，经济法系以追求总体经济的正确性及社会的正义为目的，而对独立的营业活动加以引导、辅助或限制的法律及国家措施的体系。具体来说，经济法内容体系包括：经济基本体制法；经济指导与管理措施；各个经济行业之秩序；职业公会及经济团体；反不正当竞争法；反限制竞争法等。

6. 经济政策工具说，以 Ernst Steindorff 为代表。该学说认为，经济法系追求正义，并为实现总体经济的公共目的而作为调整经济活动的工具的公法与私法。经济法以其作为经济政策的工具，并且是一种带有调整作用的工具为特色。经济法的内容分为：经济与宪法；国际间的联系；企业；卡特尔法；不正当竞争；公营企业；社会保护与经济监督；劳工法与经济法；经济之调整；具有特定目的之调整以及能源法。Wiethoelter 也从政策的角度表述了经济法。他认为，经济法立足于解决大量没有解决的问题，而解决这些问题是共同经济本身所应承担的义务。经济法是一种缺少政治本性的政策性法律，它的存在不得不考虑社会和经济政策的措施。

7. 卡特尔法说，以 G. Fritz Rittner 为代表。该学说认为，规定经济运行的法律规范，不论其系公法还是私法性质，皆同其他已存在的法域有不可分离的关联，因此不可能给经济法下一个明确的定义。经济法概念仅可简单描述为所有使经济得以形成及对经济的运行加以规定的法律规范的关联结合。经济法不仅仅具有经济政策的工具性质，也不能使经济法成为行政法的特别领域，从而沦为经济行政法。经济与社会关系的形成主要依靠个人和私法自治，因此，维持和保障此种形成作用的法律规范，即卡特尔法，才是经济法的基本和主要内容，而国家以行政措施对经济所为之引导与管理，仅扮演补充角色而已。

在二战结束后至 20 世纪 80 年代期间，德国的经济法理论已明确将经济法与民商法区分开来，看到了经济法与经济体制及与政治的密切关系，认识到了经济法中政治的因素和影响，并确立了竞争法在经济法中的核心地位，由此使得经济法与传统民商法有了一个十分恰当的衔接点，而且使得经济法对经济的干预或者管理有了一个基点。

20 世纪 90 年代以来，德国经济法理论研究已经明显地改变了过去那种学说缤彩纷呈的局面，代之而起的是更多研究经济法实务和经济部门法的理论。德国学者更多的是从经济宪法和经济行政法角度或者经济政策角度研究经济法问题，德国经济法的研究进入了一个更深的阶段。

（二）日本

日本的经济法研究深受德国影响，在日本经济和社会发展的后期，逐渐涌现了一些经济法理论研究的专家学者。代表性的学说有：

1. 集成说。代表人物有美浓部达吉等。该说认为，经济法实际上就是经济法律规范的总称，或者说，经济法就是经济法律法规汇集综合的名称。凡是具有经济内容的法律规范都是经济法，具体包括具有经济性质的宪法、民商法和行政法规范。

2. 第三法域说或社会法说。其代表人物有金泽良雄、高田植一和江上勋等。该说认为经济法是适应市民社会中的社会协调的要求而产生的一系列法律，既以市民法为基础，又表现出与之不同的特点。经济法是为填补由市民法所遗留下来的法律空白而制定的法律。这种学说以公私法的划分为认识论基础，但与公私法的二元划分不同，该说认为在公法和私法之外存在一个独立的第三法域，这就是社会法。其中公法奉行国家本位，私法奉行个人本位，社会法奉行社会本位。第三法域或社会法实际上是公法私法化和私法公法化的产物。经济法属于或者就是第三法域或社会法。

3. 规范市场支配法说。其代表人物有丹宗昭信和正田彬等。该说着眼于反垄断和竞争关系的维持，将反垄断法置于经济法的中心地位。经济法是规制垄断资本主义阶段固有的以垄断为中心的经济从属关系法。所谓经济从属关系，是指垄断主体与非垄断主体之间显著的不平等关系。经济法的任务在于纠正这种不平等关系。该学说认为现代经济法的核心是垄断禁止法，是国家规制市场支配的法。因此，经济法是国家规制市场的法，是国家为了维护竞争秩序而介入市场的法。

4. 企业法说。其代表人物有西原宽一等。该说主张以企业为中心来把握经济法的定义，认为经济法是关于企业的法，包括调整企业关系的全部私法和公法规范。

进入 20 世纪 90 年代以来，日本经济法理论之研究主要集中在以反垄断为核心来论证经济法，如根岸哲、杉浦市郎编的《经济法》（法律文化社 1996 年版）、江上熏的《经济法·反垄断法概论》（税务经理协会 1992 年第 7 版）等著作。有的学者还从经济行政法角度对经济法重新认识，如佐藤英善的《经济行政法——经济政策形成及政府介入的方法》（成文堂 1990 年版）。可以说，这时日本的经济法研究同 20 世纪 90 年代以前相比已发生重大变化，特别是金泽良雄说已逐渐失去其存在根基。

二、苏联东欧社会主义国家学者对经济法的界说

苏联东欧社会主义国家实行的主要是计划经济体制，这些国家的学者对经济法的定义都带有其所在国的体制特色。苏联东欧学者提出的几种具有代表性的经济法学说主要有：

1. 商法说。即把经济法等同于商法，这是在前南斯拉夫占主导地位的经济法学说。前南斯拉夫在 20 世纪 50 年代初至 70 年代，逐步建立起社会所有和联合劳动的体制。在这样的背景下，当时的学者就把经济法等同于民商分立国家的商法，认为它是与民法、行政法平行的一个法律部门。

2. 两成分法说。以斯图契卡为代表的一些苏联法学家主张此说。该理论认为，苏维埃民法可以分成两个部分：一部分是调整国民经济中社会主义成分的组织技术性质的规范；另一部分是以个人意志自由为出发点，贯穿资产阶级原则，调整逐渐消失的私人成分的规范。这其中，后一种成分是民法的本质所在，随着它的消亡，作为社会主义经济行政规范的经济法，就将取而代之。相应地，未来的立法走向是制定经济法典，以全面调整社会主义的经济关系。

3. 社会本位民法说。其代表人物是苏联民法学家戈伊赫巴尔格。受到以狄骥为代表的社会连带法学和当时问世不久的德国经济法学说的影响，该说将经济法等同于以社会为本位的民法，认为经济法实际上是传统民法经社会化改造后的民法。

4. 经济行政法说。其首创者是苏联民法学家勃拉图西。该说认为，经济法无非是调整经济管理关系的行政法。它是行政法的一个分支，不构成一个新的法的部门，不能将行政关系和民事关系在"经济法"的名下混为一谈。

5. 综合法律部门说。其首创者是苏联学者拉伊赫尔。该说认为，经济法是民法、行政法、刑法、诉讼法等多种法律部门的经济性规范的集合或综合。

6. 纵横统一说。这是由苏联著名经济法学家拉普捷夫创立的一种在苏联东欧乃至我国影响最大的一种经济法学说。该学说认为，社会经济关系包括纵向经济关系和横向经济关系。前者是国家在组织管理经济中与公有制单位产生经济管理关系；后者是公有制单位之间在进行经济活动中产生的经济协作关系。经济法的调整对象是社会主义组织在领导经济活动和进行经济活动中所发生的一切关系，经济法既应当调整横的经济关系，又应当调整纵的经济关系。调整这些关系的法律规范，已经超出了传统民法和行政法的范畴，应称之为"经济法"。因此，经济法既调整纵向经济关系，又调整横向经济关系，它是一个独立的法律部门。

三、我国学者对经济法的界说

在我国，经过 30 余年的历史，学术界提出了众多经济法概念，经济法的研究在许多基本理论问题上取得了一些成就，部门经济法的研究也取得了长足的进步。但是，在我们认识到经济法研究取得成就的同时，也要看到其中的争议、尴尬、缺陷和不足。当下，关于经济法的各种学说很多，具有代表性的观点有：

（一）以杨紫烜教授和徐杰教授等为代表的"国家协调和调整关系说"

杨紫烜教授认为，经济法是调整在国家协调本国经济运行过程中发生的经济关系的法律规范的总称。经济法特定的调整对象既不是一切经济关系，更不是社会关系中的非经济关系，如人身关系、财产关系等，而是特定的经济关系，即在国家协调本国经济运行过程中所发生的经济关系。国家经济协调关系的形成是因为经济运行需要国家协调，而国家协调经济运行既是为了促进经济的健康、稳定的发展，也是国家经济管理职能、国家对经济活动的干预和"国家之手"在经济运行中作用的体现。国家经济协调的主体是国家，客体是经济运行，目的是使经济运行符合客观规律的要求。[1]

徐杰教授认为，经济法是调整经济管理和经济协作过程中产生的经济关系的法律规范的总称。经济法的调整对象包括以下四个方面的社会关系：国民经济管理关系、经济协作关系、市场经济主体在内部经济管理中产生的经济关系和涉外经济关系。[2]

（二）以李昌麒教授为代表的"需要国家干预说"

该说认为经济法是国家为了克服市场调节的盲目性和局限性而制定的，调整需要由国家干预的、具有全局性和社会公共性的经济关系的法律规范的总称。经济法的调整对象正是需要由国家干预的、具有全局性和社会公共性的经济关系，即国家需要干预的经济关系，主要指市场主体调控关系、市场秩序调控关系、宏观经济调控和可持续发展保障关系和社会分配关系。经济法是介于公法和私法之间的独立的法律部门。[3]

（三）以史际春教授为代表的"纵横统一说"

该说是在对苏联的"纵横统一说"进行继承和借鉴的基础上发展起来的。该说认为经济法是调整经济管理关系、维护公平竞争关系、组织管理性的流转和协作关系的法；经济法的调整对象是社会生产和再生产过程中，以各种组织为基本参加者的经济管理关系和一定范围内的经营协调关系（即经济联合关系、经济协作关系和经济竞争关系）。"纵"不包括非经济的管理关系、国家意志不直接参与或应由当事人自治的企业内部管理关系；"横"不包括公有制组织自由的流转和协作关系，以及其实体权利不受国家直接干预的任何经济关系；"统一"是指经济法调整的对象

〔1〕　杨紫烜主编：《经济法》，北京大学出版社、高等教育出版社 1999 年版，第 27～35 页。
〔2〕　徐杰主编：《经济法概论》，首都经济贸易大学出版社 2001 年版，第 3 页。
〔3〕　李昌麒：《经济法——国家干预经济的基本法律形式》，四川人民出版社 1995 年版。

是经济和国家意志的统一。[1]

（四）以张守文教授为代表的"国家调制论说"

该说认为，经济法的特质体现为经济法的现代性。作为现代法，经济法在精神追求、背景依赖、制度建构等方面与传统法存在着重大区别。市场经济的发展要求法律予以保障，但单靠传统民商法，无力解决市场经济中存在的交易成本过高、市场失效和外部不经济等问题，必须由反映现代市场经济要求的经济法来弥补民商法调整之不足。当市场调节发生故障难以自行解决，或者为了解决效率与公平、个体的营利性与群体（社会）公益性的矛盾，就需要政府调制。政府调制通过对市场经济的宏观调控和市场规制来实现，二者的性质、目的和方向是同一和相辅相成的。因此，经济法的调整对象，是国家在对经济运行进行宏观调控和市场规制的过程中所发生的经济关系，包括宏观调控关系和市场规制关系。[2]根据上述对经济法调整对象的认识和提炼概念应遵循的一般原则，可以认为，经济法是调整在现代国家进行宏观调控和市场规制的过程中发生的社会关系的法律规范的总称。简单地说，经济法就是调整调制关系的法律规范的总称。[3]

以上学说对经济法的研究和发展有着十分积极的意义。然而，就经济法的整体研究状况来看，当前我国的经济法理论往往表现为总论与分论研究脱节。总论中得出的结论不能解释分论中的法律现象，分论中缺乏相关规定时也无从适用总论中的结论。并且几乎出现"一个学者，一种学说"的局面，对使用中的一些概念没有进行准确界定和区分，对引入的法学之外的其他学科中的术语的理解往往与这些术语在其固有学科中的真正含义有很大出入，如经济法学说中高频使用的"市场失灵""政府失灵""国家干预""外部性""公共产品""实质正义""社会正义"等经济学和政治哲学术语。另外，由于几乎所有与经济活动有关的法律都能塞进经济法这个"大篮子"，许多领域的研究与其他学科的研究多有重叠，于是引发了一些不必要的争论。例如对公司法、企业法、消费者权益保护法、产品质量法等的研究，与民商法学者的研究相重叠，当民商法学者主张这些内容属于民商法研究领域时，经济法学者为了维护自己的研究领域，维护经济法作为法律部门的独立地位，便会花费大量的精力、用大量的篇幅来论述这些内容与政府介入经济活动有关，属于经济法的调整对象，因此是经济法的研究内容。实际上，如果只是为了争论某一问题应该属于何领域，这样的争论没有任何意义。

在相当程度上，目前进行的经济法研究没有与中国活生生的经济现实、经济改革和立法司法实践相联系，只是热衷于构建抽象的理论框架，弄成了纸面上的学问，将经济法理论变成了高深莫测的玄学，其研究结果不能为现实问题的解决提供指导

---

〔1〕　史际春、邓峰：《经济法总论》，法律出版社 1998 年版，第 29 页。

〔2〕　张守文：《经济法理论的重构》，人民出版社 2004 年版。

〔3〕　《经济法学》编写组编：《经济法学》，高等教育出版社 2016 年版，第 16 页。

和参考，偏离了法学研究的初衷和实质。事实上，已经有经济法学者发出了这样的疑问："美国没有'经济法'这个概念，也没有如中国经济法学那样的形式化的经济法理论，但美国采用成文法形式的政府干预制度的绩效却普遍较高。这是否能说明中国目前经济法理论较低度的价值?"[1]

第三节　经济法的调整对象

所谓法律的调整对象，即被法律所调整的社会关系。经济法的调整对象，是指经济法促进、保护、限制、禁止的社会关系。

由于不同的学说对经济法的理解不同，各家各派对于经济法具体调整对象的划分是各不相同的。在中国 20 世纪 80 年代的经济法诸理论中，经济法的调整对象包含了纵向、横向、内部性三大关系，在相当程度上反映了当时计划经济向有计划的商品经济过渡的经济现实。[2] 20 世纪 90 年代以后，随着社会主义市场经济目标模式的提出与建立，国家经济职能的逐步还原与回归，经济法学者对经济法的调整对象重新进行了界定。当前关于经济法的具体调整对象，主要学说有：

1. 经济协调关系说。该说将经济法的调整对象具体分为：①企业组织管理关系；②市场管理关系；③宏观调控关系；④社会保障关系。[3]

2. 需要干预经济关系说。该说将经济法的调整对象包括：①微观经济调控关系，包括国家对经济组织的调控及经济组织内部的经济关系；②市场调控关系；③宏观经济调控关系；④社会分配关系。[4]

3. 经济管理与市场运行关系说。该说将经济法的调整对象具体分为：①国家经济管理关系；②市场运行关系；③组织内部经济关系；④涉外经济关系。[5]

4. 社会公共关系说。该说认为经济法的调整对象具体包括：①市场管理关系；②宏观经济管理关系；③对外经济管理关系。[6]

5. 国家经济调节关系说。该说认为经济法的调整对象具体包括：①市场规制关系；②国家投资经营关系；③宏观调控关系。[7]

6. 国家管理经济关系说。此说直接以具体调整对象的罗列式为经济法下定义，具体包括：①经济管理关系；②维护公平竞争关系；③组织管理性的流转与

〔1〕　应飞虎："问题及其主义——经济法学研究非传统性之探析"，载《法律科学（西北政法学院学报）》第 2 期。

〔2〕　顾功耘、刘哲昕："论经济法的调整对象"，载《法学》2001 年第 2 期。

〔3〕　杨紫烜主编：《经济法》，北京大学出版社、高等教育出版社 1999 年版，第 28~32 页。

〔4〕　李昌麒：《经济法——国家干预经济的基本法律形式》，四川人民出版社 1995 年版。

〔5〕　刘文华主编：《新编经济法学》，高等教育出版社 1993 年版。

〔6〕　王保树主编：《经济法原理》，社会科学文献出版社 1999 年版，第 36~42 页。

〔7〕　漆多俊：《经济法基础理论》，武汉大学出版社 2000 年版，第 109 页。

协作关系。[1]

7. 经济行政法关系说。该说将经济法的调整对象具体分为：①宏观调控法；②市场管理法；③国土资源、国有资产管理法。[2]

以上说法都有一定的道理，随着经济法理论和实践的发展，人们对经济法调整对象的范围的认识也逐渐深入。概括来说，经济法的调整对象可以概括为宏观调控关系和市场监管关系两个方面。国务院 2011 年 10 月发布的《中国特色社会主义法律体系》白皮书中界定经济法是"调整国家从社会整体利益出发，对经济活动实行干预、管理或者调控所产生的社会经济关系的法律规范"，提出"经济法为国家对市场经济进行适度干预和宏观调控提供法律手段和制度框架，防止市场经济的自发性和盲目性所导致的弊端"，这也是从宏观调控关系和市场监管关系这两个方面来考察经济法调整对象的。宏观调控关系包括：税收关系、财政关系、货币关系、资源管理关系、外贸管制关系、产业调控关系等；市场监管关系包括：反垄断关系、反不正当竞争关系、金融市场监管关系、产品质量监督与消费者权益保护关系、国有资产监管关系等。

尽管对经济法调整的对象存在各种争论，但是我们应当求同存异，寻找这些争论中的共同点。当前经济法理论的研究重点应当与中国社会正面对的"转型期"特征相联系，跳出原有的研究路径，更要着眼于活生生的经济活动和经济行为的现实，在政府、市场和规则之中寻求研究定位。现实社会生活中，政府对经济和市场的干预是通过一定形式的法律规则来实现的，这可以称为"管制"（regulation）。[3]政府对经济活动的管制的程度往往会使法律规则呈现出不同的特征。在不同的社会历史阶段，政府对经济的管制是不同的，由此决定的经济法的特征也不相同。以政府对经济活动管制的程度为衡量标准，可以把经济法分为"低管制度经济法、中管制度经济法、高管制度经济法"三个层次：

第一，"低管制度的经济法"。它是指在理想的自由市场经济模式下所存在的经济法，在假定的一个充分完善的自由市场经济模式下，政府是最弱意义上的政府，

---

[1] 史际春、邓峰：《经济法总论》，法律出版社 1998 年版，第 48～50 页。

[2] 王克稳："行政法学视野中的'经济法'——经济行政法之论"，载《中国法学》1999 年第 4 期。

[3] 管制是一个颇有争议的概念。美国管制经济学家维斯卡西（W. KipViscusi）等学者认为，管制是政府以裁裁手段对个人或组织的自由决策的一种强制性限制。政府的主要资源是强制力，政府管制就是以限制经济主体的决策为目的而运用这种强制力。（参见王俊豪：《政府管制经济学导论——基本理论及其在政府管制实践中的应用》，商务印书馆 2003 年版，第 1～2 页。）另一位美国管制经济学家丹尼尔·F. 史普博（Daniel F. Spulber）则将管制定义为"行政机构为直接或通过改变消费者和厂商供求决策而间接干预市场分配机制所颁布的法规或采取的特定行动"（参见［美］丹尼尔·F. 史普博：《管制与市场》，余晖等译，上海三联书店、上海人民出版社 1999 年版，第 45 页。）经济法的制定和实施过程中尤其要注意处理好政府和市场之间的关系。本书中提到的"政府管制"其"政府"含义更广，泛指权力机构。后文中提到的"管制度"指的是"管制的程度"。而衡量"管制度"则可以法律与政策强制效力的强弱等为标准。

是一种仅限于防止暴力、偷窃、欺骗和强制履行契约等较为有限功能的政府，是亚当·斯密所说的仅仅充当"守夜人"的政府。在这种理想的自由经济模式下，政府对经济活动完全放任自由，一切问题都由市场来解决。然而，这并不意味着这种经济模式下不存在政府管制，因为，即便在政府是最弱意义上的政府的前提下，政府也需要法律来保护人们的交易自由和交易安全，因此，也会存在财产法和契约法等对人们进行交易的基础——产权进行保护以及对于交易过程中的契约进行保护。极少数情况下，有可能需要政府对某类经济活动和行为进行最少的干预。可以说，这一类有关市场经济产权、契约和特殊干预的法律规则便构成低管制度的经济法，也可以说，低管制度的经济法是政府管制度最弱的经济法。

第二，"中管制度的经济法"。它是在成熟或相对成熟的市场经济模式下政府对经济活动进行理性干预或有限干预所产生的经济法。"中管制度的经济法"由下面四类法律构成：第一类是有关市场产权的法律。从法律角度讲，合法权利的初始界定对市场交易是至关重要的。正如科斯认为的那样，"合法权利的初始界定会对经济制度的运行效率产生影响，一种权利的调整会比其他安排产生更多的产值，但除非这是法律制度确认的权利调整，否则通过转移和合并权利达到同样后果的市场费用是如此之高，以致最佳的权利配置和由此带来的更高的产值也许永远不会实现"[1]对产权的界定与再界定以及不断确认是推动市场经济发展的最重要的制度保障，政府理性干预的界限就是为了界定和明晰产权，其中产权又包括公产权和私产权，因此这一类法律主要包括宪法体系中有关公私财产权的保护问题、国有财产法和财产法（物权法）、土地法等。第二类是有关市场经济运行的法律。这类法律又可以细分为有关市场进入的法律、有关市场交易的法律和有关市场退出的法律等。有关市场进入的法律就是规范市场主体进入市场的门槛的法律，包括个人独资企业法、合伙企业法、公司法和商业银行法等；有关市场运行的法律就是规范市场主体在进入市场后如何行为的法律，票据法、合同法、担保法和证券交易法等都属于此类；有关市场退出的法律就是解决市场主体在进入市场后如何退出问题的法律，破产法等属于此类。第三类是有关市场经济管制的法律，此类法律主要是体现国家维护市场经济秩序和社会秩序等公共利益，作为"经济警察"和"守夜人"发挥作用的一面。这类法律主要包括税法、反垄断法、反不正当竞争法、价格法、反欺诈交易法等。第四类是社会保障法，也就是体现政府作为"慈善家"职能的法律。这类法律为包括市场主体在内的公民个人提供公共福利和社会救济以及最低生活保障等，对于保障市场的良好运行起着至关重要的作用。这类法律主要包括社会救济法、社会保险法等。"十三五"规划中提出"五大发展理念"，即在"十三五"时期必须牢固树立并切实贯彻"创新、协调、绿色、开放、共享"的发展理念。其中的"共享"

---

[1]　[美] R. H. 科斯："社会成本问题"，载科斯等：《财产权利与制度变迁——产权学派与新制度学派译文集》，胡庄君等译，上海三联书店、上海人民出版社 1994 年版，第 20 页。

理念中的"共享"即强调"建立更加公平更可持续的社会保障制度，实施全民参保计划，实现职工基础养老金全国统筹，划转部分国有资本充实社保基金，全面实施城乡居民大病保险制度。推进健康中国建设，深化医药卫生体制改革，理顺药品价格，实行医疗、医保、医药联动，建立覆盖城乡的基本医疗卫生制度和现代医院管理制度，实施食品安全战略"，而社会保障法突出体现了经济法对于"共享"发展理念的践行。

值得注意的是，在市场经济较为成熟的国家，政府使用经济法的手段也相对成熟和适度，但对于市场经济体制刚刚建立的国家或不很成熟的国家，政府管制经济的程度较高，对于经济法手段运用也较多，特别是转型国家，"中管制度经济法"中政府管制的范围有扩大趋势，如拉美国家。而对于中国社会来说，由于处于计划经济向市场经济的转型期，有关政府管制的经济法更为发达，如我国刚修改的公司法、证券法等，都带有浓重的管制经济下的经济法的特征。

第三，"高管制度的经济法"。它是指在一种非市场经济条件下以及计划经济或管制经济为主的治理模式下形成的经济法。在这种模式下，政府对一切经济活动都进行干预，所形成的法律规则都可以称为"高管制度的经济法"。在市场条件下不会形成的政府对经济活动的管制和干预经济法在这种模式下都形成了。例如在中国早期计划经济和商品经济相结合的时代所制定的《全民所有制工业企业法》《企业破产法（试行）》甚至1993年的《公司法》等。举例来说，1988年制定的《全民所有制工业企业法》和1992年《全民所有制工业企业转换经营机制条例》反映了在计划经济和商品经济结合时代政府对经济活动的全面干预，政府垄断和控制了国有企业从登记注册成立到人事、经营和利税等方面的权力。一直到今天，在中国已经初步建立市场经济体制和许多国有企业完成公司制改造的情况下，国务院国有资产管理委员会管理的国有大型企业中相当一部分还是按照这部企业法来注册登记的。另外，1986年通过的《企业破产法（试行）》，实际上也是一部政府管制的破产法。例如企业债务人的破产必须由政府审批才能申请；进入破产程序后，又要以政府官员为主的人员组成清算组进行清算。这样的破产法也是一部国有企业破产法，不能为所有的市场主体提供公平且有效率的退出渠道。1993年通过的《公司法》也是一部以政府管制和国有企业为本位的法律：该《公司法》中所规定的资本制度所确定的资本制度三原则实际上是比任何国家的公司法都严格的制度，这反映了中国市场经济初期政府过度管制的特征。另外，也存在着许多对国有企业的特别规定。这些规定背后实际隐藏着对非国有企业的歧视，已经不适应市场经济发展到今天不同所有制企业公平竞争的需要。

在"低管制度经济法"的定位下，有关政府管制的经济法规制最少，"中管制度经济法"较"低管制度经济法"有关政府管制的经济法规制要多，而"高管制度经济法"有关政府管制的经济法规制最多。在这三种不同管制度层面的经济法中，政府管制度也依次由弱增强，本书对三种不同管制度层面的经济法的浅显划分，只不过是作者对经济法理论研究思路的定位，并不表明作者试图去创建一个新的经济法学科体系。

当前中国社会正处于经济转型期，经济法理论研究的重点应该放在中国经济转型期所出现的经济法重点、难点和焦点问题上。显然，按照我们上述经济法三种不同管制度层面的划分，当今中国经济法的研究重点应该放在"中管制度经济法"的研究上来，特别是由"高管制度经济法"向"中管制度经济法"过渡后期所产生的问题。比如，在"中管制度经济法"中，各个具体法律中的政府管制的适度问题，政府管制的权力边界问题，某一部具体经济法规则的立法取向与可操作性问题，由"高管制度经济法"向"中管制度经济法"过渡后期有关经济的立法、执法和司法的成本问题，中国社会转型期各利益主体与政府与市场的博弈问题，经济法如何平衡参与博弈的市场主体的利益问题等。十八届三中全会《中共中央关于全面深化改革若干重大问题的决定》中强调，"经济体制改革是全面深化改革的重点，核心问题是处理好政府和市场的关系，使市场在资源配置中起决定性作用和更好发挥政府作用。市场决定资源配置是市场经济的一般规律，健全社会主义市场经济体制必须遵循这条规律，着力解决市场体系不完善、政府干预过多和监管不到位问题"。上述内容正是描述在过渡时期政府管制的程度应如何来把握，只有平衡好政府和市场的关系，才能实现政府的适度管制。

第四节　经济法概念解析

从不同角度对"经济法"词义的解读是影响经济法基础理论发展的重要因素。正是因为存在着对"经济法"词义的不同解读才激发了经济法基础理论的诸多争议和研究热点，这些争议和研究热点是基于对经济法词义的误读而产生的。下面，将对经济法的概念作进一步的解析。

一、"经济法"是有关"经济"的法吗？

在现实生活中，谈到"经济法"，人们普遍会认为"经济法"就是关于"经济"的法，一切与经济活动、经济问题、经济现象有关的法都属于经济法。高校法学院经济法专业毕业生就业率较高就反映了人们对"经济法"的这种理解。这一方面反映出当前经济发展迅速，与经济有关的法律人才需求量大的状况；另一方面也反映出人们普遍存在"经济法"就是"与经济有关的法律"的认识。当然，这样的认识不仅存在于普通民众的观念中，也存在于国家领导者的观念中，国家领导人的讲话和相关的政策文件中用"经济法""经济法规"来概括"与经济有关的法律"的情形比比皆是。

从语义学的角度来说，这样的认识是可以理解的。任何概念和术语往往与"望文生义"相关，从字面上来看，"经济法"当然是指与经济有关的法律。

考察经济与经济学一词的原意，"经济"这个词来源于希腊语，其意为"管理一个家庭的人"，延伸意为"社会如何管理自己的稀缺资源"。[1]在英文中，"Economics"含义如下：

Economics is the study of how societies use scarce resources to produce valuable commodities and distribute them among different people. Behind this definition are two key ideas in economics: that goods are scarce and that society must use resources efficiently。[2]

在中文中，"经济"一词有下面六种含义：①经济学上指物质生产和再生产的活动。②国民经济的总称，也指国民经济的各部门，如工业经济、农业经济等。③属性词。对国民经济有价值或影响的。④个人生活用度。⑤耗费较少而获益较大。⑥经世济民，指治理国家。[3]

显然，"经济"一词的涵盖面是非常宽泛的，它包含国家经济活动、社会经济活动甚或个人的经济行为等。作者认为，如果不受某些国家法律文化框架中对"经济法"的理解的束缚以及当今中国受到学科划分影响而形成的"经济法"概念的束缚，从语义学的角度，从经济活动、经济行为的规则角度，将"经济法"解读为"与经济有关的法律"是可以成立的，也可以说"经济法"最基本的含义就是与经济相关的法。现实中，也确实有很多研究者是从"经济法就是关于经济的法"这个角度来研究经济法的。

相应地，从经济法的作用领域、调整对象、调整目的、调整手段等诸多方面来看，经济法最突出的特征之一即在于"经济性"。所谓经济性，即经济法的调整具有节约或降低社会成本，增进总体收益，从而使主体行为及其结果更为"经济"的特征。经济法的经济性至少体现在以下几个方面：首先，经济法的价值目标在于节约交易成本，提高市场效率。经济法作用于市场经济，着眼于经济秩序、竞争自由、经济公平及效益等，均与经济相关。其次，经济法反映经济规律，包括价值规律、竞争规律、投入产出规律等。也正因此，经济法和经济学在研究上存在很多重叠，经济法对垄断、价格、欺诈消费者和税收的规制，往往需要借鉴经济学的分析工具和方法。最后，经济法是经济政策的法律化，运用的是法律化的经济手段。经济政策与经济法之间具备内在的密切联系，经济法的制定、实施和目标深受政府政策的影响。而经济学理论直接指导经济政策制定，同时也对经济法的产生和发展有着重大影响。并且，与传统的民事、刑事或行政手段不同，经济法的调整手段包括法律

---

〔1〕 ［美］N. 格里高利·曼昆：《经济学原理》，梁小民译，三联书店、北京大学出版社1999年版，第4页。

〔2〕 中文译为："经济学是研究社会怎样用稀缺的资源生产出有价值的商品并在人们中间进行分配的科学。经济学的定义包含两个要点：商品是稀缺的和社会必须有效率地使用其资源。"参见［美］保罗·A. 萨缪尔森（Paul A. Samuelson）、威廉·D. 诺德豪斯（William D. Nordhaus）：《经济学》（英文版第16版），机械工业出版社1998年版，第4页。

〔3〕 《现代汉语词典》（第7版），商务印书馆2016年版，第685页。

化的宏观调控手段和市场规制手段。[1]党的十九大报告中提出了一系列经济政策，这些政策内容将会渗透进经济法的完善和发展中，进而影响经济法律法规的制定和修改。特别是在第五部分中，第五部分以"贯彻新发展理念，建设现代化经济体系"为主题，强调"我国经济已由高速增长阶段转向高质量发展阶段，正处在转变发展方式、优化经济结构、转换增长动力的攻关期，建设现代化经济体系是跨越关口的迫切要求和我国发展的战略目标。必须坚持质量第一、效益优先，以供给侧结构性改革为主线，推动经济发展质量变革、效率变革、动力变革，提高全要素生产率，着力加快建设实体经济、科技创新、现代金融、人力资源协同发展的产业体系，着力构建市场机制有效、微观主体有活力、宏观调控有度的经济体制，不断增强我国经济创新力和竞争力。"上文内容所体现的精神将融入经济法之中，政策会在一定程度上以法律的形式呈现。

二、经济法学科是一门学科吗？

依照国务院学位委员会1997年颁布的《授予博士、硕士学位和培养研究生的学科、专业目录》（以下简称《学科、专业目录》）的规定，法学这个一级学科下面有10个二级学科，经济法当然就是与刑法学、民商法学、军事法学等相并列的二级学科。按照《学科、专业目录》的逻辑，似乎只有那些有自己独特的调整范围和范畴体系的学科才构成一个法学二级学科。在这种思路下，出现了民法学者、行政法学者和经济法学者的激辩，由于一些学者对经济法学作为一个独立的二级学科的存在提出了质疑，一些经济法学者就把很多精力放在研究经济法的调整对象和调整范围上。实际上，作者认为，这是部分学者对《学科、专业目录》的误读。《学科、专业目录》对法学这个一级学科所进行的二级学科的划分，本身并没有一定之规。

1.《学科、专业目录》在对法学进行学科划分时并没有设定统一的评估标准，也没有内在的逻辑性和科学性。为什么宪法学和行政法学是一个学科而不是分开的两个学科呢？民法学和商法学为什么要统为一体？为什么环境法学是一个单独的二级学科，而金融法学、信息法学、知识产权法学不能成为一个单独的二级学科呢？为什么军事法学也成为一门独立的学科而教育法学和科技法学则不是？这10个二级学科是基于生源的报考量，还是基于人才市场的需求量，或是基于某种统一的学术标准而成立的？

2.《学科、专业目录》对法学学科的划分方法明显受到了大陆法系传统甚至是国民党"六法全书"的影响。国民党政府统治时期，承继德、日等国家大陆法系传统，将其制定的法律分为宪法、刑法、民法、行政法、刑事诉讼法及民事诉讼法六大门类，并将其视为构成一个完善法统的法律体系。由此，以这六大门类为基础的宪法与部门法的划分就在中国法学界传承下来。直到今天，许多中国的法学院仍然有这种传承下来的由几大部门法构成法律体系支撑的学科观，非这几大部门法则视

---

[1] 参见《经济法学》编写组编：《经济法学》，高等教育出版社2016年版，第17~18页。

为边缘类法学。

现在看来，《学科、专业目录》对法学学科的划分方法到了该重新审视或者是该放弃的时候了。在作者看来，可以说经济法是一门独立的学科，也可以说经济法不是一门独立的学科，是否是一门独立的学科这个问题本身意义并不大。按照现有的学科定义，学科有以下两重含义：①指按学问的性质而划分的知识体系或门类；②指学校教学的科目。[1]如果从前一种意义上来理解"学科"的话，法学可以成为独立的学科。法学是一门独特的解决社会问题、定纷止争的科学，它有着与其他学科不同的思维方式、推理逻辑、语言符号和知识体系，法学作为一门整体的学科不能分割，而对法学二级学科的划分，无论是民商法学也好，经济法学也好，环境法学也好，其所运用的语言符号、范畴方法、逻辑体系都应该是一致的，是有共同的术语和学术规范的。法学的研究方法、研究范式也应该是覆盖各个二级学科的，二级学科不应有自己独立的研究范畴和工具体系，这也正是目前各国的法学学位制度只授予法学这个一级学科学位而不授予二级学科学位的原因。从这个角度而言，经济法学不是独立的学科，民商法学不是，刑法学不是，行政法学也不是。如果从后一种意义上来理解"学科"的话，只要是学校基于现实的需要或者培养人才的需要，就可以设立一个学科。在此意义上，依目前方法将法学内部划分为10个二级学科是可以的，不仅如此，如果有招生与教学的需要，还可以从法学内部划分出更多的学科。就此角度而言，经济法学等二级学科又可以算是独立的学科。

因此，从学科意义上解读经济法没有多大意义，经济法词义解读的重点应该放在一部一部具体的与经济有关的法律法规上，应该放在一个一个与经济有关的法律案例上。

三、中国立法、司法实践部门应该有什么样的法学观？

中国立法、司法实践部门对经济法有不同的解读。我们认为，这种解读也是在一定的法学观念指导下产生的。而这些法学观今天看来也应受到现实的挑战。比如，建立一套"完善的市场经济法律体系"这种提法就是有问题的，由几大部门法构成这一体系也不成立。所谓完善的、一成不变的、尽善尽美的市场经济法律体系是不会存在的，社会生活日新月异，市场经济千变万化，数字网络时代社会经济发展更是一日千里。应该说，有关人们与市场的游戏总在重复、变化和创新之中，因此，法律作为游戏规则也永远在重复、变化和创新之中。法律不会一成不变，所谓的完善的市场经济法律体系是不可能存在的。当因社会生活的变化和经济形势的变动而导致现有的法律存在漏洞或者缺陷，需要新的法律规范进行调整时，就应当对现有的立法及时进行废除、修改或者另立新的法律。因此，立法机关所谓的"完善的市场经济法律体系是由宪法门类、民商法门类、经济法门类等构成"的说法也不是一种科学的对经济法词义的解读。

---

[1]《现代汉语词典》（修订本），商务印书馆1996年版，第1429页。

另外，从目前中国法院中法庭的设置和法官的分类来解读经济法词义也是有问题的。法院取消经济审判庭的做法不仅受到了所谓"三大部门法"为法律体系基本支撑的观念的影响，也受到了法官资源短缺和法官专业化思想的影响。在法官资源短缺的情况下，法院不去治"法官短缺"之本，而是对法官进行专业划分，将法官分为民事法官、刑事法官和行政法官，以此来提高所谓的审判效率，这在事实上是做不到的，也降低了法官作为一个法律人所应有的法学专业素质要求。作为一名法官，其法律理念、思维、法律知识结构与逻辑推理能力应该与法学作为一门整体科学的内在要求是一致的，法官应该就是"法"官，而不应该是民法法官、刑法法官和行政法法官。最高人民法院的法官轮换制度——譬如行政审判庭的法官去知识产权庭担任法官——就是对这个结论作出的最好注解。因此，如果我们认识到现有法院中法庭的设置和法官的分类本身就是在司法机关错误的法学观指导下进行的话，那么，可以说在法院中取消经济审判庭这种举措并不具备特别的意义，并不意味着司法部门对经济法词义的解读是权威或无懈可击的。

四、不同法域的"经济法"含义一致吗？

上文中已经举出了不同法域对"经济法"这一概念的解读，我们可以发现不同法域中"经济法"的含义并不一致，而这种不一致性在很大程度上是由各自不同的社会背景和文化传统决定的。

德国法学承自罗马法，向来主张市民社会与政治国家二分，主张公法和私法二分，在平等主体之间发生的经济关系中，推崇经济自由、意思自治，排斥国家干预。然而，当社会发展到垄断资本主义阶段之后，一些经济部门往往被一两个垄断组织所控制。为了消除垄断对经济的不良影响，国家不得不介入经济生活。国家对经济生活的日益介入，形成了与平等主体之间的经济关系不同的另一种经济关系，产生了与调整平等主体之间经济关系的市民法不同的另一类经济性法律。可以认为，德国对"经济法"进行的解读都是在此前提下展开的。日本的情况与此类似。

在二战后的苏联，实行的是高度的计划经济模式，当时计划统治一切，甚至没有商品经济这个概念。无论是纵的经济关系，还是横的经济关系，都是产品的生产和流通方面的有计划的直接关系。正是在此基础上，苏联的主流学派才认为，经济法就是要将它们看成统一的整体而作为经济法的调整对象。很显然，对"经济法"如此解读的基础是苏联统一的社会主义所有制、统一的计划经济模式以及作为社会主义市场经济范畴的经济核算制。

而在英美法系国家，向来没有区分公法和私法的传统，也没有计划经济的背景，而且，英美法系的判例法传统与大陆法系的范畴体系研究传统有很大差别。"经济法"（Economic Law）并不是一个独立的法律部门，只是借用其字面含义来指称所有与经济有关的法律。特别是在美国，由于经济的高度发达，对于法律与经济关系的研究也可以说是最为发达的，"Economic Law"往往意味着法学和经济学的跨学科的研究，法学和经济学的互动更进一步催生了法律经济学这个新生的研究领域。由于美国有联邦法和州法的差别，在经济法律规则上也分为联邦的立法与州的立法。反垄断法是美国联邦经济立法的主要研究对象之一，另外，像商法、合同法和公司法等也都属于"Economic Law"，由于近年来英美法系的强势地位以及在市场经济法律方面大陆法系朝向英美法系的融合，似乎"经济法就是与经济相关的法"这种解读更为合理和符合逻辑。

上述论证表明，社会背景和历史文化传统各异导致了各法域对"经济法"的解读并不相同，实际上，不能强求也不应强求不同的法域对"经济法"有完全相同的理解。"经济法"一词本身有多种解读，从不同法域的"经济法"词义的发展趋势来看，"经济法"最基本的含义就是与经济相关的法。因此，我国一些经济法学者在一个既定的"经济法"框架和视野下，致力于构建所谓的经济法学科体系，探求与民商法、行政法不同的所谓经济法特有的范畴、方法和原则，以图证明经济法的独立性，实际上是一种学术偏颇。

中国经济法目前正面临着前所未有的挑战，经济法的理论要有大的发展就必须寻求创新点和突破点。

从学科视野来说，学者大可不必为经济法是否作为一门独立的学科存在而劳神费力，事实上，像民商法学、刑事法学在现有的学科观念下能成为一门独立的二级学科一样，经济法学也是现有学科视野下的一门独立学科。许多大学的经济法学院和经济法系的存在，从事经济法教学和科研队伍的蓬勃发展以及每年流向国家政府、司法部门和企业法律服务业的大批毕业生，已证明经济法作为一个独立学科存在的不争事实，排斥与否认经济法作为一门独立二级学科的地位，既不现实，也没有必要。

从研究范式来看，经济法学者也不要急于或者是奢侈地把研究精力放在所谓的经济法学独有的范畴、研究方法和学科体系上。实际上，目前许多经济法学者提出的权利与权力的关系以及秩序、自由等概念是经济法学的独特范畴，经济法学的方法论有历史研究法、经济分析法、比较分析法等观点，都有很大的偏颇之处。其实，上述所谓经济法的概念范畴都是法学作为整体学科的基本范畴，而不专属于经济法学；上述研究方法也只是整个法学学科都在运用的方法，也不专属于经济法学。法学作为一门科学有自己一套完整的价值体系、知识符号体系、术语和逻辑体系，我们无法把它们分隔开来。经济法学和其他的法学二级学科一样，并没有自己独特的方法体系和基本范畴，它们都只是法学整体中的一个部分而已。我们在研究现实问题时应从整个法学学科研究的价值理念、研究范式和工具范畴出发，而不是预先假定经济法学、民商法学、刑事法学或诉讼法学有自己独有的价值理念、研究范式和工具范畴，这正是当前法学研究中的狭隘之处。如果说经济法理论研究者想形成自己稍微有点专长的新研究范式，那么，把经济学的思想模型和经验分析方法应用于立法、立法政策及司法研究上所产生的法律经济学，倒可以成为研究时的一种选择。

从中国经济法理论的发展方向看，当前中国经济法基础理论的研究方向应该是一个从"高管制度经济法"到"中管制度经济法"，最后到"低管制度经济法"的过程。从世界范围来看，经济法的发达是基于政府对于经济活动领域管制度的增强而发生的。而中国经济法的兴旺恰恰是一个反向的运动，即政府对于经济领域的管制度放松，对于经济干预的减弱而催生了中国经济法的大发展，同时也给中国经济法提出了许多现实中亟待解决的问题。在这种背景下，"中管制度经济法"所涉及的中国社会转型时期经济中的相关法律问题和法律规则应该是我们现阶段经济法基础理论研究的重点，当我们逐步完成经济转型，建立了相对完善的市场经济体制后，就可以将经济法的研究重心从"中管制度经济法"转向"低管制度经济法"了。

综上所述，目前阶段经济法学界不应把更多的视野和精力放在研究"主义"和"范畴"上。法学是一门实践性强的学科，诚如美国最高法院大法官霍姆斯所言："法的生命不在于逻辑，而在于经验"，[1]法律是要通过对具体案例的剖析和解决来发现的，而不是学者们通过空洞的"范畴""主义"研究所能创造出来的。因此，是否能够面对中国在转型时期面临的紧迫而深层次的法律问题，为立法、执法和司法提供思想和理性支撑才是衡量一切法学理论价值的试金石。经济法基础理论只有摆脱其把研究重心放在"主义"和"范畴"上的学术桎梏，放开学术视野，直面实践中的问题，才能真正地获得学术新生。

思考题

1. 从经济法的辞源来看，有关经济法概念的各家学说的差异何在？又有何共同点？
2. 经济法的调整对象与民商法、行政法的调整对象有何关系？
3. 如何理解经济法与国家管制的关系？
4. 试述经济法的特征。

---

[1] Oliver Wendell Holmes, *The Common Law*, Boston：Harvard University Press, 1963, p.5.

第 2 章
经济法的产生

学习目的与要求：

　　作为经济法本质的重要体现，经济法产生与形成的历史将引导我们进一步认识和把握其内在规律。在本章的学习中，学生应当重点理解经济法产生的经济基础、思想基础和法律环境，进而在总体上确立"经济法是市场经济一定发展阶段上法对特定经济关系调整的必然产物"的基本思想。与此同时，还应当紧紧抓住经济改革和经济转型对中国经济法产生和形成的影响，了解中国经济法产生的特殊性。最后，作为法在 20 世纪最重要的发展，经济法的问世在许多方面突破了调整市场经济的传统法律原则和制度，因此，在本章的学习中，学生还应当从法理念、法结构以及法体系等方面了解经济法产生对传统法律的深远影响。

　　从概念角度进行的经济法研究，为我们展现了迄今为止法学界对经济法现象的不同认识，但要回答"什么是经济法"这样的问题还需要我们拓宽视野。作为一种重要的社会现象，法产生与形成的规律性毫无疑问是其本质的重要体现。因此，经济法产生与形成的历史是我们认识和把握其内在规律的重要途径之一。

　　与其他调整市场经济的法律部门相同，经济法是市场经济一定发展阶段上法对特定经济关系调整的必然产物，即：在市场经济发展的这个阶段，存在着经济法产生的经济基础、思想基础和法律环境。本教材认为，经济法产生的经济基础是市场失灵背景下的国家干预；同一时期国家干预经济的理论则奠定了经济法产生的思想基础；最终，既有的市场经济法律体系无法完全容纳并有效调整由国家干预产生的新经济关系，使经济法的产生变成了现实。而在中国，经济改革和经济转型成为影响经济法产生和形成的重要因素。

　　作为法在 20 世纪最重要的发展，经济法的问世在许多方面突破了调整市场经济的传统法律原则和制度，从而在法理念、法结构以及法体系等方面对传统法律产生了深远的影响。

第一节 经济法产生的社会、经济及法律根源

迄今为止,自由竞争的市场经济及其法律理念给我们留下了深刻的印象。但随着市场经济向现代的发展,一类新的法律——经济法进入了我们的视野。尽管经济法尚未在传统法律的理论框架内得到充分的解释,但这类法律的出现缓解了市场经济中趋于紧张的社会矛盾,并使国家的力量进入市场,进而改变着人们既有的市场经济法律观。

关于经济法产生的年代,目前学界尚存不同看法。主流观点认为,经济法是在资本主义进入垄断阶段后出现的一种新的法律现象,具体而言,经济法产生于第一次世界大战前后。而另一种观点则认为,经济法随着国家与法的产生而产生,因此与民法一样,经济法的产生也可以追溯到奴隶社会。本书认为,由于国家与法的密切联系,加之经济法与国家干预的密切联系,我们不能否认早期的国家已经运用法律来干预经济。但"经济法"一词使用的历史仍然表明,这一称谓所对应的应当是现代市场经济中以国家干预经济为基础产生的一类法律,而此类法律最终成为一个独立法律部门,也是法律体系发展到现代的结果。以此为基点,本节讨论的问题是:垄断资本主义时期的哪些因素导致了经济法的产生?

一、市场失灵

市场经济体制自确立以来,在创造了巨大社会财富的同时也经历了"市场失灵"的困境。在摆脱这种困境的过程中,市场经济体制不断完善自身,实现了从"古典"到"现代"的演进,即从单一的市场调节机制的"古典体制"到以市场调节机制为主的市场与政府二元调节机制并存的"现代体制"的演进。[1]

(一)自由竞争的市场经济及其危机

从 11 世纪末至 14 世纪期间商业活动的发达,经 15 ~ 16 世纪的文艺复兴,至 17 ~ 18 世纪的资产阶级革命,资本主义生产方式占据了主导地位,自由放任、自由竞争的市场经济体制建立,市场调节机制也日臻成熟。以亚当·斯密的《国富论》问世为标志,资本主义经济制度最终战胜封建经济制度并突破重商主义国家干预的束缚得以在欧洲确立。

亚当·斯密的核心思想是经济自由主义。在假设存在充分竞争的条件下,以自由竞争为手段,通过价值规律的作用调动微观经济主体的活力和效率,实现资源的合理配置以及市场经济的均衡发展。与此同时,政府远离市场,避免对市场的直接及具体的干预。基于上述理论,"干预越少的政府是越好的政府"及"小政府论"的观点被普遍认同。在实践中,由于国家的作用主要体现在国防、外交、维护社会秩序等方面,因此对于市场经济,国家只是一个"守夜人"。作为上层建筑的法律

---

〔1〕 刘力臻:《市场经济"现代体制"与"东亚模式"》,商务印书馆 2000 年版,第 1 页。

制度对这一时期自由放任的经济思想与实践给予了充分的肯定：天赋人权、人人生而平等、财产权及其自由流转和处分受到法律保护的思想，随着 1804 年法国《民法典》的诞生被归纳为"私权神圣、契约自由、过错责任"，意思自治渗透到微观经济生活的各个层面。在市场规律的自发调节下，资本主义社会的生产力获得了极大的发展，"资产阶级在它不到一百年的阶级统治中所创造的生产力，比过去一切世代创造的全部生产力还要多，还要大"。[1]

自由资本主义市场经济经过了几百年的发展，在 19 世纪末 20 世纪初进入了垄断阶段。其典型特征是：生产的专业化和社会化；生产和资本集中；垄断企业及垄断财团出现并独占或操纵市场。垄断的结果首先使自由竞争时代的基本理念以及平等、自由、民主、价值规律被破坏；其次是由竞争机制产生的经济活力被压抑，经济危机频频出现，导致资本主义生产力的破坏；最后，在资本主义国家的政治生活中，国家政权直接或间接地为垄断财团控制，社会矛盾日益尖锐。这一切均表明，资本主义的自由市场经济面临危机。1825 年，第一次经济危机在英国爆发。1857 年的经济危机首先从美国开始，随即殃及英、德、法等欧洲各国，并对殖民地国家产生深刻影响，成为第一次世界性的经济危机。其后，1873 年、1882 年和 1890 年的世界性经济危机加速了资本积累和集中的进程，推动了垄断组织的发展。1920 ~ 1921 年，处于垄断阶段的资本主义社会再次爆发了世界性经济危机。

（二）市场失灵

自由资本主义所带来的生产力高速发展，并不能解决资本主义社会固有的矛盾——生产社会化与生产资料私人占有之间的矛盾、个别企业生产的计划性与整个社会生产的无政府状态之间的矛盾。由此导致的过度竞争和资源浪费直至经济危机，正在瓦解着资本主义自由竞争的市场经济所创造的繁荣。这充分表明，经过近百年的发展，由"看不见的手"所调节的市场经济走到了尽头，由于无法克服市场的唯利性、市场调节的被动性和滞后性等缺陷和弊端，市场调节机制无法将资本主义社会从经济危机的深重灾难中解救出来。

1958 年，弗郎西斯·M. 巴托在其《市场失灵的分析》一文中提出"市场失灵"的概念。根据经济学家的研究，市场失灵是指市场机制不能或难以实现社会资源的有效配置。最典型的市场失灵表现为市场的不完全竞争以及负外部效应。前者将动摇市场机制发挥作用的基础，进而降低市场机制的效用；后者则将导致恶性竞争，进而将自由竞争引入歧途。其后的研究表明，在宏观总量平衡、公共物品的供给以及公共资源的利用、社会收入的公平分配等方面，市场失灵的情况也显而易见。[2]

---

〔1〕《马克思恩格斯选集》第 1 卷，人民出版社 1972 年版，第 256 页。

〔2〕［美］保罗·A. 萨缪尔森、威廉·D. 诺德豪斯：《经济学》（第 12 版），高鸿业译，中国发展出版社 1992 年版，第 76 ~ 78 页；卫新华：《市场功能与政府功能的组合》，经济科学出版社 1999 年版，第 175 ~ 176 页。

总体而言，市场失灵具有以下特性：首先，市场失灵为市场机制本身所固有，市场自身无法将其消除；其次，市场失灵是相对的，即市场失灵是相对于政府调节、企业内部机制以及其他非市场调节机制而存在的；最后，市场失灵是变化的，即市场失灵的强度和范围取决于市场自身状况以及市场所处的宏观或微观条件。

19世纪中后期及20世纪初资本主义世界的经济大危机充分暴露了市场机制的根本缺陷，彻底打破了市场万能的神话。由于市场失灵导致的经济危机是市场本身所无法克服的，借助于国家干预的力量来纠正市场的偏差便成为必然选择。在此基础上，国家的经济作用凸显，并进而导致了经济法的出现。在这个意义上我们说，市场失灵是经济法产生的经济根源。

二、国家干预[1]

19世纪中后期及20世纪初的经济危机是市场失灵的必然结果，那么，市场失灵如何导致了国家干预？这一时期以美国为代表的资本主义国家对垄断的监管、以应对危机为目的的立法以及国家干预市场的经济思想的确立，是我们回答这一问题的关键性线索。

（一）美国对企业垄断的监管

19世纪末20世纪初，美国生产力的高度发展使其率先完成了资本主义从自由竞争到垄断的过渡，自由私营企业的传统体系遭到冲击，各种托拉斯式的垄断组织凭借雄厚的经济实力，采取购买股票、固定价格、划分市场、控制原料来源等手段挤垮或鲸吞中小企业，形成经济寡头和寡占统治，从而排除竞争，攫取垄断利润。这加剧了美国垄断企业与中小企业的矛盾，动摇了资本主义赖以生存的经济基础。为应对上述问题，美国政府制定政策，运用反托拉斯法对付垄断。1890年美国国会制定了《谢尔曼反托拉斯法》；1914年美国国会又制定了第二部重要的反托拉斯法——《克莱顿反托拉斯法》；作为对谢尔曼法的补充，同年美国国会还制定了《联邦贸易委员会法》，并成立了联邦贸易委员会，对垄断实行政府监管。尽管由于第一次世界大战的爆发，上述法律的实施受到了影响，而且关于政府反垄断监管的正当性一直备受争议，但毫无疑问，美国对垄断的监管仍然被视为现代国家干预市场经济的开端。

（二）"罗斯福新政"

自1825年英国爆发资本主义制度建立以来的第一次经济危机开始，经济危机如同瘟疫蔓延，规模越来越大，其中1857年、1866年的两次经济危机均具有世界性。这一时期经济危机的特点有三：一是周期较长，一般大约相隔十年左右；二是危机

---

[1]　参见晏智杰主编：《西方市场经济下的政府干预》，中国计划出版社1997年版，第83~114页；[美]保罗·A.萨缪尔森、威廉·D.诺德豪斯：《经济学》（第12版），高鸿业译，中国发展出版社1992年版，第78~86页；[美]米尔顿·弗里德曼、罗丝·弗里德曼：《自由选择》，张琦译，机械工业出版社2008年版。

阶段的时间较短，只有一年多；三是生产经营者通过自身力量能够摆脱危机，即危机使生产下降，市场供求关系又暂时趋于平衡，危机过后，又开始进行大规模的固定资产更新，进入经济复苏和高涨时期。同时，由于国内市场的扩大，特别是国际市场的形成，资本主义国家还可以通过转嫁危机的办法来摆脱危机。上述特点决定了这一时期经济危机的克服一般不需要动用国家的力量，因而也不需要作为"国家之手"的危机对策立法。

至垄断资本主义时期，生产高度集中使资本主义社会的基本矛盾进一步加剧，经济危机更加频繁。从 19 世纪后期到 20 世纪初期，爆发了多次世界性的经济危机。这一时期经济危机的特点是：①危机发生于工业生产领域，破坏了国民经济运行的基础；②工业危机与农业危机交织在一起，使危机具有普遍性，危机使整个银行信贷系统陷于瘫痪，金融危机全面化、尖锐化；③工业国家的危机引起了农业国家的危机，使危机更加复杂化、国际化。而 1929 年华尔街股市的崩溃则引发了世界范围内的经济衰退，随后蔓延到欧洲和世界其他地区。至 1932 年，美国的大部分银行倒闭，美国失业人口增加到 1400 万，德国达 600 万，英国达 300 万。

1933 年初，在一片悲惨、凄凉、混乱不堪的危机惨状中，西方各国相继采取了国家干预经济的政策，其中美国的"罗斯福新政"最具典型意义。1933 年 3 月，在美国极端严重的金融危机之中，在举国上下对整个国家濒临崩溃命运的焦虑和担忧之中，罗斯福入主白宫，并立即宣布实行"新政"。以美国第 73 届国会通过的 20 多个应付经济恶化局面的法令为标志，美国进入"新政"时期。"新政"的整个计划包括复兴、救济和改革三步，这些措施通过美国国会立法授权，采取强有力的政府干预而发挥作用。"新政"时期的立法，例如《农业调整法》《产业复兴法》《紧急银行法》《存款保险法》《劳工关系法》等，内容涵盖了国家对财政、金融、货币、产业部门的干预和调节。"罗斯福新政"是政府运用强大的权力对经济进行全面干预的一种国家垄断资本主义的实验性措施，它是西方经济从自由主义向政府干预转变的一个重要里程碑。

关于国家干预，还应当提及的是，第一次世界大战前后，由于战争对物资的急剧需求刺激了社会生产的发展，而随着战时生产的高涨，生产集中和垄断化的程度越来越高。这样，战争推动了一般垄断资本主义转变为国家垄断资本主义，国家利用法律对国民经济进行控制，实行了一系列国家垄断资本主义的措施。例如，英国把铁路收归国家经营，成立了对各经济部门进行管理的机构，对工业原材料的生产、价格、物资分配和进出口贸易实施全面控制。本教材认为，与应对经济危机的国家干预相比，战争时期的国家干预政策和立法具有临时性，干预主要集中于对战争物资的分配和管制，因此，这一类国家干预与市场失灵没有直接和密切的联系。

（三）凯恩斯革命

当大萧条开始时，大多数人坚持认为，必须让市场按照自己的轨道运行，市场力量最终会完成拨乱反正的任务。例如，古典经济学理论用劳动力市场模型解释大规模失业，主张应说服工会接受削减工资以减少失业。但另一些经济学家则认为，政府的作用不在于缓解大萧条的社会影响，而在于恢复病入膏肓的经济。1936 年凯恩斯出版了《就业、利息和货币通论》，提出了以政府干预为基础的就业一般理论及政策措施，与传统的自由放任经济学说形成了鲜明的对比。凯恩斯认为：全部收入都依赖于以商品和服务需求的形式的回流以及充分就业。经济不会自然而然趋向充分就业状态，不能指望市场理论把经济拖出衰退状态；持续失业可能是由其他因素造成的，而不是由劳动力市场失衡引起的，例如，超出有效需求就会造成失业，如果在充分就业时期，工厂主决定减少对新机器设备的投资，机器制造工人就会失去工作并减少消费品开支，造成有些消费品制造工人随之失业，这样就启动了一种"放大器"效应，使经济处于比以前的就业水平、收入水平、产出水平都低的一个阶段。凯恩斯进一步认为，经济中不存在阻止上述情况发生的自动起作用的力量，削减工资可以减少商业成本，但这样也会削弱工人的购买力，致使商业的销售量不能像以前那么多。经济中的需求太少将导致失业率上升，只有政府采取行动削减税收或增加本身的开支，才能使经济恢复到充分就业的状态。尽管这样做可能承受暂时的赤字痛苦。

1933 年的"罗斯福新政"是西方国家全面干预经济的开端，而在"罗斯福新政"中产生的凯恩斯经济理论为"新政"所开创的国家干预政策提供了理论依据和强有力的支持。由此，国家干预主义形成并逐渐取得了在西方经济学中的主流地位，受到西方国家重视，成为国家制定干预经济政策的理论依据。其后的经济学研究进一步将国家在市场中的经济职能具体表述为"效率、平等、稳定"，即：矫正由市场垄断导致的市场失灵，保持和提高市场效益；通过收入再分配来减少贫富悬殊；通过减少失业、降低通货膨胀来促进经济增长。

凯恩斯理论开创了现代意义上的国家干预，政府开始采用多种方式介入市场活动。国家在其经济职能的新变化中获得了双重身份：在当今的市场中，国家既是经济调节主体，又是经济活动主体。为调节市场经济，国家设立了一整套经济机构，集中行使其经济职能，国家作为经济调节主体行使职权，不再是行使传统意义上的"行政权力"，而是依据"经济权限"参与经济过程；作为经济活动主体，国家主要以其名义从事特定物资的购销及政府采购、国家债券的发行与回收、外汇买卖以及国际经济协议和国际合同的签订履行等经济活动，并设置国有企业从事经济活动。而所有以国家名义或由国有企业参与的经济活动，不再以"意思自治"为原则，而是以社会公共利益为出发点并贯穿经济活动过程的始终。

毫无疑问，凯恩斯革命具有历史性的意义，它奠定了现代国家干预市场的理论基础。但应当指出，在传统自由市场经济随国家干预实践向现代（混合）市场经济变迁的过程中，凯恩斯理论暴露出其对政府干预经济的负效应估计不足的缺陷。由此，新自由主义经济学派开始了"凯恩斯革命的再革命"。他们的研究证明：国家干预与市场自由一样也有缺陷，市场的基础仍然应当是市场主体的自由选择，过多的国家干预会破坏这种选择，国家干预或者政府管制应当受到限制，国家干预的适度是其发挥作用的基本前提。当然，所有的研究在发展和完善凯恩斯所开创的国家干预理论的同时，也在不断地反证着凯恩斯革命的历史价值。

行文至此，我们的结论是：市场失灵导致了国家对经济的干预，在这一过程中，现代国家的经济职能最终被揭示和肯定，以此为基础，形成了政府——市场——企业之间的经济关系。正是为了调整这一新的经济关系，不同于传统法律的新制度——经济法律制度产生并发展起来。

三、私法改革

市场失灵需要国家干预，但仅仅有国家干预不一定会产生经济法。从效率的角度看，如果既有的法律理论框架能够容纳国家干预产生的经济关系，国家干预产生的新问题能够在原有法律制度框架内得到解决，国家就不必耗费成本去制定新法律。因此，经济法的产生还需要一个条件，即：既有的市场经济法律体系无法完全容纳因国家干预而出现的新的经济关系。这就意味着：如果现代国家对经济的干预必然导致一类新法律的产生，那么这类法律的内容不仅应当立足对既有法律的继承，而且还应当更多地包含对传统法律的突破。

（一）以民法改良为代表的私法改革

罗马人在构建其法律体系时，以不可思议的洞察力，把全部法律分为政治国家的法和市民社会的法，前者称为"公法"，其主角是权力，其运作赖于权威、命令和服从，其内容体现为政治、公共秩序以及国家利益；后者则是"私法"，它以权利为核心，以私人平等和自治为基本理念，其内容体现为私人利益。[1]其后，公、私法划分在以德国为代表的大陆法系国家得到了广泛运用。

在本书作者看来，公、私法划分的根本意义在于使私权能够与强大的公权形成抗衡，充分保护私主体的自主性，进而阻止国家权力对社会经济生活的过度介入和干预。因此，私权神圣、身份平等、意思自治成为私法的基本理念，并充分反映出其与自由市场经济规则的吻合和适应。但公、私法的划分又割裂了不同法律制度之间的内在联系，使调整市场经济的法律制度体系变成了公法和私法的简单排列，从而在一定程度上远离了不断发展的市场经济实践，导致法律制度在面对复杂多变的现实世界时显得刻板僵化。例如，私权神圣的绝对化导致了对土地的所有权"上至天空无限高，下至地心"；身份平等的极端化导致了结果平等被忽视；意思自治的极端化成为在资源上占有优势地位的市场主体随心所欲的依据。上述种种，必然使市场规则及其相应的法律的正义性受到质疑。

当自由的市场经济开始走向包含政府干预的混合市场经济时，上述问题就变得更加明显。这导致了对传统私法理念的怀疑，进而又导致了传统民法自身的修正。例如，针对自身理念的缺陷，民法确立了公共利益原则、诚实信用原则、禁止权利

---

〔1〕 张俊浩主编：《民法学原理》（上），中国政法大学出版社1997年版，第4页。

滥用原则；从强调个人本位到重视团体利益，表现为承认对强者的制约和对弱者的保护；从绝对所有权发展到相对所有权，所有者享有的最广泛的使用和处分财产的权利被限制在"不损害他人所有权的前提下使用你的财产"的范围内，认可国家征用权、环境权等；从契约自由到契约正义，增加了契约的附随义务；为适应工业化的发展，归责原则从过错责任发展到严格责任。

（二）经济法的产生

上述改革是否使现代市场经济中由国家干预而产生的新的经济关系被纳入私法的调整框架？基于以下理由，回答是否定的：首先，所有的改革仍然以市民法的传统理念为基础，形式平等仍然优先于实质平等；对契约自由的限制不是契约自由的消灭；归责原则的基础仍然以过错责任原则为主。因此，改革并不是私法的彻底革命，而只是私法的改良。其次，民法的私法理念确实反映了早期市场经济中商品生产和交换的基本规律，这种规律是现代混合经济的重要组成部分，因此，如果彻底否定自由、平等和意思自治，将影响民法对现代市场经济关系的调整。这从根本上决定了民法改革不能从根本上否定私法理念。

正是由于民法改革没有在传统市场经济法律框架内解决对新的由国家干预产生的经济关系的法律调整问题，因此，与其迥然不同的新法律——经济法的产生就成为必然。事实上，为了认可和调整 19 世纪末 20 世纪初由国家干预经济产生的新的经济关系，在私法改革的同时，资本主义国家开始颁布一系列新的法律。与国家干预经济的方式相应，新法律首先产生于政府对自由市场的管制。如前所述，最早的现代意义上的市场管制（监管）法律是美国国会 1890 年制定的《保护贸易及商业免受非法限制与垄断法》（即《谢尔曼反托拉斯法》）。1914 年美国根据《联邦贸易委员会法》设立联邦贸易委员会，负责执行各项反托拉斯法律，这使政府对市场的监管走向新阶段。在 20 世纪 30～40 年代"罗斯福新政"期间美国颁布的《农业调整法》《产业复兴法》《紧急银行法》《存款保险法》《劳工关系法》等 70 多项法律，则使国家对市场经济的干预扩展到了宏观经济领域。

毫无疑问，这些新法律的制定使国家的力量合法地介入了市场，为国家干预经济开辟了道路。不仅如此，在立法理念、内容及结构等方面，这些法律均表现出与传统私法完全不同的特性，并由此成为调整市场经济法律体系的新的组成部分。

第二节　经济转型与中国经济法形成

经济法产生的经济基础是市场失灵背景下的国家干预，同一时期国家干预经济的理论奠定了其产生的思想基础，最终，既有市场经济法律体系无法完全容纳和调整的由国家干预产生的新的经济关系，形成了经济法产生的法律基础。以上阐释以较早产生经济法的西方发达国家为背景展开。但以此审视中国经济法，我们会发现，中国经济法产生的背景具有独特性：①真正意义上的中国经济法产生于 20 世纪 70

年代末，比发达资本主义国家晚了半个多世纪；②中国历史上并没有经历过真正的完整意义上的资本主义阶段，中国经济法产生的背景是在公有制基础上、因经济改革而由计划经济向市场经济的转型时期。产生背景的特殊性，决定了中国经济法产生原因的独特性。

一、"政府失灵"

20世纪上半叶，以亚当·斯密的经济学理论为基础的自由放任市场经济被否定，取而代之的是两种经济体制：一种是以"罗斯福新政"为标志的国家干预主义的经济体制，这是资本主义国家为了弥补市场失灵而对市场经济所做的改造与创新，是市场经济体制的自我修正。另一种是以苏联为代表的以公有制为基础的社会主义制度的建立，即通过全面否定资本主义制度，包括资本主义制度赖以依存的市场经济体制，建立一种全新的高度集中的计划经济体制。这两种体制建立之初都创造了辉煌的成就，资本主义国家的国家干预主义在凯恩斯理论的指引之下，不仅摆脱了20世纪30年代的大危机，而且带来了二战以后相当一段时期西方国家的普遍繁荣，凯恩斯也因此被誉为"战后繁荣之父"。苏联的社会主义经济建设也取得了巨大成功，使苏联成为仅次于美国的世界第二强国，为第二次世界大战打败德国法西斯奠定了强大的物质基础。而作为二战后社会主义阵营重要成员的中国，也在社会主义革命取得胜利之后，以苏联模式为样板建立了高度集中的计划经济体制，集中有限的财力、物力展开了大规模的社会主义经济建设。

但是，由于上述两种体制本身存在的先天不足，它们很快被自身的问题所困扰。尽管西方经济学理论全面准确地分析了市场机制的缺陷，但对政府干预经济的负效应估计不足。因此在凯恩斯经济政策实施几十年后，西方国家普遍发生了经济滞胀，即经济发展及通货膨胀与经济停滞及大量失业现象并存。凯恩斯理论面临着前所未有的困境，人们不得不回过头来重新到亚当·斯密的理论中去找灵感。这就是西方经济学家们所说的"政府失灵"。几乎与此同时，社会主义国家经济的发展也出现了问题：由于计划本身的缺陷，大量的国有企业在缺乏竞争的情况下失去了活力，经营效率普遍低下。这种情况在我国学界的研究中也被称为"政府失灵"。

应当指出，根据西方经济学的研究，在发达市场经济国家，"政府失灵"是在现代市场经济的基础上产生的，专指政府对市场干预过度而影响市场机制功能正常发挥的现象，因此"政府失灵"是与"市场失灵"相对应的概念。而我国学界所言"政府失灵"则产生于高度集中的计划经济体制，即"政府失灵"并不是政府对市场干预过度，而是政府取代市场完全包办经济运行的产物。在这个层面上，应当说国内学界只是借用了"政府失灵"的表达方式。正是基于此，尽管都被称之为"政府失灵"，但解决问题的思路和方法却大不相同：发达国家通过"放松监管"来解决"政府失灵"问题，而中国所谓的"政府失灵"则导致了计划经济体制的改革和社会主义市场经济体制的建立。

二、中国早期经济改革与经济法的产生

所谓"政府失灵"时，社会主义国家逐渐失去了其在经济上的优势，于是市场经济重新崛起，计划和市场、命令经济与市场经济产生融合，国家管理与承认个体经济权利相互交织，随之出现了经济立法。这一过程开始于 20 世纪 50~60 年代的苏联和东欧国家。中国的改革则发端于 20 世纪 70 年代末。

早期的改革自下而上，最先从国有企业开始，并沿着对内改革和对外开放两条途径展开。1979 年起，中国的国有企业通过与外国资本共同举办中外合资经营企业，获得了国外先进的技术和管理经验，从而为政府与国有企业关系的改革埋下了伏笔。而开始于 20 世纪 80 年代初期的国家对国有企业放权让利的改革，使国有企业逐步获得了经营管理自主权，成为以国家授予的财产进行自主经营、独立核算、自负盈亏的市场主体，随之开始了企业之间跨地区、跨部门、跨所有制的联合经营。与此同时，政府开始摆脱国有企业直接经营者的身份，通过"利改税"和"拨改贷"等措施尝试运用财政、税收、信贷等手段来控制国民经济的运行。这为后来的政府与企业、政府与市场关系的进一步改革以及社会主义市场经济体制的建立奠定了基础。

为肯定经济改革成果并进一步促进改革，国家在这一时期颁布了大量的法律法规。例如：《中外合资经营企业法》（1979 年）、《关于扩大国营工业企业经营管理自主权的若干规定》（1979 年）、《标准化管理条例》（1979 年）、《森林法（试行）》（1979 年）、《环境保护法（试行）》（1979 年）、《经济合同法》（1981 年）等。今天，我们重新审视上述法律法规及其产生的历史，很容易发现，尽管经济改革尚处于早期，这些法律法规产生的原因也并不是市场失灵，但其中所体现出来的企业独立经营以及国家通过宏观调控手段对企业和经济进行控制的思想已经开始萌芽。正是基于这一点，国内学界将上述法律视为不同于传统私法的一类新法律进行研究，在这一过程中，苏联、日本以及德国的"经济法"概念被引入中国，用于对此类新法律法规的归纳和称谓。

三、经济转型与中国经济法的形成

（一）经济转型及其对法律制度的影响

在一般意义上，经济转型是指一个社会原有的经济体制及相应的政治体制向另一种类型转变的过程。具体而言，这一概念指 20 世纪 80 年代末至今，中国、俄罗斯及东欧等社会主义国家通过经济改革，其经济体制由计划经济向市场经济的转型。正如一些学者所言，经济转型是 20 世纪最重要的经济事件，由于转型过程对大约 16.5 亿人生活产生影响，以及各个经济转型国家所遇到的经济问题的共性和特性，经济转型成为学界的研究对象，并由此形成了经济转型理论。[1]

处于经济转型期的国家，其法律制度将受到以下因素的影响：①经济制度的改

---

[1]　参见［比］热若尔·罗兰：《转型与经济学》，张帆等译，北京大学出版社 2002 年版，第 4~5 页。

革所带来的社会变化。尽管经济制度改革的模式在不同的国家情况不同，但改革意味着各种利益的重新分配和组合。因此，资源分配的不公平可能导致的社会不稳定是转型时期的一个关键问题。②在缺乏法治环境条件下进行法律改革可能引发的问题。经济转型国家的许多改革均以法律改革的形式进行，但这并不意味着市场秩序的建立。由于法律改革最终造就的新法律体系及法律秩序不可能在短期内被建立起来，因此，在法律改革过程中，单个法律的制定或修改会产生两方面的问题：一方面，法律改革改变了人们以往的预期，但新的预期又由于法律制度及其实施体系的缺乏而不能迅速地建立起来；另一方面，经济改革滞后对法律改革的制约，加之缺乏其他法律、司法制度的配套，新的法律因缺乏实施的基础而得不到真正执行。因此，经济转型国家会出现新旧两种制度的交错，进而导致市场的无序。③经济转型时期政府经济政策的制定对法律的移植和改革具有非常重要的影响，这种影响在有关国家干预的法律制度的建立或改革过程中表现得尤为突出。由于经济转型国家面临诸多与发达市场经济国家不同的问题，加之经济转型时期法治资源的缺乏，国家需要为解决这些问题制定特殊的经济政策，这些经济政策对经济转型国家的立法政策选择的影响必然表现在其法律移植和法律改革的全过程中，进而导致经济转型国家与发达市场经济国家对同一法律制度的改革在方向或趋势上呈现出重大区别。

（二）经济转型期政府干预的特性与中国经济法的形成

经济转型时期影响法律制度的因素使中国政府对市场的干预表现出不同于发达国家的独特性，由此，中国经济法的形成也与众不同。20世纪80年代末至90年代初，随着建立社会主义市场经济的改革决策的提出，经济改革进一步深入，中国社会进入了从高度集中的计划经济体制向社会主义市场经济体制过渡的经济转型时期。在早期经济改革的基础上，随着国有企业的股份制改革，以及国家对企业和市场的控制逐渐由直接转变为间接，中国的市场化程度不断提高，相关市场以及市场主体被培育出来，其间的财产及交换关系通过《民法通则》（1986年）、《公司法》（1993年）以及《合同法》（1999年）等三个重要法律被建立起来。在此基础上，政府与市场的关系发生了重大变化：

1. 市场经济体制的建立要求政府从竞争性领域进一步退出，彻底放弃对经济的全面计划管理，与此同时，尽管市场经济体制还有待进一步完善，但市场失灵已经出现并开始成为新的国家干预的经济基础。例如，1993年我国相继颁布了《反不正当竞争法》、《证券法》、《产品质量法》以及《消费者权益保护法》；从20世纪80年代末开始，国家已经开始运用财政、税收、货币等宏观调控手段来调节经济的运行。

2. 由于经济转型尚未完成，相对滞后的宏观经济改革一方面对市场规则作用的发挥形成制约，另一方面经济运行存在对旧体制的路径依赖，因此与发达国家相比，政府对国民经济的控制力仍然较强。不仅如此，作为发展中国家，中国要建立的是社会主义市场经济，这决定了政府不仅要担负起对市场竞争制度、经济运行中的总量和结构以及市场分配结果和社会发展进程进行调节和干预的任务，而且还要在促进国家工业化发展、保障社会公平、实现共同富裕和可持续发展等方面发挥重要作用。因此，在经济转型期，政府会掌握更多的资源，以保持对经济的强有力干预，保证经济转型的顺利进行。由于其产生原因的特殊性和复杂性，强大的政府干预带来的问题不仅来自旧体制，也必然包含以市场为背景的政府失灵。

由上，我们的结论是：中国特有的政府主导、市场失灵和政府失灵，交错构成了中国经济转型过程中政府干预经济的基础。为应对由此产生的问题，中国政府对经济的干预也可大致区分为两种情形——应对市场失灵的国家干预和应对市场发育不完全的国家干预。为调整经济转型时期特殊的国家干预所产生的经济关系，中国经济法进入了高产出时期：在积极推进包括民商法和经济法在内的市场经济立法的完善、调整和保护平等主体之间的财产关系、促进市场体制完善的同时，中国制定了一大批经济法律法规。在宏观调控方面，主要有《预算法》（1994）、《税收征收管理法》（1992）、《外商投资企业和外国企业所得税法》（1991）、《中国人民银行法》（1995）、《农业法》（1993）、《土地管理法》（1986）、《对外贸易法》（1994）、《反倾销与反补贴条例》（1997）、《台湾同胞投资保护法》（1994）和《国务院关于鼓励外商投资的规定》（1986）等等；在对市场主体行为及市场秩序的监管方面，主要有《全民所有制工业企业法》（1988）、《城镇集体所有制企业条例》（1991）和《乡村集体所有制企业条例》（1990）、《企业法人登记管理条例》（1988）、《反不正当竞争法》（1993）、《证券法》（1998）、《消费者权益保护法》（1993）、《产品质量法》（1993）、《广告法》（1994）以及《企业破产法》（2006）、《反垄断法》（2007）、《食品安全法》（2009）等。从上述法律法规的内容看，尽管中国的经济改革和经济转型尚未完成，但中国调整市场经济的两大法律制度——民商法和经济法却都在这一过程中孕育和诞生了。因此，经济转型时期极富特色的国家干预不仅奠定了中国经济法产生和形成的基础，也奠定了经济法在中国社会主义市场经济中的重要地位。

第三节　经济法的发展及其对传统法律的影响

国家适度干预以及经济法的产生，奠定了现代市场经济的坚实基础。自19世纪以来的一个多世纪里，伴随着自由市场经济发展到混合经济时代，经济法逐渐走向成熟并形成自身的独特体系。作为法在20世纪最重要的发展，经济法的形成在法理念、法结构以及法体系三个方面，对传统法律产生了深远的影响。[1]

---

[1] 由于经济法在本质上仍属调整市场经济的法律，因而此处对"传统法律"的阐述也仅限于市场经济法律制度范围。

第二章

一、经济法体系的形成

从全球的角度看，经济法在其百年发展历史中大致经历了从产生到形成两个阶段。对这两个阶段的分析可以看出经济法体系的形成过程。

第一个阶段是一战前后至二战前的经济法产生时期。这一时期经济法的制定多以应对突发事件或紧急情况为目的，具有很强的应对性调整的特点。第一次世界大战期间，国家为应对战争，实现对物资和资金的直接掌握和分配，有针对性地制定了一系列以政府管制为特征的战时经济法，但在严格意义上，这些法律法规与市场的发展变化并无直接的联系。19 世纪末为应付垄断对自由竞争的破坏而制定的美国反垄断法，其影响虽已波及主要发达国家，但由于两次世界大战的影响，其所反映的现代市场经济法律理念并未得到真正的确立。而 20 世纪 30 年代美国"罗斯福新政"期间所颁布的危机对策法，尽管成为现代国家干预产生的重要基础，但"新政"毕竟是一种应急的施政纲领，因此这些经济法律法规也具有明显的暂时性和极强的针对性，缺乏一个独立法律部门应有的连贯性和系统性。

第二个阶段是二战后的经济法发展时期。以维护经济的协调发展为主线，这一时期经济法律规范的制定走向体系化。随着 19 世纪市民社会向现代国家的演进，传统市场经济法律制度中渗入了新的因素，加之战争的催生，垄断已成为资本主义社会的经济常态，自由竞争受到抑制。因此，西方国家的经济立法主要围绕着市场失灵展开，其中最主要的一个方面就是对垄断的监管。二战以后，在最终确立了维护公平竞争、尽可能使社会资源得到最佳配置的立法宗旨之后，美国的反垄断法不断完善。其后，日本和德国在美国的主导下建立了反垄断法律制度，欧洲国家也在一体化进程中确立了自己的反垄断法律制度。与此同时，西方国家的财政税收法、货币法、计划和产业政策法、经济稳定和增长法、反不正当竞争法、消费者保护法等蓬勃兴起。这表明，以反垄断法为核心，以维护市场经济的协调稳定发展为宗旨，这一时期经济法逐渐走向体系化。尽管迄今为止尚存争议，但经济法的完整体系由市场监管和宏观调控两大法律制度构成，已基本成为学界的共识。

应当指出，早在 20 世纪初，苏联就成为人类历史上第一个社会主义国家，二战后，在其主导下，东欧国家均建立了以公有制为基础的高度集中的计划经济体制，国有企业成为支撑国民经济运行的基础，因此，制定专门法律调整国有企业的思想和实践是这些国家的共同点。例如，20 世纪 60 年代捷克斯洛伐克曾制定经济法典。所有这些思想和实践，在这些国家后来发生的经济改革立法中被大大扩展，并被称为社会主义经济法实践。[1] 至 20 世纪 80 ~ 90 年代，这些国家先后进入经济转型时期。如同前文阐述中国经济法产生原因时所表述的那样，由于经济改革初期的经济立法实际上囊括了所有调整市场经济的法律，因此严格意义上只能算是经济法的萌芽。在其后的经济转型中，这些国家在民商法之外制定的调整国家干预经济的法律

---

〔1〕 潘静成、刘文华主编：《经济法》，中国人民大学出版社 1999 年版，第 39 页。

法规才是真正意义上的经济法。

关于中国经济法的产生和形成，本章第二节已经阐述，在此不赘述。

综上，在短短一个世纪中，经济法基本形成了自己特有的体系结构，进入了成熟期。由此，自人类社会运用法律调整市场经济关系以来，市场经济法律体系结构中又增加了新的独立成分。这种变化对法律制度发展的进程产生了重要影响。

二、经济法对传统市场经济法律的影响

（一）经济法对传统市场经济法律理念的更新

从狭义的角度，传统市场经济法律理念是指传统民商法的法律理念。资本主义制度的建立及初期的发展，使资产阶级启蒙思想家所倡导的平等、自由思想在市场规则作用下的自由竞争中凝结为市场经济的法律理念。以私有权为基础，市场主体平等地以契约自由和意思自治的方式进行交易，除非存在过错，否则交易所产生的后果由订约各方自愿承担，这就是传统民法的私权神圣、契约自由和过错责任原则。至经济法产生之前，整个市场经济的法律体系建立在自由竞争、权利平等、意思自治的基础之上，民事主体之间在自愿的前提下以意思自治为基础，通过设定权利义务实现财产流转，并使社会资源得到有效配置。但经济法的产生和形成改变了上述市场经济法律观。

1. 经济法实质正义的理念突破了传统民商法的平等自由理念，从整体上完善和发展了市场经济法律的公平正义观。经济法产生的原因清楚地表明，资源占有的不平等决定了自由竞争规则下的契约不自由，在此基础上，契约自由和意思自治所导致的交易结果不平等和不公正将使自由竞争受到极大的限制，进而动摇价值规律赖以发挥作用的基础。因此，经济法主张追求所有市场主体的公平发展，并为此而限制私权。为了克服私权滥用所导致的弊端，使市场经济得以持续发展，经济法突破了传统民商法所建立的权利平等和意思自治观念，以社会为本位，主张以资源占有的不平等为基础，重新审视当事人之间的关系。在经济法视野下，为从根本上遏制私权滥用及减少其给社会带来的损害，应当借助公权力，从社会生活的起点对私权利及其行使实施必要的限制。在这个意义上，经济法的产生使传统市场经济法律中的权利平等以及当事人意思自治由绝对走向相对，从而在整体上使市场经济法律的公平正义理念更加符合市场经济发展的需求。

2. 经济法遵循社会本位理念，从而在整体上使传统市场经济法律由个人本位和私权至上转向个体利益和社会利益的和谐发展。由于相信在市场规则引导下，单个市场主体追求其个体利益的行为将实现社会利益，传统民商法将保护私权利作为其根本目标，由此形成以权利为中心的个人本位思想。而在市场危机中产生的经济法则认为，在市场经济中，个体效益不同于社会效益，由于市场的外部性，对个体效益的追求不会必然带来社会效益的提高，还可能损害社会效益。因此准确地说，社会效益的提高既依靠每一个体追求其效益的行为，又有赖于个体追求效益行为的外部性的降低。基于此，经济法在平衡私人利益与社会利益的冲突中将其关注的重心放在社会利益上，以社会为本位，主张对社会利益的保护，尤其强调对社会弱势群体和公共利益的保护。由此可见，经济法的形成突破了民商法个人本位的理念，改变了传统民商法保护的单一性，使整个市场经济法律跳出了绝对的个人本位和私权至上，转向追求个体利益和社会利益的和谐发展，进而更加符合现代市场经济可持续发展的需求。

（二）经济法与传统法律内在结构的不同

在法学研究的层面上，不同法律部门之间的区别首先表现为法律制度架构或者内在结构的不同，其次才表现为由法学家所抽象的法律理念或法律价值的区别，因此在法律内在结构没有发生任何变化，或者变化仅仅处于量变而非质变的阶段，一个新法律部门产生的命题很难得到论证。当然，对经济法而言，由于其产生及形成的历史还不够长，学术界对其内在结构的理论研究尚未取得实质性的突破，但在国家干预经济的基础上，以社会本位为理念，确实生成了一些新的不同于传统法律逻辑的调整方式或权利救济方式，主要体现在以下几个方面：①法律关系的变化；②责任制度体系的变化；③法律实施途径的变化；④经济政策的直接法律化。

尽管在几乎所有的经济法教材中，经济法律关系都按照民事法律关系的逻辑被阐述，但经济法律关系主体及其权利义务的特殊性仍然显而易见：①基于其调整目标，经济法强调主体身份的差异性，并通过对参与经济法律关系的主体进行具体的身份识别，进而对主体之间的权利义务关系进行重新配置。这与民事法律关系主体具有高度的抽象性、除民事行为能力的差异外基本不具有个体性差异的情况是迥然不同的。②在民事法律中，法律关系主体被抽象为"人格"，其经济地位的不平等被完全忽略。但在经济法中，由当事人经济地位不平等引发的利益冲突恰恰是法律调整的起点，同时由于调整建立在国家管制的基础上，经济法律关系主体之间的关系具有不平等的特性。③与民事法律关系相比，经济法律关系的主体在类型上具有广泛性，其中最为特殊的是，国家成为经济法律关系的重要主体。此外，在一些以弱势群体为一方当事人的经济法律关系中，权利与义务发生了某种程度上的分离，而在以国家监管机构为一方当事人的经济法律关系中，权利具有公权的性质，主体的权利同时也是其义务，权利不能被放弃或任意处分，权利与义务因此被称为"职责"。这与民事法律中的权利义务规则显然不同。

在责任制度和法律实施方面，我们很容易发现：为适应经济法调整的需要，经济法的责任制度是一个由行政责任、民事责任和刑事责任组成的体系。而不同性质的法律调整手段在一部具体经济法律中的综合运用究竟仅仅是不同责任形式的简单叠加还是一种具有其内在规律的组合，恰好是经济法学研究试图回答的问题。与此相应，经济法的实施也不存在一个独立的"经济诉讼法"基础。

经济政策的直接法律化也是经济法不同于传统民商法的突出特点。就总体而言，所有调整市场经济的法律的制定和改革都要受到国家经济政策的影响，都面临立法政策选择的问题。但这一点在经济法立法中得表现尤为突出。作为国家干预经济的

第二章

工具，经济法比民商法受到更多的国家经济政策的影响。国家在不同时期的产业政策、货币政策、科技政策、能源政策、分配政策、环保政策等，不仅会对相关经济法的立法及实施产生影响，而且在一些情况下，这些经济政策会直接以法律为其表现形式。因此作为法律，经济法的内在结构与传统民商法具有明显差异。

（三）经济法对市场经济法律体系结构的影响

1. 经济法产生之前的二元法律结构。资本主义之前的法律制度经历了古代和中世纪两个阶段，其基本特点是：君主专制制度和宗法制的家庭生活方式占统治地位，习惯和专制君主的命令是法律的主要渊源，法律与宗教相交织，君权与神权相结合，刑罚制度发达，民事关系与刑事关系由统一的法律调整，民刑不分，诸法合体，程序法与实体法合一。但罗马法却是其中的唯一例外。由于其私法的发达，罗马法学家提出了公法、私法划分的思想及划分标准。在《法学阶梯》中，优士丁尼将其阐述为"公法涉及罗马帝国的政体，私法则涉及个人的利益"。[1] 应当指出，受历史条件所限，罗马法时代公、私法划分的价值主要体现在理论研究上。真正将公法、私法划分的思想付诸实践的是资产阶级革命胜利之后的资产阶级法学家。

随着资产阶级民主自由思想的兴起，政治上的民主对抗国家权力的专制，经济上的民主对抗超经济强制，经济上的自由使得财产关系摆脱了政治国家的直接控制，政治关系与经济关系之间的分野日渐清晰，经济地位不再与政治等级相挂钩，市民社会脱离政治国家作为一个独立的范畴而存在。社会政治结构与经济结构的巨变，必然导致法律体系的裂变，在这一过程中，为新兴资产阶级所接受的亚当·斯密的自由放任经济学思想在法律制度中体现为意思自治、契约自由等法律理念。这标志着罗马法关于公法和私法划分的思想最终得以在实践中运用。由此，法律体系由诸法合体的混合法一元结构，逐步过渡到公法、私法泾渭分明的二元结构，及至资本主义制度建立之后二元结构得以切实地运用，并在此基础上产生了部门法，法律体系结构渐次清晰。

2. 经济法的产生与市场经济法律结构的变化。作为一类新兴的法律，经济法对二元法律结构及市场经济法律体系产生的影响主要表现为：公、私法的法律划分方式被突破，法学界对大陆法系国家奉为经典的公、私法划分理论产生了质疑。

国家干预产生的经济关系在性质上的模糊，直接导致这类新的经济关系的性质难以在公、私法框架内被确定。为克服市场规则的固有缺陷，保证经济的协调发展，以国家干预经济为基础产生了政府对市场的监管关系和政府对经济的宏观调控关系。这类新的经济关系的典型特征，一是管理性，二是市场性。一方面，由于经济法调整的经济关系与国家职能的行使具有密切联系，国家职能的行使必然以国家作为政权组织的特性为基础，依靠政府的行政机构，通过行政权的行使来实现。因此，尽管在总体上经济法调整的经济关系是整个市场经济关系的组成部分，但与民商法调

---

〔1〕〔古罗马〕优士丁尼：《法学总论——法学阶梯》，张企泰译，商务印书馆1989年版，第5页。

整的市场关系相比，此类经济关系具有纵向管理的特点，即具有管理性而非平等性，这是经济法调整的经济关系与民法调整的经济关系的重大区别。但从另一个角度看，由于政府宏观调控、监管和参与而产生的经济关系是市场经济内生的，它构成了现代市场经济关系的一个重要部分。在这个意义上也可以说，政府宏观调控、监管和参与而产生的经济关系，在本质上属于市场经济关系。而在经济法调整的具有管理性的经济关系中，管理主体只是游戏规则的提供者，管理者与被管理者之间不具有行政隶属关系，这也表明了这类新的经济关系不同于因控制政府行政权滥用而产生的政府机构之间以及政府机构与社会组织及公民个人的关系。因此，如果用传统的公、私法划分的方法，国家干预产生的经济关系很难被分别纳入民商法或行政法的调整范围。

那么，通过民商法和行政法的改革能否解决这一问题？正如前文所阐述的那样，在经济法产生之前，为应对市场经济的发展，传统民法曾进行了改革，但由于改革不可能背离民法自身性质的规定，因此，改革后的私法没有被注入调整管理性经济关系的内容。与此相类似，迄今为止的行政法改革也没有根本改变其控权的本质属性，具有公私互动、平等与管理相互交错的经济关系也无法通过行政法得到完整和准确的反映。在上述情况下，几乎所有国家的经济法律法规都相对独立于民商法和行政法。

关于上述现象的解释，一些学者借用了社会法中"第三法域"的概念，认为经济法是公法和私法之间独立存在的一种新的法律形式。本书认为，无论作何解释，经济法独立于民商法和行政法的现象证明了将全部法律划分为公法与私法确实存在弊端。因此，转换思路，拓宽视野，将调整市场经济的法律看作一个整体，从不断变化的市场经济实际出发去认识不同法律部门划分的相对性，理解不同法律之间的密切联系和互动关系，将使我们对经济法乃至整个市场经济法律体系的认识更加符合现代市场经济发展变化的需要。

思 考 题

1. 什么是市场失灵和政府失灵？
2. 论经济法产生的社会经济根源。
3. 论经济法产生的法律根源。
4. 谈谈经济法在现代市场经济法律体系中的地位。
5. 谈谈中国经济法产生和形成的独特性。
6. 谈谈经济法产生和发展对传统法律的影响。

第 3 章
经济法的理念

第一节 经济法的理念

一、法的理念

（一）"理念"的含义

"理念"一词的含义争议颇多，有的学者认为其有理想和信念之意，[1]但这是在汉语基础上进行的语义解释，而"理念"（idea）一词却是个舶来品，语出柏拉图的哲学理论，指的是由一种非感性的特殊性质所表明的类，其自身是永恒不变的自我完善的整体，并且是普遍、绝对和必然的存在。柏拉图认为，可知的理念是可感的事物的根据和原因，可感的事物是可知的理念的派生物。[2]正本清源，本文是在上述意义上使用这一概念并论述法和经济法的理念的。

（二）法的理念

根据上述定义，法的理念就涉及法的本质、存在的依据以及追求的目的。法是人们社会生活的制度性工具，所以其本质必然是目的性、功能性的；其存在的依据就是实现人们创制这一制度的目的，而这种目的必然带有主观的价值判断的色彩。因而，法的理念与法的价值相关。

在社会科学的范畴内，只有人是目的，法是工具而不是目的。法的价值是法所追求的社会理想，是法的功能所要达到的目的，是内在的主观的概念，因人的需要的多元性和社会关系的多元性而具有多元性，并且这些多元的价值按一定的位阶顺序排列。法的价值一般包括公平、正义、效率、秩序等。

法的价值只是一个终极的追求目标，表达了人对理想生活的向往，但充其量是对未来美好社会的一种客观现实的描绘，至于通过一种怎样的理性的必然途径（这种途径表明了法的特殊性质）去实现之，即实现上述价值的根据或者原因是什么，价值之中并未涵括，据此，本文认为这就是法的理念应当解决的问题。

人毕竟不是精神上的动物，经济学和社会学的理论前提就是把人定义在理性人

---

〔1〕 漆多俊：《经济法基础理论》，武汉大学出版社 2006 年版，第 158 页。
〔2〕 颜一：《流变、理念与实体——希腊本体论的三个方向》，中国人民大学出版社 1997 年版，第 47 页。

的基础上分析各种关系和行为的。人的各种主观价值的心理实现需要外在客观的利益满足，理性使人趋利避害，利益一般是有利于一个人的一切事情，如人身安全、财产、声誉和言论自由等。庞德认为利益就是人们个别的或通过集团、联合或关系，企图满足的一种要求、愿望或期待。[1] 利益是人社会化的结果，其不同于动物的欲望。社会在一定时期内的利益资源是有限的，公平、正义、效率和秩序价值的实现又必须是全社会范围之内的，所以其必须通过一种特殊的利益分配机制才能落实到各个主体，同时这些价值实现的根据或原因也使人们的利益得到了合理的满足，并在主观上认为实现了公平、正义、效率和秩序。

并非所有的利益都必然得到法的承认和保护，其中哪些利益需要得到法的承认，是社会学、伦理学和法学所要解决的问题，也是社会利益各方博弈与妥协的结果，所以本文中的利益指的是已经为法所承认和保护的利益。

据此，法的理念是法在社会范围内对于其承认的利益的强制性保护、分配和促进，以此达到法所追求的公平、正义、秩序和效率价值。

法是调整社会关系的工具，那么按照其调整的社会关系的不同特点，法内部也会有分类，就规范意义上的法来说，其分为宪法、民法、经济法、行政法等。因为其调整的社会关系有不同特点，这些社会关系中的利益冲突必然有差异，所以各种部门法对这些利益进行保护、分配和促进时必然会有偏好，这样才能促进法的价值的实现。因此，各个部门法的理念就有差异。

就民法而言，其调整的是平等主体之间的利益冲突。平等主体之间只存在请求，各主体的意思均受到尊重，因为个人之间的利益包括两个方面，一是保护现存的利益，二是促进利益的增加。基于每个理性人都是最好地保护和增加自己利益的最佳主体，民法的理念就是以个人利益为本位的私法自治，即在尊重各个主体的意思自治的基础上保护和增进个人利益。

二、经济法的理念

经济法是法的一个组成部分，其理念就是在社会整体利益优先的基础上保护、分配和促进社会整体经济利益。这主要包括两方面：一是保护现存的社会整体经济利益不受侵犯，这是保护的问题；二是在追求社会整体经济利益与个体利益以及集团利益均衡的基础上促进社会整体经济利益的增加，这是分配和促进的问题。

（一）社会整体经济利益

1. 整体性与经济性。正如上文所述，利益是依存于社会的，因主体不同而呈现差异性。从功利主义道德观开始，利益就受到重视，庞德更是将法律所保护的利益分为"个人利益"、"公共利益"和"社会利益"三类，三者由于主体地位的变化而

---

[1]　[美] R. 庞德：《法理学》（第 3 卷），美国西方出版公司 1959 年版，第 16 页。转引自沈宗灵：《现代西方法理学》，北京大学出版社 1992 年版，第 291 页。

相互联系，同一种需要可以从不同的角度提出。[1]利益是社会主体所欲求的客观对象，社会整体经济利益的主体就是所有人组成的一定时间和空间范围内的社会。社会作为一个不同个体融合的组织体，有相对独立于个体的利益需求。但社会作为一个高度抽象的实体，与社会组织一样，其利益需求的表达有赖于个体的利益需求。社会整体经济利益并非超脱于个人利益之外，而是绝大多数主体的共同利益，但国家却不能绝对性地代表社会整体的经济利益，因为其代表的集团利益不同于社会整体利益。国家有从社会攫取私益的可能，譬如政府机关的部门利益和地方利益在一定程度上就是这种国家"庸俗化"的表现。

经济法有经济性，即其调整的社会关系有经济性，是涉及经济内容并且是社会整体经济内容的社会关系，其他诸如人身关系、继承关系等均因为不具有社会整体经济的性质而不属于经济法的调整范畴。

2. 社会整体经济利益——一种利益的建构方法。社会整体经济利益，是指当经济社会成为与市民社会、国家社会相并列的第三元社会建构之时，作为主体的社会在经济方面所具有的利益。社会整体是一种利益建构的方法，在现代社会关系尤其是经济关系中，这是与具体的个体相对应的不特定的多数人的现实的凝聚状态。它并不表明属于该范畴的任何个体的权利的具体份额，而是一种有实质利益但又不能进行具体利益分割的机制。这种状态下的权利和利益不特定归属于具体个体，而归属于个体的高度抽象，但个体的行为与公共的损益相关联。公共经济领域中的个体是利益相关者构成的动态群体，其既是构成公共状态的力量，又是公共状态下的共识和机制的被迫接受者。

经济法从历史上看并非一开始就是以社会整体经济利益为其理念基础的，因为传统的经济法所奉行的是建立在政府完全理性假设之上的经济控制权高度集中的全面干预理念，必定偏离社会整体经济利益的正常轨道。传统经济法认为，国家利益是与社会整体经济利益一致的，政府基于完全理性所作出的任何干预都是符合国家利益和社会公共利益的。然而历史反复证明："一方面，个人理性在理解他自身运作的能力方面有一种逻辑上的局限，这是因为它永远无法离开自身而检视它自身的运作；而另一方面，个人理性在认识社会生活的作用方面也存在着极大的限制，这是因为个人理性乃是一种植根于由行为规则所构成的社会结构之中的系统，所以它无法脱离生成和发展它的传统和社会而达到这样一种地位。"[2]由此可以看到，只有建立在有限理性假设之上的奉行经济民主的适度干预的现代经济法才能真正以社会整体经济利益为其理念的基础，即表明经济法对产业调节、固定资产投资、垄断、不

〔1〕〔美〕罗·庞德：《通过法律的社会控制——法律的任务》，沈宗灵、董世忠译，商务印书馆1984年版，第8页。

〔2〕〔英〕弗里德利希·冯·哈耶克：《自由秩序原理》，邓正来译，北京三联书店出版社1997年版，第151页。

正当竞争行为、产品质量控制以及消费者权益保护等关系进行调整时，必须以社会整体经济利益为基础。例如在宏观调控法方面，国家运用计划、财政、税收、金融、产业政策等手段，从社会整体经济利益着眼，重点调控经济结构和经济总量，使其比例达到平衡，从而为市场经济创造良好的运行环境，以保持社会的稳定并促进其协调发展。

社会整体经济利益的产生是利益整合的过程，就是把个人的或者小群体的那些分散的、零碎的利益要求集中、归纳和提炼成为整体的、全面的利益要求，使之与集体的以及社会主导性群体的利益要求紧密结合起来，进而通过制定和实施法律政策予以满足的过程。"从逻辑上说，个体与群体，个人与社会，这是社会中的两极，是所有文明社会任何时候都要面临的矛盾，它们之间的对立和冲突，实际构成了历史的运动。"[1] 伴随着历史运动的法律，自然也不外于此。德国法学家柯勒指出，法律原则必须符合个体主义与整体主义的交错这一文明生活的主要杠杆的运动趋向。[2]

当倡导个人本位和自由竞争的民商法，与科技进步所带来的高度社会分工和合作基础上形成的经济形态产生矛盾时，社会的发展早就超出了私人统治的空间，经济的社会化程度日益加深，个人利益本位之下人们对自身利益的无限追求以及对社会整体经济利益的漠视导致了后者的损害。这种负外部性使得尊重自治异化为对自治的威胁，而自由竞争的无限发展产生的垄断就会限制自由，导致自由竞争的原始理念又被自由竞争的结果所摧毁。所以社会整体经济利益的提出和落实就有迫切的现实意义，如今强调的人与他人、人与社会的和谐关系，也是社会整体意义上的。

在社会整体经济利益的意义上，个体在目的、行为、利益和责任等方面有共同性和关联性，尽管有角色和分工的区别，但仍是一种群体参与和共同实施。个体为了关联密切的公共经济利益而行为，公共经济利益为个体所分享，这种分享可能是现实性的，也可能是保留性、机会性和潜在性的；公共经济领域的责任具有牵连性，某个体对公共经济利益的侵害会使所有个体都受损，因此需要对所有个体进行普遍的约束，趋利避害，如果个体损害了公共经济利益，会导致公共领域的集体防范和一致谴责。

（二）保护与增进——以社会整体经济利益为基础的经济法理念观

1. 社会整体经济利益与个体利益的协调均衡。

（1）分配正义语境下的利益均衡。这就是对于社会整体经济利益的分配正义问题。正义要求在没有重大差别的情形下，给予所有的人以公平而同等的对待。正义是在两个不同的层面上展开的，首先是分配正义，这是保证社会利益和负担在一个

---

〔1〕 梁治平：《寻求自然秩序中的和谐——中国传统法律文化研究》，中国政法大学出版社1997年版，第111页。

〔2〕 沈宗灵主编：《法理学》，北京大学出版社2000年版，第303页。

社会的成员中进行公正的分配，即社会成员之间的平衡或均势，若这种平衡被打破，矫正正义就介入，通过迫使一方向另一方做出赔偿而实现均势，即调节一个社会中利益与负担的平衡。经济法的均衡必定也是利益之间的均衡：①哪些社会关系才涉及社会整体经济利益；②基于社会整体利益的考量，如何将权利、权力、义务和责任分配给某些个体乃至群体。

民法由于贯彻私法自治的理念而具有很大的灵活性，所以适合对于市场经济关系的调整，而且民法可以利用其法律原则（如公序良俗原则）让经济法的理念进入自治领域。当国家或者社会组织以"市场失灵"为理由干预经济时，民法能够自动退出；当"政府失灵"的情况出现时，国家的监管被解除，以私法自治为理念的民法又当仁不让地成为市场经济的中流砥柱。所以，经济法与民法的界限问题，就关系到社会整体经济利益与个体利益的边界问题。经济法较之民法更强调强制、责任，而不考虑行为人的意愿，那么这种强制的施加就必须谨慎而为，以免成为权力滥用的工具。社会整体经济利益的定义要基于社会学、经济学和法学的结合，个体的行为损害了或者危及社会整体经济利益，而没有更好的解决方法时，才能优先考虑社会整体经济利益，而并不是仅仅为了实现矫正正义，因为经济法并不是弱势群体保护法。

利益的均衡要求公平，而社会整体经济利益的实现要求对一些地位特殊的个体或群体施以强制性的义务（责任）。然而，分配公平是社会公平的核心，这要求不仅应当重视分配方式的选择，即怎样对现有的社会资源（权利义务）进行分配才能达到这种利益均衡的公平状态，而且蕴含了对分配方式的一种评价。譬如对于占有市场支配地位的企业，经济法规定其不能滥用市场支配地位，于是附有强制缔约、不得搭售等义务性规定；又如学生这一群体，可以得到在某些带有公益性质的事业中的价格减免优惠。

（2）调整的均衡——兼顾在一定条件下优先考虑社会整体经济利益。经济法侧重从经济的整体利益，即从经济方面调整经济关系，所以其追求的是一种社会的整体利益。经济法追求的利益"不是一般而言的经济成果最大化，而是宏观经济成果，长远经济利益，以及人文和自然环境、人文价值等诸多因素的优化和发展"。[1]

个人利益的实现程度是传统民商法对效益的评价标准。这主要是源于古典经济学对市场主体的"经济人"的假设，而这种对市场主体作平等、无差别的"经济人"的假设与经济法对市场主体作不平等、有差别的社会人的假设完全不同，所以两者对效益的追求也就不同；同时，传统的民商法把社会整体视为社会个体的简单相加，个体利益的增加也就是整体利益的增加，但在经济法看来，社会整体并非社会个体的简单相加，而是个体的有机整合，个体利益的增加并不必然导致整体利益的增加，甚至两者会呈相反的方向运动，所以经济法以社会整体经济利益为其理念

---

〔1〕　单飞跃：《经济法理念与范畴的解析》，中国检察出版社 2002 年版，第 105 页。

的基础。在这种理念追求之下，如果一种资源的配置仅仅是对其所有人或使用人有利，而对社会发展却是零效应或负效应时，经济法就会对这种资源配置做出否定性的评价，同时运用国家或者社会组织的力量对其进行干预或调整，以实现社会整体经济利益的最大化，从而最终为社会的协调发展服务。同时，经济法对社会整体经济利益的强调，是站在社会个体的个人利益必须得到合理的保障的基础之上的，因为"一切法律都是以约束人作为它的开始，又都是以推进人的自由和社会的自治作为它的归宿"。[1]经济法强调的社会利益只不过是将市场主体对其个体的利益追求拓展到一个更为广阔的空间背景里去，它并不是对个体利益的否定与替代。

第一，经济法对市场主体的行为的评价视角，从自身拓展到整个社会，即市场主体追求效益的行为，必须置于社会整体效益之中去认识和评价。[2]当市场主体之行为所产生的个体利益大于社会整体经济利益时，经济法一般给予否定性的评价。

第二，经济法通过市场准入制度、企业运行中的干预制度以及企业的社会责任等市场主体规制法律制度，维护社会效益，以尽量避免或减少个体利益最大化所带来的种种负外部性。

第三，经济法通过竞争法律制度，尤其是反垄断法、反不正当竞争法，更是从社会整体经济利益着眼，以维护自由、公正、民主的市场经济秩序。

第四，经济法在宏观调控和社会分配方面，规范国家运用计划、财政、税收、金融、产业政策等手段，从社会整体经济利益着眼，重点调控经济结构和经济总量，使其比例达到平衡，为市场经济创造良好的运行环境，以促进社会协调发展。经济法规定国家直接参与某些经济活动，其目的并不在于获得利润，而在于通过这种方式来达到改善产业结构比例和地区经济结构比例，维护社会整体经济利益以及促进社会协调发展的目的。

社会整体经济利益的追求与现代的可持续发展观有着内在的统一性，它突破了单一的个体利益和单纯的经济利益，而将效益上升到一个更高的层次上去认识，现代发展理念也突破了单纯的经济增长和个体的单一发展而上升到综合的全面的社会变革改造运动以及人的全面自由发展。对社会整体经济利益的追求必然要求可持续的发展模式。

2. 社会整体经济利益优先于个体利益受到保护。这就是对于社会整体经济利益的保护。针对现存的社会整体经济利益而言，经济法保护其不受到来自各方的损害。经济法强调社会整体经济利益优先于个体利益的保护，并不是排斥正当的个体利益的实现，更不否认民商法领域中的私法自治，而只是在涉及社会整体经济利益的关系中体现社会整体经济利益的优先性，这种优先性在传统民法的"公序良俗"原则中也有隐约的体现，用以制约权利行使过程中的某些非理性行为。如对于价格卡特

---

〔1〕　[德] 拉德布鲁赫，米健等译：《法学导论》，中国大百科全书出版社1997年版，第77页。
〔2〕　谢增毅："论经济法的基本价值"，载《浙江学刊》2001年第5期。

尔协议，民法仅仅根据违反社会公共利益而使之无效，而反垄断法就能以社会整体经济利益为由对行为人进行没收违法所得并使行为人对受到损害的个体进行惩罚性的赔偿，以补偿社会整体经济利益所受的损失。

这种情况下，消费者或者某些竞争者的利益就成为判断社会整体经济利益损失的标准。所以经济法对社会整体经济利益的维护一般是建立在维护正当的个体利益之上的。

社会整体经济利益之中，经济安全是其中的重要组成部分。经济法侧重于社会整体经济安全的维护和追求，尤其强调社会整体性。社会整体经济安全是指国民经济的稳定、健康、可持续发展的一种协调状态。这是一种理想的状态。一方面，在总体上它表现为社会需要和社会经济发展之间的一种适应和满足的关系；另一方面，在具体上它表现为经济系统中的多重因素和多种力量的多种促进和多元互补的合理关系。经济安全体现为社会整体经济秩序的协调，而对这种协调的破坏来自两个方面：一是市场内在的调控机制失控，自我调整能力不足，主要表现为市场失灵；二是国家的经济职能偏位，表现为国家的干预行为失范，要么过度干预，要么干预缺位。要实现一种协调的经济安全状态，就必须有行之有效的法律协调机制。民商法的安全理念是建立在微观的、个体的市场交易安全以及私人权利不受侵犯的基础之上的，而行政法关注的更多是行政权的行使规范问题，所以经济法由于其内在所具有的现代观念可以对社会整体经济秩序进行有效的调控，从而最终达到社会协调发展时的一种经济安全状态。

经济法的以社会整体经济利益为基础的安全和发展理念有着内在的统一。社会整体经济的协调发展离不开经济安全，同时没有社会整体经济的协调发展也就谈不上经济安全，因为经济安全从全球化的角度来看，在很大程度上是动态的、积极的，是在一个变化、进步的过程中不断增强自身的经济安全系数的。

3. 社会整体经济利益的增进——可持续的发展观。这就是对于社会整体经济利益的增进问题。社会作为一个整体，其效率必然依靠于其成员的创新和整体的秩序性运行，而且这种运行必须是可持续的，即一种社会整体经济利益的可持续发展理念。

传统的单纯经济增长观认为发展就是增长，增长也就是发展，然而实际上是尽管经济有所增长，但却没有增加就业机会或者仅使少数人受益，或者是滥用资源以致影响了未来的发展。然而，现代的发展观认为，人们需求的发展是可持续的发展，是注重经济安全的发展，也是注重社会效益的发展。所以，以社会整体经济利益为理念基础的经济法恰好体现了现代的发展观，经济法的理念也就自然涵括了社会整体经济利益的可持续增进。

社会整体利益的可持续增进包括生态的持续发展。首先，人有追求幸福美好生活的权利，但这些权利必须通过与自然相和谐的方式争取；其次，当代人在追求自己的发展时，应承认并努力做到使自己的机会与后代人的机会平等；最后，为了今世和后代的利益，环境必须成为发展进程中的一个组成部分。

可持续发展还包括地区之间、产业之间的公平发展，即运用公平的规则调整地区经济关系。由于种种客观原因，地区公平的经济状态是市场自身无力完成的，只能依赖公权力的扶持和引导并由其提供外在的制度保障；同时在一个国家的产业结构中，根据国家经济主权和制约经济增长的客观国情，各个产业部门的分布要处于较为均衡和合理的状态。

可持续发展以全人类的可持续发展为其目标范围。就一个国家而言，不同的地区之间，由于地域条件、生态资源、自然环境等影响经济发展的因素不同会造成区域之间经济发展的不平衡，而在某些特殊时期，国家出于某种战略考虑，往往会对一些优势地区予以重点扶持，这样就会加剧不均衡的形成和存在。我国改革开放前期的发展战略就是重点向东部倾斜。后来，东部、中部和西部的区域不平衡已经成为制约我国经济可持续发展的瓶颈。所以实施西部大开发战略，关系到地区协调发展和最终实现共同富裕的问题。同时，自然资源法、农业法中关于代际公平的可持续发展理念在经济法中也多有体现。

第二节　经济法基本原则

一、经济法基本原则的内涵

法律原则是"法律的基础性真理、原理，或是为其他法律要素提供基础或本源的综合性的原理或出发点"。[1]它是指可以作为众多法律规则之基础或本源的综合性、稳定性的原理和准则。法律原则、法律规则和法律概念是构成法的三要素，没有具体法律规则时，可以借助法律原则和法律概念解决现实中发生的法律问题，此即法律原则补充法律漏洞、强化法律调控能力之功能和作用。法律原则还具有决定法律制度的基本性质、基本内容和基本价值倾向，保障法律制度内部协调统一，指导法制改革的方向，指导法律解释和法律推理，限定自由裁量权的合理范围等功能和作用。

在法理学领域内，部门法的价值取向和层级决定了部门法的原则核心与构成，虽然部门法一般都具有自由、秩序、公平、效率、正义等基本价值，但在不同部门法中这些价值的地位和内涵是有区别的，这种抽象的区别必须要经由部门法原则加以具体化，才能通过法律实践正确体现出来。一个成熟的部门法体系，不仅要具有特定的价值和理念，更要有反映这些价值和理念的基本原则，以指导其具体法律的制定和实施，经济法也不例外。

经济法的基本原则，亦即在经济法的法律创制和法律实施中所应遵循的基本法律原则，是经济法的灵魂和建构经济法体系的依据，是经济法宗旨的具体体现，是

---

〔1〕　张文显主编：《法理学》，高等教育出版社1999年版，第80页。

经济法的规范和法律文件所应贯彻的指导性准则。[1]经济法的基本原则既要体现经济法的本质属性，又要贯穿于经济法体系的始终，具有较强的涵盖性和衍生性，而不能只适用于经济法部门内的某一法域。

经济法的基本原则的定义与对经济法的理念和调整对象的理解有着密切的联系。由于我国经济法学界学派众多，因此对于经济法基本原则的内涵也有各种不同的解释。杨紫烜教授认为："经济法的基本原则，是贯穿于经济法之中的、人们在经济管理和经济协作过程中必须遵循的根本准则。"[2]漆多俊教授认为："经济法调整原则，或经济法原则，是指由经济法所确立，在调整归其调整的社会经济关系时所遵循的准则。它是由经济法确立和规定的，具有法律约束力，是规范国家经济调节和管理活动中各有关主体行为的准则，在经济法一定范围内具有普遍适用性。"[3]顾功耘教授则认为："经济法基本原则是效力贯穿经济立法、执法、司法始终的根本准则，是对作为经济法主要调整对象的国家履行现代经济管理职能过程中所发生的经济关系的本质和规律以及立法者在经济领域所施行政策的集中反映，是克服法律局限性的工具。"[4]由此可见，学者们对于经济法的制度本身的领悟不同，对于经济法基本原则也有着不同的理解。

综合以上对于经济法基本原则的定义，本书认为应当注意以下问题：①经济法的基本原则不是一成不变的。法律作为其工具性的一面，是为统治阶级的需要而服务的。在不同的历史时期，国家主权者有不同的利益追求，那么经济法所调整的国家经济调节关系也会有不同的变化，其指导性原则也就随之变动。②经济法的基本原则是带有国别色彩的，以英美为主的西方国家的经济法往往着重于国家干预，而我国需要的是开放自由的市场，这种区别应当在经济法原则当中体现出来。③原则必须是高度概括性的，若确立得过于具体化，就是属于法律规则的范畴了。因此，本书认为，经济法基本原则是指在国家协调和管理国民经济活动过程中的各个法律行为主体应当遵循的基本准则。

二、经济法基本原则确立的意义

只要是法，就必须有法的基本原则；没有法的基本原则，就没有健全完善的法。法的基本原则是任何法律不可或缺的重要组成部分，经济法更是如此。经济法的基本原则，体现着国家在经济方面的主要政策和方针，是经济法精神和价值的反映，是经济法宗旨和本质的具体体现，是经济法基础理论的重要组成部分，对经济立法、经济司法和经济法学研究，都具有重要意义和巨大作用。这是由经济法的特殊性质所决定的：

---

[1] 史际春、邓峰："经济法的价值和基本原则刍论"，载《法商研究》1998年第6期。

[2] 杨紫烜主编：《经济法概要》，光明日报出版社1987年版，第47页。

[3] 漆多俊：《经济法基础理论》，武汉大学出版社1996年版，第164页。

[4] 顾功耘主编：《经济法教程》，上海人民出版社2002年版，第56页。

第
三
章

1. 经济法调整的社会关系是特定的经济关系，需要经济法基本原则来统领。与其他社会关系相比，经济关系具有自身的特点：经济关系是最主要的社会关系，它的广泛性、普遍性、复杂性是其他任何关系无法媲美的，对于这种社会关系，经济法不采用普遍性规定就调整不了。经济关系也是最活跃的社会关系，它总是处于不断变化发展的过程中，对于这种新兴的社会关系，经济法不确立具有普遍性特征的经济法基本原则就无法调整。

2. 经济法调整的社会关系是市场经济关系，需要经济法基本原则来指引。市场经济从认识论的角度来看就是一种"无知经济"，即任何人、任何机关都不可能对市场经济的所有具体情况全面认识、统一规划、详尽立法，而只能对市场经济有一个宏观的整体上的把握。市场经济这种本质就要求经济法不可能也没有必要对市场经济的所有具体情况详尽立法而也应当只能把对市场经济的一般规律和普遍要求上升为经济法，而经济法基本原则在这其中起到了"指引"的作用。

3. 基本原则的确立，巩固了经济法作为一个独立的法律部门的地位，完善了经济法学理论体系，有利于抵制"大民法观念"和"经济法学说"，有力驳斥了"经济法没有理论"的观点。20 世纪 80 年代开始的一段时期内，法学界一直存在着经济法不是独立的法律部门的观点，虽然这种观点早已被排斥，但是经济法学界仍然应当不断地反思和探索经济法学科赖以确立的基本理论。经济法基本原则的研究就是这些基本理论中重要的一环。一个法律部门只有拥有了为学界所公认的基本原则，才可以说真正有了学科的"灵魂"，因此，应当说经济法基本原则对于经济法学科的发展有着重大的意义。

4. 在实务上，原则的确立为经济法规则提供了基础和出发点，对新法律法规的制定具有指导意义，对理解经济法律具体条文亦有指导意义。经济法原则可以作为未被法条规定的疑难经济案件的断案依据和审判依据，并且为未来制定《经济法纲要》指出立法方向。稳定性不仅仅在理论上是法律部门的重要属性，而且也是实践中立法、执法和司法部门正确制定法律和适用法律的基本因素。经济法由于其所具有的很强的政策属性因而总是处于变动之中，因此，经济法基本原则的确立将有利于有关部门进行有效而正确的经济立法、经济执法和经济司法。

三、确立经济法基本原则的标准

经济法的基本原则不是任意的，必须具有一定的标准，这种标准体现了一个国家经济法制度的基本特色和本质属性。一般说来，从确立经济法基本原则的不同角度，该标准可分为形式标准和功能标准。

确立经济法基本原则的形式标准是指从经济法基本原则所体现出来的其所特有的外在形式的角度划分的标准，主要包括：

1. 经济法基本原则应当具有法律规范的特性，属于法的原则性规范。它是由国家法律确立的，并且体现在各经济法规范之中。因此，"遵循价值规律""优化资源配置""计划经济与市场调节相结合"等经济活动规律不能作为经济法的基本原则。

2. 经济法基本原则反映经济法所调整的社会关系的本质特征，体现经济法的基本任务。法的原则主要是由法的基本任务和调整对象的种类和性质决定的。不同社会关系的特质决定了调整该社会关系的法的基本原则的独特性，从而与其他法的基本原则相区别。这也说明经济法基本原则是经济法特有的原则，而不是经济法与其他部门法共同遵循的原则。另外，法有怎样的任务，便要贯彻怎样的原则，法的原则是为实现法的任务服务的。

3. 经济法基本原则是整个经济法规范的根本准则，它贯穿于经济法的全部规定和从制定到实施的全过程，对整个经济法体系具有纲领和指导作用，而一些局部性准则不能作为基本原则。

4. 经济法基本原则应具有一定的抽象性，它是从经济法全部法律规范中通过归纳和演绎得出的具有一定抽象性的结论。所以经济法或经济法的某个部门的任务与特征也不能简单等同于经济法的基本原则。

确立经济法基本原则的功能标准是指从经济法基本原则应当体现出来的对经济法学科发展的贡献的角度划分的标准，其主要包括：

1. 体现经济法所调整的社会关系的特性。不同的社会关系具有不同的法的基本原则，不同社会关系的特质决定了调整该社会关系的法的基本原则的独特性，这也是经济法与其他法的基本原则的区别所在。

2. 体现经济法的基本内容。经济法的基本原则应当是经济法基本内容的集中表现，也是构建经济法体系的基础。因此，经济法包括哪些基本内容，体系如何构建，应从经济法的基本原则上体现出来，否则，不能称之为经济法的基本原则。

3. 统率经济法的具体制度。经济法基本原则是最主要的经济法制度，是经济法制度的统摄，也是其他具体经济法制度的渊源，而其他具体经济法制度只不过是经济法基本原则的具体展开。经济法基本原则与经济法具体制度的关系是纲与目、源与流的关系。

四、经济法基本原则的内容

如前所述，经济法的基本原则，体现着国家在经济方面的主要政策和方针，是经济法精神和价值的反映，是经济法宗旨和本质的具体体现，是经济法基础理论的重要组成部分，对经济立法、经济司法和经济法学研究，都是有重要意义和巨大作用的。然而关于经济法基本原则的观点，学术界也是众说纷纭，大致有以下几种观点：

1. "一原则说"。[1] 该说认为，经济法的基本原则只有一个，即维护社会总体效益，兼顾各方经济利益。

---

〔1〕　漆多俊：《经济法基础理论》，武汉大学出版社1995年版。

2. "二原则说"。[1]该说认为，经济法的基本原则主要有二：一是计划原则，二是反垄断原则。

3. "三原则说"。[2]依该说，经济法的基本原则应当是平衡协调原则、维护公平竞争原则以及责、权、利相统一原则。

4. "七原则说"。[3]按照该说，经济法的基本原则主要有七个，即资源优化配置原则、国家适度干预原则、社会本位原则、经济民主原则、经济公平原则、经济效益原则以及可持续发展原则。

本书倾向于将经济法基本原则概括为遵循客观经济规律原则、平衡协调原则、维护公平竞争原则、责权利相统一原则的观点。

（一）遵循客观经济规律原则

经济规律具有不以人的意志为转移的客观必然性。按客观经济规律办事，是从事社会主义经济工作所必须遵循的首要原则，也是经济法中非常重要的一项基本原则。经济法既是客观经济规律要求的反映，也是发挥客观经济规律作用的重要保证。

要使经济法符合或基本符合客观经济规律，必须加深对客观经济规律的认识。遵循客观经济规律原则的基本要求是，经济法要不断地接受经济规律的检验和修正。以经济规律的客观要求作为立法的基点，从我国的实际出发，从我国具体的国情出发，制定和实施经济法规，而不是用主观设想的模式去套现实生活。不能超越经济发展阶段，单纯追求齐全完美，比如强行规定那些客观上还不具备条件的目标和内容等；当有些经济法规已不符合客观发展的实际，也应及时修改、废除。同时，经济执法也必须随时注意客观经济状况的变化。

总之，作为主观产物的经济法，必须符合客观经济规律的要求。否则，会给整个国民经济和整个社会带来恶果。[4]

（二）平衡协调原则

所谓平衡协调原则，是指经济法的立法和执法要从整个国民经济的协调发展和社会整体利益出发，来调整具体经济关系，协调经济利益关系，以促进、引导或强制实现社会整体目标与个体利益目标的统一。[5]

在利益主体多元化、经济关系复杂化的现代市场经济条件下，各经济主体以自身利益为出发点，因而不可能自觉地反映社会需要及其长远变动趋势，也不可能自觉地实现当前利益与长远利益、局部利益与整体利益的有效结合。经济法正是为弥补民法与行政法的不足，从社会经济发展全局出发，通过国家的疏导和纠正等行为

〔1〕 邱本："论经济法的基本原则"，载《法制与社会发展》1995 年第 4 期。
〔2〕 史际春、邓峰：《经济法总论》，法律出版社 1998 年版。
〔3〕 李昌麒：《经济法——国家干预经济的基本法律形式》，四川人民出版社 1999 年版。
〔4〕 王峻岩："纵横经济法论"，载《中国经济法绪论》，法律出版社 1987 年版，第 208~211 页。
〔5〕 史际春、邓峰：《经济法总论》，法律出版社 1998 年版，第 165 页。

调节社会经济，实现经济结构和比例关系的均衡，促进经济的合理运行和有序发展。既从社会整体利益出发，又兼顾社会个体利益，坚持全局观念，对各类主体的意志、行为和利益进行平衡协调，以实现社会整体利益与个体利益的平衡。

平衡协调原则贯穿于经济法的整个体系之中。在宏观调控法律制度中，平衡协调原则具体表现为：产业关系协调原则、预算基本平衡原则、信贷基本平衡原则、国际收支基本平衡原则等。比如，竞争法律制度实质上是通过反对垄断和不正当竞争、保护和支持中小企业发展，以协调竞争秩序，平衡各部分主体的利益。又如，税收法律制度通过累进税率制等一系列制度，平衡个人收入中的畸高畸低，达到一定的社会分配公正。即使是微观的经济组织法律制度，平衡协调原则也渗透其中。如通过平衡企业所有者相互之间的利益关系和平衡协调企业所有者与经营者之间的权利、义务分配，既保证企业行为不脱离所有者的约束轨道，使企业的目标函数符合所有者的效用目标函数；又保证企业拥有不受个别所有者直接干涉的生产经营主权。[1]

应当注意的是，平衡协调原则作为一种法律规范，在多数情况下未必在具体的经济法律关系和经济执法中直接适用，而是作为经济管理、经济执法暨经济司法所遵循的一项理念或宏观标准。经济管理、执法暨司法机关应当从社会利益出发，在履行职责时仔细权衡利弊，听取专业团体和有关各界的意见，而不是机械地理解、适用法律而作出有违实质正义和社会利益之决断，但是也不能随意或滥引此项原则，以免造成管理和司法的混乱。[2]在平衡协调原则之下，经济法兼顾公与私，既要保持整个社会范围内的经济秩序，实现社会经济成果的最大化以及国家对于经济生活的意志，又要保证民法调整范围之内的意思自治。

（三）维护公平竞争原则

竞争是商品经济的产物，它是指商品生产者在商品生产和商品交换过程中为争取生产和销售的有利地位而进行斗争。市场经济以其竞争规律达到优胜劣汰，促进整个生产要素市场的合理流通，实现结构优化和资源合理配置的目的。竞争的结果就是使生产量与需求量相适应，实现供求平衡，这是经济健康、有序发展的必要条件。然而市场主体在市场经济活动中，采取虚假、欺诈和其他违反商业道德的手段，损害国家、社会和竞争者合法利益，扰乱市场经济秩序的行为时有发生。因此，经济法应将维护公平竞争、制止不正当竞争作为一项基本制度，使经济活动的主体在社会经济活动中以平等的身份、共同的外部条件和统一的行为准则进行竞争；着力创造公平、自由的竞争环境，维护公平竞争的市场经济秩序，保证公平竞争在最大范围和最高程度上的实现。

维护公平竞争原则是经济法反映社会化市场经济之内在要求和理念的一项核心的、基础性的原则。维护公平竞争原则和制度的出现，是通过国家的"有形之手"

---

〔1〕 雷运龙："经济法基本原则初探"，载《法制与经济》1998 年第 4 期。

〔2〕 史际春、邓峰："经济法的价值和基本原则刍论"，载《法商研究》1998 年第 6 期。

来纠正市场之"看不见的手"所导致的弊端，同时又力求使"看不见的手"在最大范围内、最高程度上发挥作用的产物。[1]其要求在诸如竞争法、产业政策、财政税收、金融外汇、企业组织、经济合同等制度中都有体现。

公平竞争原则的基本内涵和表现是：①平等竞争。在市场经济条件下，必须营造并维护一个平等、公平、统一、有序的外部竞争环境，使各市场竞争主体站在同一起跑线上。平等竞争的环境主要通过税法制度和产业政策法律制度等来创造。如公平税负、统一税率，又如竞争性行业或领域"进入壁垒"的打破等。②自由竞争和正当竞争。经济法主要通过两方面的作用来实现这种目的：一是消极反对和禁止。即通过反对垄断和限制竞争，恢复和维护充分的自由竞争；通过反对不正当竞争，以使竞争合理、正当和适度。二是积极引导和促进。即国家宏观调控政策和措施的决策、设计和实施，必须从有利于自由、正当竞争的角度出发。比如，国家通过诸如中小企业促进法之类的制度，有意识地培育并扶持一些稚弱的竞争主体，壮大其竞争实力，以维持竞争主体的多元化，确保竞争的自由和正当。[2]

（四）责权利相统一原则

责权利相统一的原则，是经济法区别于其他法律的一项基本原则。所谓"责"，是指法律要求经济主体必须履行的义务，以及不履行或不适当履行义务的法律后果，包括具体法律关系中的义务和社会化的责任；"权"是指法律赋予经济主体一定的职权和权利（力）；"利"是指利益，主要指物质利益，但也包括一些非物质利益。

所谓责权利相统一，是指在经济法律关系中各管理主体和公有制主导之经济活动主体享有的权利（力）和利益与承担的义务和职责必须相一致，不应当有脱节、错位、不平衡等现象存在。在社会主义市场经济或以公有制为主导的市场经济条件下，这是作为经济法灵魂的一项根本性原则。[3]

责权利相统一原则是经济法的公平竞争原则和社会效益价值取向的基本反映和要求。①公平竞争原则的实现要求主体进行经济法律行为时所具备的基本条件是普遍依法享有一定的经济权利、承担相应的经济义务。参与各种不同经济法律关系的主体之权利义务应当一致，不能失衡、畸轻畸重，权重责轻将诱发专权擅权，权轻责重会令人畏缩不前，从而损害社会经济的公平有序发展。②社会效益价值取向体现了经济法所追求的社会整体效益最大化目标，当然，整体效益最大化目标的实现的基础在于经济权利与经济义务的最优化配置，这一点同样体现了责权利相统一原则。只有能够以责权利相统一原则来实现经济权利和经济义务的优化配置，社会整体经济利益的实现才会成为可能，否则社会整体经济利益的维持将成为空谈。

需要指出的是，强调责权利统一，并非将角色扮演者承担之不利益同其角色行

---

[1] 史际春、邓峰："经济法的价值和基本原则刍论"，载《法商研究》1998 年第 6 期。
[2] 雷运龙："经济法基本原则初探"，载《法制与经济》1998 年第 4 期。
[3] 史际春、邓峰：《经济法总论》，法律出版社 1998 年版，第 169 页。

为造成的不利或损害后果完全等同，譬如令造成数千万或数亿元损失者如数赔偿，这是不必要的，也是不现实的。关键是要做到令角色扮演者的切身利害同其权责之关系明晰，奖罚分明。[1]

思 考 题

1. 经济法在法理念上与民商法的主要区别是什么？
2. 经济法的理念对于经济法的具体制度构建的指导意义何在？试举例说明。
3. 经济法的理念和经济法的基本原则有何内在联系？
4. 经济法的两个基本原则是如何在经济法具体制度中体现的？

第三章

---

[1] 史际春、邓峰：《经济法总论》，法律出版社1998年版，第171页。

第 4 章
经济法律关系

学习目的与要求:

有别于传统法律的内在结构是一类新法律出现的最直接表现。经济法产生与形成历史短暂,其内在结构尚处研究之中。目前学界共识主要有:①主体及其权利义务是经济法结构的基本线索;②在国家干预的基础上,以社会本位为理念,在经济法内部确实生成了不同于传统法律的新的调整方式及权利救济方式。基于此,在本章的学习中,学生应当重点把握的问题是:经济法产生的特定历史背景及其所奉行的基本理念使经济法律关系具有哪些区别于传统市场经济法律关系的特征? 经济法律关系的保护具有哪些独特之处?

本教材的前三章分别从概念、产生发展历史及法律理念三个不同视角阐释了经济法的本质。但一类新的法律的出现还应当表现为该法律具有不同于传统法律的新的内在结构。由于经济法产生及形成历史短暂,学界对其内在结构的研究尚处进行之中。尽管到目前为止,还没有一部被称之为"经济法"的法典,但从每一部具有经济法特质的法律法规中,我们仍然可以看出,主体及其权利义务仍然是形成法律结构的基本线索。从经济法律关系及其保护角度展开的研究也已经表明,在国家干预的基础上,以社会本位为理念,在经济法内部确实生成了不同于传统法律的新的调整方式及权利救济方式。所有这些,都为我们认识和理解经济法的本质提供了新的途径。

关于经济法律关系,目前学界有诸多表述。有学者认为,经济法律关系是指经济法律规范在调整国家干预经济过程中所形成的经济职权和经济职责、经济权利和经济义务关系;[1]也有学者认为,经济法律关系是指经济法调整因国家调节社会经

---

[1] 李昌麒主编:《经济法学》,法律出版社 2008 年版,第 86 页。

济而发生的国家经济调节关系所形成的各方主体之间的权利义务关系;[1]还有学者认为,经济法律关系是由经济法确认和调整的在经济管理和经济协作过程中所产生的权利和义务关系。[2]本教材认为,经济法律关系是指由经济法律规范确认,在国家宏观调控和市场监管过程中形成的主体之间的经济权利(力)与经济义务关系。经济法产生的特定历史背景及其所奉行的基本理念,不仅决定了经济法律关系的特殊性,而且也使经济法在法律关系的保护方面独树一帜。

第一节　经济法律关系的主体和客体

一、经济法律关系主体

（一）经济法律关系主体的特性

经济法律关系的主体是指在宏观经济调控、市场秩序监管以及政府参与的法律关系中依法享有权利（力）、承担义务的当事人。与民事法律关系主体相比,经济法律关系主体具有以下特征:[3]

1. 主体身份的特定。与民事法律关系主体的非身份性或抽象性相对,主体身份的特定是指当事人参加经济法律关系时的不同身份地位,身份地位的不同决定了当事人享有不同的权利（力）并承担不同的义务。众所周知,现代民法产生于资本主义经济的上升时期,资产阶级反抗封建特权,要求废除法律对封建特权的特殊保护,要求经济权利平等,要求法律平等保护每一个体的权利,因此在法律关系中,现代民法将民事主体抽象为"人",除民事行为能力外,基本不存在其他个体性的差异,民事法律对主体权利义务的规定一般也不考虑主体的具体身份。但经济法律关系的主体则不同。例如,为了实现对消费者的保护,调整工业化和信息化社会中生产者与消费者之间失衡的利益关系,协调其利益冲突,经济法首先必须对主体的身份进行界定,呈现消费者与经营者之间的实质不平等,以揭示出两者之间的利益冲突,进而按照经济法的理念对两者间的权利义务进行重新配置,最终实现对消费者的特殊保护。由此可见,在经济法中,主体身份的差别是权利义务配置的前提和基础。由此,主体身份的特定成为经济法律关系主体的重要特征。

2. 主体之间关系不平等。与民事法律关系主体的平等性相对,主体之间关系不平等是指参加经济法律关系的当事人之间的不平等地位。适应早期市场经济发展的需求,以对主体权利平等保护的思想为基础,民法将法律关系主体抽象为"人",

〔1〕 漆多俊:《经济法基础理论》,武汉大学出版社2000年版,第200页。

〔2〕 徐杰主编:《经济法概论》,首都经济贸易大学出版社2006年版,第5页。

〔3〕 关于经济法律关系主体的特征,学术界有17种不同的归纳。参见史际春主编:《经济法教学参考书》,中国人民大学出版社2002年版,第79～82页。本教材的归纳基于两个理由:①被普遍认同;②能够反映经济法主体的特质。

因此主体之间经济地位的不平等被忽略。但从经济法角度看，首先，由于资源占有的不平等，抽象的平等保护会带来结果的不平等，进而产生新的利益冲突，为了协调平衡这种冲突，实质平等应当成为经济法调整的出发点。其次，由于经济法产生于国家对市场经济的干预，受制于国家（政府）的特性，作为调控和监管主体的国家（政府）与被调控和被监管的市场主体之间的关系也不可能是平等主体之间的关系。例如：国家市场监督管理部门与市场主体之间的关系，征税主体与纳税主体之间的关系等。基于上述可以得出结论：经济法所追求的实质平等观以及国家干预的特定调整方式，决定了经济法律关系主体之间关系的不平等性。

3. 主体类型多样。主体类型多样是指经济法律关系的当事人在类型上具有广泛性。与民事法律关系主体相比，经济法律关系主体的多样首先表现在国家通常是经济法律关系的重要主体。例如，在所有的宏观调控关系和政府监管关系中，国家（政府）都是法律关系的主体。其次，在经济法律关系中，当事人的类型多样。例如，作为经济法律关系主体的国家机关，既有权力机关，又有行政机关；既有中央机关，又有地方机关。国家权力机关作为经济法律关系主体，表现在其作为经济决策主体，负责对涉及国民经济和社会发展的全局利益和长远利益的重大经济事务进行决策，例如制定和批准国民经济和社会发展计划。国家行政机关作为经济法律关系主体，表现为其在各自职责范围内履行各项经济管理职能，例如税收征管、市场监督管理等。而作为经济法律关系主体的企业，既有一般企业，又有特殊企业；既有内资企业，又有外资企业；既有国有企业，又有非国有企业。由此可见，主体类型的多样是经济法律关系主体区别于民事法律关系主体的特征之一。

（二）经济法律关系主体的类型

目前，学界对经济法律关系主体的分类并不一致。本教材认为：以国家干预的具体方式为标准，经济法律关系可以被划分为宏观调控关系和市场监管关系，因此可以按照当事人在不同类型的经济法律关系中活动内容的不同，将经济法律关系主体分为宏观调控主体与被调控主体、市场监管主体与被监管主体。宏观调控主体是指根据法律的规定，在经济法律关系中承担经济调控职能，享有经济调控权的国家机关，如财政部、中国人民银行等；市场监管主体是指根据法律的规定或经授权，在市场监管关系中承担经济监管职能，享有监管权的国家机关或组织，如市场监督管理部门、银行保险监督管理委员会、证券监督管理委员会等。被调控主体或被监管主体是指接受国家经济调控与监管的经济组织或个人。在上述划分的基础上，可将经济法律关系主体大致列举如下：

1. 国家（政府）。国家（政府）作为主体在经济法律关系中占有举足轻重的地位。

（1）国家是对国民经济实行宏观经济调控的唯一主体。宏观经济调控又简称宏观调控，是指国家为实现社会总需求与总供给的平衡，保证国民经济持续、稳定、协调增长，运用经济的、法律的和行政的手段对经济运行的调节与控制。宏观调控的具体手段有：财政（预算、收支）、税收（分配、福利）、金融政策（货币、利率、汇率）、计划协调（国民经济及社会发展计划）、产业政策（扶持、抑制）等。根据宏观调控具体手段的不同，国家通过经济立法，规定中央政府以及相关的国家机关享有具体的宏观调控权。例如，根据我国《宪法》及相关法律的规定，国务院即中央政府是最高国家行政机关，负责领导和管理全国的经济工作和城乡建设，编制、执行国民经济和社会发展计划以及国家预算；财政部、国家税务总局、中国人民银行等政府机构和金融机构依法分别在其各自的职权范围内，行使具体的宏观调控权。

（2）政府是市场监管主体。监管是指政府依照一定的规则对市场主体及其行为进行直接限制的国家干预方式。政府对市场的监管包括政府对企业市场行为的监管及政府对企业组织行为的监管。前者主要有：政府对垄断的监管；政府对不正当竞争行为的监管；政府对包括银行、证券、期货、保险、信托等特殊行业的企业经营行为的监管；政府对价格的监管；政府对产品质量的监管等。后者主要包括企业登记监管、企业财务信息监管、特殊企业监管等。与此相应，政府设立专门的监管机构，由其依照法律规定的权限和程序行使监管权。例如，我国国务院所属对市场进行监管的机构主要有：国家市场监督管理总局、中国银行保险监督管理委员会、中国证券监督管理委员会、商务部等。此外，以下政府机构的职能也涉及市场主体组织行为的监管：建设部、铁道部、交通部、信息产业部、农业部、中国人民银行、国家外汇管理局等。

（3）国家（政府）作为整体在一定条件下参与经济活动，成为经济法律关系的主体。国家（政府）参与是指政府为了达到迅速调节和控制社会经济的结构及运行的目的，直接参与某些市场活动。从其特点看，政府参与的最终目的在于宏观经济调控，但对其投资设立的企业所进行的管理活动，则因为政府具有国家所有权主体和公共管理者的双重身份而成为一类特殊的政府管理活动。

2. 经政府授权的其他组织。经政府授权的其他组织主要指特殊企业、中介经济组织以及行业协会。这些组织经政府授权可以行使部分市场监管权，成为市场监管主体。但其特点在于：①其对市场主体组织行为的管理权利（力）是政府依法授予而产生的，由此产生的权利（力）实际上是政府监管权（力）的延伸；②由于政府授权的特性，这些组织行使监管权资格的取得及权利（力）行使又被纳入政府监管的范围。

（1）中介经济组织是从事服务性经营的市场主体，如会计师事务所、审计师事务所、资产评估事务所等。这类组织本身并不具备管理功能，但在现代市场经济中，根据国家对企业设立条件的规定，他们依法介入了企业设立及经营过程中的资产评估、财务信息提供等重要监管活动。例如，在我国，会计师事务所、审计师事务所、资产评估事务所等中介服务机构，不仅其组成人员的资格取得要符合国家规定的条件和程序、中介机构的设立必须符合国家对其在资质方面的要求，而且这些机构从事某些特定的业务（如国有企业改制的资产评估、上市公司的财务会计的审计等）必须得到政府监管机构的特殊许可（如国家财政部、国务院国资委等）。因此可以说，中介机构的某些活动实际上代行了政府的管理职能。

（2）企业行业协会是按照企业经营领域的不同，依法由在该领域经营的企业自发成立的非政府组织。欧洲中世纪的"商人基尔特"是历史上较早的企业行业协会。从发展历史看，欧洲中世纪的行业协会对业内企业具有监督和管理的作用。在商法产生后，行会规则中的一部分逐渐演变为法律规定。现代市场经济中的企业行业协会是行业内自律及服务的民间团体，从理论上看与政府没有关系，但实际上情况比较复杂。在 WTO 规则的作用下，一些国家通过立法实际上将政府无法行使的权力交给了行业协会，特别是在市场准入方面。在我国，由于体制的原因，企业行业协会大多受政府委托代行对业内企业的监督管理职能。目前，我国企业行业协会的法律地位、行业协会与企业及政府的关系是学界正在深入研究的问题。

（3）经政府授权对企业的组织行为进行监管的特殊企业，包括政策性经营企业和专门从事国有资产投资或控股管理的企业。政策性经营企业的典型形式为政府设立的政策银行，例如，在发达国家普遍设立的为进出口或中小企业提供信贷及担保的政府银行以及我国的三大政策性银行（国家开发银行、中国农业发展银行、中国进出口银行）。专门从事国有资产投资或控股管理的企业，由于与国有资产管理具有密切联系而具有管理主体的性质。例如新加坡和意大利的国家控股公司，我国的国家开发投资公司、中国高新轻纺投资公司等。上述特殊企业由于政府授予的投资权而对其投资设立的企业在设立、变更、终止方面具有审批的管理职能。

3. 接受国家经济调控与监管的经济组织或个人。在国家（政府）对经济的宏观调控和对市场监管活动中，经济组织和个人成为接受调控和监管的主体。其中的经济组织主要指企业，包括公司、合伙企业、个人独资企业、国有企业、集体企业、外商投资企业等。应当指出，作为市场主体的经济组织或个人，其创设所依据的法律主要是民商法，但这并不意味着其只能够成为民商法律关系的主体。由于现代市场经济中市场规则与国家（政府）干预同时发挥作用，对市场主体行为的调整也会涉及不同的法律，因此，经济组织或个人可以参与到不同的法律关系中。当其参与民事法律关系或行政法律关系时成为民事法律关系或行政法律关系的主体，而一旦其活动进入经济法的调整范围，该当事人（主体）就成为经济法律关系的主体。

二、经济法律关系客体

（一）经济法律关系客体及其特性

法学理论研究中，从主体参加法律关系的动因、目的、作用的对象等不同角度，对法律关系的客体有不同的理解。本教材认为，经济法律关系的客体是指经济法律关系主体的权利义务所共同指向的对象。与民事法律关系的客体相比，经济法律关系的客体具有以下特性：

1. 广泛性。民法的调整对象决定了只有能够作为私权客体的物或行为等才能作为民事法律关系的客体，而经济法的调整对象则决定了其法律关系的客体在类型上远远超出了民事法律关系客体的范围：①一些不能为私人占有的物及一些政府行为可以成为经济法律关系的客体。例如涉及社会公共利益的物、涉及社会公共利益的行为、政府的宏观调控行为和市场监管行为等。②一些随着技术进步而出现、传统法学无法解释、传统法律关系客体难以容纳的现象——例如网络世界中的虚拟空间，也可以成为经济法律关系的客体，经济法可以借国家之手人为阻隔虚拟空间，使其在不危害国家安全、社会公共利益的范围内存在。

2. 公共性。公共性是指经济法律关系的客体不是单纯的私权指向的对象。经济法律关系客体是在国家干预经济的过程中形成的。包括市场监管和宏观经济调控在内的国家干预经济本身是一种社会化活动，因此当事人之间据以建立经济法律关系的事物必然具有公共性，这些物不再是纯粹的私权客体。

（二）经济法律关系客体的种类

1. 行为。行为是指法律关系主体从事的一切旨在设立、变更、终止权利义务关系的活动。由于经济法与国家（政府）干预市场的直接联系，作为经济法律关系客体的行为包括国家（政府）的经济干预行为及与此有关的社会经济组织和个人的经济行为。国家（政府）的经济干预行为包括国家（政府）的宏观经济调控行为、国家（政府）的市场监管行为和国家（政府）直接参与经济的行为。当社会经济组织或个人参与某一具体经济法律关系时，其行为即成为经济法律关系的客体。

2. 物。物是法律关系的普遍客体，但只有与国家（政府）宏观调控及市场监管息息相关的物才能成为经济法律关系客体意义上的物，例如自然资源。自然资源是自然界中天然形成的、能够被人类利用的物质和能量的总称，常见的有土地资源、森林资源、草原资源、水资源、矿产资源等。此外，还有能源性资源，例如风能、太阳能、潮汐能、水、煤炭、石油、天然气等。由于自然资源分为再生资源和不可再生资源，因此其不仅有通常物的使用价值，而且从功能上看其还负载着在战略高度上保障国家的经济安全和国民经济长远发展的重任，是一个国家生存安危的战略基础，也是国际竞争的命脉。其所处的领域和行业必然是国家重点掌控和调节的，私人在某些层面的开发利用必须处在国家的有效监控之下，不可能如同民商法中的物那样由私主体凭借意思自治加以处置。

3. 信息。信息是指能够反映和记录社会经济活动发生、变化及其特点的各种消息、数据、情报和资料的总称。信息作为一种重要的资源，无论是对政府的宏观经济调控行为，还是对经济组织的市场运行行为，都具有十分重要的意义和价值。信息资源已成为与物质资源同等重要的资源，信息产业已发展成为我国重要的支柱产业。信息资源不是有形体，也不是人的思维活动本身，而是思维成果物化的一定形式。根据载体的不同，信息资源可以分为纸面信息资源和网络信息资源。电子网络没有实物形态，它是通过计算机通讯网络传递一定的经济信息，网络经济的法律关系是以交换电子数据的方法形成、储存或传递法律关系为内容的。这种法律关系的内容，是透过屏幕的显示而被感知的。网络经济的运行具有结构复杂性和群体性，关乎社会公共利益。网络信息资源目前不仅已经成为经济法律关系的重要客体，而且将成为未来经济法研究的一个重要课题。

4. 特殊客体。特殊客体是指经济法律关系中出现的不同于传统法律关系客体的新客体，如经营实体。经营实体是指概括具有资产和人员集合的经营体。企业就是概括的资产和人员的集合体，它可以作为从事生产、流通或服务的交易主体，又可以作为企业并购交易的客体。当其成为交易客体时，其作为概括的资产和人员集合的经营体，已远不是传统意义上的物。其运行、交易具有结构复杂性和群体性，关乎社会公共利益。

第二节　经济法律关系的内容

经济法律关系主体享有的权利和承担的义务是经济法律关系的内容。与民事法律关系的内容相比，权利与权力的复合、权利与义务的一体化、权利与义务的不对应以及权利与义务的法定性是其显著特征。与经济法调整对象相对应，经济法主体的权利主要包括国家（政府）的宏观调控权、市场监管权、市场参与权，市场主体的经济请求权、经营管理权等。经济义务主要包括国家（政府）机关或其授权的组织必须在法律范围内正确行使权利（力）或履行职责的义务、市场主体依法接受监管的义务等。

一、经济法律关系主体权利与义务的特性

（一）国家的经济权利（力）是权力与权利的复合

随着国家干预主义的形成以及国家职能的新变化，国家经济职能被凸显出来。为实施对市场经济的宏观调控和监管，国家设置了大量的经济机关，这些机关在法律规定的经济权限范围内，依照法定程序行使其对市场的宏观调控和监管权。但作为经济法律关系的主体，国家干预经济的权利与传统的民事权利具有很大的区别。首先，现代国家干预经济的权利来自国家经济职能的强化与扩展，来自国家行政权力中的一部分被专门用于市场经济的调节；其次，国家的经济权利是由国家（政府）的经济机关来具体行使的。上述两方面的因素决定了，尽管被称为"权利"，但经济法上的权利却不同于传统民商法中体现主体意思自治的权利，即：经济法主体的权利在许多情况下表现出行政权力的特性，更多地体现了国家的意志和国家强制。因此，国家作为经济法主体的权利在一些情况下也被表达为"经济权力"。但从另一个角度，也正是由于此种"经济权力"在产生背景、行使目标及方式上的特点，所谓"经济权力"也不同于传统行政法中的行政权力，因此，许多教材中，国家在经济法上的权利被称为"经济权利（力）"。

（二）国家的经济权利（力）是权利与义务的一体化

在民事法律关系中，主体一般可以自由处分其权利，因此民事权利的行使既包

含行使权利，也包含放弃权利。但在经济法律关系中，基于以下两方面的理由，国家或政府机关享有的对市场进行宏观调控和监管的权利（力）却不能被放弃：①经济法律关系建立的目的是通过国家（政府）宏观经济调控权和监管权的行使，保持整个国民经济的协调和稳定发展，因此调控及监管主体如果不行使权利或怠于行使权利，就不能达到这一目的。②国家作为经济法律关系的主体，其享有的权利具有公权的性质，主体的权利同时也是其义务，因此，该权利不能被放弃或任意处分。在上述意义上，国家经济权利与义务发生了同一，经济法学界也因此将国家（政府）享有的宏观调控权利和市场监管权利称为"经济职权"或"经济职责"。

（三）主体权利与义务的法定性

众所周知，由于民法的调整对象、调整理念以及由此决定的调整手段的特性，一般情况下，法律允许当事人在意思自治的基础上约定相互之间的权利和义务，因此，约定的权利义务在民事法律关系中占有很大比重，民法的任意性也因此而来。但同样是由于调整对象、调整理念以及由此决定的调整手段的特性，经济法主体的权利义务却基本由法律直接规定。例如，经济法对国家（政府）宏观经济调控权以及市场监管权的直接规定；经济法对经营者与消费者之间权利与义务的直接规定。与此相应，经济法主体的义务被解释为经济法律关系主体依法以及在法律严格限定之下约定承受的必须为一定经济行为或不为一定经济行为的约束。由此可见，经济法主体的义务基本上为法定，约定义务不仅比重小，而且当事人发挥的空间也不大。

（四）主体权利与义务的不对应性

在民事法律关系中，当事人权利义务对应是一般规则。但在经济法律关系中，主体权利与义务不对应的情况比较常见。例如，消费者权益保护法只规定了消费者的权利，没有规定其义务，而对经营者，法律却只规定了其义务，没有规定其权利，同时仔细分析可以看到，消费者的权利与经营者的义务也并不完全对等。又例如，在国家干预经济产生的政府机构与市场主体之间的关系中，法律一般详细规定政府依法享有对企业监管的权利，原则规定企业有接受监管的义务，因此在具体内容上，政府的权利与企业的义务也并非一一对应。分析上述两类经济法律关系，我们发现：在前一类经济法律关系中，经营者和消费者之间已经建立了平等的民事合同关系，但民事合同中当事人权利义务的对等却掩盖了消费者与经营者之间的实际不平等，容易产生经营者对消费者权益的侵害，因此消费者权益保护法必须在合同法调整的基础上，在赋予消费者权利以及对经营者施加法定义务的层面对两者的权利义务进行重新分配，受经济发展不同时期立法政策的影响，消费者与经营者之间权利义务不完全对应。在第二类经济法律关系中，主体权利与义务的不对应则是由政府机构的特殊地位所造成的，即政府机构作为经济法律关系主体被赋予监管的权利，与此同时该权利的行使也就成为政府机构的义务，即：权利与义务的一体化导致从表面上看，此类经济法主体的权利成为不对应义务的权利。

第四章

二、经济法律关系主体权利与义务的基本类型

由于经济法产生及发展历史短暂，经济法学界对主体权利义务类型的研究还不充分，因此在不同教材中阐述也不统一。从经济法调整对象以及经济法律法规具体规定的角度，本教材认为，经济法律关系主体的权利主要有：国家（政府）的宏观调控权、市场监管权、参与权；市场主体的经济请求权、经营管理权。经济法律关系主体的义务主要有：国家（政府）机关或其授权的组织依法行使权利（力）或履行职责的义务；市场主体依法接受监管的义务等。以下从国家（政府）与市场主体两方面阐述其在经济法上的权利与义务。

（一）国家（政府）的经济权利与经济义务

1. 国家（政府）的宏观调控权。国家（政府）对经济的宏观调控产生了国家（政府）与市场主体之间的经济法律关系，尽管由于各国的经济背景不同、同一国家在不同时期的经济发展情况不同，具体的宏观调控措施也不同，但围绕充分就业、稳定物价、经济增长、国际收支平衡等四大目标，调控手段大致可以归纳为：税收与公共预算、财政政策、货币政策、资源管理、产业政策、外贸管制等。因此，在计划法、税收法、预算法、中央银行法、资源法、产业法、外贸法中，首先要肯定作为宏观调控主体的国家（政府）机构所享有的权利（力），即计划权、税收权、预算权、货币政策运用权、资源管理权、产业政策制定权、外贸管制权等。

2. 国家（政府）的市场监管权。国家（政府）对市场的监督和管理，产生了政府监管机构与市场主体之间的经济法律关系。尽管由于各国经济背景不同、同一国家在不同时期的经济发展情况不同，政府对市场监管的措施存在差异，但围绕建立和维护公平竞争的市场秩序的目标，政府监管的范围首先是对一般市场垄断行为及不正当竞争行为的监管，其次是对包括金融、期货、信托等在内的特殊市场的监管。为实现监管目标，政府主要采用市场准入、价格控制、行业标准、质量控制、信息控制等手段。与此相应，国家通过反垄断法、反不正当竞争法、金融法、消费者权益保护法等法律，肯定作为市场监管主体的政府监管机构所享有的权利（力），即市场准入监管权、价格控制权、行业标准制定及执行监督权、产品质量监管权、信息监管权等。

3. 国家（政府）的参与权。国家（政府）参与是指国家（政府）为达到迅速调节和控制社会经济的结构及运行的目的，直接参与某些市场活动。国家（政府）参与的形式主要有国家投资经营竞争性领域的企业；政府机构以经济合同的形式参与市场经济活动；政府向公共事业进行投资、社会公共服务的提供等。显然，国家（政府）在其参与的相应法律关系中并不具有公共管理者的身份，但其参与市场活动的目的与一般市场主体也有很大不同。国家（政府）参与市场经济活动主要不是为了营利，而是借助参与达到迅速调节经济结构和控制经济运行的目的。对私人不愿投资的行业，国家（政府）的参与主要具有协调产业结构的目的；对金融、能源及军工领域，国家（政府）的参与主要具有控制并稳定经济运行的目的；而对公益

服务行业，国家（政府）参与的目的在于为满足公众的需求而对资源的合理配置和充分利用进行控制。此外，政府以经济合同形式参与市场活动，主要有执行国家计划的合同、不同级政府之间的投资合同、政府采购合同等。在这些活动中，政府对经济的宏观调节和控制本身就是政府参与的起点和终点，合同在其中仅是一种提高效益的管理手段。基于上述，为最大限度地提高国家（政府）参与的效率，国家以国有资产管理相关法律法规的形式，赋予相关主体以相应的经济权利。

4. 国家（政府）机构的经济义务。由于国家（政府）机构的性质以及国家管制的弊端，从经济法主体权利、义务和责任统一的基本原则出发，相关经济法律法规明确规定，国家（政府）机构或其授权的组织承担在法律规定范围内正确行使权利（力）及履行职责的义务。

（二）市场主体的经济权利与经济义务

1. 接受调控或监管的市场主体的权利与义务。①在宏观调控和市场监管关系中，尽管接受调控和监管是市场主体应当履行的基本义务，但进行调控或监管的政府机构与接受调控或监管的市场主体之间并不具有行政隶属关系。②由于政府管制本身的弊端，为最大限度地提高管制的效率，政府的监管权必须受到限制和监督。因此在经济法中，不仅政府的宏观调控权、市场监管权以及参与权的边界必须被界定，而且在权利行使过程中，因调控或监管主体未依法行使职权，违法干预给被调控或被监管的市场主体造成损害时，该市场主体有权请求法律予以救济。例如，申请行政复议、请求损害赔偿以及其他司法救济。

2. 国有企业的经济权利与经济义务。国有企业具有广义和狭义两种解释，狭义的国有企业仅指国家所有、国家经营的企业和国家100%控股的企业；广义的国有企业则包括：上述两种国有企业、国家股份在其中占有控股地位的企业、国家通过控股以外的其他方式控制的企业。作为国家参与的一种重要方式，国家与国有企业之间存在双重法律关系：①作为市场主体的国有企业与作为宏观调控主体和市场监管主体的国家（政府）之间的法律关系；②作为国家投资产物的国有企业与作为所有权主体的国家之间的法律关系。因此，作为市场主体，国有企业在接受宏观调控或市场监管的过程中，享有与其他市场主体相同的经济权利，并承担相同的义务；而作为国家投资的产物，国有企业依其不同形态、按照相应的法律享有自主经营管理的权利，对来自作为其投资人的国家（政府）机构或其授权机构的非法干预和侵害，依法享有请求司法救济的权利，同时，依法向国有资产监督管理机构及其他政府授权的投资机构履行相应义务。

除上述之外，在双方均为市场主体但双方当事人权利义务基于法律规定不具有对应性的经济法律关系中，例如，消费者与经营者、消费者与产品生产者之间，权利人对义务人的违法行为享有请求法律救济的权利。

第三节　经济法律关系的保护

通过对国家干预经济过程中产生的经济关系的调整，建立和保护此类法律关系，从而建立符合市场经济协调、稳定和可持续发展的国家干预秩序，是经济法调整的目标。为实现这一目标，经济法遵循主体权利、义务、责任统一的基本原则，在确立主体间权利义务关系的基础上，对不依法行使权利或履行义务的当事人进行制裁，为受损害的当事人提供救济。这一切，均建立在经济法责任制度及经济法实施的基础之上。可以说，从法的强制性角度，责任制度作为经济法的重要组成部分，奠定了经济法律关系保护的实体法基础；而从法的可诉性角度，经济法实施的具体制度则奠定了经济法律关系保护的程序法基础。

一、经济法责任制度构成的特殊性

应当指出，由于迄今为止的经济法律法规所确认的法律责任包含了不同形式和不同性质的责任制度，使得经济法责任制度成为经济法学研究最具争议的领域之一。本教材试图通过对学界研究中的新观点的归纳和阐述，为读者梳理经济法责任制度研究的核心问题以及最新研究成果。

（一）经济法责任制度的综合性及其解释

在经济法学界对经济法特性的诸多研究和概括中，我们发现有三个特性获得了普遍认同：一是社会本位，二是综合调整，三是政策导向。其中所谓综合调整是指经济法对市场关系的调整同时使用了公法规范和私法规范，在这两类不同规范的组合中，以公法手段为主，同时采用了民事、行政以及刑事等不同性质的法律调整手段。由于调整市场经济的法律应有解决纠纷和争议的功能，因此可以说，最能够体现经济法综合调整特征的莫过于经济法责任制度，它是一个由行政责任、民事责任和刑事责任构成的体系。也正因为如此，经济法责任制度受到质疑。

不同性质的法律责任被综合运用于一部具体经济法律或法规的现象，究竟是不同责任形式的简单叠加还是一种具有内在规律的组合？尽管迄今为止相关研究并未对此给出令人信服的解释，但以下研究仍然支持了这样的观点：①导致经济法调整手段综合性的原因是多方面的；②从法律与政府管制（监管）关系的角度可以肯定，在许多以政府管制（监管）为基础产生的法律法规中，不同性质的法律责任被同时使用确实是出自为适应国家干预经济的实际需要而有目的的安排。

1. 采用不同性质的法律责任形式与经济法调整的经济关系具有密切联系。一方面，由于经济法调整的经济关系是具有管理性质的市场关系，因此无论是宏观调控还是政府监管，政府首先要使用具有公法特征的强制性规范手段。但另一方面，由于强制的目的在于消除市场的负外部性，保障整个社会经济协调、稳定、可持续发展，因此必须考虑市场规律，兼顾主体的自由、效率。基于上述两个方面的理由，无论是宏观调控还是政府监管都必须是适度的。这在法律责任规范上就必然表现为公法规范和私法规范的合理组合，或曰"以公为主，公私兼顾"。

2. 经济法采用不同性质的法律责任形式是为了弥补其他法律的缺陷。违反经济法律和法规的行为，其侵害对象往往具有双重性，在损害社会利益的同时，又损害了个体利益。在这种情况下如何弥补受害个体的损失？如果在经济法只追究违法行为人损害社会利益的责任，对受损的个体而言将是不公平的；但如果因此而修改民事法律，也是不效益的。因此，最好的选择就是在经济法律法规中同时规定两种不同性质的责任追究机制。这是造成经济法律责任构成中包含大量民事责任的一个原因。

3. 经济法中不同性质的法律责任合理组合使用，有助于提高政府监管的效率。法律规范对政府监管权限的界定以及对政府取得、行使监管权程序的规定，在加大了政府监管成本的同时，对政府监管形成了监督，因此在防止政府过度监管或滥用监管权方面具有提高政府监管效益的作用。但由于政府监管作用的发挥主要依赖政府机构主动行使权利（力），因此监管的效率又会由于这一制度安排而降低，在一些情况下，甚至会导致政府监管失效。基于此，在一个个具体的经济法律关系的保护中努力挖掘传统法律救济的资源，关注行政处罚、民事（私人）诉讼乃至公益诉讼等不同救济手段在政府监管中组合使用的可能性和可行性，将有助于提高政府监管的效率。经济学界关于"公共法规的私人执行策略"的研究对此形成了支持：该研究认为，私人诉讼方式的使用有利于提高监管效率，监管政策的执行既可以采用将处罚权配置给政府的形式，也可以采用借助传统私人诉讼的形式；而学者们为此展开的实证研究也证实，对证券发行中有关信息真实性的法律责任采用监管机构处罚和民事责任追究并行的方式是"一个非常有效率的维护社会良好秩序的选择"，在"银行监管领域，私人诉讼对于公共披露规则的执行具有非常重要的影响"。[1]

（二）经济法责任制度对传统责任制度体系的突破

还应当指出，经济法的责任制度体系中的一些具体规定已经明显突破了传统民事、行政、刑事三大责任制度体系的范畴。经济法学界的研究认为，由于经济违法行为侵害的是社会利益，给不特定的社会公众带来损害，经济法律责任的设计必须使违法者为其行为付出高昂的成本，而基于违法主体的经济能力不同，采用传统的财产罚或自由罚只是责任体系中的一部分，还应该设定资格罚、能力罚、声望罚等，[2]这些责任会直接影响到经济活动主体的行为能力，因而会对其产生根本性的甚至是致命的影响。从各国立法的情况看，在具体的经济法律责任制度的构建中，针对经

---

〔1〕 国外学术界的代表性研究可见：〔美〕小约翰·C. 科菲："安然公司的崩溃和守门人的责任——守门人为什么保持沉默？"，杜宏伟译，载吴敬琏主编：《比较》第1辑，中信出版社2002年版，第119页；〔美〕安德烈·施莱弗："理解监管"，余江译，载吴敬琏主编：《比较》第16辑，中信出版社2005年版，第107~112页。

〔2〕 张守文："经济法责任理论之拓补"，载《中国法学》2003年第4期。

济法律关系主体的不同产生了以下责任措施：①对于除国家之外的市场活动主体，针对其不同的行为予以不同的责任制裁，有的是针对人格身份的，例如信用减等、资格减免等；有的是针对财产的，例如惩罚性加倍赔偿，有双倍赔偿、三倍赔偿、十倍赔偿等；有的是针对行为的，例如产品召回、禁止企业合并、拆分和分解企业以及返还企业股份等。②对作为宏观调控主体的国家和市场秩序监管主体的政府机关及其授权机关，实施首长和直接责任人员问责制；基于国家（政府）机关的特殊性，遏制经济权力滥用的有效措施即是引咎辞职。显而易见，上述有关经济法责任的规定已经突破了传统"三大责任"制度的范畴。

二、经济法的实施

（一）经济法实施的途径及其特色

法的实施是法在社会生活中的实现。法的实施体系由守法和执法两个环节构成。经济法的实施也包括守法和执法两个方面。守法是经济法律主体自觉遵守法律，从而使法律得以实现的活动；执法是指国家行政机关和司法机关执行经济法律的活动。总体上看，经济法实施具有以下特色：

1. 国家（政府）机关的守法活动在经济法实施中的重要性。经济法的特性决定了国家（政府）机关在经济法中居于宏观调控主体以及监管主体的重要地位，而政府宏观调控权以及监管权的公权性质、政府法定权利与义务的同一性，决定了在经济法实施中，国家（政府）机关的守法活动——政府依照法定程序行使宏观调控权以及市场监管权的活动是经济法主体守法的重要环节。

2. 在经济法实施中，行政执法具有重要地位。这与民事法律实施完全依赖法院执法的情况形成鲜明对照。在经济法层面上，国家干预的特性不仅决定了国家（政府）依法对市场的宏观调控和监管活动，而且还使诸多政府监管机构被建立起来，这些机构按相应的经济法律法规享有执行法律的权力。以竞争法为例，行政控制模式在调整反不正当竞争行为中是起主要作用的控制类型。从第一次世界大战开始，行政控制在资本主义国家渐渐获得了合法地位，并相应地建立起稳定的行政控制手段及协调机制，其控制的范围也由个别向多项扩展。至第二次世界大战以后，价格、产品质量、产业进入、企业竞争等均被纳入政府管制的范围，行政执法的范围也因此得到扩展。而与法院执法相比，行政执法的重要意义乃基于其专业性和效率性。在国家（政府）监管的经济法律关系中，由于被监管的事务多具有技术性，很多规范需要确定相应的指标，即通过定量分析来定性。例如，反垄断法的实施就因涉及产业政策而具有很强的专业性。至于行政执法的效率性，主要来源于行政体系内经济信息集中、经济监督主动适时、行政裁决及时的特点。这些特点使行政执法在减少及防止风险发生等方面产生"事前"效应，这是司法（事后）救济不可企及的。因此，尽管一直受到质疑，但不仅反垄断法律制度没有放弃行政程序，而且，行政执法还由于政府监管的发展而不断发展完善。由上，我们可以看出行政执法在经济法实施中的重要地位。

3. 司法是指国家司法机关依照法定职权和法定程序具体应用法律处理案件的专门活动。司法是最古老的法律实施方式，也是法律实施最重要的方式。与国家行政机关执法相比，司法活动以国家强制力为后盾，以国家的名义运用法律审理案件，定纷止争，制裁违法和犯罪，其裁定和判决具有最终的法律效力，任何组织和个人必须执行，不得对抗。因此，一方面，司法活动所具有的独立性和权威性为行政机构执法无法企及，另一方面，司法活动的被动性、事后性以及高成本等缺陷又为行政机构执法留下了生存空间。但应当指出，尽管法律的可诉性决定了司法活动在经济法实施中具有重要地位，但迄今为止并不存在一个独立的被称为"经济诉讼法"的诉讼制度，经济法的司法活动基本上是在既有诉讼制度的基础上进行的。

（二）经济法实施中既有诉讼资源的利用

在法的可诉性层面，经济法实施途径的特性，尤其是司法实施中三大诉讼制度的综合运用引起了学界的关注。没有独立的诉讼制度是否会影响经济法的独立存在？这一问题至今仍然困扰着学界。本教材认为，暂时抛开诉讼制度与经济法独立性问题的关联，从经济法实施对诉讼制度的客观需求的角度分析，会使讨论变得简单和实用。

1. 经济司法在三大诉讼制度基础上进行，所传递的第一个信息是传统诉讼资源的利用。这是由经济法责任制度的综合性决定的。换言之，行政、民事、刑事等不同性质的责任制度在经济法中出于立法者的有意安排被组合使用，这合乎逻辑地决定了经济诉讼也必然是行政、民事、刑事三大诉讼制度的组合。进而，从节约立法成本的角度，合理地利用三大诉讼制度的既有资源也就顺理成章。

2. 经济司法中诉讼制度的组合与行政执法在经济法实施中的地位有关。如前所述，经济法调整对象的特性，决定了国家（政府）机关的执法活动具有特殊的重要地位。国内外学术界对此展开的研究认为，主动性、及时性、专业性和效率性是行政执法优于法院执法的特征，也是行政执法在经济法实施中得以运用的原因。但近年来私人诉讼之所以受到法学界的广泛关注，也恰恰是因为行政执法中产生的问题。由于行政执法也存在成本，加之行政机构的自身利益与执行法律的社会成本和收益不相关，必然带来执法效率的低下。正是在解决这一问题的实践中，法院执法及私人诉讼的优势被关注，一些民事责任以及相应的民事诉讼被运用于提高监管效率问题的解决。这进一步促进了经济司法中传统诉讼资源的运用。

3. 在传统的三大诉讼制度基础上进行的经济诉讼是一种新的诉讼吗？本教材认为，对这一问题的回答首先取决于三大诉讼制度在经济司法中的运用是否形成了一种新的诉讼理念，其次取决于对具体经济诉讼案件和诉讼制度研究的进展。关于前一点，国内外学术界近年来对证券法、反垄断法实施的研究成果都支持了这样的观点：在违反经济法的诉讼案件中采用民事责任以及相应的民事（私人）诉讼制度，其目的已经不单单是平等主体之间的补偿，而是通过补偿机制调动当事人诉讼的积极性，达到政府监管效率的提高的目的，这就是经济法中民事责任和私人诉讼制度所蕴含的新理念。关于后一方面，尚缺乏被普遍认同的观点。

（三）利用传统诉讼制度实施经济法的缺陷

尽管对三大诉讼资源的利用是经济司法的客观需求，但这并不意味着三大诉讼制度可以解决经济法实施的所有诉讼问题。随着现代市场经济的发展，出现了一些损害社会整体利益、扰乱社会经济秩序的行为，由此产生了一些新的经济纠纷，例如侵害国有企业财产权纠纷、侵害消费者群体利益纠纷等。这些纠纷在传统的诉讼制度框架内难以得到及时有效的解决，暴露出传统诉讼中诉讼主体适格理论在处理违反经济法的诉讼案件中的局限性。根据诉讼主体适格理论，救济与权利相关联，当事人只有在自身直接利益受到侵害、与特定案件有直接利害关系的前提下才有资格起诉或应诉。但在经济诉讼案件层面却会产生这样的问题：如果政府机关禁止企业合并，被禁止的企业可以以该政府机关为被告提起诉讼，而如果政府机关允许企业合并，由此形成的垄断给社会公众造成损害却无人能对其提起诉讼。于是，当公共利益受到侵害但又没有特定的受害主体时，一个实施了范围更大的、影响程度更广的侵害行为的违法行为人可以免受处罚。在这个意义上，诉讼主体适格理论在为个人利益或团体利益的实现打开方便之门的同时，却关闭了对社会公共利益的救济之门。

当然，从制度层面上，我们也可以借助三大诉讼制度的发展来解决一些涉及公共利益的诉讼案件，例如代表人诉讼、股东派生诉讼制度等。但三大诉讼制度的本质决定了问题不可能得到根本解决。

1. 从本质上讲，民事诉讼、行政诉讼和刑事自诉都是维护私人合法权益的，都属于私益诉讼。民事诉讼法强调对平等主体之间的财产权益和人身权益的私益进行保护，对当事人之间的纠纷，遵循民法中权利本位和意思自治理念，采取不告不理的原则，这与体现"以社会利益为核心"的经济法保护理念存在直接冲突。从操作技术上看，传统的民事诉讼程序仅接纳有直接因果关系的当事人；而行政诉讼法通过对行政主体的行政违法行为的一定程度的遏制，体现了现代社会"依法行政"的理念，但其依然强调主体必须与国家机关具体行政行为之间存在直接联系，强调对公民个体利益的保护。至于刑事诉讼中检察机关提起的公诉虽然属于公益诉讼，但其直接针对的是犯罪行为，代表受害人主张权利的只能是国家公诉机关，而危害社会公益的行为并非都构成犯罪，从这个角度看，刑事诉讼程序的局限性更加明显。

2. 尽管从理论上讲，对社会公益的司法救济程序可以利用私益诉讼，但现实中，一方面民事诉讼解决纠纷只具有个别效力，缺乏普遍性，这种个体正义难以适应公共利益保护的需求；另一方面由个体维权来保护公共利益，由于信息不对称，所产生收集信息的费用以及交易费用提高了诉讼成本，使绝大多数人最终将选择放弃行使诉讼权利。退一步说，即便有个体基于个人的需要就公共利益的维护提出诉讼，获利者也只是其本人，与该诉讼提起人处于同一个受害层面的其他个人不能由此获得相应的利益，此时的社会公益萎缩成了私益，难以体现维护社会公益的实质。

正是为了弥补三大诉讼制度在处理经济法案件中的缺陷，公益诉讼进入了经济法学界研究的视野。

（四）公益诉讼：经济法实施的新途径

公益诉讼最早起源于古罗马。在罗马法诉讼法中有一种基本诉讼制度——程式诉讼，在程式诉讼中有一种分类为公益诉讼和私益诉讼。前者是指可由社会中任一成员提起的诉讼；后者是指只能由相对关系人提起的诉讼。现代公益诉讼产生于美国。目前许多国家均有关于公益诉讼的规定，但在不同的国家对公益诉讼的规定不尽相同。从运用范围看，早期的公益诉讼大多运用于具有特定历史背景的人权案件、种族和性别歧视案件、反托拉斯案件及社会福利案件等。但随着现代宪政制度的推行，社会民众的权利意识日渐觉醒，公益诉讼的范围已经超出了扶助弱势群体的最初目的，其触角延伸到了社会公共生活的诸多领域，开始以维护公共利益为己任。我国经济法学界的研究认为，公益诉讼是指任何组织或个人都可以根据法律的授权对违反法律、侵犯国家利益及社会公共利益的行为向法院起诉，由法院追究违法者法律责任的活动。[1]这一概念反映出，公益诉讼的特色主要表现在为保护公共利益而对诉讼主体适格以及利害因果关系的突破。近年来，国内外对公益诉讼制度的研究主要集中于以下两个方面：

1. 公益诉讼原告的范围。基于公益诉讼的理念，起诉主体应该具有广泛性，不受传统诉讼法原告适格制度的束缚，无需证明有利害关系。具体而言，由于各国情况不同，公益诉讼的原告在范围上存在差异。根据原告的不同，公益诉讼大致被归纳为四种类型：①民众诉讼，即任何人都可以维护社会公共利益的理由提起诉讼。②代表人诉讼，即对公害发生的规模大，受害者人数众多但又不是特定的集团或团体，受害者可以推举代表人行使诉权，维护受害人群的利益。③代位诉讼。由社会中介组织代表其所属的利益集团行使诉权，这种形式有利于将社会弱势群体的力量集中起来与强势对手相抗衡。④国家公权力机关诉讼。维护公共利益本来就是公权力机关职责中的应有之义。

2. 公益诉讼的受案范围。目前讨论的核心问题是：公益诉讼是否应该局限在保护那些处于不利地位的群体的基本人权，抑或涉及公共政策的领域。对此不同国家由于国情的差异规定的侧重点不同。抛开特定背景的考虑，公益诉讼应该将这两个方面都涵盖其中，既保护弱势群体，又监督公共政策。但由此又会引发另外一个问题，即公益诉讼的滥用。普遍的共识是：必须确定公共利益的边界，通过公益诉讼除外制度的建立界定公益诉讼的受案范围，为此应当确立相应的原则：①原告必须是善意的，是基于对公共利益的关注，不是假借公益之名行个人私利之实；②防止公益诉讼成为各政治集团用于政治争斗的工具，避免不同集团因政见分歧而对某项公共政策的实施借用公益诉讼实行拖延策略；③法院应该谨慎对待公益诉讼，避免

---

[1] 韩志红、阮大强：《新型诉讼——经济公益诉讼的理论与实践》，法律出版社1999年版，第27页。

跨入立法和行政领地而发生身份混同，异化为国家治理机构。

　　显而易见，现代公益诉讼正在改变着学术界对法律的功能以及程序正义的传统认识：法律不仅仅是一种解决争端的方式，更应该是获得社会正义的工具，程序仅仅是从属于正义的，它不应该成为弱势群体获得司法公正保护的障碍。随着我国社会主义市场经济以及经济法的发展，公益诉讼正在受到越来越多的关注，涉及消费者权益保护、国有资产保护以及反垄断等方面的公益诉讼问题的研究不断深入，公益诉讼制度作为经济法实施新途径的思想已经被越来越多的学者所接受。

　　在立法层面，为适应社会主义市场经济条件下社会公共利益保护的需求，我国2012年修订的《民事诉讼法》第55条明确规定：对污染环境、侵害众多消费者合法权益等损害社会公共利益的行为，法律规定的机关和有关组织可以向人民法院提起诉讼。这标志着公益诉讼制度在我国的正式确立。通过试点，2017年修订的《民事诉讼法》和《行政诉讼法》中，明确规定了人民检察院提起公益诉讼制度，这一制度实际上将公益诉讼的适用范围扩大到生态环境、资源保护、国有财产保护、国有土地使用权出让等领域。2014年底修订的《最高人民法院关于适用民事诉讼法的司法解释》则从案件受理、管辖等方面细化了公益诉讼制度。上述，充分表明我国的公益诉讼制度正日趋完善。

第四章

思考题

1. 简述经济法律关系主体的特性。
2. 简述经济法律关系主体的类型。
3. 如何理解经济法律关系主体的权利与义务？
4. 经济法责任制度的特殊性表现在哪些方面？
5. 结合消费者权益保护或国有资产保护，谈谈公益诉讼制度的意义。
6. 为什么说公益诉讼是经济法实施的新途径？

第二编 宏观调控法 <<<

第 5 章
宏观调控法原理

第一节 宏观调控概述

一、什么是宏观调控

"宏观调控"作为经济学范畴和法学范畴，内涵有所不同。"宏观"一词源于宏观经济学理论，是指一个国家或地区经济生活中总量方面的问题，包括国民生产总值、货币的供给与需求、国家预算的收入与支出、社会商品服务的总供给与总需求、对外贸易的顺差与逆差、外汇收支等。宏观调控是一国对国民经济的总体管理，是一国政府特别是中央政府的经济职能。它是国家在经济运行中，为了促进市场发育、规范市场运行，对社会经济总体的调节与控制，是国家依据市场经济的一系列规律，运用调节手段和调节机制，实现资源的优化配置，为微观经济运行提供良性的宏观环境，使市场经济得到正常运行和均衡发展的过程。在经济学中，"宏观调控"几乎可与"国家干预"、"政府调节"等通用，政府为弥补市场缺陷对国民经济进行"调节"（adjustment）和"控制"（control）的各种措施都可归纳为"宏观调控"。

而在法学中，"宏观调控"反映为一个个具体的制度设计和制度安排，这种制度设计和制度安排体现为一套权威性高的法律规范和稳定性强的政策手段。而这些法律规范和政策手段往往涉及有关宏观经济和社会综合目标的实现。可以说，如从法学的角度来下个定义的话，宏观调控指的是在一个特定的经济和社会发展时段，特别是在市场失灵时，中央政府从社会公共利益出发，为实现宏观经济和社会变量的基本均衡与经济社会结构的优化，引导国民经济持续、健康、协调发展，在现有法律规范的基础上对国民经济和社会所进行的总体调节和控制。

因此，对国家为了预防和克服市场失灵所导致的在经济总量、结构等宏观方面的失衡、失调和无序，依法运用计划、财政、税收、金融等手段调节、控制宏观经济运行，使之朝着所预期的平衡、协调和有序方向发展的一系列行为，即可称为宏观调控行为。简言之，宏观调控就是国家对国民经济总体活动进行调节和控制的行为。[1]

---

〔1〕《经济法学》编写组编：《经济法学》，高等教育出版社 2016 年版，第 139 页。

二、宏观调控的权力来源

从法律上说，中央政府的宏观调控权力必须具有合法性，也就是说运用宏观手段治理社会、主导市场的时候，必须具有法律依据。从形式上看，宏观调控权来源于法律上的明确授权。在把法律仅理解为制定法的情况下，宏观调控权的确立、分配和行使等内容，要通过国家制定的法来加以体现。此外，宏观调控权也是国家的经济管辖权的具体化。作为国家主权或更为具体的管辖权的组成部分，从根本上说，宏观调控权同样是整个国民总体的一项重要权力。

随着经济社会的发展，国家的职能和权力也在不断膨胀，这在很大程度上影响着宏观调控权的产生和发展。由于"现代市场经济就是有宏观调控的市场经济"已成为一个较为公认的命题，因此，宏观调控也被认为是现代国家新获取的一项重要职能，其目标是解决经济、社会领域的诸多现代问题。此外，由于宏观调控作为一种公共物品，是私人主体所不能提供或无力提供的，因而只能由国家承担起提供公共物品的重任。从这个意义上说，宏观调控首先是国家的一项义务，其次才是国家的一种权力。

宪法是国家的根本大法，在整个法律体系中起着母法的作用。中央政府在代表国家行使宏观调控权的时候，首先必须具有根本法的依据。

在中国经济改革进程中，中央政府频频使用宏观调控手段。人们不禁要问，其权力的合法性来源是什么？1993 年 3 月通过的宪法修正案为中央政府的宏观调控职能作了一个注脚，提供了一个基本法的依据。1993 年宪法修正案规定："国家加强经济立法，完善宏观调控。"同时，作为国家立法机关的全国人民代表大会通过的《国民经济和社会发展"十三五"规划纲要》在第十七章专门规定"创新和完善宏观调控"，强调"健全宏观调控体系，创新宏观调控方式，增强宏观政策协同性，更加注重扩大就业、稳定物价、调整结构、提高效益、防控风险、保护环境，更加注重引导市场行为和社会预期，为结构性改革营造稳定的宏观经济环境。"将中央政府的主要职能定位为"搞好宏观调控，营造稳定的宏观经济环境"。应该说，这使得中央政府因应时势的宏观调控有了合法性。

问题是，中央政府宏观调控权力的边界在哪里？中央政府在使用宏观调控权力时，是不是事无巨细都要宏观调控，其宏观调控的权力行使是否要科学论证，宏观调控的决策过程是否公开，宏观调控权力行使有无监督，宏观调控的效果如何，谁有权力评估，宏观调控的决策失误应否承担责任？这是在现代市场经济条件下，一个法治政府在进行宏观调控时所面临的重大问题。

三、调控手段与法律规制

宏观调控手段，是指为实现宏观调控目的所采取的方法、措施。按照经典的自由市场理论，政府调控市场的手段无非是两种：一是财政与税收手段，二是金融货币手段。财政与税收手段用来强化或弱化政府对经济发展的推动力，在中央政府所辖各地区进行转移支付，调节贫富差距，并作为"慈善家"提供公共物品和就业机会。金融货币手段则是通过利率机制、控制货币信贷规模、实施外汇管制等手段来实现中央政府调控市场的目的。

在像中国这样的转轨国家，中央政府除了上述两种手段外，还有一项重要的但常被忽视的手段，即国家资源的调配手段。由于城乡二元结构的存在，土地与能源资源的短缺，中央政府对国家资源的释放度和控制性就成为一种很重要的宏观调控。

上述中央政府的三种调控手段实际上是与相应的法律制度安排密切相关的，相应的法律规制是中央政府上述三种手段的合法性来源。如果没有相应的法律规制，中央政府的宏观调控就有可能僭越法律的授权和被滥用。有的学者认为，为使我国现行宏观调控法律法规系统化，确保国民经济健康、快速和持续增长，集中规定宏观经济的调控原则、调控主体、调控客体、调控程序、调控责任和宏观经济争端解决机制等基本问题，迫切需要制定《宏观经济调控法》。实际上制定这个法是没有必要的。中央政府宏观调控法律机制的完善主要在于市场经济基本法律制度的完善，一部单行的宏观调控法是解决不了市场经济基本法律制度构建的。实际上，有关政府宏观调控的市场经济法律规制主要指的是一个"法律束"，它包括：与市场经济的产权相关的法律规制，与市场经济运行相关的法律规制，有关政府管制的法律，有关劳资关系和社会保障的法律制度等。上述法律制度的完善是政府宏观调控手段有效性的前提。

四、宏观调控权的法律限制

西方市场经济国家的宏观调控一开始就是建立在自由竞争的市场经济理念、财产所有权不可侵犯、意思自治和契约自由所构成的法治基础上的，这为国家宏观调控的内涵界定提供了一种限制性标准：国家对经济的宏观调控在任何情况下都不能违背市场经济的基本理念，不能对市场经济的法治基础构成损害。在这种观念的指引下，当国家宏观调控权的行使有突破底线的可能时，法治便成为政府不得不面对的一道障碍。我国宏观调控的制度背景是：政府官员缺乏法治理念、缺乏依法行政的传统；政府治理社会的方式是干预型和介入型，政府是全能政府；市民社会和私权至上的制度框架没有建立起来；没有契约自由和意思自治的传统。因此在赋予中央政府宏观调控权的同时，更应着力于限制国家宏观调控的权力范围和权力行使方式，以保护市场经济的微观基础不受政府滥用强制权力的破坏，并确保在公民合法权益受到国家宏观调控的侵害时有切实有效的救济手段。

对于中央政府的宏观调控权的法律限制，更主要的是来源于《宪法》和《立法法》，即我国《宪法》对中央政府的权力职能的定位以及立法权的规定。《宪法》中的质询与询问，对行政机关的规范性文件的审查，对行政官员的罢免和撤职，以及《立法法》对立法权限和程序的明确规定，都界定了中央政府宏观调控权的边界。同时，《宪法》和《立法法》规定"全国人民代表大会有权改变或者撤销它的常务委员会制定的不适当的法律"，全国人民代表大会常务委员会有权"撤销国务院制定的同宪法、法律相抵触的行政法规、决定和命令"，国务院有权"改变或者撤销各部、各委员会发布的不适当的命令、指示和规章"，等等，这些条文对宏观调控机关违反法律行使宏观调控权提供了最后的法律救济手段。

五、宏观调控的理论来源

从宏观上管理经济是国家的基本职能之一。现代国家从经济总体利益出发，以稳定物价、促进充分就业、保持经济适度增长、实现国际收支平衡为目标，都在不同程度上采用财政、货币、信贷、制裁等经济的、法律的以及必要的行政手段，从总体上调控国民经济的运行。从性质上讲，国家的宏观调控行为是相对于经济管理机关的具体经济管理行为而言的，是现代国家干预经济的基本形式，也是经济管理行为的最高形式。其价值在于国家通过一系列的调控手段，使宏观经济活动通过市场中介与市场主体的微观经济活动有机结合起来，保持总供求的基本平衡。[1]因此，对宏观调控的研究受到了理论和实践的双重重视。

宏观调控的理论来源主要有四个方面：

1. 市场失灵理论。现代社会的人们逐渐认识到，由于市场存在着外部性、有些交易的成本过高以及信息不对称等弊端，单纯依赖市场进行资源配置和利益分配不能达到理想的效果。随着垄断现象的出现，收入分配的两极分化，公共产品供给不足，以及社会产品总供给和总需求失衡等问题的出现，在现代市场经济下仍然需要国家从宏观上对经济予以调节和控制，以防止经济的大起大落。

2. 国家干预理论。20 世纪 30 年代，西方出现了规模空前的经济危机，传统的经济理论无法提出有效的帮助各国政府摆脱困境的对策。以 1936 年凯恩斯出版的《就业、利息和货币通论》为标志，国家干预经济的理论开始系统化。凯恩斯主张通过刺激需求来达到充分就业，在社会有效需求不足的条件下，为刺激社会消费需求的增加，政府应调整收入分配政策，扩大社会消费需求，从而刺激生产，实现充分就业。凯恩斯学说的出现，是西方经济理论的一次革命，即由崇尚自由放任转向政府干预，把政府视为市场制度合理的调节者和干预者已成为主流经济学家的信条。这个过程一直延续到 20 世纪 70 年代，对当代西方国家国有经济的产生和发展起到重大的推动作用。

3. 政府失灵理论。为纠正、弥补市场机制的局限与缺陷，政府对经济的干预是必要的，但政府也不是万能的，政府在调节经济运行时由于缺乏经验，容易违背客观经济规律，反而更加容易出现破坏社会经济结构和市场正常的运行秩序的情况。同时，政府制定的经济政策常常受到个别利益集团的影响；政府干预过度，容易造成经济不稳定；政府有时会人为影响产业结构的优化；由于政府调节机构对某些行业的定价对新企业进入该行业具有一定的控制权，因此它们常常成为卡特尔组织的理想工具；政府调节机构的扩张及其管理人员数量的增多，既使得政府开支增大而

---

〔1〕 刘剑文、杨君佐："关于宏观调控的经济法问题"，载《法制与社会发展》2000 年第 4 期。

加重纳税人的负担，还会由于机构臃肿而造成官僚主义和干预效率的低下。[1]

4. 国家适度干预理论。凯恩斯主义兴起之后，人们又发现了政府的失灵现象，于是人们开始反思国家应如何干预经济。伴随着这些思索，新经济自由主义应运而生。新经济自由主义者认为市场和政府是相互伴生、缺一不可的，国家有必要介入经济以克服市场失灵，但为避免政府失灵，国家应当适度干预经济，当市场机制失效时，国家干预需加强，而当市场机制功能恢复时，国家干预则需递减。这就是国家适度干预理论。

在以上四种理论中，国家适度干预理论对宏观调控的影响最大，也是当今社会普遍接受的理论，并成为国家进行经济调控的正当性理由之一。

第二节　宏观调控法

一、宏观调控法的定义

关于宏观调控法的定义，有的学者认为，宏观调控法是指调整国家对国民经济运行实施宏观调控过程中发生的经济关系的法律规范系统，它是国家管理宏观经济的主要法律手段，是适应社会主义市场经济发展的客观要求和国家管理经济职能需要而产生的调整中央政府与地方政府之间、各级政府与政府部门之间，以及政府与经济主体之间因实施国家宏观调控而形成的具体经济关系的法律规范体系。[2]有的学者认为，宏观调控法是指国家从社会经济的宏观和总体角度，运用计划、各项经济政策及调节手段引导、约束社会经济活动以调节社会经济的结构和运行，实现国家预期的经济和社会发展目标的法律。从宏观调控法的内容构成上分析，它以国家宏观引导调控总的指导思想和基本原则为统帅（灵魂），以计划法为中心（龙头），以各项经济政策法为主体，以各种调节手段运用的法律为启动机制，如是组成统一的有机体系。[3]还有的学者认为，根据部门法定义的逻辑规则，作为部门法或实质意义上的宏观调控法，是指调整在国家对宏观经济运行进行调节和控制过程中发生的经济关系的法律规范的总称。[4]

概括而言，宏观调控法是规范和调整宏观调控关系的法律规范系统。宏观调控关系，包括宏观调控的主体、客体和内容三个要素。

宏观调控关系的主体是指拥有宏观调控权力，依法执行宏观调控职责，综合运用各种手段影响国民经济运行的法定的国家宏观经济管理机关和具有相应权力的社会中间主体，前者如中国人民银行、国家发展和改革委员会、财政部、商务部等，

第五章

[1]　叶秋华等：《西方宏观调控法与市场规制法研究》，中国人民大学出版社2005年版，第7页。
[2]　徐孟洲："略论宏观经济调控法"，载《法学家》1994年第4期。
[3]　漆多俊：《经济法基础理论》，法律出版社2017年版，第298～327页。
[4]　《经济法学》编写组编：《经济法学》，高等教育出版社2016年版，第142页。

后者如政策性银行、政府采购中心等。社会中间主体所实施的行为具有公益性和较高的公信力，利用其进行宏观调控，是政府职能非行政化和社会化的表现。社会中间主体作为政府宏观调控职能的部分替代，从属于政府，受政府监管，是政府职能的过渡与延伸。

宏观调控关系的客体是国民经济的总体活动，有的学者从法律关系的角度出发，认为宏观经济调控行为是宏观经济法律关系的重要客体；而有的学者则认为宏观调控法律关系的客体是公共利益[1]。但是，如果单纯从宏观调控的对象来看，宏观调控关系的客体应当是国民经济的总体活动，包括国民经济与社会发展计划、财政税收关系、货币信贷关系、投资关系、涉外经济管理关系等直接影响国民经济整体运行和社会稳定的问题。宏观调控应当注重调控客体之间的协调，如总量与结构内部、市场体系内部、进出口贸易和利用外资等方面的综合协调，从而达到社会资源的优化配置和经济发展的稳定运行。

宏观调控关系的内容包括国家运用计划、经济政策和各种调节手段，来引导和促进社会发展。国家计划分为国民经济与社会发展的总体规划和对经济运行中某些重要经济活动进行调节的计划；经济政策主要是宏观经济政策，包括财政政策、货币政策、产业政策和收入分配政策等。宏观调控手段主要包括价格杠杆、税收杠杆、信贷杠杆和资本杠杆等。具体来说，国家宏观调控的内容有：

1. 国家合理地制定各项经济政策和措施，如制定经济和社会发展战略、方针，制定产业政策，以控制总量平衡，规划和调整产业布局；制定财政政策和货币政策，调节积累和消费之间的比例关系，实现社会总供给和社会总需求的平衡，控制货币发行，制止通货膨胀；建立和完善适应市场经济发展的制度、收入分配制度和税收征管制度等。

2. 科学地编制各项经济计划，使经济计划建立在有充分科学根据的基础上，使其在中长期的资源配置中发挥应有的作用，弥补完全依靠市场配置资源的不足。

3. 国家正确运用价格、税收、信贷等经济杠杆，调节国民收入的分配和再分配，从经济利益上诱导、协调和控制社会再生产各个环节等。

二、宏观调控法的特征

宏观调控法除具有法的规范性、概括性、国家强制性和权利义务性等一般特征以外，还具有自身的特征：

1. 调控范围的总体性。我国宏观调控的目标是要保持国民经济总量的基本平衡，即社会总供给和总需求之间的平衡，以此促进经济结构的优化，推动国民经济持续、稳定、健康地向前发展。作为确认和规范国家宏观调控权的宏观调控法，其着眼点也就放在了宏观经济是否能够平稳运行上，通过对宏观经济的法治化调控，以期达到宏观经济良性运行、持续发展的目的。因此，宏观调控法的调整范围是社

第五章

---

[1] 刘剑文、杨君佐："关于宏观调控的经济法问题"，载《法制与社会发展》2000年第4期。

会的总体经济活动。

2. 调控内容的政策性。宏观调控与一国的经济运行态势紧密相连，因为国家宏观调控的目标、任务和所采取的措施，需要根据不同时期的国内和国际政治、经济、社会形势加以确定和调整，国家计划、经济政策和调节手段的运用不能一成不变。当宏观经济的运行状况呈现出不同的态势时，国家就必然运用不同的宏观调控政策对宏观经济进行调节和控制。从各国的实践看，各项重大的宏观经济政策都有法律做后盾。[1]宏观调控法是与政策结合最为密切的法律之一，在很多情况下，宏观调控法与宏观调控政策是合二为一的。[2]宏观调控政策是宏观调控法的指南，对宏观调控法的制定、执行具有重要的指导作用和参考价值。宏观调控法使宏观调控政策法律化，为贯彻落实宏观调控政策提供了一套法律程式，有利于依法贯彻落实宏观调控政策。

3. 调控方式的间接性。宏观调控法在协调国民经济发展过程中采用的调整方法具有间接性特征。根据宏观调控法的调整对象和基本原则的要求，宏观调控的调整方法主要包括引导、规制和监督三种，以实现对宏观经济的调节和控制。这就要求政府减少和规范行政审批，完善经济调节职能，发挥各种经济杠杆的调节作用。

4. 调整手段的综合性。由于宏观经济是一个庞大、复杂且多层次的经济系统，要想保证宏观经济的持续平稳运行，就需要运用多种手段对宏观经济进行调控。这些手段主要包括计划、价格、税收、财政、金融等。并且，在实践中这些调控手段往往需要相互渗透、相互配合、相互作用，才能收到良好的效果。

三、宏观调控法的实践发展

宏观调控法一直是各国政府在实践中赖以实现其政策目的的工具。

在美国，一直奉行自由市场经济，1929 年～1933 年，美国陷入严重的经济危机。为解决此危机，美国总统罗斯福实行"新政"，主张国家对经济进行广泛的干预。罗斯福政府先后颁布了 1933 年《银行法》和 1935 年《银行法》，加强了对银行、货币和信用的控制，通过中央银行即美国联邦储备系统对银行体系加强监管。1933 年《农业调整法》、《全国工业复兴法》和 1938 年《农业调整法》，使政府对农业和工业进行了广泛的调节。"罗斯福新政"在客观上使美国树立了宏观调控的基本框架，此后美国历届政府都坚持将宏观调控作为其市场经济的制度性特征。现在美国的宏观调控经历了几个阶段发展后，形成了以货币金融调控为主的间接调控模式。

二战后的联邦德国，相继制定了一系列有关对社会市场经济进行宏观调控的法律，如 1957 年制定的《联邦银行法》，1967 年制定的《经济稳定与增长促进法》《财政管理法》，1980 年制定的《德意志联邦银行法》等。这些法律使得德国在很短

---

〔1〕　徐孟洲："对制定'宏观经济调控法'的构思"，载《法学杂志》2001 年第 3 期。
〔2〕　董进宇主编：《宏观调控法学》，吉林大学出版社 2000 年版，第 19～20 页。

的时间内克服了战后的混乱，取得了巨大成就。其中，《经济稳定与增长促进法》统一规定了宏观经济调控的主体、目标、手段、程序以及法律责任制度，确定了调控的四个目标，即增长率、就业、价格、经济平衡，也被称为"魔鬼四角"，这对经济的稳定和发展起到了巨大的作用。

在日本，政府非常重视对产业结构的调整。产业政策与计划通过分工成为日本政府干预经济的两种基本手段。在这方面，日本先后颁布了《农村工业奖励规则》《汽车制造业法》《炼钢事业法》《飞机制造事业法》《造船事业法》《矿业法》《原子能基本法》《电子工业振兴临时措施法》《抑制总需求政策》《稳定国民生活紧急措施法》《电力管理法》《农业基本法》《农产品价格稳定法》等，为日本经济的发展提供了法律保障。

法国采取了以计划为主导的宏观调控模式。其于1982年制定的《计划化改革法》，提出了计划立法的改革方案，使计划立法民主化、合同化和分权化。除此之外，法国先后颁布了《价格管理条例》《价格放开和竞争条例》等一系列宏观调控方面的法律。

中国在宏观调控方面的立法也以部门法的形式出现，如《中国人民银行法》《预算法》《价格法》《税收征收管理法》等单项经济法律。现在，已经有专家和有关机关准备把宏观调控作为系统工程，起草一部能统筹、协调与整合全部宏观调控法规的基本法律——宏观调控法，希望以法律来规范经济调控，防止经济一出现问题就检查、干预、叫停、下文件、发通知等现象的副作用。但是，宏观调控法应该是一个法律政策束，希望以一部宏观调控法典的方式来规范宏观调控，是不切实际的。

第三节　宏观调控法的调整方法

宏观调控法是通过对市场的间接干预来影响市场主体的经济选择行为，其涉及面极广，并贯穿于国民经济运行的全过程，这对实现国民经济和社会发展的目标，实现产业结构优化升级，保证国民经济的发展方向，实现经济的高质量增长等都具有重要的作用。党的十九大报告指出："我国经济已由高速增长阶段转向高质量发展阶段，正处在转变发展方式、优化经济结构、转换增长动力的攻关期，建设现代化经济体系是跨越关口的迫切要求和我国发展的战略目标。必须坚持质量第一、效益优先，以供给侧结构性改革为主线，推动经济发展质量变革、效率变革、动力变革，提高全要素生产率，着力加快建设实体经济、科技创新、现代金融、人力资源协同发展的产业体系，着力构建市场机制有效、微观主体有活力、宏观调控有度的经济体制，不断增强我国经济创新力和竞争力。"党的十九大对我国经济发展提出了一系列新的要求和目标，要符合这些要求和达到这些目标，就需要运用经济法的宏观调控法律手段进行调节，宏观调控法主要采取引导、规制和监督三种调整方法来规范和调整国民经济。

一、引导的方法

一般来说，以法律制度来引导经济发展的基本方法有两种：一是减少成本结构，最大可能地降低守法成本，并且使守法的机会成本最小化。二是增加收益结构，尽可能地提高行为人的守法收益。通过改变行为人的净收益而对其行为选择产生影响。以上两种方法可以综合使用、同时规定。如党的十九大报告提出，要"创新和完善宏观调控，发挥国家发展规划的战略导向作用，健全财政、货币、产业、区域等经济政策协调机制。"为了达到这一目标，就要发挥宏观调控法的作用，而宏观调控法在这一方面的主要作用是：通过国民经济计划法、经济协调发展法、综合开发规划法、城镇与乡村规划法、产业政策法等法律和法规，同时辅之以大量的政策性指导规范，为市场主体的行为设定一定的目标和提供一定可供选择的行为空间，并引导市场主体行为符合社会经济发展的实际需要。另外，国家通过经济振兴法为国民经济的振兴和发展提供必要法律手段；通过内资投资法、外商投资法和投资鼓励法，鼓励国内外资产拥有者积极进行投资行为；通过欠发达地区经济促进法和欠发达地区工业开发促进法，提升欠发达地区的经济实力，以求得整个社会经济的平衡发展；通过移民鼓励法和大城市人口控制法调整不合理的人口布局；通过产业再配置促进法对不合理的产业结构和产业布局进行重新规划和调整；通过就业促进法减缓或解决日益严重的显性失业和隐性失业问题；通过相关法律规定积极鼓励出口，努力提高本国企业的国际竞争能力；通过竞争促进法，强化市场主体的竞争意识、加大市场的竞争烈度，提高社会整体的竞争能力和竞争水平；通过制定农业调整法、农村振兴发展法改善农村的不合理生产结构，加速农村的城市化和工业化进程，推进农业结构的战略性调整，全面提高农业的素质和效益。发展第二、三产业，推进农村工业化、城镇化进程，转移农村劳动力。坚持深化农村改革，落实农村政策，调动农民的积极性，发挥不同经济区域特点，制定实施不同的增收政策，缩小地区间农民收入差距，加大对农业的支持力度，加强农业基础设施建设，深化农村税费改革，加大减轻农民负担工作的力度，等等。再如增发国债，可以加大投资力度，加强基础设施建设，扩大生产性消费，促进生产力发展，拉动经济增长；降低存贷款利率，可以刺激消费，繁荣市场，扩大需求，降低企业生产成本，促进生产经营的发展，提高经济效益，从而拉动经济的增长等。这些都是以引导的方法来进行宏观调控。

二、规制的方法

"规制"即规范和限制、禁止。"规制"与"管制"略有不同。在经济学上，管制（regulation）是政府机构颁布的规定，目的在于通过确定价格、产品标准与类型以及新企业进入一个行业的条件来限制经济活动。我国国内很少使用"管制"这个词，因为它容易使人误认为是传统计划经济的命令，所以一般改用"规制"。金泽良雄认为，在最狭义上，规制可以理解为是由于对一定行为规定了一定的秩序而起到限制的作用；在广义上，则涉及消极的（权利限制）和积极的（促进保护）两个方面。[1]这里讲的规制采狭义的观点。

以宏观调控的方法来实现对国民经济的规制，主要表现在对市场竞争行为的调节，对经济过热现象的规制等方面。我国经济增长在 2006 年 10.7% 的基础上，2007 年第一季度达到 11.1% 的更高水平，而 4 月份工业生产总值增幅达到 17% 之多；1～4 月份城镇固定资产投资增长 25.5%，高于 2006 年全年平均 24.5% 的水平，房地产投资在 2006 年 21.6% 的水平上继续保持 20% 以上的增长幅度；1～4 月份贸易顺差达到 633 亿美元，同比增长 88%；1～4 月份新增贷款 1.8 万亿，超出去年全年贷款增幅的一半；3 月底的国家外汇储备达到 1.2 万亿美元，比 2006 年底增长 12.72%；4 月份的消费者物价指数依然为 3%，连续触及中央银行的警戒线；4 月份当月 M2（广义货币供应量）增长 17.1%，连续 3 个月超出中央银行 16% 的控制目标。这些现象，使得中央银行连续上调存款准备金率和基本利率，以防经济过热，有关国家部委联合采取措施，抑制房价上涨。这些都是以规制的方法来进行的宏观调控措施。

三、监督的方法

所谓经济监督是对经济行为的监察和督导。通过对宏观经济活动的监察、督导，防止出现偏离目标的行为，纠正有法不依的现象。宏观调控对国民经济的调节，离不开监督的方法。大量事实证明，没有强有力的监督，特别是审计监督、银行监督、财政监督、会计监督和法律监督，就不能维持正常的市场经济秩序，就会损害国家和整个社会的利益。在改革深入发展且配套进行的现阶段，不仅需要计划、财政、税务、银行、物价、统计、会计和工商行政方面等具体业务性质的监督，更需要对国民经济各部门整个经济活动的监督，即需要包括审计、法律部门在内的全面综合的经济监督。

案　例

1. 政府调控去产能与东北特钢破产重整

[**案情**] 2015 年中央经济工作会议指出，推进供给侧结构性改革，是适应和引领经济发展新常态的重大创新，是适应国际金融危机发生后综合国力竞争新形势的主动选择，是适应我国经济发展新常态的必然要求。要抓好去产能、去库存、去杠杆、降成本、补短板五大任务，其中第一步就是积极稳妥化解产能过剩。要按照企业主体、政府推动、市场引导、依法处置的办法，研究制定全面配套的政策体系，因地制宜、分类有序处置，妥善处理保持社会稳定和推进结构性改革的关系。要严格控制增量，防止新的产能过剩。

---

〔1〕 ［日］金泽良雄：《经济法概论》，满达人译，中国法制出版社 2005 年版，第 45 页。

2013 年《国务院关于化解产能严重过剩矛盾的指导意见》指出，应当充分认识化解产能严重过剩矛盾的重要性和紧迫性，并提出通过 5 年努力，化解产能严重过剩矛盾工作取得重要进展的目标：

——产能规模基本合理。钢铁、水泥、电解铝、平板玻璃、船舶等行业产能总量与环境承载力、市场需求、资源保障相适应，空间布局与区域经济发展相协调，产能利用率达到合理水平。

——发展质量明显改善。兼并重组取得实质性进展，产能结构得到优化；清洁生产和污染治理水平显著提高，资源综合利用水平明显提升；经济效益实现好转，盈利水平回归合理，行业平均负债率保持在风险可控范围内，核心竞争力明显增强。

——长效机制初步建立。公平竞争的市场环境得到完善，企业市场主体作用充分发挥。过剩行业产能预警体系和监督机制基本建立，资源要素价格、财税体制、责任追究制度等重点领域改革取得重要进展。

对产能严重过剩行业，要根据行业特点，开展有选择、有侧重、有针对性的化解工作：

钢铁。重点推动山东、河北、辽宁、江苏、山西、江西等地区钢铁产业结构调整，充分发挥地方政府的积极性，整合分散钢铁产能，推动城市钢厂搬迁，优化产业布局，压缩钢铁产能总量 8000 万吨以上。逐步提高热轧带肋钢筋、电工用钢、船舶用钢等钢材产品标准，修订完善钢材使用设计规范，在建筑结构纵向受力钢筋中全面推广应用 400 兆帕及以上强度高强钢筋，替代 335 兆帕热轧带肋钢筋等低品质钢材。加快推动高强钢筋产品的分类认证和标识管理。落实公平税赋政策，取消加工贸易项下进口钢材保税政策。

水泥。加快制修订水泥、混凝土产品标准和相关设计规范，推广使用高标号水泥和高性能混凝土，尽快取消 32.5 复合水泥产品标准，逐步降低 32.5 复合水泥使用比重。鼓励依托现有水泥生产线，综合利用废渣发展高标号水泥和满足海洋、港口、核电、隧道等工程需要的特种水泥等新产品。支持利用现有水泥窑无害化协同处置城市生活垃圾和产业废弃物，进一步完善费用结算机制，协同处置生产线数量比重不低于 10%。强化氮氧化物等主要污染物排放和能源、资源单耗指标约束，对整改不达标的生产线依法予以淘汰。

电解铝。2015 年底前淘汰 16 万安培以下预焙槽，对吨铝液电解交流电耗大于13 700 千瓦时，以及 2015 年底后达不到规范条件的产能，用电价格在标准价格基础上上浮 10%。严禁各地自行出台优惠电价措施，采取综合措施推动缺乏电价优势的产能逐步退出，有序向具有能源竞争优势特别是水电丰富地区转移。支持电解铝企业与电力企业签订直购电长期合同，推广交通车辆轻量化用铝材产品的开发和应用。鼓励国内企业在境外能源丰富地区建设电解铝生产基地。

平板玻璃。制修订平板玻璃和制品标准和应用规范，在新建建筑和既有建筑改造中使用符合节能标准的门窗，鼓励采用低辐射中空玻璃，支持既有生产线升级改造，提高优质浮法玻璃原片比重。发展功能性玻璃，鼓励原片生产深加工一体化，平板玻璃深加工率达到 50% 以上，培育玻璃精深加工基地。加快河北、广东、江苏、山东等重点产区和环境敏感区域结构调整。支持联合重组，形成一批产业链完整、核心竞争力强的企业集团。

船舶。提高海洋开发装备水平，加强海洋保障能力建设，充分挖掘航运、海洋工程、渔业、行政执法、应急救援等领域船舶装备的国内需求潜力，调整优化船舶产品结构。加大出口船舶信贷金融扶持，鼓励有实力的企业建立海外销售服务基地。提高满足国际新规范、新公约、新标准的船舶产品研发和建造能力，鼓励现有造船产能向海洋工程装备领域转移，支持中小企业转型转产，提升高端产能比重。提高行业准入标准，对达不到准入条件和一年以上未承接新船订单的船舶企业实施差别化政策。支持企业兼并重组，提高产业集中度。

2016 年 2 月 1 日，国务院印发的《关于煤炭行业化解过剩产能实现脱困发展的意见》明确指出，在近年来淘汰落后煤炭产能的基础上，从 2016 年开始，用 3 年至 5 年的时间，再退出产能 5 亿吨左右、减量重组 5 亿吨左右，较大幅度压缩煤炭产能，适度减少煤矿数量，煤炭行业过剩产能得到有效化解，市场供需基本平衡，产业结构得到优化，转型升级取得实质性进展。

产能过剩导致钢铁等传统产业持续低迷，如东北特钢集团，它曾是国有大型特殊钢生产企业，也是中国特殊钢行业的领军企业，其生产历史可以追溯到 1905 年。然而如今受钢铁市场寒冬冲击和长期以来债务包袱拖累，东北特钢自 2016 年 3 月 28 日起连续出现企业债券违约，至当年 10 月累计 10 只债券违约，涉及本金 71.7 亿元。由于无法再通过发债或贷款引入新的资金，东北特钢遭遇了严重的债务危机。考虑到东北特钢拥有优质的特钢资产及重整价值，债权人向大连中院提出对东北特钢集团的破产重整申请。2016 年 10 月 10 日，大连市中级人民法院受理了债权人对东北特钢及下属两家子公司的重整申请，东北特钢正式进入破产重整程序。截至当年 11 月 20 日，管理人收到的申报债权总额约 700 亿元。

随后数月，资本市场一度对谁能最终接盘传闻不断。在宝武、鞍钢集团、中信泰富特钢等热门人选中，市场一度猜测最终接盘方大概率将是同属东北地区及国资性质的鞍钢集团。但令市场和钢铁行业意外的是，最终，沙钢集团董事局主席沈文荣实控公司锦程沙洲，将与本钢集团旗下的本钢板材共同担任投资人，参与东北特钢的重整。2017 年 7 月 5 日，锦程沙洲在大连正式签署了《东北特钢等三家公司破产重整之投资框架协议》，锦程沙洲将作为主要投资者参与东北特钢集团破产重整。锦程沙洲将出资近 45 亿元投资东北特钢，并将持有重整后东北特钢 43% 的股权，成为其控股股东。同时，由于东北特钢是抚顺特钢母公司，锦程沙洲还将间接取得抚顺特钢 38.22% 股份，从而间接控制抚顺特钢。此外，本钢集团通过本钢板材投资10.38 亿元，将持有重整后东北特钢 10% 的股权。锦程沙洲和本钢板材合计持有东北特钢 53% 的股权。其余 47% 的股权为债权人持有。

2017 年 8 月 8 日，东北特钢召开债权人会议，审议通过了本次重整计划；3 日后，大连中级人民法院裁定通过本次重整计划。9 月 27 日，国防科工局批复同意本次重整的军工事项审查；2017 年 12 月 18 日，商务部反垄断局回函通过本次重整的反垄断审查；12 月 26 日，中国证监会出具了相关批复文件，核准豁免锦程沙洲的要约收购义务。[1]

[点评] 在市场经济条件下，供给适度大于需求是市场竞争机制发挥作用的前提，有利于调节供需，促进技术进步与管理创新。但产品生产能力严重超过有效需求时，将会造成社会资源巨大浪费，降低资源配置效率，阻碍产业结构升级。受国际金融危机的深层次影响，国际市场持续低迷，国内需求增速趋缓，我国部分产业供过于求矛盾日益凸显，传统制造业产能普遍过剩，特别是钢铁、水泥、电解铝等高消耗、高排放行业尤为突出。产能过剩问题已经成为供给侧结构性改革下的主要问题，并已蔓延至钢铁、煤炭、水泥等诸多领域，若持续发展下去，势必会加剧市场恶性竞争，造成行业亏损面扩大、银行不良资产增加、财政收入下降、金融风险积累、能源资源瓶颈加剧、生态环境恶化等问题，直接危及产业健康发展，甚至影响到民生改善和社会稳定大局。因此，要通过宏观调控手段加大去产能力度，坚决控制增量、优化存量，深化体制改革和机制创新，加快建立和完善以市场为主导的化解产能严重过剩矛盾的长效机制。

产能过剩问题暴露出我国经济结构存在重大缺陷，需要进行调整；我国市场经济的发展也不是一蹴而就的，在保证市场对资源配置起决定作用的同时，仍需要政府进行宏观调控，通过引导、规制和监督的方法，调整产业结构，把握经济发展全局。宏观调控有其必要性，应当充分发挥政府的宏观调控职能。目前中央已采取多种措施应对产能过剩问题，按照尊重规律、分业施策、多管齐下、标本兼治的总原则，加强宏观调控和市场监管，坚决遏制产能盲目扩张；着力发挥市场机制作用，完善配套政策，分别"消化一批、转移一批、整合一批、淘汰一批"过剩产能；着力创新体制机制，加快政府职能转变，推进产业转型升级。同时，市场化改革的政策导向，要求尊重市场规律进行市场退出，要促进破产法的有效实施，利用市场机制、经济方法、法律手段实现落后产能的清理，深化结构性改革，从而实现市场出清和对僵尸企业的治理。

2. 江苏铁本案

[案情] 注册资本为 3 亿元的江苏铁本钢铁有限责任公司（以下简称铁本公司）成立于 1996 年，因正赶上国内基础设施建设高速增长，钢铁生意异常火热。到了 2003 年，铁本公司销售额达到了 17.7 亿元，钢产量 80 万吨，上缴利税 3741 万元。

然而到本世纪初，我国钢铁行业盲目投资、低水平重复建设问题凸现，在这种情况下，国家开始对钢铁业进行宏观调控，提出坚决制止盲目投资、低水平建设的

---

[1] 参见《21 世纪经济报道》，2018 年 1 月 4 日，第 18 版。

项目，以改变钢铁生产能力远大于需求量，多数钢铁产品为低级产品，不能满足实际需求的现实。铁本公司却在这样的背景下上马大型钢铁项目。

2002 年初，该公司筹划在常州新北区魏村镇、镇江扬中市西来桥镇建设钢铁项目，项目设计能力 840 万吨，概算总投资近 106 亿人民币。2002 年 5 月至 2003 年底，为实施该项目，铁本公司法人代表戴国芳先后成立 7 家中外合资（独资）公司，把项目化整为零，拆分为 22 个项目向有关部门报批。按规定，这 7 家企业的外方应缴纳注册资本金 1.7972 亿美元，但其中只有鹰联公司注册资本金 1200 万美元基本到位，另有 1 家公司部分到位，其余 5 家合资公司，没有任何资金到位。

钢铁项目属国家宏观调控的重点产业项目，有一套比较规范的审批机制。然而，在审批铁本项目中，有关部门却越权、违规审批。2002 年 9 月至 2003 年 11 月，常州国家高新技术产业开发区管委会、江苏省发展计划委员会、扬中市发展计划与经济贸易局先后越权、违规、拆项审批了铁本合资公司的建设项目。铁本公司未取得环保部门批复环境影响评价报告书即开工建设，严重违反了《环境保护法》《环境影响评价法》的有关规定。自 2003 年以来，常州高新区管委会、扬中市政府在未依法办理用地审批手续的情况下非法批准铁本公司征用、占用土地，并违规组织实施征地拆迁。2003 年 5 月，在没有办理用地申报手续的情况下，常州市国土局新北分局就发出为铁本项目拆迁腾地的通告。当年 4 月，魏村镇政府发布了关于铁本项目拆迁安置的有关规定，越权与村民小组签订土地征用协议。此后，国土管理部门还为铁本项目非法占地补办了相关手续。常州市新北区分三批共 14 个批次申报至常州市国土资源局；常州市国土资源局随后分三批上报给江苏省国土资源厅。2003 年 12 月 20 日，江苏省国土资源厅在一天内违规批准了铁本公司由整块土地拆分成的这 14 个土地项目，使铁本项目部分非法占地合法化。铁本公司在土地申报手续尚未批准的情况下，仅凭与镇政府签订的投资协议，就自行进场施工，违法占地，造成大量耕地被毁，直接导致魏村镇、西来桥镇 2000 多户、6000 多名农民被迫拆迁。铁本公司的焦化项目总投资 2980 万美元，年产焦炭达 60 万吨，按照法律规定，应该上报国家环保总局对其环境影响评估进行审批。而事实上，焦化项目未获批准，铁本公司即擅自开工，地方环保部门均参与了这些项目的环保预审，并予以通过。截至2004 年 2 月末，中国银行常州分行等金融机构对铁本公司及其关联企业合计授信余额折合人民币 43.39 亿元，其中贷款 25.6 亿元。经查铁本公司通过提供虚假财务报表骗取银行信用和贷款，挪用银行流动资金贷款 20 多亿元用于固定资产投资。有关金融机构贷前审查不严、贷后监控不力，严重违反了国家固定资产贷款审贷和现金管理的规定。

2004 年 4 月 13 日，国务院组成专项检查组，就铁本事件发出通告。根据国务院常务会议的决定，停止该项目建设。江苏省委、省政府和银行保险监督管理机构已对涉及失职违规的 8 名政府和有关银行的相关责任人分别给予党纪、政纪处分及组织处理。2004 年 4 月 19 日，戴国芳等人被拘捕。4 月 28 日，铁本事件被定性为

"一起典型的地方政府及有关部门严重失职违规、企业涉嫌违法犯罪的重大案件"。新华社向全国播发通稿，列举铁本五大问题。《人民日报》专门发表了社论。铁本成为宏观调控的"第一案"，项目全面下马。2006年3月，铁本案开庭审理，戴国芳被控"虚开抵扣税款发票罪"。2009年4月，江苏铁本钢铁有限公司被处以罚金人民币40万元，铁本董事长戴国芳因"虚开用于抵扣税款发票罪"，被判5年有期徒刑。

在被查处时，铁本项目已经投入资金50多亿元，已经征用土地大约6541亩，这些土地全部灌注了水泥，已不能还田。计划产出800万吨钢材的6个高炉已经拔地而起。如今，工地上露天堆放的成排工字钢已全部生锈，排放整齐的预制板等建筑材料有的已破损，大片田地空旷荒芜。常州市人民法院设置了铁本公司债权债务清算办公室，包括中国银行常州分行在内的近400个债权人已赴清算组登记完毕，铁本公司开始进入艰难的重组程序，多家企业希望重组铁本临江钢铁基地。2010年8月，经过一年多的清算，铁本等四企业第三次债权人会议在常州市武进区法院召开，会议通过了破产管理人提出的破产财产分配方案，依照该方案，可供第三顺序债权分配的财产额为7.556亿元，第三顺序债权额为36.7亿元，第三顺序债权的清偿比例为20.58%。这意味着铁本的破产清算程序就此终结。[1]

[点评] 本案是宏观调控的一个典型案例。宏观调控是国家在经济运行中，为了促进市场发育、规范市场运行，实现对社会经济总体的调节与控制，而依据市场经济的一系列规律，运用调节手段和调节机制，实现资源的优化配置，使市场经济得到正常运行和均衡发展，实现宏观经济和社会变量的基本均衡与经济社会结构的优化，引导国民经济持续、健康、协调发展。我国钢铁行业盲目投资、低水平重复建设问题严重，产量的增加，导致钢价下跌、利润下滑。就在这种情况下，全国钢铁投资仍持续增长。央行副行长吴晓灵曾发出严厉警告：地方政府和一些企业不要和央行博弈。铁本违规上马大型钢铁项目，因而受到了严厉查处。

本案也显示出宏观调控的复杂性。在调控中，一是中央政府和地方政府目标不完全一致，存在地方政府过热的情况，一定程度上中央政府"踩刹车"，地方政府"踩油门"。地方政府为了推动经济发展，倾向于上大的建设项目，纵容推动了铁本项目。一是铁本案存在大量违法违规行为。铁本公司违反法律规定，把项目化整为零，拆分为22个项目向有关部门报批；当地政府在铁本项目中错位、越位，不履行、错误履行职责，违法审批。如何规范政府行为及权力运行，是宏观调控面临的一个重大课题。此外，如何完善相关法律规定，进一步提高宏观调控绩效，也是铁本案带给我们的思考。铁本公司采取化整为零、分散报批的方式取得了批准，说明现行法律虽有投资规模报批的限制，却没有禁止报批以后再结合在一起的规定。

在我国还没有真正实现依法行政的情况下，政府的社会治理方式是干预型和介

[第五章]

---

[1] 《第一财经日报》，2010年9月1日，公司版。

入型，在赋予政府宏观调控权的同时，也要规范宏观调控的范围和方式，以保护市场经济的微观基础不受政府滥用强制权力的破坏，并注重当公民合法权益受到国家宏观调控的侵害时有切实有效的救济手段。在本案中，宏观调控是必要的，但方式是否有改进的余地，对于铁本公司是不是一定要迅速令其关闭，是否应该考虑善后措施都值得进一步探讨，毕竟52亿元的投资不是个小数目。

宏观调控应该建立什么样的责任模式？受调控对象要承担什么样的责任？当地政府要承担什么样的责任？调控主体的不当行为又要承担什么样的责任？宏观调控法一直是各国政府在实践中赖以实现其政策目的的工具，完善相关法律无疑是摆在我们面前的一个重大课题。

思考题

1. 什么是宏观调控？其特征是什么？
2. 与宏观调控有关的市场经济法律有哪些？其基本内容是什么？
3. 宏观调控的手段、调整方法有哪些？
4. 宏观调控法在现代市场经济中的作用与功能是什么？

第五章

第6章

税收与预算法

第一节　税法概述

一、税收和税法

（一）税收的概念和特征

税收是作为社会管理者的国家为了实现其公共职能，凭借其政治权力，依照法律规定由专门国家机关向居民和非居民就其财产或特定行为实施的强制、无偿、固定、非惩罚地取得财政收入的一种活动。从本质上说，税收是一种征收行为。党的十八届三中全会提出要"健全宏观调控体系"，为此，就要健全和运用财政政策的调控手段。而税收本身的调控功能正是实施国家财政政策手段，据以进行宏观调控的主要工具之一。

税收的特征是税收区别于其他财政收入的标志，依据税收的概念，税收具有如下几个特征：①强制性。即国家取得税收收入不以纳税人的纳税意愿为前提，而是凭借其政治权力强制征收的；在法治国家，强制性体现在国家通过制定法律对纳税人课以纳税义务，并通过专门国家机关征收来取得收入。②无偿性。即国家取得税收收入不必向纳税人提供实物和服务或支付其他对价。但学者认为，国家通过提供公共产品和公共服务间接向纳税人支付对价，因此具有不直接偿还的特点。③固定性。即国家依据法律的规定进行征税，不得随便不征、多征和少征。由于法律对纳税人、征税对象、计税依据等税法构成要素都作了明确的规定，因此具有稳定性。④非惩罚性。即税收不是国家因纳税人的违法行为对其所作的惩罚，因此与罚金、罚款等带有惩罚性质的行为不同。

（二）税法的概念和分类

税法是调整税收活动中发生的各种社会关系的法律规范的总称。宪法、法律、行政法规、地方性法规、规章以及国际条约和协定等都是税法的表现形式。我国的税法制度建设从新中国成立以来走过了一段曲折的道路，经过1994年以来的多次税制改革，虽然还存在一些问题，但基本上形成了比较完备的税收法律体系。

税法体系可以分为税收体制法和税收征纳法。根据税收征纳法有实体性规范和程序性规范之不同，又可进一步分为税收实体法和税收程序法，即税收实体法调整实体性关系，而税收程序法调整程序性关系。按照所调整税种的不同，税收实体法又可以分为流转税法、所得税法、财产税法和行为税法等；按照适用主体的不同，税法还可以分为涉内税法、涉外税法和国际税法，国际税法是调整国家政府之间关于税收方面关系的条约和协定等。此外，按照其他分类标准，税法还可以作其他的分类。

二、税收法律关系

税法的调整对象是税收活动中的各种社会关系，即税收关系。而税收关系经法律确认和调整就成为税收法律关系。关于税收法律关系的性质，有很多种学说，比较有代表性的是权力关系说、债务关系说和二元关系说。权力关系说认为，税收法律关系可以理解为纳税人对国家的服从关系；债务关系说认为，在税收法律关系中，国家和纳税人之间的关系是一种公法上的债权债务关系，国家与纳税人互负权利义务，即国家有权向纳税人请求履行税收债务，人民缴纳税收，同时政府有义务满足公共服务；二元关系说认为，将税收法律关系归于单一的性质是不妥的，税收法律关系包括各种类型的法律关系，既包括权力关系，又包括债务关系。目前以税收债务关系说为主流，有益于保护纳税人权利，唤醒税收法治意识。

和其他法律关系一样，税收法律关系包括主体、内容和客体三要素。

（一）主体

税收法律关系的主体，也称税收主体，是指在税收法律关系中享有权利承担义务的当事人，包括征税主体和纳税主体。征税主体是指在税收法律关系中，依法享有国家税收征管权力和履行国家税收征管职能，对纳税主体进行税收征收和管理的国家机关。从本质上说，征税主体是指国家，但由于国家作为一个抽象的实体存在，本身不能行使征收和管理权力，因此只能由其具体的职能部门来行使。在我国，具体行使征收和管理权力的国家机关包括各级财政机关、税务机关和海关。纳税主体有狭义和广义之分，狭义的纳税主体即是指税法规定的负有纳税义务的单位和个人，也就是通常所说的纳税人；广义的纳税主体除纳税人之外，还包括按照税法规定负有代扣代缴、代收代缴税款义务的单位和个人，即扣缴义务人。

（二）内容

税收法律关系的内容是指税收法律关系主体依法享有的权利（权力）和承担的义务。依照我国现行的税法，征税主体享有征收权、管理权、检查权、处罚权等权力，同时负有依法行使职权、为纳税人保守秘密、在有利害关系的案件中应当回避以及提供咨询服务等义务；纳税主体享有税收优惠权、陈述申辩权、知情权、控告检举权、要求保密权、延期申报权、延期纳税权、拒绝检查权、取得凭证权和税收救济权等权利，同时负有依法纳税、办理税务登记、依法设置账簿、按期进行纳税申报和接受检查等义务。

（三）客体

税收法律关系的客体是指税收法律关系主体依法享有的权利（权力）和承担的

义务所指向的对象。法律关系的客体一般包括物、行为、人身和精神产品，在税收法律关系中，客体往往表现为物和行为。行为包括征税主体的行为和纳税主体的行为。

三、税法的基本原则

税法的原则包括基本原则和具体原则，税法的基本原则是指必须遵循的，贯穿税收的立法、执法、司法等各个环节的基本准则；税法的具体原则是指在税收的某一或者几个环节必须遵循的基本准则。税收的基本原则主要有税收法定原则、税收公平原则、税收效益原则和社会政策原则。

（一）税收法定原则

税收法定原则也称税收法定主义，是指税收主体的权利（权力）和义务必须由法律作出规定。没有法律规定，征税主体就不得向纳税主体征收税款，纳税主体也不负有纳税的义务。税收法定原则又具体包括课税要素法定原则、课税要素明确原则和合法征管原则三个原则。

（二）税收公平原则

税收公平原则包括两项内容：一是指在税收法律关系中，各纳税主体的地位平等；二是指税负在各纳税主体之间公平合理地分配。税负公平又包括横向公平和纵向公平，横向公平是指具有相同经济情况的就负担相同的税收；纵向公平是指具有不同经济情况的就负担不同的税收。

（三）税收效益原则

税收效益原则是指在税收活动中，要以最小的成本去获取最大的收益。成本最小化既包括税收征管成本最小化，也包括纳税成本最小化；收益最大化既包括税收行政效益最大化，也包括社会效益、经济效益最大化。

（四）社会政策原则

社会政策原则是指税收是国家用来推行其各项社会政策尤其是经济政策的有效手段之一，税法对税收活动的调整应当推动各项社会政策的实现。税收具有各种功能，比如缓解分配不公、优化资源配置、促进公平竞争、调节经济发展等，税法应当促进这些功能的发挥。

四、税法的构成要素

税法的构成要素，又称课税要素、税法要素、税制要素等，是指各种单行税种立法中共同规定的内容，是每一税种都必须具备的构成要件。

（一）税收主体

税收主体是指在税收法律关系中享有权利承担义务的当事人，包括征税主体和纳税主体。征税主体是指代表国家行使税收征管权的国家机关，纳税主体包括依法负有纳税义务的纳税人和负有代扣代缴、代收代缴税款的扣缴义务人。

（二）征税对象

征税对象，又称课税对象、征税客体，是指税法规定对什么征税，是各个税种之间相互区别的主要标志。征税对象的确定具有重要意义，关系到征税范围、税源开发和税负调节等。税目，又称课税品目，是指征税对象的具体范围，是征税对象在质的方面的具体化，反映了征税的广度。计税依据，又称税基、计税基数，是指计算应纳税额的基数，它是征税对象在量的方面的具体化。计税依据按照计量单位的不同，分为以货币金额作为计税依据和以实物量作为计税依据两种情况。

（三）税率

税率是指应纳税额和计税依据之间的比例。税率反映了纳税人税负的轻重和国家经济政策的要求，反映了征税的深度，是宏观调控的重要手段之一。税率可以分为定额税率、比例税率和累进税率三种基本形式。定额税率是指对单位征税对象直接规定固定的税额，又称固定税额；比例税率是指对同一征税对象，不管其数额大小或数量多少，都按照同一的比例计算应纳税额；累进税率是指对同一征税对象，依照其数额大小或数量多少，规定由低到高的税率。累进税率可分为全额累进税率、超额累进税率、超率累进税率等。

（四）纳税环节

纳税环节是指税法规定对纳税对象征税的阶段。合理确定纳税环节，有利于商品流通和资金周转，有利于国家及时足额取得税收收入，同时也有利于纳税人简化纳税手续。纳税环节，即规定在哪个或哪几个环节征税，关系到税制结构和税负公平问题。

（五）纳税期限

纳税期限，又称纳税时间，是指纳税人依法应当缴纳税款的期限。规定纳税期限为国家及时取得税收收入提供保障。纳税期限一般可以分为按期征纳和按次征纳，还可以分为法定纳税期限和核定纳税期限。

（六）纳税地点

纳税地点是指纳税人依法向税收征管机关申报纳税、缴纳税款的具体地点。纳税地点一般为纳税人的住所地，但也有为营业地、财产所在地和行为发生地的。纳税地点关系到是否漏征、重复征税以及便利纳税等问题。

（七）税收措施

税收措施包括税收优惠措施和税收重课措施，前者是以减轻税负为内容的措施，而后者是以加重税负为内容的措施。税收优惠措施的形式主要有：减税、免税、退税、加速折旧、亏损结转等。税收优惠措施具有较强的政策引导性，为引进和有效利用外资，在内外资企业统一税法之前，我国曾经给了外商投资企业和外国企业很多内资企业享受不到的税收优惠。

（八）法律责任

法律责任是指税收主体违反税法应当承担的法律后果，是税收法律规范不可或缺的组成部分。税法法律责任包括民事责任、行政责任和刑事责任等多种责任形式。

第二节 税收法律制度

一、税收征纳实体法律制度

(一) 流转税

流转税又称流转课税、流通税，指以纳税人商品生产、流通环节的流转额或者数量以及非商品交易的营业额为征税对象的一类税收。流转税是商品生产和商品交换的产物，我国目前的税制是以流转税为主体的，各种流转税是政府财政收入的重要来源。流转税包括增值税、消费税、土地增值税、关税及一些地方性工商税种。

流转税税负是国家财政经济政策的综合反映，同时也是分析和评价流转税制对经济增长产生影响的重要经济指标之一。

流转税的主要特点是：

(1) 课征普遍。流转税以商品生产、交换和提供商业性劳务为征税前提，征税范围较为广泛，既包括第一产业和第二产业的产品销售收入，也包括第三产业的营业收入；既对国内商品征税，也对进出口的商品征税，税源比较充足。

(2) 以商品、劳务的销售额和营业收入作为计税依据，一般不受生产、经营成本和费用变化的影响，可以保证国家能够及时、稳定、可靠地取得财政收入。

(3) 一般具有间接税的性质，特别是在从价征税的情况下，税收与价格的密切相关，便于国家通过征税体现产业政策和消费政策。

(4) 多实行比例税率。同有些税类相比，流转税在计算征收上较为简便易行，也容易为纳税人所接受。

2011 年 11 月，国税总局发布了多种流转税改革方案，其中包括营业税改征增值税试点方案，交通运输业和部分现代服务业营业税改征增值税试点实施办法、交通运输业和部分现代服务业营业税改征增值税试点有关事项的规定以及交通运输业和部分现代服务业营业税改征增值税试点过渡政策的规定，拉开了我国一系列有关流转税改革的序幕。2016 年 3 月 18 日召开的国务院常务会议决定，自 2016 年 5 月 1 日起，我国将全面推开营改增试点，建筑业、房地产业、金融业、生活服务业被全部纳入。2017 年 11 月 19 日，国务院常务会议通过《国务院关于废止〈中华人民共和国营业税暂行条例〉和修改〈中华人民共和国增值税暂行条例〉的决定》，实施 60 多年的营业税正式退出历史舞台。这是自 1994 年分税制改革以来，财税体制的又一次深刻变革。

1. 增值税。增值税是以商品销售额和应税劳务营业额为计税依据，运用税款抵扣原则征收的一种流转税。它是在原来按照经营收入额全额课征的流转税的基础上，经过改革而逐步发展起来的。根据国务院发布的《中华人民共和国增值税暂行条例》（根据 2017 年 11 月 19 日《国务院关于废止〈中华人民共和国营业税暂行条例〉和修改〈中华人民共和国增值税暂行条例〉的决定》第二次修订），增值税的纳税人是在中华人民共和国境内销售货物或者加工、修理修配劳务（以下简称劳务），销售服务、无形资产、不动产以及进口货物的单位和个人，其征收范围包括：货物、劳务、服务、无形资产、不动产。增值税的税率分为三档：基本税率、低税率和零税率。纳税人销售货物或提供应税劳务的计税依据为其销售额，进口货物的计税依据为规定的组成计税价格。

增值税是流转税类的核心税种，具有征税范围广泛、实行多阶段征税、课征方式具有互相监督作用等特征。对于贯彻税负公平原则、促进生产经营结构的合理化、扩大国际贸易往来、增加财政收入等都具有重要作用。增值税采取税款抵扣制，准许扣除进项货物及劳务已纳增值税部分的税款。对于企业来说，只就经营收入额中本企业新增的没有征过税的部分征税，因而与按经营收入额全额征税的流转税种比较，不会出现重复征税问题。对于产品而言，该产品的总体税收负担等于各个环节税负之和。当税率确定以后，无论产品经过多少生产流通环节，其税收总额始终等于产品销售额乘税率之积，税负不会因纳税环节多少和生产环节的变化发生时轻时重的问题。因此，增值税能促进市场经济多种生产要素的优化组合，有利于促进工业向专业化、现代化方向发展，有利于稳定财政收入。

依据《中华人民共和国增值税暂行条例》（根据 2017 年 11 月 19 日《国务院关于废止〈中华人民共和国营业税暂行条例〉和修改〈中华人民共和国增值税暂行条例〉的决定》第二次修订），在我国境内销售货物或加工、修理修配劳务，销售服务、无形资产、不动产以及进口货物的单位和个人，征收增值税。

增值税应纳税额的计算：

（1）一般纳税人的应纳税额 = 当期销项税额 - 当期进项税额；

（2）小规模纳税人的应纳税额 = 含税销售额 ÷（1 + 征收率）× 征收率；

（3）进口货物的应纳税额 =（关税完税价格 + 关税 + 消费税）× 税率。

增值税纳税申报时间与主管国税机关核定的纳税期限是相联系的。以 1 个月或者 1 个季度为 1 个纳税期的纳税人，自期满之日起 15 日内申报纳税；以 1 日、3 日、5 日、10 日或者 15 日为 1 个纳税期的纳税人，自期满之日起 5 日内预缴税款，于次月 1 日起 15 日内申报纳税并结清上月应纳税款。

增值税固定业户向机构所在地税务机关申报纳税，增值税非固定业户向销售地或者劳务发生地税务机关申报纳税，进口货物应当由进口人或其代理人向报关地海关申报纳税。

另外，国家对农业生产者销售的自产农产品，避孕药品和用具，古旧图书，直接用于科学研究、科学试验和教学的进口仪器、设备，外国政府、国际组织无偿援助的进口物资、设备，由残疾人组织直接进口供残疾人专用的物品，销售自己使用过的物品（不含纳税人自用的应征消费税的摩托车、汽车、游艇）等实行免征增值税的优惠政策。

需要指出的是以前我国还征收营业税，现已全部改征增值税。营业税是对有偿提供应税劳务、转让无形资产和销售不动产的单位和个人，就其取得的营业额征收的一种税。传统的营业税制是按照商品销售额或劳务收入额全额征税的，上一个环节已征税的经营收入额，在下一个环节按经营收入额全额课税时又重复征税一次。这样，导致了不同生产结构的企业生产和经营同一种产品，因生产流转环节多少不同，税负有轻有重的弊端，在一定程度上阻碍着企业结构的优化组合和生产结构的合理调整以及商品的正常流通。相较之下，增值税制更有利于贯彻公平税负、平等竞争的市场经济的基本原则。因此，我国全面推进"营改增"的税制改革试点工作。"营改增"是营业税改增值税的简称。2012年1月1日起，营改增率先在上海交通运输业和部分现代服务业展开。此后，从2012年到2015年底，全国先后完成交通运输业、部分现代服务业、铁路运输和邮政业，以及电信业等行业的营改增试点。2016年再次扩大试点行业范围，将建筑业、房地产业、金融业、生活服务业纳入营改增试点范围后，现行营业税纳税人全部就改为征收增值税。税率设置方面，在现行增值税17%标准税率和13%低税率基础上，新增11%和6%两档低税率。新增税率是按照改革试点行业总体税负不增加或略有下降的原则，依据试点行业营业税实际税负测算的。有形动产租赁适用17%税率，交通运输业适用11%税率，其他部分现代服务业适用6%税率。此外，对于小规模纳税人，增值税征收率为3%。将营业税改征增值税，有利于完善税制，消除重复征税；有利于社会专业化分工，降低企业税收成本，增强企业发展能力；有利于优化投资、消费和出口结构，促进国民经济健康协调发展。

2. 消费税。消费税是对特定的消费品和消费行为在特定的环节征收的一种间接税。消费税的课税对象是消费品的销售收入。凡从事生产、委托加工和进口应税消费品的单位和个人均为消费税的纳税人。

我国现行消费税具有以下特点：

（1）征税范围具有选择性。消费税只是选择部分消费品或消费行为，采取列举品目的方式课征，具有选择性。

（2）税率具有差别性。消费税对不同类别的应税消费品分别设计了不同税率，有高有低，具有差别性。

（3）纳税环节具有单一性。仅在生产或流通的特定环节征税，应税消费品进入下一环节就不再征收。

根据国务院发布的《消费税暂行条例》（1993年12月13日中华人民共和国国务院令第135号发布，2008年11月5日国务院第34次常务会议修订通过）以及财政部和国税总局下发的《消费税暂行条例实施细则》（2008年12月财政部国家税务总局令第51号令公布，2009年1月1日起施行）消费税的纳税人是在中华人民共和国境内生产、委托加工和进口应税消费品的单位和个人，以及国务院确定的销售应税消费品的其他单位和个人。

我国确定征收消费税的品目有15个，包括：烟、酒、化妆品、护肤护发品、贵

第六章

重首饰、成品油、汽车轮胎、摩托车、小汽车、烟花爆竹、高尔夫球及球具、高档手表、游艇、木制一次性筷子、实木地板等。

纳税人销售应税消费品，其纳税义务的发生时间，按不同的销售结算方式分别为：①采取赊销和分期收款结算方式的，为书面合同约定的收款日期的当天，书面合同没有约定收款日期或者无书面合同的，为发出应税消费品的当天；②采取预收货款结算方式的，为发出应税消费品的当天；③采取托收承付和委托银行收款方式的，为发出应税消费品并办妥托收手续的当天；④采取其他结算方式的，为收讫销售款或者取得索取销售款凭据的当天。纳税人自产自用的应税消费品，其纳税义务的发生时间，为移送使用的当天。纳税人委托加工的应税消费品，其纳税义务的发生时间，为纳税人提货的当天。纳税人进口的应税消费品，其纳税义务的发生时间，为报关进口的当天。

纳税人销售的应税消费品以及自产自用的应税消费品，除另有规定者外，应当向纳税人机构所在地或者居住地的主管税务机关申报纳税；纳税人委托加工的应税消费品，除受托方为个人外，由受托方向机构所在地或者居住地的主管税务机关解缴消费税税款；纳税人到外县（市）销售或者委托外县（市）代销自产应税消费品的，于应税消费品销售后，向机构所在地或者居住地主管税务机关申报纳税；纳税人的总机构与分支机构不在同一县（市）的，应当分别向各自机构所在地的主管税务机关申报纳税；经财政部、国家税务总局或者其授权的财政、税务机关批准，可以由总机构汇总向总机构所在地的主管税务机关申报纳税；委托个人加工的应税消费品，由委托方向其机构所在地或者居住地主管税务机关申报纳税；进口的应税消费品，由进口人或者其代理人向报关地海关申报纳税。

生产应税消费品的纳税人、代收代缴义务人缴纳消费税的期限，由主管税务机关按应纳税款数额的大小，分别核定为1日、3日、5日、10日、15日、1个月或者1个季度。不能按照固定期限纳税的，可以按次纳税。以1个月或者1个季度为1个纳税期的纳税人，自期满之日起15日内申报纳税；以1日、3日、5日、10日或者15日为1个纳税期的纳税人，自期满之日起5日内预缴税款，于次月1日起15日内申报纳税并结清上月应纳税款。进口应税消费品的纳税人，应当自海关填发海关进口消费税专用缴款书之日起15日内申报纳税。

（二）所得税

以往按照计划经济的粗放型税收激励机制，虽然使征税变得极为轻松，却抑制了交易，对于中国市场经济之商品流通起到了阻碍作用。因此，我国目前税收制度的改革重点之一，就是侧重于流转税向所得税的方向转变，这说明我国的税收手段与激励机制发生了重大变化。

1. 企业所得税。企业所得税是指对中华人民共和国境内的一切企业就其来源于中国境内外的生产经营所得和其他所得而征收的一种税。

企业所得税与其他税种相比具有以下特征：

（1）征税对象是所得额。

（2）企业所得税根据企业的负担能力征收。企业所得税的课税对象是纳税人的真实收入，不易进行税负转嫁，反映着纳税人的负担能力，因而一般将其划入直接税。

（3）实行按年计征、分期预缴的征税办法，企业所得税与企业财务会计制度有着密切的联系。

2007 年 3 月 16 日，第十届全国人民代表大会第五次会议通过了《中华人民共和国企业所得税法》（以下简称《企业所得税法》），自 2008 年 1 月 1 日起施行，自此，1991 年 4 月 9 日第七届全国人民代表大会第四次会议通过的《外商投资企业和外国企业所得税法》和 1993 年 12 月 13 日国务院发布的《企业所得税暂行条例》被废止，两税并行的情况由此结束。《企业所得税法》的颁布实施无疑将是我国税收法治建设进程中的一件大事，是适应我国社会主义市场经济发展的重要里程碑，是市场经济走向成熟的标志之一。2017 年 2 月 24 日，第十二届全国人民代表大会常务委员会第二十六次会议通过《关于修改〈中华人民共和国企业所得税法〉的决定》，《企业所得税法》根据该决定作相应修改。

《企业所得税法》对所有企业适用，既包括内资企业，也包括外商投资企业和外国企业。《企业所得税法》规定的税率为 25%，同时明确对非居民企业取得的应税所得适用 20% 的税率。除此之外，还规定对小型微利企业按 20% 的税率征收企业所得税。根据《企业所得税法》，纳税人的收入构成包括销售货物收入、提供劳务收入、转让财产收入、股息红利等权益性投资收益、利息收入、租金收入、特许权使用费收入、接受捐赠收入和其他收入。同时，《企业所得税法》还规定了八项不得在税前扣除的项目：向投资者支付的股息、红利等权益性投资收益款项；企业所得税税款；税收滞纳金；罚金、罚款和被没收财物的损失；税法第 9 条规定以外的捐赠支出；赞助支出；未经核定的准备金支出；与取得收入无关的其他支出。

另外，《企业所得税法》充分考虑总结现行的所得税优惠政策，进行了全面的调整和规范：①对符合条件的小型微利企业实行 20% 的优惠税率；②对国家需要重点扶持的高新技术企业实行 15% 的优惠税率；③扩大对创业投资企业的税收优惠；④对企业投资于环境保护、节能节水、安全生产等方面的税收优惠；⑤保留对农林牧渔业、基础设施投资的税收优惠政策；⑥对劳服企业、福利企业、资源综合利用企业的直接减免税政策采取替代性优惠政策；⑦在法律设置的发展对外经济合作和技术交流的特定地区（即经济特区）内，以及国务院已规定执行上述地区特殊政策的地区（即上海浦东新区）内新设立的国家需要重点扶持的高新技术企业，可以享受过渡性优惠；⑧继续执行国家已确定的其他鼓励类企业（即西部大开发地区的鼓励类企业）的所得税优惠政策，等等。

2. 个人所得税。个人所得税（individual income tax）是对个人（自然人）取得的各项应税所得征收的一种税。征收个人所得税，对于调节收入分配、增加财政收入、维护国家税收权等都具有重要意义。

第六章

根据《个人所得税法》（2018 年 8 月 31 日修正）的规定，在中国境内有住所，或者无住所而一个纳税年度内在中国境内居住累计满 183 天的个人，为居民个人。居民个人从中国境内和境外取得的所得，依照本法规定缴纳个人所得税。在中国境内无住所又不居住，或者无住所而一个纳税年度内在中国境内居住累计不满 183 天的个人，为非居民个人。非居民个人从中国境内取得的所得，须缴纳个人所得税。

个人所得税的征税范围有：工资、薪金所得；劳务报酬所得；稿酬所得；特许权使用费所得；经营所得；利息、股息、红利所得；财产租赁所得；财产转让所得；偶然所得。其中，居民个人取得的上述第一项至第四项所得（以下称综合所得），按纳税年度合并计算个人所得税；非居民个人取得上述第一项至第四项所得，按月或者按次分项计算个人所得税。纳税人取得上述第五项至第九项所得，分别计算个人所得税。对储蓄存款利息所得开征、减征、停征个人所得税及其具体办法，由国务院规定，并报全国人民代表大会常务委员会备案。

综合所得，适用 3% 至 45% 的超额累进税率；经营所得，适用 5% 至 35% 的超额累进税率；利息、股息、红利所得，财产租赁所得，财产转让所得和偶然所得，适用比例税率，税率为 20%。

下列各项个人所得，免征个人所得税：省级人民政府、国务院部委和中国人民解放军军以上单位，以及外国组织、国际组织颁发的科学、教育、技术、文化、卫生、体育、环境保护等方面的奖金；国债和国家发行的金融债券利息；按照国家统一规定发给的补贴、津贴；福利费、抚恤金、救济金；保险赔款；军人的转业费、复员费、退役金；按照国家统一规定发给干部、职工的安家费、退职费、基本养老金或者退休费、离休费、离休生活补助费；依照有关法律规定应予免税的各国驻华使馆、领事馆的外交代表、领事官员和其他人员的所得；中国政府参加的国际公约、签订的协议中规定免税的所得；国务院规定的其他免税所得。其中，国务院规定的其他免税所得，由国务院报全国人民代表大会常务委员会备案。

有下列情形之一的，可以减征个人所得税，具体幅度和期限，由省、自治区、直辖市人民政府规定，并报同级人民代表大会常务委员会备案：残疾、孤老人员和烈属的所得；因自然灾害遭受重大损失的。国务院可以规定其他减税情形，报全国人民代表大会常务委员会备案。

居民个人的综合所得，以每一纳税年度的收入额减除费用 6 万元以及专项扣除、专项附加扣除和依法确定的其他扣除后的余额，为应纳税所得额。其中，专项扣除，包括居民个人按照国家规定的范围和标准缴纳的基本养老保险、基本医疗保险、失业保险等社会保险费和住房公积金等；专项附加扣除，包括子女教育、继续教育、大病医疗、住房贷款利息或者住房租金、赡养老人等支出，具体范围、标准和实施步骤由国务院确定，并报全国人民代表大会常务委员会备案。非居民个人的工资、薪金所得，以每月收入额减除费用 5000 元后的余额为应纳税所得额；劳务报酬所得、稿酬所得、特许权使用费所得，以每次收入额为应纳税所得额。经营所得，以每一纳税年度的收入总额减除成本、费用以及损失后的余额，为应纳税所得额。财产租赁所得，每次收入不超过4000元的，减除费用800元；4000元以上的，减除20%的费用，其余额为应纳税所得额。财产转让所得，以转让财产的收入额减除财产原值和合理费用后的余额，为应纳税所得额。利息、股息、红利所得和偶然所得，以每次收入额为应纳税所得额。劳务报酬所得、稿酬所得、特许权使用费所得以收入减除20%的费用后的余额为收入额。稿酬所得的收入额减按70%计算。个人将其所得对教育、扶贫、济困等公益慈善事业进行捐赠，捐赠额未超过纳税人申报的应纳税所得额30%的部分，可以从其应纳税所得额中扣除；国务院规定对公益慈善事业捐赠实行全额税前扣除的，从其规定。

居民个人从中国境外取得的所得，可以从其应纳税额中抵免已在境外缴纳的个人所得税税额，但抵免额不得超过该纳税人境外所得依照本法规定计算的应纳税额。有下列情形之一的，税务机关有权按照合理方法进行纳税调整：个人与其关联方之间的业务往来不符合独立交易原则而减少本人或者其关联方应纳税额，且无正当理由；居民个人控制的，或者居民个人和居民企业共同控制的设立在实际税负明显偏低的国家（地区）的企业，无合理经营需要，对应当归属于居民个人的利润不作分配或者减少分配；个人实施其他不具有合理商业目的的安排而获取不当税收利益。税务机关作出纳税调整，需要补征税款的，应当补征税款，并依法加收利息。

个人所得税以所得人为纳税人，以支付所得的单位或者个人为扣缴义务人。对扣缴义务人按照所扣缴的税款，付给2%的手续费。纳税人有中国公民身份号码的，以中国公民身份号码为纳税人识别号；纳税人没有中国公民身份号码的，由税务机关赋予其纳税人识别号。扣缴义务人扣缴税款时，纳税人应当向扣缴义务人提供纳税人识别号。有下列情形之一的，纳税人应当依法办理纳税申报：取得综合所得需要办理汇算清缴；取得应税所得没有扣缴义务人；取得应税所得，扣缴义务人未扣缴税款；取得境外所得；因移居境外注销中国户籍；非居民个人在中国境内从两处以上取得工资、薪金所得；国务院规定的其他情形。扣缴义务人应当按照国家规定办理全员全额扣缴申报，并向纳税人提供其个人所得和已扣缴税款等信息。

居民个人取得综合所得，按年计算个人所得税；有扣缴义务人的，由扣缴义务人按月或者按次预扣预缴税款；需要办理汇算清缴的，应当在取得所得的次年3月1日至6月30日内办理汇算清缴。预扣预缴办法由国务院税务主管部门制定。居民个人向扣缴义务人提供专项附加扣除信息的，扣缴义务人按月预扣预缴税款时应当按照规定予以扣除，不得拒绝。非居民个人取得工资、薪金所得，劳务报酬所得，稿酬所得和特许权使用费所得，有扣缴义务人的，由扣缴义务人按月或者按次代扣代缴税款，不办理汇算清缴。纳税人取得经营所得，按年计算个人所得税，由纳税人在月度或者季度终了后15日内向税务机关报送纳税申报表，并预缴税款；在取得所得的次年3月31日前办理汇算清缴。纳税人取得利息、股息、红利所得，财产租赁所得，财产转让所得和偶然所得，按月或者按次计算个人所得税，有扣缴义务人的，由扣缴义务人按月或者按次代扣代缴税款。纳税人取得应税所得没有扣缴义务人的，应当在取得所得的次月 15 日内向税务机关报送纳税申报表，并缴纳税款。纳税人取得应税所得，扣缴义务人未扣缴税款的，纳税人应当在取得所得的次年 6 月 30 日前，缴纳税款；税务机关通知限期缴纳的，纳税人应当按照期限缴纳税款。居民个人从中国境外取得所得的，应当在取得所得的次年 3 月 1 日至 6 月 30 日内申报纳税。非居民个人在中国境内从两处以上取得工资、薪金所得的，应当在取得所得的次月 15 日内申报纳税。纳税人因移居境外注销中国户籍的，应当在注销中国户籍前办理税款清算。扣缴义务人每月或者每次预扣、代扣的税款，应当在次月 15 日内缴入国库，并向税务机关报送扣缴个人所得税申报表。纳税人办理汇算清缴退税或者扣缴义务人为纳税人办理汇算清缴退税的，税务机关审核后，按照国库管理的有关规定办理退税。公安、人民银行、金融监督管理等相关部门应当协助税务机关确认纳税人的身份、金融账户信息。教育、卫生、医疗保障、民政、人力资源社会保障、住房城乡建设、公安、人民银行、金融监督管理等相关部门应当向税务机关提供纳税人子女教育、继续教育、大病医疗、住房贷款利息、住房租金、赡养老人等专项附加扣除信息。个人转让不动产的，税务机关应当根据不动产登记等相关信息核验应缴的个人所得税，登记机构办理转移登记时，应当查验与该不动产转让相关的个人所得税的完税凭证。个人转让股权办理变更登记的，市场主体登记机关应当查验与该股权交易相关的个人所得税的完税凭证。有关部门依法将纳税人、扣缴义务人遵守本法的情况纳入信用信息系统，并实施联合激励或者惩戒。

（三）财产税

财产税是以财产为征税对象，并由对财产进行占有、使用或收益的主体缴纳的一类税。财产税是历史上最悠久的税种，作为现代国家三大税收体系之一，具有其他税种不可替代的作用。

随着社会生产力的发展和各个社会政治经济情况的发展变化，财产税的课税对象发生了很大变化。在商品经济不发达的奴隶社会和封建社会，财产税的主要课税对象是土地。到了商品经济发达的资本主义社会，由于财产的种类日益增多，可以作为课税对象的财产也趋于复杂多样，除了不动产以外还有动产，包括有形动产和无形动产。财产税的征收范围因此而不断扩大，税种也渐渐增多，除了土地税之外，还有房产税、车船税、遗产税等。

财产税具有以下特点：①征税对象是财产，这是财产税区别于流转税和所得税的根本特征。②税负不易转嫁，财产税是由对财产进行占有、使用或收益的主体直接承担，属于直接税。③土地、房产等不动产的位置固定、标志明显，作为课税对象具有收入上的稳定性，税收不易逃漏。④征收财产税可以防止财产过于集中于社会上的少数人，调节财富的分配，体现社会分配的公正性。⑤纳税人的财产分布地不尽一致，当地政府易于了解，便于地方因地制宜地进行征收管理。因此，世界许多国家都将财产税作为税制中的辅助税种，划入地方税。

第六章

1. 房产税。房产税是以房屋为征税对象，按房屋的计税余值或租金收入为计税依据，向产权所有人或使用人征收的一种财产税。房产税在城市、县城、建制镇和工矿区征收，不包括农村。

房产税以在征税范围内的房屋产权所有人为纳税人。其中产权属国家所有的，由经营管理单位纳税；产权属集体和个人所有的，由集体单位和个人纳税。产权出典的，由承典人纳税。产权所有人、承典人不在房屋所在地的，由房产代管人或者使用人纳税。产权未确定及租典纠纷未解决的，亦由房产代管人或者使用人纳税。如纳税单位和个人无租使用房产管理部门、免税单位及纳税单位的房产，应由使用人代为缴纳房产税。外商投资企业、外国企业和外国人经营的房产不适用房产税。

房产税税率实行从价计税和从租计税两种方式。对经营自用的房屋，以房产的计税余值作为计税依据。所谓计税余值，是指依照税法规定按房产原值一次减除10%～30%的损耗价值以后的余额。其中：

（1）房产原值是指纳税人按照会计制度规定，在账簿"固定资产"科目中记载的房屋原价。

（2）房产原值应包括与房屋不可分割的各种附属设备或一般不单独计算价值的配套设施。

（3）纳税人对原有房屋进行改建、扩建的，要相应增加房屋的原值。

对于出租的房屋，房产税以租金收入为计税依据。房产的租金收入，是房屋产权所有人出租房产使用权取得的报酬，包括货币收入和实物收入。对投资联营的房产，在计征房产税时应予区别对待：对于以房产投资联营，投资者参与投资利润分红、共担风险的，按房产的余值作为计税依据计征房产税；对以房产投资，收取固定收入，不承担联营风险的，实际是以联营名义取得房产租金，应根据有关规定由出租方按租金收入计算缴纳房产税。对融资租赁的房屋，计征房产税时应以房产余值计算征收。

下列房产免纳房产税：国家机关、人民团体、军队自用的房产；由国家财政部门拨付事业经费的单位自用的房产；宗教寺庙、公园、名胜古迹自用的房产；个人所有非营业用的房产；经财政部批准免税的其他房产。

另外，纳税人纳税确有困难的，可由省、自治区、直辖市人民政府批准，定期减征或者免征房产税。

房产税实行按年征收，分期缴纳。纳税期限由省、自治区、直辖市人民政府规定。各地一般按季或半年预征。房产税在房产所在地缴纳。房产不在同一地方的纳税人，应按房产的坐落地分别向房产所在地的税务机关缴纳。

2. 契税。契税（deed tax）是以所有权发生转移变动的不动产为征税对象，向产权承受人征收的一种财产税。应缴税范围包括：土地使用权出售、赠与和交换，房屋买卖，房屋赠与，房屋交换等。

契税中所涉及的契约，包括土地使用权转移，如国有土地使用权出让或转让，房屋所有权转移，应该统称为土地、房屋权属转移，如房屋买卖、赠送、交换等。除了买卖、赠送、交换外，房屋所有权转移的方式还有很多种。其中，有两种常见的房屋权属转移，按规定要缴纳契税：因特殊贡献获奖，奖品为土地或房屋权属；或预购期房、预付款项集资建房，只要拥有房屋所有权，就等同于房屋买卖。

契税是一种重要的地方税种，在土地、房屋交易的发生地，不管何人，只要所有权属转移，都要依法纳税。目前，契税已成为地方财政收入的固定来源，在全国，地方契税收入呈迅速上升态势。

契税的税率为 3%~5%。具体适用税率，由省、自治区、直辖市人民政府在前述规定的幅度内按照本地区的实际情况确定，并报财政部和国家税务总局备案。

契税的计税依据，归结起来有四种：①按成交价格计算。成交价格经双方敲定，形成合同，税务机关以此为据，直接计税。这种定价方式，主要适用于国有土地使用权出让、土地使用权出售、房屋买卖。②根据市场价格计算。在土地使用权赠与、房屋赠与时，依照市场价格定价，而不是土地或房屋原值。③依据土地、房屋交换差价定税。等额交换时，差额为零，意味着交换双方均免缴契税。④按照土地收益定价。这种情形较少。当成交价格明显低于市场价格并且无正当理由的，或者所交换土地使用权、房屋的价格的差额明显不合理并且无正当理由的，由征收机关参照市场价格核定。契税应纳税额的计算公式为：应纳税额＝计税依据×税率。

应纳税额以人民币计算。转移土地、房屋权属以外汇结算的，按照纳税义务发生之日中国人民银行公布的人民币市场汇率中间价折合成人民币计算。

有下列情形之一的，减征或者免征契税：国家机关、事业单位、社会团体、军事单位承受土地、房屋用于办公、教学、医疗、科研和军事设施的，免征；城镇职工按规定第一次购买公有住房的，免征；因不可抗力灭失住房而重新购买住房的，酌情准予减征或者免征；财政部规定的其他减征、免征契税的项目。

经批准减征、免征契税的纳税人改变有关土地、房屋的用途，不再属于《契税暂行条例》第 6 条规定的减征、免征契税范围的，应当补缴已经减征、免征的税款。另外，从 1999 年 8 月 1 日起，个人购买自用普通住宅，契税暂时减半征收。

契税的纳税义务发生时间，为纳税人签订土地、房屋权属转移合同的当天，或者纳税人取得其他具有土地、房屋权属转移合同性质凭证的当天。纳税人应当在纳税义务发生之日起 10 日内，向土地、房屋所在地的契税征收机关办理纳税申报，并在契税征收机关核定的期限内缴纳税款。纳税人办理纳税事宜后，契税征收机关应当向纳税人开具契税完税凭证。纳税人应当持契税完税凭证和其他规定的文件材料，依法向土地管理部门、房产管理部门办理有关土地、房屋的权属变更登记手续。纳税人未出具契税完税凭证的，土地管理部门、房产管理部门不予办理有关土地、房屋的权属变更登记手续。

3. 物业税。所谓物业税，又称"财产税"或"地产税"，主要针对土地、房屋等不动产，要求其所有者或承租人每年都缴付一定税款，税额随房产的升值而提高。

第六章

物业税本质上是对不动产占有（不一定是所有）课征的财产税。[1]各个国家和地区物业税的名称不尽相同，有的称"不动产税"，如奥地利、波兰、荷属安的列斯；有的称"财产税"，如德国、美国、智利等；有的称"地方税"或"差饷"，如新西兰、英国、马来西亚等；中国香港则直接称"物业税"。尽管名称不同，但其在很多国家都是地方主体税种，是一个比较成熟的税种。

大多数国家和地区开征物业税的目的是筹措地方财政收入，满足地方支出的需要，即属于财政型的物业税；不过我国台湾地区开征物业税的目的则是想通过该税种，提高不动产占有成本，从而促进不动产的流动和更有效的利用，提高不动产的供给量。

从税基看，物业税分为对全部财产征税（净财产税）和对特定财产征税（土地税、房屋税）两种情况。如丹麦对土地评估值课征土地税，对建筑评估值课征劳务税，对超过免征额以上的财富课征净财富税；俄罗斯则只对财产总价值课征财产税。

从计税依据看，大多数国家和地区以财产估定价值或核定租金为计税依据，如美国、丹麦、埃及、百慕大等。也有国家以资本净值或重置费用为计税依据，如斯里兰卡的净财产税；韩国对建筑物开征的财产税以重置费用为依据。少数国家还以房地产面积为计税依据，如波兰、捷克、以色列等。

从税率设计看，比例税率运用比较广泛，也有采纳定额税率和累进税率的。捷克规定，不动产税按不动产面积每年计征 0.1 ~ 10 克朗/平方米，土地税按土地面积每年计征 0.1 ~ 1 克朗/平方米；法国的净财富税按每年 1 月 1 日净财富值实行 0.5% ~ 1.5% 超额累进税率；韩国对土地和建筑物所征的税是以财产价值为基础按累进税率 0.3% ~ 10% 征收的，另附加 20% 的国防附加税。税率的确定，有的由中央制定，有的由地方政府根据受益人的预算需要和预算周期而定。丹麦、法国和日本等国中央政府对地方政府征收的各种税率规定了固定限额或最高额；荷兰虽然对地方政府确定的税率没有总的限制，但法律要求业户税税率不可超过用户税税率的 125%；以色列的空地财产税税率虽由地方确定，但要以中央政府的内务部颁布的指导原则为基础进行年度通货膨胀调整，内务部必须批准要征收的税率。

从起征点和减免税看，有些国家或地区对物业税规定了起征点，低于起征点的财产不征税。例如澳大利亚的维多利亚州有五个价值种类，每升高一档，税率就相应增加，对低于 14 万元的价值不征税；日本规定，占有土地少于 5000 平方米或少于 2000 平方米时免征土地占用税；在荷兰，地方政府有权确定低于某一价值或面积的财产享受哪些免税。对于减免税，不同的国家有不同的规定，但有一些共同的免税项目，如公共用地（包括道路、公园等）、公共福利用建筑物（如图书馆、博物馆以及非营利性的医院、养老院、孤儿院等）、外交使馆等。各国对农业用地也给予不同程度的减免税。

第六章

----

[1]　席卫群："物业税在海外"，载《市场报》2005 年 12 月 7 日，第 5 版。

在征管上，大多数国家建立了严密的评估制度，随着经济的发展，运用计算机进行估价管理工作，已成为各国的一种发展趋势。由于对房地产征税一般都以其评估值作为计税依据，评估业务在国外发展非常迅速，目前已形成了一套较完善的财产评估体系。如美国房地产评估师协会（SREA）成立于 1935 年，是北美最大的独立性专业房地产评估师组织。英国皇家特许测量师学会所有有关土地专业的师级人员 5.2 万余人，而英国的总人口约为 5700 万人，这就是说在土地专业方面每千人就有 1 人为其提供服务。

（四）资源税

资源税是对在我国境内开采应税矿产品和生产盐的单位和个人，就其应税数量征收的一种税。

资源税具有以下特点：

1. 征税范围较窄。自然资源是生产资料和生活资料的天然来源，它包括的范围很广，如矿产资源、土地资源、水资源、动植物资源等。目前我国的资源税征税范围较窄，仅将部分级差收入差异较大、资源较为普遍、易于征收管理的矿产品和盐列为征税范围。

2. 实行差别税额从量或者从价征收。我国现行资源税实行从价定率或者从量定额征收的办法，分别以应税产品的销售额乘以纳税人具体适用的比例税率或者以应税产品的销售数量乘以纳税人具体适用的定额税率计算。这种征收办法把对油气的征收方式由从量定额征收变更为从价定率征收，不仅可以保证大多数的资源税征收款项，而且适合当下油气资源的开采、销售现状，增加了地方财政收入。

3. 实行源泉课征。不论采掘或生产单位是否属于独立核算，资源税均规定在采掘或生产地源泉控制征收，这样既照顾了采掘地的利益，又避免了税款的流失。这与其他税种由独立核算的单位统一缴纳不同。

资源税的纳税人是在我国境内开采应税矿产品或者生产盐的单位和个人。其征税范围有：原油、天然气、煤炭、其他非金属矿原矿、黑色金属矿原矿、有色金属矿原矿、盐。资源税计税依据为应税产品的课税数量或者应税产品的课税销售额。

有下列情形之一的，减征或者免征资源税：开采原油过程中用于加热、修井的原油，免税；纳税人开采或者生产应税产品过程中，因意外事故或者自然灾害等原因遭受重大损失的，由省、自治区、直辖市人民政府酌情决定减税或者免税；国务院规定的其他减税、免税项目。纳税人的减税、免税项目，应当单独核算课税数量或者课税销售额；未单独核算或者不能准确提供课税数量或者课税销售额的，不予减税或者免税。

资源税纳税人的纳税期限为 1 日、3 日、5 日、10 日、15 日或者 1 个月，由主管税务机关根据实际情况具体核定。不能按固定期限计算纳税的，可以按次计算纳税。纳税人以 1 个月为一期纳税的，自期满之日起 10 日内申报纳税；以 1 日、3 日、5 日、10 日或者 15 日为一期纳税的，自期满之日起 5 日内预缴税款，于次月 1 日起

10 日内申报纳税并结清上月税款。

2016 年 5 月 10 日，财政部、国家税务总局联合对外发文《关于全面推进资源税改革的通知》，通知宣布，自 2016 年 7 月 1 日起，我国全面推进资源税改革。根据通知要求，我国将开展水资源税改革试点工作，采取水资源费改税方式，将地表水和地下水纳入征税范围，实行从量定额计征，对高耗水行业、超计划用水以及在地下水超采地区取用地下水，适当提高税额标准，正常生产生活用水维持原有负担水平不变。在总结试点经验基础上，财政部、国家税务总局将选择其他地区逐步扩大试点范围，条件成熟后在全国推开。其他自然资源将逐步纳入征收范围。考虑到森林、草场、滩涂等资源在各地区的市场开发利用情况不尽相同，对其全面开征资源税条件尚不成熟，此次改革不在全国范围统一规定对森林、草场、滩涂等资源征税，但对具备征收条件的，授权省级政府可结合本地实际，根据森林、草场、滩涂等资源开发利用情况提出征收资源税具体方案建议，报国务院批准后实施。

（五）环境保护税

环境保护税是由英国经济学家庇古最先提出的，环境保护税特指针对污水、废气、噪音和废弃物等突出的"显性污染"进行强制征税，以此来维护生态环境。

伴随我国雾霾治理的紧迫、水污染防治的难题等种种环境保护问题加剧，严峻形势倒逼环境保护税改革步伐加快。作为一种带有惩罚性质的税种，环境保护税的征收目的是让污染者付出更多代价。尽管在中国现行税制中一些税种涉及环境保护内容，比如消费税、资源税和车船税，但一直以来，中国缺少针对污染、破坏环境的行为或产品课征的专门性税种，即真正意义上的环境保护税，而这在西方很多国家已经实行相当长的时间。国际上环境税大致包括碳税、硫税、水污染税、噪声税、固体废物税等五种。美国多年来坚持环保税收政策，虽然汽车数量不断增加，但二氧化碳的排放量比上世纪 70 年代减少了 80%，空气质量得到很大改善。

为了保护和改善环境，减少污染物排放，推进生态文明建设，2016 年 12 月 25 日，第十二届全国人大常委会第二十五次会议通过了《中华人民共和国环境保护税法》（以下简称《环境保护税法》），自 2018 年 1 月 1 日起施行。《环境保护税法》是中国第一部专门体现"绿色税制"、推行生态文明建设的单行税法。《环境保护税法》全文 5 章、28 条，分别为总则、计税依据和应纳税额、税收减免、征收管理、附则。根据《环境保护税法》的规定，在中华人民共和国领域和中华人民共和国管辖的其他海域，直接向环境排放应税污染物的企业事业单位和其他生产经营者为环境保护税的纳税人。纳税对象方面，由于大气、水、固体、噪声是影响环境的最主要污染物，国际上一般都选择对这四类污染物征税。我国现行排污费的征收对象也是这四类污染物。参照国际经验，并与我国现行排污费制度相衔接，环境保护税的征税对象确定为大气污染物、水污染物、固体废物和噪声，具体应税污染物依据税法所附《环境保护税目税额表》《应税污染物和当量值表》的规定执行。另外，由于污染物排放量的计量较为复杂，大气、水、固体废物、噪声等计量标准不尽相同。

为此，《环境保护税法》对应税污染物的计税依据分别作了规定：①应税大气污染物按照污染物排放量折合的污染当量数确定；②应税水污染物按照污染物排放量折合的污染当量数确定；③应税固体废物按照固体废物的排放量确定；④应税噪声按照超过国家规定标准的分贝数确定。

（六）行为税

行为税是政府为实现一定目的，对某些特定行为所征收的税收。行为税具有征收范围小、政策目的性强、税源分散、税收收入不稳定、征税对象具有限定性等特征。行为税包括印花税、车船使用税、车辆购置税、固定资产投资方向调节税、屠宰税和筵席税等。其中有许多税种都已经多年不予开征。

1. 印花税。印花税是国家对在境内书立、使用、领受应税经济凭证依法征收的一种税。根据《中华人民共和国印花税暂行条例》（1988 年 8 月 6 日国务院颁布并根据 2011 年 1 月 8 日《国务院关于废止和修改部分行政法规的决定》修订）的规定，印花税的征税范围包括：

（1）十种合同：①购销合同：货物供应、预购、采购、购销结合及协作、调剂、补偿、贸易等合同，以及作为合同用的图书、报刊、音像制品的订购单、订数单等；②加工承揽合同：加工、定作、修缮、修理、印刷、广告、测绘、测试合同；③勘察设计合同：勘察合同、设计合同；④工程承包合同：建筑、安装工程承包合同，包括总承包合同、分包合同和转包合同；⑤财产租赁合同：房屋、机器、设备、器具、车辆等租赁合同，出租门店、柜台合同等；⑥货物运输合同：民用航空、铁路运输、公路运输、海上运输和联合运输合同，以及作为合同使用的单据等；⑦仓储保管合同：仓储、保管合同，以及作为合同使用的仓单、栈单等；⑧借款合同：金融机构与借款人签订的借款合同，包括融资租赁合同，但不包括银行同业拆借合同；⑨财产保险合同：财产、责任、保证、信用保险合同，以及作为合同使用的单据；⑩技术合同：技术开发、技术转让、技术咨询、技术服务合同，以及作为合同使用的单据。

（2）两种产权转移书据：①财产所有权转移书据。财产所有权转移书据是指经政府管理机关登记注册的动产、不动产的所有权转移，以及企业股权转让所书立的书据；②特许权转移书据。例如商标专用权、专利权、专有技术使用权等发生转让所书立的书据。

（3）两种权利许可证照：①许可证照：工商营业执照；②权利证书：专利证书、房屋产权证、土地使用权证、商标注册证。其他权利证书不属于印花税征收范围。

（4）两种营业账簿：①资金账簿：反映生产经营单位资本金数额增减变化的账簿；②其他账簿：反映生产经营活动内容的账簿，如总账、日记账、各种明细账等。

下列凭证免纳印花税：①已缴纳印花税的凭证的副本或者抄本；②财产所有人将财产赠给政府、社会福利单位、学校所立的书据；③经财政部批准免税的其他凭证。

印花税的纳税人是在中国境内书立、领受印花税法所列举的凭证并依法履行纳税义务的单位和个人（不分单位性质、内外资、国籍）。包括订立合同各方当事人、立据人、证照领受人和立账簿人等。

印花税的计税实行税不重征的原则，同一纳税人的同一笔金额不征两次税，同一纳税人的同一合同不征两次税，同一纳税人的同一书据、证照不征两次税，同一纳税人同一账簿不征两次税。对于同一笔金额包含两种不同税率业务，税率就高不就低。

2. 车船税。车船税是指对依法应当在车船管理部门登记的车辆、船舶征收的税。

现行车船税的基本规范是《车船税法》（2011 年 2 月 25 日第十一届全国人民代表大会常务委员会通过，2012 年 1 月 1 日起施行）、《车船税法实施条例》（2011 年 11 月 23 日国务院通过，2012 年 1 月 1 日起施行）。按照法律法规规定，车船税由地方税务机关负责征收。在中华人民共和国境内，车船的所有人或者管理人为车船税的纳税人。从事机动车第三者责任强制保险业务的保险机构为机动车车船税的扣缴义务人，应当在收取保险费时依法代收车船税，并出具代收税款凭证。

车船税的纳税地点为车船的登记地或者车船税扣缴义务人所在地。依法不需要办理登记的车船，车船税的纳税地点为车船的所有人或者管理人所在地。车船税的纳税义务发生时间，车船税纳税义务发生时间为取得车船所有权或者管理权的当月。下列车船免征车船税：捕捞、养殖渔船；军队、武警专用的车船；警用车船；依照法律规定应当予以免税的外国驻华使领馆、国际组织驻华代表机构及其有关人员的车船。对节约能源、使用新能源的车船可以减征或者免征车船税；对受严重自然灾害影响纳税困难以及有其他特殊原因确需减税、免税的，可以减征或者免征车船税。

车船税按年申报缴纳。

3. 车辆购置税。车辆购置税是国家对在境内购置应税车辆的行为依法征收的一种税。现行车辆购置税的基本规范，是 2000 年 10 月 22 日由国务院颁布，2001 年 1 月 1 日起施行的《车辆购置税暂行条例》，以及 2014 年 11 月 25 日国家税务总局第 3 次局务会议审议通过、2015 年 12 月 28 日和 2018 年 6 月 15 日两次修改的《车辆购置税征收管理办法》。

车辆购置税的征税范围包括汽车、摩托车、电车、挂车和农用运输车，对于购买使用国产应税车辆和进口应税车辆，直接进口使用应税车辆，受赠使用应税和免税车辆，获奖使用应税车辆，以其他方式取得并使用应税车辆（如拍卖、抵债、罚没等）的单位和个人，不分单位与个人、不分内外资、不分国籍、不分私用公用，一律开征车辆购置税。

以下车辆，实行车辆购置税的减免优惠：外事车辆，外国驻华使馆、领事馆和国际组织驻华机构及其外交人员自用车辆免税；军队车辆，中国人民解放军和中国人民武装警察部队列入军队武器装备订货计划的车辆免税；其他车辆，如防汛、森林消防部门用于指挥、检查、调度、报汛（警）、联络的由特定厂家生产的设有固定装置的指定型号的车辆免税。

车辆购置税在办理车辆登记手续前缴纳，一次课征。纳税地点分为：需要办理车辆登记注册手续的应税车辆，纳税人应当向车辆登记注册地的主管税务机关申报纳税；购置不需要办理车辆登记注册手续的应税车辆，纳税人应当向纳税人所在地的主管税务机关申报纳税。

二、税收征纳程序法律制度

税收征纳程序是指代表国家行使具体税收征收管理权的征税机关与纳税人及其他税务当事人之间就税收债权、债务的具体履行和实现而发生的程序。在我国一般称为税收征收管理，一般包括日常的税务管理、具体的税款征纳和定期与不定期的税务检查。

税收征管法从部门法上讲，是指调整税收征收与税收管理过程中发生的社会关系的法律规范的总称。包括国家权力机关制定的税收征管法律、国家权力机关授权行政机关制定的税收征管行政法规、有关税收征管的行政规章和地方性法规，以及有关的税收条约等，其主要部分是税收征管法及其实施细则。税收征管法以规范税收法律关系主体双方权利义务为其主要内容，确立了征纳双方在税收征管中的基本权利和义务，不仅是纳税人依法履行纳税义务必须遵守的法律准则，也是税务机关依法行使征税职权和职责时应遵守的行为准则。

税收征管法的制定和颁布对我国加强税收征收管理，规范税收征收和缴纳行为，保障国家税收收入，保护纳税人的合法权益，促进经济和社会发展具有重要的意义。

我国现行的税收征管制度是随着社会主义市场经济体制目标的确立和1994年税制改革的要求逐步建立起来的，税收征管工作经历了从粗放式管理到精细化管理，从任务治税到依法治税进而管理强税的过程。在我国，作为法律形式的税收征管法就是指第七届全国人大常委会于1992年9月4日通过的《税收征收管理法》，这是新中国成立后颁布的第一部税收征管法律，也是我国现行税收征收管理的基本法。1995年2月28日的第八届全国人大常委会第十二次会议、2001年4月28日的第九届全国人大常委会第二十一次会议、2013年6月29日的第十二届全国人大常委会第三次会议以及2015年4月24日的第十二届全国人大常委会第十四次会议分别根据变化了的实际情况，对这部法律进行了修订。

（一）税务登记

税务登记，是我国税收管理中的一项重要管理制度。对广大纳税人来说，办理税务事项的第一件事，就是要向主管税务机关申请办理税务登记手续，接受登记管理。这是纳税人依法履行纳税义务的基本前提，也是纳税人合法经营的主要标志。同时，只有履行了登记手续，才能得到税务机关的管理服务，享受税收优惠，保证生产经营活动的顺利进行。

第六章

1. 税务登记的对象和期限。企业，企业在外地设立的分支机构和从事生产、经营的场所，个体工商户和从事生产、经营的事业单位，自领取营业执照之日起 30 日内，持有关证件，向税务机关申报办理税务登记。其他纳税人，除国家机关、个人和无固定生产、经营场所的流动性农村小商贩外，也应当办理税务登记。

2. 税务登记的种类和主要内容。税务登记分为开业登记、变更登记、外出经营报验登记、停业登记、复业登记、注销登记等。税务登记证件应当载明：纳税人名称、统一代码、法定代表人或负责人、详细地址、经济性质或经济类型、经营方式、经营范围（主营、兼营）、经营期限和证件有效期限等。

纳税人申报办理税务登记时，首先应当到主管税务机关或指定的税务登记办理处填报《申请税务登记报告书》，并相应出示以下证件和资料：营业执照或其他核准执业证件；有关合同、章程、协议书；银行账号证明；法定代表人、负责人、纳税人本人的居民身份证、护照或者其他证明身份的合法证件；组织机构统一代码证书；住所、经营场所的使用证明；税务机关要求提供的其他证件、资料。其他需要提供的有关证件、资料，由省、自治区、直辖市税务机关确定。

税务机关收到业户申请报告和有关证件资料后，应进行初步审查，对符合登记条件的纳税人，按其登记的种类，发放税务登记表或注册税务登记表和纳税人税种登记表，纳税人应当如实填写上述表格。

纳税人提交的证件和资料齐全且税务登记表的填写内容符合规定的，税务机关应当日办理并发放税务登记证件，并分税种填制税种登记表，确定纳税人所适用的税种、税目、税率、报缴税款的期限和征收方式以及缴库方式等。纳税人提交的证件和资料不齐全或税务登记表的填写内容不符合规定的，税务机关应当场通知其补正或重新填报。

纳税人未按照规定期限办理开业税务登记、变更税务登记、注销税务登记和换证手续的，税务机关应当自发现之日起 3 日内发出责令限期改正通知书，逾期不改正的，依照税收征管法的相关规定予以处罚。

（二）账簿、凭证管理

1. 设置账簿。纳税人、扣缴义务人应按照有关法律、行政法规和国务院财政、税务部门的规定设置账簿。从事生产、经营的纳税人应当自领取营业执照或者发生纳税义务之日起 15 日内，按照国家有关规定设置总账、明细账、日记账以及其他辅助性账簿；生产、经营规模小又确无建账能力的纳税人，可以聘请经批准从事会计代理记账业务的专业机构或者经税务机关认可的财会人员代为建账和办理账务；聘请上述机构或者人员有实际困难的，经县级以上税务机关批准，可以按照税务机关的规定，建立收支凭证粘贴簿、进货销货登记簿或者使用税控装置。

扣缴义务人应当自税收法律、行政法规规定的扣缴义务发生之日起 10 日内，按照所代扣、代收的税种，分别设置代扣代缴、代收代缴税款账簿。

2. 财会核算制度的备案。从事生产、经营的纳税人应当自领取税务登记证件之日起 15 日内，将其财务、会计制度或者财务、会计处理办法报送主管税务机关备案。同时规定，纳税人采用计算机记账的，应当在使用前将会计电算化系统的会计核算软件、使用说明书及有关资料报送主管税务机关备案。

3. 记账。纳税人、扣缴义务人按照有关法律、行政法规和国家税务总局的规定，根据合法、有效的凭证记账，进行核算。账簿、记账凭证、报表、完税凭证、发票、出口凭证以及其他有关涉税资料应当合法、真实、完整，不得伪造、变造或者擅自销毁。

4. 保管。账簿、记账凭证、报表、完税凭证、发票、出口凭证以及其他有关涉税资料应当保存 10 年，但法律、行政法规另有规定的除外。

（三）纳税申报

纳税申报是指纳税人按照税法规定的期限和内容向税务机关提交有关纳税事项书面报告的法律行为，是纳税人履行纳税义务、承担法律责任的主要依据，是税务机关税收管理信息的主要来源和税务管理的一项重要制度。

1. 纳税申报的内容。纳税人、扣缴义务人的纳税申报或者代扣代缴、代收代缴税款报告表的主要内容包括：税种、税目、应纳税项目或者应代扣代缴、代收代缴税款项目、适用税率或者单位税额、计税依据、扣除项目及标准、应退税项目及税额、应减免税项目及税额、应纳税额或者应代扣代缴、代收代缴税额、税款所属期限、延期缴纳税款、欠税、滞纳金等。

2. 纳税申报应携带的资料。纳税人办理纳税申报时，应当如实填报纳税申报表，并根据不同的情况相应报送下列证件、资料：财务会计报表及其说明材料；与纳税有关的合同、协议书及凭证；税控装置的电子报税资料；外出经营活动税收管理证明和异地完税凭证；境内或者境外公证机构出具的有关证明文件；税务机关规定应当报送的其他有关证件、资料。

3. 纳税申报的方式。纳税人办理纳税申报可以采取直接申报（即由纳税人到税务机关报送纳税申报表及有关资料）、邮寄申报、电子申报等方式。采取邮寄申报方式的，纳税申报期以寄出的邮戳日期为准。

4. 延期申报。纳税人、扣缴义务人按照规定的期限办理纳税申报或者报送代扣代缴、代收代缴税款报告表确有困难，需要延期的，应当在规定的期限内向税务机关提出书面延期申报申请，经税务机关核准后，在核准的期限内办理。纳税人、扣缴义务人因不可抗力，不能按期办理纳税申报或者报送代扣代缴、代收代缴税款报告表的，可以延期办理。但是，应当在不可抗力情形消除后立即向税务机关报告。税务机关应当查明事实，予以核准。

5. 纳税申报违章处罚。纳税人未按照规定的期限办理纳税申报的，或者扣缴义务人未按照规定的期限向税务机关报送代扣代缴、代收代缴税款报告表和有关资料的，由税务机关责令限期改正，可以处 2000 元以下的罚款；情节严重的，可以处 2000 元以上 10 000 元以下的罚款。

第六章

（四）税务检查

税务检查也叫纳税检查，是税务机关以国家的法律、法规、政策和税收征收管理制度为依据，对纳税人履行纳税义务情况及其偷逃税行为的审核和查处行为的总称。

1. 税务检查权。

（1）查账权。税务机关有权依法对纳税人、扣缴义务人的账簿、记账凭证、报表和有关资料进行检查，并可以根据需要确定具体的检查方式和采取必要的措施以保证检查的实施。特别需要时，经县级以上税务局（分局）局长批准，也可以将纳税人、扣缴义务人上年度的账簿、凭证、报表以及其他有关资料调回来检查，但须开列清单、出具收据。检查扣缴义务人的账簿、凭证和有关资料，必须限于与代扣代缴、代收代缴有关的材料。与此无关的材料，扣缴义务人有权拒绝提供。

（2）场地检查权。即税务机关对纳税人、扣缴义务人的生产经营场所和货物存放地的检查权力。纳税人、扣缴义务人的生产经营场所和货物存放地是其经济业务活动的经常发生地，通过检查纳税人应纳税的商品、货物或者其他财产，以及搜查被纳税人和其他当事人隐瞒、隐藏的账簿、凭证等资料，可以最直接地掌握纳税人的纳税第一手资料，掌握纳税凭证的保存情况，特别是原始凭证的保存情况，从而防止应纳税额的偷逃、漏缴，查处重大偷漏税行为。

（3）责成提供资料权。这是法律赋予税务机关指定或要求纳税人、扣缴义务人提供与纳税、扣缴税款有关的资料的行政权力。这项权力是税务机关完成税务检查任务的一项重要保证。

（4）询问权。询问权即税务机关在税务检查中为了调查某方面的情况和了解有关纳税或解缴税款问题，向纳税人、扣缴义务人进行查询、访问的权力。询问当事人一般可以在纳税人、扣缴义务人的单位或者住所进行，但必须出示税务检查证件，必要时可通知其到税务机关来接受询问。询问要有的放矢，要做好记录，必要时还要由当事人、证人写出书面材料。

（5）查核存款账户权。这是国家根据税收征管的需要，赋予税务机关对纳税人、扣缴义务人在银行或其他金融机构的存款账户进行检查的权力。行使查核存款账户权，须遵循严格的程序和要求。①要经县级以上税务局（分局）局长批准，未经批准的，税务检查人员不得检查纳税人、扣缴义务人的存款账户。②要持有全国统一格式的检查存款账户许可证明。③检查储蓄存款须经银行县、市支行或者市分行的区办事处核对，指定所属储蓄所提供资料。④查询纳税人个人的储蓄存款须经设区的市、自治州以上税务局（分局）局长批准。

2. 税务检查的形式和内容。税务检查有以下几种形式：从纳税主体上可分为纳税人自查互查，税务机关专业检查和税务机关与其他机关的联合检查；从检查方式上可分为查账和实地调查；从检查时间上可分经常性检查和定期检查；从检查范围上可分为全面检查和专题检查。检查的内容包括：纳税人、扣缴义务人执行税收政策、法律、法规的情况；各项税款的缴纳情况；纳税人、扣缴义务人执行财经纪律和税款核算情况；纳税人、扣缴义务人的发票使用、保管情况；检查纳税人、扣缴义务人执行税务机关依法规定的其他有关事项情况。

3. 税收保全和税收强制执行措施。税收保全是税务机关为了保证税款的征收入库，在规定的纳税期之前，在由于纳税人行为或某种客观原因而导致税款难以保证的情况下采取的限制纳税人处理或者转移商品、货物或其他财产的强制措施。税收保全有两种主要形式：①书面通知纳税人开户银行或者其他金融机构暂停支付纳税人相当于应纳税款的存款；②扣押、查封纳税人的价值相当于应纳税款的商品、货物或其他财产。税务机关对纳税人以前纳税期的纳税情况进行税务检查时，发现下列情形的，可以采取税收保全措施：

（1）纳税人有逃避纳税义务的行为。该行为隐瞒的是纳税人缴纳税款的支付能力，致使税务机关无法追缴其所欠税款。

（2）纳税人有明显的转移、隐匿其应税商品、货物以及其他应税收入的迹象。所谓转移，是指纳税人将其应税商品、货物改变位置，规避税务机关追查的手段。所谓隐匿，是指纳税人把应税商品、货物及其他应税收入隐瞒、藏匿起来，使税务机关无从追查的手段。

税收强制执行措施是指纳税人等在规定的期限内未履行法定义务，税务机关采取法定的强制手段，强迫其履行义务的行为。其表现形式有两种：一是书面通知其开户银行或其他金融机构从其存款中扣缴税款；二是扣押、查封、拍卖其价值相当于应纳税款的商品、货物或者其他财产，以拍卖所得抵缴税款。

税收强制执行措施与税收保全措施不同：①它不仅适用于从事生产、经营的纳税人，也适用于扣缴义务人和纳税担保人。②对逾期不履行法定义务的纳税人等，税收管理人必须告诫在先、执行在后，即只有对责令限期缴纳逾期仍拒不缴纳者，方可选用强制执行措施。③税收强制执行措施必须发生在责令限期缴纳期满之后。④采取上述强制执行措施前，应报经县级以上税务局（分局）局长批准。鉴于以上不同之处，税务机关在税务检查中发现纳税人有逃税、明显的转移、隐匿应税商品、收入的，应根据具体情况，选择适用税收保全措施或税收强制执行措施。

从实践中看，税收保全措施与强制执行措施既有区别，又有相同之处。两者的主要区别为：①两者适用对象不同。税收保全措施仅适用于纳税义务人；而强制执行措施不仅适用于纳税义务人，而且还适用于扣缴义务人和纳税担保人。②两种措施的实施时间不同。税收保全措施是在法律规定的纳税期限之前实施；而强制执行措施只能在责令纳税义务人、扣缴义务人及纳税担保人限期缴纳和法律规定的纳税期限届满后实施。③两者明确的金额界定不同。税收保全措施仅以"应纳税款"为金额依据；而强制执行措施可以以"应纳税款和滞纳金"为金额依据。④两者采取的方式不同。税收保全措施采取的是书面通知金融机构冻结存款或扣押、查封商品、货物或其他财产的方式；而强制执行措施采取的是书面通知金融机构从其存款扣缴税款或以依法拍卖或者变卖商品、货物及其他财产所得抵缴税款的方式。⑤两者对纳税人的财产处分权造成的后果不同。税收保全措施只是对纳税义务人财产处分权的一种限制，并未剥夺其财产所有权；而强制执行措施在一定情况下可以直接导致当事人财产所有权发生变更。⑥两者使税款入库的方式不同。税收保全措施最终达到的是限定纳税义务人在限期内使应纳税款入库；而强制执行措施可以使应纳税款、滞纳金直接入库。

　　同时两种手段具有相同之处：①两种措施实施的主体都必须是税务机关及税务人员。税务机关是具有决定权的主体，税务人员是具有执行权的主体。除此之外其他任何单位和个人无权实施。②两种措施实施中都必须有两名以上税务人员，并出示具有法律效力的文书。③两种措施都必须经县级以上税务局（分局）局长批准，未经批准的不得实施。④两种措施的实施必须依照法定权限和法定程序，不得查封、扣押纳税人个人及其所扶养家属维持生活必需的住房和用品。⑤两种措施实施不当，使纳税人、扣缴义务人或者纳税担保人的合法权益遭受损失的，应当依法承担赔偿责任。⑥两种措施实施前都必须先责令其限期缴纳。⑦两种措施实施中必须开具清单和收据。

　　税收保全措施和强制执行措施有效地保证了应纳税款及时足额入库，但实施过程中不得违背法定程序和原则，以免侵害公民、法人或其他经济组织的合法权益，造成税务案件纠纷。

　　4. 国家税务局、地方税务局在纳税检查方面的分工。国家税务局、地方税务局分别负责各自所管税收的税务检查工作。对存在交叉管理的纳税户，国家税务局、地方税务局必要时可组成联合检查组对其进行检查。2018 年，国务院深化机构改革，改革国税地税征管体制。为降低征纳成本，理顺职责关系，提高征管效率，为纳税人提供更加优质高效便利服务，将省级和省级以下国税地税机构合并，具体承担所辖区域内各项税收、非税收入征管等职责。为提高社会保险资金征管效率，将基本养老保险费、基本医疗保险费、失业保险费等各项社会保险费交由税务部门统一征收。国税地税机构合并后，实行以国家税务总局为主与省（自治区、直辖市）政府双重领导管理体制。国家税务总局要会同省级党委和政府加强税务系统党的领导，做好党的建设、思想政治建设和干部队伍建设工作，优化各层级税务组织体系和征管职责，按照"瘦身"与"健身"相结合原则，完善结构布局和力量配置，构建优化高效统一的税收征管体系。

第三节　公共预算法律制度

一、预算和预算法的概念

　　预算是依法编制和批准的国家各级人民政府和实行预算管理的各部门和各单位在一定时期内的财政或财务收支计划，包括国家预算和单位预算。预算法是调整预算编制、审批、执行、监督等活动的法律规范的总称。我国现行有效的主要预算法有 1994 年 3 月 22 日第八届全国人民代表大会第二次会议通过的《中华人民共和国预算法》（以下简称《预算法》）和 1995 年 11 月 22 日国务院颁布的《预算法实施条例》。2014 年 8 月 31 日的第十二届全国人大常委会第十次会议根据变化了的实际情况，对《预算法》作了修订。

全国预算由中央预算和地方预算组成。我国实行中央和地方分税制即在划分中央与地方职权的基础上，确定中央与地方财政支出范围，并按税种划分中央与地方预算收入的财政管理体制，实行一级政府一级预算。中央预算（又称中央政府预算）由中央各部门（含直属单位，是指与本级政府财政部门直接发生预算缴款、拨款关系的企业和事业单位）的预算组成。地方预算由各省、自治区、直辖市总预算组成。地方各级总预算由本级政府预算（又称本级预算）和汇总的下一级总预算组成，下一级只有本级预算的，下一级总预算即指下一级的本级预算，没有下一级预算的，总预算即指本级预算。地方各级政府预算由本级各部门（含直属单位）的预算组成，各部门预算由本部门所属各单位预算组成。单位预算是指依法实行预算管理的国家机关、社会团体和其他单位的收支预算。[1]

二、预算管理职权

（一）各级人民代表大会及其常委会的预算管理职权

全国人民代表大会审查中央和地方预算草案及中央和地方预算执行情况的报告；批准中央预算和中央预算执行情况的报告；改变或者撤销全国人民代表大会常务委员会关于预算、决算的不适当的决议。全国人民代表大会常务委员会监督中央和地方预算的执行；审查和批准中央预算的调整方案；审查和批准中央决算；撤销国务院制定的同宪法、法律相抵触的关于预算、决算的行政法规、决定和命令；撤销省、自治区、直辖市人民代表大会及其常务委员会制定的同宪法、法律和行政法规相抵触的关于预算、决算的地方性法规和决议。

县级以上地方各级人民代表大会审查本级总预算草案及本级总预算执行情况的报告；批准本级预算和本级预算执行情况的报告；改变或者撤销本级人民代表大会常务委员会关于预算、决算的不适当的决议；撤销本级政府关于预算、决算的不适当的决定和命令。县级以上地方各级人民代表大会常务委员会监督本级总预算的执行；审查和批准本级预算的调整方案；审查和批准本级决算；撤销本级政府和下一级人民代表大会及其常务委员会关于预算、决算的不适当的决定、命令和决议。

乡、民族乡、镇的人民代表大会审查和批准本级预算和本级预算执行情况的报告；监督本级预算的执行；审查和批准本级预算的调整方案；审查和批准本级决算；

第六章

---

〔1〕《中华人民共和国预算法》第 3 条。本节以下内容均出自《中华人民共和国预算法》，为简洁起见，不再标注。

撤销本级政府关于预算、决算的不适当的决定和命令。

根据《预算法》的规定，由全国人民代表大会财政经济委员会对中央预算草案初步方案及上一年预算执行情况、中央预算调整初步方案和中央决算草案进行初步审查，提出初步审查意见。省、自治区、直辖市人民代表大会有关专门委员会对本级预算草案初步方案及上一年预算执行情况、本级预算调整初步方案和本级决算草案进行初步审查，提出初步审查意见。设区的市、自治州人民代表大会有关专门委员会对本级预算草案初步方案及上一年预算执行情况、本级预算调整初步方案和本级决算草案进行初步审查，提出初步审查意见，未设立专门委员会的，由本级人民代表大会常务委员会有关工作机构研究提出意见。县、自治县、不设区的市、市辖区人民代表大会常务委员会对本级预算草案初步方案及上一年预算执行情况进行初步审查，提出初步审查意见，人民代表大会常务委员会有关工作机构对本级预算调整初步方案和本级决算草案研究提出意见。设区的市、自治州以上各级人民代表大会有关专门委员会和常委会有关工作机构进行审查、提出意见时，应当邀请本级人民代表大会代表参加。

对于各级人大提出的意见，根据《预算法》的规定，级同级政府财政部门应当将处理情况及时反馈。提出的意见以及同级政府财政部门反馈的处理情况报告，应当印发同级人民代表大会代表。

根据《预算法》的规定，全国人民代表大会常务委员会和省、自治区、直辖市、设区的市、自治州人民代表大会常务委员会有关工作机构，依照本级人民代表大会常务委员会的决定，协助本级人民代表大会财政经济委员会或者有关专门委员会承担审查预算草案、预算调整方案、决算草案和监督预算执行等方面的具体工作。

（二）各级人民政府的预算管理职权

国务院编制中央预算、决算草案；向全国人民代表大会作关于中央和地方预算草案的报告；将省、自治区、直辖市政府报送备案的预算汇总后报全国人民代表大会常务委员会备案；组织中央和地方预算的执行；决定中央预算预备费的动用；编制中央预算调整方案；监督中央各部门和地方政府的预算执行；改变或者撤销中央各部门和地方政府关于预算、决算的不适当的决定、命令；向全国人民代表大会、全国人民代表大会常务委员会报告中央和地方预算的执行情况。

县级以上地方各级政府编制本级预算、决算草案；向本级人民代表大会作关于本级总预算草案的报告；将下一级政府报送备案的预算汇总后报本级人民代表大会常务委员会备案；组织本级总预算的执行；决定本级预算预备费的动用；编制本级预算的调整方案；监督本级各部门和下级政府的预算执行；改变或者撤销本级各部门和下级政府关于预算、决算的不适当的决定、命令；向本级人民代表大会、本级人民代表大会常务委员会报告本级总预算的执行情况。

乡、民族乡、镇政府编制本级预算、决算草案；向本级人民代表大会作关于本级预算草案的报告；组织本级预算的执行；决定本级预算预备费的动用；编制本级预算的调整方案；向本级人民代表大会报告本级预算的执行情况。

经省、自治区、直辖市政府批准，乡、民族乡、镇本级预算草案、预算调整方案、决算草案，可以由上一级政府代编，并依照《预算法》的规定报乡、民族乡、镇的人民代表大会审查和批准。

（三）各级财政部门的预算管理职权

国务院财政部门具体编制中央预算、决算草案；具体组织中央和地方预算的执行；提出中央预算预备费动用方案；具体编制中央预算的调整方案；定期向国务院报告中央和地方预算的执行情况。

地方各级政府财政部门具体编制本级预算、决算草案；具体组织本级总预算的执行；提出本级预算预备费动用方案；具体编制本级预算的调整方案；定期向本级政府和上一级政府财政部门报告本级总预算的执行情况。

（四）各部门和各单位的预算管理职权

各部门编制本部门预算、决算草案；组织和监督本部门预算的执行；定期向本级政府财政部门报告预算的执行情况。

各单位编制本单位预算、决算草案；按照国家规定上缴预算收入，安排预算支出，并接受国家有关部门的监督。

三、预算收支范围

按照《预算法》的规定，一般公共预算收入包括各项税收收入、行政事业性收费收入、国有资源（资产）有偿使用收入、转移性收入和其他收入。一般公共预算支出按照其功能分类，包括一般公共服务支出，外交、公共安全、国防支出，农业、环境保护支出，教育、科技、文化、卫生、体育支出，社会保障及就业支出和其他支出。一般公共预算支出按照其经济性质分类，包括工资福利支出、商品和服务支出、资本性支出和其他支出。

政府性基金预算、国有资本经营预算和社会保险基金预算的收支范围，按照法律、行政法规和国务院的规定执行。上级政府不得在预算之外调用下级政府预算的资金；下级政府不得挤占或者截留属于上级政府预算的资金。中央预算与地方预算有关收入和支出项目的划分、地方向中央上解收入、中央对地方税收返还或者转移支付的具体办法，由国务院规定，报全国人民代表大会常务委员会备案。

四、预算编制程序

（一）预算编制

根据《预算法》的规定，我国的预算年度自公历1月1日起，至12月31日止。各级政府、各部门、各单位应当按照国务院规定的时间编制预算草案。

各级预算应当根据年度经济社会发展目标、国家宏观调控总体要求和跨年度预算平衡的需要，参考上一年预算执行情况、有关支出绩效评价结果和本年度收支预测，按照规定程序征求各方面意见后，进行编制。各级政府依据法定权限作出决定或者制定行政措施，凡涉及增加或者减少财政收入或者支出的，应当在预算批准前提出并在预算草案中作出相应安排。各部门、各单位应当按照国务院财政部门制定的政府收支分类科目、预算支出标准和要求，以及绩效目标管理等预算编制规定，根据其依法履行职能和事业发展的需要以及存量资产情况，编制本部门、本单位预算草案。前述政府收支分类科目，收入分为类、款、项、目；支出按其功能分类分为类、款、项，按其经济性质分类分为类、款。

1. 编制原则。按照《预算法》的规定，中央一般公共预算中必需的部分资金，可以通过举借国内和国外债务等方式筹措，举借债务应当控制适当的规模，保持合理的结构。对中央一般公共预算中举借的债务实行余额管理，余额的规模不得超过全国人民代表大会批准的限额。地方各级预算按照量入为出、收支平衡的原则编制，除法律另有规定外，不列赤字；各级预算收入的编制，应当与经济社会发展水平相适应，与财政政策相衔接。各级预算支出应当依照本法规定，按其功能和经济性质分类编制。各级预算支出的编制，应当贯彻勤俭节约的原则，严格控制各部门、各单位的机关运行经费和楼堂馆所等基本建设支出。各级一般公共预算支出的编制，应当统筹兼顾，在保证基本公共服务合理需要的前提下，优先安排国家确定的重点支出。

2. 编制形式。复式预算即将预算年度内的全部财政收支，按收入来源和支出性质的不同分别编制成两个以上的预算，我国各级政府预算分为政府公共预算、国有资产经营预算、社会保障预算和其他预算。一般性转移支付应当按照国务院规定的基本标准和计算方法编制。专项转移支付应当分地区、分项目编制。"县级以上各级政府应当将对下级政府的转移支付预计数提前下达下级政府。地方各级政府应当将上级政府提前下达的转移支付预计数编入本级预算。"

3. 特别事项。按照《预算法》的规定，中央预算和有关地方政府预算中应当安排必要的资金，用于扶助革命老区、民族地区、边疆地区、贫困地区发展经济社会建设事业。各级一般公共预算应当按照本级一般公共预算支出额的 1% ~ 3% 设置预备费，用于当年预算执行中的自然灾害等突发事件处理增加的支出及其他难以预见的开支。各级一般公共预算按照国务院的规定可以设置预算周转金，用于本级政府调剂预算年度内季节性收支差额。各级一般公共预算按照国务院的规定可以设置预算稳定调节基金，用于弥补以后年度预算资金的不足。

4. 编制程序。国务院应当及时下达关于编制下一年预算草案的通知，编制预算草案的具体事项由国务院财政部门部署。省、自治区、直辖市政府应当按照国务院规定的时间，将本级总预算草案报国务院审核汇总。

国务院财政部门应当在每年全国人民代表大会会议举行的 45 日前，将中央预算草案的初步方案提交全国人民代表大会财政经济委员会进行初步审查。省、自治区、直辖市政府财政部门应当在本级人民代表大会会议举行的 30 日前，将本级预算草案的初步方案初步方案提交本级人民代表大会有关专门委员会进行初步审查。设区的市、自治州政府财政部门应当在本级人民代表大会会议举行的 30 日前，将本级预算草案的初步方案提交本级人民代表大会有关专门委员会进行初步审查，或者送交本级人民代表大会常务委员会有关工作机构征求意见。县、自治县、不设区的市、市辖区政府应当在本级人民代表大会会议举行的 30 日前，将本级预算草案的初步方案提交本级人民代表大会常务委员会进行初步审查。

（二）预算审查和批准

1. 报告和审批。人大审查预算前，应当听取选民和社会各界的意见。报送各级人民代表大会审查和批准的预算草案应当按其功能或性质编列到项或款。由国务院或地方政府向同级人大作关于预算草案和执行情况的报告。中央预算由全国人民代表大会审查和批准，地方各级政府预算由本级人民代表大会审查和批准。

全国人大和地方各级人大对预算草案及其报告、预算执行情况的报告要重点审查下列内容：①上一年预算执行情况是否符合本级人大预算决议的要求；②预算安排是否符合法律规定；③预算安排是否贯彻国民经济和社会发展的方针政策，收支政策是否切实可行；④重点支出和重大投资项目的预算安排是否适当；⑤预算编制是否完整，是否符合法律规定；⑥对下级政府的转移性支出预算是否规范、适当；⑦预算安排举借的债务是否合法、合理，是否有偿还计划和稳定的偿还资金来源；⑧与预算有关重要事项的说明是否清晰。

根据《预算法》的规定，由各级人大有关专门委员会向同级人大主席团汇报审查结果，审查结果报告应当包括下列内容：①对上一年预算执行和落实本级人大预算决议的情况作出评价；②对本年度预算草案是否符合本法的规定，是否可行作出评价；③对本级人大批准预算草案和预算报告提出建议；④对执行年度预算、改进预算管理、提高预算绩效、加强预算监督等提出意见和建议。

各级预算经本级人民代表大会批准后，本级政府财政部门应当在 20 日内向本级各部门批复预算。各部门应当在接到本级政府财政部门批复的本部门预算后 15 日内向所属各单位批复预算。

2. 备案。乡、民族乡、镇政府应当及时将经本级人民代表大会批准的本级预算报上一级政府备案。县级以上地方各级政府应当及时将经本级人民代表大会批准的本级预算及下一级政府报送备案的预算汇总，报上一级政府备案。县级以上地方各级政府将下一级政府依照前款规定报送备案的预算汇总后，报本级人民代表大会常务委员会备案。国务院将省、自治区、直辖市政府依照前款规定报送备案的预算汇总后，报全国人民代表大会常务委员会备案。国务院和县级以上地方各级政府对下一级政府报送备案的预算，认为有同法律、行政法规相抵触或者有其他不适当之处，需要撤销批准预算的决议的，应当提请本级人民代表大会常务委员会审议决定。

（三）预算执行

各级预算由本级政府组织执行，具体工作由本级政府财政部门负责。各部门、各单位是本部门、本单位的预算执行主体，负责本部门、本单位的预算执行，并对执行结果负责。预算年度开始后，各级政府预算草案在本级人民代表大会批准前，本级政府可以安排下列支出：①上一年度结转的支出；②参照上一年同期的预算支出数额安排必须支付的本年度部门基本支出、项目支出，以及对下级政府的转移性支出；③法律规定必须履行支付义务的支出，以及用于自然灾害等突发事件处理的支出。这些安排支出的情况，应当在预算草案的报告中作出说明。预算经本级人民代表大会批准后，按照批准的预算执行。

1. 预算收入和支出执行。预算收入征收部门和单位，必须依照法律、行政法规的规定，及时、足额征收应征的预算收入。不得违反法律、行政法规规定，多征、提前征收或者减征、免征、缓征应征的预算收入，不得截留、占用或者挪用预算收入。各级政府不得向预算收入征收部门和单位下达收入指标。政府的全部收入应当上缴国库，任何部门、单位和个人不得截留、占用、挪用或者拖欠。对于法律有明确规定或者经国务院批准的特定专用资金，可以依照国务院的规定设立财政专户。

各级政府、各部门、各单位的支出必须按照预算执行，不得虚假列支。各级政府财政部门必须依照法律、行政法规和国务院财政部门的规定，及时、足额地拨付预算支出资金，加强对预算支出的管理和监督。各级政府、各部门、各单位应当对预算支出情况开展绩效评价。

各级政府应当加强对预算执行的领导，支持政府财政、税务、海关等预算收入的征收部门依法组织预算收入，支持政府财政部门严格管理预算支出。财政、税务、海关等部门在预算执行中，应当加强对预算执行的分析，发现问题时应当及时建议本级政府采取措施予以解决。各部门、各单位应当加强对预算收入和支出的管理，不得截留或者动用应当上缴的预算收入，不得擅自改变预算支出的用途。

2. 预备费和周转金管理。各级政府预算预备费的动用方案，由本级政府财政部门提出，报本级政府决定。各级预算周转金由本级政府财政部门管理，不得挪作他用。

3. 国库。县级以上各级预算必须设立国库；具备条件的乡、民族乡、镇也应当设立国库。中央国库业务由中国人民银行办理，地方国库业务依照国务院的有关规定办理。各级国库应当按照国家有关规定，及时、准确地办理预算收入的收纳、划分、留解、退付和预算支出的拨付。各级国库库款的支配权属于本级政府财政部门。除法律、行政法规另有规定外，未经本级政府财政部门同意，任何部门、单位和个人都无权冻结、动用国库库款或者以其他方式支配已入国库的库款。各级政府应当加强对本级国库的管理和监督，按照国务院的规定完善国库现金管理，合理调节国库资金余额。

（四）预算调整

各级人大批准的预算，在执行中出现下列情况之一的，应当进行预算调整：①需要增加或者减少预算总支出的；②需要调入预算稳定调节基金的；③需要调减预算安排的重点支出数额的；④需要增加举借债务数额的。在预算执行中，各级政府一般不制定新的增加财政收入或者支出，或减少财政收入的政策和措施；必须作出并需要进行预算调整的，应当在预算调整方案中作出安排。在预算执行中，各级政府对于必须进行的预算调整，应当编制预算调整方案。预算调整方案应当说明预算调整的理由、项目和数额。在预算执行中，由于发生自然灾害等突发事件，必须及时增加预算支出的，应当先动支预备费；预备费不足支出的，各级政府可以先安排支出，属于预算调整的，列入预算调整方案。

1. 预算调整的审批和备案。国务院及省、自治区、直辖市政府财政部门应当在同级人民代表大会常务委员会举行会议审查和批准预算调整方案的 30 日前，将预算调整初步方案送交同级人民代表大会有关专门委员会进行初步审查。设区的市、自治州政府财政部门应当在本级人民代表大会常务委员会举行会议审查和批准预算调整方案的 30 日前，将预算调整初步方案送交本级人民代表大会有关专门委员会进行初步审查，或者送交本级人民代表大会常务委员会有关工作机构征求意见。县、自治县、不设区的市、市辖区政府财政部门应当在本级人民代表大会常务委员会举行会议审查和批准预算调整方案的 30 日前，将预算调整初步方案送交本级人民代表大会常务委员会有关工作机构征求意见。中央预算的调整方案应当提请全国人民代表大会常务委员会审查和批准。县级以上地方各级政府预算的调整方案应当提请本级人民代表大会常务委员会审查和批准；乡、民族乡、镇政府预算的调整方案应当提请本级人民代表大会审查和批准。未经批准，不得调整预算。地方各级政府预算的调整方案经批准后，由本级政府报上一级政府备案。

经批准的预算调整方案，各级政府应当严格执行。未经法定程序，各级政府不得作出预算调整的决定。违法作出的决定，本级人民代表大会、本级人民代表大会常务委员会或者上级政府应当责令其改变或者撤销。

2. 不属于预算调整的事项。在预算执行中，地方各级政府因上级政府增加不需要本级政府提供配套资金的专项转移支付而引起的预算收支变化，不属于预算调整。接受增加专项转移支付的县级以上地方各级政府应当向本级人民代表大会常务委员会报告有关情况；接受增加专项转移支付的乡、民族乡、镇政府应当向本级人民代表大会报告有关情况。

各部门、各单位的预算支出应当按照预算科目执行。严格控制不同预算科目、预算级次或者项目间的预算资金的调剂，确需调剂使用的，按照国务院财政部门的规定办理。年度预算确定后，企业、事业单位改变隶属关系，引起预算级次和关系变化的，应当在改变财务关系的同时，相应办理预算划转。

（五）决算

1. 编制。按照《预算法》的规定，决算草案由各级政府、各部门、各单位，在每一预算年度终了后按照国务院规定的时间编制。编制决算草案的具体事项，由国务院财政部门部署。

编制决算草案，必须符合法律、行政法规，做到收支真实、数额准确、内容完整、报送及时。决算草案应当与预算相对应，按预算数、调整预算数、决算数分别列出。一般公共预算支出应当按其功能分类编列到项，按其经济性质分类编列到款。

各部门对所属各单位的决算草案，应当审核并汇总编制本部门的决算草案，在规定的期限内报本级政府财政部门审核。各级政府财政部门对本级各部门决算草案审核后发现有不符合法律、行政法规规定的，有权予以纠正。

2. 审批。国务院财政部门编制中央决算草案，经国务院审计部门审计后，报国务院审定，由国务院提请全国人民代表大会常务委员会审查和批准。县级以上地方各级政府财政部门编制本级决算草案，经本级政府审计部门审计后，报本级政府审定，由本级政府提请本级人民代表大会常务委员会审查和批准。乡、民族乡、镇政府编制本级决算草案，提请本级人民代表大会审查和批准。

国务院及省、自治区、直辖市政府财政部门应当在同级人民代表大会常务委员会举行会议审查和批准中央决算草案的30日前，将上一年度决算草案提交同级人民代表大会有关专门委员会进行初步审查。设区的市、自治州政府财政部门应当在本级人民代表大会常务委员会举行会议审查和批准本级决算草案的30日前，将上一年度本级决算草案提交本级人民代表大会有关专门委员会进行初步审查，或者送交本级人民代表大会常务委员会有关工作机构征求意见。县、自治县、不设区的市、市辖区政府财政部门应当在本级人民代表大会常务委员会举行会议审查和批准本级决算草案的30日前，将上一年度本级决算草案送交本级人民代表大会常务委员会有关工作机构征求意见。由各级人大有关专门委员会向本级人大常委会提出关于本级决算草案的审查结果报告。

县级以上各级人民代表大会常务委员会和乡、民族乡、镇人民代表大会对本级决算草案，重点审查下列内容：①预算收入情况；②支出政策实施情况和重点支出、重大投资项目资金的使用及绩效情况；③结转资金的使用情况；④资金结余情况；⑤本级预算调整及执行情况；⑥财政转移支付安排执行情况；⑦经批准举借债务的规模、结构、使用、偿还等情况；⑧本级预算周转金规模和使用情况；⑨本级预备费使用情况；⑩超收收入安排情况，预算稳定调节基金的规模和使用情况；⑪本级人民代表大会批准的预算决议落实情况；⑫其他与决算有关的重要情况。县级以上各级人民代表大会常务委员会应当结合本级政府提出的上一年度预算执行和其他财政收支的审计工作报告，对本级决算草案进行审查。

各级决算经批准后，财政部门应当在20日内向本级各部门批复决算。各部门应当在接到本级政府财政部门批复的本部门决算后15日内向所属单位批复决算。

3. 备案。地方各级政府应当将经批准的决算及下一级政府上报备案的决算汇总，报上一级政府备案。县级以上各级政府应当将下一级政府报送备案的决算汇总后，报本级人民代表大会常务委员会备案。国务院和县级以上地方各级政府对下一级政府报送备案的决算，认为有同法律、行政法规相抵触或者有其他不适当之处，需要撤销批准该项决算的决议的，应当提请本级人民代表大会常务委员会审议决定；经审议决定撤销的，该下级人民代表大会常务委员会应当责成本级政府依照本法规定重新编制决算草案，提请本级人民代表大会常务委员会审查和批准。

五、预算监督和法律责任

（一）预算监督

按照《预算法》的规定，全国人民代表大会及其常务委员会对中央和地方预算、决算进行监督。县级以上地方各级人民代表大会及其常务委员会对本级和下级政府预算、决算进行监督。乡、民族乡、镇人民代表大会对本级预算、决算进行监督。各级人民代表大会和县级以上各级人民代表大会常务委员会有权就预算、决算中的重大事项或者特定问题组织调查，有关的政府、部门、单位和个人应当如实反映情况和提供必要的材料。各级人民代表大会和县级以上各级人民代表大会常务委员会举行会议时，人民代表大会代表或者常务委员会组成人员，依照法律规定程序就预算、决算中的有关问题提出询问或者质询，受询问或者受质询的有关政府或者财政部门必须及时给予答复。

国务院和县级以上地方各级政府应当在每年 6 月至 9 月期间向本级人民代表大会常务委员会报告预算执行情况。各级政府监督下级政府的预算执行；下级政府应当定期向上一级政府报告预算执行情况。各级政府财政部门负责监督检查本级各部门及其所属各单位预算的编制、执行，并向本级政府和上一级政府财政部门报告预算执行情况。县级以上政府审计部门依法对预算执行、决算实行审计监督。对预算执行和其他财政收支的审计工作报告应当向社会公开。政府各部门负责监督检查所属各单位的预算执行，及时向本级政府财政部门反映本部门预算执行情况，依法纠正违反预算的行为。

公民、法人或者其他组织发现有违反本法的行为，可以依法向有关国家机关进行检举、控告。接受检举、控告的国家机关应当依法进行处理，并为检举人、控告人保密。任何单位或者个人不得压制和打击报复检举人、控告人。

（二）预算法律责任

我国《预算法》规定了以下四种承担预算法律责任的类型：

1. 各级政府及有关部门有下列行为之一的，责令改正，对负有直接责任的主管人员和其他直接责任人员追究行政责任：①未依照本法规定，编制、报送预算草案、预算调整方案、决算草案和部门预算、决算以及批复预算、决算的；②违反本法规定，进行预算调整的；③未依照本法规定对有关预算事项进行公开和说明的；④违反规定设立政府性基金项目和其他财政收入项目的；⑤违反法律、法规规定使用预算预备费、预算周转金、预算稳定调节基金、超收收入的；⑥违反本法规定开设财政专户的。

2. 各级政府及有关部门、单位有下列行为之一的，责令改正，对负有直接责任的主管人员和其他直接责任人员依法给予降级、撤职、开除的处分：①未将所有政府收入和支出列入预算或者虚列收入和支出的；②违反法律、行政法规的规定，多征、提前征收或者减征、免征、缓征应征预算收入的；③截留、占用、挪用或者拖欠应当上缴国库的预算收入的；④违反本法规定，改变预算支出用途的；⑤擅自改变上级政府专项转移支付资金用途的；⑥违反本法规定拨付预算支出资金，办理预算收入收纳、划分、留解、退付，或者违反本法规定冻结、动用国库库款或者以其他方式支配已入国库库款的。

3. 各级政府、各部门、各单位违反本法规定举借债务或者为他人债务提供担保，或者挪用重点支出资金，或者在预算之外及超预算标准建设楼堂馆所的，责令改正，对负有直接责任的主管人员和其他直接责任人员给予撤职、开除的处分。

4. 各级政府有关部门、单位及其工作人员有下列行为之一的，责令改正，追回骗取、使用的资金，有违法所得的没收违法所得，对单位给予警告或者通报批评；对负有直接责任的主管人员和其他直接责任人员依法给予处分：①违反法律、法规的规定，改变预算收入上缴方式的；②以虚报、冒领等手段骗取预算资金的；③违反规定扩大开支范围、提高开支标准的；④其他违反财政管理规定的行为。

思 考 题

1. 税收的本质和特征是什么？有哪些作用？
2. 税收的要素有哪些？
3. 试述税收法定主义的内容及意义。
4. 试述我国的预算法律体制。

第六章

第 7 章
财政政策与财政法

学习目的与要求:

财政政策是指一国政府为实现一定的宏观经济目标而调整财政收支规模和收支平衡的指导原则及其相应措施。国家财政对于资源配置、收入分配、经济稳定与发展等都具有重要的意义与引导作用,它包括财政支出和财政收入两个部分。财政支出主要包括政府的购买性支出和转移性支出;财政收入主要包括征税、收费、发行国债或经营国有资产等。通过本章的学习,要求学生把握财政的功能与手段,对财政收支法律制度有所认识和掌握,并对具体的法律制度,如政府采购、社会保障、财政补贴、国债等能够全面理解。

财政政策是指一国政府为实现一定的宏观经济目标而调整财政收支规模和收支平衡的指导原则及其相应措施。财政政策贯穿于财政工作的全过程,体现在收入、支出、预算平衡和国家债务等各个方面。财政政策作为国家经济政策的组成部分,主要是关于政府收支以及为实现收支所做的努力。换言之,财政政策是指国家筹集财政资金并花掉它们的那些活动,它是宏观调节控制经济的重要手段之一。财政政策在经济生活中如何实现调控职能,我国政府财政政策的目标及财政政策具体是如何运用的,回答这些问题需要我们对基本的财政政策理论进行相应的了解,同时还需要结合我国财政活动和财政政策的运用事例以达到对财政政策的感性认识。

第一节 财政的功能与财政政策和财政法律

一、财政的功能

理解财政政策目标,首先需要明确政府财政活动的职能。按照哈佛大学教授,著名财政学家穆斯格雷夫(Richard A. Musgrave)对于财政的经典分析,政府财政活动具有资源配置、收入分配和稳定经济三大功能。[1]

（一）资源配置

1. 提供公共产品。公共产品指的是不能由私营部门通过私人市场提供的产品，公共产品的核心特征在于非排他性和非竞争性。政府通过财政支出直接提供市场不能供给的国防、外交、司法等公共产品，参与资源分配，克服市场在公共产品提供方面的失灵效应。国防与国内安全具有非常典型的公共产品特征，对于国防产品的消费具有非排他性，因为任何人对于国防利益的消费和享用都难以阻止他人的消费，这既有技术上不可行的原因又存在经济成本过高的原因；而对于国防、安全的消费和享用又具有非竞争性，因为任何人对于国防、安全的消费并不能影响其他人的享用。公共产品若由私人提供，那么每个消费者"搭便车"的行为会使公共产品的提供成本无法收回，单纯的财产权利并没有赋予公共产品提供者强制索取价格的合法权利，公共产品的生产和提供也就没有经济上的推动力；如果公共产品由政府来提供，政府权力的强制性向"搭便车"者索取公共产品价格即税收以弥补生产成本，那么社会必需的公共产品也就不存在个体理性"搭便车"导致无人生产公共产品的集体无理性问题了，也就是说政府将税收作为其生产公共产品的成本。

2. 矫正外部性效应。对于外部性效应的矫正会使政府的财政对资源配置产生影响，征税和补贴是解决外部性问题的重要手段。以工厂污染造成的负外部性为例，政府可以把污水排放造成的损失转化为排放企业的征税来消除工厂排污造成的外部性效应；对于正外部性问题，政府则可以通过财政补贴的方式来消除产品的生产和供给的不足问题。

3. 消除垄断。竞争能够带来效率，垄断则必然导致资源配置的低效率，政府可以通过在垄断行业建立公共企业从而促进资源的有效配置。

（二）矫正收入分配不公情况

通过市场竞争实现资源的有效配置并不一定带来公平。公平目的的实现需要政府介入资源配置的过程，通过收入再分配政策来矫正收入分配不公的情况。事实上，社会成员之间的收入分配问题关系着社会成员的切身利益和社会的稳定，而财政政策中的税收和社会福利政策则是改善收入分配不公情况的有力工具。累进制的所得税征收政策，能够调整收入在社会成员中间的分配结构，社会保障支出及政府间的财政转移支付制度，也可以调整收入在不同收入阶层和地区之间的分配结构。

衡量贫富分化的基尼系数

国际上通用的判断收入分配公平程度的指标就是基尼系数。一般而言，基尼系数小于0.2，社会分配基本上是公平的，基尼系数值在0.2~0.3之间时是比较

---

[1]　[美]穆斯格雷夫：《美国财政理论与实践》，邓子基等译，中国财政经济出版社1987年版。

公平的，当基尼系数大于 0.5 时社会分配是不公平的，而当基尼系数超过 0.4 时，则达到了收入分配不公平的警戒线。中国 1990 年的基尼系数为 0.3，1999 年则达到 0.397，此后便超过了国际公认的 0.4 警戒线标准。[1]近年来，中国的基尼系数总体上呈下降趋势，2012 年到 2015 年，中国居民收入的基尼系数分别为：0.474、0.473、0.469、0.462。2016 年是 0.465，比 2015 年提高了 0.003，但是它并没有改变中国基尼系数总体下降的趋势。[2]2017 年全国居民收入基尼系数也超过 0.4，[3]我国基尼系数仍偏高，如果任由其居高不下，必将引发社会心理失衡，事实上在总体财富增长的过程中，如果忽视了底层民众的利益，就有可能导致一个人口众多的社会群体享受不到经济发展所带来的好处。一旦这个庞大的群体被排除在发展之外，那么这个社会很可能会孕育危机，经济也往往无法持续、稳定地发展。

（三）维持宏观经济稳定

从宏观上，有三个重要的衡量经济体系效率的指标，即物价水平、就业水平和经济增长。凯恩斯主义认为，自发的市场不会自行趋向于充分就业、物价稳定和适度的经济增长，因此政府有必要在宏观经济效率这一范围内发挥作用。在没有政府介入的二元经济模型中，总供给等于劳动、资本、土地、企业家能供给的总和，总需求等于消费需求和投资需求的总和。如果总供给等于总需求时，政府无需介入；而当总供给与总需求出现不平衡的情况时，宏观经济的稳定就有赖于政府作用的发挥。事实上当政府介入经济活动后，总供给方和总需求方都增加了政府的因素，如社会总需求过度，政府可以采取增加税收，减少支出，或者增加税收的同时减少支出的紧缩性财政政策；当社会总需求不足时，政府可以采取减少税收，增加支出，或者减少税收同时增加支出的扩张性财政政策。可见相机抉择的财政政策有助于实现宏观经济的稳定发展。

1998 年以来我国实行的积极财政政策

1998 年以来，由于国内外经济环境不佳，政府开始实施以积极财政政策[4]为主要内容的一系列宏观经济调控政策：①增加发行国债，扩大财政支出用于农

---

〔1〕 刘怡编著：《财政学》，北京大学出版社 2010 年版，第 51～52 页。

〔2〕 宁吉喆："统计局：中国的基尼系数总体呈下降趋势"，中国政府网 http://www.gov.cn/xinwen/2017 - 01/20/content_5161566.htm，最后访问时间：2018 年 2 月 11 日。

〔3〕 宁吉喆："贯彻新发展理念推动高质量发展"，载《求是》2018 年第 3 期。

〔4〕 关于积极的财政政策可以参考项怀诚在"第十六届世界会计师大会'中国论坛'"的演讲："中国将继续实施积极的财政政策"。

林水利、环境保护、交通通讯等基础设施建设投资，以改善基础设施条件。1998~2002 年期间，中国政府共发行了 6600 亿元的长期国债，形成近 3 亿元的国债项目总投资规模。②政府通过暂停征收固定资产投资方调节税，恢复征收利益所得税、提高产品出口退税率等税收调节政策，带动和引导国内投资和消费需求的增长并支持出口。③通过收入分配政策的调整，增加城镇低收入居民的收入。从 1997 年 7 月开始，我国政府先后 3 次较大幅度地提高了国家公职人员工资和养老金，扩大城镇低收入人群的社会保障覆盖面并提高了保障标准，扩大了内需。

2017 年 12 月中央经济工作会议强调，要保持积极的财政政策取向不变，调整优化财政支出结构，确保对重点领域和项目的支持力度，压缩一般性支出，切实加强地方政府债务管理。要创新和完善宏观调控，实施好积极的财政政策和稳健的货币政策，健全经济政策协调机制，保持经济运行在合理区间。[1]

关于积极财政政策的效果存在不同意见。有人认为积极财政政策总体效果不佳，理由主要有：①以增发国债为主要内容的积极财政政策对民间投资有挤出效应，不利于民间投资的增加；②国债投资的主体是政府，其投资效率低于其他资金来源的投资；③持续扩大的国债总规模使财政风险不断加大，有可能导致财政危机；④国债投资容易导致政府官员的腐败。反对者认为问题的症结不在于是否淡出积极财政政策，而是改进积极财政政策以提高其效果。有经济学家指出减税也是积极的财政政策，要使持续、稳定的增长变为现实，必须"降低税收"与"扩张财政"并举。实施积极的财政政策会使中国的财政赤字和债务规模有所扩大，2016 年，中央一般公共预算收入总量为 73 680.68 亿元，支出总量87 680.68 亿元。收支总量相抵，中央财政赤字 14 000 亿元，与预算持平。与上年 11 200 亿元赤字相比，2016 年中央财政赤字规模的扩大，凸显积极政策的加力增效。截至 2016 年末，我国中央和地方政府债务余额为 27.3 万亿元。据财政部测算，我国政府负债率为 36.7%，债务风险总体可控。因此从总体上看，中国采取积极财政政策并没有导致财政危机。

二、财政政策的目标和工具

（一）财政政策的目标

1. 财政政策目标的特点。财政政策目标是指制定和实施财政政策所要达到的预期目的。它是整个财政政策体系的核心部分，对财政政策工具的选择起着规范和约束的作用。财政政策目标具有以下几个特点：

（1）财政政策目标具有多样性。财政政策作用的对象是多方面的，只有根据国

---

〔1〕 "中央经济工作会议在北京举行"，载《人民日报》2017 年 12 月 21 日，第 1 版。

家宏观调控的要求确定多个财政政策目标,才能保证财政政策对社会经济生活产生全方位的影响。

(2)财政政策目标具有稳定性。财政政策目标一经确定,在一定时期内应保持相对稳定而不易发生大的变动。如果政策目标频繁变动,将使执行者无所适从,从而失去其目标应有的规范和指引作用。

(3)财政政策目标具有系统性。财政政策总体目标可以被分解为若干个子目标,如收入目标、支出目标;总量目标、结构目标;长期目标、短期目标等。

(4)财政政策目标具有差异性。就世界各国的财政政策目标角度而言,财政政策目标一般包括经济增长、经济稳定、收入合理分配、预算平衡、社会生活质量提高等几个方面。但由于各国国情和所处的发展阶段不同,不同国家不同时期所具体确定的财政目标的侧重会有所不同。

2. 我国的财政政策目标。我国经济尚处于转轨时期,这突出表现为完全和成熟的市场经济产权机制和竞争机制尚未确立。转轨时期我国的财政政策目标可以概括为如下四个方面:

(1)经济稳定和增长。我国是个生产力较为落后的发展中国家,促进经济稳定和增长,改变落后的面貌,一直是制定我国财政政策的一个根本出发点和归宿。当然,经济稳定和增长并非只是财政政策追求的目标,它也是其他经济政策,如货币政策、产业政策、国有资产管理政策等所共同追求的目标。在社会主义市场经济条件下,财政政策是国家宏观调控的主要手段,它在不同程度上制约着其他经济政策作用的发挥。因此,与其他经济政策相比,财政政策确立经济稳定和增长为其目标,更具有特殊的意义和作用。

(2)物价稳定。物价稳定是世界各国均在追求的重要目标,也是财政政策稳定功能的基本要求。物价相对稳定并不是冻结物价,而是把物价总水平的波动约束在经济稳定发展可容纳的范围内。"物价相对稳定",可以具体解释为避免和抑制通货膨胀。导致通货膨胀的原因通常有四个方面,即需求拉动、成本提高、结构摩擦、进口拉动。[1]

第一,需求拉动导致的物价波动。针对需求拉动导致的物价上涨,财政政策目标侧重于抑制总需求,这可以通过直接控制信贷总规模、减少货币供应量等强制性手段来实现。但是仅仅依靠信贷政策的调节又是不够的。在需求扩张的背后可能是由于工资总水平增长过快,对需求的扩张起强制性拉动作用。因此,治理"需求拉动型"物价上涨,需要财政政策与货币政策的有效配合。

第二,成本提高导致的物价波动。对由于成本提高导致的物价上涨,财政政策目标除抑制工资水平过快增长外,还可以采取鼓励技术进步的政策来改善资源利用率以降低成本。

---

[1] 姚长辉、吕随启:《货币银行学》,北京大学出版社2012年版,第332~340页。

第三，结构摩擦导致的物价波动。当经济资源配置的比例失调时，市场的均衡就会被打破，价格就会发生波动。这种情况下，个别商品定价不合理所导致的利益分配不合理情况，可能成为社会经济的不稳定力量。对这些由于结构摩擦导致的价格波动，财政政策的目标就是使产业结构或者行业结构合理化，这需要对行业或部门利益进行重新分配。

第四，进口导致的物价波动。随着改革开放的发展和深入，国际市场价格的波动影响着我国相关商品的价格。对由于国际性因素导致的物价波动，财政政策应该予以适度和合理的关注。

（3）满足社会公共需求，提高人民生活质量。经济发展的最终目标是满足社会全体成员的需要。这种需要包括两个方面，即个人消费需求和社会公共消费需求。其中公共消费需求可以理解为社会生活质量的提高，包括安全、环境、基础科学、教育等方面。财政政策把社会生活质量的提高作为政策目标之一，主要依靠政府部门提供社会公共产品的形式来实现。

（4）财富的公平分配。公平是一种价值判断，是一个历史的和发展的概念。不同时期的人们或同一时期不同阶层的人们对公平的看法都不一致。公平并不等于"平均主义"。事实上，利益分配与贡献要素相脱节的"平均主义"，是一种严重的不公平。社会主义市场经济条件下的公平首先指的是机会均等，在此基础上实现社会财富的合理公平分配。实现公平分配的目标，须从收支两方面入手，即通过税收、补贴、转移支付（包括政府间转移支付和政府对企业、集体、个人的转移支付）来均衡地区之间、社会成员之间的收入差距，以实现共同富裕、公平分配的目标。

（二）财政政策的工具

为实现财政政策目标，政府财政部门所采取的政策工具须具有一定的操作性和有效性。财政学界把财政政策工具分为三类：预算政策、财政支出政策和财政收入政策。预算主要是国家对财政收支的预先安排，一般包括中央预算和地方预算，这已经在前一章中予以介绍，此处不再赘述。财政支出包括购买性支出和转移性支出；财政收入包括税收、收费和政府债券。在接下来的部分，我们将对财政政策的工具及相关制度按照支出和收入两个标准进行系统和全面地介绍和说明。

三、财政法的调整对象、基本原则与法律地位

（一）财政法的含义

现代意义上的财政法是建立在民主宪政基础上，以增进全民福利和社会发展为目标，调整财政关系的法律规范的总称。其具体内涵包括：

1. 民主宪政是财政法的制度基础。财政法的民主性体现为：财政权力来源于人民，人民可以通过选举组成代议制机构，也可以直接通过"全民公决"方式行使财政权力，决定和监督重大财政事项。财政法与宪政的关系表现为：财政法涉及公权力的分配，因此必须在宪法的框架下运行；宪法所规定的国家结构形式、政权组织形式、公民的基本权利等都是财政法有效施行的前提。

2. 财政法的目标在于增进全民福利，促进社会发展。从整体上看，财政法应该是以维护和保障基本人权，促进人权保护水平不断提高为基本宗旨的。无论是财政收入法还是财政管理或运营法，除了保证其行政过程的公开、公正、公平，防范行政权力侵犯公民基本权利外，最主要的目的还是通过规范管理，以提高财政资金使用的效益，增进全民福利，促进经济发展。因此，财政法的目标不仅在于体现宪法基本权利的质的规定性，同时也在于从量上扩大权利的覆盖范围及提高其实现程度。

3. 财政法以财政关系为调整对象。财政关系其实只是一种学理上的拟制，它指的是财政行为未经法律调整以前所引发的经济关系。通过对财政关系的分析，可以划定财政法的内部体系框架，厘清财政法与其他相关部门法的关系，从而确定财政法在法律体系中的地位。

（二）财政法的调整对象

财政法的调整对象是国家财政关系，包括财政经济关系和财政行政关系。根据国家财政活动的范围，国家财政关系可分为财政收支管理关系、财政管理权限关系和财政活动程序关系。其中财政收支管理关系，指因筹集和取得财政资金、分配和使用财政资金而在国家与各种社会组织和公民之间发生的财政收支管理关系，是财政活动中最主要、最广泛的社会关系，是财政法调整对象的主要方面。它包括财政收入管理关系、财政支出管理关系和在管理财政资金过程中所形成的财政管理关系。

根据财政法调整的上述社会关系内容的不同，财政法的调整对象可进一步划分为以下几个方面：

1. 财政管理体制关系。这是在划分中央政府和地方政府行使财政管理权限中而发生的财政关系，包括财政立法权限关系、财政收支权限关系、财政管理权限关系等方面。

2. 预算管理关系。这是国家各级机关在进行预算活动和预算管理过程中所发生的财政关系。

3. 税收关系。这是国家在税收征收、管理过程中所发生的财政关系，包括税收管理权限关系、税收征纳关系、税收征收管理程序关系。

4. 国家信用管理关系。这是国家作为政权主体在参与信用活动过程中所形成的财政关系，包括国家债务管理关系和财政融资管理关系。

5. 财政监督管理关系。这是国家对国民经济各部门和各单位的财政活动和财务收支等进行监督制约过程中形成的监督关系。

（三）财政法的基本原则

财政法基本原则，是指财政法中贯穿财政立法、执法过程中的体现财政法的宗旨、对财政行为具有一般指导意义和普遍约束力的基础性法律规范。一般认为，财政法的基本原则包括财政民主原则、财政法定原则、财政健全原则和财政公平原则。

财政民主原则着眼于财政的民主基础，财政法定原则着眼于财政的法律形式，财政健全原则着眼于财政的安全稳健，财政公平原则着眼于财政的公平合理。财政民主是现代社会整个财政法的基础，它在财政法体系中居于核心地位；财政法定是对财政法在形式上的要求，它旨在保障民主原则在制度上的实现；财政健全是对财政法在功能上的要求，它旨在降低财政风险，确保财政运行不至于偏离安全稳健的目标；而财政公平则是对财政法在价值上的要求，它保障通过民主机制和法律程序制定的财政法本身是符合正义的。以财政法治的视角衡量：财政法定是财政法治的形式要素，财政健全是财政法治的功能目标，财政公平是财政法治的价值追求，而财政民主则是上述三者有机结合的制度保障。因此完全可以说，它们紧密统一于财政法治的理论和实践。

1. 财政民主原则。在一定程度上，财政民主原则是与现代预算相伴而生的。由于各国国情不同，预算制度的实施能否真正实现财政民主，结论是很难一致的。一般而言，以下几个因素会在其中起到很大的作用：①议会是否拥有独立于政府的强大权力；②预算是否覆盖全部财政收支范围；③与预算有关的财政信息能否做到公开、透明；④预算监督是否存在强有力的、法制化的常规渠道。财政民主原则对我国财政活动的要求具体表现为：①重大财政事项由人民代表大会审查决定。在财政实践中，受人员构成和工作方式的制约，财政行政机关在具体问题上的自由裁量必须得到尊重。因此，除了对财政税收方面的基本制度制定法律以外，人民代表大会的财政决定权也应该体现在预算审批上；②赋予人民对财政事项的广泛监督权。

2. 财政法定原则。"财政法定"，是指财政行为必须满足合法性要件，必须得到法律的明确许可或立法机关的专门授权。财政法定原则一般表现在：

（1）财政权力法定。这里的财政权力既包括立法机关的财政立法权，也包括政府及其所属各部门就财政事项所享有的决策权、执行权和监督权等；既包括上级政府对下级政府的财政权力，也包括下级政府对上级政府的财政权利，甚至包括没有行政隶属关系的地方政府相互之间享有的财政权利；既包括政府作为整体对财政相对人所享有的命令权、禁止权，也包括财政相对人对政府依法享有的监督权、请求权等。财政权力法定是指上述各项财政权力和财政权利等要由法律规定授权。

（2）财政义务法定。财政义务的种类、构成要件、具体内容、衡量标准等要素要由法律规定。

（3）财政程序法定。财政立法程序、财政行政程序、财政监督程序和财政司法救济程序等程序要由法律直接规定。

（4）财政责任法定。财政责任是一种督促财政主体合法履行财政权力、切实履行财政义务的外力保障机制，对当事人的财产、职位、机会等影响甚深，因此必须于法有据。

3. 财政健全原则。财政健全原则通过具体的法律标准和程序，将财政风险控制在可以预测和接受的范围内，对经济的长远发展具有十分重要的意义。财政健全原则表现在：

（1）经常性收支必须维持平衡。经常性支出是指为保证政府各部门和各项事业日常活动开展所需的支出，如行政事业单位的经费支出、社会保障支出等，它一般以税收、社会保障缴款和费用征收作为收入来源。

（2）公债只能用于具有公共性的建设项目。主要是因为公共建设性项目具有直接偿还债务的能力，可以在很大程度上降低财政借款的风险。

（3）公债应当遵守实体法上的风险防范机制。公债的风险虽然最终要通过经济的发展来消除，但法律上的风险防范机制也是十分必要的。

（4）公债应当履行程序法上的审查监督手续。为了限制政府借债的权力，法律应当在程序上规定公债发行的审查监督手续。

4. 财政公平原则。财政法所追求的公平，既包括起点的公平，也包括过程的公平，无论在实体法还是在程序法上都可以表现为一种平等的对待。它包括但不限于下述几个方面：

（1）在政治程序方面，人民享有平等的参与权。人民参与的途径是通过政治选举组成代议制机构，行使立法权、财政审查批准权和财政监督权。

（2）在税收课征方面，除了坚持税收法定原则，由纳税人及其代表自己决定课税事宜外，主要应当根据纳税人税负能力的大小设计税制，以使税负能力相同的人缴纳相同的税收，税负能力不同的人缴纳不同的税收。

（3）在费用征收方面，平等主要体现在受益的关联度上。受益程度不同的人，缴费的标准也应该有所不同。

（4）在地区间财政关系方面，财政法应该保证最低限度的财政均衡。

（5）在社会阶层间的财政关系方面，应该保障给予每一个群体同等的机会和待遇，不能出现制度性歧视。

（6）在财政支出的标准方面，除了公务所需或无法逾越的客观困难外，相同的情况应当相同处理，不能由于人为原因导致受体之间的差异过大。预算编制过程中部门间行政管理费用贫富不均的现象必须加以改变。

（7）在最低人权的保护方面，财政应当保障每一个公民的生存权、受教育权等基本人权，为社会弱者提供力所能及的帮助和救济。

（8）在财政集中采购方面，必须通过公开透明的标准和程序，保障每一个适格供货商中标机会的平等。

（9）在财政行政程序方面，财政机关有义务平等对待每一个财政相对人，不能毫无理由地为部分相对人设定程序便利，而给其他人设置程序障碍。

（10）在财政司法程序方面，考虑到财政部门的特殊性，法律必须为其设定较重的证明责任。

（四）财政法的地位和作用

关于财政法地位的理解，不同的时期有不同的理解。在自由竞争资本主义时代，财政活动的范围被严格限制在"夜警国家"所要求的狭小区域内，财政对行政的附属作用难以突破，因此，确立这种新型财政关系的法律规范主要是集中在宪法和行政法之中。从部门法的定位来看，这一时期的财政法主要属于行政法的范畴。

进入垄断资本主义阶段以后，随着国家职能的扩张，财政的活动范围越来越广，财政在资源配置、收入分配和经济景气调整方面的作用也逐渐显现出来。由于财政对社会经济生活的影响日益增强，财政逐渐摆脱对行政的依附，开始具备自己独立的性质，财政的权力性由此凸显。调整财政关系的财政法的性质和职能也随之发生变化，财政法的行政法色彩逐渐淡化，而经济法的色彩逐渐增强。

在苏联，情况则较为特殊。由于当时的经济集中程度非常之高，所有的货币资金往来关系基本上都被纳入财政管辖的范围。除了财政部本身的活动外，经济单位、银行和保险机关之间的经济往来也具有国家财务活动的性质。财政法被视为一个独立部门法而存在。

我国学者对财政法地位的认识经历了一个由独立的部门法向从属于经济法部门转变的过程。自20世纪80年代中期以来，随着经济法学的发展和日益成熟，在几乎所有的经济法学教科书中，财政法都被列为专门的一章；专门的财税法教材也认为财政法应归入经济法体系之下。我国法学界的主流观点也是把财政法作为我国经济法学体系中的组成部分。

财政法的功能是指财政法在调整财政关系过程中所表现出的一种外在功效。在一定程度上，财政法是财政活动的一种外在形式，因此，财政法应当服务于不同历史条件下财政活动的内在需要。总体而言，财政法的功能应当从绝对服务于财政职能，转向对财政权力施加控制。具体表现在如下三个方面：

1. 财政权力授予功能。在公共领域，任何权力的存在都会导致支配性的效果，影响到人民的切身利益，因此必须从权力的来源上证明其合法性。根据我国宪法，一切权力来源于人民，任何公共权力的存在必须经过人民的授权。"授权"不是简单的政治口号，而应该是精致的法律程序。从根本上说，由于立法机关是由人民或人民选举的代表组成，法律的制定过程在理论上应当是人民意志和利益的体现，所以，当法律赋予有关机构一定的财政权力时，应当视为已取得人民的授权。

财政法的授权功能在财政组织法中可以得到明显佐证。财政组织法的存在，不仅仅限于规范相关财政主体的组织机构，更重要的是依法授予该主体相应的职权。只有具备财政组织法上的依据，财政机关才能合法拥有财政权力。可以说，现代法治社会中，财政法的授权功能是财政活动的前提和基础。如果没有财政权力的存在作为前提，财政法的权力规范功能和监督功能都将失去意义。

财政法的授权功能最初表现为就具体事项所作的具体授权，这种消极行政的模式与自由市场经济时期的国家观是相适应的。财政机关只能在具体授权的范围内活动，不能越雷池半步。然而时至今日，随着财政职能的日益扩张，财政所面临的社会关系也越来越复杂，财政法的授权方式也不得不有所调整。例如针对财政的经济景气调整职能，财政法不可能预见到未来经济发展的所有情况，具体授权难以有效发挥作用，所以一般性授权才逐渐被立法机关所承认和接受。

第七章

2. 财政权力规范功能。财政权力一旦产生，就必须按照法治社会的要求进行规范。财政法的规范功能主要通过财政行为法、财政程序法及财政责任法表现出来。财政行为法一般规定各种财政行为的前置条件、实体标准、程序要求及法律后果；财政程序法则专门规定财政活动的具体程序；至于财政责任法，它是通过负面的法律责任督促财政机关依法履行职责，因而也能起到一种间接的规范作用。

除了规定标准、设置程序、负担责任之外，财政法还可以通过为权力划定边界而起到规范作用。例如，尽管一般性授权在财政法中越来越普遍，但并不意味着财政法对此完全放任不管。最起码的要求是，财政法应当为这种概括性权力设置上限。如果权力本身也是一种职责，那么下限的存在也必不可少。否则，权力就会真正成为不受约束的"利维坦"，对人民的基本权利构成现实的威胁。

当然，受认识水平的限制，规范只能是一个逐步完善的过程。在某个既定的时点上，权力边界的科学性总是相对而言的。然而，问题的关键不在于找到终极真理，而在于确认一种不断追寻真理的机制。只要财政法切实发挥自己规范财政权力的功能，财政法治的目标就会一步一步接近。

3. 财政权力监督功能。财政法的规范功能和监督功能在目标上是完全一致的，都是为了防止财政权力的滥用和失控。但在具体方式上，前者主要通过制定行为准则而实现，后者则有意设置一种外在的强制，督促财政机关切实履行职责。

以财政监督法为例，其制定和实施的目的就在于监督财政权力的合法有效运行。按照财政监督法的要求，财政监督机关应当依法监督财政机关正确履行职责。如果发现违法行为，可以进行相应的处理甚至制裁。我国《审计法》的主要功能就在于此。

为了使财政法的权力监督功能更加深入细致，除了专门的财政监督法之外，财政法一般都赋予权力机关对财政行政机关、上级财政机关对下级财政机关的财政监督权。另外，财政相对人对财政行政机关提起的财政行政诉讼，也是人民借司法途径监督财政权力的有效方式。

第二节　财政支出政策与法律制度

财政政策中的支出政策主要包括政府的购买性支出政策和转移性支出政策，政府的购买性支出政策主要包括购买日常政务活动所需商品和劳务的支出以及进行公共投资有关的政策，而转移性支出政策与商品和劳务交易行为不发生直接联系，转移性支出政策是为了实现社会公平目的而采取的资金转移政策，主要包括社会保障政策、社会保险政策、社会救助政策、社会优抚政策和社会福利政策、财政补贴政策等。

一、购买性支出政策与政府采购法

（一）购买性支出活动与支出政策

理解政府的购买性支出政策首先需要明确什么是政府的购买性支出，所谓政府的购买性支出包括购买日常政务活动所需要的商品和劳务的支出以及进行公共投资所需的支出。可以想见，政府增加购买性支出，会直接或者间接地引起社会需求的变化，结果是企业生产规模的扩大和就业人数的增加。政府的购买性支出又可以细分为社会消费性支出和公共投资性支出。所谓社会消费性支出是维持政府机构正常运转和政府提供公共服务所需经费的总称，包括行政管理支出、国防支出、教育支出、文化支出、科学研究支出以及卫生支出等内容。公共投资性支出与消费性支出不同，其最终会形成收益，正因为如此，公共投资所需要的资金才不会采取无偿拨款的形式，而是更多地通过负债融资形式获得投资所需要的资金，如发行国债、向政策性银行贷款。[1]

1. 社会消费性支出的问题提示。不同的财政支出活动中涉及的问题有所不同：国防支出活动中的问题在于如何协调好"大炮"与"黄油"之间的矛盾；行政管理支出活动的重点在于如何用最少的行政管理支出获得高效的行政管理服务；教育支出活动中的问题在于为什么政府不提供所有的教育产品，而会形成义务教育和付费教育并存的局面。

国防财政支出活动中"大炮"与"黄油"的关系

各国实践证明：在国防支出问题上历来都存在支持与反对扩大国防预算的不同观点。国防支出多了，用于改善民众福祉的部分就会相应减少，两者之间是此消彼长的关系，但合理的国防支出又是国泰民安的基本保障。然而从技术的层面寻求合理的国防支出规模并非易事，引起国防支出预算规模变化的因素是多方面的，包括国家安全受到威胁的程度、世界格局的变化等。

行政管理支出控制与机构改革

行政管理支出是指财政用于国家各级权力机关、行政管理机关等行政机构在履行职能过程中所需要的经费支出，这类支出为国家行政机构的存在和运转提供了经济保障。按照中国政府预算收支科目的分类，行政管理支出包括行政管理费支出、武装警察部队支出、公检法支出和外交外事支出等内容。根据 2002 年中国财政年鉴，中国行政管理支出为 1212.5 亿元，占财政总支出的 6.41%。行政管理支出中的问题在于，如何运用有限的行政管理支出提供高质量的公共服务。改革探索阶段的双重体制并存，成为政府机构和人员膨胀的一个重要因素。改革开放以来，我国政府机构已经经历了 1982 年、1988 年、1993 年、1998 年、2003 年、2008 年、2013 年、2018 年 8 次较大规模的改革。上述 8 次政府机构改革，都和一些重大的改革开放及政策调整措施相联系。

〔1〕　刘怡编著：《财政学》，北京大学出版社 2010 年版，第 99～100 页。

第
七
章

根据国务院总理李克强提请第十三届全国人民代表大会第一次会议审议的国务院机构改革方案的议案，改革后，国务院正部级机构减少 8 个，副部级机构减少 7 个，除国务院办公厅外，国务院设置组成部门 26 个：

一、关于国务院组成部门调整

（一）组建自然资源部。不再保留国土资源部、国家海洋局、国家测绘地理信息局。

（二）组建生态环境部。不再保留环境保护部。

（三）组建农业农村部。不再保留农业部。

（四）组建文化和旅游部。不再保留文化部、国家旅游局。

（五）组建国家卫生健康委员会。不再保留国家卫生和计划生育委员会。不再设立国务院深化医药卫生体制改革领导小组办公室。

（六）组建退役军人事务部。

（七）组建应急管理部。不再保留国家安全生产监督管理总局。

（八）重新组建科学技术部。

（九）重新组建司法部。不再保留国务院法制办公室。

（十）优化水利部职责。不再保留国务院三峡工程建设委员会及其办公室、国务院南水北调工程建设委员会及其办公室。

（十一）优化审计署职责。不再设立国有重点大型企业监事会。

（十二）监察部并入新组建的国家监察委员会。不再保留监察部、国家预防腐败局。

二、关于国务院其他机构调整

（一）组建国家市场监督管理总局。不再保留国家工商行政管理总局、国家质量监督检验检疫总局、国家食品药品监督管理总局。

（二）组建国家广播电视总局。不再保留国家新闻出版广电总局。

（三）组建中国银行保险监督管理委员会。不再保留中国银行业监督管理委员会、中国保险监督管理委员会。

（四）组建国家国际发展合作署。

（五）组建国家医疗保障局。

（六）组建国家粮食和物资储备局。不再保留国家粮食局。

（七）组建国家移民管理局。

（八）组建国家林业和草原局。不再保留国家林业局。

（九）重新组建国家知识产权局。

（十）调整全国社会保障基金理事会隶属关系。

（十一）改革国税地税征管体制。

第七章

三、调整后国务院部门名单（26 个）

　　中华人民共和国外交部、中华人民共和国国防部、中华人民共和国国家发展和改革委员会、中华人民共和国教育部、中华人民共和国科学技术部、中华人民共和国工业和信息化部、中华人民共和国国家民族事务委员会、中华人民共和国公安部、中华人民共和国国家安全部、中华人民共和国民政部、中华人民共和国司法部、中华人民共和国财政部、中华人民共和国人力资源和社会保障部、中华人民共和国自然资源部、中华人民共和国生态环境部、中华人民共和国住房和城乡建设部、中华人民共和国交通运输部、中华人民共和国水利部、中华人民共和国农业农村部、中华人民共和国商务部、中华人民共和国文化和旅游部、中华人民共和国国家卫生健康委员会、中华人民共和国退役军人事务部、中华人民共和国应急管理部、中国人民银行、中华人民共和国审计署。

教育支出的政府提供与私人提供

　　关于教育支出活动中为什么不全都是由政府提供则是一个较为复杂的问题。我国的九年制义务教育，对盲、聋、哑、弱智等有生理缺陷的儿童、青少年进行的特殊教育，以及对不适于在普通中学就读的中学生进行的工读教育等免费教育服务具有纯粹公共产品的性质，因为这些公共产品的受益者，不直接付费，而是由财政部门承担；而高等教育、专业技术培训等教育服务具有准公共产品的特征，这些教育服务的经费一部分由政府财政部门提供，但与义务教育不同，这些教育具有排他性，因为这些教育的受益者是有限的，一些人被录取，另一些人就不能被录取；私立学校提供的教育具有纯粹私人产品的性质。教育产品的公共产品、准公共产品和私人产品的组合结构，一定程度上说明政府对于教育的购买支出是有限的，个人需要承担一部分成本，因为人们对于教育服务的需求是多样化的，缓解教育服务中存在的供不应求矛盾仅仅依靠政府拨款是不够的，社会的投入既是必要的也是有益的。

第七章

　　2. 公共投资性支出。公共投资性支出规模大小受社会经济制度和经济发展情况等诸多因素的影响。一般而言，市场经济国家中的投资活动主要是由私人来参与和完成的，而计划经济国家中的投资活动则多数由政府参与。事实上，公共投资性支出中的一个重要问题是什么是公共投资，公共投资与私人投资之间的边界在哪里？关注公共投资的范畴，首先应该明确公共投资或政府投资与私人投资之间的关系。一定程度上，公共投资领域等同于不适于私人投资的领域。一个普遍认可的观点就是：由于公共产权的模糊性，政府不是一个合理的产权主体，政府应过多地参与公共事务而不是与民争利，政府不应该过多地直接参与投资，政府的职责应该是做好基础设施建设，为私人投资创造良好的环境。公共投资主要集中于私人投资表现失灵的领域，主要包括自然垄断行业、基础设施行业、风险比较大但对社会总体而言有益的行业以及农业等方面。自然垄断行业主要包括铁路、邮政、供水、供电、供气等规模经济显著的行业；基础设施行业包括基础设施和基础工业，具体包括交通运输、机场、港口、桥梁、通信、水利、城市设施等；风险大的行业包括新技术、新能源、新材料等需要进行投资的风险行业；作为基础产业的农业，其发展状况对经济发展和社会稳定具有压倒性的意义，农业的投资支出在各国财政支出中占有非常重要的地位。

政府多渠道增加对农业的投入

农业的基础设施薄弱和技术进步缓慢是中国农业发展中一个非常重要的问题。对此，政府一直在不断地增加对这方面的投入。近年来，全国财政（中央加地方）用于"三农"的投入每年有3万亿元（全口径的三农投入），坚持把农业农村作为财政支出的优先保障领域，确保农业农村投入适度增加，着力优化投入结构，创新使用方式，提升支农效能。《全国农村经济发展"十三五"规划》中指出政府将增加国家对农业的投入。把农业农村作为财政支出的优先保障领域，加快建立投入稳定增长机制，持续增加财政农业农村支出，中央预算内投资继续向农业农村倾斜。优化财政支农支出结构，重点支持农民增收、农村重大改革、农业基础设施建设、农业结构调整、农业可持续发展、农村民生改善。加大对粮食主产区的投入支持力度，完善利益补偿机制。创新农业农村投融资机制，创新财政资金投入方式，通过政府与社会资本合作、政府购买服务、担保贴息、以奖代补、民办公助、风险补偿等措施，引导金融和社会资本投向农业农村，发挥财政资金的引导和杠杆作用。加大专项建设基金对"三农"重点项目和工程的支持力度，研究设立产业投资基金。发挥规划统领作用，多层次深入推进涉农资金整合。合理划分中央与地方支农事权，明确政府间支出责任，推进各级政府支农事权规范化、法律化。

在2017年《政府工作报告》中提出的农业工作安排中指出，2017年要促进农业稳定发展和农民持续增收。深入推进农业供给侧结构性改革，完善强农惠农政策，拓展农民就业增收渠道，保障国家粮食安全，推动农业现代化与新型城镇化互促共进，加快培育农业农村发展新动能。

2018年中央一号文件《中共中央国务院关于实施乡村振兴战略的意见》提出，要确保农业农村财政投入持续增长。建立健全实施乡村振兴战略财政投入保障制度，公共财政更大力度向"三农"倾斜，确保财政投入与乡村振兴目标任务相适应。优化财政供给结构，推进行业内资金整合与行业间资金统筹相互衔接配合，增加地方自主统筹空间，加快建立涉农资金统筹整合长效机制。充分发挥财政资金的引导作用，撬动金融和社会资本更多投向乡村振兴。切实发挥全国农业信贷担保体系作用，通过财政担保费率补助和以奖代补等，加大对新型农业经营主体支持力度。加快设立国家融资担保基金，强化担保融资增信功能，引导更多金融资源支持乡村振兴。支持地方政府发行一般债券用于支持乡村振兴、脱贫攻坚领域的公益性项目。稳步推进地方政府专项债券管理改革，鼓励地方政府试点发行项目融资和收益自平衡的专项债券，支持符合条件、有一定收益的乡村公益性项目建设。规范地方政府举债融资行为，不得借乡村振兴之名违法违规变相举债。

（二）政府采购法

政府采购是指各级国家机关、实行预算管理的单位和社会团体使用财政预算内资金和预算外资金等财政性资金，以购买、租赁、委托或雇佣等形式获取货物、工程和服务的行为。在国际上，政府采购是包括政府采购政策、采购方式及采购管理在内的对政府采购行为的总称，亦指公共采购的管理制度。

政府采购法，是调整政府采购当事人在向市场进行政府采购活动过程中所发生的社会经济关系的法律总称。也就是关于政府及其所属机构为了实现政府职能和向公众提供公共产品的需要而向市场供应商进行购置活动的政府行为的法律调整。

1. 政府采购的特点。相对于私人采购而言，政府采购有以下特点：

（1）资金来源的公共性。政府采购的资金来源为财政拨款和需要由财政偿还的公共借款，这些资金的最终来源为纳税人的税收和公共服务收费。在财政支出中具体表现为采购支出，即财政支出减去转移支出的余额。

（2）采购主体的特定性。政府采购的主体，也称采购实体，为依靠国家财政资金运作的国家机关、事业单位和社会团体，不包括国有企业等。

（3）采购活动的非商业性。政府采购为非商业性采购，它不是以盈利为目标，也不是为卖而买，而是通过买为政府部门提供消费品或向社会提供公共利益。

（4）采购对象的广泛性。政府采购的对象包罗万象，既有标准产品也有非标准产品，既有有形产品也有无形产品，既有价值低的产品也有价值高的产品，既有军用产品也有民用产品。为了便于统计，国际上通行的做法是按性质将采购对象划分为货物、工程和服务三大类。

（5）政策性。政府采购制度作为政府财政支出的一种主要方式，属于整个公共支出管理体系的重要一环。通过适当集中采购，使国家对财政资金的监管由价值领域延伸至实物领域，实现财政资金使用的规模效应，并借以适时推行有利于宏观经济协调发展和具有实质意义的社会政策，包括最大限度地节约财政资金、优先购买本国产品、保护中小企业发展、保护环境，等等。

（6）辐射性。政府采购不同于个人采购、家庭采购和企业采购，它是指一个整

第七章

体，这个整体是一个国家最大的单一消费者，其购买力非常巨大。据有关资料统计，通常一国的政府采购规模要占到整个国家国内生产总值（GDP）的 10% 以上，因此，政府采购对社会的影响力很大。采购规模的扩大或缩小、财政结构的变化都将对整个社会的总需求和总供给、国民经济产业结构的调整等产生举足轻重的影响。

2. 政府采购法的立法发展。政府采购制度最早出现于 18 世纪末西方自由资本主义发展阶段，如美国早在 1761 年就颁布了《联邦采购法》，英国政府在 1782 年设立了文具公用局，专门负责政府部门所需办公用品的采购，同时对政府采购的管理进行立法。这个阶段政府采购的立法和实践并不发达和完善。从 19 世纪末到 20 世纪初，以至第二次世界大战后，由自由资本主义到垄断资本主义到国家垄断资本主义的出现，政府采购的规模才日渐扩大，成为国家用来调节社会总需求，使国民经济总量保持平衡的重要手段。与此同时，有关政府采购方面的法规也日益系统和完善。例如美国的《联邦采购政策办公室法案》《联邦采购条例》《合同竞争法案》，英国的《通用合同及商业法》，韩国的《政府采购合同法案》，新加坡的《政府采购法案》等。

在国际立法方面，由于政府采购潜在的巨大市场，其在国际贸易领域也日益受到重视。继 1979 年在关贸总协定东京回合谈判中制定的《政府采购守则》之后，在 1995 年关贸总协定乌拉圭回合谈判期间又制定并正式生效的有世界贸易组织《政府采购协议》（以下简称《协议》），许多发达国家都先后签署了该《协议》，并且该《协议》还采取了一些强制措施迫使想加入世界贸易组织的国家也签字同意此《协议》。这使得《协议》在国际贸易方面的影响比《政府采购守则》要大得多。我国也将在近年内加入该协议，开放我国的政府采购市场。

3. 政府采购法的立法目的。政府采购法的基本目的是要解决政府采购资金的合理使用问题，既要保证以最少的资金支出采购到最好的物品或服务，同时要防止采购活动中的腐败问题。我国《政府采购法》第 1 条规定："为了规范政府采购行为，提高政府采购资金的使用效益，维护国家利益和社会公共利益，保护政府采购当事人的合法权益，促进廉政建设，制定本法。"

4. 政府采购法的调整对象。2014 年修订的《政府采购法》第 2 条第 1、2 款规定："在中华人民共和国境内进行的政府采购适用本法。本法所称政府采购，是指各级国家机关、事业单位和团体组织，使用财政性资金采购依法制定的集中采购目录以内的或者采购限额标准以上的货物、工程和服务的行为。"可见，《政府采购法》的适用范围问题包括采购主体、采购对象、资金来源等几个方面。

政府采购法所规范的采购主体主要指公共部门，既有政府机构又有公用事业单位。我国《政府采购法》所明确规范的主体范围是在我国境内的各级国家机关、事业单位和团体组织。需要注意的是：政府采购法规定的采购人不包括国有企业；采购人不包括军事机关，军事政府采购法规由军事委员会另行制定，军事采购没有办法招投标；按照政府采购法的规定，采购人不包括集中采购机构，但是包括政府部门集中采购机构。按照国际通行做法，凡是政府财政支出中的政府消费支出和投资支出项目，无论采购主体是政府单位、公共机关还是国有企业或者民营企业，都要纳入采购法所规范的主体范围。但我国《政府采购法》没有将企业等市场主体的采购行为纳入政府采购范围。立法上的这一缺憾，与国际惯例不符。

《政府采购法》所规范的采购对象既有货物和服务，也包括工程。根据《政府采购法》第2条的规定，政府采购的客体范围包括货物、工程和服务。所称的货物，是指各种形态和种类的物品，包括原材料、燃料、设备、产品等；所称的工程，是指建设工程，包括建筑物和构筑物的新建、改建、扩建、装修、拆除、修缮等；所称的服务，是指除货物和工程以外的其他政府采购对象。在三类采购对象中，存在不同的问题。如采购对象中的工程，法律明确指示为建设工程，这意味着政府采购法不适用于环保工程、机械工程。

实行政府采购制度的发达国家或地区，判断是否属于政府采购，无须界定资金来源。因为采购人主要是公共部门，而公共部门的资金主要来源于国家财政拨款、政府担保借款、特许权转让所得，等等，法律不需要对资金来源进行规定。根据我国《政府采购法》第2条的规定，使用财政性资金采购依法制定的集中采购目录以内的或者采购限额标准以上的货物、工程和服务，都要进行政府采购，除非法律存在特别规定。根据《中华人民共和国政府采购法实施条例》，财政性资金是指纳入预算管理的资金，以财政性资金作为还款来源的借贷资金，视同财政性资金。集中采购目录包括集中采购机构采购项目和部门集中采购项目。技术、服务等标准统一，采购人普遍使用的项目，列为集中采购机构采购项目；采购人本部门、本系统基于业务需要有特殊要求，可以统一采购的项目，列为部门集中采购项目。省、自治区、直辖市人民政府或者其授权的机构根据实际情况，可以确定分别适用于本行政区域省级、设区的市级、县级的集中采购目录和采购限额标准。

5. 政府采购的主体和方式。

（1）政府采购的主体。根据我国《政府采购法》第14条的规定，政府采购当事人是指在政府采购活动中享有权利和承担义务的各类主体，包括采购人、供应商和采购代理机构等。

采购人是指依法进行政府采购的国家机关、事业单位、团体组织。《政府采购法》第21条规定："供应商是指向采购人提供货物、工程或者服务的法人、其他组织或者自然人。"供应商参加政府采购活动应当具备下列条件：①具有独立承担民事责任的能力；②具有良好的商业信誉和健全的财务会计制度；③具有履行合同所必需的设备和专业技术能力；④有依法缴纳税收和社会保障资金的良好记录；⑤参加政府采购活动前3年内，在经营活动中没有重大违法记录；⑥法律行政法规规定的其他条件。

采购代理机构是依法设立的法人，主要从事政府采购代理业务。在政府采购活动中，采购代理机构接受采购人的委托，以委托人的名义，在委托的范围内办理政府采购事宜。《政府采购法》第 16 条第 1 款规定："集中采购机构为采购代理机构。设区的市、自治州以上人民政府根据本级政府采购项目组织集中采购的需要设立集中采购机构。"该法第 18 条还规定："采购人采购纳入集中采购目录的政府采购项目，必须委托集中采购机构代理采购；采购未纳入集中采购目录的政府采购项目，可以自行采购，也可以委托集中采购机构在委托的范围内代理采购。纳入集中采购目录属于通用的政府采购项目的，应当委托集中采购机构代理采购；属于本部门、本系统有特殊要求的项目，应当实行部门集中采购；属于本单位有特殊要求的项目，经省级以上人民政府批准，可以自行采购。"

（2）采购方式。政府采购方式可以分为一般采购方式和特殊采购方式两大类。一般采购方式，是指对于采购人采购具体数额标准以上的货物、工程和服务，在没有特殊情形的情况下，都应当适用，这种方式就是公开招标形式；特殊采购方式包括邀请招标采购方式、竞争性谈判采购方式、单一来源采购方式、询价采购方式等。根据我国《政府采购法》第 26 条的规定，政府采购采用以下方式：公开招标；邀请招标；竞争性谈判；单一来源采购；询价；国务院政府采购监督管理部门认定的其他采购方式。公开招标应作为政府采购的主要采购方式。这里国务院政府采购监督管理部门可以认定的其他采购方式，主要是针对小额的采购。对于采购人了解市场行情的采购，采购人可以直接进行采购，对于不了解的，可以通过口头报价的形式，迅速便捷地确定供应商，以最小的交易成本完成采购活动。

6. 政府采购法中的相关法律责任。政府采购法律责任是指实施违反政府采购法律规范的行为人，依法应承担的法律后果。政府采购法中相关法律责任的追究以违法行为的存在为前提，了解具体的违法行为的形态和种类有助于认识政府采购法中相关法律责任的内容、范围和依据。

（1）违反政府采购法行为的种类。①使用不当的采购方式。政府采购中采用采购方式不当的行为，主要是指：政府采购法中规定的采购人应当进行公开采购的项目，没有按照法律规定进行公开采购；违反了法律和有关规定，选择了错误的采购方式；以及对应该实行集中采购的政府采购项目，未委托集中采购机构采购。我国《政府采购法》第 71、74 条分别对以上适用采购方式不当的行为作了规定，这些适用采购方式不当的行为可概括为：规避公开招标的行为、擅自提高采购标准的行为以及规避集中采购的行为。②违反采购程序。我国《政府采购法》规定，政府采购程序是一个较为完整的流程。从采购预算的编制、采购目录的公布开始，通过选择合适的采购方式，适用不同的具体采购程序，最终签订政府采购合同。如果违反了法律对采购程序的规定，即会产生中标无效等法律后果。我国《政府采购法》规定了 5 种政府采购方式，明确了各自不同的程序。违反政府采购程序的行为有：开标前泄露标底的；在招标采购过程中与投标人进行协商谈判或供应商在招标采购过程中与采购人进行协商谈判；采购人、采购代理机构在中标、成交通知书发出后不与中标、成交供应商签订采购合同或招标人与中标人不按招标文件和中标人的投标文件订立合同的，或者招标人、中标人订立背离合同实质性内容的协议。③损害公平竞争。公平竞争有利于社会资源得到合理配置，因此对于不符合公平诚实的市场规则和竞争立法的不正当行为，有必要通过法律的形式加以规范。我国《政府采购法》规定的损害公平竞争的行为，按行为主体可分为采购人、采购代理机构的行为，供应商的行为，以及其他损害公平竞争的行为。

采购人、采购代理机构实施的损害公平竞争的行为包括：以不合理的条件对供应商实行差别待遇和歧视待遇的；采购人、采购代理机构在资格审查程序中对供应商实行歧视待遇，以不合理的条件限制或排斥供应商；采购人与供应商或采购代理机构恶意串通的；采购人、采购代理机构或其工作人员接受贿赂或获取不正当利益的。供应商采取的损害公平竞争的行为包括：提供虚假材料谋取中标、成交的；采取不正当手段诋毁、排挤其他供应商的；与采购人、其他供应商或采购代理机构恶意串通的；向采购人、采购代理机构行贿或者提供其他不正当利益的。

履行采购合同不当行为的法律责任。履行采购合同不当行为，是指在政府采购合同签订以后，采购人或签约供应商在实际履行中违反合同义务，从而影响采购合同目的实现的行为。履行采购合同不当的行为即构成违约行为，违约方应当承担违约责任。根据我国《政府采购法》第43条的规定，政府采购合同适用《合同法》，所以其履行中违约责任的承担也应按照我国《合同法》的有关规定执行。

（2）法律责任的类型。①民事责任。政府采购的主体虽然是行政机关，但在采购人和中标供应商签订政府采购合同后，双方都必须严格依合同的约定履行义务。我国《政府采购法》第43条规定："政府采购合同适用合同法。采购人和供应商之间的权利和义务，应当按照平等、自愿的原则以合同方式约定。采购人可以委托采购代理机构代表其与供应商签订政府采购合同。由采购代理机构以采购人名义签订合同的，应当提交采购人的授权委托书，作为合同附件。"第49条规定："政府采购合同履行中，采购人需追加与合同标的相同的货物、工程或者服务的，在不改变合同其他条款的前提下，可以与供应商协商签订补充合同，但所有补充合同的采购金额不得超过原合同采购金额的10%。"也就是说，政府采购的当事人在履行合同过程中违反合同约定而给对方造成损失的，适用民事责任。②行政责任。政府采购主体的特殊性决定了行政责任是政府采购法律责任的主要形式，具体而言，违反政府采购法的行政责任包括行政处分和行政处罚。例如我国《政府采购法》第72条规定，采购人、采购代理机构及其工作人员，开标前泄露标底，尚不构成犯罪的，处以罚款，有违法所得的，并处没收违法所得，属于国家机关工作人员的，依法给予行政处分。又如《政府采购法》第83条规定："任何单位或者个人阻挠和限制供应商进入本地区或者本行业政府采购市场的，责令限期改正；拒不改正的，由该单位、个人的上级行政主管部门或者有关机关给予单位责任人或者个人处分。"③刑事责任。由于政府采购业务量大、涉及人员多、影响范围广，所以可能会在采购过程中出现贪污、贿赂等腐败现象。我国《政府采购法》规定了在政府采购行为中的违法

第七章

行为构成犯罪的，要依法追究其刑事责任。例如第 72、76、77、80 条分别规定了采购人、采购代理机构及其工作人员、供应商和政府采购监督管理部门的工作人员违反法律规定构成犯罪的违法行为，都要受到法律的制裁。

二、转移性支出与社会保障制度

（一）转移性支出的构成及转移性支出政策

财政转移支付是指政府为实现特定的政策目标，通过一定的渠道或者形式，将一部分财政资金无偿地转移给社会经济组织、居民及其他受益者，表现为社会保障支出、财政补贴支出（如价格补贴、职工生活补贴、财政贴息等）、捐赠支出等形式。[1]转移支付的作用在于给企业和家庭提供购买力，使其有能力在市场上购买商品和劳务。与购买性支出不同，转移性支出不与商品和劳务发生直接的关系，而是为了实现社会公平目的而采取的资金转移政策。事实上，每个人从摇篮到坟墓都享受着政府转移性支出带来的巨大福利，如公费医疗、最低生活保障、住房补贴等。

按用途不同，转移支付可分为两类，即社会保障和财政补贴费用支付。在转移支付政策中，社会福利支付实际上将高收入阶层的一部分收入转移到低收入阶层，以促进公平分配。特别是在经济萧条时期，失业人口增加，失业保险金等社会保障和社会福利费用增加，从而增加了人们的可支配收入，有助于社会有效需求的增长，恢复供求平衡；相反，在经济繁荣时期，失业率降低，社会保障和社会福利费用减少，相对地减少了人们的可支配收入，以减轻需求过旺的压力。因此，西方经济学家把社会福利方面的转移支付政策作为实现收入公平分配、反周期波动目标的主要工具。

财政补贴政策是转移支付政策的另一种形式。财政补贴分为两大类：一类是生产性补贴；一类是消费性补贴。这两种补贴的调节效应有所不同。消费性补贴主要是对日常生活用品的价格补贴，其作用在于直接增加消费者的可支配收入，鼓励消费者增加消费需求；生产性补贴主要是对生产者的特定生产投资活动的补贴，如生产资料价格补贴、投资补贴、利息补贴等，其作用等同于对生产者实施的减税政策，可直接增加生产者的收入，从而提高生产者的投资和供给能力。西方经济学家认为：在有效需求不足时，主要增加消费性补贴；在总供给不足时，主要增加生产性补贴，这样就可以在一定程度上缓和供求矛盾。

（二）社会保障制度

转移性支出的重要组成部分是社会保障支出，转移性支出政策的主要内容是社会保障制度。党的十四届三中全会通过了《关于建立社会主义市场经济体制若干问题的决定》，把建立社会保障制度作为社会主义市场经济基本框架的 5 个组成部分之一，改变了过去把社会保障当作国有企业改革配套措施的认识，同时改变了过去单独试点的做法，在全面推进社会保障改革的基础上，明确改革的重点是实现养老保

---

〔1〕 参见张守文：《经济法学》，高等教育出版社 2016 年版，第 182 ~ 183 页。

险、医疗保险和失业保险等社会保障制度的创新。1998 年～2001 年期间，国务院颁布了《社会保险费征缴暂行条例》《失业保险条例》《城市居民最低生活保障条例》《国务院关于建立城镇职工基本医疗保险制度的决定》，2010 年 10 月 28 日全国人民代表大会常务委员会通过了《社会保险法》，至此形成了覆盖社会保险主要险种的、相互配套的社会保障法律体系。党的十九大报告中明确指出："加强社会保障体系建设。按照兜底线、织密网、建机制的要求，全面建成覆盖全民、城乡统筹、权责清晰、保障适度、可持续的多层次社会保障体系。全面实施全民参保计划。完善城镇职工基本养老保险和城乡居民基本养老保险制度，尽快实现养老保险全国统筹。完善统一的城乡居民基本医疗保险制度和大病保险制度。完善失业、工伤保险制度。建立全国统一的社会保险公共服务平台。统筹城乡社会救助体系，完善最低生活保障制度。"

从历史的角度而言，社会保障制度是伴随着社会经济的发展而逐渐形成并发展起来的，是人类社会不断协调发展、文明进步的重要体现。社会保障制度是社会发展的"安全网"和"稳定器"，更是经济发展的"助推器"，完善的社会保障制度是经济发展和社会进步的重要保证。

1. 社会保障制度的覆盖范围。社会保障的内涵是随着社会经济的发展和社会形态的更替而不断加以丰富和发展的。人们最初对社会保障的理解局限于"慈善"和"救济"等较窄的范围，到了较发达的商品经济时期——资本主义社会，社会保障才逐步包含了养老保险、失业保险、医疗保险、社会救济和社会福利等丰富的内涵。

历史上，社会保障制度伴随着工业化和城市化的进程而诞生和发展。工业化生产模式和城市化趋势迫使很多劳动者离开土地来到城市，家庭和土地对个人的经济保障功能逐渐减弱。为了保护社会成员的生存权和发展权，维护社会稳定和经济发展，需要政府建立社会保障体系，分散风险，调整不同社会关系。社会保障制度最先诞生于欧洲，19 世纪 80 年代，德国俾斯麦政府颁布了人类历史上第一部社会保障法，规定工人发生工伤、病残或者在退休时，可以得到一定数额的保险金。随后，20 世纪早期，在欧洲的其他国家如英国、法国通过了类似的社会保障立法。伴随西方发达国家失业人口增加和人口老龄化问题的出现，社会保障支出占这些国家政府支出总额的比例逐渐增加。国际劳工组织于 1952 年制定的《社会保障最低标准公约》，规定了社会保障范围至少应该覆盖疾病、生育、老年、残疾、死亡、失业、工伤、职业病、家庭九个方面，这九个方面可以概括为社会保险、社会救助、社会福利和社会优抚。

（1）社会保险制度。社会保险用于保障劳动者在丧失劳动能力后仍能享有基本的生活保障。2010 年的《社会保险法》总结归纳了以往比较分散的制度规定，集中规定了包括养老保险、医疗保险、失业保险、工伤保险和生育保险在内的基本规定。

第一，养老保险。养老保险制度是社会保险制度的核心。我国从 20 世纪 90 年代明确了养老保障制度改革的方向：1991 年，国务院在《关于企业职工养老保险制度改革的决定》中提出："改变养老保险完全由国家、企业包下来的办法,实行国家、企业、个人三方共同负担。"1993 年《中共中央关于建立社会主义市场经济体制若干问题的决定》中指出："城镇职工养老和医疗保险金由单位和个人共同负担,实行社会统筹和个人账户相结合。"到 1997 年,国务院发布了《关于建立统一的企业职工基本养老保险制度的决定》,开始在全国建立统一的城镇企业职工养老基本保险制度。这样,我国养老保险制度确立了社会统筹和个人账户相结合的方向。基本养老保险覆盖城镇各类企业的职工,城镇所有企业及其职工必须缴纳基本养老保险费,目前企业的缴费比例为工资总额的 20%,个人缴费比例为工资总额的 8%。企业缴纳的基本养老保险费一部分用于建立统筹基金,一部分划入个人账户,个人缴纳部分全部划入个人账户。2014 年 2 月,国务院发布了《关于建立统一的城乡居民基本养老保险制度的意见》,在总结新型农村社会养老保险和城镇居民社会养老保险试点经验的基础上,决定将新农保和城居保两项制度合并实施,在全国范围内建立统一的城乡居民基本养老保险制度。城乡居民养老保险基金由个人缴费、集体补助、政府补贴构成。城乡居民养老保险待遇由基础养老金和个人账户养老金构成,支付终身。中央确定基础养老金最低标准,建立基础养老金最低标准正常调整机制,根据经济发展和物价变动等情况,适时调整全国基础养老金最低标准。地方人民政府可以根据实际情况适当提高基础养老金标准;对长期缴费的,可适当加发基础养老金,提高和加发部分的资金由地方人民政府支出。参保人死亡,个人账户资金余额可以依法继承。

第二,医疗保险。我国从 1988 年启动了对公费医疗制度的改革。1998 年,国务院发布了《关于建立城镇职工基本医疗保险制度的决定》,其中明确了建立社会统筹和个人账户相结合的模式。基本医疗保险制度覆盖城镇所有用人单位及其职工,所有企业、国家行政机关、事业单位和其他单位及其职工必须履行缴纳基本医疗保险的义务,用人单位的缴费比例为工资总额的 6%,个人缴费比例为工资总额的 2%。单位缴纳的基本医疗保险费用一部分用于建立统筹基金,一部分划入个人账户;个人缴纳的基本医疗保险费用计入个人账户。统筹基金主要用于支付个人住院和部分慢性病门诊治疗的费用,并设有起付标准和支付最高限额;个人账户用于支付一半门诊费用。2016 年 1 月,国务院发布了《关于整合城乡居民基本医疗保险制度的意见》,其中提出要"推进城镇居民医保和新农合制度整合,逐步在全国范围内建立起统一的城乡居民医保制度,推动保障更加公平、管理服务更加规范、医疗资源利用更加有效,促进全民医保体系持续健康发展。"城乡居民医保制度覆盖范围包括现有城镇居民医保和新农合所有应参保(合)人员,即覆盖除职工基本医疗保险应参保人员以外的其他所有城乡居民。农民工和灵活就业人员依法参加职工基本医疗保险,有困难的可按照当地规定参加城乡居民医保。继续实行个人缴费与政府补助相结合为主的筹资方式,鼓励集体、单位或其他社会经济组织给予扶持或资助。

第三,失业保险。在计划经济体制下,由于工作分配制,失业救济制度没有存在的必要。随着国有企业经营机制的转化和劳动用工制度的改革，自从 1986 年开始，我国逐步建立了失业保险制度，为职工提供失业后的基本生活保障。1999 年国务院发布了《失业保险条例》，将失业保险制度推进到一个新的阶段。领取失业保险金需要满足如下条件：①缴纳失业保险费 1 年以上；②失业者并非自愿失业；③办理失业登记并有求职要求。失业保险金按月发放，标准低于最低工资标准，高于城市居民最低生活保障水平标准，领取的期间由缴费年限确定，最长不得超过 24个月。人力资源社会保障部、财政部于 2015 年 2 月和 2017 年 2 月分别发布了《关于调整失业保险费率有关问题的通知》及《关于阶段性降低失业保险费率有关问题的通知》，对现行条例中的保险费率规定进行了修改。

第四，工伤保险。2010 年修订的《工伤保险条例》是我国目前现行的规定工伤保险实施内容的行政法规。根据《工伤保险条例》（2010 年修订），工伤保险费根据以支定收、收支平衡的原则，确定费率。国家根据不同行业的工伤风险程度确定行业的差别费率，并根据工伤保险费使用、工伤发生率等情况在每个行业内确定若干费率档次。行业差别费率及行业内费率档次由国务院社会保险行政部门制定，报国务院批准后公布施行。统筹地区经办机构根据用人单位工伤保险费使用、工伤发生率等情况，适用所属行业内相应的费率档次确定单位缴费费率。工伤保险基金存入社会保障基金财政专户，用于条例规定的工伤保险待遇，劳动能力鉴定，工伤预防的宣传、培训等费用，以及法律、法规规定的用于工伤保险的其他费用的支付。

第五，生育保险。1994 年制定的《企业职工生育保险试行办法》明确规定了企业缴纳生育保险费、个人不缴费的原则。生育保险金的支付包括因生育发生的医疗费用和产假期间按月发放的生育津贴等。

（2）社会救助。社会救助是指通过国家财政拨款，保障确有生活困难的群体最低限度的生活需要。社会救助由政府从财政资金中划拨，受益者不需要支付任何费用。为了防止社会救助被利用的情况，国家通常会规定受益者的条件并会及时进行相应的情况核实及调查。社会救助制度中的核心内容就是最低生活保障制度。1993年开始，我国开始对城市社会救济制度进行改革，建立最低生活保障制度，1999年，正式颁布了《城市居民最低生活保障条例》，为城市所有居民提供基本生活保障。城市居民最低生活保障资金由地方政府列入财政预算。一般情况下，家庭人均收入低于最低生活保障标准的城市居民均可以申请最低生活保障待遇，最低生活保障标准由地方政府根据当地维持城市居民基本生活所必需的费用来确定。

（3）社会优抚。社会优抚主要是对对国家和社会有贡献的特殊社会群体予以补偿和褒扬的一种制度，优抚的对象主要是军人，优抚的形式包括：对现役军人进行安置；对现役军人及其家属的优抚；对烈属和残疾军人的抚恤；对退役军人提供生活保障等。社会优抚的法律规范包括《军人抚恤优待条例》《退役士兵安置条例》等。根据这些规范规定，国家对于牺牲军人的家属、伤残军人、老复员军人进行定期定量补助；对义务兵家属普遍发放优待金；对伤残军人实行医疗费用减免；城镇退役兵可享受政府一次性就业安置，对自谋职业的安置对象发放一次性经济补助。截至 2016 年底，国家抚恤、补助各类重点优抚对象 874.8 万人。各级财政共支出抚恤事业费 769.8 亿元，比上年增长 12.1%。[1]

（4）社会福利。社会福利是指由政府出资对生活困难的老人、孤儿和残疾人等特殊困难群体进行生活保障。我国与社会福利有关的法律规范包括：《老年人权益保障法》《残疾人保障法》《农村五保供养工作条例》等。这些法律规范规定，对城市孤寡老人、符合供养条件的残疾人和孤儿实行集中供养，对农村孤寡老人、符合供养条件的残疾人和孤儿实行集中供养和分散供养，集中供养一般通过社会福利院、敬老院、疗养院、儿童福利院等福利机构完成。对于残疾人，国家通过税收减免政策，来鼓励残疾人福利事业的发展。

2. 社会保障的适度性。完善的社会保障体系影响着人们的工作热情，过高的社会保障金额会滋生人们坐享其成的惰性心理。在社会保障体系十分完备的德国，1997 年失业人口达到 439 万，失业率达到 11.4%，其中一个重要的诱因就是过高的社会保障数额降低了人们工作的积极性。1955 年新加坡政府建立具有储蓄和保险功能的中央公积金制度。根据这种制度，每一位拿工资的新加坡人均有向中央公积金进行储蓄的义务，缴纳率根据劳动力成本、员工工资水平、经济发展情况等因素来确定。中央公积金制度一开始只是针对退休人员的养老金储蓄制度，后来发展成为全面的强制性储蓄兼保险的保障制度。中央公积金制度的缺陷在于它与社会保障的社会意义不符，救济功能弱。但这种保障制度的合理性在于贯彻了"授人以鱼不如授人以渔"的积极保障思想，节省了财政开支，抑制了消费膨胀，增加了社会积累，有益于形成"工作——积累——受益"的良性局面，对于政府和个人都是十分有益的。

3. 社会保障支出的资金来源及其运营模式。社会保障的资金来源主要依靠征收社会保障税和政府预算安排的社会福利支出。我国的社会保障体系由政府和市场共同运作的养老、医疗、保险、失业等社会福利事业构成，目前的保障体系覆盖面是非常有限的，不具有强制性，因此欠费情况严重，资金缺口造成的巨大财政压力无法解决。在美国，社会保障税是仅次于个人所得税的第二大税种，与社会保障收费形式相比，政府征收社会保障税，更有利于建立一个规范、稳定的保障资金渠道，这得益于税收固有的强制性和规范性。目前，我国正在推广税务机关征收社会保险费并尽快开征社会保障税。开征社会保障税可以避免由于费率不统一和不规范造成的企业负担不均等情况，同时有利于健全对社会保障基金的收支两条线管理，有利于保护受益人获得社会保障待遇。当然一个不容忽视的问题是：在确立社会保障税之前，我国社会保障基金的收支缺口如何解决。据统计，1997 年全国有 5 个地区养老保险基金出现了收支赤字，到 2000 年养老保险费赤字达到 450 亿元。为了解决这

第七章

---

[1] 参见中华人民共和国民政部《2016 年社会服务发展统计公报》。

些问题，国家采取的弥补性措施包括减持上市公司中的国有股、变现国有资产、采取发行社会福利彩票的形式支持社会福利事业，等等。

世界各国的社会保障模式归纳起来可以分为现收现付模式和个人账户模式。

（1）现收现付模式。现收现付模式以德国为代表，其运作机理在于当期社会保障支出由当期的收入，如工资税来支付。据此，社会保障成本的代理转移是以收定支，由在职职工承担已退休职工的社会保障成本，而支付给已退休职工的社会保障资金来自在职职工负担的社会保障费用，已退休人员的社会保障水平提高需要以提高在职职工的负担水平为基础。这种运作模式比较适合于较小的人口压力、年轻的人口结构、完备的税收或者费用征收体系等的国家。这种模式的缺点在于没有任何积累，随着人口老龄化的到来，社会保障负担面临严重化的趋势，同时在现收现付模式中，政府事实上承担着一部分社会保障债务，尤其是当社会保障支出增加时，政府面临提高收费标准或者调高税负水平和抑制经济增长的两难境地。

（2）个人账户模式。个人账户模式强调职工个人积累，退休者的社会保障权益完全来自本人工作期间的积累，积累的资金通过投资基金方式进行运作。这种模式的优点是兼具积累性和增值性，资金供给稳定。智利是这种模式的典型代表。我国在20世纪50年代建立了企业职工养老保险制度，以企业为单位，基本上采取现收现付的模式，将社会保障成本进行代际之间的转移。这一模式基本上是适应当时的基本国情的，人口年龄结构年轻化，也得到了计划经济的支持。但是随着老龄化的到来，这种模式的弊端逐渐凸现。1991年国务院发布了《国务院关于企业职工养老保险制度改革的决定》，开始着手建立职工养老保险统筹和个人账户结合的制度，基本思路是逐步建立职工的个人账户，将企业与个人缴费的大部分用于个人账户积累，以缓解之前实行的现收现付和人口老龄化的问题，同时使在职职工承担一定的社会保障成本，减轻政府将来的支出负担。而我国目前的个人账户模式的重要问题和困境在于，在退休职工占人口较大比重的同时这些人又没有进行任何养老基金的个人积累时，会使在职职工一方面承担相当比例的退休职工的社会保障成本，另一方面还需要承担自己的社会保障成本。考虑到我国的人口压力和财政的负担能力，以及养老金交纳方面的不同情况，应建立以个人账户模式为主的分层次社会保障模式，在建立强制性个人账户模式的基础上，发展商业保险以满足不同收入层次主体的保障需求。

（三）财政补贴制度

财政补贴指通过财政支付给企业和个人的，能够改变现有产品和生产要素的价格，从而改变资源结构和需求结构的无偿支出。我国的财政补贴主要有价格补贴、企业亏损补贴等明补形式以及税收优惠（包括减税、免税、退税、税收抵扣）等暗补形式。财政补贴的目的在于使得居民对商品的需求不会因为价格的提高而下降，或者企业不会因为行业利润的减少而减少生产，前者为消费补贴，后者为生产补贴。

第
七
章

第三节　财政收入政策与法律制度

政府可以通过征税、收费、发行国债或经营国有资产等形式获得收入，税收是政府获得财政收入的主要形式，对此已经在第六章中重点说明，此部分主要对收费和发行国债两种收入形式及其相关政策和制度进行概要性的介绍。

一、政府收费与税费改革

（一）政府收费的基本概念

费与税是政府财政收入形式的两个不同的组成部分，虽然征收对象不同，但费与税都确定了两者的征收目的是非营利性的，一般不能像私人物品那样进行企业化经营，所以决定了两者相互补充，缺一不可。但是税与费各有不同的作用和范围，在供应方式上也不尽相同，所以两者不能互相替代。因此，有必要明确划分税与费的边界，做到税费共存，税费归位。

1. 费的含义。政府收费是以交换或提供直接服务为基础的收入形式，是政府提供某种准公共物品或服务而由公民支付的代价。具体说，政府收费是指政府向公民提供特色服务或实施特色管理所收取的规费，以及政府对其所提供的公共产品或服务而直接向使用者和受益者收取的使用费。[1]可见政府收费用于特定支出，满足特定需要，收费对象的受益和支出是直接对应的。收费就是政府提供准公共产品或服务的价格，具有直接交易性，如使用国有土地、矿产资源，政府则收取资源使用费等。政府收费不是为了社会分配的公平，也不是为了建设公共设施而输出公共服务。政府收费建立在这种特别交易基础之上显示了它的合理性，即特别收入满足特别支出。

2. 税与费的区别。费与税不同，它是以交换或提供服务为前提的一种分配形式，不仅政府可以收费，企事业单位和个人也可以收费。税是以政治权力为依托，无偿参与社会产品或国民收入分配的一种形式，是国家或政府的一种行为，企事业单位与个人是不能征税的。税与费的区别主要表现在以下几个方面：

（1）费的有偿性与税收的无偿性不同。政府收费用于特定支出，满足特定需要，具有对等补偿性质，收费对象在缴费的同时能够得到政府相关管理性服务给自己带来的益处，这表明收费对象的受益与支出是对应的。而税收收入国家统筹使用，用于一般性的财政支出，满足公共需要。就单个纳税人而言，则很难从政府收税的行为中直接体会到收益，这就是税收具有的无偿性。

（2）费的功能与税收的功能不同。政府收费主体与收费对象之间通过收费与缴费的形式联系起来，双方之间是一种管理与被管理的行政关系。对于收费主体来说，有效实施行政管理职能是其主要任务，而收费居于次要地位。因此，收费的目的是

---

[1]　李齐石：《政府经济学》，经济科学出版社 2003 年版，第 349 页。

要达到"以费促管";相对而言,税收则是国家宏观调控体系中不可缺少的重要手段。

(3)费的自愿性与税收的强制性不同。费的特点是自愿的,政府针对公共物品的使用而制定的收费标准,缴费相对人自行决定;而税收是强制的,只要是符合税法规定的纳税人,都有义务纳税。

(二)税费改革

实践中出现的乱收费现象是政府收费的重大弊端,也是进行"费改税"的现实原因。"乱收费"表现为:行政性收费变成了脱离预算和审计监督的"第二财政",大部分资金留在机关的"小金库"里面,收入不入账、支出不计账,成为行政机关自行支配的私有财产;部分收费名不副实,被私分、私吞或者挪用作套利使用。针对政府收费过程中出现的乱收费现象,引发了人们对于如何解决乱收费问题的思考,其中一个有益的思路就是通过"费改税"的方式来遏制实践中产生的乱收费现象。

1. 税费改革的动因。乱收费问题的产生从本质上是由如下因素引起的:

(1)相比于税收而言,政府收费行为缺乏法治化的征收程序。根据税收法定原则,一切税收的课赋和征收都必须以国家立法机关制定的法律为依据;无法律依据,国家无权向公民征税。根据税收法定主义,凡有关税收实体方面一般的和基本的事项,如税种、税目、税率、纳税人、税收优惠以及税收征收与管理的基本程序等内容都必须要由国家权力机关以法律予以规定。税收行政法规和地方性法规只能是对税收法律予以具体化和必要的完善与补充,不得涉及税种、税目、税率等税收基本要素。而与税收相比,政府收费的法治化进程则相对落后,对收费的标准、程序、数额及收费相对方的权益保护等法律没有明确规定,而是由收费机关自行规定,程序上的非法治化色彩难以遏制政府收费行为的任意性和混乱状态。

(2)收费机构的分散性是造成乱收费的主体性原因。理论上,税收是对社会成员财产的强制性征收,从法治社会的角度而言,课税权力只能由作为公共权力代表的机构享有。政府为了合法有效地行使这一权力,就必然要建立集中性的税务征管机构来统一收税,并处理相关税务问题,同时集中性的征税机关,也使得国家对其便于管理。相比而言,政府收费的主体是各行政单位和事业单位,收费的基础在于这些单位具有管理职能,这就使得政府收费的收取机关具有分散性的特点,而不便于管理,这为乱收费问题埋下了伏笔。

(3)政府收费不纳入国家预算是产生乱收费行为的利益动因。税收收入纳入国家预算,相比之下,政府收费收入由征收机构自行支配,缺乏有效的监督机制。税务机关收取的税收收入是财政收入,必须交入国库由国家统一安排,其收支必须纳入国家预算。申言之,税务机构与税收收入没有利益上的直接相关性。政府收费是政府提供公共产品或服务的"价格",是在财政无法靠国家预算供给维持其运转的情况下,即允许行政事业单位进行"创收"。应该说,这些预算外资金在缓解财政预算内收支困难方面起到了不可忽视的作用,但是,由于收费收入不纳入国家统一预算，而由征收机构自行支配，收费收入与收费机构之间具有利益直接相关性，导致行政事业单位为了自身利益而滥用手中的权力进行乱收费的现象难以避免。

2. "费改税"的意义和基本思路。"费改税"的本质是实现公民与国家之间的利益关系调整的法治化。"费改税"的目的在于制约公权力，保护私权利，实现公权力和私权利之间的平衡。行政权力的垄断性导致了公民权利被削弱，公民财产权被侵犯，破坏了经济民主，挫伤了市场主体的积极性。"费改税"就是要用法律来平衡公民权利与政府权力之间的关系，以法律来平衡公民权利与行政权力，限制政府权力，保障公民权利，这是成熟法治国家的基本定位。

进行"费改税"的指导思想和原则是：取消一切不合理收费项目；对一部分收费保留或降低收费标准；把一部分收费改为税。政府取消不合理收费，关键在于源头的控制。只有在源头上切除非财政部门参与财政分配的权利，理顺分配关系，才能保障费改税的顺利进行。一切收费和收税都要纳入财政、税务部门管理，不允许非财政部门直接参与财政分配，特别是执法部门的收费。对一部分收费保留或降低收费标准，主要是将事业单位收取的有偿性的工本费、手续费等，实行一部分保留，对一部分收费根据成本情况以不盈利为原则降低标准。把一部分收费改为税，重点是将行政事业单位收取的大部分行政性收费和基金改为税。[1]

二、国债与国债法

如果禁止预算不平衡，财政支出必然要受到政府收入能力的制约，然而当政府依靠税收不足以弥补需要时，通过借款的方式获得财政资金就成为扩大收入弥补支出赤字的有效途径。世界上第一笔国债是由威尼斯政府发行的。马克思在资本论中指出："公共信用制度即国债制度，在中世纪的热那亚和威尼斯就产生了，到工场手工业时期流行于整个欧洲。殖民制度以及它的海外贸易和商业战争就是公共信用制度的温室。"[2]与西方国家相比，我国发行国债的历史不长，首次发行政府债券是清政府为了筹集甲午战争军费，由户部向官商巨贾发行了总额为1100多万两的债券。后来，民国时期先后发行过多次政府债券。中华人民共和国成立以后，为了国家经济建设，发行了建设公债。1969年5月11日《人民日报》宣布中国成为第一个既无内债又无外债的国家。此后的20年内，我国一直没有发行过任何国债，直到1979年中国改革开放的年代，政府债券又一次启动发行。

（一）国债的概念及规模

1. 国债的概念。国债是中央政府为了筹措资金而向投资者出具的、承诺在一定时期还本付息的债务凭证。国债不仅仅是国家弥补财政赤字的有效方式，更是实行宏观调控的重要手段。国债与公债不同，公债的概念要大于国债，公债不仅包括国债，还包括由地方政府发行的地方公债。在我国，由于《预算法》规定只有中央政

第七章

---

〔1〕　邓承伟："关于费改税问题的几点思考"，载《财经理论与实践》1999年第1期。
〔2〕　[德] 马克思：《资本论》第1卷，人民出版社1975年版，第822页。

府才有发债权力，因此公债等同于国债。同时国债与财政赤字不同，财政赤字是指一定时期，财政的支出大于税收、国债和国有企业利润收入之差的数额，弥补财政赤字可以通过发行国债，也可以通过增加税收，但相比之下发行国债是更为理想的弥补财政赤字的方案。因为总有"这样一种基于政治的考虑，通过短期借款即可筹到款项太有吸引力了，特别在需求紧迫，而税率提高可能给行政当局带来很大麻烦的时候"。[1]

国债是政府的信用收入，即以信用方式筹集财政收入的一种手段。国债的特点在于：债务人是掌有政权的国家，债权人是个人；国债的信用基础是以政府税收为担保的；国债的清偿，不能由债权人要求强制执行。因此世界上的一些国家如美国确立针对政府债务破产的特殊法则。

2. 国债的规模。国际上通常通过赤字率和国债负担率来衡量一国的债务规模是否适度。赤字率就是财政赤字占 GDP 的比重。1994 年开展的财政金融体制改革，为理顺财政与银行的关系，我国确立了财政赤字不得通过向商业银行透支或向中央银行借款进行弥补的原则。这样，发行国债就成为弥补财政赤字的唯一方式，如此一来国债规模大幅增加，当年国债发行超过了千亿元。而国债负担率则指国债余额占 GDP 的比重，国际上公认的公债负担率为 45% 。

（二）国债政策对宏观经济的调节作用

国债政策是一种有效的财政政策工具。国债政策对宏观经济的调节作用主要体现在它对经济的流动性效应和利率效应上。

1. 流动性效应。所谓国债政策的流动性效应，是指通过改变国债的流动性程度来影响整个社会的流动性状况，从而对经济产生扩张或抑制的作用。国债政策的这种影响主要通过以下两个方面来实现：

（1）调整国债期限。国债可分为长期国债和短期国债。一般情况下，长期国债的流动性低，短期国债的流动性高。当经济处于萧条时，政府通过增加短期国债的发行，以提高整个社会的流动性状况，扩大社会总需求；当经济处于繁荣时，政府通过增加长期国债的发行，以减少国债的流动性，抑制社会总需求。

（2）改变国债资金来源。国债的认购主体可以是银行机构或非银行机构。银行认购国债，会通过扩大信贷规模而增加货币供给量；非银行部门认购国债，只会引起资金使用权的转移，不会引起货币供给量的增加。因此，在经济萧条时，政府应增加银行系统持有国债的份额，以刺激投资和消费需求；在经济繁荣时，政府应从非银行部门借入资金，以减轻通货膨胀的压力。

2. 利率效应。所谓国债政策的利率效应，是指通过调整国债的利率水平和影响其供求状况来影响金融市场利率变化，从而对经济产生扩张性或抑制性效应。国债政策的利率效应是通过确定国债利率水平和改变国债价格来实现的：

---

[1] 陈岱孙：《陈岱孙文集》（上），北京大学出版社 1989 年版，第 76 页。

（1）国债发行利率。国债的利率水平对金融市场的利率变化有重大影响，从而对整个社会的投资需求和消费需求产生影响。当经济萧条时，政府通过调低国债的发行利率，带动金融市场利率水平下降，以刺激投资需求和消费需求；当经济繁荣时，政府通过调高国债的发行利率，推动金融市场利率水平上升，以抑制总需求。

（2）国债的买卖价格。国债价格与利率呈反向变化。在经济衰退时，政府可以大量买进债券，以刺激国债价格上升，使利率水平降低，以产生扩张性效应；在经济繁荣时，政府可以抛售债券，以促使国债价格下跌，使利率水平上升，以产生紧缩效应。

（三）国债法

1. 国债法的概念与立法状况。国债法是指由国家制定的调整国债在发行、流通、转让、使用、偿还和管理等过程中所发生的社会关系的法律规范的总称。它主要规范国家（政府）、国债中介机构和国债投资者涉及国债时的行为，调整国债主体在国债行为过程中所发生的各种国债关系。从一定意义上讲，国债法是具有公法性质的私法。

与民法中的债法不同，国债法调整的是以国家为一方主体所发生的债权债务关系，这与财政法主体的一方始终是国家这一特征是一致的，而且国债是国家取得财政收入的重要途径，其目的是满足社会需要，实现国家职能。因此，国债法是财政法的重要部门法。但是，国债法调整的社会关系的核心是国债主体之间的债权债务关系，即国家作为债务人与其他债权人之间的权利义务关系。因此，国债法与民法特别是与民法中的债法有密切的联系，民法中有关债的理论及其具体规定常常也可适用于国债法。

国外关于国债的立法比较发达。美国早在1917年就有了《自由公债法》，到1942年又发布了《公共债法》。美国现行的有关公共债的法律是1986年制定的《政府债券法》，1993年又对其进行了修订，该法明确规定授予财政部发行国债的权力，财政部可以决定诸如国债的发行规则、发行条件和发行方式等。法国在《财政法》第一部分规定了财政部有发行国家所需资金的债券的权力，至于国债发行数额、发行条件和公布发行日期等则完全由财政部来决定。

我国在1950年、1954年~1958年、1980年至今发行过国内公债。在各期国债发行以前，由国务院制定国债条例，具体规定国债的发行、转让、利率、还本付息和其他相关管理事项。国债条例是规范我国国债管理活动、调整国债主体之间关系的法律依据。1968年国家偿付了全部内外债本息，1968年~1981年，我国是一个既无内债、又无外债的国家。1981年1月，国务院通过《中华人民共和国国库券条例》（以下简称《国库券条例》），决定发行国库券来弥补财政赤字，以后又发行了国家重点建设债券、财政债券、重点企业债券、保值公债、特种公债等。截止到1992年，每年都颁布一个《国库券条例》，对发行对象与方式、发行数额及利率、还本付息的期限、国库券及其他债券的贴现、抵押和转让、国债法律责任、国债管理机构等内容予以规定。

我国自 20 世纪 90 年代初开始建立国债市场以来，相继颁布了很多规范国债市场的法律规定。主要有：国务院颁布的《国库券条例》；财政部颁布的《国债托管管理暂行办法》；中国证券监督管理委员会颁布的《证券交易所管理办法》、《中国证券交易系统有限公司业务规则》、中国人民银行颁布的《跨地区证券交易管理暂行办法》等。

我国现行的"国债法"是 2011 年修订的《国库券条例》，该条例共 14 条，对国库券的发行对象、计算单位、发行国债的条件的确定、发行方式、偿还本息、流通、转让、抵押、筹集资金的使用、国债法律责任等都做了原则性的规定。但该条例过于简单，适用范围也仅限于国库券，不能适应我国经济发展的需要。目前有关部门正在积极起草专门的《国债法》，以期对国债行为和国债涉及的法律关系及法律责任予以明确规定。

2. 国家内债法律制度。

（1）国债的发行。国债的发行指国债售出或被个人和企业认购的过程。它是国债运行的起点和基础环节，其核心是确定国债售出的方式即国债发行的方式。国债的发行主要有 5 种方式：固定收益出售方式、公募拍卖方式、连续经销方式、直接推销方式和综合方式。①固定收益出售方式是一种在金融市场上按预先确定的发行条件发行国债的方式。其特点是认购期限较短，发行条件固定，发行机构不限，主要适用于可转让的中长期债券的发行。②公募拍卖方式亦称竞价投标方式，这是一种在金融市场上通过公开招标发行国债的方式。其主要特点是发行条件通过投标决定，拍卖过程由财政部门或中央银行负责组织，即以它们为发行机构。主要适用于中短期政府债券、特别是国库券的发行。具体的拍卖方法是多种多样的，包括价格拍卖、收益拍卖等。因此，在采用这种发行方式的同时，常常要附加某些限制性条件。其中主要是规定最低标价（出售价格）和最高标价（国债利率），低于最低标价或高于最高标价的投标，发行机构不予接受。③连续经销方式亦称出卖发行法，发行机构（包括经纪人）受托在金融市场上设专门柜台经销，这是一种较为灵活的发行方式。其特点是经销期限不定，发行条件也不定，即不预先规定债券的出售价格，而由财政部或其代销机构根据推销中的市场行情相机确定。通过金融机构和中央银行以及证券经纪人经销转让债券，特别是对向居民家庭发行的储蓄债券且可随时进行调整，这种方式主要适用于不可转让债券。其主要优点是可灵活确定国债的发行条件及发行时间，从而确保国债发行任务的完成。④直接推销方式亦称承受发行法，它是一种由财政部门直接与认购者举行一对一谈判出售国债的发行方式。主要特点是发行机构只限于政府财政部门，而不通过任何中介或代理机构；认购者主要限于机构投资者，其中主要是商业银行、储蓄银行、保险公司、各种养老基金和政府信托基金等；发行条件通过直接谈判确定。这种方式主要适用于某些特殊类型的政府债券的推销。⑤综合方式是一种综合上述各种方式的特点而加以结合使用的

第七章

国债发行方式。在某些国家的国债发行过程中有时不单纯使用上述的任何一种方式，而是将这些方式的其中一些特点综合起来取其所长结合运用。

（2）国债发行价格。国债的发行价格是指政府债券的出售价格或购买价格，即政府债券的发行价格不一定就是票面值，可以低于票面值发行，少数情况下也可以高于票面值发行，所以就有一个发行的行市问题。按照发行价格与其票面值的关系，国债发行可以分为平价发行、折价发行和溢价发行三种发行价格。①平价发行就是政府债券按票面值出售，认购者按国债票面值支付购金，政府按票面值取得收入，到期亦按票面值还本。政府债券按照票面值出售，必须有两个前提条件：一是市场利率要与国债发行利率大体一致。如市场利率高于国债利率，按票面值出售便无法找到认购者或承购者，市场利率低于国债利率，按票面值出售，财政将遭受不应有的损失。二是政府的信用必须良好。惟有在政府信用良好的条件下，人们才会乐于按票面值认购，国债发行任务的完成才能有足够的保障。②折价发行就是政府债券以低于票面值的价格出售，即认购者按低于票面值的价格支付购金，政府按这一折价取得收入，到期仍按票面值还本。债券的发行价格低于票面值的原因是多种多样的：压低行市（压低发行价格）比提高国债的利息率更能掩盖财政拮据的实际情况，不致引起市场利息率随之上升而影响经济的正常发展；在发行任务较重的情况下，为了鼓励投资者踊跃认购而用减价的方式给予额外利益。③溢价发行就是政府债券以超过票面值的价格出售，即认购者按高于票面值的价格支付购金，政府按这一增价取得收入，到期则按票面值还本。政府债券能按高于票面值的价格出售，只有在下述两种情况下才能办到：一是国债利息率高，高于市场利息率以致认购者认为其有利可图；二是国债利率原与市场利率大体相当，但当债券出售时，市场利率出现下降，以致政府有可能提高债券出售价格。

比较上述三种发行价格，从政府财政的角度看，第一种价格即平价发行可以说是最为有利的：①采用这种价格发行国债，政府可按事先规定的票面值取得预期收入，又按此偿还本金，除需按正常的利息率支付一定的债息外，不会给政府财政带来额外负担；②按照票面值出售债券，不会对市场利率带来上涨或下降的压力，抛开政府经济政策的因素不论，这是有利于经济的稳定的；③债券面额与发行价格一致，还有助于避免债券的投机之弊。第三种发行价格即溢价发行，虽可在发行价格上为政府带来一些价差收入，但因溢价只有在国债利率高于市场利率的情况下才能办到，财政也要为此承受高利支出。而且，由于其收入不规则，也不利于财政收支的计划管理。至于第二种发行价格即折价发行，则既不能为财政按票面值带来预期收入，偿还本金支出又要大于实际国债收入，而且还有可能影响市场利率的稳定，于财政更为不利。

（3）国债的还本付息。国债到期之后，就要依发行时的规定，按期如数还本。国债偿还中的一个重要任务，就是慎重地选择偿还方式。国债本金的偿还数额虽然是固定的，但政府在偿还方式上却有很大的选择余地。不论采取什么偿还方式，国债的还本总是会形成财政的一个负担，同时，还本是否能如约进行，既影响到期债券的行市，也影响其他一切债券的行市，对债券持有者和政府都是利害攸关的。这就要求国债的偿还必须有较为稳定且充足的资金来源。国债发行之后，除短期国债外（已通过折价发行预扣利息），在其存在的期间内必须付息。由于国债在发行时已经规定了利息率，每年应付的利息支出是固定的，政府在国债付息方面的主要任务，便是对付息方式，包括付息次数、时间及方法等作出相应安排。

（4）国债市场。国债是一种财政收入形式，国债券是一种有价证券。证券市场是有价证券交易的场所，政府通过证券市场发行和偿还国债，意味着国债进入了交易过程。而在证券市场中进行的国债交易即为国债市场。国债市场是证券市场的构成部分，同时又对证券市场具有一定的制约作用。国债市场一般具有两个方面的功能：①实现国债的发行和偿还。如前所述，国家可以采取固定收益出售方式和公募拍卖方式在国债市场的交易中完成发行和偿还国债的任务。②调节社会资金的运行。在国债市场中，国债承销机构和国债认购者以及国债持有者与证券经纪人从事的直接交易，国债持有者和国债认购者从事的间接交易，都是社会资金的再分配过程，最终使资金需要者和国债需要者得到满足，使社会资金的配置趋向合理。若政府直接参与国债交易活动，以一定的价格售出或收回国债，就可以发挥诱导资金流向和活跃证券交易市场的作用。

在现代社会，主要发达国家的国债大都是通过国债市场发行的，并有相当一部分是通过国债市场偿还的。近年来，随着国债规模扩大和对社会资金运行调节的必要性的认识的增强，发展中国家也开始重视国债市场的作用，并逐步建立适应本国国情的证券市场和国债市场。

国债市场按照国债交易的层次或阶段可分为两个部分：一是国债发行市场；二是国债流通市场。

国债发行市场指国债发行场所，又称国债一级市场或初级市场，是国债交易的初始环节。发行市场上进行的一般是政府与证券承销机构如银行、金融机构和证券经纪人之间的交易，通常由证券承销机构一次全部买下发行的国债。

我国 1981 年恢复发行国债之初，主要采取行政摊派方式，由财政部门直接向认购人（主要是企业和居民个人）出售国债，带有半摊派的性质。中国真正意义上的国债发行市场始于 1991 年。该年 4 月，财政部第一次组织了国债承销团，有 70 多家国债中介机构参加了国债承销。1993 年建立了一级自营商制度，当时有 19 家金融机构参加，承销了 1993 年第三期记账式国债。所谓一级自营商，是指具备一定的条件并由财政部认定的银行、证券公司和其他非银行金融机构，它们可以直接向财政部承销和投标竞销国债，并通过开展分销、零售业务，促进国债发行，维护国债发行市场顺畅运转。

我国国债发行市场经过几年的发展已基本形成。其基本结构是：以差额招标方式向国债一级承销商出售可上市国债；以承销方式向承销商（如商业银行和财政部门所属国债经营机构）销售不上市的储蓄国债（凭证式国债）；以定向招募方式向社会保障机构和保险公司出售定向国债。这种发行市场结构，是多种发行方式搭配使用，适应我国当前实际的一种发行市场结构。

国债流通市场又称国债二级市场，是国债交易的第二阶段。二级市场上进行的一般是国债承销机构与认购者之间的交易，也包括国债持有者与政府或国债认购者之间的交易。它又分为证券交易所交易和场外交易两类。证券交易所交易指在指定的交易所营业厅从事的交易，不在交易所营业厅从事的交易即为场外交易。

我国从 1981 年恢复发行国债到 1988 年的 7 年期间，还没有国债二级市场。债券在一定期限终止了持券人的购买力，使持券人感到不方便。因此，解决居民手中债券的变现问题，就成为当务之急。1985 年曾经实行过一个贴现办法，但是实行起来效果并不好，因而建立国债流通市场是既方便居民，又防止购买力膨胀的重要途径。

我国从 1988 年开始，首先允许 7 个城市随后又批准了 54 个城市进行国库券流通转让的试点工作。允许 1985 年和 1986 年的国库券上市，试点地区的财政部门和银行部门设立了证券公司参与流通转让工作。试点主要是在证券中介机构进行，因而中国国债流通市场始于场外交易。1991 年又进一步扩大了国债流通市场的开放范围，允许全国 400 个地区市一级以上的城市进行国债流通转让。同时，国债承销的成功，证券机构的迅速增加，这些都促进了场外市场交易活跃起来。时至 1993 年，场外交易量累计达 450 亿元，大于当时的场内交易量。但是，场外交易具有先天弱点：管理不规范，信誉差，拖欠现象严重，容易出现清算与交割危机；统一性差，地区牌价差价大，买卖差价大；不少场外市场有行无市等。这些因素导致场外市场交易不断萎缩，至 1996 年场外市场交易量的比重已不足 10%。与此同时，场内交易市场虽然起步较晚，但由于自身优势却获得稳步发展。目前场内交易主要集中在四家场所：上海证券交易所、深圳证券交易所、武汉国债交易中心（1992 年建立，专营国债转让）、全国证券交易自动报价中心。由于这些场所的管理相对规范，信誉良好，市场统一性强，因而保证了场内交易量的稳步增长，至 1996 年其交易量已占整个国债交易总量的 90% 以上。当前中国国债流通市场的结构已形成以场内交易为主、以证券经营网点的场外交易为辅的基本格局，基本上符合中国当前的实际。

我国自 1991 年兴起国债回购市场。所谓国债回购，是指国债持有人在卖出一笔国债的同时，与买方签订协议，承诺在约定期限后以约定价格购回同笔国债的交易。如果交易程序相反，则称国债逆回购。国债回购是在国债交易形式下的一种融券兼融资活动，具有金融衍生工具的性质。国债回购为国债持有者、投资者提供融资，是投资者获得短期资金的主要渠道，也为公开市场操作提供工具。因而国债回购业务对国债市场的发展有重要的推动作用。但国债回购市场的不规范，也会产生副作用，如买空卖空现象严重，回购业务无实际债券作保证，回购资金来源混乱以及资金使用不当等，都会冲击金融秩序。我国 1995 年曾对国债回购市场进行整顿，整顿后国债回购市场逐步走向正轨。为了有序地发展国债市场，首先，巩固和发展交易所内的回购市场；其次，建立规范的场内回购市场，建立统一托管清算体系，杜绝买空卖空，打击市场分割；最后，加大中央银行公开市场操作力度，使国债回购成为公开市场操作的有效工具。

我国于1992年10月还曾一度推出国债期货市场。所谓期货交易是相对现货交易而言，其特点是买卖双方债券所有权的转让和货款的交割时间分割开来，双方签订交易合同后不是立即付款和交付债券，只是到了约定的交割时间才进行买方付款，卖方交付债券。期货合同有四个要素：约定的时间、约定的价格、约定的国债品种、约定的交易数量。其约定的国债品种即为期货交易的标的国债。推出国债期货伊始，投资者反应冷淡。随着证券市场的发展以及人们金融意识的增强，上海证券交易所也于1993年10月正式推出规范式的国债期货合同，从此国债期货日益为广大投资者认同，成交量日益扩大，从日成交量不到亿元发展到日成交量超过千亿元。但是，由于我国发展国债期货市场的条件还不成熟，又加上法规建设滞后，1994年下半年至1995年上半年之间曾发生多起严重违规事件，在监管部门采取提高保证金比率、实行涨停板制度、规定最高持仓量等措施后仍难以走上正轨，于是国务院于1995年5月宣告国债期货的试点暂停。

（5）国债的管理。国债管理是指一国政府通过国债的发行、使用、偿还等活动，对国债的总额增减、结构变化、利率升降等方面制定适当方针，采取有效措施，以达到筹借财政资金与稳定经济的目的。国家运用经济手段、行政手段和法律手段对国债进行宏观调控，包括对国债的总量控制与结构调整、降低国债管理成本、利用国债对国民经济进行宏观调控等。

国债管理的主要内容包括以下几个方面：①国债总额的调控。国债的总额是指当年新债额与历年积累额的总和。一般说来，国债的当年发行取决于政府的需要，即决定于政府预算收支的差额，它主要用于公益事业的建设和弥补财政赤字。国债总额的调控是国债管理的重要内容，它是指国家的国债管理部门为实现一定的经济和社会目标而对国债总额进行的调度和控制。通常，政府通过其财政部或中央银行在市场上买卖国债就能够实现对国债总额的调节。在国债总额的控制方面，一直有国债限额论和国债无限额论两种不同的观点。有的国家在事实上还规定了国债上限，财政部不得逾越，以此来控制国债的总额。②国债结构的调控。国债结构包括国债的类型结构、所有权结构和期限结构三方面，国家可以在经济周期的不同阶段采取不同的措施，以求通过改变国债的结构来达到稳定经济的目的。国债可分为多种类型，不同类型的国债必然有不同的所有者和不同的期限，从而形成国债的所有权结构和期限结构。通常，在国债管理方面，通过改变国债的类型结构和期限结构，都能够影响到所有权结构的改变，而所有权结构的变化，则会直接影响到社会经济的运行和稳定。例如，个人持有国债一般不会引发通货膨胀，而商业银行持有国债则能膨胀信用。因此，在力求充分就业时应扩大个人的国债持有份额，在经济萧条时则应增加商业银行持有的国债的份额。③国债的利息率的调控。国债的利息率是调控经济运行的一个重要杠杆，对于国债的利息率的确定，一般有两种观点：一种观点认为国债的利息率不应太高。因为如果国家发行国债的利息率较高，则不仅会增加国家付息的压力，而且会使人们把用于投资的资本用于购买国债，导致市场利息率上升，不利于生产投资和经济发展。另一种观点则认为，国债的高利息率对经济的发展是有利的。因为它能够给资本的拥有者带来较高的利息收入。但目前一般认为，上述第一种观点是较为可取的，即国债的利息率不应定得太高。

3. 国家外债法律制度。外债又称国外借贷，是相对一个国家的国内借贷而言的。外债，是在特定的时间，居民对非居民承担的具有契约性偿还义务的全部债务。不仅向境外直接贷款算外债，而且对外延期付款，以及国际租赁等调入商品或设备，将来以资金形式偿付的，也属外债范畴。我国外债是指中国境内机构和单位对中国境外的国际金融组织、外国政府和金融机构与企业或其他机构用外国货币承担的具有契约性偿还义务的全部债务。

按照借债和偿债方式的不同，我国外债可分为统借统还外债、统借自还外债和自借自还外债等形式：

统借统还外债即国家统借统还外债，通常由财政部办理，其收支列入中央预算。统借自还外债一般是指由有权受理外国政府贷款和国际金融组织贷款的政府部门（包括财政部、中国人民银行、外经贸部等）代为借入，由地方或部门等用款单位自己偿还的外债。实际情况是，为了维护国家信誉，国家财政不仅承担了统借自还的债务，而且还为自借自还债务承担了还债责任。因此统借自还和自借自还外债都有可能转化为统借统还债务。以我国政府为债务人向境外发行债券只是外债的一部分。

按照偿还的期限的不同，外债可以分为两类：①中长期外债，即偿还期限在1年以上的外债；②短期外债，即偿还期限在1年或1年以下的外债。通常认为，短期外债以不超过外债总额的25%为宜。

我国举债途径有：①根据与国外政府间的协议取得的政府贷款；②国际金融组织的贷款；③在国外发行债券。

国家对外债的管理主要包括结构管理、统计监测管理和国家外债的偿还管理。现行国家的外债管理体制属于统一管理、分工负责的外债管理体制，即在国务院统一领导下，由国家计委、财政部、中国人民银行三个部门共同实施分工管理。国家计委负责制定全国年度及中长期利用外债计划，会同有关部门共同审批外债的立项；财政部负责对纳入国家预算的国外借款的监督管理，建立全国统一的利用外债财务会计制度；中国人民银行通过国家外汇管理局负责对利用国外商业贷款的审批，并对全国外债进行统计监测。

按照现行管理体制，国家统借外债有5个借款窗口：财政部负责世界银行项目贷款；对外贸易经济合作部负责政府双边贷款；中国人民银行负责国际货币基金组织贷款、亚洲开发银行贷款和非洲开发银行贷款；农业部负责农业开发基金贷款；中国银行负责日本输出入银行能源贷款。

思 考 题

1. 什么是财政？财政的功能有哪些？
2. 试述财政政策的目标和工具。
3. 试论财政法的基本原则。
4. 什么是政府采购？其特点是什么？
5. 什么是财政补贴？
6. 试论国债政策对宏观经济的作用。

第 8 章
货币政策与中央银行法

第一节　货币政策的概念、目标和工具

一、货币政策的概念

货币政策是中央银行或者货币当局运用各种金融工具通过调整货币供应量，进而对宏观经济进行调节的一种手段或措施。货币政策的目的是通过调控货币供应量或信用供应量，影响整个国民经济。[1]简而言之，决策者关于货币供给的决策构成货币政策。[2]中国人民银行设立货币政策委员会，在综合分析宏观经济形势的基础上，依据国家宏观调控目标，讨论货币政策的制定和调整、一定时期内的货币政策控制目标、货币政策工具的运用、有关货币政策的重要措施、货币政策与其他宏观经济政策的协调等涉及货币政策等重大事项。货币政策在国民经济中的特殊地位，决定了其在一国经济发展中具有重要作用：

1. 货币政策是国家整个宏观经济政策的一个组成部分，是国家实施宏观调控的一种手段。如同国家实施产业政策、财政政策、价格政策等其他宏观经济政策的目的一样，国家实施货币政策，也是为了有效地调整经济运行，保证国民经济健康、有序地发展。

2. 货币政策是重要的经济政策，在国家整个宏观调控体系中处于基本决策的重要地位。这种地位，首先是由于货币及其货币流通本身在商品经济中所处的重要地位决定的。货币是实现商品交换的手段，没有货币就不会有商品交换存在，同时货币流通是商品流通的前提，没有货币流通就不会有真正的商品流通。其次，货币政策实施的有效性，对金融货币形势、对国民经济其他各部门的影响都非常大。国家在对各项宏观经济政策进行决策时，无论是对产业政策，还是对财政政策，抑或是对价格政策的决策都必须考虑货币供应及货币政策状况。

3. 货币政策是宏观经济的调节工具，具有调节经济的作用。在市场经济体制

---

[1]　曹凤岐：《货币金融管理学》，北京大学出版社 2008 年版。

[2]　〔美〕N. 格里高利·曼昆：《经济学原理》（第七版），梁小民、梁砾译，北京大学出版社 2015年版。

下，中央银行根据市场所反映出来的真实的社会总需求和总供给状况，运用货币政策的调节手段，诸如通过公开市场业务、调整再贴现率、变动准备金率等，以控制货币数量，制约商业银行的信贷活动，引导整个社会的经济行为，从而调节国民经济，实现宏观经济目标。

4. 货币政策是通货膨胀的"制动器"，有抑制经济非正常发展的作用。在经济过热、通货膨胀严重的情况下，通过紧缩货币供应量、提高利率等货币政策的间接调控方式，货币政策成为经济与币值稳定与否的指示器。货币政策素有"逆对现行经济风向"的规则，如发生了通货膨胀，一国货币当局就必须使用货币政策这个"制动器"来收缩货币与信用，反之则需要扩张货币与信用。

二、货币政策的目标

当宏观经济运行出现供求缺口（通货膨胀缺口或是通货紧缩缺口）时，总是可以通过价格机制的作用进行调节，以达到总需求和总供给相匹配的均衡状态。但由于现实经济运行往往受到各种各样不确定因素的干扰和影响，宏观经济原有的均衡常常会被打破，并引发经济波动。从理论上说，这种波动可以通过价格机制自身的作用而加以消除，但由于价格变动的缓慢性，需要相当长的时间才能使经济系统恢复平衡。在这个时期，人们会遭受长时间的通货膨胀或紧缩痛苦。因此，政府应当积极运用货币政策来调节宏观经济运行，以确保宏观经济的平稳、持续发展。货币政策能否发挥调节经济运行、消除经济波动的作用，必须依赖发达而完善的货币政策传导机制及其相应的制度基础和结构条件。一般来说，货币政策作用的传导机制包括货币政策最终目标、中介目标和货币政策工具。

（一）货币政策的最终目标

货币政策的最终目标是指货币当局通过调控货币、信用和外汇政策等而达到的最终目标。由于货币政策的实质是为经济发展服务的，因而，货币政策的组织实施并不是最终目的，而是过程。因此货币政策的最终目标就要与国民经济的各项目标一致，并且须围绕着最终目标实施、检验和调整货币政策。一般来说，货币政策的最终目标有：促进经济增长、稳定物价、充分就业、国际收支平衡等。

1. 促进经济增长。经济增长常常是各国政府追求的主要经济政策目标。经济增长问题的实质是，为了提高包括下一代在内的未来世代的消费水平，应该在多大程度上抑制或促进现在的消费，将有限的资源恰当地分布在消费和投资上，从而促进经济的持续增长。二战以后随着国民收入制度的标准化，使得衡量经济增长的指标更加明确，各国之间的经济增长也具备了相互比较的基础，从而刺激了各国采取高速经济增长的动机。目前，各国通常使用的指标是国民生产总值（或国内生产总值）的增长率或者人均国民生产总值（或人均国内生产总值）。这种表示方法也有不足之处，如经济增长为人们所带来的利益，也有可能小于实现经济增长所要付出的代价，如果把经济增长只是看作简单的扩大生产，就很容易造成对环境的破坏。

2. 稳定物价。稳定的物价是经济健康发展的前提，而实现稳定物价的目标就是

要控制通货膨胀。目前衡量物价稳定的指标主要有：消费物价指数、批发物价指数、国民生产总值平减指数。稳定物价并不是一定要将通货膨胀率减少至零，而是要根据各国的实情，将通货膨胀率确定至一个合理的标准。

3. 充分就业。充分就业不仅有利于经济资源的完全利用和有利于整个经济的效率提高，而且能够刺激节约劳动的技术革新，从而提高劳动生产率和实际工资，并为人民提供生活保证，因而充分就业是重要的经济政策目标之一。但充分就业并不意味着失业率为零。因为失业有不同种类型，有由于不同地区和行业之间的流动所造成的摩擦性失业，也有由个人原因所造成的自愿性失业，而这些类型的失业并不是充分就业目标所控制的对象。充分就业的目标是控制由经济周期所带来的失业和由劳动力的相对过剩所造成的失业。

4. 国际收支平衡。国际收支平衡也是一个重要但不容易调控的目标。一个国家的国际收支反映着该国与世界其他国家之间的贸易情况，通过国际间的商品劳务和资本流动，国内外商品市场、金融市场连为一体，相互影响。一国的商品市场和金融市场发生供求失衡，会通过国际收支途径传递到国外；同样，外国商品市场和金融市场的供求失衡，也会通过国际收支途径传递到国内而影响国内经济。理想的结果是所有国家的国际收支都达到平衡。一个国家的盈余意味着别国的赤字，然而长期的大量盈余或者赤字，都会带来经济问题。当一国国际收支出现长期或巨额盈余时，常常会导致国际储备累计增加，造成货币供给量增长，使得物价水平上升，加剧通货膨胀。若盈余是由于出口过多造成的，那么国内可使用的自然资源就会减少，长期下去势必会影响本国的经济发展速度。同理，国际收支赤字并不一定是坏事，因为逆差意味着本国得到了所需要的外国商品和服务，或提供了对外援助，或增加了在国外的投资。当然，不能这样无限地持续下去，因为承受逆差的能力总有一天会耗尽。当一国国际收支出现长期或巨额赤字时，会带来国际储备的枯竭，造成国内资源闲置，国内需求不足，从而影响国内经济的发展。因此，一国的国际收支平衡需要在保障经济有适当增长的同时，力图使得经济增长率能够适应该国的进口需求和利用外资的需求。

货币政策的四个基本目标彼此存在矛盾。其一，稳定物价与经济增长的矛盾。适度的通货膨胀会刺激投资和产出的增加，促进经济增长。现代市场经济的实践也表明，经济增长往往伴随着物价上涨。其二，稳定物价与充分就业的矛盾。英国经济学家菲利普斯（A. W. Phillips）认为，要实现充分就业，就必须扩张信用和增加货币供应，刺激投资和消费者有效需求的增加，但总需求增加将引起物价水平的上涨。其三，稳定物价与国际收支平衡的矛盾。比如在出现通货膨胀情况下，有时要采取提高利率的措施，这将导致资本涌入，可能产生国际收支失衡。其四，经济增长与充分就业的矛盾。经济增长与充分就业在短时间内具有正相关的关系，但随着经济的发展，工业化程度普遍提高，资金密集型产业和高科技产业逐渐取代劳动密集型产业，将排斥大量的普通劳动者。其五，充分就业与国际收支平衡的矛盾。充

第八章

分就业条件下，工资有上升的压力，从而可能引发价格上涨，人们更愿意购买价格相对较低的进口商品，导致国际收支失衡。其六，经济增长与国际收支平衡的矛盾。经济增长，进口的需求会增加，但出口难以随之增加，出现贸易逆差；为了恢复国际收支平衡，只能压缩进口需求，这便会抑制国内有效需求，导致经济增长速度放缓。因此，只要存在多重目标，难免产生顾此失彼的现象。

《中国人民银行法》第3条规定，我国的货币政策基本目标是保持货币币值的稳定，并以此促进经济增长。这说明我国货币政策基本目标采取"双重目标论"，稳定货币币值是首要目标，促进经济增长是最终目标。稳定货币币值是经济增长的前提，稳定货币币值的目的是促进经济增长；经济增长的实现有赖于货币币值的稳定，并为稳定货币币值创造良好的环境。

（二）货币政策的中介目标

货币政策的最终目标是一个长期的目标，它只能为货币当局制定措施提供指导思想，却不能提供详细具体的数量依据。因为，最终目标通常是指一定时期（往往是1年以上）最后达到的目标。它的统计资料常常需要较长时间汇集整理，而这些工作需要各个经济部门共同协作，绝非货币当局独自能完成的，因而货币当局也就不可能在短期内迅速和全面地掌握这些资料。例如，绝大多数国家把平均每人增加的国民收入作为主要的最终目标，这里面就包含了高度就业、经济增长、物价水平等内容，而这些方面的指标（如国民生产总值和国民生产总值平减指数）一般都是较长时间（常常是每个季度）编制一次。因此，货币当局为了能够经常（每月甚至每周）掌握经济变化的情况，必须找出短期的、数量化的、较准确的指标，作为实现最终目标的中介，这就必须建立货币政策的中介目标。所谓货币政策的中介目标，就是指与货币政策的最终目标密切相关，能够较准确地观测度量，期限较短（如每旬，每月，每季等），数据的稳定性较好，及能体现货币政策要求的一些金融数量指标。中介目标不仅要能影响最终目标，而且要能被货币当局通过适当的货币政策操作工具有效控制。鉴于此，各国货币政策的中介目标因国情而异往往采用不同的形式。另外，中介目标也有广义和狭义之分。广义的中介目标分为近期目标（常称操作目标）和远期目标，近期目标离最终目标更远，离货币政策工具更近，更易受货币政策工具直接控制并反映其变动效应。主要货币政策的中介目标有：利率、货币供给量、超额准备金、基础货币等。

1996年，央行采用货币供应量M1和M2作为货币政策的调控目标，标志着我国开始引入货币政策中介目标。货币供应量，是指处于某时点处于流通中的货币总量。我国的货币政策中介目标指广义的货币供应量（M2）。货币供应量是货币乘数与基础货币的乘积。

通过影响货币的供给侧，货币供应量能够调控社会总供给与社会总需求，使经济达到均衡。当社会总需求膨胀，可能导致通货膨胀甚至经济泡沫时，可减少货币供应量，采取紧缩银根的策略，其原因至少包括：①从消费角度观察，货币供应量的减少将导致纸币的购买力上升，物价下跌，抑制人们的消费欲望；②从投资角度观察，货币供应量的减少将推高贷款利率，增加投资成本，导致投资和生产萎靡，从而达到抑制社会总需求的目的；③从出口角度观察，货币供应量的减少将导致本币坚挺，外币贬值，本国进口商品增多，平抑物价。当社会总需求不足，可能导致通货紧缩甚至经济滞涨时，可增加货币供应量，采取纸币贬值的策略，其原因至少包括：①从消费角度观察，货币供应量的增加将导致纸币的购买力下降，物价上涨，激发人们的消费欲望；②从投资角度观察，货币供应量的增加有利于贷款利率的降低，减少投资成本，拉动投资增长和生产扩大，从而达到提振社会总需求的目的；③从出口角度观察，货币供应量的增加将导致本币贬值，出口商品增加，提振国内相关产业。

2008 年，美国次贷危机引发国际性金融危机，对我国经济造成极大冲击。为此，中国人民银行实行了适度宽松的货币政策，综合运用多种政策工具，从而稳定市场信心。中国人民银行先后采取 4 次下调人民币存款准备金率，放松银行信贷规模控制，逐步调减中央银行票据发行规模和频率等方式间接调控我国货币供应量，进而促进宏观经济复苏及平稳运行。

三、货币政策的工具

货币政策工具是实现货币政策中介目标和最终目标的重要手段，货币当局为达到控制货币政策的中介目标，进而作用于最终目标，影响经济活动的目的，必须运用一定的货币政策操作工具。通过对这些工具的使用，使得货币当局资产负债表中的各个项目发生变化，相应地也影响了金融机构资产负债表中的各个项目发生变化，从而影响货币供给量。中央银行的货币政策工具可以分为经济手段类的政策工具和行政手段类的政策工具。

（一）作为经济手段的政策工具

经济手段类的货币政策工具包括法定存款准备金率、再贴现率和公开市场业务，一般将这三大工具称为中央银行的"三大法宝"，经济手段类的货币政策也被称为一般性的货币政策工具。经济手段类货币政策工具之运用可以对整体金融系统的货币信用与收缩产生全面影响。

1. 法定存款准备金率。法定存款准备金率指商业银行以及其他金融机构缴存在中央银行的存款准备金占吸收存款的比率。建立法定存款准备金是为了保持银行资产的流动性，提高银行等金融机构的清偿能力，从而保证存款人的利益和金融体系的安全。

凡是实行中央银行体制的国家，一般都实行法定存款准备金制度。按照法律的规定，各金融机构都必须把自己吸收的存款按一定的比率存入中央银行。设置法定存款准备金制度最开始是出于确保银行付现能力的安全性考虑，现在已演变成中央银行控制信贷和货币供给量的重要工具。中央银行在法定授权范围内，通过提高或降低存款准备比率来削弱或增强各银行的信贷能力，从而达到收缩或扩张信贷和货币供给的能力。提高（或降低）法定存款准备比率，实际上就是冻结（或解冻）商业银行的一部分超额准备金，从而在很大程度上限制（或加强）了商业银行体系创造派生存款的能力，进而减少（或增加）信贷和货币供给量。中央银行不仅在总量上可以通过法定存款准备比率控制货币供给，而且在结构上可利用存款准备金制度获得相当数量的资金，经过调剂分配，用于优先发展的部门或企业。

目前，各国采用的存款准备金制度大致有两种：①一般存款准备率，即按商业银行存款总额的一定比率上缴中央银行存款准备金；②累进存款准备率，即采用累进比率，按存款增加幅度上缴存款准备金。后一种比较灵活，也比较复杂，使用的国家不占多数。在期限上，一般来说，存款期限越短，规定的准备率就越高。

法定存款准备金率作为货币政策操作工具所起的作用是很明显的：它不仅直接影响商业银行的货币创造能力，而且其他货币政策操作工具都要以它为基础才能正常地发挥作用，但它也有明显的局限性：①准备金率调整的最终效果比较猛烈，不宜做日常调控的工具；②当法定准备金率很高，而准备金又不付利息时，往往出现金融机构以各种方式逃避缴存准备金；③无息上缴存款准备金后，商业银行出于盈利的目的，或是提高贷款利率或是降低存款利率，导致资金流出金融体系，使企业得以绕过金融体系进行直接信贷。为了解决后面两个难题，许多国家的中央银行对法定准备金采取支付利息的办法。

2. 基准利率。基准利率是金融市场上具有普遍参照作用的利率，其他利率水平或金融资产价格均可根据这一基准利率水平来确定。在我国，一般民众把银行一年定期存款利率作为市场基准利率指标，银行把隔夜拆借利率作为市场基准利率。中央银行直接调整商业银行的存贷款基准利率，商业银行则在基准利率的基础上上浮或下调基准利率水平。

当中央银行提高商业银行的存、贷款利率时，会导致居民减少消费，增加储蓄，使得商业银行供给社会的资金扩大，有可能扩大社会产出，但另一方面，也会导致企业筹措资金的成本增加，抑制企业对信贷资金的需求，致使投资收益较低的投资者退出投资领域，投资需求减少，宏观经济增长趋于平缓。相反，利率下跌则导致居民增加消费，减少储蓄，使得商业银行供给社会的资金减少，有可能降低社会产出，但另一方面，也会导致企业筹措资金的成本减少，刺激企业对信贷资金的需求，增加投资需求，宏观经济走势高涨。

在发达的市场经济国家，中央银行一般调整银行间同业拆借利率实施金融调控，甚少直接控制商业银行的存贷款利率水平。其存贷款利率实行市场化。利率市场化是指金融机构在货币市场经营融资的利率水平由市场供求来决定。它包括利率决定、利率传导、利率结构和利率管理的市场化。实际上，它就是将利率的决策权交给金融机构，由金融机构自己根据资金状况和对金融市场动向的判断来自主调节利率水平，最终形成以中央银行基准利率为基础，以货币市场利率为中介，由市场供求决定金融机构存贷款利率的市场利率体系和利率形成机制。

第八章

　　利率市场化是中国金融改革的重要内容。1996 年，央行正式启动了利率市场化改革。参考国际经验及相关理论，我国的利率市场化改革选择了渐进的模式。我国利率市场化改革的总体思路为：先外币，后本币；先贷款，后存款；先长期、大额，后短期、小额。改革具体进程为：首先，货币市场利率市场化；其次，资本市场利率市场化；最后，金融机构存贷款利率市场化。存款利率市场化方面，2004 年 10 月年 10 月，人民银行决定允许人民币存款利率下浮，所有存款类金融机构对其吸收的人民币存款利率，可在不超过各档次存款基准利率范围内浮动，但存款利率上限严格管理，即实行"管住上限，放开下限"的政策。利率下浮促进了外资银行和商业银行开展非利率竞争。1998 年～1999 年人民银行连续三次扩大金融机构贷款利率浮动区间，并要求各金融机构建立贷款内部定价和授权制度。2004 年 1 月 1 日，人民银行在此前两次扩大金融机构贷款利率浮动区间的基础上，再次扩大贷款利率浮动区间。商业银行、城市信用社贷款利率浮动区间扩大到基准利率 0.9 倍～1.7 倍，农信社贷款利率浮动区间扩大到基准利率 0.9 倍～2 倍，贷款利率浮动区间不再根据企业所有制性质、规模大小分别制定。2005 年～2010 年期间，受国际市场大宗商品价格暴涨暴跌、美国次贷危机引发的全球性金融危机，欧债危机等多种外部因素影响，我国利率市场化没有出台实质性政策措施，存贷利率市场化被搁置。

　　2010 年，我国"十二五"规划再度要求稳步推进利率市场化。2012 年 6 月，中国人民银行下调存贷款基准利率，将金融机构存款利率浮动区间的上限调整为基准利率的 1.1 倍；贷款利率浮动区间的下限调整为基准利率的 0.8 倍，利率市场化得以再度重启。2013 年 7 月 19 日，经国务院批准，中国人民银行决定，自 2013 年 7 月 20 日起全面放开金融机构贷款利率管制。2014 年 11 月 22 日至 2015 年 5 月 11 日，中国人民银行先后三次调整决定结合推进利率市场化改革，将金融机构存款利率浮动区间的上限由存款基准利率的 1.1 倍调整为 1.5 倍～2 倍；其他各档次贷款和存款基准利率相应调整，并对基准利率期限档次作适当简并。2015 年 3 月 1 日，中国人民银行决定结合推进利率市场化改革，将金融机构存款利率浮动区间的上限由存款基准利率的 1.2 倍调整为 1.3 倍。2015 年 5 月 11 日，中国人民银行决定结合推进利率市场化改革，将金融机构存款利率浮动区间的上限由存款基准利率的 1.3 倍调整为 1.5 倍。2015 年 8 月 26 日，中国人民银行决定，放开一年期以上（不含一年期）定期存款的利率浮动上限，活期存款以及一年期以下定期存款的利率浮动上限（1.5 倍）不变。此次调整仍继续保留一年期以内定期存款及活期存款利率浮动上限不变，体现了按照"先长期、后短期"的基本顺序渐进式放开存款利率上限的改革思路，也与国际上的通行做法相一致。按此顺序推进利率市场化改革，有利于培育和锻炼金融机构的自主定价能力，为最终全面实现利率市场化奠定更为坚实的基础；也有利于稳定金融机构的存款付息率和整体筹资成本，促进降低社会融资成本，对于保持经济持续健康发展具有积极意义。自 2015 年 10 月 24 日起，中国人民银行决定对

第八章

商业银行和农村合作金融机构等不再设置存款利率浮动上限。

伴随着我国的利率市场化改革，2015年10月，我国已经完全放开利率管制。中国人民银行仍将在一段时期内继续公布存贷款基准利率，作为金融机构利率定价的重要参考，并为进一步完善利率调控框架提供一个过渡期。待市场化的利率形成、传导和调控机制建立健全后，将不再公布存贷款基准利率。

利率管制的基本放开，对优化资源配置具有重大意义。在利率市场化条件下，利率的价格杠杆功能将进一步增强，推动金融资源向真正有资金需求和发展前景的行业、企业配置，有利于发挥市场在资源配置中的决定性作用。特别是在当前我国经济处在新旧产业和发展动能转换接续的关键期，放开利率管制可为金融机构按照市场化原则筛选支持的行业、企业提供更大空间，有利于稳增长、调结构、惠民生，促进实现经济健康可持续发展。利率管制的基本放开，为推动金融机构转型发展注入新的动力。随着存款利率上限的放开，金融机构在利率受保护情况下"规模即效益"的传统经营模式将不可持续，有利于推动金融机构树立起"以利润为中心"的经营理念，加快转变经营模式，完善定价机制，提高自主定价能力，实现差异化、多元化、持续化经营，切实提升金融服务水平。利率管制的基本放开，为货币政策调控框架转型创造了条件。随着金融创新发展，作为中介目标的货币总量与经济增长、物价等最终目标之间的相关性也有所降低。利率市场化有利于促使利率真正反映市场供求情况，为中央银行利率调控提供重要参考，从而有利于货币政策调控方式由数量型为主向价格型为主转变。从国际经验看，强化价格调控是提高宏观调控效率的必然选择，而放开利率管制是实现这一转变的根本前提。

取消对利率浮动的行政限制，并不意味着央行不再对利率进行管理，只是利率调控会更加倚重市场化的货币政策工具和传导机制。从这个角度讲，利率市场化改革将进入新阶段，核心是要建立健全与市场相适应的利率形成和调控机制，提高央行调控市场利率的有效性。一是通过央行利率政策指导体系引导和调控市场利率。借鉴国际经验，我国正在积极构建和完善央行政策利率体系，央行以此引导和调控包括市场基准利率和收益率曲线在内的整个市场利率，以实现货币政策目标。对于短期利率，人民银行将加强运用短期回购利率和常备借贷便利（SLF）利率，以培育和引导短期市场利率的形成。对于中长期利率，人民银行将发挥再贷款、中期借贷便利（MLF）、抵押补充贷款（PSL）等工具对中长期流动性的调节作用以及中期政策利率的功能，引导和稳定中长期市场利率。二是各类金融市场以市场基准利率和收益率曲线为基准进行利率定价。货币市场、债券市场等市场利率可以依上海银行间同业拆借利率（Shibor）、短期回购利率、国债收益率等来确定，并形成市场收益率曲线。信贷市场可以参考的定价基准包括贷款基础利率（LPR）、Shibor、国债收益率曲线等，在过渡期内央行公布的贷款基准利率也仍可发挥一定的基准作用。各种金融产品都有其定价基准，在基准利率上加点形成差异化、客户化的利率体系，但万变不离其宗，都围绕市场基准利率变动。三是进一步理顺利率传导机制。在完善央行政策利率体系、培育市场基准利率的基础上，人民银行将进一步理顺从央行政策利率到各类市场基准利率，从货币市场到债券市场再到信贷市场，进而向其他市场利率乃至实体经济的传导渠道。同时，通过丰富金融市场产品，推动相关价格改革，提升市场化利率传导效率。

3. 再贴现。贴现是票据的持有人将未到期的票据向银行兑取现款。银行根据市场的利息率和票据的信誉程度，规定一个贴现率（票据的贴现利息与票据到期时应还款金额的比率），贴现时扣去从贴现日至到期日的贴现利息，然后将票面的余额支付给票据持有人。再贴现是指商业银行或者其他金融机构以贴现所获得的未到期票据向中央银行所做的票据转让。由于商业银行可以凭商业票据对企业进行贴现放款，因而商业银行经常持有大量的商业票据。如果商业银行感到资金短缺，可以用这些票据向中央银行进行再贴现以取得现金，因此中央银行可以通过调整再贴现率收缩商业银行的信用。商业银行向中央银行进行再融资的形式是多样的，除再贴现外，中央银行还可以发放以国库券为抵押的贷款，利用回购协议方式向商业银行购入证券，因此抵押贷款利率与再贴现率一样，可以随时调整，对商业银行的信贷活动具有调节作用。

再贴现率直接影响的是货币需求，假设中央银行提高再贴现率，那么商业银行向中央银行的融资成本相应提高，相应地商业银行要提高对于企业的贷款利率，从而引起市场利率上升，利率上升提高了企业的融资成本，从而抑制企业的融资需求。中央银行增加或减少对商业银行的再贴现，主要通过两方面的措施来实现：①调整再贴现率，即中央银行根据市场的资金供求情况，随时调整再贴现率，以影响商业银行借入资金的成本，刺激或抑制资金需求，进而达到调节货币供给量的目的，这种方式主要着眼于短期；②规定向中央银行申请再贴现的资格和额度，主要着眼于长期。通过对再贴现的票据种类和申请机构及申请数额加以规定，使资金流向需要扶持的部门。

再贴现的政策效果也比较明显，再贴现率的变动常常引起告示效应，使商业银行知道中央银行的政策意向，对短期利率起着导向作用；同时，商业银行的资金成本受再贴现率高低的影响，从而使它的放款能力受到影响，进而影响货币供给量；另外，它可以进行日常性调控。但再贴现工具的不足之处在于：①中央银行不能在调控中保持充分的主动权；②频繁地调整再贴现率会引起市场利率的过度波动，对经济的稳定发展不利；③受到票据市场发达程度的制约。

4. 再贷款。再贷款指中央银行对金融机构的贷款，以区别于商业银行向一般企业或个人发放的普通贷款。再贷款只对商业银行发放，并不对一般的企业或个人发放。

一般而言，商业银行向社会提供贷款，当其头寸不足时，经过申请又由中央银行向商业银行提供贷款，因此中央银行通过再贷款发挥"最后贷款人"职能。

再贷款也是一种金融宏观调控手段。中央银行通过适时调整再贷款的总量及利率，吞吐基础货币，促进实现货币信贷总量调控目标，合理引导资金流向和信贷投向。如果中央银行发放再贷款，则其提供的贷款相当于直接向商业银行投放了基础货币，一旦基础货币通过商业银行的渠道进入流通领域，将会派生出更多信用存款，扩大商业银行的信贷规模，增加货币供应量，在货币需求不变的情况下导致货币贬值，可能引发通货膨胀、经济过热等。如果中央银行收回对商业银行的再贷款，则会降低货币供应量，对实体经济产生相应影响。

再贷款一般选择信用放款的授信方式，没有任何抵押或担保。对于中央银行而言，再贷款没有选择融资对象的限制，亦没有贷款发放量的限制，致使诸多再贷款金额有去无回，缺乏监管。近年来，作为直接调控手段的再贷款所占基础货币的比重逐步下降，结构和投向发生重要变化。新增再贷款主要用于促进信贷结构调整，引导扩大县域和"三农"信贷投放等。

5. 公开市场业务。公开市场业务是中央银行在公开市场上买入或卖出有价证券的行为。中央银行买入有价证券，就向金融市场吐出基础货币；卖出有价证券，则从金融市场吞进基础货币。中央银行买卖的有价证券主要是政府债券和银行承兑汇票。一般情况下，中央银行公开市场业务有两个目的：①积极的调节目的，即通过公开市场业务来影响基础货币、货币供给和市场利率；②保守的调节目的，即利用证券买卖稳定商业银行的准备金数额，从而稳定基础货币，实现稳定货币供给的目的。

公开市场业务的优点是：

（1）中央银行能够随时根据金融市场的变化，通过经常性和连续性的公开市场操作，对货币供给量进行调节。法定存款准备金率和再贴现率的调整一般在短期内不可能连续地进行，而只要金融市场存在，中央银行就可以在市场上通过有价证券买卖的方式进行公开市场操作。

（2）在公开市场上，中央银行可以根据货币政策的要求，进行买卖有价证券，因而始终处于主动的地位，不像再贴现是由商业银行主动去找中央银行，中央银行处于被动地位。虽然法定存款准备金率和再贴现率的调整也可以使中央银行主动出击，但由于不是经常性的，因此中央银行的实际主动权有限。

（3）中央银行可以时刻根据经济形势的变化，连续地、灵活地买卖有价证券，来达到期望的基础货币的数量指标，即进行微调，使得货币供给量的变化不会对经济、金融发生强烈的冲击。一旦发现所制定的政策有误，也可以以相反的措施及时纠正。由于公开市场操作的连续性，不会给人们一种突然的感觉，从而可以避免金融市场的剧烈波动。

（4）使财政政策和货币政策有了合适的结合点。为实施财政政策而发行的国债可以由金融机构和居民个人持有，如果由金融机构持有，就需要有发达的国债二级市场，使金融机构能够随时变现国债以满足其流动性的要求。中央银行公开市场操作主要是为了实施货币政策，并不仅仅是为满足商业银行的这种要求。但商业银行的这种要求使公开市场操作成为可能，在这个过程中，中央银行会持有一定数量的国债，变成政府的债权人，使得财政政策和货币政策有了合适的结合点。

（5）中央银行通过参与国债交易的二级市场，增强了国债的流通性，使国债市场变得活跃，并且可以降低国债的发行成本和交易成本，以及为国债交易方式的多样化创造良好的条件，促进国债市场的发展。

（6）由于在市场上公开招标竞价，为金融市场的竞争创造了条件。

但是，公开市场操作也有不足之处，主要是通过公开市场操作实施货币政策调控的时滞较长，在开放经济下受国际金融市场的影响较大，以及对市场利率的变化幅度有较高的要求等。

（二）作为行政手段的政策工具

货币政策工具除了经济手段类的政策工具外，还包括行政手段类的政策工具。所谓行政手段是以行政命令或其他方式，对商业银行等金融机构进行直接的控制，主要包括信用控制、流动性比率控制和直接干预等。

1. 信用控制。

（1）不动产信用控制。不动产信用控制是指中央银行对金融机构发放在房地产方面的贷款进行限制，以抑制房价过度上涨。对于不动产的信用控制包括对金融机构的房地产贷款规定最高限额，规定贷款最长期限以及首期付款最低额等。

（2）消费信用控制。消费信用控制是指中央银行对不动产以外的耐用消费品的销售融资予以控制，以抑制消费需求，抑制消费品价格上涨。消费信用控制包括规定分期付款购买耐用消费品的首次付款的最低金额、规定消费信贷的最长期限、规定可用消费信贷购买耐用消费品的种类。

（3）证券投资信用控制。证券投资信用控制的主要手段是规定保证金比率。为了防止证券投机，中央银行对各商业银行办理的以证券为担保的贷款，有权随时调整保证金比率。保证金比率越高，信用规模越低。当证券价格上涨，中央银行认为必要时，就提高保证金比率，反之，则降低保证金比率。

2. 流动性比率控制。流动性比率是流动资产对存款负债的比率。一般说来，流动比率与收益率呈反比。为保持中央银行规定的流动比率，商业银行必须采取减少长期投资和贷款，扩大短期贷款和增加应付提现的资产等措施。

3. 直接干预。直接干预是指中央银行根据金融情况，在必要时直接干预银行对活期存款的吸收；规定各银行投资与贷款的方针，诸如限制贷款项目，不允许商业银行从事股票以及不动产投资；也包括对贷款额度的限制，如规定商业银行的中长期贷款的最高额度等。

第二节 货币政策的主体及中央银行法

货币政策的执行主体是中央银行，规范中央银行及货币政策的重要法律就是中央银行法。中央银行法是随着现代法治国家的建立而逐步建立的，现代法治赋予了中央银行独特的地位与职能。

一、中央银行的独立性及其结构

萨缪尔森曾经说过："自从开天辟地以来，人类有三项伟大的发明——火、轮子和中央银行。"这形象地说明了中央银行在人类社会中的重要作用。从17世纪末英格兰银行建立至今，中央银行体制已有300多年的历史。从最初的承办商业银行业务到现在单独履行中央银行职能，可以说一部中央银行的发展史就是一部中央银行寻求独立性的历史。事实上，一直到20世纪初中央银行独立性才得以以法律形式确立下来，这在20世纪初的美联储、20世纪中叶的各发达国家及20世纪末欧盟中央银行法中得以充分的体现。

（一）中央银行的特征及其独立性

1. 中央银行与商业银行的差别。中央银行与商业银行有本质的不同，虽然两者都是银行，但商业银行的经营对象为一般工商企业，而中央银行的经营对象是商业银行等金融机构和政府财政机构。不仅如此，商业银行是经营货币资本的企业，以营利为目的，而中央银行是一个国家和政府的金融管理机构，不以营利为目的。同时，商业银行的资产要在保持流动性的情况下最大限度地获取利润，长期投资和贷款都不可避免，相比之下中央银行的资产要以保持最大的流动性为目标，这一流动性为中央银行发挥调控经济的职能提供物质保障。最后，中央银行具有一定的独立性，不受外界因素过多的干扰和约束，这是商业银行所不具备的。

2. 中央银行的独立性。

（1）中央银行保持独立性的意义。中央银行的独立性可以表现为多个方面，包括中央银行的资本构成、中央银行行长任命、中央银行货币政策的制定权限等。通常情况下，中央银行在经济生活中的地位由一部专门的法律来确立，即中央银行法。

中央银行保持独立性的意义在于：①中央银行的独立性适应中央银行的经营对象。中央银行具有政府的银行、银行的银行和发行的银行的特征，中央银行的政策影响着国民经济。政府的政策有时与中央银行的政策不一致，如政府可能会为解决就业问题而主张宽松的货币政策，但中央银行会把货币稳定放在首位，如果中央银行不保持独立性，很难有中央银行一贯的货币政策。从国外经验来看，西方国家政府每隔几年就会进行大选，执政党为争取获胜往往会采取适时的经济政策，保证其政治目的得以实现，放松银根以支持高工资和高就业往往就成为大选以前的不二选择，但是新政府上台时会面临通货膨胀，而不得不采取紧缩的货币政策。显然没有中央银行的相对独立性，就难以避免由于政治权力更迭对经济造成的破坏。②中央银行的独立性避免了财政赤字问题的货币化。中央银行作为政府的银行，应该帮助政府平衡财政收支。政府的财政赤字在所难免，政府的目标与中央银行的目标存在矛盾。如果政府财政出现赤字，中央银行就进行补救，会造成货币政策"形骸化"，从而使货币政策由财政政策所取代，并且中央银行如果通过发行纸币、增加市场货币供应量的方式弥补赤字，通货膨胀就不可避免。

（2）中央银行的独立性模式。纵观世界上大多数国家中央银行的运作模式和隶属关系，中央银行相对于政府的独立程度可以分为如下三种模式：①中央银行直接对国会负责，具有较强的独立性，以德国、美国为代表。在德国，德意志联邦银行是公法意义上的联邦直接法人单位。《德意志联邦银行法》第12条规定："联邦银行职责的执行不受侵犯，同时德意志联邦银行必须支持联邦政府总的经济政策。……"该法第29条规定："联邦银行可以不按联邦政府的指示行事，中央银行理事会和执行理事会享有最高联邦政府职能机构地位。……"相比之下，美国的中央银行模式颇具特色。历史上，联邦政府曾在1811年、1836年两次组织设立中央银行失败，形成了通货监理署、联邦储备系统和联邦存款保险公司三大机构共享中央银行职能的模式，三大机构当中依据1913年《联邦储备法》建立的联邦储备系统负责制定货币政策和实施金融监管，从职能上最类似于中央银行。②中央银行隶属于财政部，中央银行的独立性较小，这种中央银行模式以韩国和1998年以前的日本为代表。韩国的中央银行职权受到财政部较大干涉，无法实现对商业银行的有效监管，这也是导致韩国金融危机的一个重要因素。③中央银行隶属于政府，与财政部并列，具有相对独立性，我国中央银行制度的独立性就是这种模式的体现。《中华人民共和国中国人民银行法》（以下简称《中国人民银行法》）严格规定中国人民银行不得向政府财政透支，不得向地方政府和各级政府部门提供贷款，实行独立的财务预算管理制度，这样就在一定程度上保障了中国人民银行履行职责的独立性。但从《中国人民银行法》的其他规定上看，人民银行在人事结构、决策权方面对政府存在一定的依附性，这会削弱人民银行独立于政府制定货币政策的能力。因此我国人民银行的独立性介于第一种模式和第二种模式之间。

（3）我国中央银行的相对独立性。所谓中央银行的相对独立性是指中央银行与政府密切配合，受政府监督和指导，不凌驾于政府之上，同时中央银行在政府机构体系中不同于一般行政部门，它具有宏观经济调节的功能。我国中央银行的相对独立性主要体现为如下方面：①《中国人民银行法》第2条规定："中国人民银行是中华人民共和国的中央银行。中国人民银行在国务院领导下，制定和执行货币政策，防范和化解金融风险，维护金融稳定。"第3条规定规定"货币政策目标是保持货币币值的稳定，并以此促进经济增长。"从法律地位方面来看，中国人民银行隶属于国务院，只是国务院的一个职能部门；而从世界范围来看，凡是把稳定币值作为中央银行首要的或唯一的目标的国家，中央银行的法律地位都比较高，独立性都很强。如德国，它的中央银行就直接对国会负责，而不隶属于政府。②《中国人民银行法》第 5 条中规定："中国人民银行就年度货币供应量、利率、汇率和国务院规定的其他重要事项作出的决定，报国务院批准后执行。中国人民银行就前款规定以外的其他有关货币政策事项作出决定后，即予执行，并报国务院备案。"由于中国人民银行对国务院的行政隶属性和制定货币政策缺乏权威性，使得当中央银行和政府的宏观经济目标不一致时，难以从独立的角度实施保持币值稳定政策，以实现其反对政府倾向于过热的经济决策行为的制动作用。③从结构方面而言，我国将货币政策委员会这一在国外惯常的决策机构定性为咨询议事机构，使中国人民银行的独立程度大打折扣。另外，人民银行实行行长负责制，行长实际上既是决策者，又是执行者。不仅如此，中国人民银行主要官员的任职具有高度的行政依附性，以上都是我国中央银行缺乏独立性的结构性因素。

（二）中央银行的组织机构

1. 行长负责制。行长负责制是指中国人民银行行长在银行中处于中心地位，起中心作用，对银行全面负责。《中国人民银行法》第 11 条规定："中国人民银行实行行长负责制。行长领导中国人民银行的工作，副行长协助行长工作。"同时该法第 10 条第 2 款规定："中国人民银行行长的人选，根据国务院总理的提名，由全国人民代表大会决定；全国人民代表大会闭会期间，由全国人民代表大会常务委员会决定，由中华人民共和国主席任免。中国人民银行副行长由国务院总理任免。"行长负责制是一种个人责任制，但行长负责制不同于个人岗位责任制，而是一种首长负责制。实行首长负责制，在我国宪法中已作了明确规定，即国务院实行总理负责制；各部、各委员会实行部长、主任负责制；地方各级人民政府实行省长、市长、县长、区长、镇长负责制；中央军事委员会实行主席负责制。对于中国人民银行来说，实行首长负责制，就是实行行长负责制。银行行长负责全面工作，银行的副行长在行长的领导下，按各自的分工协助行长工作，对行长负责。

2. 货币政策委员会。货币政策委员会是根据《中国人民银行法》第 12 条的规定设立的，依据《中国人民银行货币政策委员会条例》第 2、3 条的规定："货币政策委员会是中国人民银行制定货币政策的咨询议事机构。……""货币政策委员会的职责是，在综合分析宏观经济形势的基础上，依据国家的宏观经济调控目标，讨论下列货币政策事项，并提出建议：……"可见，货币政策委员会只是中央银行内部的议事机构，而不是决策机构。另外，根据《中国人民银行货币政策委员会条例》第 5、6 条的规定，货币政策委员会的组成人员也由国务院决定。继 1995 年《中国人民银行法》颁布之后，1997 年，国务院颁布了《中国人民银行货币政策委员会条例》，该条例对货币政策委员会的职责、组成、工作程序等作了具体规定。该条例规定，货币政策委员会是中国人民银行制定货币政策的咨询议事机构。货币政策委员会的职责是，在综合分析宏观经济形势的基础上，依据国家的宏观经济调控目标，讨论下列货币政策事项，并提出建议：货币政策的制定、调整；一定时期内的货币政策控制目标；货币政策工具的运用；有关货币政策的重要措施；货币政与其他宏观经济政策的协调。货币政策委员会由下列单位的人员组成：中国人民银行行长；中国人民银行副行长 2 人；国家计划委员会副主任 1 人；国家经济贸易委员会副主任 1 人；财政部副部长 1 人；国家外汇管理局局长；中国证券监督管理委员会主席；国有独资商业银行行长 2 人；金融专家 1 人。中国人民银行行长、国家外汇管理局局长、中国证券监督管理委员会主席为货币政策委员会的当然委员。货币政策委员会其他委员人选，由中国人民银行提名或者中国人民银行商有关部门提名，报请国务院任命。货币政策委员会设主席 1 人，副主席 1 人。主席由中国人民银行行长担任；副主席由主席指定。

（三）中央银行的资金来源与资产结构

1. 中央银行的资金来源与所有制。中央银行的资本金的来源决定其所有制性质，根据各国的不同情况和条件，中央银行资本金有下列几种不同的形式：

（1）国家所有制。采取国家所有制的中央银行的资本金全部来自国家，是直接由国家拨款建立或国家出资收买商业银行的私人股份而改建的。第二次世界大战前后，随着国家对金融业宏观调控的加强，中央银行国有化已成为发展趋势，如英国和法国。目前国有化中央银行在世界上占绝大多数。我国《中国人民银行法》第 8 条规定："中国人民银行的全部资本由国家出资，属于国家所有。"中国人民银行的全部资本金均来自国家，从建立时起就是国家所有的银行，中国人民银行根据国家授权并按照国家的有关规定，对国家所有的资本金进行管理，并接受国家的监督。

（2）公私股份所有制。采取股份所有制的中央银行的资本金构成为：国家一般持有资本总额的 50% 或 50% 以上的股份，其他为私人持股。如日本中央银行即日本银行的资本，其中 55% 由政府持有，其余 45% 由私人持有，私人持有股权的意义在于每年领取 5% 的股息；又如比利时中央银行国有资本占 50%；墨西哥中央银行国有资本占 51%。

（3）会员制。会员制中央银行的典型代表就是美联储。美联储的资本全部由参加储备系统的会员银行持有，由各会员银行认购其所参加的联邦储备银行的股票，认购金额相当于各会员银行实收资本和公积金的 6%。

2. 中央银行的资产结构。中央银行的资产结构反映在中央银行的资产负债表当中。中央银行的资金来源包括商业银行等金融机构的存款、自有资本和货币发行，其中商业银行存款包括商业银行的法定存款准备金存款、超额准备金存款、财政存款和外国存款。中央银行的资产运用包括对商业银行的贷款和贴现、对财政的借款、所持的国有债券、黄金和外汇储备。

二、中央银行的职能

（一）发行的银行

中央银行是发行的银行，这一职能是指中央银行服务于社会和经济发展，供应货币、调节货币量、管理货币流通的职能。①中央银行必须根据经济发展和商品流通扩大的需要，保证及时供应货币。现代中央银行所发行的货币是法定通货，由中央银行垄断发行货币有利于货币流通的集中统一，有利于节约货币成本，符合商品货币经济发展要求。②中央银行必须根据经济运行状况，合理调节货币数量：一方面为经济发展创造良好的货币环境，促进经济和社会稳定；另一方面，推动经济持续协调增长。③中央银行要加强货币流通管理，保证货币流通的正常秩序。为此，中央银行要依法管理货币发行基金，严格控制货币投放，加强现金管理。

我国人民银行对现金的投放与回笼一直编制现金计划，作为执行依据。人民币的发行具体是由中国人民银行的发行基金保管库来办理的。所谓发行基金是中国人民银行保管的已印好的但尚未流通的人民币票券。发行库在人民银行总行设总库，一级分行设分库，二级分行设中心支库，县支行设支库，在不设人民银行机构的县，发行库由商业银行代理。人民银行发行货币的关键是控制发行数额，我国人民币发行计划由国务院审批。人民银行总行与商业银行总行联合向基层行处下达各基层行处的发行或者回笼计划。凡是货币从发行库出库，必须有上级发行库的出库命令。

（二）银行的银行

中央银行是银行的银行，这一职能是指中央银行服务于商业银行和整个金融机构体系，履行维持金融稳定、促进金融业发展的职责。中央银行是银行的银行，具体体现在以下方面：

1. 中央银行是银行等金融机构存款准备金的保管者。按现行制度，中央银行负责保管商业银行法定存款准备金和一部分超额存款准备金。这种存款准备制度的意义在于：①保证商业银行的清偿能力，应付客户提存需要，从而保护存款人利益和保障商业银行自身安全；②相对节约整个社会存款准备数量，同时为中央银行调节信用规模、控制货币供应量创造条件。

2. 中央银行是银行等金融机构的最后贷款者。在商品经济发展过程中，不可避免地会由于经济波动引发金融危机。这不但会影响经济的健康发展，还会对经济造成破坏。为避免这种事情的发生，中央银行充当最后贷款人，通过再贷款、再贴现等手段，向资金周转困难的商业银行提供流动资金，补充其流动性的不足。

3. 中央银行是银行票据结算中心。最初银行间的债权债务关系是当事银行之间进行相互清算的。银行间的债权债务关系是由于银行票据的流通而引起的，如银行为客户收进支票办理向出票人开户行索款的业务。由于支票的签发是以客户在银行有存款为前提的，因此支票接受双方的债权债务关系就转为双方开户银行之间的债权债务关系。起初，银行派专人持客户交来的收款票据，前往应付银行收取款项，付款行支付现金并清结债权债务关系。随着经济的发展，交易的增多，银行收进客户交存的别的银行票据也随之增多，银行的收款人员就逐渐地约定地点，相互交换所持对方银行的票据，清结该收该付的款项，以节省时间提高结算的效率。在这样的基础上，经过商业银行协商，共同制定票据交换规则，票据交换所由此形成。世界上第一家票据交换所于1773年在伦敦成立。各商业银行在中央银行都设有存款准备金，这样银行间发生的资金往来或应收应付款项，通过中央银行转账划拨就是自

第八章

然而然的事情了。一般情况下，中央银行的票据清算业务包括同地区票据清算和异地票据清算。值得一提的是，银行业务电子化为中央银行的清算工作提供了便捷化和经济化的工具，大大提高了票据清算工作的效率。

作为我国的中央银行，中国人民银行还承担着维持金融稳定的职责。《中华人民共和国中国人民银行法》第2条规定："……中国人民银行在国务院领导下，制定和执行货币政策，防范和化解金融风险，维护金融稳定。"第13条规定："……中国人民银行的分支机构根据中国人民银行的授权，维护本辖区的金融稳定，承办有关业务。"可见，维持金融稳定是人民银行的法定职能。2008年金融危机以来，我国金融业系统性风险扩大，潜在不稳定因素增多，中国人民银行承担防范和化解系统性金融风险的职责，通过货币政策、最后贷款人角色、从事市场金融活动等一系列手段，维持金融稳定，防范金融风险。2017年11月7日，经党中央、国务院批准，国务院金融稳定发展委员会成立，并召开了第一次全体会议。作为国务院统筹协调金融稳定和改革发展重大问题的议事协调机构，其主要职责是：落实党中央、国务院关于金融工作的决策部署；审议金融业改革发展重大规划；统筹金融改革发展与监管，协调货币政策与金融监管相关事项；分析研判国际国内金融形势，做好国际金融风险应对，研究系统性金融风险防范处置和维护金融稳定重大政策；指导地方金融改革发展与监管等。国务院金融稳定发展委员会办公室设在人民银行，人民银行将按照中央的要求，强化宏观审慎管理和系统性风险防范职责，维护国家金融稳定。首先，人民银行将坚定执行稳健的货币政策，处理稳增长、调结构、控总量的关系；健全风险监测预警和早期干预机制，把主动防范化解系统性金融风险放在更加重要的位置。其次，人民银行将补齐监管短板，加强系统重要性金融机构和金融控股公司等的规制建设，统一同类金融业务的监管规则，推进功能监管和行为监管，落实监管问责。最后，人民银行要坚持协同防范，统筹协调，加强金融基础设施的统筹监管和互联互通，推进金融业综合统计和监管信息共享，形成合力。此外，人民银行将促进金融机构完善公司治理，优化股权结构，建立正向激励约束机制，强化风险内控机制建设，加强外部市场约束。在深化金融改革领域，积极稳妥推动金融业对外开放，推进"一带一路"建设中的金融创新，做好相关制度设计，让金融更好地服务实体经济。[1]

中央银行作为最后贷款人的主要案例：

对农村合作基金会的解散

农村合作基金会（简称农金会）是由农业行政主管部门批准设立的非金融

---

[1]　李丹丹："国务院金融稳定发展委员会办公室设在央行"，载《上海证券报》，2017年7月19日，第2版。

第八章

机构的社团法人，其经营活动归农业部而不归人民银行管辖。其经历了萌发阶段（1984～1986年），改革试验阶段（1986～1991年），高速扩张阶段（1992～1995年），整顿发展阶段（1996～1998年）和清理关闭阶段（1999年1月以后）。农金会起源于黑龙江、吉林和江苏等地农村，是乡村集体经济组织成员之间的有偿借用，进行内部融资的组织。在1992年，全国已建立的以农金会为主要形式的农村合作金融组织，乡（镇）一级1.74万个，村一级11.25万个，分别占乡（镇）总数的36.7%和村总数的15.4%，融资额较大，1999年在四川就有256.9亿元融资。由于基层政府对农金会行政干预多，监督机制弱，管理水平低，资金投放风险放大，经营效益明显下滑，风险突出。

1999年1月国务院发布3号文件，正式宣布全国统一取缔农村合作基金会。其政策是：①由各地政府负总责，各省（市、自治区）人民政府清理整顿本地区范围内的农金会，明确要求保护农户存款的合法权益，农户在农金会的存款（包括存款化股金），要保护其合法利益；在农金会的基础股金（即作为资本金的股金），应与农金会利益共享、风险共担。②为了缓解地方政府的兑付压力，维护农村社会稳定，本着"专款专用，统借统还"的原则，中央政府对兑付确有困难的省（区、市）给予一定的再贷款支持，用于兑付农村合作基金会的个人股金（存款），不足部分由地方政府通过组织清收资产等方法筹集资金解决。

对银行类金融机构的支持和风险化解

在我国银行主导型金融体系中，中央银行对银行类金融机构的支持和救助体现在两个方面：①大银行改革的需要。②小银行（含城乡信用社）生存和发展的需要。对于前者来说，长期历史发展的沿革使其背负了沉重的历史负担，目前政府需要做的是由原来对国有银行过度"抽血"变为"补血"，中央银行用600亿美元的外汇储备补充工行、中行和建行的补充资本金，50亿美元提高进出口银行的实力，同时，发放再贷款1.2万亿人民币用于资产公司对国有银行的两次不良资产剥离。

对信托证券类机构的重组和救助

信托业的整顿由来已久，从1998年开始到2005年基本完成了第五次整顿。信托业从整顿前的239家到2005年的59家，180余家退出市场。2007年3月1日，信托业两条新规《信托公司管理办法》《信托公司集合（查询信托产品）管理办法》正式实施，开启了信托业第六次整顿。原"信托投资公司"特别去掉了"投资"二字，进一步明确信托公司的发展方向，强调了信托公司的本源属性。根据通知，监管层对信托业实施分类监管，各家信托公司开始轰轰烈烈地清理，或立即更换金融牌照，或进入过渡期，力争达到监管层的要求。关闭机构的个人债务按照政策规定是必须全额兑付的，资金缺口全部由人民银行的专项贷款弥补。对于证券类金融机构的重组和救助是从 2002 年开始的，以关闭鞍山证券为标志。券商风险的爆发既有体制方面的因素——资本市场的制度设计不完善：股权分置，诚信缺失，客户保证金、委托理财、国债回购方面市场交易制度设计存在严重缺陷以及监管效率和质量不高，客观上造成券商盈利渠道单一，滋生了挪用保证金等违规行为的发生；也有受制于整个资本市场发展的影响，沪深股市长达 5 年的熊市造成了券商盈利能力的下降，削弱了自身化解风险的能力。从目前对券商风险处置看，实行分类处置：对于大券商，如银河证券、华夏证券、申银万国证券等，采取注资和提供流动性支持等措施进行重组；对于严重资不抵债的小券商，关闭、破产，或者采用过渡时期办法，实行托管，视托管后的情形选择重组或者市场退出；对于具备偿付能力的小券商，提供流动性支持，或者引入战略投资者重组，如西南证券和北京证券。不论是何种方式，都需要注入资金盘活，主要注资方式有：①作为股权投资，获得股权，如注资银河证券、申银万国、国泰君安、华夏证券。此类方式不仅在于给予财务支持，同时还在于获得股权，促进治理结构的改善。②仅仅给予再贷款，以债权人身份存在，或者上述两种方式合并使用。③引进外资，如北京证券引进瑞银集团投资 17 亿元。2017 年 11 月，中国人民银行、原银监会、证监会、原保监会、外汇局联合发布《关于规范金融机构资产管理业务的指导意见（征求意见稿）》，规定规范金融机构资产管理业务要坚持严控风险的底线思维，坚持服务实体经济的根本目标，坚持宏观审慎管理与微观审慎监管相结合、机构监管与功能监管相结合的监管理念，坚持有的放矢的问题导向，坚持积极稳妥审慎推进，正确处理改革、发展、稳定关系，坚持防范风险与有序规范相结合。

对证券投资者保护基金的承诺

2005 年 9 月证券投资者保护基金公司的成立预示着我国对券商的救助会发生制度性变化。国际上通常采用设立投资者补偿基金的形式，保护中小投资者作为证券交易者的利益，在券商破产倒闭时资金得到补偿。此项措施是促进证券市场发展的一项重要保护措施。我国证券投资者保护资金的启动资金包括两部分：①财政部的投资，即注册资本 63 亿元。②为人民银行专项再贷款垫付资金，已经投入 100 亿元，其余部分按照国务院批准的专项再贷款余额上限额度发放。按照证券投资者保护基金的制度设计，基金公司有两项主要功能：①在券商破产倒闭或者托管等强制性监管手段期间，对债权人进行偿付。②组织、参与被撤销、关闭或破产证券公司的清算工作。

第八章

对深度贫困地区脱贫攻坚的支持

为深入贯彻落实党的十九大精神，重点攻克深度贫困地区脱贫任务，打好精准脱贫攻坚战，按照中共中央办公厅、国务院办公厅印发《〈关于支持深度贫困地区脱贫攻坚的实施意见〉的通知》（厅字〔2017〕41号）要求，人民银行、原银监会、证监会、原保监会日前联合印发了《关于金融支持深度贫困地区脱贫攻坚的意见》（以下简称《意见》）。《意见》指出，要加强深度贫困地区扶贫再贷款管理，加大对深度贫困地区的扶贫再贷款倾斜力度，到2020年，力争每年深度贫困地区扶贫再贷款占所在省（区、市）的比重高于上年同期水平。各银行业金融机构要改进完善差别化信贷管理，合理调配信贷资源，优化调整内部授权与绩效考核，适当延长贷款期限，综合确定贷款额度，更好满足深度贫困地区群众合理融资需求。加强资金筹集使用管理，全力做好深度贫困地区易地扶贫搬迁金融服务。继续发挥经理国库职能，拓宽国库直接支付惠农资金种类和范围，完善贫困农户直接补贴机制，保障各类补贴资金安全及时足额发放到位。适时开展国债下乡，为深度贫困地区农户提供安全可靠的投资渠道，提高财产性收入水平。

改进和加强海洋经济发展金融服务

为深入贯彻落实党的十九大关于"加快建设海洋强国""增强金融服务实体经济能力"和"十三五"规划"拓展蓝色经济空间"、"推进'一带一路'建设"的重大战略部署，统筹优化金融资源，改进和加强海洋经济发展金融服务，推动海洋经济向质量效益型转变，人民银行、海洋局、发展改革委、工业和信息化部、财政部、原银监会、证监会、原保监会八部委日前联合印发了《关于改进和加强海洋经济发展金融服务的指导意见》（以下简称《意见》）。《意见》指出，加大信贷政策落实力度，指导金融机构改进完善海洋经济发展金融服务。运用再贷款、再贴现等货币政策工具，引导金融机构加大对海洋领域的信贷支持力度。进一步引导银行业金融机构提升风险定价能力，增强海洋经济企业贷款利率弹性。

第八章

（三）国家的银行

中央银行是国家的银行，是指中央银行对一国政府提供金融服务，同时中央银行代表国家从事金融活动，中央银行是国家的银行具体表现在以下方面：

1. 中央银行代理国库收支。从世界范围来看，大多数国家中央银行都负有代理国库的职责。各级财政部门在中央银行开立账户，国库资金的收缴、支出、拨付、转账结算等均委托中央银行无偿办理。此外，中央银行还代理国库办理国库券的发行和还本付息事宜。

2. 中央银行向政府融资。中央银行不仅代理国库存款执行国库出纳与结算，而且对国家提供贷款。在国家财政状况稳定的情况下，中央银行以国库券贴现或国家债券抵押的形式向国家提供贷款，这通常是为解决财政年度内的收支不平衡。当国家财政状况出现经常性赤字时，中央银行贷款就会成为国家财政弥补财政赤字、平衡财政收支的手段。在现代经济社会中，中央银行向国家提供信贷的主要形式，是中央银行利用自己的资金购买国家公债，或以公债为抵押提供贷款，特殊情况下也直接向国家提供信用放款和透支。

3. 中央银行保管国家黄金外汇储备。一国黄金外汇储备数量的多少是一国国力强弱的标志，也是一国维持对外经济活动稳定的物质条件。中央银行负有持有和管理国家黄金外汇储备的责任。为此，中央银行应随时研究国际收支及外汇市场动态，保持适当的国际储备，及时调整储备结构，以避免外汇风险。

（四）我国中央银行制定货币政策职能与监管银行职能的分离

1. 分离的背景——货币政策职能与监管职能的冲突。作为货币政策的决策机构，中央银行制定货币政策时有稳定物价、充分就业、经济增长和国际收支平衡四个目标。我国货币政策目标经历了一个逐步演变的过程，在经济发展的不同时期，货币政策的最终目标都有所调整。改革开放以前，中国经济运行的特征集中体现在"计划"上，因此该时期货币政策的最终目标就是实现国民经济发展计划。随着1979年经济体制改革的不断深入，市场调节发挥的作用越来越大，货币政策的最终目标不再是"实现国民经济发展计划"，稳定货币渐渐成为货币政策的首要目标，此后很长一段时期内货币政策目标被概括为"发展经济、稳定货币"。进入20世纪90年代后，以稳定货币作为货币政策目标的思想获得普遍认同。1990年10月，时任中国人民银行行长的李贵鲜公开宣称："中央银行必须保卫货币、保卫币值，这是第一位的职能。"[1]1993年，十四届三中全会作出了关于货币政策重大转变的决定，强调货币政策应以保持币值稳定为主要目标。1995年颁布的《中国人民银行法》明确规定：我国货币政策目标是保持货币币值稳定，并以此促进经济增长。至此稳定币值就正式成为中央银行的首要目标。作为金融监管机构的中央银行的目标应当是：保证金融机构经营的安全与稳定，以确保存款人利益；建立及时、准确反映金融机构经营状况的金融信息系统，为金融机构适度竞争、提高金融质量，为中央银行货币政策的制定提供信息。

作为货币政策的决策机构和作为金融机构的监管部门，中央银行的角色在一定程度上是冲突的。因为货币政策的实质是处理经济发展与稳定货币的关系，这需要中央银行站在宏观的角度，运用各种工具调节货币供给，以影响宏观经济，其中不仅要考虑商业银行的安全与利益，还要考虑其他金融机构，甚至是产业界经济的需求，把协调总需求和总供给作为基本出发点，从国民经济全局和经济运行的整体态势出发来考虑货币政策的取向；相比之下，金融监管是从规范性和安全性的角度监管商业银行，防止银行业的系统性风险，保护存款人的利益。可见稳定货币是货币政策的直接目标，而稳定金融体系、保护存款人的利益则是金融监管要实现的。另外，金融监管的目标比货币政策目标更为具体，这样在货币政策工具的运用过程中可能会产生矛盾和冲突，这种矛盾和冲突会影响到中央银行作为货币政策制定者的独立性，干扰货币政策的正常功能得以发挥。国际方面，越来越多的国家尤其是那些经历了重大金融事件和金融危机的国家都纷纷采取央行分拆的模式，并且银行监管职能的分离与中央银行的独立往往同步进行，比如英国、日本和韩国就是如此，它们将加强中央银行的独立性放在改革的首位，这些都是值得借鉴的宝贵经验。

2. 我国中央银行制定货币政策职能与监管银行职能的分离。自1984年中央银行制度建立以来，人民银行同时行使货币政策制定和金融监管的职能，然而这两种职能之间存在冲突，相比之下人民银行货币政策与金融监管的职能分离有助于防止货币政策松紧与银行监管力度之间出现同步振荡。基于此，2003年3月10日，十届全国人大批准了国务院的机构改革方案，并于2003年12月27日，对《中国人民银行法》进行了重新修订。根据修订后的《中国人民银行法》，中国人民银行的货币政策与银行监管职能分离，中国人民银行专司货币政策，中国银行业监督管理委员会专司银行监管。根据修订后的《中国人民银行法》，人民银行的职责有：负责货币政策和跨行之间的资金往来，具体包括利率的调整、银行之间的现金结算支付和一些新业务等；负责货币发行、外汇管理、经理国库、支付清算、金融法制建设和调查统计等；负责制定货币政策工具运用的条件和程序有关的；负责反洗钱和管理信贷业务；维护金融稳定。

原银监会根据授权，统一监管银行、资产管理公司、信托投资公司及其他存款类金融机构，主要职责是拟订有关银行业监管的政策法规，负责市场准入和运行监督，依法查处违法违规行为等。根据《银行业监督管理法》第3章"监督管理职责"的规定，银监会的主要职责是：制定有关银行业的金融机构监管的规章制度和办法，起草有关的法律和行政法规，提出制定和修改的建议；审批银行业的金融机构及分支机构的设立、变更、终止及其业务的范围；对银行业金融机构实行现场和非现场监管，依法对违法违规行为进行查处；审查银行业金融机构高级管理人员的任职资格；负责统一编制全国银行数据、报表，并且按照国家有关规定予以公布；会同有关部门提出存款类金融机构紧急风险处置的意见和建议；负责国有重点银行业金融机构监事会的日常管理工作；承办国务院交办的其他事项。银监会的监督工作有四个目的：①通过审慎有效的监管，保护存款人的利益；②通过审慎有效的监管，增进市场信心；③通过宣传教育工作和相关信息的披露，增进公众对现代金融的了解；④努力减少金融犯罪，维护金融稳定。银监会的成立将使得中央银行的视野更开阔，不再仅仅局限于商业银行上，而是将视野扩大到所有与其有交易关系的

第
八
章

金融机构上，专注于货币政策职能，更多地着眼于产业部门和实体经济。可以说，中央银行金融监管职能和货币政策制定职能的分离使得中央银行在独立性方面又向前迈进了一步。

金融是现代经济的核心，必须高度重视防控金融风险、保障国家金融安全。为深化金融监管体制改革，解决现行体制存在的监管职责不清晰、交叉监管和监管空白等问题，强化综合监管，优化监管资源配置，更好统筹系统重要性金融机构监管，逐步建立符合现代金融特点、统筹协调监管、有力有效的现代金融监管框架，守住不发生系统性金融风险的底线，2018 年 3 月，银监会和保监会进行职责整合，组建中国银行保险监督管理委员会，作为国务院直属事业单位，不再保留银监会、保监会。其主要职责是，依照法律法规统一监督管理银行业和保险业，维护银行业和保险业合法、稳健运行，防范和化解金融风险，保护金融消费者合法权益，维护金融稳定。与此同时，银监会和保监会的关于拟定银行业、保险业重要法律法规草案和审慎监管基本制度的职责划入央行。

思考题

1. 什么是货币政策？
2. 货币政策的目标是什么？它对国民经济有哪些影响？
3. 货币政策有哪些调控手段？
4. 试述中国人民银行的性质和地位。
5. 我国法律规定的中国人民银行的职能有哪些？

第八章

第9章
自然资源和资源管理法

第一节 自然资源法概述

一、资源及自然资源法

（一）资源的概念和特征

根据《辞海》的解释，"资源是资财的来源，一般指天然的财富"。资源的概念有广义和狭义之分，广义的资源包括自然资源、经济资源和人力资源等各种资源，狭义的资源仅指自然资源，即自然资源的简称。按照《中国自然保护纲要》的解释，在一定的技术经济条件下，自然界中对人类有用的一切物质和能量都称为自然资源。本书采用狭义的资源概念，即自然资源就是自然界中存在的对人类有用的一切自然要素或能量的总称，包括土地、水、森林、草原、野生动植物、矿产等自然要素，以及阳光、风力、地热、潮汐等能量。人们按照不同的目的和要求，对资源进行多种分类，主要有以下几种：按照资源的可再生性质来划分，可以分为可再生资源、不可再生资源及恒定性资源三大类；按照资源的属性来划分，可以分为土地资源、水资源、矿物资源、生物资源、气候资源等；按照资源存在的方式，可以分为地下资源和地表资源两大类。

自然资源具有以下特征：

1. 稀缺性。这是资源最重要的特征，资源存在有限性。无论是可再生资源还是不可再生资源，在总量上都是有限的。不可再生资源本身的属性决定其在总量上趋向递减的趋势不会改变；而可再生资源，根据自然界生态平衡的规律也不会在总量上发生大的改变，比如水资源，不管其形态如何变化，地球上的水遵循着质量守恒定律，从总体上来看都是平衡的。

2. 有用性。资源的有用性是其价值的体现，而且一种资源往往具有多种不同的用途。这决定了我们在进行开发利用时，必须根据资源利用的技术水平实行综合开发，而不能单单考虑其中某一个单独的用途。

3. 非排他性。这就是指自然资源的价值利用不能排除他人的使用。树木的经济价值也许可为特定主体享有，但是森林制造出的氧气、改善的环境却不能排除使当地居民或其他任何人享有，这也是一种外部性。根据经济规律，在非排他性很高的公共物品面前，市场机制会存在失灵的风险。因为这种物品的成本不能从市场上完全实现，购买者不会为商品的外部性效应付账，而是把成本留给自然界，最终是由全人类来承担，所以，要充分实现资源的经济价值，引入市场机制是必要的，而政府的干预和管理同样也是必要的。

（二）自然资源法的定义

自然资源法，又称为自然资源保护法，是调整人们在自然资源开发、利用和保护过程中所产生的各种社会关系的法律规范的总称。它是国家管理自然资源的法律工具，属于经济管理法的范畴，是经济法体系中不可缺少的内容。它调整的社会关系主要包括资源权属关系、资源流转关系、资源管理关系和涉及自然资源的其他经济关系。根据自然资源法调整对象的不同，可将其分为土地管理法、森林法、草原法、水法、渔业法、野生动植物保护法、矿产资源法等。自然资源法规范人们保护自然资源和合理利用自然资源，目的是为了实施可持续发展战略，改善和增强人类社会赖以生存发展的自然基础，寻求人与自然的和谐发展的合理性存在。因此，自然资源法不仅调整自然资源在开发利用活动中人与人的关系，而且还通过对人与人之间关系的调整有效协调人与自然的关系，从而达到经济社会可持续发展的目的。

我国自然资源法的构成主要包括以下五个方面：①宪法性法律规范，即宪法中有关自然资源保护和合理利用的规定；②综合资源法，即在一项法律中同时规范两种及两种以上种类的自然资源，如《水土保持法》等；③各种单项自然资源保护法，如《土地管理法》《森林法》《草原法》《水法》《矿产资源法》《渔业法》《野生动物保护法》等；④其他法律部门中有关自然资源保护和合理利用的规定；⑤我国签订、缔结或者参加的有关保护自然资源的国际条约中的有关规定。这也是我国自然资源法的构成部分。

（三）自然资源法与环境法的联系和区别

关于自然资源法与环境法之间的关系，一直是个争议不断的话题，但不管分歧如何，各种学说均肯定了自然资源法与环境法之间既相互联系又相互区别的辩证关系：①自然资源与环境法是协调统一的。无论是自然资源还是环境，均对人类活动产生着重要影响，是人类生存和发展的必要条件。环境是自然资源的来源和存在处所，自然资源是环境要素的物质体现，这两者具有同一性和不可分性，这种关系必然促使自然资源法和环境法的协调统一。人与自然协调发展的观念更决定了我们不能割裂自然资源法和环境法的协调互动和整合。②自然资源法与环境法又是相对独立的。环境与资源这两个概念存在着差异，自然资源侧重于表示具有经济价值和经济效用的静态物质和能量，而环境则是静态和动态的结合——静态上是一定区域内自然界形成的一切能为人类所有的物质和能量的总体，而动态上则是一定物质和能量构成的物质循环和能量流动的生态统一体，表现人类社会整体生态系统的平衡和维持。这种区别体现在法律上。自然资源法的立法主旨侧重于对自然物质实体的财产性保护，而环境法的立法主旨侧重于保护环境关系主体对其赖以生存和发展的环境所享有的权利，包括生态功能权及其相对权利。

　　总之，自然资源法和环境法既相互影响又有所区别，但自 20 世纪 90 年代后，随着可持续发展理论成为国际间资源合作和发展的核心理念，自然资源法和环境法也在物种平等、代际公平、预防为主、合理开发利用等基本主旨的孕育下，不断地融合和共同发展，以赢得经济和社会的可持续发展。

　　二、自然资源法的基本原则

　　自然资源法的基本原则是指为我国自然资源法所确认的、体现实施可持续发展战略的基本方针、政策，并为国家资源管理所遵循的基本准则，是贯彻自然资源法过程中必须始终遵循的原则。它贯穿于每种自然资源的法律之中，保障我国自然资源的合理开发和利用，主要包括：

　　（一）重要资源国有原则

　　所有自然资源的立法都必须坚持一切重要自然资源和专有资源属于国家所有的原则。根据我国《宪法》、《民法通则》和有关自然资源法的规定，矿藏、水流和城市土地等重要自然资源属于国家所有，即全民所有；森林、山岭、草原、荒地、滩涂以及城市郊区和农村土地等重要自然资源，除依照法律规定属于集体所有的以外，都属于国家所有。随着国家建设事业的发展，将会有更多的原来属于集体所有的重要自然资源，通过征收程序依法转变为国家所有。社会主义的公共财产神圣不可侵犯，这些自然资源是国家社会主义公共财产的重要组成部分，是关系国民经济命脉的生产资源，是国计民生的基本保障，是保证国民经济稳定发展的物质基础。所有自然资源的立法都必须确保一切国有资源不受任何侵犯。加强对这些重要自然资源的管理和保护，保障其合理开发利用，禁止任何组织和个人用任何手段对其进行侵占或者破坏，应是我国《自然资源法》的一项重要任务。

　　（二）维护生态平衡原则

　　维护自然生态平衡的原则作为制定自然资源法的基本原则已为多数国家在制定法律时所认可。各种自然资源物质要素之间及环境之间相互联系、相互制约、相互依存，构成平衡协调的生态系统，对自然生态环境起着十分重要的调节作用。自然界的可再生资源，受着自然生态规律的制约，其再生能力有着一定极限，如果超过这一极限，或者采用其他方式进行不合理的开发利用，都会破坏其再生机能，导致资源质量退化，造成生态平衡失调。人们在进行自然资源保护、开发和利用时，要从生态平衡的角度去衡量开发利用自然资源的经济效果，反对以破坏自然环境和生态平衡为代价追求所谓的经济效益。这样才能促进资源再生的良性循环，实现资源利用的预期效益。因此，必须从立法上保证开发利用资源时遵循自然生态规律，采取科学的方法和合理的措施，做到合理开发利用资源和保护资源相结合，维护自然生态平衡，保障资源的可持续利用。

　　（三）综合开发利用的原则

　　综合开发利用资源是合理开发资源的基本途径，是国家管理自然资源开发的一项重大经济技术政策。各种资源都具有多种物质成分和功能，可以有多种用途，具有不同的经济价值。因此，开发利用资源必须坚持综合开发利用的原则，既利用其主要物质组成部分，又利用其他有益物质部分，避免造成资源流失、经济损失及引起环境污染和生态破坏。各有关资源法对综合开发利用资源的原则都有着具体规定，比如水资源法实际上就是一部综合开发利用水资源的法律。其规定了开发利用水资源和防治水害，应当全面规划，统筹兼顾，综合利用，讲求实效，发挥水资源的多种功能。为此提出，必须进行综合的科学考察和调查评价，按照流域或者区域进行综合规划和专业规划；要兼顾防洪、治涝、灌溉、航运、城市和工业供水、水力发电、竹木流放、渔业等多种用水需要。

（四）统一规划和因地制宜原则

对自然资源进行统一规划和因地制宜的开发，是由自然资源本身的特点和现代化生产的客观要求决定的。①各种自然资源物质结构的多元素、多成分性及物质能量的多功能性，使得资源的开发利用涉及众多的国民经济部门和行业，在我国现行分部门、分级的资源管理体制下，如果不对其进行统一规划，就会造成各自为政、侵占、破坏、浪费自然资源的情况。在当前未完全规范化的市场经济情况下，乱搞开发区，滥用、破坏资源的情况就非常突出，因此，必须加强对自然资源开发利用的统一规划和科学管理。②各种自然资源的分布大都受地域性的制约，对自然资源的开发利用和保护要受到地区自然、经济和技术条件的制约。国家和地区在进行资源开发利用的项目建设时，必须从实际出发，既要考虑国家建设对资源的需要，又要考虑资源的可资开发利用的承受能力，还应考虑资源的区域性特点，打破条块界限，改变部门和地区各自为政的状况，统筹安排、因地制宜、综合开发利用资源，提高资源开发利用效益，真正地保护和利用好自然资源。

（五）开源与节流相结合原则

开源与节流相结合原则是在资源开发利用的管理过程中要遵守的基本原则之一。自然资源的有限性，决定了必须正确处理开发利用和保护的关系，在经济建设中要发挥自然资源的优势，根据经济发展的需要和财力、物力的可能，合理地扩大开发利用，又要注意节约和积极保护自然资源，正确处理资源消耗和再生能力之间的关系。我国资源相对短缺，资源蕴藏量有限，而且资源浪费严重，资源与发展的供需矛盾日益突出。这种矛盾的解决途径主要就是开源和节流。一方面要发挥资源优势，扩大资源开发建设，并依靠科技进步，采取寻找新的、利用贫瘠的、开发潜在的和人工代用的资源等多方面措施，扩大资源来源，扩展资源的物质和质量功能，增加社会产品；另一方面，要在生产建设中，贯彻勤俭建国的方针，开展资源能源和废弃物的综合利用，提高资源能源的综合利用率，降低物料消耗，减少废弃物的排放量，提高资源利用效益。我国有关资源管理法和环境保护法等，都对开源节流原则的具体要求和措施进行了规定。

三、自然资源法的基本制度

（一）自然资源权属制度

自然资源权属制度是指规定人们在开发利用和保护各种自然资源的活动中，所涉及的自然资源所有权、使用权、专项权益等关系。一方面，具有经济性和财产性的自然资源，是人类生存和发展的物质基础，需要遵循民法中财产权利的一般法律规定；另一方面，自然资源也具有重要的生态价值，而民法关于财产权的理论和规定也并不能完全涵盖自然资源的生态新特点。所以我国从宪法到各种具体的资源保护法律都规定了自然资源的权属内容，具体的自然资源法律也对不同自然资源的权属做了具体规定，下面从基本法律制度的角度对各种自然资源法的权属关系作一个系统介绍。

1. 自然资源的所有权，也即对自然资源占有、使用、收益和处分的权利。根据自然资源种类的不同，包括：

（1）土地资源所有权。我国只允许国家和集体对土地享有所有权。《土地管理法》和《城市房地产管理法》规定，城市市区的土地属于国家所有，农村和城市郊区的土地，除由法律规定属于国家所有的以外，属于农民集体所有，宅基地和自留地、自留山，属于农民集体所有。

（2）水资源所有权。在我国，水资源属于国家所有，我国《水法》第3条明确规定："水资源属于国家所有。水资源的所有权由国务院代表国家行使。农村集体经济组织的水塘和由农村集体经济组织修建管理的水库中的水，归各该农村集体经济组织使用。"水资源的所有权不同于水所有权，后者又叫水体所有权，归普通的民事主体所有，业已引入企业储水设施或家庭水容器中的水，不再是水资源所有权的客体，而是一种普遍的民事权利的客体。

（3）森林资源所有权。《森林法》规定，森林资源属于国家所有，由法律规定属于集体所有的除外；农村居民在房前屋后、自留山、自留地种植的林木，归个人所有；城镇居民和职工在自有房屋的庭院内种植的林木归个人所有；集体或者个人承包的林木归承包的集体或个人所有。

（4）草原所有权。我国《草原法》中关于草原的所有权归属的内容是：草原属于国家所有，即全民所有，由法律规定属于集体所有的草原除外。

（5）矿藏所有权。由于关系到国计民生和国家经济发展命脉，法律规定矿藏全部属于国家所有，没有任何其他主体能对其享有所有权。

2. 自然资源的使用权。我国规定国家和集体作为自然资源的主要所有权人，为了充分实现自然资源的使用价值，我国还建立了一个完善的自然资源使用权制度。如土地资源的使用权就有具体规定，国有土地和农民集体所有的土地，可以依法确定给单位和个人使用，单位和个人享有的是土地的使用权，即用益物权。自然资源使用权的取得都必须通过法定程序办理相应手续，但其取得方式则有多种形式，主要包括：①授予或法定取得，即国家所有的资源，由法律规定或由法律规定的国家

第九章

机构授予或者确定给具体主体使用。②开发利用取得，即一定主体遵循法律规定的条件，通过开发利用行为取得一定资源的使用权，这主要体现在经济组织或个人开发利用荒山、荒地等资源的行为中。③转让取得，即由原来使用权主体通过转让方式将资源使用权转移给其他主体，这种方式是自然资源使用权最主要的取得方式。

（二）自然资源有偿使用制度

在现代社会化大生产中，对自然资源开发利用的广度、深度和强度都日益增强，不可再生资源的蕴藏量日趋减少，可再生资源又因不合理开发利用和废弃物污染而受到破坏，但人类社会对资源的需求量却有增无减。为了提高资源的使用价值和经济效益，必须对资源的开发利用予以大量基础工作和基础建设的投入，包括对自然资源的科学调查、科学研究和技术开发等。这些大量投入，理应由资源使用者承担相应的费用，自然资源有偿使用制度的采纳具有经济和法律上的合理性。

我国过去在自然资源使用中存在计划分配和无偿使用的现象，没有体现出资源的经济价值，造成对资源的低效利用和浪费，衡量生产建设单位的经济效益，也没有考虑自然资源的消耗量，以致有的单位无偿占用大量自然资源而未产生相应的资源利用效益。为了补偿对自然资源的投入费用，扭转资源浪费甚至是破坏的情况，除了应该采取必要的行政手段外，还必须采取经济手段，通过法律确定资源有偿使用的制度。我国的《土地管理法》《水法》《矿产资源法》等，都对有偿使用这些资源作出了规定，并相继制定了相应的收费配套法规，包括城市土地使用费、土地使用权转让费、水费、矿产资源补偿费等，这都是通过市场机制使资源得到最优配置，建立完善自然资源使用权市场。

（三）自然资源开发利用的许可和监督检查制度

自然资源开发利用的许可制度，是指各种自然资源相对应的地方人民政府行政主管部门，根据资源开发利用者的申请，经审查依法准许其从事开发利用的行为并颁发许可证，包括采伐许可证、取水许可证、采矿许可证、河道采沙许可证等，这项制度是现代国家管理自然资源的重要手段。许可制度的采用有利于国家对自然资源的宏观管理和对自然资源的可持续利用，有利于保护资源开发利用者的合法权益，而随着《行政许可法》的颁布实施，我国自然资源开发利用的许可制度也日益完善和健全，在国家依法对自然资源的管理中发挥着重要作用。

同时，各种自然资源开发利用的法律中也具体规定了监督检查制度。《土地管理法》《水法》《草原法》等具体法律设专章规范了监督检查制度，其明确规定，国务院有关自然资源行政主管部门和县级以上地方人民政府有关自然资源行政主管部门设立自然资源监督管理机构，负责自然资源法律、法规执行情况的监督检查，对违反自然资源法律、法规的行为进行查处；同时规定了自然资源监督检查人员履行法律规定的监督检查职责时，有权采取的一些措施；要求有关单位和个人对监督检查人员的监督检查工作应当给予支持、配合，不得拒绝或者阻碍自然资源监督检查人员依法执行职务；监督检查人员在履行监督检查职责时，应当向被检查单位和个人

第九章

出示执法证件；为搞好监督检查工作，法律还规定，要加强执法队伍建设，提高监督检查人员的政治、业务素质；严格要求监督检查人员应当忠于职守、秉公执法；对在监督检查工作中有违法或者失职行为的，要责令其限期改正。监督检查制度的实施，同样也是实现自然资源依法合理开发利用的重要手段。

（四）自然资源开发利用的禁限制度

自然资源开发利用的禁限制度，是指为了规范人类过度开发自然资源的行为，根据自然资源特点和保护自然资源需要，对开发利用自然的行为方式、利用对象、利用时间、利用范围、利用工具等所规定的禁止和限制的制度。为了人类的可持续发展，为了自然资源的可持续利用，为了人与自然之间的协调发展，应当以法律的方式强制性地禁止和限制一定的资源利用，禁限制度是自然资源管理制度中的重要构成部分。

自然资源开发利用禁限的范围主要包括濒危的自然资源、处于环境敏感区的自然资源、具有重要科研价值的特种自然资源以及具有多种用途的自然资源等。自然资源开发利用的禁限方法多种多样，根据自然资源的种类和资源管理的要求，有着不同的禁限方法，可以包括对资源用途的禁限、对利用工具的禁限、对利用方式的禁限、对利用时间的禁限、对利用区域的限制、对利用数量的限制等。比如对资源用途的禁限，《土地管理法》中规定了对土地用途的管制制度，通过编制土地利用规划划定土地利用区，确定土地使用限制条件，土地所有者、使用者必须严格按照国家确定的用途利用土地，违者将受到严厉处罚；再如对开发利用的数量的限制，《森林法》确定的森林年采伐限额制度，是国家根据用材林的消耗量低于生产量的原则，严格控制森林年采伐量所确定的最高年采伐数额，年度木材生产计划不得超过批准的年采伐限额。《渔业法》第25条规定，从事捕捞作业的单位和个人，必须按照捕捞许可证关于作业类型、场所、时限、渔具数量和捕捞限额的规定进行作业……

（五）自然资源补救制度

基于自然资源的整体性、有限性和可变性，对资源的破坏不仅会产生经济上的损害，而且会造成生态价值的破坏。由此，除了确立经济补偿之外，自然资源法中还需要确立自然资源的补救制度。具体而言，资源补救制度就是指对因一定原因而造成的自然资源的损害，要求责任人必须以实际行动来恢复、更新、补救资源的实际损害，使资源的再生能力得到保障的具体制度。设立资源补救制度的关键，在于通过强制义务或责任，主体在自然资源遭受损害时，必须恢复、更新和补救自然资源本身，制度的目的不仅是为了资源权益主体的个体利益，更是为了全面保护自然资源，维护人类社会与自然的和谐关系，实现人类的可持续发展。

资源补救的主体主要有两种：①对资源不享有具体权利的人，因其对资源的侵害行为而产生的资源补救责任，《森林法》中就规定了盗伐林木的行为产生的补种树木的责任；②对资源享有权利的人，如果其过分使用资源也必须要承担资源的补救义务。比如《草原法》规定，过量放牧造成草原沙化、退化、水土流失的，草原使用者应承担补种牧草、恢复植被的义务。在我国的法律实践中，有关的资源补救制度正在发挥着重要作用，除了《森林法》和《草原法》中设立的针对森林和草原资源的更新造林、树木补种和恢复植被等补救制度外，《土地管理法》中还设立了土地资源补救制度，即耕地开垦、土地复垦、土地治理和资源复原等多种方式，《水法》中设立的水资源补救制度有影响水运资源的补救、影响渔业资源的补救、影响用水和水量的补救、影响地下水的补救等。

第二节　资源管理具体法律制度

一、土地管理法律制度

（一）土地所有权

土地所有权指土地所有人对其土地的占有、使用、收益和处分的权利。土地所有权是土地所有制的法律体现。该法律概念具体地讲有三层含义：

1. 土地所有权是土地所有制的法律体现形式。而土地所有制是指土地这一生产资料归谁所有、由谁支配的基本法律制度。通过表面的人与土地的关系反映出了社会上人与人之间的关系。所以它是一定社会生产关系的基础和核心。

2. 土地所有权的内容为对土地的占有、使用、收益和处分的权利。土地的所有权人和被授权的非所有权人均可依法取得对土地的占有、使用、收益和处分的权利。当然非所有权人的权利来源于所有权人的授权且不能超越所有权人的权利范围。

3. 土地所有权的行使受到法律较多的限制。土地是国家重要的资源，各国均对土地所有权的行使规定了较多的限制。一旦超出法律允许的范围，将构成滥用权利，不仅不能得到法律的保护，还可能会承担法律责任。

我国土地所有权分为国家土地所有权和集体土地所有权。城市的土地属于国家所有。农村和城市郊区的土地，除由法律规定属于国家所有的以外，属于集体所有；宅基地和自留地、自留山，也属于集体所有。国家为了公共利益的需要，可以依照法律规定对土地实行征收或者征用并给予补偿。国家土地所有权由国务院代表国家行使，国家土地行政主管部门统一负责全国土地管理和监督工作。农民集体所有的土地依法属于村农民集体所有的，由村集体经济组织或者村民委员会经营、管理；已经分别属于村内两个以上农村集体经济组织的农民集体所有的，由村内各该农村集体经济组织或者村民小组经营、管理；已经属于乡（镇）农民集体所有的，由乡（镇）农村集体经济组织经营、管理。

（二）土地使用权

土地使用权是指对土地利用的权利。依照所有权对土地的划分把使用权分为国有土地使用权和集体土地使用权。在我国土地所有权和土地使用权一般是分离的。

国有土地使用权是指国有土地的使用人依法利用土地并取得收益的权利。国有土地使用权的取得方式分为划拨、出让、出租和入股等。有偿取得的国有土地使用权可以依法转让、出租、抵押和继承。需要强调的是，划拨的土地必须在补办出让手续、补缴或抵交土地使用权出让金后才能转让、出租和抵押。

集体土地使用权是指农民集体土地的使用人依法利用土地并取得收益的权利。集体土地使用权可分为农用土地使用权、宅基地使用权和建设用地使用权。集体土地使用权的取得方式一般为承包取得、合法转移取得、入股和联营等。

（三）土地用途管制

土地用途管制指国家为保证土地资源的合理利用及经济、社会和环境的协调发展，通过编制土地利用规划划定土地利用区，确定土地使用限制条件，土地的所有者、使用者必须严格按照国家确定的用途利用土地，否则将受到严厉的处罚的制度。《土地管理法》第 4 条第 1 款明确规定："国家实行土地用途管制制度。"

土地用途管制制度的特点是：

1. 土地用途是由协领国家长远和全局利益的中央政府通过各级土地利用总体规划确定的，土地用途一旦确定后，就具有了法律效力，任何个人和单位不得擅自改变。

2. 任何个人和单位必须按照规定的用途使用土地，即具体土地用途是确定的，具有强制性。违反规定用途使用土地的行为属于违法行为，将受到法律的制裁。

（四）土地利用总体规划制度

土地利用总体规划指的是在一定区域内根据国民经济和社会发展对土地的需求以及当地的自然、经济和社会条件，对该区域内土地的利用所做的综合的、长期的、战略性的总体安排和布局。我国依法实行土地利用总体规划制度。各级人民政府依据国民经济和社会发展规划、国土整治和资源环境保护的要求、土地供给能力以及各项建设对土地的要求，组织编制土地利用的总体规划。

土地利用总体规划按照下述原则编制：①严格保护基本农田，控制非农业建设占用农用地；②提高土地利用率；③统筹安排各类、各区域用地；④保护和改善生态环境，保障土地的可持续利用；⑤占用耕地与开发复垦地相平衡。

下级土地利用总体规划应当根据上一级土地利用总体规划编制。地方各级人民政府编制的土地利用总体规划中的建设用地总量不得超过上一级土地利用总体规划确定的控制的指标。省、自治区、直辖市人民政府编制的土地利用总体规划，应当确保本行政区域内耕地总量不减少。

土地利用总体规划实行分级审批。土地利用总体规划一经批准，必须严格执行。

（五）耕地保护制度

耕地保护制度主要是指耕地占用补偿和基本农田保护。"十分珍惜、合理利用土地和切实保护耕地"是我国的基本国策。各级人民政府应当采取措施，全面规划，严格管理，保护、开发耕地资源，制止非法占用耕地的行为。

我国实行占用耕地补偿制度。非农业建设经批准占用耕地的，按照"占多少，垦多少"的原则，由占用耕地的单位负责开垦与所占用耕地的数量和质量相当的耕地；没有条件开垦或者开垦的耕地不符合要求的，应当按照省、自治区、直辖市的规定缴纳耕地开垦费，专款用于开垦新的耕地。省、自治区、直辖市人民政府应当制定开垦耕地计划，监督占用耕地的单位按照计划开垦耕地或者按照计划组织开垦耕地，并进行验收。耕地占用补偿制度是实现耕地总量动态平衡的最重要的手段。

基本农田是指根据一定时期内人口和国民经济对农产品的需求，以及对建设用地占用数量的预测而确定的长期不得占用的和基本农田保护区规划期内不得占用的耕地。下列类型的耕地应当根据土地利用总体规划划入基本农田保护区，严格管理：①经国务院有关主管部门或者县级以上地方人民政府批准确定的粮、棉、油生产基地内的耕地；②有良好的水利与水土保持设施的耕地，正在实施改造计划以及可以改造的中、低产田；③蔬菜生产基地；④农业科研、教学试验田；⑤国务院规定应当划入基本农田保护区的其他耕地。

国家建立耕地保护制度，对基本农田依法实行特殊保护。而特殊保护则体现为数量和质量两个方面。各省、自治区、直辖市划定的基本农田应当占本行政区域内耕地的80%以上。在基本农田质量的保护上体现为：农民和农业生产经营组织应当保养耕地，合理使用化肥、农药、农用薄膜，增加使用有机肥料，采用先进技术，保护和提高地力，防止农用地的污染、破坏和地力衰退；县级以上人民政府农业行政主管部门应当采取措施，支持农民和农业生产经营组织加强耕地质量建设，并对耕地质量进行定期监测。

（六）土地复垦制度

《土地管理法》2004年修正后增加了第42条："因挖损、塌陷、压占等造成土地破坏，用地单位和个人应当按照国家有关规定负责复垦；没有条件复垦或者复垦不符合要求的，应当缴纳土地复垦费，专项用于土地复垦。复垦的土地应当优先用于农业。"土地复垦是确保我国耕地总量动态平衡的又一重要措施。

土地复垦是指对在生产建设过程中因挖损、塌陷、压占等造成破坏的土地采取整治措施，使其恢复到可供利用状态的活动。土地复垦按照"谁破坏，谁复垦"的原则，由造成土地破坏的单位和个人承担土地复垦义务。没有条件复垦或者复垦经土地行政主管部门验收不符合要求的，应当缴纳土地复垦费，专项用于土地复垦，任何单位和个人不得挪用。同时，复垦的土地应当优先用于农业，这样才能真正落实复垦制度的初衷，确实地保持耕地的有效面积。

（七）建设用地管理制度

建设用地管理制度是土地管理工作的重要组成部分，是实施土地资源利用管理，依法保证城乡各项建设用地的关键措施，也是各级人民政府制定土地利用总体规划，合理配置土地资源，调控基本建设规模的有力手段。

建设用地管理主要包括以下内容：转征用农村集体土地；乡村公共设施、公益事业、乡镇企业建设用地；农村个人建房用地；划拨国有土地使用权；征用土地补

第九章

偿安置；协议出让土地使用权；招标出让土地使用权；拍卖出让土地使用权；土地使用权抵押；临时用地管理。

二、矿产资源法律制度

矿产资源是指由地质作业形成的，具有利用价值的，呈固态、液态或气态的自然资源。矿产资源具有一些不同于其他自然资源的特点：①矿产资源是有限的，开采后将不能再生，如果得不到应有的保护，有些矿产资源会在短期内耗尽。②矿产资源在分布上存在严重的不均衡性，如我国的天然气资源基本集中在四川盆地、塔里木盆地和陕北高原。③矿产资源的勘查开发受到社会其他条件的制约，如相关技术的研发程度和国家经济的发达水平。

（一）矿权

矿权是指一定社会主体对矿产资源享有的一系列权利的统称，主要包括矿产资源所有权、探矿权、采矿权和矿权转让权。

1. 矿产资源的所有权。在我国矿产资源属于国家所有，由国务院行使国家对矿产资源的所有权。地表或者地下的矿产资源的国家所有权，不因其所依附的土地的所有权或者使用权的不同而改变。国家保障矿产资源的合理开发利用，禁止任何组织或个人用任何手段侵占或者破坏矿产资源。

2. 探矿权。探矿权是指按法定的程序取得勘查许可证，在批准的勘查区块内和有效期限内，对批准的矿种及其伴生、共生矿产进行勘查的权利。依法取得勘查许可证的主体为探矿权人。探矿权的主要内容为：探矿权人对勘查区域内的勘查对象进行勘查的权利；禁止任何单位和个人在已取得探矿权的区域内进行与探矿权人相同的勘查行为，也不得妨害探矿权人进行正常的勘查作业；探矿权人依据勘查行为所获得的勘查资料可以依法进行有偿转让或以其他形式利用。

3. 采矿权。采矿权是指按法定的程序取得采矿许可证，在批准的区域内和有效期限内，对批准的矿种及其伴生、共生矿产进行开采的权利。依法取得采矿许可证的主体为探矿权人。采矿权的主要内容为：采矿权人对批准区域内的矿产进行开采的权利；禁止任何单位和个人在已取得采矿权的区域内进行与采矿权人相同的开采行为，也不得妨害采矿权人进行正常的开采作业；采矿权人依据开采行为所获得的矿产品依法享有所有权或经营权，并可以依法进行有偿转让。

4. 矿权转让权。矿权转让权是指探矿权人和采矿权人在一定条件下将探矿权和采矿权转让给他人的权利。为了加强对探矿权、采矿权转让的管理，保护探矿权人、采矿权人的合法权益，促进矿业发展，《矿产资源法》、《探矿权采矿权转让管理办法》和《矿业权交易规则》，对矿权转让权的行使做出了明确规定。

转让探矿权，应当具备下列条件：①自颁发勘查许可证之日起满 2 年，或者在勘查作业区内发现可供进一步勘查或者开采的矿产资源；②完成规定的最低勘查投入；③探矿权属无争议；④按照国家有关规定已经缴纳探矿权使用费、探矿权价款；⑤国务院地质矿产主管部门规定的其他条件。

转让采矿权，应当具备下列条件：①矿山企业投入采矿生产满1年；②采矿权属无争议；③按照国家有关规定已经缴纳采矿权使用费、采矿权价款、矿产资源补偿费和资源税；④国务院地质矿产主管部门规定的其他条件。

国有矿山企业在申请转让采矿权前，应当征得矿山企业主管部门的同意。

（二）矿产资源勘查管理

矿产资源勘查是开采的前提，是矿产资源管理的基础性工作。勘查工作的顺利进行将构成国家经济建设和社会发展的基石。矿产资源勘查管理是《矿产资源法》中的一个重要内容。因此，《矿产资源法》对矿产资源勘查管理作出了专章规定，主要内容包括如下方面：

1. 区域地质调查按照国家统一规划进行。区域地质调查的报告和图件按照国家规定验收，提供有关部门使用。矿产资源普查在完成主要矿种普查任务的同时，应当对工作区内包括共生或者伴生矿产的成矿地质条件和矿床工业远景作出初步综合评价。

2. 矿床勘探必须对矿区内具有工业价值的共生和伴生矿产进行综合评价，并计算其储量。未作综合评价的勘探报告不予批准。但是，国务院计划部门另有规定的矿床勘探项目除外。

3. 普查、勘探易损坏的特种非金属矿产、流体矿产、易燃易爆易溶矿产和含有放射性元素的矿产，必须采用省级以上人民政府有关主管部门规定的普查、勘探方法，并有必要的技术装备和安全措施。

4. 矿产资源勘查的原始地质编录和图件，岩种勘查标志，应当按照有关规定保护和保存。

（三）矿产资源开采管理

在我国勘查、开采矿产资源，必须依法分别申请，经批准后取得探矿权、采矿权，并办理登记。但是，已经依法申请取得采矿权的矿山企业在划定的矿区范围内为本企业的生产而进行的勘查除外。

《矿产资源法》对矿产资源开发管理也作了专章规定，总的来说，包括以下内容：

1. 开采矿产资源，必须采取合理的开采顺序、开采方法和选矿工艺。矿山企业的开采回采率、采矿贫化率和选矿回收率应当达到设计要求。在开采主要矿产的同时，对具有工业价值的共生和伴生矿产应当统一规划，综合开采，综合利用，防止浪费；对暂时不能综合开采或者必须同时采出而暂时还不能综合利用的矿产以及含有有用成分的尾矿，应当采取有效的保护措施，防止损失破坏。

2. 开采矿产资源，必须遵守国家劳动安全卫生规定，具备保障安全生产的必要条件；开采矿产资源，必须遵守有关环境保护的法律规定，防止污染环境；开采矿产资源，应当节约用地。耕地、草原、林地因采矿受到破坏的，矿山企业应当因地制宜地采取复垦利用、植树种草或者其他补救措施。开采矿产资源给他人生产、生活造成损失的，应当负责赔偿，并采取必要的补救措施。

3. 国家对国家规划矿区、对国民经济具有重要价值的矿区和国家规定实行保护性开采的特定矿种，实行有计划的开采；未经国务院有关主管部门批准，任何单位和个人不得开采。

4. 开采下列矿产资源的，由国务院地质矿产主管部门审批，并颁发采矿许可证：①国家规划矿区和对国民经济具有重要价值的矿区内的矿产资源；②前项规定区域以外可供开采的矿产储量规模在大型以上的矿产资源；③国家规定实行保护性开采的特定矿种；④领海及中国管辖的其他海域的矿产资源；⑤国务院规定的其他矿产资源。

5. 国家在民族自治地方开采矿产资源，应当照顾民族自治地方的利益，做出有利于民族自治地方经济建设的安排，以照顾当地少数民族群众的生产和生活。民族自治地方的自治机关根据法律规定和国家的统一规划，对可以由本地方开发的矿产资源，优先合理开发利用。

三、水资源管理法律制度

（一）水权

水权是指水的所有权和各种利用水的权利的总称。相较于一般的资源产权，水权有如下显著特征：

1. 水权客体的不确定性。考虑到水的流动性的特点，人们只能控制一定范围内的水，当然人们尚不能控制或利用的水是不能设立水权的。即使是在人们有能力加以利用和控制的情况下，由于水的流动，水权针对的水在一定的时间和领域内也是不确定的。例如物理意义上，一定数量的水在从源头到入海口的整个过程中，绝大多数时间是属于国家水权的客体，而流经农业集体经济所有的水塘、水库时则成为集体水权的客体。

2. 水权的分离性。我国《宪法》规定水资源归国家或集体所有。但是在水资源开发利用的过程中，国家将水资源的经营权授权给地方或部门，而地方或部门又通过一定的方式将使用权转移给最终使用者，造成水资源的所有者、经营者和使用者相分离。

3. 水权的外部性。水流动性的物理特征将不同的主体紧密地联系到了一起，这样就凸显了水权的外部性。比如河流上游违背规律私自截留水源，导致下游可利用的水资源减少，下游地区与该截留行为并无直接的关联却遭受了损失，这就是负外部性；相反，河流上游地区投入大量人力和物力整治河水污染，大大改善水的质量，下流地区在此时同样会受益，此时属于水权的正外部性。

4. 水权管理的公共性。水权管理的公共性与水权的外部性息息相关。正是由于行使水权会对其他权利主体的权利造成相当的影响，所以，在水权的设置和水权的取得、行使等方面，不是强调权利的排他性和垄断性，而是强调公共性，强调水权行使的协调与一致。

（二）取水许可制度

取水是指利用水工程［包括闸（不含船闸）、坝、跨河流的引水式水电站、渠道、人工河道、虹吸管等取水、引水工程］或者机械提水设施直接从江河、湖泊或者地下取水。原则上一切取水单位和个人，都应当依法申请取水许可证，并依照规定取水。取水许可应当首先保证城乡居民生活用水，统筹兼顾农业、工业用水和航运、环境保护需要并且必须符合江河流域的综合规划、全国和地方的水长期供求计划，遵守经批准的水量分配方案或者协议。《水法》规定，国家对直接从江河、湖泊或者地下取水的，实行取水许可制度。

家庭生活、畜禽饮用取水，农业灌溉少量取水和用人力、畜力或者其他方法少量取水的不需要申请取水许可证。农业抗旱应急必须取水的，保障矿井等地下工程施工安全和生产安全必须取水的，防御和消除对公共安全或者公共利益的危害必须取水的，免予申请取水许可证。

（三）水费和水资源费

水费和水资源费是水资源有偿使用制度的体现，其含义为国家以水资源所有者和管理者的双重身份，为实现所有者权益，保障水资源的可持续利用，向取用水资源的单位和个人收取水资源使用费。水资源的有限性和使用价值的不可替代性使其同时具有了经济价值。过去我国长期对水资源采取行政调配、无偿使用的方式，造成水资源的大量浪费，使本来分布就极不均匀的水资源更加短缺，实施水资源有偿使用制度意图通过经济和行政手段制约浪费水资源的行为，实现经济的可持续发展。

《水法》第48条第1款规定："直接从江河、湖泊或者地下取用水资源的单位和个人，应当按照国家取水许可制度和水资源有偿使用制度的规定，向水行政主管部门或者流域管理机构申请领取取水许可证，并缴纳水资源费，取得取水权。但是，家庭生活和零星散养、圈养畜禽饮用等少量取水的除外。"第55条规定："使用水工程供应的水，应当按照国家规定向供水单位缴纳水费。供水价格应当按照补偿成本、合理收益、优质优价、公平负担的原则确定。"

（四）水资源开发利用

考虑到水资源的有限性和我国现阶段水资源供应的紧迫性和脆弱性，要实现水资源的可持续利用，保持社会、经济的可持续发展，开发利用好水资源成为关键所在。《水法》第三章对水资源开发利用的原则作出了明确的规定：

1. 利害结合、统筹兼顾的原则。开发、利用水资源，应当坚持兴利与除害相结合，兼顾上下游、左右岸和有关地区之间的利益，充分发挥水资源的综合效益，并服从防洪的总体安排。

2. 合理配置、生活优先的原则。开发、利用水资源，应当首先满足城乡居民生活用水，并兼顾农业、工业、生态环境用水以及航运等需要。在干旱和半干旱地区开发、利用水资源，应当充分考虑生态环境用水需要。地方各级人民政府应当结合本地区水资源的实际情况，按照地表水与地下水统一调度开发、开源与节流相结合、节流优先和污水处理再利用的原则，合理组织开发、综合利用水资源。

3. 因地制宜、安全供水的原则。在水资源短缺的地区，国家鼓励对雨水和微咸水的收集、开发、利用和对海水的利用、淡化，鼓励开发、利用水能资源；在水能丰富的河流，应当有计划地进行多目标梯级开发。地方各级人民政府应当加强对灌溉、排涝、水土保持工作的领导，促进农业生产发展；在容易发生盐碱化和渍害的地区，应当采取措施，控制和降低地下水的水位。建设水力发电站，应当保护生态环境，兼顾防洪、供水、灌溉、航运、竹木流放和渔业等方面的需要。

4. 移民安置与工程建设同步进行的原则。国家对水工程建设移民实行开发性移民的方针，按照前期补偿、补助与后期扶持相结合的原则，妥善安排移民的生产和生活，保护移民的合法权益。移民安置应当与工程建设同步进行。建设单位应当根据安置地区的环境容量和可持续发展的原则，因地制宜，编制移民安置规划，经依法批准后，由有关地方人民政府组织实施。所需移民经费列入工程建设投资计划。

四、森林管理法律制度

（一）林权

林权是指森林法律关系主体对森林、林地或林木所享有的占有、使用、收益和处分的权利。具体包括森林、林地或林木的所有权，林地承包经营权与林木采伐权等财产性权利。林权是森林资源所有制在法律上的表现。保护林权、保障林权所有者和使用者的合法权益，是保护森林、发展林业的基础，也是《森林法》的核心内容。我国《森林法》对森林资源的所有权、使用权的确认登记、核发证书、争议的处理、收益的分配和法律责任等都有明确的规定。

1. 国家所有权。《宪法》第9条第1款明确规定："矿藏、水流、森林、山岭、草原、荒地、滩涂等自然资源，都属于国家所有，即全民所有；由法律规定属于集体所有的森林和山岭、草原、荒地、滩涂除外。"另外《森林法》第3条第1款规定："森林资源属于国家所有，由法律规定属于集体所有的除外。"上述规定是国家享有森林资源所有权的法律依据。

2. 集体经济组织的所有权。集体经济组织的所有权的权利客体依照法律规定主要包括以下情形：①农村集体经济组织现有的林木和在其所有的土地上自行营造的林木，以及其他依照政府有关规定和依照法律由合同约定属于农村集体经济组织所有的林木，所有权属于该集体经济组织；②集体所有制单位营造的林木；③集体承包宜林荒地造林种植的林木。

3. 个人对林木的所有权。个人的林木所有权的权利客体依照法律规定包括以下情形：①农村居民在房前屋后、自留地、自留山种植的林木；②城镇居民和职工在自有房屋的庭院内种植的林木；③个人承包国家所有和集体所有的宜林荒山荒地造林的，承包后种植的林木；④以承包方式和其他合法方式取得的有使用权的林地上种植的林木。

需要强调的是，依据《宪法》第9条第1款和《森林法》第3条第1款森林资源的权利主体只能是国家和农村集体经济组织，这样就排除了个人作为森林资源的权利主体的可能性。个人只能对林木享有所有权。

4. 单位对林木的所有权。《森林法》第27条按照单位所有制性质对单位种植林木规定了不同的权属制度。国有企业事业单位、机关、团体、部队营造的林木，由营造单位经营并按照国家规定支配林木收益。集体所有制单位营造的林木，归该单位所有。

（二）植树造林

植树造林是林业建设的方针之一，该方针充分体现了对自然客观规律的尊重，把造林放在了林业建设的首位，有利于森林资源的不断增加，确保可持续发展。植树造林就是要在认真保护现有森林的基础上，积极开展植树造林、培育新的森林资源、扩大森林面积，提高森林的覆盖率，是对"以营林为基础"的更进一步的规定。尤其是《森林法》将植树造林作为各级人民政府、林业主管部门和其他主管部门、有关单位的法定义务，大大加强了保障力度。通过强制性的规定，带动整个社会参与造林植树，培养爱林、护林的意识。

《森林法》对植树造林做了专章规定，其主要内容为：①各级人民政府应当制定植树造林规划，因地制宜地确定本地区提高森林覆盖率的奋斗目标，组织各行各业和城乡居民完成植树造林规划确定的任务。②宜林荒山荒地，属于国家所有的，由林业主管部门和其他主管部门组织造林；属于集体所有的，由集体经济组织组织造林。③铁路公路两旁、江河两侧、湖泊水库周围，由各有关主管单位因地制宜地组织造林；工矿区，机关、学校用地，部队营区以及农场、牧场、渔场经营地区，由各该单位负责造林。④国家所有和集体所有的宜林荒山荒地可以由集体或者个人承包造林。

（三）森林保护

1. 森林防火。《森林法》将森林保护作为地方各级人民政府的法定义务。地方各级人民政府应当切实做好森林火灾的预防和扑救工作：①规定森林防火期，在森林防火期内，禁止在林区野外用火；因特殊情况需要用火的，必须经过县级人民政府或者县级人民政府授权的机关批准。②在林区设置防火设施。③发生森林火灾，必须立即组织当地军民和有关部门扑救。④因扑救森林火灾负伤、致残、牺牲的，国家职工由所在单位给予医疗、抚恤；非国家职工由起火单位按照国务院有关主管部门的规定给予医疗、抚恤，起火单位对起火没有责任或者确实无力负担的，由当地人民政府给予医疗、抚恤。

2. 病虫害防治。森林病虫害防治，是指对森林、林木、林木种苗及木材、竹材的病害和虫害的预防和除治。森林病虫害防治实行"预防为主，综合治理"和"谁经营，谁防治"的责任制度。地方各级人民政府应当制定措施和制度，加强对森林病虫害防治工作的领导。主管部门应当有计划地组织建立无检疫对象的林木种苗基地。各口岸动植物检疫机构，应当按照国家有关进出境动植物检疫的法律规定，加强进境林木种苗和木材、竹材的检疫工作，防止境外森林病虫害传入。国务院林业主管部门和省、自治区、直辖市人民政府林业主管部门的森林病虫害防治机构，应当综合分析各地测报数据，定期分别发布全国和本行政区域的森林病虫害中、长期趋势预报，并提出防治方案。各级林业主管部门可以根据森林病虫害防治的实际需要，建设森林病虫害防治设施。发生严重森林病虫害时，所需的防治药剂、器械、油料等，商业、供销、物资、石油化工等部门应当优先供应，铁路、交通、民航部门应当优先承运，民航部门应当优先安排航空器施药。发生大面积暴发性或者危险性病虫害，森林经营单位或者个人确实无力负担全部防治费用的，各级人民政府应当给予补助。国家在重点林区逐步实行森林病虫害保险制度。

（四）森林采伐

1. 严格控制森林年采伐量。国家根据用材林的消耗量低于生长量的原则，严格控制森林年采伐量。国家所有的森林和林木以国有林业企业事业单位、农场、厂矿为单位，集体所有的森林和林木、个人所有的林木以县为单位，制定年采伐限额，由省、自治区、直辖市林业主管部门汇总，经同级人民政府审核后，报国务院批准。国家制定统一的年度木材生产计划。年度木材生产计划不得超过批准的年采伐限额。计划管理的范围由国务院规定。

采伐森林和林木必须遵守下列规定：①成熟的用材林应当根据不同情况，分别采取择伐、皆伐和渐伐方式，皆伐应当严格控制，并在采伐的当年或者次年内完成更新造林；②防护林和特种用途林中的国防林、母树林、环境保护林、风景林，只准进行抚育和更新性质的采伐；③特种用途林中的名胜古迹和革命纪念地的林木、自然保护区的森林，严禁采伐。

2. 采伐许可证制度。采伐许可证制度，是指采伐林木者必须取得采伐许可证后才能进行林木采伐的制度。《森林法》规定，采伐林木必须申请采伐许可证，按许可证的规定进行采伐；农村居民采伐自留地和房前屋后个人所有的零星林木除外。审核发放采伐许可证的部门，不得超过批准的年采伐限额发放采伐许可证。对伐区作业不符合规定的单位，发放采伐许可证的部门有权收缴采伐许可证，中止其采伐，直到纠正为止。

3. 森林采伐方式。森林采伐，包括主伐、更新采伐和低产林改造等方式。依照森林的生长规律、经营原则或者利用目的，法律规定一定林种的采伐必须采用的方式，为森林采伐的法定方式。虽享有采伐权或者取得采伐许可证，但违反法定方式采伐林木的，仍为违法的采伐行为。《森林法》第31条详细规定了不同林种的森林采伐的法定方式。

五、草原法律制度

（一）草原所有权

草原所有权是指一定社会主体对草原享有的占有、使用、收益和处分的权利。

第九章

其中草原指天然草原和人工草地。

《草原法》规定，草原属于国家所有，由法律规定属于集体所有的除外。国家所有的草原，由国务院代表国家行使所有权。任何单位或者个人不得侵占、买卖或者以其他形式非法转让草原。国家所有的草原，可以依法确定给全民所有制单位、集体经济组织等使用。

依法确定给全民所有制单位、集体经济组织等使用的国家所有的草原，由县级以上人民政府登记，核发使用权证，确认草原使用权。未确定使用权的国家所有的草原，由县级以上人民政府登记造册，并负责保护管理。集体所有的草原，由县级人民政府登记，核发所有权证，确认草原所有权。依法改变草原权属的，应当办理草原权属变更登记手续。依法登记的草原所有权和使用权受法律保护，任何单位或者个人不得侵犯。

草原所有权的争议，由当事人协商解决；协商不成的，由有关人民政府处理。单位之间的争议，由县级以上人民政府处理；个人之间、个人与单位之间的争议，由乡（镇）人民政府或者县级以上人民政府处理。当事人对有关人民政府的处理决定不服的，可以依法向人民法院起诉。在草原权属争议解决前，任何一方不得改变草原利用现状，不得破坏草原和草原上的设施。

（二）草原使用权

1. 国家草原使用权。国有草原的所有权和使用权是可以分离的，依据法律的规定，按使用权主体的不同可划分为：①全民单位的国有草原使用权，即由有权限的国家机构划定或确定一定的国有草原归一定的全民所有制单位使用。②集体单位的国有草原使用权，指一定的集体经济组织对国有草原的使用权，取得方式主要为划定取得。《草原法》第10条规定，国家所有的草原，可以依法确定给全民所有制单位、集体经济组织等使用。③由集体或个人承包从事畜牧业生产。

2. 集体草原使用权。集体草原使用权指集体经济组织以外或集体组织之内的一定主体依法律允许的方式所取得的对集体所有的草原的使用权。它主要包括：①集体草原的承包使用权。集体所有的草原由其内部成员或以外的其他集体或个人依承包合同取得使用权。②集体草原的临时使用权。《草原法》第37条规定："遇到自然灾害等特殊情况，需要临时调剂使用草原的，按照自愿互利的原则，由双方协商解决；需要跨县临时调剂使用草原的，由有关县级人民政府或者共同的上级人民政府组织协商解决。"

草原使用权的争议，由当事人协商解决；协商不成的，由有关人民政府处理。单位之间的争议，由县级以上人民政府处理；个人之间、个人与单位之间的争议，由乡（镇）人民政府或者县级以上人民政府处理。当事人对有关人民政府的处理决定不服的，可以依法向人民法院起诉。在草原权属争议解决前，任何一方不得改变草原利用现状，不得破坏草原和草原上的设施。

（三）草原保护

草原保护指对草原火灾、草原鼠虫害和疫病、草原人为破坏的预防和除治。国家实行基本草原保护制度。对重要放牧场、割草地、对调节气候、涵养水源、保持水土、防风固沙具有特殊作用的草原、作为国家重点保护野生动植物生存环境的草原等基本草原，实施严格管理。

国家禁止开垦草原。对水土流失严重、有沙化趋势、需要改善生态环境的已垦草原，应当有计划、有步骤地退耕还草；已造成沙化、盐碱化、石漠化的，应当限期治理；对严重退化、沙化、盐碱化、石漠化的草原和生态脆弱区的草原，实行禁牧、休牧制度。支持依法实行退耕还草和禁牧、休牧。对在国务院批准规划范围内实施退耕还草的农牧民，按照国家规定给予粮食、现金、草种费补助。退耕还草完成后，由县级以上人民政府草原行政主管部门核实登记，依法履行土地用途变更手续，发放草原权属证书。

草原防火工作贯彻"预防为主、防消结合"的方针。各级人民政府要建立草原防火责任制，规定草原防火期，制定草原防火扑火预案，切实做好草原火灾的预防和扑救工作。

针对草原鼠害和日益增多的对草原毒害严重的农药，《草原法》第 54 条明确规定，县级以上地方人民政府应当做好草原鼠害、病虫害和毒害草防治的组织管理工作。县级以上地方人民政府草原行政主管部门应当采取措施，加强草原鼠害、病虫害和毒害草监测预警、调查以及防治工作，组织研究和推广综合防治的办法。禁止在草原上使用剧毒、高残留以及可能导致二次中毒的农药。

另外新修订的《草原法》还对在草原上开展经营性旅游活动和除抢险救灾与牧民搬迁的机动车辆外的机动车辆在草原上行驶等事宜做了专门规定。

六、渔业管理制度

（一）渔业权

渔业权是指进行渔业生产活动所应取得的权利。根据我国《渔业法》的规定，主要包括水面、滩涂的所有权，养殖使用权，捕捞权等。

水面、滩涂的使用权是指拥有对水面、滩涂进行占有、使用、收益和处分的权利。

养殖使用权是指具有对养殖区域的使用权，这种权利源于所有权，但不同于所有权。

捕捞权是指拥有对渔业资源进行捕捞的权利。其中所谓的渔业资源是指水域中可以作为渔业生产经营的对象，以及具有科学研究价值的水生生物的总称。渔业资源主要有鱼类、虾蟹类、贝类和藻类、淡水食用水生植物类以及其他类。

（二）渔业的监督管理

为了加强渔业资源的保护、增殖、开发和合理利用，发展人工养殖，保障渔业生产者的合法权益，促进渔业生产的发展，国家对渔业的监督管理，实行统一领导、分级管理。国务院渔业行政主管部门的渔政渔港监督管理机构，代表国家行使渔政渔港监督管理权。国务院渔业行政主管部门在黄渤海、东海、南海三个海区设渔政监督管理机构；在重要渔港、边境水域和跨省、自治区、直辖市的大型江河，根据需要设渔政渔港监督管理机构。

渔场和渔汛生产，应当以渔业资源可捕量为依据，按照有利于保护、增殖和合理利用渔业资源，优先安排邻近地区、兼顾其他地区的原则，统筹安排。

渔政检查人员有权对各种渔业及渔业船舶的证件、渔船、渔具、渔获物和捕捞方法，进行检查。渔政检查人员经国务院渔业行政主管部门或者省级人民政府渔业行政主管部门考核，合格者方可执行公务。渔业行政主管部门及其所属的渔政监督管理机构，应当与公安、海监、交通、环保、工商行政管理等有关部门相互协作，监督检查渔业法规的施行。

（三）渔业资源保护

水生动物是可供人类利用的自然资源，保护渔业资源的目的是加强对渔业资源的合理利用和永续利用。应当说，对渔业资源的保护是多方面的，其重要的保护方法主要有四种：①要防治水污染和海洋环境污染，维护正常的水质和水量，以保护水生动物的生存环境；②要做好水土保持的工作，防止水土流失所造成的水质混浊；③要减少围海围湖造田等减少水域面积、破坏水域环境的行为；④要合理规划、修建江河、湖泊以及海洋工程建筑，减少对渔业资源生存繁衍过程的妨碍。

对捕捞渔业资源的行为进行管理是保护渔业资源的另一个重要途径。主要方法包括：规定禁渔期和禁渔区，规定渔船、渔具，以加强对渔业资源的产卵繁殖保护；对重要渔业水域采取保护措施，建立珍惜水生动物自然保护区；对按照"谁污染谁治理，谁开发谁养护"的原则，向排污者和捕捞者征收渔业资源补偿费等。

七、野生动物保护制度

（一）野生动物的所有权

野生动物，是指珍贵、濒危的陆生、水生野生动物和有益的或者有重要经济、科学研究价值的陆生野生动物。珍贵、濒危的水生野生动物以外的其他水生野生动物的保护，适用《渔业法》的规定。

《野生动物保护法》第3条第1款明确规定："野生动物资源属于国家所有。"集体经济组织和个人不能成为野生动物资源所有权的权利主体。该规定为野生动物的保护、合理利用野生动物资源及管理权限提供了必要的法律依据。

（二）野生动物保护

国家保护野生动物及其生存环境，对珍贵、濒危的野生动物实行重点保护。国家重点保护的野生动物分为一级保护野生动物和二级保护野生动物。国家重点保护的野生动物名录及其调整，由国务院野生动物行政主管部门制定，报国务院批准公布。在国家和地方重点保护野生动物的主要生息繁衍的地区和水域，划定自然保区，加强对国家和地方重点保护野生动物及其生存环境的保护管理。

建设项目对国家或者地方重点保护野生动物的生存环境产生不利影响的，建设单位应当提交环境影响报告书。环境保护部门在审批时，应当征求同级野生动物行政主管部门的意见。

国家和地方重点保护野生动物受到自然灾害威胁时，当地政府应当及时采取应急救助措施。

（三）野生动物资源的利用

野生动物的利用权利是指以经济利用或其他利用为目的，依法对野生动物资源享有的权利，主要包括狩猎权和驯养繁殖权。狩猎权是指依法取得狩猎许可，进行猎捕野生动物的行为，并根据猎捕行为对其猎获的野生动物享有的所有权和其他权益；驯养繁殖权是指依法享有的驯养繁殖野生动物，并对驯养繁殖的动物或者其产品拥有的所有权和其他权益。

野生动物资源的利用均应当持有许可证，猎捕非国家重点保护野生动物的，必须取得狩猎证，并且服从猎捕量限额管理。猎捕者应当按照特许猎捕证、狩猎证规定的种类、数量、地点、工具、方法和期限进行猎捕。在自然保护区和禁猎（渔）区、禁猎（渔）期内，禁止猎捕以及其他妨碍野生动物生息繁衍的活动。

中华人民共和国缔结或者参加的国际公约禁止或者限制贸易的野生动物或者其制品名录，由国家濒危物种进出口管理机构制定、调整并公布。进出口列入前款名录的野生动物或者其制品的，出口国家重点保护野生动物或者其制品的，应当经国务院野生动物保护主管部门或者国务院批准，并取得国家濒危物种进出口管理机构核发的允许进出口证明书。依法实施进出境检疫。海关凭允许进出口证明书、检疫证明按照规定办理通关手续。

案　例

一、广东某开发区土地闲置案

[**案情**] 广东某市 1990 年决定成立一开发区，在开发区成立时，由于无统一规划的制度，片面地追求开发效应，只管制定引进投资优惠政策，单优惠政策就制定了十几项。政策出台不久，国内外房地产商纷至沓来，不到一年时间，市里掌握的 1 万多亩土地被征用一空，到第二年，市政府已无地可征。但是房地产商只征用土地，却未见投资，有的只砌了围墙。四五年之后，该市开发区土地依然闲置，开发区最终没有建设起来，却造成了大量的土地资源浪费。[1]

[**点评**] 本案反映了我国土地资源管理中的一个突出问题：不注重土地利用的总体规划而导致土地资源的严重浪费。各级政府应当依据国民经济和社会发展规划、

---

〔1〕　参见 1997 年 4 月 15 日《中共中央、国务院关于进一步加强土地管理，切实保护耕地的通知》。

第九章

国土整治和资源环保的要求、土地供给能力以及各项建设对土地的需求等对土地的使用进行总体安排。同时应当建立起土地利用总体规划制度，通过法律为规划编制和实施建立一整套措施和方法，实现土地利用的总体规划的法治化。这是贯彻"十分珍惜、合理利用土地和切实保护耕地"基本国策的重要措施。

二、浙江义乌"打井热"

[案情] 历经饮用水源污染之苦的浙江义乌人，在1999年夏季用水高峰尚未到来之际，纷纷在自家宅院打井开采地下水。仅4月份，义乌市区就有50多台机器在给私人宅院打井，平均每天增加新井达9口，形成了义乌历史上少见的"打井热"。义乌"打井热"的出现，使义乌城区开采地下水的密度严重超过国家规定标准，专家预测，如不对这股"打井热"加以有效控制，那么义乌的地下水源灾荒有可能重现，从而造成地下水资源的枯竭。义乌市有关部门十分重视这一问题。〔1〕

[点评] 本事件反映了我国目前水资源利用的一个普遍状况。进入21世纪以来，洪涝灾害、干旱缺水、水生态环境恶化三大问题，特别是水资源短缺问题，已越来越成为制约我国农业、经济和社会发展的重要因素。因此水资源的利用应当着眼于当前问题的解决，政府应当确立和贯彻水资源国家所有原则、全面规划综合利用原则、节约用水原则，并通过法律的手段保证贯彻上述原则的各项水资源政策的实施，只有这样，才能有助于缓解我国目前水资源保护的严峻形势。

三、广西红水河采煤案

[案情] 广西来宾县溯社乡农民蒙某于1983年冬开始在该村红水河井采煤。1986年蒙某曾多次申请采矿许可证，来宾县矿管局均以该井位于红水河边及河床下，属于《矿产资源法》（1996年修正）第20条第4项规定的"重要河流、堤坝两侧一定距离以内"不得开采矿产资源的地区为由，未予批准发证。蒙某在没有开采许可证的情况下，继续开采。由于蒙某等无证乱采滥挖，争抢矿产资源，严重破坏了溯庄乡的防水煤柱，造成了重大的透水事故，蒙某应承担相应的法律责任。〔2〕

[点评] 本案虽然是一起刑事案件，但是反映了我国目前开发利用矿产资源过程中存在的采矿引发地质灾害、生态环境破坏以及生态和矿产资源浪费严重的问题。国家应当对矿产资源的勘查、开发实行统一规划、合理布局、综合勘察、合理开采和综合利用的方针。同时有关部门应当加强对非法开采矿产资源行为的打击力度，杜绝乱采滥挖、采富弃贫等掠夺式开采等破坏矿产资源的现象发生。

第九章

〔1〕　参见"义乌'打井热'的思考"，载《中国环境报》1996年6月22日。
〔2〕　参见王秀梅、杜澎：《破坏环境资源保护罪》，中国人民公安大学出版社1998年版，第177页。

思 考 题

1. 自然资源法中有哪些制度体现了经济法的基本原理？
2. 我国城市化的过程中可能涉及哪些自然资源法律问题？请举例说明。
3. 自然资源法与其他法律部门的关系如何？
4. 自然资源法在经济法中的地位如何？

第 10 章
产业政策与产业法

第一节 产业及其分类

一、产业的概念

"产业"一词，有多种涵义。在本教材，所谓产业是指从事相同性质的经济活动的所有单位的集合，也称为行业。产业的分类实质上就是国民经济部门分类，即按照一定的原则对经济活动进行分解和组合，从而形成多层次的产业体系。按照不同的标准，产业或者行业有不同的分类。

二、产业的分类

(一) 产业的门类、大类、中类和小类

为了适用于统计、计划、财政、税收、工商等国家宏观管理工作，并方便用于信息处理和信息交换，我国对全社会经济活动的分类始于 1984 年首次发布的《国民经济行业分类和代码》(GB4754 – 1984)，将国民经济行业划分为 13 个门类、75 个大类、310 个中类、668 个小类。1994 年，该标准经第一次修正后重新发布，将国民经济行业修正为 16 个门类、92 个大类、368 个中类、846 个小类；2002 年，该标准再次修正后更名为《国民经济行业分类与代码》(GB/T4754 – 2002)，该标准将我国国民经济行业设为 20 个门类，95 个大类，396 个中类，913 个小类。2011 年，该标准进行了第三次修订。此次修订的原则是：立足我国社会经济发展的实际情况，确保国家经济结构和产业结构的完整性、科学性和可观察性；确保国家统计、核算真实的反映我国的经济结构和产业结构；遵循国际上通行的分类原则，如联合国 2007 年颁布的《国际标准产业分类》第四版 (ISIC Rev. 4) 等。

新国家标准《国民经济行业分类》(GB/T 4754 – 2011) 已经由国家质量监督检验检疫总局和国家标准化管理委员会批准发布，并于 2011 年 11 月 1 日起实施。本标准采用经济活动的同质性原则划分国民经济行业，即每一个行业类别按同一种经济活动的性质划分，而不是依据编制、会计制度或部门管理等划分。该标准规定了全社会经济活动的分类与代码，并将国民经济行业划分为 20 门类、96 大类、432 中类和 1094 小类四级，准确地反映我国目前国民经济行业的构成状况。国民经济行业的 20 个门类是：农、林、牧、渔业；采矿业；制造业；电力、燃气及水的生产和

供应业；建筑业；批发和零售业；交通运输、仓储和邮政业；住宿和餐饮业；信息传输、软件和信息技术服务业；金融业；房地产业；租赁和商务服务业；科学研究和技术服务业；水利、环境和公共设施管理业；居民服务、修理和其他服务业；教育；卫生和社会工作；文化、体育和娱乐业；公共管理、社会保障和社会组织；国际组织。

（二）第一产业、第二产业和第三产业

在国际上，还有一种被绝大多数国家采纳的三次产业分类法，即根据社会生产活动历史发展的顺序，可以将产业的结构划分为三次产业：产品直接取自自然界的部门称为第一产业；对初级产品进行再加工的部门称为第二产业；为生产和消费提供各种服务的部门称为第三产业。这是世界上较为通用的产业结构分类。不过各国对三次产业的划分不完全一致。

我国也将国民经济行业划分为三次产业。我国对三次产业的划分始于 1985 年。当时为了适应建立国民生产总值统计的需要，国家统计局向国务院提出了《关于建立第三产业统计的报告》，报告中首次规定了我国三次产业的划分范围，该报告中提出的我国三次产业划分方法一直延续使用至今。国家统计局于 2003 年还专门制定并发布了《三次产业划分规定》。根据该规定，结合 2011 年版的《国民经济行业分类》新标准，我国三次产业划分范围如下：第一产业是指农、林、牧、渔业；第二产业是指采掘业，制造业、电力、热力、燃气及水生产和供应业，建筑业；第三产业是指批发和零售业，交通运输、仓储和邮政业，住宿和餐饮业，信息传输、软件和信息技术服务业，金融业，房地产业，租赁和商务服务业，科学研究和技术服务业，水利、环境和公共设施管理业，居民服务、修理和其他服务业，教育，卫生和社会工作，文化、体育和娱乐业，公共管理、社会保障和社会组织，国际组织。

（三）传统产业、新兴产业和战略性新兴产业

传统产业主要指劳动力密集型的、以制造加工为主的行业，如钢铁、汽车、建筑、纺织、橡胶、造船以及与它们相关的一些附属工业部门。传统产业是相对新兴产业，特别是新兴高科技产业而言的。在一国产业布局中，传统产业仍然有其特殊重要性，并不能完全被新兴产业所取代。有些产业虽属传统产业，但是支撑社会经济运行的基础，例如，能源、交通、运输、原材料等产业。不过，随着现代科学技术和经济结构的发展需要，通过引入、采用新技术，对其进行改造，提高生命力，是传统工业继续发展、适应工业现代化要求的重要途径。

新兴产业是指随着新的科研成果和新兴技术的发明、应用而出现的新的部门和行业。例如，随着电子、信息、生物、新材料、新能源、海洋、空间等新技术的发展而产生和发展起来的一系列新兴产业部门。国家重点支持的高新技术领域是：①电子信息技术；②生物与新医药技术；③航空航天技术；④新材料技术；⑤高技术服务业；⑥新能源及节能技术；⑦资源与环境技术；⑧高新技术改造传统产业。

所谓战略性产业，是在国民经济体系中占有重要地位，对国计民生、国家经济

和军事安全有重大影响的，关系到国家未来和国家的长远竞争力的产业。战略性新兴产业是以重大技术突破和重大发展需求为基础，对经济社会全局和长远发展具有重大引领带动作用，知识技术密集、物质资源消耗少、成长潜力大、综合效益好的产业。加快培育和发展战略性新兴产业对推进我国现代化建设具有重要战略意义。根据国务院 2010 年发布的《关于加快培育和发展战略性新兴产业的决定》，在现阶段，节能环保产业、新一代信息技术产业、生物产业、高端装备制造产业、新能源产业、新材料产业和新能源汽车产业属于战略性新兴产业。

（四）管制性产业和竞争性产业

以产业的进入和价格形成是否受政府管制为标准，产业可以分为管制性产业和竞争性产业。前者往往依赖于特定的产业网络型基础设施，具有一定的自然垄断属性和公用属性，因此，产业的进入和价格多受政府管制，且有专门的立法和专门的监管机构。一般认为，电信、电力、邮政、铁路、民航、自来水、天然气以及金融等均属管制性产业。以电信为例，我国建立了以《电信条例》为核心的电信监管制度，明确规定了国家对电信业务经营按照电信业务分类，实行许可制度；对于电信资费实行市场调节价。电信业务经营者应当统筹考虑生产经营成本、电信市场供求状况等因素，合理确定电信业务资费标准。国家依法加强对电信业务经营者资费行为的监管，建立健全监管规则，维护消费者合法权益。国务院信息产业主管部门依照该条例的规定对全国电信业实施监督管理。

此外，根据不同的产业在生产过程中对资源依赖程度的差异为标准，还可以把产业分为：土地密集型产业，即在生产要素的投入中需要使用较多的土地等自然资源才能进行生产的产业；劳动密集型产业，即在生产要素的配合比例中，劳动力投入比重较高的产业；资本密集型产业，即在生产要素的配合比例中，资本（资金）投入比重较高的产业；技术密集型产业或知识密集型产业，即在生产要素的投入中，需要使用复杂先进而又尖端的科学技术才能进行生产的产业，或者在作为生产要素的劳动中知识密集程度高的产业。

第二节　产业政策

一、产业政策的概念

一般认为，产业政策一词则源于日本，20 世纪 70 年代出现在日本的官方文件中。随着日本运用产业政策调节国民经济取得成功，产业政策一词逐步为其他国家接受。同其他经济政策相比，产业政策是一种内容丰富的、动态的系统政策，同时也是一种包含多种政策手段的综合系统。迄今为止，对于什么是产业政策，学术界仍未达成一致认识。归纳起来，有代表性的观点有以下几种：

1. 产业政策是有关产业的一切政策的总和。这一观点的代表人物是英国的经济学家阿格拉（EI-Agraa，AM）以及日本的经济学家下河边淳和管家茂。阿格拉认为，产业政策是与产业有关的一切国家法令和政策。下河边淳和管家茂在其主编的《现代日本经济事典》中指出："产业政策是国家或政府为了实现某种经济和社会目的，以全产业为直接对象，通过对全产业的保护、扶植、调整和完善，积极或消极参与某个产业或企业的生产、经营、交易以及直接或间接干预商品、服务、金融等的市场形成和市场机制的政策的总和。"

2. 产业政策是为了弥补市场机制的缺陷而由国家采取的补救政策。如日本著名的经济学家小宫隆太郎认为："通过某些政策手段，对以制造业为中心的产业之间的资源分配实行干预的各种政策，以及干预个别产业内部的产业组织，对私营企业的活动水平施加影响的政策的总体"，他着重强调"狭义的产业政策就是针对在资源分配方面出现的'市场失效'而进行的政策性干预"。

3. 产业政策是为了加强本国产品国际竞争力的政策。如美国学者查默斯·约翰逊（Chalmers Johnson）在其主编的《产业政策争论》中指出："产业政策是政府为了取得在全球的竞争能力而打算在国内发展和限制各种产业的有关活动的总的概括。它是货币政策和财政政策的补充，是经济政策三角形的第三条边。"

4. 产业政策是国家系统设计的有关产业发展、特别是产业结构演变的政策目标和政策措施的总和。如我国经济学家周叔莲认为，"产业政策是国家干预和参与经济的一种高级形式，它是从整个国家产业发展的全局着眼而系统设计的较完整的政策体系，而不是仅仅只是关于某两个产业的局部性政策"。

综合产业政策理论研究成果和我国产业政策的实践，我们认为，产业政策是一国政府为促进产业发展，实现国民经济和社会发展目标，制定和实施的优化产业布局和结构、重点支持和加快培育特定产业部门和领域、推动技术进步的各种政策措施总称。

二、产业政策的基本体系

根据各国产业政策的理论和实践，产业政策可归纳为产业结构政策、产业组织政策、产业布局政策和产业技术政策四大类。它们共同构成了产业政策的基本体系。值得指出的是，对于产业发展而言，四大产业政策各有侧重。同时，他们相互之间也相互影响甚至制约。因此，需要从政策体系的角度认识、理解、制定和运用四大产业政策。

1. 产业结构政策。概括地讲，产业结构，就是指国民经济各产业部门之间的关系。具体来讲，产业结构是指国民经济中各产业部门之间以及各产业部门内部的构成和相互之间的关系。产业结构合理与否，对经济增长的影响和贡献大小也不同。因此，国民经济的发展，首先需要处理好产业之间的关系，例如三次产业之间的关系、不同门类产业之间的关系，以及同一门类产业的内部关系，即同一门类内各个大类、各个中类甚至各个小类之间的关系。因此，所谓产业结构政策就是指为促进本国产业结构的调整、优化、升级所实施的一系列政策。

如何选择并确定产业发展的优先顺序，是产业结构政策的核心问题。各国政府一般依据产业结构理论，产业结构变化规律以及本国产业结构的现状，选择产业发展重点的优先顺序。一般而言，一国政府依据本国在一定时期内产业结构的现状，遵循产业结构演进的一般规律，规划产业结构逐渐演进的目标，并分阶段地确定重点发展的战略产业，实现资源的重点配置，引导国家经济向新的广度和深度发展的政策。

产业结构调整的目标：推进产业结构优化升级，促进一、二、三产业健康协调发展，逐步形成农业为基础、高新技术产业为先导、基础产业和制造业为支撑、服务业全面发展的产业格局，坚持节约发展、清洁发展、安全发展，实现可持续发展。

2. 产业组织政策。组织是指按照一定的宗旨和系统建立起来的集体，产业组织是指处于同一产业内的企业及其相互之间的市场关系和组织形态。良好产业组织的形成需以市场结构合理、竞争适度为条件，因此，所谓产业组织政策就是指为优化产业内部企业间相互联系机制和形式，实现产业组织的合理化，政府所采取的鼓励或限制性的政策措施。

产业组织政策的目标是促进企业合理竞争，实现规模经济和专业化协作，形成适合产业技术经济特点和我国经济发展阶段的产业组织结构。对规模经济效益显著的产业，应形成以少数大型企业（集团）为竞争主体的市场结构；对产品由大量零部件组成的产业，应形成大、中、小企业合理分工协作、规模适当的市场结构；对规模经济效益不显著的产业，应鼓励小企业的发展，形成大、中、小企业并存、企业数目较多的竞争性市场结构。

实现上述目标，我们需要坚持采取以下调整措施：对具有区域自然垄断性质的产业，逐步引入市场机制，鼓励合理竞争。对规模经济效益显著的产业和产品，陆续制定最低经济规模标准。同时，要打破地区、部门分割，限制以至禁止不符合经济规模标准的项目建设，促进规模经济的实现。鼓励企业通过平等竞争和合并、兼并、相互持股等方式，自主进行联合改组，或组建跨地区、跨部门、跨所有制乃至跨国经营的企业集团。加快关于市场竞争的法规建设，为企业平等竞争和企业组织结构的调整创造良好的外部环境。

3. 产业布局政策。国民经济的发展不仅需要产业结构合理化，还需要产业布局合理化。产业布局就是国民经济各产业在空间上的分布及应用。产业的空间分布，表现为地区之间的产业分工。产业布局合理化的过程也就是建立合理的地区分工关系的过程。因此，所谓产业布局政策是指为优化国民经济各产业空间布局，根据产业的经济技术特性、国情、国力状况和各类地区的综合条件，对若干重要产业的空间分布进行科学引导和合理调整的政策措施。

产业布局政策的目标是在全国范围合理分布产业，因此，国家层面的产业布局需要统筹兼顾。一方面，国家应分析和比较各地区的不同条件，确定各地区的产业分布，明确分布在各地区的产业在整个国民经济中的地位；另一方面，国家根据经济发展状况，在不同时期确定若干重点发展的地区。各地应在全国产业规划的基础上，结合本地区的特点和优势，规划本地区的产业布局。各地区的产业布局在重点布局专门化生产部门的基础上，还要围绕专门化生产部门布局一些相关的辅助性产业部门和生活配套服务部门，以形成合理的地区产业结构。

制定产业政策需要处理好若干关系。例如，产业的集中与分散的关系，主导产业与基础产业、设施的关系，农业产业化与工业发展的关系，产业布局的合理与否直接影响到城乡协调发展。

4. 产业技术政策。无论是产业国际竞争还是国内竞争，产业技术是核心竞争力的重要组成部分。而且，产业技术进步和创新已成为直接推动国民经济和社会发展的核心原动力。因此，政府应当充分发挥企业技术创新的主体作用，鼓励和引导企业加大以自主创新为主的产业技术研发力度，实现产业技术升级，推动产业结构优化。产业技术政策是政府为了推动产业的技术进步、对产业技术发展实行宏观指导而制定的或影响产业技术开发、转移的一系列政策措施。产业技术政策的目标在于提高产业的技术水平，促进产业结构由低级向高级发展，进而不断提高产业质量和产业竞争力。

三、我国的产业政策

（一）我国产业政策的起源与沿革

1986 年，我国在《国民经济和社会发展第七个五年计划》中，第一次正式使用了产业政策这一概念。1989 年，国务院发布了《关于当前产业政策要点的决定》，这是我国第一个专门关于产业政策的文件。1994 年，国务院批准了《九十年代国家产业政策纲要》，推出了我国第一个长期产业发展政策。《纲要》开宗明义地指出，制定产业政策是国家加强和改善宏观调控，有效调整和优化产业结构，提高产业素质，促进国民经济持续、快速、健康发展的重要手段。产业政策纲要是制定各项产业政策的指导和依据。自此，我国产业政策体系的构建进入了快车道。为了落实国家相关产业政策确定的目标，我国陆续出台了一系列具体政策措施，涉及了产业结构、产业组织、产业布局和产业技术等各个方面。

（二）目前我国主要的产业政策

进入 21 世纪，我国的产业政策更为细化、全面和系统，国务院和相关部门陆续制定或修订了一系列产业政策：

1. 主要涉及产业结构的重要政策。《促进产业结构调整暂行规定》（2005 年）、《产业结构调整指导目录（2011 年本）》（2013 年修正）、《当前国家重点鼓励发展的产业、产品和技术目录》[2000 年修订（已失效）]、《当前优先发展的高技术产业化重点领域指南》[2011 年（已失效）]、《国务院关于进一步加强淘汰落后产能工作的通知》（2010 年）、《国务院关于加快培育和发展战略性新兴产业的决定》（2010 年）、《国务院关于印发工业转型升级规划（2011～2015 年）的通知》[2011 年（已失效）]以及《外商投资产业指导目录》（2017 年修订）等。

2. 主要涉及产业组织的重要政策。《国家经济贸易委员会关于切实贯彻落实国务院办公厅转发国家经贸委关于鼓励和促进中小企业发展的若干政策意见的通知》（2000 年）、《国务院关于促进企业兼并重组的意见》（2010 年）等。

3. 主要涉及产业布局和区域经济发展的重要政策。《国务院关于进一步实施东北地区等老工业基地振兴战略的若干意见》（2009 年）、《国务院关于推进上海加快发展现代服务业和先进制造业建设国际金融中心和国际航运中心的意见》（2009年）、《国务院关于中西部地区承接产业转移的指导意见》（2010 年）、《国务院关于支持喀什霍尔果斯经济开发区建设的若干意见》（2011 年）、《西部大开发"十三五"规划》（2017 年）、《东北振兴"十三五"规划》（2016）以及《中西部地区外商投资优势产业目录》（2017 年）等。

4. 主要涉及产业技术的重要政策。《国家产业技术政策》（2002 年）。

5. 主要涉及农业产业发展的重要政策。《全国现代农业发展规划（2011～2015年)》（2012 年）、《国务院关于加快推进现代农作物种业发展的意见》（2011）。

6. 对于具体行业而言，陆续制定了《鼓励软件产业和集成电路产业发展的若干政策》（2001 年）、《汽车产业发展政策》[2004 年（部分失效)]、《钢铁产业发展政策》（2005 年）、《水泥工业产业发展政策》（2006 年）、《国务院关于扶持和促进中医药事业发展的若干意见》（2009 年）、《国务院关于促进稀土行业持续健康发展的若干意见》（2011 年）、《船舶工业中长期发展规划（2006－2015）》（2012 年），以及《装备制造业调整和振兴规划》（2009）、《有色金属产业调整和振兴规划》（2009 年）、《纺织工业调整和振兴规划》（2009 年）、《电子信息产业调整和振兴规划》（2009 年）、《汽车产业调整和振兴规划》（2009 年）、《钢铁产业调整和振兴规划》（2009）、《物流业调整和振兴规划》（2009 年）、《船舶工业调整和振兴规划》（2009 年）、《石化产业调整和振兴规划》（2009 年）、《轻工业调整和振兴规划》（2009）等。这些政策文件的颁布和实施，则标志着对单个产业发展进行全面、系统政策干预的成熟。

第三节　产业法

一、产业法的概念

（一）产业法的概念

产业法是国家制定的调整产业政策在制定和实施过程中产生的社会关系的法律规范总称。具体来讲，产业法的调整对象包括：制定和实施产业结构政策过程中产生的社会关系，制定和实施产业布局政策过程中产生的社会关系，制定和实施产业组织政策过程中产生的社会关系，制定和实施产业技术政策过程中产生的社会关系。

（二）产业法的地位和作用

产业政策的实施，将影响到市场结构、市场行为和市场绩效，既会在宏观层面产生效果，又会在微观层面产生效果。由于产业政策的实施，多要借助财政政策、税收政策以及其他宏观政策，所以，产业政策产生的效果路径，一般先表现在宏观经济层面，进而传导到微观经济层面。因此，从总体上分析，可以将产业政策视为国家对国民经济进行宏观调控的重要手段。可见，产业法属于宏观经济调控法，是经济法的重要组成部分。

概括地讲，产业法的作用就是规范产业政策的制定，保障产业政策的实施，服务于产业政策的目标：不断优化产业结构和布局、重点支持和加快培育特定产业部门和领域、推动技术进步，促进产业发展，实现国民经济和社会发展目标。

二、产业法和产业政策的关系

产业法与产业政策既密切相关又有极大差异：①如同所有的政策一样，产业政策是宏观的、方向性的，主要由目标和措施构成；产业法是保障产业政策得以实现的重要机制，主要由设定权利义务的法律规范构成，本身不会设定产业发展的具体目标。②产业政策一般都要提出实现产业发展目标的具体措施，但是这些措施一方面不能与现行法律法规相冲突，另一方面，产业政策措施又需要法治机制予以保障实施。③由于构成国民经济的产业门类繁多，差异极大，因此，国家虽然可以制定包含不同产业的规划纲要，指导一定时期内不同产业的发展，但是，难以制定普遍适用于各个不同产业的产业法典。④为了应对各种因素导致的产业环境变化，产业政策需要适时调整，具有高度的灵活性。以汽车产业政策为例，为适应国内外汽车产业发展的新形势，推进汽车产业结构调整和升级，全面提高汽车产业国际竞争力，2004年国务院批准《汽车产业发展政策》（部分失效）[1]，同时停止执行1994年颁布的《汽车工业产业政策》。但是，产业法所规定的产业政策制定及修订程序、保障产业法实施的机制是稳定的。⑤尽管依据《立法法》规定，国务院及其部委可以享有相应的立法权，但是并非所有由国务院和部委制定并发布的文件都可以被称为法。就产业政策而言，由于其内容主要不是由权利规范和义务规范构成的，且往往需要及时调整，因此，不能称之为法。

综上，产业政策和产业法既紧密联系，又有明显区别，不可相互替代。因此，需要正确认识和处理两者的关系，使他们共同促进产业素质的提高，加快经济发展方式的转变，推动经济社会的协调发展。

三、产业法的立法模式

考察世界各国有关产业立法的历史和现状，我们可以发现，尽管许多国家有着丰富的立法实践和成果，但是，现在尚没有一个国家制定专门的适用于各个产业的综合性的产业法典，而是针对特定产业或者是在特定时期进行立法。例如，日本从

---

[1] 《汽车产业发展政策》的第52条、第53条、第55条、第56条、第57条、第60条中"对进口整车、零部件的具体管理办法由海关总署会同有关部门制订，报国务院批准后实施"已被工业和信息化部、国家发展和改革委员会令第10号——关于停止执行《汽车产业发展政策》有关条目的决定停止执行。

60年代开始就每10年修订《通商产业政策构想》，在其基础上制定了诸多的产业法律，如《机械工业振兴临时措施法》、《电子工业振兴临时措施法》、《产煤地区振兴临时措施法》、《特定萧条产业安定临时措施法》、《公害对策基本法》、《工业再配置促进法》（已失效）、《垄断禁止法》等；韩国制定了《工业发展法》、《关于管制垄断和公平交易的法律》、《出口振兴法》、《钢铁工业育成法》等，用法律的手段规范国家产业政策。前联邦德国在1967年制定了《经济稳定与增长促进法》，确定其总的产业政策，其他规范产业政策的法律有《鼓励资本市场法》等。此外，我国台湾地区等也颁布一系列的产业法律法规。

借鉴其他国家和地区的经验，我们认为：①制约产业发展的因素非常多，而且不同产业的发展基础、目标和应当采取的措施差异极大，在经济全球化背景下尤为如此。因此，我国在较长时期内也不具备制定适用于各个产业的综合性产业法典的条件和环境；②如果必要，我国可以在总结经验的基础上针对特定的产业、特定的产业政策措施进行立法，例如，《中小企业促进法》《循环经济促进法》即属此例；③产业政策目标的实现，需要运用包括信贷政策、税收政策、价格政策、投资政策、财政政策等政策措施。这就意味着，一方面，产业政策需要与其他经济政策予以协调和配合；另一方面，落实其他经济政策的法律规范和法律机制，同时也是实现产业政策的法律机制。例如，财政法、税法、价格法、金融法等；现行有效的行业及行业监管法，例如，煤炭法、电力法、电信法；现行有效的产业法，例如，农业法、科技法等。因此，我们应当充分发挥既有法律制度的功能，保障各类产业政策的有效实施，推动国民经济各个产业的健康发展。

四、产业法的主要内容

（一）产业法的实体规范

1. 确认产业政策的效力，并保证产业政策的实施。尽管产业法与产业政策的属性不同，但是，由于两者都是以促进产业发展为根本目标，因此，为了确保产业政策能够得到尊重和实施，产业法应当肯定相关产业的产业政策的效力。例如，需要我国《煤炭法》第17条规定："国家制定优惠政策，支持煤炭工业发展，促进煤矿建设。"煤矿建设项目应当符合煤炭生产开发规划和煤炭产业政策。再如，《企业国有资产法》第36条规定，国家出资企业投资应当符合国家产业政策……这些法律将遵守产业政策设计为强制性法律规范，极大地提高了产业政策的权威性。

2. 将产业政策的内容转化为产业法的内容。这是指将产业政策中规定的措施法治化，例如，调整产业布局和结构的措施、调整产业组织的措施、提升产业技术的措施，使之成为具有普遍约束力的法律规范，从而获得更高的权威性和更强的可执行力。

（二）产业法的程序规范

自1986年第一次使用产业政策这一概念以来，我国产业政策的制定工作已经积累了许多实践经验，形成了一些惯例和模式。为了保证产业政策的科学性、适用性和可操作性，有必要将好的经验以法的形式固定下来予以确认。因此，产业法的程序规范，主要是指产业政策的制定主体及其权限和职责；产业政策的制定程序，包括产业政策草案的提出、论证、审议、批准等内容；产业政策的实施，包括实施的主体及其权利、义务和责任；产业政策的监督检查，包括监督检查的体制和机制等内容。

为保证产业政策的严肃性和有效性，必须对产业政策进行监督检查。就我国产业政策的监督检查来说，有国家发展与改革委员会会同有关部门负责对产业政策的实施进行监督、检查，定期向国务院报告实施情况和效果，并根据经济形势、产业的变化，提出分析意见和修改建议。

思 考 题

1. 产业政策法是如何化解政策与法之间的矛盾的？
2. 反垄断法应当属于产业政策法还是属于市场监管法？请说明观点并加以论证。
3. 产业政策法在经济法中处于什么样的地位？在宏观调控法中又处于什么样的地位？
4. 产业政策立法与其他法律部门的立法有何不同？
5. 产业政策法的实施机制有何特色？

第 11 章
外贸与外资法

学习目的与要求：

　　基于对外贸易和外国投资对国内经济增长和发展的重要影响，外贸和外资法律制度在国家宏观经济调控法律制度体系中具有重要地位。改革开放以来，特别是加入 WTO 以来，中国对外贸易及外资监管法律制度体系不断完善。通过本章学习，学生应当重点掌握外贸与外资法律制度在国家宏观调控法律体系中的地位，了解我国相关法律在进出口货物监管、对外贸易秩序的维护、对外贸易救济、对外国投资的鼓励与限制等方面的基本规定。

　　对外贸易作为国家经济增长和发展的积极因素，其所发挥的作用已经被广泛确认并反映在一国的外贸政策中。外国投资，特别是外国直接投资作为向国内市场提供货物和服务的主要方法以及组织国际生产方面的一项主要要素，正在日益影响着世界贸易的规模、方向和构成，其对经济增长和发展的积极影响作用也日益被人们认识并反映在一国的外商投资政策中。基于上述原因，外贸与外资的管理成为国家宏观调控体系的重要组成部分，与之相应的法律法规是国家对外贸与外资进行管理并发挥宏观调控功能的重要保障。

　　改革开放以来，特别是加入 WTO 以来，中国建立了完善的对外贸易及外资监管法律制度体系。进出口货物监管、对外贸易秩序的维护、对外贸易救济、对外国投资的鼓励与限制以及其他相关制度，在促进我国外贸与外资发展、维护外贸秩序、规范国家对外贸与外资的监管活动中发挥了重要作用。

第一节　外贸与外资法概述

一、对外贸易及其政策

（一）对外贸易及其对国内经济的影响

对外贸易是指一个国家或地区与其他国家或地区之间所进行的商品和服务交换

活动。对外贸易一般包括货物进出口、技术进出口和国际服务贸易等。这种国家（或地区）间的商品交换活动，从一个国家（或地区）的角度来看是对外贸易，从全球的范围来看属于国际贸易。按照贸易对象的性质，可以将对外贸易划分为货物贸易、技术贸易和服务贸易；按照贸易对象的移动方向，可以将对外贸易划分为进口贸易、出口贸易和过境贸易；按照清偿工具的不同，可以将对外贸易划分为自由结汇贸易和易货贸易；按照对外贸易发生的地理或者政治区域不同，可以将对外贸易划分为边境贸易和区域性贸易；按照贸易方式不同，可以将对外贸易划分为商业方式、互惠方式、加工贸易、合作方式和租赁信贷等。

从一个最直接的角度看，对外贸易与国内市场的关系表现为商品及服务的进出口数量和价格对国内市场同类商品和服务的供求关系的影响。随着市场的发展，国家之间经济交往增加，当今对外贸易的任何变化都会直接影响到国内经济。因此，对外贸易是一个国家国民经济活动的重要组成部分，不仅关系国家收支平衡，而且关系国内产品的生产和销售，以及他国经济力量对本国经济发展的影响程度。基于此，国家积极介入对外贸易管理，不同国家通常根据其不同经济发展时期的具体情况制定不同的对外贸易政策，通过鼓励或限制对外贸易，降低对外贸易的负面作用，达到利用对外贸易影响本国经济发展的目标。因此，对外贸易政策具有对国内经济进行宏观调控的功能。

（二）对外贸易政策的宏观调控功能

从世界经济贸易历史的角度考察，自资本主义生产方式出现以来，自由贸易政策与保护贸易政策始终是相互伴随的，在不同的发展时期内，由于国家欲达到的宏观目标不同，贸易政策的基调也不相同。

在16～18世纪中期，资本主义生产方式尚处于准备时期，西欧各国普遍实行"重商主义"的贸易保护政策，通过限制货币（贵金属）的输出和扩大贸易顺差的办法来积累财富。具体措施主要有：采取征收高关税的方式，限制外国制成品特别是奢侈品的进口；鼓励本国制成品的出口；限制本国原材料的出口，鼓励外国原材料的进口；推行殖民扩张和垄断外贸政策；制定发展本国工业政策促进本国产业发展。通过这一时期的"重商主义"保护贸易政策的推行，西欧各国加速了自身的资本原始积累，为资本主义生产方式的建立奠定了物质基础。

在18～19世纪后期，资本主义进入了自由竞争时期。总体上看，这一时期资本主义国家主要是推行较为自由的对外贸易政策，特别是英国和荷兰等国。具体措施主要包括：简化税法规定，减少应税商品，逐步降低关税税率；取消了经营外贸的特权，对外贸易领域向所有人开放；废除了一些限制进口或限制产业竞争的旧法律，如《谷物法》和《航海条例》等；积极与其他国家签订自由贸易条约。当然，即使在自由贸易占主流的时代，保护贸易政策也仍为不少国家所采用，如这一时期的美国和德国，它们都使用提高关税、限制进口的方式来防止外国贸易所产生的冲击，以扶持国内产业的发展。可以看出，这一时期英国等工业发达的资本主义国家推行自由贸易政策，完全是希望利用自身的工业发展优势在世界范围内尽可能多地获取利润，加速自身资本主义经济的发展，而美、德两国较晚的工业起步，较低的工业产品竞争力，则是其推行保护贸易政策的主要原因。

19世纪末20世纪初，资本主义进入了垄断阶段。1929年的世界经济危机表明了市场经济矛盾的尖锐化。在这一时期，许多国家提高了关税，对进口商品实行数量限制，并实行外汇管制。同时政府采取各种有利于垄断组织夺取国际市场的措施，这种贸易政策被称为超保护贸易政策，目的在于保护国内高度发展和出现衰退的垄断工业。为了垄断资产阶级的利益，这一时期国家不再是消极地限制进口，而是主动出击加紧扩张，占领国外市场；不再单一运用关税措施，而是将各种"奖出限入"措施融为一体。至20世纪30年代，即使最坚定支持自由贸易的英国，也因在国际贸易中优势地位的丧失而规定了高额关税，采取了保护贸易的措施。

由此可见，国家根据其经济发展水平、在国际经济中所处的地位以及其经济实力的不同情况，通过制定不同的外贸政策，使对外贸易对国民经济的发展产生积极影响。

二、外贸法的形成

（一）国外外贸法的形成

在18世纪末欧洲资本主义近代国家兴起以前，商人法曾经是调节西欧、地中海及北非地区国家间贸易的主要法律。随着资本主义制度在欧洲的确立，对外贸易成为资本主义国家国民经济的重要组成部分。其后，随着国家自觉利用对外贸易促进本国经济增长，对外贸易活动纷纷被各国纳入本国民商法调整范围。但由于各国法律之间的冲突对国际贸易活动的严重影响，因此各国开始缔结有关国际贸易的条约和公约。同时，一些长期使用的国际商业惯例及习惯法被系统地进行编纂和整理并加以注释，广泛运用于国际贸易中。

两次世界大战对世界经济的破坏使得国际贸易活动在一定程度上受到了阻碍，但战后各国的经济恢复又带来了国际贸易的繁荣。尤其是第二次世界大战以后，国际间的贸易往来日益增加，与此相适应，国际贸易法律制度的统一步伐也逐步加快。许多重要的国际公约在此期间被制定，原有的公约也陆续进行了修订。各国为了扩大国际贸易并增强本国竞争力，各地区性贸易组织和世界性贸易组织纷纷成立。在此基础上，为促进外贸发展、维护外贸秩序、规范国家对外贸的监管活动，资本主义各国根据本国的社会制度、经济状况、经济政策和对外贸易方针，制定统一的适用于国内外贸易活动的法律。而许多发展中国家、苏联和东欧国家则对国内贸易和对外贸易活动分别制定不同的法律进行调整。

（二）新中国的外贸政策与外贸法

新中国成立后，依1949年9月29日中国人民政治协商会议通过的《共同纲领》，中国"实行对外贸易管制，并采用保护贸易政策"。据此，政务院于1950年12月8日颁发《对外贸易管理暂行条例》（已失效），贸易部颁布《对外贸易管理暂行条例实施细则》，规定对进出口商品采用许可证制度，对经营进出口业务的厂商和外商进行登记管理，各口岸对外贸易管理局根据中央贸易部的指示对对外贸易进行监管。1956年社会主义改造基本完成后，中国开始实行计划经济体制，中国对外贸易活动全部由国营进出口公司经营，对外贸易也纳入到全国统一的计划之中。

1979年以来，随着对内改革、对外开放政策的实施，我国社会主义市场经济体制逐步建立，对外贸易迅猛发展。1994年国家制定了《对外贸易法》（已被修改），先后又制定了其一系列与对外贸易有关的法律，如《海商法》《保险法》《反不正当竞争法》等，初步形成了以《对外贸易法》为核心的新型对外贸易法律体系。2001年12月11日中国加入了世界贸易组织（WTO），这是中国对外贸易发展的里程碑事件，标志着中国融入国际市场的步伐加快。自入世后，中国与世界经济的接轨更为紧密。为履行入世承诺，中国先后颁布、修订了一系列法律法规：在货物和技术贸易领域，先后颁布了《反倾销条例》、《反补贴条例》、《保障措施条例》、《货物进出口管理条例》、《技术进出口条例》（2011年修订）、《海关法》修正案及《中华人民共和国进出口商品检验法》修正案；在服务贸易领域，中国先后颁布了《外资金融机构管理条例》（失效）、《外资保险公司管理条例》（现行2016年修订版）、《外资参股证券公司设立规则》（失效）、《外资参股基金管理公司设立规则》、《外商投资电信企业管理规定》、《国际海运条例》及其实施细则、《外商投资国际货物运输代理企业管理办法》、《外国律师事务所驻华代表机构管理条例》、《中外合作音像制品分销企业管理办法》（失效）、《中外合作办学条例》、《设立外商控股外商独资旅行社暂行规定》（失效）、《外商投资建筑业企业管理规定》、《外商投资建筑工程设计企业管理规定》、《外商投资城市规划服务企业管理规定》、《外国保险机构驻华代表机构管理办法》、《外商投资商业领域管理办法》、《外商投资证券公司管理办法》（2018）、《外商投资准入特别管理措施（负面清单）》等。

为适应我国国际经济地位的变化，国家先后于2004年、2016年对《对外贸易法》进行修订。其中2004年的大规模修订总结了我国对外开放成果，借鉴了各国外贸立法的先进经验，修改和新增近90%的条文。修订后的《对外贸易法》扩大了从事外贸活动的主体资格范围；将外贸管理体制由审批制转变为备案制；增加了贸易公平和透明度的规定；建立了对外贸易预警应急机制、公共信息服务体系、对违法行为进行公告等检测和服务机制；规定了与贸易有关的知识产权保护；完善了法律责任的规定。[1]

三、外贸法及其基本理念

外贸法是调整国家在对对外贸易的管理、监督以及促进过程中产生的各种经济关系的法律规范的总称。从外贸法形成的历史看，外贸法可以有狭义和广义两种理解。在狭义上，外贸法仅指被称为《对外贸易法》的法律；在广义上，外贸法还应当包

---

[1] 卓小苏："2004年《对外贸易法》修订特色分析"，载《北京服装学院学报》2004年第2期。

括与对外贸易有关的其他法律法规，例如《海关法》《商品检验法》等。

为实现我国国民经济的协调、平衡及稳定发展，促进进出口的平衡，增强本国的综合国力，我国《对外贸易法》通过对本国优势产业的鼓励措施来促进其出口创汇，同时限制关系国家安全、对本国造成重要污染和消耗的不可再生资源的产品的出口，从而引导本国投资，实现经济的良性发展。此外，《对外贸易法》还保护本国企业的正当利益，对国外的不正当贸易行为坚决予以抵制，对受其影响的本国企业予以救济。

以上述立法理念为基础，我国对外贸易法实行以下原则：①国家实行统一的对外贸易制度。中央政府制定全国统一的对外贸易制度，主要包括统一的对外贸易方针、政策，统一的对外贸易法律、法规，统一的对外贸易管理制度和统一的对外贸易促进措施等。②维护公平、自由的对外贸易秩序，保障企业独立、自主的经营活动，维护正常的进出口秩序。③坚持平等互利、互惠对等的原则，促进和发展同其他国家和地区的贸易关系，缔结或者参加关税同盟协定、自由贸易区协定等区域经济贸易协定，参加区域经济组织。根据所缔结或者参加的国际条约、协定，给予其他缔约方、参加方最惠国待遇、国民待遇等待遇，或者根据互惠、对等原则给予对方最惠国待遇、国民待遇等待遇。对任何国家或者地区在贸易方面对中国采取歧视性的禁止、限制或者其他类似措施的，根据实际情况采取相应的措施。

四、外资法及其与外贸法的关系

（一）外国投资与外资法

外国投资也称国际投资，是指国家间发生的投资行为。按照投资流入的形式，外国投资可以分为直接投资和间接投资。外国直接投资（FDI）是指外国投资者将货币资金直接投入投资项目，形成实物资产或者购买现有企业的投资。其主要形式包括投资者开办独资企业、与当地企业合作开办合资企业或合作企业等；外国间接投资（FIR）是指外国投资者以其资本购买公司债券、金融债券或公司股票等各种有价证券，以期获取一定收益的投资。由于其投资形式主要是购买各种有价证券，因此也被称为证券投资。除了直接投资和间接投资以外，外国投资方式还包括对外加工装配、补偿贸易、国际租赁和中外合作开采矿产资源等。

中国改革开放、引进外资的实践，充分表明外国投资，特别是外国直接投资在资金、产业、就业等方面对一国经济的巨大影响。为了促进外国投资，降低外资对国内经济的负面影响，我国自1979年以来已经制定了包括《中外合资经营企业法》《中外合作经营企业法》《外资企业法》《外商投资产业指导目录》《鼓励外商投资的规定》等一系列法律法规，并根据我国经济的发展以及外国投资情况的变化进行多次修订。

在概念上，外国投资法（简称"外资法"）可以表达为调整国家对外国投资进行监管活动产生的经济关系的法律规范。从其他国家或地区的情况看，外国投资法从鼓励和限制两方面入手，构建包括外国资本的准入、外国人投资保障、投资收益再投资、奖励投资措施及投资争议解决等在内的具体制度。由于改革开放以及经济转型的特殊背景，我国没有对外国投资法进行专门立法，而是以外商投资企业法为主线，外国投资法的一部分内容被外商投资企业法涵盖，而另一部分内容则以单行法规的形式表现出来，如《外商投资产业指导目录》《国务院关于鼓励外商投资的规定》等。

（二）外资法与外贸法的协调

在大多数国家中，政府分别看待和处理对外贸易与外国投资的职能，政府的外贸与外国投资政策的制定通常是各自独立的。但外国投资的迅速增长以及相关外国投资法的制定，使人们开始关注对外贸易和外国投资之间的关系。

尽管外国投资与对外贸易具有不同的形式和内容，但作为外来因素对国内经济的影响却是共同的：外国投资和对外贸易对一国的经济增长均具有重要意义，因此两者之间的关系也日益密切。对外贸易作为经济增长和发展的一个积极因素所发挥的作用已经被广泛确认并反映在一国的贸易政策中；而外国投资，特别是外国直接投资作为向国内市场提供货物和服务的主要方法以及组织国际生产方面的一项主要要素，正在日益影响着世界贸易的规模、方向和构成，与此同时，外国投资对经济增长和发展的积极作用正在被人们认识并且也正日益反映在外资政策中。因此，如果要使两者在经济发展方面发挥更大的作用，使两者与广义的经济增长和发展目标在最大程度上相互配合，就必须协调对外贸易和外国投资之间的关系。

外国投资与对外贸易的密切关系对国家经济政策的制定提出了新的挑战。政府应当适应新的形势、新的要求，协调外贸与外资政策，在立法中，协调外贸法与外资法之间的关系，使其互为补充、产生协同的作用，以支持国家经济的增长和发展。

第二节　进出口监管法律制度

一、对外贸易主体及外贸代理制度

（一）对外贸易的主体

1. 对外贸易的管理机关。新中国成立后，在贸易部设立对外贸易司领导、管理全国的对外贸易工作。1952年，国家设立对外贸易部负责外贸事宜。改革开放以后，国家对外贸行政机构进行了多次调整，先后成立了国家进出口管理委员会、外国投资管理委员会，并将对外贸易部的海关管理局独立为海关总署，设立了国家进出口商品检验局。1982年，对外贸易部、对外经济联络部、国家进出口管理委员会、外国投资管理委员会合并，成立对外经济贸易部。1993年对外经济贸易部更名为对外经济贸易合作部。2003年成立商务部主管全国对内、对外贸易。此外，国家发展改革委员会、国家科学技术部、工业和信息化部、海关总署等也在各自的职责范围内负责部分对外贸易管理工作。

商务部在对外贸易管理方面的职能主要有：负责拟订对外贸易和国际经济合作

的发展战略、方针、政策，起草相关法律法规，制定实施细则、规章；研究制定进出口商品管理办法和进出口商品目录，组织实施进出口配额计划，确定配额、发放许可证；拟订和执行进出口商品配额招标政策；拟订并执行对外技术贸易、国家进出口管制以及鼓励技术和成套设备出口的政策；负责组织协调反倾销、反补贴、保障措施及其他与进出口公平贸易相关的工作，建立进出口公平贸易预警机制，组织产业损害调查；指导协调国外对我国出口商品的反倾销、反补贴、保障措施的应诉及相关工作。

2. 对外贸易经营者。对外贸易经营者是指依法办理工商登记或者其他执业手续，依照对外贸易法及其他相关法律及行政法规的规定从事对外贸易经营活动的法人、其他组织或者个人。按照外贸经营的内容，可以将对外贸易经营者划分为从事货物进出口与技术进出口的对外贸易经营者和从事国际服务贸易的对外贸易经营者；按照对外贸易经营者的性质，可以将对外贸易经营者划分为从事对外贸易经营的内资企业、外商投资企业和外国企业的驻华机构。根据《对外贸易法》，除法律、行政法规和对外贸易主管部门规定不需要备案登记的之外，从事货物进出口和技术进出口的对外贸易经营者，应当向国务院对外贸易主管部门或其委托的机构办理备案登记；从事国际服务贸易应当遵守《对外贸易法》以及其他法律、行政法规的规定；从事对外劳务合作的单位应当具备相应的资质。此外，《对外贸易法》还规定，国家可以对部分货物的进出口实行国营贸易管理，除国家允许的以外，实行国营贸易管理货物的进出口业务只能由经授权的企业经营。

（二）对外贸易代理制度

外贸代理是指对外贸易经营者接受其他组织或者个人的委托，依据双方签订的委托合同，在其对外贸易经营范围内代为办理委托的对外贸易业务。外贸代理分为直接代理和间接代理。直接代理是指对外贸易经营者根据委托合同的规定，以委托人的名义，对外谈判签订合同，代为办理委托方的对外贸易业务。由于直接代理是以委托方的名义进行，因此委托方应该具备外贸经营权。间接代理又称行纪，是指以外贸代理者的名义对外从事外贸业务，主要适用于委托人没有外贸经营权的情形。

二、货物与技术进出口监管

（一）货物与技术进出口的限制与禁止

经济转型时期的中国正处于工业化的高速增长时期。因此，一方面需要利用国家及地区之间经济优势互补来提高经济的竞争力，另一方面，又要尽可能地降低对外贸易可能对国家经济安全、环境保护、产业发展、金融制度及收支平衡造成的负面影响。因此，我国对外贸易实行自由进出口原则以及适当限制和管理原则。《对外贸易法》规定，除法律、行政法规另有规定的以外，国家准许货物与技术的自由进出口。同时，《对外贸易法》将货物和技术的进出口分为自由、限制和禁止三类，明确规定国家基于下列原因，可以限制或者禁止有关货物、技术的进口或者出口：为维护国家安全、社会公共利益或者公共道德需要限制或者禁止进口或者出口的；

为保护人的健康或者安全，保护动物、植物的生命或者健康，保护环境需要限制或者禁止进口或者出口的；为实施与黄金或者白银进出口有关的措施需要限制或者禁止进口或者出口的；国内供应短缺或者为有效保护可能用竭的自然资源需要限制或者禁止出口的；输往国家或者地区的市场容量有限需要限制出口的；出口经营秩序出现严重混乱需要限制出口的；为建立或者加快建立国内特定产业需要限制进口的；对任何形式的农业、牧业、渔业产品有必要限制进口的；为保障国家国际金融地位和国际收支平衡需要限制进口的；依照法律、行政法规的规定，其他需要限制或者禁止进口或者出口的；根据我国缔结或者参加的国际条约、协定的规定，其他需要限制或者禁止进口或者出口的。

此外，国家对与裂变、聚变物质或者衍生此类物质的物质有关的货物或技术进出口、与武器弹药或者其他军用物资有关的进出口，可以采取任何必要的措施，维护国家安全。在战时或者为维护国际和平与安全，国家在货物、技术进出口方面可以采取任何必要的措施。

（二）进出口许可证与配额制度

为保证货物与技术进出口的限制与禁止能够得到具体的实施，我国《对外贸易法》对国家限制进出口的货物和技术实行许可及配额制度，并实施相应的管理。

1. 进出口许可证制度。进出口许可证制度是对外贸易经营者进口或者出口国家规定限制进出口的货物和技术，必须事先征得国家的许可，并取得进口或出口许可证。

（1）货物进出口许可证制度。我国的货物进出口许可证制度包括自动许可制度和非自动许可制度。自动进出口许可证制度是指无论在什么情况下对进出口申请一律予以批准的进出口许可证制度。适用这一制度进出口货物，收货人、发货人在办理海关报关手续前提出自动许可申请的，国务院对外贸易主管部门或者其委托的机构应当予以许可。国务院对外贸易主管部门基于监测进出口情况的需要，可以对部分自由进出口的货物实行进出口自动许可并公布其目录。非自动进出口许可证制度包括进出口配额许可证管理制度、进出口许可证管理制度、关税配额管理制度和特定产品管理制度等。

（2）技术进出口许可证制度。我国对限制进出口的技术实行许可证管理。国务院对外贸易主管部门会同国务院其他有关部门，制定、调整并公布限制或者禁止进出口的货物、技术目录，确定限制进出口的技术的具体种类。我国对外贸易经营者进口或出口限制进出口的技术，必须事先经过国务院有关部门审批，并向国务院对外贸易主管部门及其授权的许可证签发机构申领技术进出口许可证。

2. 进出口配额制度。配额是指国家为了维护本国利益以及保障对外贸易秩序，对某种货物的出口或进口规定一定的数量限制措施，在这个限额以内允许货物的进出口，超过数量限额的不得进出口。从不同角度可以将配额划分为：进口配额和出口配额；主动配额和被动配额；关税配额和非关税配额；全球配额和国别配额等。

而进口配额管理又可以分为机电产品配额管理和一般商品配额管理；出口货物配额管理分为计划配额管理、主动配额管理和被动配额管理。根据《对外贸易法》规定，配额的具体分配方式和办法由国务院规定。

三、国际服务贸易的监管

国际服务贸易是以服务为贸易标的的进出口贸易活动。服务贸易主要包括：国际运输（包括水运、空运和路运）；国际旅游；国际金融服务；国际保险；国际建筑和工程承包、国际劳务输出；国际电讯服务；视听服务；教育、卫生、文化、艺术的国际交流服务；商业批发与零售服务；广告设计；律师；会计等专业服务。

由于国际服务贸易的内容不仅涉及与制造业相关的产业，而且深入到国家的教育、卫生、文化领域，贸易将对国家的经济以及文化产生直接影响。因此，按照对等和互惠原则。①国家对国际服务贸易实行市场准入和国民待遇，即：以我国参加或签订的国际条约承诺的清单中所列举的服务部门及其准入条件和限制为依据，以同等条件对其他缔约方开放其本国的服务市场。我国加入世贸组织后，在服务贸易开放方面所做的承诺涉及法律、会计、广告、建筑及相关工程、教育、旅行社、银行、电信、仓储、保险、铁路货运、证券、医疗服务等。②明确规定国家基于下列原因，可以限制或者禁止有关的国际服务贸易：为维护国家安全、社会公共利益或者公共道德需要限制或者禁止的；为保护人的健康或者安全，保护动物、植物的生命或者健康，保护环境需要限制或者禁止的；为建立或者加快建立国内特定服务产业需要限制的；为保障国家外汇收支平衡需要限制的；依照法律、行政法规的规定，其他需要限制或者禁止的；根据我国缔结或者参加的国际条约、协定的规定，其他需要限制或者禁止的。③国家对与军事有关的国际服务贸易以及与裂变、聚变物质或者衍生此类物质的物质有关的国际服务贸易，可以采取任何必要的措施，维护国家安全。④在战时或为维护国际和平与安全，国家在国际服务贸易方面可以采取任何必要的措施。

此外，国务院对外贸易主管部门会同国务院其他有关部门，依照《对外贸易法》和其他有关法律、行政法规的规定，制定、调整并公布国际服务贸易市场准入目录。

第三节　对外贸易秩序的保护

一、维护对外贸易秩序的一般规定

为使对外贸易有序进行，我国《对外贸易法》规定，对外贸易经营者在对外贸易活动中不得有下列行为：伪造、变造进出口货物原产地标记，伪造、变造或者买卖进出口货物原产地证书、进出口许可证、进出口配额证明或者其他进出口证明文件；骗取出口退税；走私；逃避法律、行政法规规定的认证、检验、检疫；违反法律、行政法规规定的其他行为。对外贸易经营者在对外贸易经营活动中，应当遵守国家有关外汇管理的规定。不得违反有关反垄断的法律、行政法规的规定实施垄断行为；不得实施以不正当的低价销售商品、串通投标、发布虚假广告、进行商业贿赂等不正当竞争行为。

二、对外贸易救济

按照国际社会公认的自由贸易原则，降低关税是 WTO 对各成员国的基本要求。与此同时，为使贸易在公平的基础上进行，在进口产品构成倾销、外国政府为其产品出口企业提供补贴的情况下，进口国的反倾销及补贴措施成为基本的外贸防御措施。除此之外，发达国家的经验表明，当进口造成损害时，"区域免税协议""绿色壁垒""企业社会责任标准"等均成为自由贸易下的外贸防御措施。因此，所谓对外贸易救济是指国家为消除进口造成的损害，根据对外贸易调查结果而采用的贸易防御措施。我国《对外贸易法》规定的救济手段主要为反倾销和反补贴，此外还包括以应对进口产品或服务数量大量增加而采用的必要救济措施。

（一）对外贸易调查

对外贸易调查是对外贸易救济的重要前置程序。我国《对外贸易法》规定，为了维护对外贸易秩序，国务院对外贸易主管部门可以自行或者会同国务院其他有关部门，依照法律、行政法规的规定对下列事项进行调查：货物进出口、技术进出口、国际服务贸易对国内产业及其竞争力的影响；有关国家或者地区的贸易壁垒；为确定是否应当依法采取反倾销、反补贴或者保障措施等对外贸易救济措施而需要调查的事项；规避对外贸易救济措施的行为；对外贸易中有关国家安全利益的事项；为应对其他国家或者地区在贸易方面对中国的歧视性的禁止或限制、对外贸易中侵犯我国知识产权、对外贸易经营活动中实施垄断行为、危害市场公平竞争等行为采取措施需要调查的事项；其他影响对外贸易秩序，需要调查的事项。启动对外贸易调查，由国务院对外贸易主管部门发布公告。调查可以采取书面问卷、召开听证会、实地调查、委托调查等方式进行。国务院对外贸易主管部门根据调查结果，提出调查报告或者做出处理裁定，并发布公告。

（二）反倾销

我国《对外贸易法》规定，其他国家或者地区的产品以低于正常价值的倾销方式进入我国市场，对已建立的国内产业造成实质损害或者产生实质损害威胁，或者对建立国内产业造成实质阻碍的，国家可以采取反倾销措施，消除或者减轻这种损害或者损害的威胁或者阻碍。

1. 倾销及其构成要件。倾销是指在正常贸易活动中进口产品以低于其正常价值的出口价格进入另一国市场，从而使得另一国国内有竞争能力的产业受到损害的行为。倾销的构成要件为：①产品以低于正常价值或公平价值的价格销售；②这种低价销售的行为给进口国产业造成损害，包括实质性损害、实质性损害威胁和实质性阻碍；③损害是由低价销售造成的，二者之间存在因果关系。

倾销的确定有三项基本内容，即正常价格的确定、出口价格的确定及正常价格与出口价格的比较（该可比价格为正常价值）。如果产品的同类产品，在出口国（地区）国内市场的正常贸易过程中没有销售或者该同类产品的价格、数量不能据以进行公平比较，则以该同类产品出口到一个适当第三国（地区）的可比价格或者以该同类产品在原产国（地区）的生产成本加合理费用、利润为正常价值。

2. 反倾销措施及其实施。反倾销措施包括临时反倾销措施以及征收反倾销税。反倾销措施由商务部、国务院关税税则委员会以及海关在各自的职权范围内负责实施。

（1）临时反倾销措施。商务部根据调查初裁决定确定倾销成立，并由此对国内产业造成损害的，可以采取征收临时反倾销税或者要求提供保证金、保函或者其他形式的担保。临时反倾销税的税额或者提供的保证金、保函或者其他形式担保的金额，应当不超过初裁决定确定的倾销幅度。征收临时反倾销税，由商务部提出建议，国务院关税税则委员会根据商务部的建议做出决定，由商务部予以公告。要求提供保证金、保函或者其他形式担保的，由商务部做出决定并予以公告。海关自公告规定实施之日起执行。临时反倾销措施实施的期限，自临时反倾销措施决定公告规定实施之日起不超过4个月，在特殊情况下，可以延长至9个月。自反倾销立案调查决定公告之日起60天内，不得采取临时反倾销措施。倾销产品的出口者在反倾销调查期间，可以向商务部做出改变价格或者停止以倾销价格出口的价格承诺。商务部认为出口经营者做出的价格承诺能够接受的，可以决定中止或者终止反倾销调查，不采取临时反倾销措施或者征收反倾销税。

（2）征收反倾销税。商务部终裁决定确定倾销成立，并由此对国内产业造成损害的，可以征收反倾销税。征收反倾销税由商务部提出建议，国务院关税税则委员会根据商务部的建议做出决定，由商务部予以公告。海关自公告规定实施之日起执行。反倾销税一般用于终裁决定公告之日后进口的商品，其纳税人为倾销进口产品的进口经营者。反倾销税应当根据不同出口经营者的倾销幅度分别确定。对未包括在审查范围内的出口经营者的倾销进口产品，需要征收反倾销税的，应当按照合理的方式确定对其适用的反倾销税。反倾销税税额不超过终裁决定确定的倾销幅度。另外，终裁决定确定存在实质损害，并在此前已经采取临时反倾销措施的，反倾销税可以对已经实施临时反倾销措施的期间追溯征收。在特殊情况下，还可以对实施临时反倾销措施之日前90天内进口的产品追溯征收反倾销税，但立案调查前进口的产品除外。

（三）反补贴

我国《对外贸易法》规定，进口的产品直接或者间接地接受出口国家或者地区给予的任何形式的专向性补贴，对已建立的国内产业造成实质损害或者产生实质损害威胁，或者对建立国内产业造成实质阻碍的，国家可以采取反补贴措施，消除或者减轻这种损害或者损害的威胁或者阻碍。

1. 补贴的基本含义。补贴是指出口国（地区）政府或者其任何公共机构提供的并为接受者带来利益的财政资助以及任何形式的收入或者价格支持。此处所称财政资助包括：出口国（地区）政府以拨款、贷款、资本注入等形式直接提供资金，或者以贷款担保等形式潜在地直接转让资金或者债务；出口国（地区）政府放弃或者不收缴应税收入；出口国（地区）政府提供除一般基础设施以外的货物、服务，或者由出口国（地区）政府购买货物；出口国（地区）政府通过向筹资机构付款，或者委托、指令私营机构履行上述职能。

2. 反补贴措施及其实施。反补贴措施包括征收临时反补贴税以及征收反补贴税。反补贴措施由商务部、国务院关税税则委员会及海关在各自的职权范围内负责实施。

（1）征收临时反补贴税。商务部初裁决定确定补贴成立，并由此对国内产业造成损害的，可以采取临时反补贴措施。临时反补贴措施采取以保证金或者保函作为担保的征收临时反补贴税的形式。采取临时反补贴措施，由商务部提出建议，国务院关税税则委员会根据商务部的建议做出决定，由商务部予以公告。海关自公告规定实施之日起执行。临时反补贴措施实施的期限，自临时反补贴措施决定公告规定实施之日起，不超过4个月。自反补贴立案调查决定公告之日起60天内，不得采取临时反补贴措施。在反补贴调查期间，出口国（地区）政府提出取消、限制补贴或者其他有关措施的承诺，或者出口经营者提出修改价格的承诺的，商务部应当予以充分考虑。商务部可以向出口经营者或者出口国（地区）政府提出有关价格承诺的建议。出口经营者、出口国（地区）政府不作出承诺或者不接受有关价格承诺的建议的，不妨碍对反补贴案件的调查和确定。商务部认为承诺能够接受并符合公共利益的，可以决定中止或者终止反补贴调查，商务部不接受承诺的，应当向有关出口经营者说明理由。

（2）征收反补贴税。在为完成磋商付出的努力没有取得效果的情况下，终裁决定确定补贴成立，并由此对国内产业造成损害的，可以征收反补贴税。征收反补贴税应当符合公共利益。征收反补贴税由商务部提出建议，国务院关税税则委员会根据商务部的建议做出决定，由商务部予以公告，海关自公告规定实施之日起执行。除特殊情形外，反补贴税适用于终裁决定公告之日后进口的产品，其纳税人为补贴进口产品的进口经营者。必要时可以对实施临时反补贴措施之日前90天内进口的产品追溯征收反补贴税。反补贴税应当根据不同出口经营者的补贴金额分别确定。反补贴税税额不得超过终裁决定确定的补贴金额。终裁决定确定存在实质损害，并在此前已经采取临时反补贴措施的，反补贴税可以对已经实施临时反补贴措施的期间追溯征收。终裁决定确定存在实质损害威胁，在先前不采取临时反补贴措施将会导致后来做出实质损害裁定的情况下已经采取临时反补贴措施的，反补贴税可以对已经实施临时反补贴措施的期间追溯征收。终裁决定确定的反补贴税，高于保证金或者保函所担保的金额的，差额部分不予收取；低于保证金或者保函所担保的金额的，差额部分应当予以退还。

（四）其他保障措施

除反倾销及反补贴之外，我国《对外贸易法》还规定，当出现以下情形时，国家可以采取其他保障措施：

1. 因进口产品数量大量增加，对生产同类产品或者与其直接竞争的产品的国内产业造成严重损害或者严重损害威胁的，国家可以采取必要的保障措施，消除或者减轻这种损害或者损害的威胁，并可以对该产业提供必要的支持。

2. 因其他国家或者地区的服务提供者向我国提供的服务增加，对提供同类服务或者与其直接竞争的服务的国内产业造成损害或者产生损害威胁的，国家可以采取必要的救济措施，消除或者减轻这种损害或者损害的威胁。

3. 因第三国限制进口而导致某种产品进入我国市场的数量大量增加，对已建立的国内产业造成损害或者产生损害威胁，或者对建立国内产业造成阻碍的，国家可以采取必要的救济措施，限制该产品进口。

4. 与中华人民共和国缔结或者共同参加经济贸易条约、协定的国家或者地区，违反条约、协定的规定，使中华人民共和国根据该条约、协定享有的利益丧失或者受损，或者阻碍条约、协定目标实现的，中华人民共和国政府有权要求有关国家或者地区政府采取适当的补救措施，并可以根据有关条约、协定中止或者终止履行相关义务。

第四节　外国投资法

一、外商投资的组织形式

外国投资法是调整国家对外国投资进行监管而产生的经济关系的法律规范。从其他国家或地区的情况看，外国投资法主要从鼓励和限制两方面入手，构建包括外国资本的准入、外国人投资保障、投资收益再投资、奖励投资措施及投资争议解决等在内的具体制度。就我国而言，引进外资的背景是 1979 年国家实施对内搞活、对外开放的经济改革政策，其时，我国企业的组织形态为国有企业和集体企业，为了吸引外资，我国借鉴国际惯例，于 1979 年起，在短短几年时间内陆续颁布了《中外合资经营企业法》《中外合作经营企业法》及《外资企业法》。根据这些法律，为了吸引外国投资，我国在没有公司、合伙以及独资企业制度的情况下，允许外国直接投资在中国举办企业可以采用有限责任公司、合伙以及独资的企业形式。事实证明，上述外商投资企业法的颁布不仅彰显了中国政府吸引外资的决心，也对不同形态的外商投资企业从设立条件、中外双方投资者的关系、投资收益再投资以及投资争议解决等方面对外国直接投资提供了规范和保障，从而使得外国投资迅速进入中国。

二、外商投资产业指导目录

（一）外商投资产业指导目录的制定

为防范引进外资对本国产业以及经济可持续发展的负面影响，发挥外国资本在经济发展中的积极作用，各国均以准入制度为基础构建外资法。因此，为了引导外商投资的方向，使其与中国的经济发展相适应，我国在 1995 年经国务院批准，颁布了《指导外商投资方向暂行规定》，国家计委据此制定了《外商投资产业指导目录》。根据上述规定，外商投资项目分为鼓励、允许、限制和禁止四类。鼓励类、限制类和禁止类的外商投资项目，列入《外商投资产业指导目录》。不属于鼓励类、限制类和禁止类的外商投资项目，为允许类外商投资项目，不列入《外商投资产业指导目录》。

1. 鼓励类外商投资项目有：属于农业新技术、农业综合开发和能源、交通、重要原材料工业的；属于高新技术、先进适用技术，能够改进产品性能、提高企业技术经济效益或者生产适应市场需求而国内生产能力不足的新设备、新材料的；适应市场需求，能够提高产品档次、开拓新兴市场或者增加产品国际竞争能力的；属于新技术、新设备，能够节约能源和原材料、综合利用资源和再生资源以及防治环境污染的；能够发挥中西部地区的人力和资源优势，并符合国家产业政策的；法律、行政法规规定的其他情形。

2. 限制类外商投资项目有：技术水平落后的；不利于节约资源和改善生态环境的；从事国家规定实行保护性开采的特定矿种勘探、开采的；属于国家逐步开放的产业的；法律、行政法规规定的其他情形。此外，产品出口销售额占其产品销售总额 70% 以上的限制类外商投资项目，经省、自治区、直辖市及计划单列市人民政府或者国务院主管部门批准，可以视为允许类外商投资项目。

3. 禁止类外商投资项目则包括：危害国家安全或者损害社会公共利益的；对环境造成污染损害，破坏自然资源或者损害人体健康的；占用大量耕地，不利于保护、开发土地资源的；危害军事设施安全和使用效能的；运用我国特有工艺或者技术生产产品的；法律、行政法规规定的其他情形。

（二）外商投资产业指导目录的修订

《外商投资产业指导目录》作为国家的重要产业政策，根据经济发展及对外开放的需要，应当适时修订。自 1995 年至今，国家发展和改革委员会、商务部对《外商投资产业指导目录》先后进行过七次修订，最近一次修订于 2017 年 6 月。此次修订遵循的原则，一是推进重点领域的开放，二是突出负面清单的特点，三是保持鼓励政策稳定。与之前的各修订版本相比，2017 年版《目录》有以下主要变化：

1. 进一步扩大了对外开放领域。首先从条目上看，2017 年版《目录》进一步减少了限制性措施。在 2015 年版《目录》已经将限制性措施由 2011 年版《目录》的 180 条减少到 93 条的基础上，2017 年版《目录》进一步将限制性措施减少到 62 条，比 2011 年版《目录》总计缩小 65%。与此同时，鼓励类条目数量基本不变，继续鼓励外资投向先进制造、高新技术、节能环保、现代服务业等领域。其次从行业看，2017 年版《目录》进一步提高了服务业、制造业、采矿业等领域的开放水平。

2. 提出外商投资准入负面清单。2017 年版《目录》的另一个主要变化就是对结构进行了调整，明确提出外商投资准入特别管理措施，即"外商投资准入负面清单"。按照负面清单模式改革要求，2017年版《目录》将部分原鼓励类有股比要求的条目，以及限制类、禁止类整合为外商投资准入负面清单，作为对外商投资实行准入前国民待遇加负面清单管理模式的基本依据。负面清单之外的领域，原则上不得实行对外资准入的限制性措施，外商投资项目和企业设立实行备案管理。按照外商投资准入负面清单模式特点，2017年版《目录》删除了2015年版《目录》中内外资一致的限制性措施。原限制类和禁止类中的11个条目按内外资一致原则管理。

鼓励类外商投资项目可以享受进口设备免关税等优惠政策。对集约用地的鼓励类外商投资工业项目优先供应土地，在确定土地出让底价时可按不低于所在地土地等别相对应全国工业用地出让最低价标准的70%执行。西部地区的鼓励类项目可以享受西部大开发企业所得税优惠政策。外商投资准入负面清单是有关部门实行外资准入管理的主要依据。根据《政府核准的投资项目目录（2016年本）》，目前除限制类外商投资项目须核准外，其他项目基本上由地方政府办理备案手续，切实提高投资便利化程度。

三、对外商投资的其他鼓励制度

（一）税收优惠

基于发展中国家的经济背景，在中国给予外资的税收、信贷、货物进出口等诸多方面的优惠措施中，税收优惠制度最具特色。这在改革开放初期乃至其后的相当一段时间内表现得尤为突出。而随着中国经济的发展，税收优惠制度也发生了变化。

在1979~2007年的近30年间，根据《外商投资企业和外国企业所得税法》的规定，我国外商投资企业享有税收减免优惠政策。这些优惠政策对中国吸引外国投资，扩大本国生产，促进本国产业结构的升级，促进出口等诸多方面带来了方便。但随着中国经济的发展，情况发生了变化：①随着中国经济的发展，社会稳定局面、经济发展速度、对外开放程度、综合投资环境、市场容量、劳动力成本、完善的法律法规等诸多因素逐渐成为中国吸引国外投资的主要因素，相对而言，税收优惠在吸引外商投资方面的作用在整体上有所下降，而对外资企业的税收优惠政策导致对内资企业的不平等待遇，在一定程度上影响了中国内资企业的发展。②随着经济的发展，中国的外汇储备已经跃居世界第一，外汇短缺的问题已经解决，中国经济发展对外商投资的依赖度也有所下降。在上述情况下，使内、外资企业享有同等的竞争环境，对我国经济的整体发展尤为重要。基于此，2007年3月16日我国颁布了新的《企业所得税法》，将内、外资企业所得税的税率统一为25%。在此基础上，《企业所得税法》根据我国经济发展的实际情况，将优惠原则从过去以区域优惠为主转变为以产业优惠为主，区域优惠为辅。例如，对符合条件的小型微利企业，减按20%的税率征收企业所得税；对国家需要重点扶持的高新技术企业，减按15%的税率征收企业所得税。

根据我国《中外合资经营企业法》《中外合作经营企业法》《外资企业法》及其

相关实施条例和实施细则的规定，外商投资企业享有以下税收优惠：依照国家有关税收的法律和行政法规的规定享受减税、免税的优惠待遇。①中外合资经营企业中的外国合营者以及外资企业将缴纳所得税后的利润在中国境内再投资的，可以依照国家规定申请退还再投资部分已缴纳的部分所得税税款。②中外合资、中外合作经营企业进口下列物资，依照中国税法的有关规定减税和免税：按照合同规定作为外国投资方出资的机器设备、零部件和其他物料；以投资总额以内的资金进口的机器设备、零部件和其他物料；经审批机构批准以增加资本所进口的国内不能保证生产供应的机器设备、零部件和其他物料；为生产出口产品从国外进口的原材料、辅料、元器件、零部件和包装物料。③外资企业进口下列物资，依照中国税法的有关规定减税和免税：外国投资者作为出资的机器设备、零部件、建设用建筑材料以及安装、加固机器所需材料；外资企业以投资总额内的资金进口本企业生产所需的自用机器设备、零部件、生产用交通运输工具以及生产管理设备；外资企业为生产出口产品而进口的原材料、辅料、元器件、零部件和包装物料。④合营企业和外资企业生产的出口产品，除中国限制出口的以外，依照中国税法的有关规定减税、免税或者退税。此外，根据国务院《关于鼓励外商投资的规定》，产品出口企业和先进技术企业的外国投资者，将其从企业分得的利润汇出境外时，免缴汇出额的所得税。产品出口企业按照国家规定减免企业所得税期满后，凡当年企业出口产品产值达到当年企业产品产值70%以上的，可以按照现行税率减半缴纳企业所得税。经济特区和经济技术开发区以及其他已经按15%的税率缴纳企业所得税的产品出口企业，符合规定条件的，减按10%的税率缴纳企业所得税。先进技术企业按照国家规定减免企业所得税期满后，可以延长3年减半缴纳企业所得税。外国投资者将其从企业分得的利润，在中国境内再投资举办、扩建产品出口企业或者先进技术企业，经营期不少于5年的，经申请税务机关核准，全部退还其再投资部分已缴纳的企业所得税税款。

（二）产品出口型企业和先进技术型企业的特别优惠

根据国务院《关于鼓励外商投资的规定》，国家对外商投资企业中的产品出口型企业和先进技术型企业给予特别优惠。其中，产品出口型企业是指该企业的产品主要用于出口，年度外汇总收入额减除年度生产经营外汇支出额和外国投资者汇出分得利润所需外汇额以后，外汇有结余的生产型企业；先进技术型企业是指外国投资者提供先进技术，从事新产品开发，实现产品升级换代，以增加出口创汇或者替代进口的生产型企业。对上述两类企业实施的优惠措施主要有：

1. 收费优惠。根据国务院《关于鼓励外商投资的规定》，对产品出口型企业和先进技术型企业，在收费方面给予一定的优惠：企业除按照国家规定支付或者提取中方职工劳动保险、福利费用和住房补助基金外，免缴国家对职工的各种补贴；企业的场地使用费，除大城市市区繁华地段外，按相关规定的标准计收，地方人民政府可以酌情在一定期限内免收；优先提供生产经营所需的水、电、运输条件和通信设施，按照当地国有企业收费标准计收费用。

2. 信贷优惠。根据国务院《关于鼓励外商投资的规定》，产品出口型企业和先进技术型企业在生产和流通过程中需要借贷的短期周转资金，以及其他必需的信贷资金，经中国银行审核后，优先贷放。外商投资企业之间，在外汇管理部门监管下，可以相互调剂外汇余缺；中国银行以及经中国人民银行指定的其他银行，可以对外商投资企业开办现汇抵押业务，贷放人民币资金。

3. 出口经营权及许可证管理限制放宽。外商投资企业可以自行组织其产品出口，也可以按照国家规定委托代理出口。属于需要申领出口许可证的产品，按照企业年度出口计划，每半年申领一次许可证；外商投资企业为履行其产品出口合同，需要进口（包括国家限制进口）的机械设备、生产用的车辆、原材料、燃料、散件、零部件、元器件、配套件，不再报请审批，免领进口许可证，由海关实行监管，凭企业合同或者进出口合同验放。

案 例

商务部反倾销案

[案情] 2004 年 7 月 10 日，商务部收到了我国生产 A 化工产品的数十家厂商联合提出的书面投诉，指控 B 国生产和出口的 A 化工产品在中国国内存在倾销，并且损害了国内同类企业的生产和销售。对此，我国商务部于 2004 年 8 月 3 日正式对 B 国出口至中国的 A 化工产品发起了反倾销调查，其调查对象为自 2003 年 7 月 1 日至 2004 年 6 月 30 日期间内 B 国向中国出口的全部 A 化工产品。在调查程序开始之后，我国商务部正式向已知的 B 国出口商和 B 国政府发出了调查表，以便获取相关产品的资料和数据。但是，B 国出口商及其政府均未对此作出任何反应。由于 B 国出口商及其政府未能按要求提供相关资料和数据，也没有主动提出对自己有利的替代国建议，我国商务部根据起诉方提供的资料，选择与 B 国生活水平相近的 C 国作为替代国。尽管有数位 C 国的 A 化工产品生产商最初同意配合调查及提供相关资料，但最终由于某种原因未能提供。在此种情况下，我国商务部根据决定以 C 国国家商业信息服务机构公布的 C 国市场上 A 化工产品的销售价格作为计算 B 国 A 化工产品的正常价值的标准。最后调查结果表明，在调查期间有 96% 的从 B 国进口的 A 化工产品存在倾销，倾销幅度为 91%，此时一位 B 国 A 化工产品的出口商提出了价格承诺的建议，然而该出口商的价格承诺并未包括全部或者绝大部分向中国出口的 A 化工产品，因此按照国际惯例，我国商务部没有接受该项承诺，而是决定对从 B 国进口的 A 化工产品征收反倾销税。

[点评]

1. 反倾销调查表是一国反倾销调查机构对案件作出裁决的重要依据之一。一经立案，反倾销的相关调查程序就会启动，反倾销调查机构在进行相关调查时会使用问卷、抽样、听证会、现场核查等方式，但一般都是以发放调查表的形式为主，如本案的情况。调查表一般发给反倾销案的相关被起诉方和相关的利害关系人，相关被起诉方与相关利害关系人在收到反倾销调查表后应当如实通过表格反映情况，提供有关资料信息，若其未能如实反映情况、提供相关资料信息，反倾销调查机构可以根据已经获得的事实和可获得的最佳信息作出裁定，这在许多国家和WTO的反倾销规则中，一般表现为反倾销调查机构可以因此根据起诉方单方提供的资料和数据或者是依据官方统计的资料和数据进行裁定，即本案所体现的最佳材料原则。通过此种原则取得的数据在很多情况下是对被起诉方不利的，因此相关被起诉方与相关利害关系人应当尽力提供有利于己方的详细信息，以争取有利于己方的裁决，被起诉方若怠于提供相关资料信息，多数会造成被动局面。

另外，基于反倾销调查程序的效率考量，调查行为本身是有期限的，我国的反倾销调查期限是自立案调查决定公告之日起至最终裁定公告之日止12个月，特殊情况下可以延长至18个月。因此为确保提供的资料能在规定时间内为反倾销调查机构审查完毕，所提供的资料内容必须具有高度针对性，以发挥资料的最大说服效用，所提供的资料范围太广会使有关机构不能在终裁调查的法定最后期限以前进行全面分析和采纳，对提供资料信息方也是不利的。

2. 在反倾销调查的倾销确定过程中，存在对商品正常价格的确定问题。正常价格一般通过出口产品国家的国内销售价格进行参照对比，但当上述价格信息不能有效取得时，第三国市场价格和该进口产品的同类产品结构价格一般就作为替代性标准。出口产品国家的国内销售价格无法取得一般是由于被起诉方的不合作造成的，如本案出现的情况，因此我国商务部直接适用C国政府的统计数据得出了对B国不利的裁定结论。

这里需要另外说明的是，对于一些经济转型国家，比如中国而言，还存在一种更为常见的情况，即对于中方市场经济地位的不承认。当今不少美欧国家均将中国视为"非市场经济国家"，对非市场经济国家出口的产品，在计算"正常价值"时，以替代国或参照国的国内市场正常交易过程的正常价值作为代替。其选取的替代国的生活水平一般比中国高，而且替代国生活水平越高，得出的"倾销幅度"越大，要征收的反倾销税就越高。因此可以看到，争取发达国家对我国市场经济地位的承认无疑是我国反倾销应对策略的重要步骤。

3. 对于反倾销中的价格承诺问题，一般指倾销进口产品的出口经营者在反倾销调查期间，向反倾销调查机构作出改变价格或者停止以倾销价格出口的价格承诺。反倾销调查机构可以向出口经营者提出价格承诺的建议，但调查机关不得强迫出口经营者作出价格承诺。如达成价格承诺，反倾销调查机构可以决定中止或终止反倾销调查，不采取临时反倾销措施或征收反倾销税，并予以公告；如果倾销产品的出口经营者或出口国政府不履行承诺或撤回承诺，反倾销调查机构可以决定恢复反倾销调查。但重要的是，价格承诺通常是争议双方对问题的合意妥协，承诺必须由至少占绝大部分进口量的涉嫌倾销商品生产商对妥协价格达成合意并自愿受其约束方可有效，反倾销调查机构也应当对承诺价格是否具有充分代表性进行审查，以最终确定是否接受。在本案中，多个出口商中只有一个提出了价格承诺的建议，其价格承诺不能包括绝大部分涉嫌倾销的 A 化工产品，因此我国商务部对此进行拒绝是合情合理的。可以看出，在应对反倾销案件中，各出口商的相互合作在价格承诺上是相当重要的。

第十一章

思 考 题

1. 如何理解外贸与外资法的宏观调控作用？
2. 什么是外贸代理制度？
3. 什么是进出口许可证制度？
4. 什么是反倾销和反补贴？
5. 简述 2017 年外商投资产业指导目录的修订。

第三编　市场监管法 <<<

第12章

市场监管法原理

学习目的与要求：

　　市场机制的局限性是市场监管产生的前提，而市场监管同样具有局限性，即政府失灵问题。克服政府失灵问题的法律手段就是建立属于经济宪法范畴的市场监管法。市场监管法是由不同类型、具有不同效力层级的法律法规组成的，用来调整市场监管过程中产生的社会关系的法律规范的总和，具有多样性、直接强制性、多层级性、开放性的特点。

　　市场监管法的原则包括监管法定、维护社会整体利益和有效监管三大原则。这些原则的确立有利于在构建市场监管法律主体、内容和实施手段等制度的过程中起到统率和导引作用。市场监管法以建立并维护规范的市场秩序为立法目的，同时也保障着具体的市场监管法律制度的有效实施。

第一节　市场监管

一、市场监管的概念

　　市场监管，顾名思义，即对市场的监督管理，是指依法具有市场监督管理权的国家机关及事业单位或社会组织依照法律法规赋予的职权，按照法定的程序，对一定市场主体及其行为进行监察、管理与规范的活动。通过概念的描述，我们可以从以下层面来把握市场监管的含义：①市场监管的主体是依法具有市场监管权的国家机关、事业单位或社会组织，即市场监管主体具有法定性。对市场进行监管是工商、物价、技术监督、医药、卫生等国家部门依法具有的职权，同时为更有效地规范市场行为，维护市场秩序，国家在必要时也允许通过法律、行政法规授权符合一定条件的事业单位、社会组织履行一定的市场监管的职权。②市场监管的对象是一定的市场主体及其行为。市场主体、市场行为既是市场的重要构成要素，也是市场监管的对象。当然，并不是所有的市场主体及其行为都是市场监管的对象，市场监管主体没有能力，也没有必要监管所有的市场主体和行为，而只是对那些可能扰乱市场秩序、危害其他市场主体合法权益和社会公共利益的市场主体及其行为进行监管。③市场监管行为是依照法定的程序和方式进行的，市场监管是国家公权力的一种，其行使必然存在着与私权利发生冲突的可能性，而现代法治国家在授予国家机关管理国家和社会事务的公权力的同时，为防止公权力的过度膨胀及对私权利的侵害，都规定了公权力的行使程序和方式。市场监管主体在行使监管权时也不能随心所欲，而必须依照法定的方式和程序。

二、市场监管的特征

一般来说，市场监管的特征主要有以下几点：

1. 市场监管的主动性。对市场进行监管，对于市场监管主体来说，既是一项权力，又是一项法定的、必须主动履行的义务。市场监管的最主要的对象就是那些可能扰乱市场秩序，损害其他市场主体和社会整体利益的违法行为。这些违法行为的危害性往往是不易被发现的，之所以这么说是因为：①市场的范围是极其广大的，市场主体不计其数，每天都在进行大量的、错综复杂的市场行为，从这些大量的市场行为中发现违法行为的难度可想而知；②扰乱市场秩序这类违法行为一般会影响到整个市场的运行效率及市场主体对于市场秩序的信心，其危害性往往是不易测量并且不是立即就能显现出来的；③扰乱市场秩序的违法行为与一般的民事侵权行为相比，一个显著的特点就是这类行为往往不会有一个明确的被侵害主体，其行为损害的往往是不特定主体的利益或社会的整体利益，因此也就缺乏一个利益相关者主动站出来揭露违法行为的存在。这就要求市场监管主体必须主动代表公共利益，对此类行为进行有效的监管。

2. 市场监管的及时性。现代市场经济是以效率为基础的，市场主体的各种违法行为往往是在一个很短的时间段内做出的，而其行为的危害性却是随着时间的推移而不断扩大的，这就要求市场监管主体必须能够及时地发现各种违法行为，对不遵守市场规则的主体的违法行为及时取证，予以处罚，及时将违法行为的危害控制在最小的范围内。同时，从监管效率角度讲，只有实现了市场监管的及时性，监管主体才能在同一时间内对多个监管事项进行实时监管，才能更好地履行其监管职责。

3. 市场监管的事前性与事后性。某些违法行为的危害是极其巨大的，或者说补救起来是极其困难的，或社会成本是令人无法接受的。对于此类违法行为，最好的处理方式就是在其完成之前予以制止。例如，对于违反反垄断法律规定的非法企业集中行为，如果在企业集中完成之后才发现其违法而对合并后的企业进行拆分，不但效果不佳，还会造成社会资源的巨大浪费，这就要求市场监管主体必须进行事前监管，在还没有造成巨大损失之前纠正此类违法行为。同时，由于市场主体及其行为过于广泛，对于某些违法行为，监管主体只能在违法行为造成一定的危害后果之后才能发现并予以纠正，此即市场监管的事后性之义。

4. 市场监管的综合性。市场监管的综合性主要体现在：①从监管主体来说，监管主体是多层次的，既有像医药、食品检验等部门这样具有单一监管职能的监管主体，也有像工商行政管理机构这样具有综合监管职能的监管主体；既有国家一级的监管主体，也有地方各级市场监管主体。同时，各监管主体之间也是分工负责和相互配合的，有时为实现对市场的有效监管，需要各监管部门进行综合执法、协调行动。②从监管对象来看，市场本来就是一个由各市场主体构成的复杂系统，同时市场内还包含着各个子系统，市场主体之间、市场子系统之间、子系统与市场系统之间的关系也是错综复杂。③从市场监管权的行使过程来看，监管主体不仅要监管市场的设立和运行，而且要监管市场主体的资格及其变化，还要实时监管市场主体的具体市场行为。

三、市场监管的理论基础

（一）市场机制的固有缺陷

毫无疑问，市场经济是人类迄今为止最具效率和活力的经济运行机制和资源配置手段，它具有其他任何机制和手段都不可代替的功能。但是，市场经济有其自身的局限性。公共利益理论认为不存在完全竞争的市场，由于市场本身的固有缺陷，产生了种种市场失灵现象，表现为市场信息的不完全、垄断、公共产品、市场行为的负外部性等。这些问题都不能依据市场自身力量加以解决。

1. 市场信息的不完全。在信息不完全的市场中，投资者、消费者作为分散而力量弱小的个体，拥有的资源有限，很难承担收集信息的成本。例如，中小企业主调查市场中两个大企业之间是否存在卡特尔协议，将耗费大量的人力、财力、物力，获得的信息也很难与其他受害者共享。消费者也无法对生产商进行调查，以确定其是否存在质量安全隐患。信息不完全也会导致过度竞争，即企业不了解某一行业的供求关系而盲目进入市场。信息不完全的产生原因有很多：由于社会分工不同及竞争中优胜劣汰的结果，社会成员在社会地位、教育背景等方面产生了差异，这使得其知识水平和结构不对等；不同社会成员能够承担的信息搜寻成本也有所差异，一旦搜寻信息的边际成本大于边际收益，个体便会放弃搜寻信息的行动；处于社会优势地位的成员会垄断信息以获取额外收益，如证券市场中的内幕交易。

2. 自由放任的市场竞争必然走向自身的反面——垄断。垄断企业通过合谋、滥用市场支配地位等手段，限制中小企业进入市场，破坏公平竞争，影响社会资源优化配置。同时，垄断企业会丧失降低成本、开发新技术的动力，从而降低市场活力，阻碍科学发展与进步。垄断消除了市场竞争，使得消费者选择机会减少，垄断者也往往提高价格，造成社会福利的损失。

3. 市场机制无法解决市场行为的负外部性问题。某种外部性是指在两个当事人缺乏任何相关的经济交易的情况下，由一个当事人向另一个当事人所提供的物品束（commodity bundle）。[1]负外部性即某种行为对他人产生了不利的影响，但他们之间

---

[1]　[美] 丹尼尔·F. 史普博：《管制与市场》，余晖、钱家骏、周维富译，上海三联书店、上海人民出版社 1999 年版，第 56 页。

并不存在任何经济交易，也不反映在价格当中。例如，企业的生产经营活动使周围环境受到了污染，但企业与周围居民之间不存在交易关系；金融机构破产导致的破坏力也具有巨大的蔓延效应。

4. 市场机制无力于组织和实现公共产品的供给。国防、电信等公共产品的消费具有非排他性和非竞争性的特征，因此消费者普遍存在一种"搭便车"心理，隐瞒或低报自己对公共产品的偏好程度，从而使公共产品的价格无法通过市场机制反映出来。同时，公共产品建设一般要投入大量成本，并在消费者达到一定规模时才能扭亏为盈，这就使得公共产品的供给问题不能由市场自身解决。

5. 逆向选择与道德风险。在市场信息不完全的情况下，买方总是选择以较低的价格购买质量较差的商品，从而使质量好的商品逐渐退出市场，并产生恶性循环，这就产生了逆向选择问题。道德风险是指交易双方签订合同后，交易一方单纯追求自身利益，因此做出伤害交易相对方利益的行为。

与此同时，市场不能保持国民经济的综合平衡和协调稳定地发展，市场分配机制会造成收入分配不公和贫富两极分化，市场也不能自发界定市场主体的产权边界和利益边界，实现经济秩序。市场既无心脏，也无头脑，它没有良心，也不会思考，没有什么顾忌，因此需要"有形之手"加以干预，积极监管，运用政府的力量，提高资源配置效率，使社会公众福利得以增加。

（二）市场监管的必要性

市场监管是国家干预的形式之一。市场是一个系统，其自发形成优胜劣汰的竞争机制本身具有纠错功能。但实际上，市场机制这只"看不见的手"并非总是像人们期望的那样有效。同时，消极依靠市场自身的纠错功能，可能需要付出巨大的社会成本，因此需要外部力量的介入，这一外部力量就是国家公权力。国家公权力对市场运行的介入和干预，可以缓解社会矛盾，避免社会资源浪费，促进生产力的进一步发展。

通过市场监管，可以有效解决信息不完全问题。政府通过自身拥有的资源，可以建立和完善信息披露制度，大量节约信息搜集成本，实现监管者的规模经济。政府作为公共利益的代表，运用行政权力，可以对市场行为的主体进行强制约束，使其进行信息申报，并接受强制的监督检查。因此，政府通过定期或不定期的信息披露，可以加大信息透明度，提高市场行为效率，避免搜集信息的重复成本投入，从而保障市场的良好有序运行。良好的市场监管机制，可以防范风险，保障微观经济安全。我们将国家的干预分为对宏观经济的调控和对微观经济的监管。相应地，在法制层面，前者表现为宏观调控法律制度，后者表现为市场监管法律制度。宏观调控法律制度承担着保障宏观经济安全的任务，以实现经济平稳增长；市场监管法律制度则要防范微观市场风险，通过事前预警、事中防范检测、事后总结经验等方法，保障市场机制有效运行。

四、市场监管的局限性及如何克服

（一）政府失灵的表现

市场机制存在失灵现象，政府同样也存在失灵问题。政府失灵一方面表现为政府的无效干预，即政府决策无效率，政府宏观调控的范围和力度不足，或方式选择不适当，不能够满足弥补"市场失灵"时维持市场机制正常运行的合理需要。比如，对生态环境的保护不力；缺乏保护公平竞争的法律法规和措施；对基础设施、公共产品投资不足；政策选择工具失当；不能正确运用行政指令型手段等，结果也就不能弥补和纠正市场失灵。

另一方面，政府失灵表现为政府的过度干预，即政府干预的范围和力度超出了弥补市场失灵和维持市场机制正常运行的合理需要，或干预的方向不正确，形式选择失当。例如，不合理的限制性规章制度过多过细，公共产品的生产比重过大，公共设施超前过度；对各种政策工具选择及搭配不适当，过多地运用行政指令手段干预市场内部运行秩序，结果非但不能纠正市场失灵，反而抑制了市场机制的正常运作。

（二）政府失灵的原因

1. 监管成本的存在。正如企业生产产品需要付出成本一样，政府在对市场监管过程中也会付出成本，包括经济成本和社会成本。经济成本表现为立法、执法、司法等方面人、财、物的付出；社会成本表现为社会公共福利的减少。由于监管成本的存在，市场监管具有自身的局限性。政府作为理性人，也会衡量监管的成本和收益，当监管的边际成本大于边际收益时便会放弃行动。同时，微观市场主体的行为内容极其丰富，具有动态性和复杂性，当政府资源不能满足对所有市场行为的监管时，政府便不得不运用自身的监管偏好，以决定把有限的资源投入对何种行为的监管。监管成本的存在也会导致监管者的信息不完全，从而使监管者不能做出科学高效的决策。

2. 政府官员的道德风险。政府力量有着其自身的局限性，由于政府官员和政府部门有着其自身的利益追求，因此会在强势的被监管者的反对和游说过程中，产生种种合谋与寻租行为，导致监管者最终会为被监管者所俘获。甚至在极端情况下，市场监管是具有高度经济势力的被监管者主动寻求的，因为市场监管可以提高守法成本和市场准入门槛，从而减少从业者的竞争，使被监管者获取高额利润。同时，由于人事制度所存在的弊端，容易导致政府官员在任期内出现短期行为，忽视长远的公众利益。

（三）政府失灵的克服

1. 经济宪法的理念。秩序自由主义者运用法律语言，为他们对经济问题的分析增加了一种"宪法"因素。他们认为，经济体系不是"随机发生"的，而是通过政治和法律决定来"塑造"的。这些基本选择决定着国家的"经济宪法"。如果提出特定的政府行为是否遵守政治宪法这种问题是合理的，那么同样可以合理地问，这种行为是否遵守经济宪法。政府的行动只能是贯彻从经济宪法中推导出来的普遍规则或法律，法律为经济行为提供基本原则。[1]

2. 管理管制。现在对管制进行管理已经成为政府基本管理职能的另一项组成部分，这是合乎逻辑的演变。"管理管制"旨在拓展对政府行为进行审视的角度，协调各项彼此联系的问题，提高政府行政对政治动向的反应能力。在这样的高度上，"管理管制"是政府如何对社会经济事务进行有效率及有成效的干预的一项持续探索。例如，设立现代预算部门，对于政府规模及政府支出加以严格限制，以控制政府的人员膨胀和扩张冲动。

第二节　市场监管法

一、市场监管法概述

（一）市场监管法的概念

对于法律，依据一般的法理，人们都是以法律的调整对象和调整手段来进行分类和界定的。就市场监管法的调整手段来说，市场监管法并不具有特殊性，市场监管法区别于其他法的最大特点在于其调整对象的特殊性。市场监管法仅仅调整市场监管法律关系，即监管主体在市场监管过程中所形成的社会关系。因此，从调整对象的特殊性角度出发，我们对于市场监管法的定义是：市场监管法是调整市场监管法律关系的法律规范的总和。

之所以说市场监管法是调整市场监管关系的法律规范的总和，是因为市场监管法不像民法或刑法那样具有高度的法典化特征，市场监管法没有一部统一的法典，而是由竞争法、产品质量法、广告法、价格法、证券法、保险法等相互区别又相互联系的法律、法规和部门规章构成的统一整体。而且，市场监管法中也包括民法、行政法等部门法中涉及调整市场监管关系的部分内容。作为经济法的重要组成部分，市场监管法所包含的这些法律、法规也可以依据经济法学界的一般共识而分为四种类型：①市场主体法，如公司登记条例等；②市场客体法，如产品质量法、烟草专卖法等；③市场行为法，如价格法、广告法等；④其他市场监管法，如规定市场监管主体的设置、职权、监管程序的法律法规等。

总之，市场监管法是由不同类型、具有不同效力层级的法律法规组成的，是调整市场监管过程中产生的社会关系的法律规范的总和。

（二）市场监管法的特点

1. 市场监管法的调整对象是市场监管法律关系，即市场监管主体依照法律规定行使市场监管权，对市场进行监管过程中所产生的社会关系。需要注意的是，市场

---

〔1〕　〔美〕戴维·J.格伯尔：《二十世纪欧洲的法律与竞争》，冯克利、魏志梅译，中国社会科学出版社2004年版，第303~306页。

监管法仅仅调整在市场监管过程中所形成的社会关系本身，而那些作为市场监管关系产生原因的社会关系及作为市场监管结果的其他社会关系则不在市场监管法的调整范围之内。例如，在对有可能造成垄断的企业集中行为进行审查时，市场监管法仅仅调整作为监管主体的反垄断机构与作为被监管对象的报审企业之间在申请审查企业合并合法性过程中所产生的权利义务关系，而对于合并企业之间如何达成合并协议，合并之后如何对企业进行改造则由公司法、合同法等其他法律对其进行调整。

2. 市场监管法调整方式的多样性。市场监管法作为法律规范的总和，其内容不仅包括经济法规范，还包括民法规范和行政法规范；其调整对象既有监管主体与被监管对象之间的命令服从性质的纵向关系，也有平等市场主体之间的横向关系，这些特点决定了市场监管法的调整方式既有调整性的调整方式，也有保护性的调整方式。需要强调的是，市场监管法调整手段的多样性不同于市场监管手段或方式的多样性，市场监管手段也存在着事前监管与事后监管、直接监管与间接监管、积极监管（激励性手段）与消极监管（惩罚性手段）等多种方式，但市场监管的手段与市场监管法的调整手段是两个不同的概念，应加以区别。

3. 市场监管法的直接强制性。作为国家意志的体现，法律都是由国家强制力保障实施的，因此强制性是所有法律都具有的共性。然而，不同的法律，其强制力的表现程度和方式还是有所不同的，较之于其他法律，市场监管法的强制性表现得更为明显和直接。市场监管法的直接强制性主要表现为：①作为国家干预经济的重要手段，市场监管法的内容主要为一些强制性的法律规范，往往表现为监管主体与被监管对象之间的一种命令服从关系，其给予市场主体的意思自治的范围非常有限；②市场监管法中规定的国家干预的方式主要是行政手段，相对于宏观调控法更多地使用经济手段（各种经济杠杆），行政手段对于经济的干预更为直接；③市场监管法对于违法行为的处罚更为直接主动，市场监管法赋予监管主体依职权主动对违法行为进行处罚的权力，而不需当事人的请求，也不需要诉诸司法。

4. 市场监管法体系的多层次性和综合性。市场监管法是由具有不同效力层级的法律、行政法规、部门规章构成的，按照性质又可以分为市场主体法、市场客体法、市场行为法等不同的类型，这就决定了市场监管法律体系的多层次性。市场监管法的综合性表现为：市场监管法规定的内容涉及市场运行的方方面面，市场监管法的各子部门法之间需要综合协调，各市场监管部门间要相互分工和配合，监管部门与地方政府及行业管理部门间也要进行协调。

5. 市场监管法体系的开放性。市场监管法体系的开放性表现为，虽然属于经济法范畴，但市场监管法的体系中包含了民法、经济法乃至行政法中的部分内容。不可否认，法律部门之间是相互交叉和相互渗透的，一个部门法中往往包含其他部门法的内容，市场监管法在这方面表现得尤为明显。从广义上说，其他部门法中只要是涉及调整市场监管法律关系的内容，都可以说是市场监管法的组成部分。市场监管法的开放性还表现在其体系是不断扩大的。市场情况和经济现实是千变万化的，只要出现了新的需要调整的市场监管关系，就会有相应的市场监管法律法规应运而生。

6. 市场监管法缺乏统一的法典。相对于民法这类体系性极强的部门法，市场监管法是一种更具有开放性和扩张性的法律部门，其调整的领域非常宽泛，并且是随着社会经济的发展及现实需要的变化而不断变化的。市场监管法律关系涉及的内容过于庞杂，决定了有关市场监管的法律、法规体系异乎寻常的庞大，将这些法律、法规汇聚于一部法典中，无论是从立法技术还是实际效果上来说，都是不具有可行性的。当然，没有一部统一的法典，并不代表市场监管法因体系性不强而不是一个独立的部门法，也并不影响其完成有效调整市场监管关系的任务。相反，没有统一的法典正是其优势所在，市场监管法可以针对频繁变化的市场情况和现实需要及时制定新的法律法规，而不必为追求体系的完整性所累。

（三）市场监管法的地位

把握市场监管法的地位，可以从两个角度来进行：市场监管法在整个法律体系中的地位；市场监管法对于维持国民经济健康发展的重要性。

1. 市场监管法在经济法体系中的地位。正如上文所提到的，人们一般是依据法的调整对象和调整手段来对法进行界定和分类的。市场监管法在整个法的体系中的地位，取决于其调整对象在法所调整的社会关系中的地位。[1]虽然市场监管法的内容包括经济法规范、民法规范和行政法规范，但其调整的社会关系主要是国家在进行市场监管过程中所发生的社会关系，即市场监管关系。而市场监管关系与宏观调控关系一样，都是经济法调整的国家协调关系的重要组成部分。就调整手段而言，市场监管法同时具有调整性调整手段和包含性调整手段，也具有其他经济法子部门法所应具有的公法、私法调整手段兼具的特性。因此，市场监管法应属于经济法范畴。

在明确了市场监管法归于经济法范畴的基础上，我们将进一步比较一下市场监管法与同属于经济法范畴的宏观调控法之间的异同。作为经济法的两个子部门法，二者之间应是平行的部门法的关系。二者的区别主要在于调整对象，市场监管法调整的是基于市场监管行为而发生的市场监管关系，而宏观调控法调整的则是基于宏观调控行为而发生的宏观调控关系。二者的联系则在于，宏观调控行为为市场监管行为提供宏观经济环境，市场监管行为为宏观调控行为提供微观保障，由此形成宏观调控关系与市场监管关系之间、宏观调控法与市场监管法之间的关联。[2]

2. 市场监管法对于维持国民经济健康发展的重要性。进入 21 世纪以后，一些新兴工业国家和社会转型国家都紧随世界经济发展潮流，将本国的经济定位于市场

---

[1] 杨紫烜主编：《经济法》，北京大学出版社、高等教育出版社 2006 年版，第 199 页。
[2] 杨紫烜主编：《经济法》，北京大学出版社、高等教育出版社 2006 年版，第 200 页。

经济。诚然，市场经济是迄今为止最有效的资源配置方式和当今世界的主流经济发展模式，但其自身所固有的盲目性、自发性、滞后性等缺点也是不容否认的，也是需要国家的宏观调控来补充的。而当今法治国家对于国家经济的干预无不是以经济立法为主要的表现形式。结合我国长期实行计划经济以及市场发展的不完善的独特国情，我们更应该不断完善市场监管法律体系，在为国家干预经济提供法律依据的同时，也保证国家对于经济的干预被限定在法定的范围之内，干预经济的方式方法符合法律的要求，充分发挥市场与国家宏观调控的各自优势，最大限度地克服市场失灵与政府失灵，使得国民经济能够持久地健康发展。

（四）市场监管法的基本原则

1. 监管法定原则。

（1）市场监管主体是依法具有市场监管权的国家机关或依法被授权行使部分市场监管权的事业单位或社会组织。明确市场监管主体的法定地位不单单是为了使监管主体行使监管权具有合法性，也是为了明确监管主体的监管责任，避免有关机构之间就某一监管事项相互争夺管辖权或相互推诿现象的出现。

（2）监管主体对市场进行监管必须依法进行。这里所讲的依法进行包括实体与程序两个方面，即监管主体实施监管行为的程序和方法必须符合相应的市场监管法律法规的规定，作出的处理结果的内容必须能在相应的监管法律法规中找到法律依据，而不能超出职权范围肆意而为。

2. 维护社会整体利益原则。作为经济法的子部门法，市场监管法同样强调社会本位的价值理念。经济法的社会本位，是指它在对经济关系的调整中立足于社会整体，在任何情况下都以大多数人的意志和利益为重。[1]市场监管法的维护社会整体利益原则实际上是经济法社会本位原则的具体体现，其含义就是指国家对于市场的监督管理是以维护社会的整体利益为出发点和落脚点的，市场监管法立法的指导思想必须首先注重社会整体利益的维护，监管主体实施监管行为时必须考虑对于保护绝大多数人的公共利益的实际效果。

坚持市场监管法的维护社会整体利益原则存在着一个如何协调国家利益、社会公共利益和个人利益的问题。一般情况下，个人利益与社会公共利益发生冲突的可能性是存在的，而国家利益与社会整体利益是统一的。但在有些情况下，如从国家利益出发就有可能妨碍到社会整体利益的实现，比如国家为扩大积累而增加赋税，在短期内有利于国家利益的实现而会对社会整体利益有损。当三种利益发生冲突时，强调维护社会整体利益原则并不是说就要牺牲国家利益和个人利益，而是说在可接受的程度内优先考虑社会整体利益，这里只有侧重的问题而没有取舍的问题。

3. 有效监管原则。市场监管法的有效监管原则包括两层含义：

（1）监管主体对于市场的监督管理的工作效率是高的，即以最小的工作成本实

现对市场主体及其行为的最大程度、最有成效的监管。市场主体是不计其数的、市场行为及市场主体之间的关系是错综复杂的，而监管主体可以动用的资源或者说监管主体的监管能力是有限的。这就要求监管主体在对市场进行监督管理的过程中具有极高的工作效率，能够抓住重点，将有限的监管能力用到最需要的地方。

（2）监管主体对于市场的监管是富有成效的，即通过其工作能够提高市场的整体经济运行效率，增加社会整体可分配财富，最大限度地实现社会整体利益。这既是国家对于市场经济进行监管的初衷，也是市场监管中的重点和难点。

4. 适度监管原则。在坚持市场基础作用的前提下，国家适度干预以弥补市场的缺陷已经成为当代人们对于如何处理市场机制与国家干预之间关系的共识。作为国家干预的一种表现，对市场进行监管也必须适度，监管过松不能预防和制止危害市场秩序的行为，无法弥补市场自身的缺陷；监管过严则有可能使市场死气沉沉、效率低下，无法发挥市场应有的基础性作用。

适度监管首先要求对市场的监管要依法进行，因为监管法定原则本身就包含了对市场的监管要控制在法定的范围和程度之内之意，而法定的监管范围和程度正是立法者认为的对市场的一个合适的监管程度。至于说立法者设定的这个程度是否符合现实需要，是否真正能够使对市场的监管做到适度，则是立法水平和技术的问题了。同时，对市场进行实时监管，及时处理各种突发情况又不可避免地要赋予监管主体一定的自由裁量权，这也要求监管者能够正确适当地行使自由裁量权，把握好监管尺度。

5. 实质公平原则。对于公平，经济法和民法理解的侧重点是有所不同的。民法在制度设计时就已经把主体之间的地位假定为平等了。这种平等是一种抽象的平等，是不考虑民事主体之间的实际经济实力的，因此民法所讲究的平等更多的是一种形式上的平等。而经济法所追求的平等更多的是一种事实上的平等，是一种实质平等。经济法的理念就是通过扶持经济实力较弱的一方，通过这种表面上看似不平等的方式实现市场主体之间实质上的平等，从而达到社会各方主体利益的均衡和社会整体利益的最大化。实质公平原则在市场监管法中的反垄断法关于企业集中的规制这一点上体现得尤为明显。按照传统的民商法理论，企业之间的合并纯粹属于私主体意思自治的范畴，国家本无权干涉。然而依据实质公平原则，当企业合并之后所占的市场规模达到一定程度从而产生垄断威胁时，就会破坏自由竞争秩序，使大企业与小企业之间处于实质上的不平等竞争状态。为此，国家就要对那些有可能造成垄断的企业合并进行规制，实现大企业与小企业间的实质上的公平竞争。

二、市场监管法的制度要素

（一）市场监管法的主体

市场监管法的主体分为监管者和被监管者，即市场监管主体和市场交易主体。其中市场监管主体依权力来源不同，可分为国家监管和社会监管两部分。

1. 市场监管主体。国家监管主体是指依据国家正式授权，执行经济性职能活动的监管部门，主要是指行政机关，以及行政机关所附属的行政机构、事业型单位。国家监管主体依据职能分工不同，可分为综合性监管机构和专门性监管机构两种。前者执行综合性的市场管理职能，主要有国家市场监督管理总局、国家审计署等。后者主要是在专门行业领域内执行监管职能，如证监会。社会监管主体主要包括社会团体和民间机构。它们独立于政府和市场行为主体，为市场交易主体的行为提供中介，进行自律性监管。具有社会监管职能的社会团体如行业协会，民间机构如证券交易所都承担着加强行业自律、协调成员间利益关系的职能，其权力可由成员企业共同授权形成，也可由法律授予。

2. 市场交易主体。市场交易主体是指符合市场准入制度要求，在市场中依法从事交易活动的个人、企业和其他非营利性组织。市场交易主体可以分为经营者、投资者和消费者。

（二）市场监管法的内容

1. 经济性监管与社会性监管。经济性监管是为了防止无效率的资源配置，确保个体需要者对于资源的公平利用，针对存在着自然垄断、信息不完全的市场领域，建立企业投资、市场准入、市场退出、财务会计、价格、服务质量等一系列制度，主要表现为一系列的许可手段。自然垄断行业具有巨大的沉没成本，例如铁路、电信等网络型产业需要铺设铁轨和电缆，一般企业很难进入市场，因此这种垄断造成的社会福利损害需要市场监管来克服。

社会性监管以保障劳动者和消费者的安全健康，防止灾害，实现卫生和环境保护为目的，对产品和服务的质量以及随之产生的各种活动制定一定的标准，并禁止、限制特定的行为。[1]社会性监管主要采取检验鉴定、基准认证、资格确定及审查等手段，表现为产品质量、消费者保护等一系列制度。

在我国现阶段，政府监管的内容应从突出经济监管向社会监管转化，加强环境监管，保护消费者和劳动者权益，保护困难群体的利益。同时，政府的经济监管应从强调管制过度竞争向强调反垄断的方向发展，加快建设全国统一市场，对自然垄断业务进行有效监管，形成合理的市场监管体系，并建立健全社会信用体系等。

2. 市场进入监管、价格监管、技术性监管、产品质量安全监管与信息监管。

市场进入监管（market entry regulation），一般指经营许可制度（licensing），即要求进入市场的个人与实体必须符合政府规定的标准。中世纪西方国家的私人行会制度，被视为现代市场进入管制制度的雏形。起初，私人行会的市场准入规则是自发协议，但在1410年，英国的法院基于保护普通公众维系个人生计的权利，对私人行会制定的市场准入规则进行质疑。于是，私人行会转向寻求成文法的保护，从而

---

〔1〕　曲振涛、杨恺钧：《规制经济学》，复旦大学出版社2006年版，第57、157页，目前我国经济学对于经济性规制和社会性规制的概念主要转引日本学者植草益在其《微观规制经济学》（朱绍文等译，中国发展出版社1992年版）一书中的定义。

形成现代意义的政府制定的市场进入管制规则。[1]

价格监管（price regulation），指市场价格不是由经营者自主制定、通过市场竞争形成，而是由政府直接确定或指导制定。价格管制最初源自对公用事业的管制，1820 年美国纽约开始使用煤气时，政府与煤气提供厂商签订特许经营权合同，根据合同，厂商被赋予唯一提供服务的垄断权利，但同时受到价格限制，这样的合同逐渐被其他城市所采用。[2]

技术性监管（technical regulation），指一系列专业的行业标准，旨在实现保护隐私、安全、环境等目标。例如，银行业的资本充足率、资产负债率、流动性比率等指标要求，即是技术性监管。技术性监管广泛地运用于各个行业，但因为各个行业不同而有所不同。

产品质量安全监管（product safety regulation），指为减少产品事故的发生，保护消费者权益，政府对市场上产品质量的直接规制与要求。产品质量安全监管的出现，是因为仅靠侵权法有关产品责任制度，并不能有效解决市场在产品质量方面出现的"失灵问题"；通过公法管制与私法相结合的体制比单纯的侵权法体系或质量安全管制体系更能有效地解决问题。[3]

信息监管（information regulation），指为解决市场上信息不对称问题，保护消费者利益，对市场上商品、服务提供者关于广告行为、陈述行为等方面的规制。证券行业的信息披露制度即是典型的信息管制，上市公司必须按照规定的时间、标准、格式披露相关信息。

（三）市场监管的手段

经济法有关市场监管方面的制度构建，呈现多样化的形态，它不像刑法、行政法、民法那样注重责任的形式和逻辑形态的区别，而是注重监管的目的和效果。为了能够达到市场监管所要实现的维护社会整体利益的目的，市场监管可以采取民事的、行政的、刑事的以及综合的手段。

1. 直接监管与间接监管。这是根据市场监管作用的法律效果不同进行的分类。直接监管是指法律以强制性规范的形式直接规定当事人的权利和义务，当事人必须遵从，不得意思自治，否则将承担法律责任。法律的这种直接规制方式，使私法呈现公法化的趋势。间接监管是指法律并不直接规定当事人的权利和义务，而是采取鼓励、劝诱、指导等方式引导当事人做出合乎法律所追求的价值的行为。间接监管具有灵活性强、效果缓和等特点。

［1］ Shirley Svorny, "Licensing, market entry regulation", in Encyclopedia of law & Economics, http://encyclo. findlaw. com/index. htm.

［2］ Peter Newman, *The New Palgrave Diction ary of Economics and The Law*, Macmillan Reference Limited, 1998, p. 205.

［3］ Alessandra Arcuri, "Product Safety Regulation", in Encyclopedia of law & economics, http://encyclo. findlaw. com/index. htm.

2. 积极监管与消极监管。这是根据法律的价值取向不同所做的分类。积极监管，是指法律以正面的姿态，允许或积极鼓励当事人去实施法律所追求的行为，这种监管多采用激励性手段，表现为间接监管。消极监管，是指法律禁止当事人实施某一行为，多采用惩罚性手段，表现为直接监管。这种被禁止的行为一般都是明显侵犯社会整体利益的行为。

3. 事前监管、事中监管与事后监管。这是根据监管发生的时间不同所做的分类。事前监管表现为市场准入、资格认定等一系列制度，事中监管表现为跟踪监测、监督检验等制度，事后监管则主要是各种损害赔偿责任制度。要建立完善的市场监管体系，必须将事前监管、事中监管与事后监管三项手段有效结合，才能保障市场安全，确保市场机制良好有效运行。

三、市场监管法的目的

尽管市场监管是国家干预的又一种表现和实现形式，但市场监管法的目的与宏观调控法不同，二者在修正、弥补市场机制缺陷方面的功能各有侧重。市场监管法的目的主要为建立并维护规范的市场秩序。

市场秩序是指市场经济体系中各类市场的主体和客体的规范化状况及各类主体在经营活动中对于市场经济的各种规则和公共习惯的认同和遵从状况。社会主义市场秩序作为维护市场正常运行和市场活动参与各方利益而形成的行为规则体系，一方面反映了社会主义市场经济内在机制的发育程度和实际运作过程，另一方面又制约或推动着社会主义市场体系的培育和发展。由传统的计划经济体制转向社会主义市场经济体制，实际上是一系列市场经济秩序的创新过程。因而，建立和维护正常的市场秩序具有十分重要的意义。

市场秩序的建设直接关系到市场在资源配置中的基础性作用。经过二十多年的改革开放，市场在我国资源配置中已经起到很大作用，但我国社会主义市场经济发展的进程仅看市场在资源配置中的作用大小是不够的，还必须看市场竞争秩序的好坏。要充分发挥市场在资源配置中的基础性作用，就必须让市场是相对有效率的，而市场效率的基础就是有效的市场竞争秩序。只有建立合理的市场竞争秩序，市场的优势才能得到充分的发挥。我国市场竞争秩序的建设相对比较滞后，市场中的无序竞争现象仍比较严重。不良的市场竞争秩序已经成为制约我国经济发展和产业竞争力提升的重要因素。能否建设一个符合现代市场体系要求的竞争秩序，关系到我国能否从容应对经济全球化的挑战。因此，加强市场秩序建设，对于促进出口、提高我国产品的国际竞争力，是十分必要的。

由于复杂的经济、社会和思想原因，当前一些领域中市场经济秩序仍然相当混乱，主要表现在：假冒伪劣产品充斥市场，偷税、骗税、骗汇和走私活动屡禁不止，商业欺诈、逃废债务现象日益严重，财务失真、违反财经纪律的行为比较普遍，工程建设领域招投标弄虚作假、工程质量低劣的问题相当突出，文化市场混乱问题群众反映强烈，生产经营中的重大特大安全事故时有发生。这些问题触目惊心，不仅严重影响国民经济健康运行，给国家、企业和人民群众利益造成重大损失，而且造成投资环境恶化，社会道德水准下降，败坏国家信誉和改革开放的形象。大力整顿和规范市场经济秩序，已成为当务之急。

我国目前对于市场秩序的某些研究，简单地照搬西方新自由主义理论，认为市场秩序在本质上是一种自发秩序，各经济主体在"看不见的手"的指引下会自发地形成和谐有序的秩序，无为而治是建设市场秩序的最佳选择。这种看法无视前苏东国家以及拉美国家的经济转型在自由主义理论指导下陷入了动荡和经济崩溃的现实，也忽视了我国改革的成功经验，没有看到我国这样一个处于转型阶段的、发展中的大国在市场秩序建设方面所面临的核心问题与西方发达国家的市场秩序建设存在着根本差别，使理论依据南辕北辙，缺乏正确的指导思想。健全市场的规制，通过以法律制度界定和保护产权，保障产品和生产要素的流通，打破地方和部门的行政性垄断或限制，建立和维护统一、开放和公平竞争的市场秩序，为市场进入者创造有基本信用的、可预期的、公平竞争的秩序。此外，还要加强与国际竞争秩序的协调，积极参与国际规则的制订。

规范市场秩序，需要建立健全现代产权制度，要依法保护各类产权，健全产权交易规则和监管制度，推动产权有序流转，保障所有市场主体的平等法律地位和发展权利。规范市场秩序，需要政府进一步地转换职能，最大限度地排除政府对市场的不当干预；最大限度地减少政府对市场准入的管制；最大限度地推进价格市场化进程；在缩小政府行政审批范围的同时，强化政府的市场监管职能。规范市场秩序，需要深化政府管制方式的改革，调整管制内容，强化社会性管制。

总之，建立规范的市场经济秩序，是及时保证当前经济运行的迫切需要，又是完善社会主义市场经济体制的重要举措。良好的市场经济秩序，是建立社会主义市场经济体制的客观要求，是进一步深化改革、扩大对外开放的客观要求，同时也是国民经济得以持续、快速、健康发展所必需的良好环境。因此，建立一个什么样的监管体系、监管什么、怎样监管，构成了市场监管法律制度的重要内容。

四、市场监管法的体系

受制于自身内容和目前我国的法律框架，市场监管法难以编制法典，但我们仍然应对其进行体系化构建，以便对市场监管法加深理解，更好地进行学理上的探讨和研究。根据市场本身的体系结构和法律规范的逻辑，我们可以将市场监管法分为市场竞争秩序规制法律制度、市场要素规制法律制度、要素市场监管法律制度、对市场弱者保护的法律制度、对外市场的监管法律制度。

1. 市场竞争秩序监管。主要由反不正当竞争法和反垄断法构成。

2. 市场要素监管。主要包括价格监管、产品质量监管、国有资产监管、自然资源监管等。

3. 要素市场监管。主要包括对资金市场、资本市场、期货市场、技术市场、房地产市场的监管。

4. 对市场弱者的保护。主要包括对消费者、中小企业的保护。

5. 对外市场的监管。主要包括对外贸易市场、对外服务市场、对外金融市场的监管。

思 考 题

1. 市场监管为何需要法律来调整？
2. 市场监管法与宏观调控法在立法目的上有什么不同？
3. 市场监管法如何体现经济法的理念？请举例说明。
4. 市场监管法的开放性特征对于市场监管法体系有什么样的意义？

第 13 章
一般市场监管法律制度

学习目的与要求：

市场经济是普遍竞争的经济，竞争在市场经济的运行乃至市场经济的形成和完善等方面都具有特殊的功能与作用。然而，市场经济的经验表明，市场本身不具备维护自由和公平竞争的机制，因而需要法律的手段进行调整，竞争法应运而生。

源于自由竞争的垄断对市场竞争机制造成严重的破坏，因而反垄断法的目的就是为了维护和促进公平竞争，以实现充分、有效的竞争。现代反垄断法的理论和实践已经确立起了规制垄断协议、滥用市场支配地位和经营者集中三大制度。在我国还有较为特殊的行政性垄断问题，这些制度在我国 2007 年颁布的《反垄断法》中都得到了体现。《反不正当竞争法》的立法目的和调整对象与《反垄断法》存在着区别，其着眼于更微观的竞争环境，因而在其具体规制制度中确立了市场混淆行为、商业贿赂、虚假或者引人误解的商业宣传、侵犯商业秘密、违反规定的有奖销售、商业诽谤、互联网不正当竞争行为等 7 种不正当竞争行为。

第一节　竞争与竞争法

一、竞争的含义与功能

（一）竞争的含义

经济学上的竞争，是指经济主体在市场上为实现自身的经济利益和既定目标而不断进行的角逐过程。它有如下三个标志：①存在一个赖以生存的市场；②存在至少两个以上的生产者或消费者；③竞争参与者之间是相互对立、互相制约的，即一方经济利益和既定目标实现程度越大，另一方的实现程度就越小，从而受到的强制压力也就越大。竞争表现为参与者之间内有动力、外有压力的持续不断的市场较量过程。[1]

经济学家对竞争的理解，体现在根据竞争程度划分的市场类型之中：

1. 完全竞争。这种竞争是在生产者和消费者众多、产品具有同质性、生产要素完全自由流动、信息完全、交易自由等条件下所形成的特殊市场结构，是理论分析的一种抽象状态。

2. 垄断竞争。垄断竞争所需要的条件：①同行业中存在着为数众多的企业，从而可以展开竞争；②各企业生产相似的但并非完全同质的商品；③企业进出行业相当容易。垄断竞争在实际经济运行中具有较为普遍的意义。

3. 寡头垄断。是指少数几家企业供给所在行业的绝大部分产品，从而对产品的价格与产量具有决定性的影响的市场结构，是一种介于完全竞争与完全垄断之间的市场结构。在这种市场结构状态中，竞争受到强有力的排斥，但是并没有被完全取消。

4. 完全垄断。这是指整个行业的市场完全被一家企业控制的特殊市场结构。完全垄断可能形成的条件：①规模经济十分显著；②资源供应易于控制；③政府特许和支持；④存在技术优势和技术垄断。在完全垄断的条件下，竞争不复存在。

竞争法是维护市场竞争秩序的法律制度，竞争法保护竞争，并不意味着它将以在上述市场上发生的所有与竞争相关的问题作为规制对象。竞争法重点着眼于对竞争秩序造成损害的行为。同时，经济学中一些不属于竞争关系范围的关系也会纳入竞争法的规制视野，例如上下游企业间的联合在经济学上更多体现为一种合作关系，但当它们通过缔结纵向协议限制竞争时，就成了竞争法意义上的限制竞争法律关系。可见，经济学上的竞争与法学意义上的竞争内涵与外延并不完全一致。其区别主要在于经济学以一种完全客观的眼光来看待竞争，而法律则是建立在一定价值判断的基础上，其所关注的是一种非常态的竞争。

在法学意义上对竞争进行界定，是十分困难的。部分国家、国际组织或地区的竞争法律规范文件中对竞争的含义的界定做了一些有益的尝试，如俄罗斯《关于竞争和在商品市场中限制垄断活动的法律》规定："竞争是指经济实体之间的对抗；通过这种对抗，所有实体的自主行为相互限制了各实体在一特定商品市场中单方面影响一般商品流通条件的能力。"我国台湾地区现行"公平交易法"规定："本法所称竞争，谓二以上事业在市场上以较有利之价格、数量、品质、服务或其他条件，争取交易机会之行为。"此外，经济合作组织（OECD）《竞争法的基本框架》也对"竞争"作出一个解释："竞争"——一种过程；在这一过程中，独立的行动于市场中的经济主体相互地限制着对方控制该市场通行交易条件的能力。

---

[1]　［德］施密特："竞争政策与卡特尔法"，转引自陈秀山：《现代竞争理论与竞争政策》，商务印书馆 1997 年版，第 4 页。

（二）竞争的功能

现代经济是建立在竞争基础之上的，市场经济是普遍竞争的经济，竞争在市场经济的运行乃至市场经济的形成和完善等方面都具有特殊的功能与作用。

1. 竞争具有优化资源配置的功能。在市场经济中，市场价格信号的变化反映着产品的稀缺程度，从而表明一定产品的需求程度。处于竞争中的经济主体出于追求自身的经济利益和市场竞争的巨大压力，必然会对市场价格信号的变化做出灵活的、及时的反应，调整自己的产量、规模和结构。这就是价格机制优化配置资源的功能。但这一功能发挥的前提是市场上必须存在竞争。竞争的调节功能是通过竞争引导资源从生产效率较低的用途流向生产效率较高的用途，实现企业的生产结构的调整，进而在整个社会经济范围内形成优胜劣汰机制。

2. 竞争具有鼓励创新的功能。获取优先利润的巨大经济刺激和其他竞争对手的威胁，使得每一个竞争参与者都必须按照最符合市场需求、最经济的原则行事，努力进行发明创造，用最少的投入获得最大的产出。其他生产同类产品的企业为了获得同样的利润，就会仿效或研制其他新产品。因此，竞争不仅促进了技术进步，同时也促进了技术的扩散与推广。

3. 市场竞争在促进微观效率提高的同时，将产生最低的价格、最高的质量和最大的物质进步，从而提高了社会的整体福利。正如斯密所说，市场竞争如同一只看不见的手，它在为个人创造幸福的时候，同时也创造了整个社会的福利。

4. 竞争具有维护经济民主的功能。市场竞争的功能绝不仅仅限于经济方面，即提高企业的经济效率和提高社会福利，还与经济民主以及政治民主密切相关。只有存在竞争的情况下，才能限制经济势力以及由此产生的社会势力和政治势力，从而创造一个有助于民主政治和民主社会制度的环境。

二、竞争法的立法宗旨

竞争作为调节市场、鼓励创新的机制，是市场经济活力的源泉。然而，市场经济的经验表明，市场本身不具备维护自由和公平竞争的机制。资本主义发展初期，竞争机制释放出的巨大威力，暂时掩盖了其消极作用。随着竞争的激烈程度加大，由于竞争而产生的不正当竞争行为和限制竞争行为越来越普遍。处于竞争中的企业为了减少竞争的压力和逃避风险，总是通过各种手段谋求垄断地位。经济力量集中形成的垄断增加了经济关系的复杂性，垄断企业限制产量、抬高价格损害了消费者的利益；垄断企业之间订立垄断价格实现垄断利润，加剧了其与中小企业的矛盾；垄断组织分割市场、控制价格，抑制了竞争和技术创新；同时，在市场竞争的压力下，企业通过假冒商标、侵犯他人商业秘密或者诋毁竞争对手等手段，不合理地攫取他人的竞争优势，这些行为势必会破坏市场秩序，损害市场机制在配置资源中的基础性作用。因此，需要建立保护竞争机制的法律制度体系。

传统民商法对上述情形的调整深感力不从心，因为某种程度上，上述矛盾的产生是传统民商法所奉行的"契约自由""意思自治"的异化物。现实要求政府在维护竞争秩序的过程中不能仅仅充当"守夜人"的角色，而必须让"看得见的手"发挥更大的作用。在这样的背景下，竞争法作为一种新的法律机制应运而生。

竞争法有狭义和广义之称。广义的竞争法包括反垄断法和反不正当竞争法，即维护市场竞争秩序的法律制度。狭义的竞争法则仅是指反垄断法。竞争法的立法宗旨在实践中有着非常重要的作用，当一个行为在法律上没有明确规定时，立法宗旨就会对此作出解答。在谈到竞争法的立法目的时，有必要区别反垄断法和反不正当竞争法，因为二者的法律体系、经济理论不同，从而在立法目的上显示出较大的差别。

世界上最早的反垄断法出现在1890年的美国，这就是被称为"反垄断法之母"的《谢尔曼法》。该法出台最初的目的是为了抵制托拉斯，控制私人经济势力，保护自由竞争。虽然各国或地区的反垄断法在立法目的的表述上有所差异，但无论是保护自由竞争、有效竞争还是公平竞争，反垄断法的首要目的是保护竞争秩序，这已在一定范围内达成了共识。从世界各国反垄断法的发展脉络我们可以看到，反垄断法所保护的是一种"竞争秩序而非竞争者"，通过对竞争秩序的保护来实现经济效率的最大化、技术创新和保护消费者等种种目标。

德国在1896年颁布的《反不正当竞争法》，是世界上最早的关于不正当竞争行为的专门法。与反垄断法维护社会公共利益的明显特征相反，反不正当竞争法最初是作为特殊的侵权行为法出现的，即只是保护受侵害的竞争者的利益。从20世纪初开始，反不正当竞争法的保护范围有所扩大，不再单纯保护竞争者的利益，而且也考虑消费者和社会公共利益。我国《反不正当竞争法》第1条明确指出，该法的立法目的是"促进社会主义市场经济健康发展，鼓励和保护公平竞争，制止不正当竞争行为，保护经营者和消费者的合法权益"。这说明，我国反不正当竞争法在立法目的上也是多元化的。

需要说明的是，竞争法的立法宗旨随着国家竞争政策的变化不断发生变化。各国在制定反垄断法过程中不可避免地会融合历史、文化、政治和制度等多种因素。例如，欧盟竞争法不仅承担着维护市场有效竞争的任务，还起着推动实现欧盟大市场的重要作用。

竞争法的出现，反映了市场经济本身的规律，是市场经济本能和内在要求，这些法律制度在市场经济国家的颁布和实施，有力地表明市场经济不是自由放任的经济，而是有秩序的经济制度。因为竞争法的作用是保护竞争，保障市场机制或者竞争机制能够在资源配置中发挥基础性的作用，竞争法在市场经济中有着极为重要的地位。在美国，它被称为"自由企业的大宪章"；在德国，它被称为"经济宪法"；在日本，它被称为"经济法的核心"；欧盟竞争法也被视为是欧盟的基石。

随着2007年8月30日《反垄断法》的顺利通过，我国有了自己的反垄断法。这是中国经济体制改革和法制建设过程中里程碑式的事件。它在第1条开宗明义规定，"为了预防和制止垄断行为，保护市场公平竞争，提高经济运行效率，维护消费者利益和社会公共利益，促进社会主义市场经济健康发展"，确立了我国反垄断立法的目标。

三、竞争法立法模式

竞争法律制度包括反垄断和反不正当竞争两个方面。由于政治体制、经济体制、法律传统等方面的差异，各国竞争法律制度的立法模式并不完全相同，可以概括为两种类型：分立式立法和合并式立法。

分立式立法对反垄断和反不正当竞争分别立法，这种模式以德国、韩国等国家为代表。其理由主要是：这两部法律都是规范市场的竞争秩序，都是为了推动和保护竞争，从而在经济政策上是相同的，即二者都是禁止企业以不合理的手段谋求利益，损害经营者和消费者的利益。尽管分别针对的是不正当竞争行为和限制竞争行为，但这两种法律制度是相互需要的，有时候是交叉存在的。

合并式立法将反垄断和反不正当竞争合并在一个法律之中，这种模式以匈牙利、俄罗斯、我国台湾地区等国家和地区为代表。其理由主要是：尽管保护自由竞争和保护公平竞争的着眼点不同，但是它们都是为了促进和保护市场竞争，这两个方面结合在一起，有利于市场竞争规则的系统化。

分立式立法和合并式立法两种模式都是从自身的传统、文化和理念，特别是各自的法律传统出发的，很难评价优劣。我国采分别立法的模式，不是立法者的初衷，而是历史原因造成的。由于我国采分立式立法模式，因此，如何正确认识和处理反不正当竞争法和反垄断法的关系，不仅具有理论意义，而且还具有实践意义。

四、反垄断法与反不正当竞争法的关系

垄断与不正当竞争都具有破坏市场竞争秩序的危害性，因此，反垄断法和反不正当竞争法具有相同的任务，即维护市场竞争秩序，使市场活而不乱。同时，由于垄断源于竞争，甚至是不正当竞争所追逐的目标，是竞争的异化，而且，一旦垄断形成，必然会限制甚至扼杀竞争，因此，反不正当竞争法与反垄断法也是相互关联、相互配合的。但是，垄断与不正当竞争对市场竞争秩序所造成的危害有较大差异，不正当竞争危害的是具体的、个体的经营者的正当利益，直接后果是竞争过滥；而垄断则是限制竞争，导致有效竞争不足，危害的是特定市场或者特定经济领域的整体，甚至是整个国民经济。因此，反不正当竞争法与反垄断法，各有侧重。反不正当竞争法规制的是不正当竞争行为，表现为经营者在市场交易中，违反自愿、平等、公平、诚实信用的原则和公认的商业道德，损害其他经营者的合法权益，扰乱社会经济秩序的行为。而反垄断法以贯彻国家的竞争政策为宗旨，从维护竞争性的市场结构出发，规制的是垄断行为，防止和改变有效竞争不足的局面，国家的竞争政策必须建立在国家经济制度、产业政策基础之上，本身即包含对特殊行业或商品、服务给予政策保护。反不正当竞争法是从保护其他经营者合法权益的角度来维护竞争的，而反垄断法则是从保障整体市场正常运转的角度来维护竞争的。

然而，由于我国《反垄断法》的长期缺位，《反不正当竞争法》在制定的时候

纳入了公用企业等滥用独占地位、行政性垄断、掠夺性定价、搭售、串通招投标等原本属于反垄断法规定的内容。随着我国《反垄断法》的颁布，原《反不正当竞争法》中的与反垄断有关的条款与现行《反垄断法》之间的关系成为执法过程中的一个重要问题。依据我国《立法法》的规定，同一机关制定的法律、行政法规、地方性法规、自治条例和单行条例、规章，特别规定与一般规定不一致的，适用特别规定；新的规定与旧的规定不一致的，适用新的规定。由于两部法律都是由全国人大常委会制定颁布的，因此，依据"新法优于旧法"的原则，对于原《反不正当竞争法》中与《反垄断法》规定不一致的内容，应当适用《反垄断法》。尽管如此，从优化竞争法体系的角度考虑，划清《反垄断法》与《反不正当竞争法》之间的界限才是长远之计。2017 年 11 月 4 日，第十二届全国人民代表大会常务委员会第三十次会议通过了新修订的《反不正当竞争法》，此次修法剔除了其中原本属于《反垄断法》规定的内容。综上所述，只有《反不正当竞争法》与《反垄断法》的有机结合，从微观和宏观两个层次规制市场主体的行为，才能构架完整的竞争法体系，因此，这两种规制竞争行为的法律机制缺一不可。我国应当认真研究分立式立法的经验，发挥这种立法模式的长处，同时克服其不足，正确处理二者的关系，在调整范围、执法机关、执法程序等方面使二者相互协调、相互配合、相互补充、相互促进，以形成我国较为完善的竞争法律制度。

第二节　反垄断法律制度

一、反垄断法律制度概说

竞争机制是市场经济体制中最为重要的机制，一旦竞争机制被扭曲，市场秩序和市场结构就会遭到破坏，市场经济体制的优越性就无法得到体现。源于自由竞争的垄断是对市场竞争机制的破坏，而反垄断法的目的就是为了维护和促进公平竞争，因此反垄断法必须对垄断进行规制，以实现充分、有效的竞争。

（一）垄断概念的界定

所谓垄断行为，是指产生或者可能产生排除或者限制竞争效果的行为，包括经营者之间达成排除或者限制竞争的协议、决定或者其他协同一致的行为，经营者滥用市场支配地位的行为，经营者之间可能排除或者限制竞争的集中行为，我国《反垄断法》第 3 条列举了垄断协议、滥用市场支配地位和经营者集中三种垄断行为。除了这三种经济性垄断之外，我国还存在严重的行政性垄断。行政性垄断是指行政机关和法律、法规授权的具有管理公共事务职能的组织滥用行政权力，排除或者限制竞争的行为。我国反垄断法专章对行政性垄断的规制作出了规定。

在反垄断法中，相关市场是一个十分重要的概念，对相关市场的界定是分析和规制任一类型的竞争的前提。所谓相关市场，是指经营者就某种商品或者服务从事竞争所涉及的区域或范围，影响特定市场的范围有产品、地域、时间以及技术等因素，分别构成了产品市场、地域市场、时间市场、技术市场。相关市场的界定是判断当事人在其中从事经营活动的有效竞争范围，也是判断各个当事人所经营的商品和服务是否存在竞争的场所。

1. 产品市场。产品市场是指一种产品或者可以相互替代的一组产品的范围。它是判断处在一定的时间和空间范围内的数个商品和服务是否具有竞争关系的场所。这里的"产品"是指从特征、价格、用途等方面，消费者或者用户认为它们是可以相互替换或者替代的全部产品。如果一些产品与参与集中的企业的产品在购买渠道、性能和价格等方面具有相互可替代性，那么，它们就属于同一个产品市场。

2. 地域市场。地域市场是指生产或者销售相同或同类产品的地域，是在相应的产品市场内商品和服务所能展开竞争的空间范围。一般来讲，地域市场的划分取决于产品以及与其有竞争关系的产品的销售地域，即地域市场的范围由当事人在相应的产品市场内的商品和服务的主要供给区域来确定，而不是从企业的生产场所来确定。有两个因素对地域市场的界定至关重要：一是产品与消费者之间的距离以及产品的运输费用，二是产品的易腐性。

3. 时间市场。时间市场是指在相应的产品市场内的商品和服务所能展开竞争的时间范围。在界定相关市场时，人们往往关注具有"同一性"和"替代性"的产品市场和与之相对应的地域市场，而往往忽略了时间市场。实际上，时间市场也是界定相关市场的一个重要因素。我国反垄断法规定相关市场是指"经营者在一定时期内就特定商品或者服务（以下统称商品）进行竞争的商品范围和地域范围"。可见我国反垄断法明确将产品市场和地域市场纳入"相关市场"的范畴之中，而"一定时期内"的表述则体现了时间市场这一因素。

4. 技术市场。在技术贸易，许可协议等涉及知识产权的反垄断执法工作中，可能还需要界定相关技术市场，考虑知识产权、创新等因素的影响。

（二）垄断产生的原因

从市场机制运作的角度考察，垄断是自由竞争的结果，其后果则是竞争机制的正常运转受到了扭曲和损害。在垄断资本主义形成过程中，诸如卡特尔、托拉斯、康采恩、辛迪加等多种形式的垄断组织大量出现，竞争机制的作用受到了限制，市场活力严重不足，市场秩序和市场结构遭到了破坏，中小企业的生存和发展遇到了前所未有的危机，消费者的权益受到了损害，全社会的经济效益呈现出不断下降趋势，经济机会均等、经济权力平等的理念愈来愈难以实现。

垄断行为的出现，在法律上则是传统民商法所奉行的"契约自由""意思自治"的异化物。例如，诸如企业联合限价、联合限制生产数量、联手排挤竞争对手等限制竞争的行为都是以合同或者协议的形式出现，都声称是企业间的自愿行为，是真实意思一致的产物，然而，这些行为的危害性也是不言而喻的。因此，对于垄断行为的规制，传统民商法深感力不从心，难以有更大的作为，在这样的法制背景下，反垄断法作为一种新的法律机制应运而生。

（三）国外反垄断法立法概况

美国 1890 年颁布的《谢尔曼法》被认为是世界上最早的反垄断立法。1914 年，美国还颁布了《克莱顿法》和《联邦贸易委员会法》。这三部法律构成美国反托拉斯法的主体。第二次世界大战结束之后，由于受美国的影响，其他很多国家也纷纷颁布了反垄断法。如日本在 1947 年颁布的《关于禁止私人垄断及确保公正交易法》（2009 年修订）。德国在 1957 年颁布的《反对限制竞争法》（2005 年第七次修订）是德国在现代市场经济条件下全面贯彻竞争政策的基本法律依据。欧共体竞争法主要指《欧共体条约》第 81 ~ 87 条，它们在建立欧洲大市场的过程中起到了关键性的作用。

20 世纪 80 年代后期以来，随着冷战的结束，反垄断、民营化和减少行政干预成为世界各国经济政策的主流。在这种形势下，不仅发达市场经济国家普遍注重反垄断立法，强化这方面的法律制度，如欧共体于 1989 年颁布了《企业合并控制条例》，韩国作为新型的工业化国家和经济合作组织的成员国也在 1980 年颁布了《垄断管制和公平交易法》（2005 年修订），而且，发展中国家和经济体制转型国家也开始注重竞争政策和反垄断立法。例如，捷克、斯洛伐克、匈牙利、俄罗斯、乌克兰等中欧和东欧国家，纷纷在 20 世纪 90 年代初期颁布了反垄断法。

（四）我国反垄断立法回顾

一直以来，我国尚没有专门规制垄断行为的反垄断法法典。但是，随着经济体制改革的日益深入，垄断行为对建立市场体系的危害性已经日显突出。事实上，我国也在不断地采取法律的、经济的和行政的手段遏制垄断行为，维护市场经济的健康发展。我国最早对垄断进行规制的规范性文件是 1980 年 10 月 17 日国务院发布的《关于开展和保护社会主义竞争的暂行规定》。现行有关法律法规对反垄断问题从不同角度有所规范，例如《反不正当竞争法》《价格法》《证券法》《合同法》等。此外，一些省、市、自治区也陆续制定了一些地方性法规来规制垄断行为。这些法律、法规对反垄断问题都有所涉及，有的还是在较高立法层次上对反垄断立法所进行的探索，填补了我国反垄断法律制度的空白，有效地制止和查处了一些垄断现象，在一定程度上对垄断行为有所遏制，并为今后制定反垄断法积累了经验。但是，由于受制于立法目的，包括《反不正当竞争法》在内的有关法律法规，未能对反垄断问题做全面、系统的规定，距离维护公平竞争，确保竞争的充分、有效，保障市场秩序的要求仍然有非常大的差距。因此，如果要建立真正的市场经济体系，我国急需制定一部专门规制垄断行为的《反垄断法》。可喜的是，经过众多专家学者、政府部门以及社会的共同努力，《反垄断法》出台了。

1987 年 8 月，国务院法制局成立了反垄断法起草小组，自此拉开了我国反垄断法立法的序幕。1993 年，《反不正当竞争法》颁布。1994 年、1998 年、2003 年《反垄断法》分别被第八届、第九届全国人大常委会和第十届全国人大列入立法规划，但均无果而终。2004 年《反垄断法》被国务院列入立法计划。2005 年 2 月，《反垄断法》再一次被全国人大常委会列入立法计划。2006 年 6 月，反垄断法草案提交全国人大常委会首次审议，2007 年 6 月，反垄断法草案提交全国人大进行第二次审议，2007 年 8 月 30 日，第十届全国人大常委会第二十九次会议表决通过《反垄断法》，并于 2008 年 8 月 1 日起施行。

（五）制定《反垄断法》的重要意义

历时 13 年的艰辛立法历程，我国《反垄断法》终于瓜熟蒂落。反垄断法是中国社会主义市场经济内在要求。其颁布不仅是中国法制建设中的一件大事，对建立和完善中国社会主义市场法律体系有着极其重要的意义，而且也是中国经济建设中的一件大事，是中国经济体制改革的里程碑。反垄断法是市场经济国家特有的法律制度，是它们一百多年来市场经济国家的成功经验和合理做法，中国反垄断法的颁布昭示着中国从真正意义上以法律的形式确立了配置资源的手段由政府的行政命令转变为市场机制，中国建设社会主义市场经济体制具备了坚实的法律基础。

二、对垄断协议的规制

（一）垄断协议的含义

垄断协议即限制竞争协议，我国《反垄断法》第 13 条第 2 款规定，垄断协议是指排除、限制竞争的协议、决定或其他协同行为。

鉴于竞争法立法模式存有合并式立法模式与分立式立法模式之分，各国对垄断协议的界定存在一定的差异。

需要注意的是，竞争法中所规定的垄断协议与合同法上所称的协议的主要区别表现在：

1. 协议的表现形式不同。合同法上的协议主要有两种形式，即口头协议和书面协议，除非法律的规定或者当事人特殊约定外，默示不能订立合同；而竞争法意义上的垄断协议除了通过口头形式、书面形式表现外，还可以通过其他形式表现，比如行业协会或者企业协会的决议，通过团体的形式形成集体意思，并由成员予以执行。

2. 订立的方式有所不同。合同法意义上的协议的订立必须一方或各当事人明确的意思表示和积极的行为方可达成，默示也是一种明确的意思表示，这与沉默不同，沉默不属于意思表示，因此仅有沉默不能成立合同；而竞争法意义上的垄断协议大部分情况下需要一方或双方明确的意思表示和积极的行为方可达成，除此之外经营者之间彼此心照不宣协调一致采取的共同行动，也属于垄断协议的范围。

3. 法律对这两种协议的态度不一样。规制垄断协议是各国竞争法的重要内容，但是垄断协议并非必然地不利于经济，有些垄断协议是受到法律的保护的，但是总体上讲，竞争法以禁止、排除垄断协议为原则，以豁免垄断协议为例外；合同法是典型的私法，只有当事人之间的协议没有约定相关内容或约定不明确的时候，才可以适用合同法，除非协议违反法律的强制性规定，合同法对协议都是予以保护的，可以说合同法对合同法意义上的协议以鼓励、保护为原则，以禁止、限制为例外。

4. 竞争法是强制法，当事人不能以垄断协议的约定排除适用竞争法，或排除国家执法机关的管辖权；合同法是任意法，当事人可以以协议排除适用合同法，也可以排除适用国家执法机关的管辖权，比如以仲裁的方式解决争议等。

（二）垄断协议的种类

根据不同的标准，垄断协议可以有不同的分类。根据协议的签订者或主体之间的关系不同，可以分为横向垄断协议与非横向垄断协议。所谓横向垄断协议，又称为水平垄断协议，是指在生产或销售过程中，处于同一环节的、相互间具有直接竞争关系的经营者之间共同决定价格、产量、技术、产品、设备、交易对象、交易地区等所订立的协议，我国《反垄断法》第 13 条规定了 5 类垄断协议。所谓非横向垄断协议，又称为垂直协议，是指处于不同的生产经营阶段，相互间不具有直接竞争关系的经营者之间订立的协议，比如电视机的生产商与电视机的销售商之间订立的包括排他性购买内容的垄断协议。[1] 处于前一阶段的经营者称为上游企业，处于后一阶段的经营者称为下游企业。我国《反垄断法》第 14 条规定了两类非横向垄断协议。一般而言，横向垄断协议对竞争的危害较为直接和严重，各国的竞争法都将之作为规制的重点。在适用本身违法原则和合理原则判定协议对竞争的利弊时，横向垄断协议往往被认为是本身违法的。非横向垄断协议对竞争的影响比横向垄断协议弱。

此外，还有竞争法豁免的垄断协议与竞争法禁止的垄断协议、主导性垄断协议与附属性垄断协议之分。

（三）典型的横向垄断协议

1. 固定或者变更商品的价格的协议。固定或者变更商品的价格的协议，又称价格卡特尔，是指以限制内容为商品价格的横向垄断协议。正是由于价格在竞争机制中处于核心的地位，消除或者限制价格竞争的联合行为也就成为最为严重的反竞争行为，是各国反垄断法最主要的规制对象。各国法律一般都规定价格卡特尔是本身违法行为，即只要这个行为存在，就可以认定其为违法行为，只有极少数的例外。

2. 限制商品的生产或者销售数量的协议。限制商品的生产或者销售数量，又被称为数量卡特尔，是指限制商品的生产或者销售数量的横向垄断协议。在现实生活中，数量卡特尔总是与价格卡特尔联系在一起的。如果一个卡特尔仅仅限制价格而不限制生产、销售数量，那么卡特尔成员会为了增加利润而竞相扩大生产或销售规模。这样，随着产量或者销售数量的增加，卡特尔的垄断高价就会难以维持，最后降低到正常的价格水平。所以，一个稳定的价格卡特尔总是同时伴随着一个数量卡特尔。通过这两方面的限制，卡特尔成员之间便不存在实质性的竞争。

正因为数量卡特尔是严重的限制竞争行为，所以同价格卡特尔一样，一般适用

---

[1] 所谓排他性购买，是指处于下游生产阶段的企业在多个处于上游生产阶段具有竞争关系的供货商之间，根据协议的约定，在一定的时期内，只能固定向其中一个供应商购买产品。

本身违法的原则。不仅赤裸裸地限制产品生产或者销售数量的横向垄断协议是违法的，而且只要一个协议中存在着数量限制的机制，该协议就是违法的。

3. 分割销售市场或者原材料采购市场的协议。分割销售市场或者原材料采购市场，又称地域卡特尔，指以划分销售市场和原材料采购市场为内容的横向垄断协议。

地域卡特尔最基本的表现形式是地理市场的划分，即参与协议的当事人企业各自分得一块地域份额，在这一特定的地域内独家享有生产或者销售的权利，参加协议的其他当事人企业则不得在该地域范围内生产或者销售特定的商品。

地域卡特尔的危害在某些方面比价格卡特尔还要大。通过划分地理位置、客户或者产品，消除竞争者，剩下唯一的竞争者，尽管可能市场有限，但其毕竟获得了一定区域的垄断地位，这样不仅价格方面不受竞争影响，而且在服务、质量和革新方面也不会受到影响，完全破坏了竞争机制的作用。而且，它比较稳定，因为它克服了成本不同的生产者之间的内部差异，这种稳定加重了它的危害性。

4. 限制购买新技术、新设备或者限制开发新技术、新产品的协议。在技术转让过程中，限制性竞争行为一直是难以回避的问题。知识产权是法律赋予权利人对特定的客体的垄断权。授予知识产权的垄断权的目的在于鼓励技术创新。但是，如果权利人滥用垄断地位实施限制竞争行为，就必须受到竞争法的规制。因此，与合法取得的经济地位一样，依照知识产权法获得的垄断地位是受法律保护的，竞争法反对的是滥用这种垄断地位实施妨碍竞争的行为。我国《反垄断法》明确禁止限制购买新技术、新设备或者限制开发新技术、新产品的垄断协议。此外，我国《合同法》第 323 条规定："订立技术合同，应当有利于科学技术的进步，加速科学技术成果的转化、应用和推广。"第 329 条规定："非法垄断技术、妨碍技术进步或者侵害他人技术成果的技术合同无效。"

5. 联合抵制行为。联合抵制，又称为拒绝交易，是指竞争者之间联合起来不与其他竞争对手、供应商或者客户交易的横向垄断协议。

联合抵制的表现形式是多种多样的。有时是针对竞争者实施的，有时是针对垂直关系的其他企业实施的，有时是相当大的数量的竞争者为将特定的企业排挤出市场而实施的。上述表现形式大体上可以分为两类，即促进竞争的联合抵制和反竞争的联合抵制。

反竞争的联合抵制通常发生在以下的情况，即联合使相关企业取得市场支配地位，他们通过直接拒绝与竞争对手进行交易，或者迫使供应商或者客户中断与这些竞争对手进行交易，从而将竞争对手置于不利的地位。这种联合抵制通常是拒绝某企业获取某种必需的产品、设施、资源等。这样的联合的反竞争的可能性是明显的，而促进竞争的效果是很不清楚的。

我国《反垄断法》除了规定以上典型的横向垄断协议之外，还赋予国务院反垄断执法机构认定其他横向垄断协议的权力。

（四）纵向垄断协议

纵向垄断协议对市场竞争的影响一般是利弊共存的。

纵向限制价格协议行为，通常表现为限制转售价格行为。限制转售价格行为是供应商与销售商确定向客户销售商品价格的协议，是一个纵向协议。

纵向非价格垄断协议，是指纵向垄断协议中，限制当事人企业除价格自由外的其他与第三人的合同自由的协议。通常包括独家销售、购买协议（独家交易协议）、搭售协议、知识产权中的许可证协议等。

我国《反垄断法》第14条规定了"固定向第三人转售商品的价格"和"限定向第三人转售商品的最低价格"两种纵向垄断协议，没有规定纵向的非价格垄断协议，但赋予了国务院反垄断执法机构认定其他垄断协议的权力。

比较其他国家的规定，尽管我国《反垄断法》未将串通招投标明确列举出来，但是，串通招投标是非常典型的垄断协议。对此，我国《招标投标法》和1993年的《反不正当竞争法》中均有明确的禁止性规定。我国《招标投标法》第32条规定："投标人不得相互串通投标报价，不得排挤其他投标人的公平竞争，损害招标人或者其他投标人的合法权益。投标人不得与招标人串通投标，损害国家利益、社会公共利益或者他人的合法权益。"1993年的《反不正当竞争法》第15条也禁止投标者串通投标，抬高标价或者压低标价的行为；禁止投标者和招标者相互勾结，以排挤竞争对手的公平竞争的行为。

值得一提的是，我国《反垄断法》在"垄断协议"一章中，还特别对行业协会从事垄断行为作出了规定，明确禁止行业协会组织本行业的经营者从事《反垄断法》所禁止的垄断行为。

三、对滥用市场支配地位的规制

（一）滥用市场支配地位行为的概念和特征

1. 滥用市场支配地位行为的含义和认定。禁止经营者在经营活动中滥用市场支配地位、排除或限制竞争，是各国反垄断立法的共同内容。所谓市场支配地位，根据我国《反垄断法》第17条的规定，是指经营者在相关市场内具有能够控制商品价格、数量或者其他交易条件，或者能够阻碍、影响其他经营者进入相关市场能力的市场地位。表现为：作为某种特定商品或服务的经营者，在特定市场上独家经营或没有竞争者，使其他经营者难以进入；在特定市场上居于压倒地位，其他经营者难以进入该市场；在特定市场内虽然存在两个以上经营者，但他们之间就某种特定商品或者服务并无任何实质意义的竞争。此外，如果经营者的市场占有率达到法律规定的比例，并且使其他经营者难以进入，或者使现有的其他经营者难以扩展市场，也可以推断其处于市场支配地位。

所谓滥用市场支配地位行为，是在相关市场中占支配地位的企业（或独占企业）利用其市场支配地位实施的垄断行为。有必要指出的是，滥用市场支配地位行为的概念并不强调这种行为的后果。到目前为止，大多数国家和地区都采用不充分列举的办法来对滥用市场支配地位行为进行界定。

关于市场支配地位的认定，我国《反垄断法》第18条规定，认定经营者具有市场支配地位，应当依据下列因素：①该经营者在相关市场的市场份额，以及相关市场的竞争状况；②该经营者控制销售市场或者原材料采购市场的能力；③该经营者的财力和技术条件；④其他经营者对该经营者在交易上的依赖程度；⑤其他经营者进入相关市场的难易程度；⑥与认定该经营者市场支配地位有关的其他因素。同时，《反垄断法》第19条规定，有下列情形之一的，可以推定经营者具有市场支配地位：①一个经营者在相关市场的市场份额达到1/2的；②两个经营者在相关市场的市场份额合计达到2/3的；③三个经营者在相关市场的市场份额合计达到3/4的。有上述②③规定的情形，其中有的经营者市场份额不足1/10的，不应当推定该经营者具有市场支配地位。被推定具有市场支配地位的经营者，有证据证明不具有市场支配地位的，不应当认定其具有市场支配地位。

对于滥用市场支配地位的界定，我国《反垄断法》第17条明确列举了6种典型的滥用市场支配地位的行为，并规定国务院反垄断执法机构有认定其他滥用市场支配地位行为的权力。

2. 滥用市场支配地位行为的特征。

(1) 行为主体的特定性，即该行为是由具有市场支配地位的企业实施的。

(2) 行为本身的反竞争性，即滥用行为是反竞争的行为，而其反竞争性又是与特定的主体联系在一起的。换言之，单就具体行为本身而言，某些行为未必具有固有的反竞争性，只是因为支配企业实施这些行为才具有反竞争性；其他的不具有支配地位的一般企业实施同样的行为就不具有反竞争性，不会受到竞争法的禁止或限制。

(二) 反垄断法对滥用市场支配地位行为的规制

一般而言，反垄断法对滥用市场支配地位行为的规制，需要经过以下程序：①界定可能发生滥用行为所存在的市场；②界定企业是否具有市场支配地位；③认定对竞争有害的具体行为，并确定其在相关市场上的整体影响。企业可以在相关市场上通过合法手段获得支配地位，法律允许并鼓励这种方式，反垄断法只是禁止滥用市场支配地位的行为。各国反垄断法对上述基本内容的规定迥然有异，有的国家规定支配地位主要或完全根据市场份额来确定；有的国家还考虑进入条件以及影响企业行使市场力量的其他因素；有的国家着重于企业实施损害竞争机制的排他性行为。

我国《反垄断法》第18条和第19条分别规定了6种认定市场支配地位所依据的因素和3种推定为市场支配地位的情形，为反垄断执法机构在处理滥用市场支配地位案件时提供了初步的标准和依据。

(三) 典型的滥用市场支配地位的行为种类

根据世界各国和地区反垄断法的立法和司法实践，滥用市场支配地位行为主要有以下几种：

1. 垄断高价。垄断高价又称超高定价，指一个占市场支配地位的经营者直接或间接地实行不公平的购买或者销售价格，或者以其他不公平交易条件与他人进行交易，从而构成滥用市场支配地位的行为。这种滥用行为最为典型的表现就是凭借自身在市场中的支配地位，对消费者或者用户索取不合理的垄断高价，牟取超额利润。

2. 掠夺性定价。掠夺性定价是占市场支配地位的一个或多个经营者为排挤现有竞争对手或阻止新的经营者进入相关市场以维持其垄断地位，无正当理由地以低于其成本的价格持续销售商品，并且在将竞争对手排挤出市场以后又规定垄断价格的行为。掠夺性定价行为不仅在短期内损害了竞争对手的利益，造成了对市场竞争秩序的破坏，从长远来看，也必然损害广大消费者的利益。

3. 差别待遇。差别待遇又称歧视待遇行为，是指占支配地位的经营者没有正当理由而对条件相同的交易对方提供不同的价格或者其他交易条件，致使有些客户处于不利的竞争地位。其中最为典型的就是价格歧视，即居于支配地位的经营者就同一种产品对条件相同的若干交易相对人实行不同的价格销售，从而造成该经营者的交易相对人之间的不平等竞争。

4. 拒绝交易。拒绝交易又称抵制，是指占市场支配地位的经营者拒绝向其购买者销售商品的行为，其典型的行为是拒绝供货。例如一个占市场支配地位的化学原料供应商拒绝向一个药品生产企业供应生产所需要的某种化学原料。

5. 搭售或者附加不合理的交易条件。搭售或者附加不合理的交易条件是指经营者利用其市场支配地位，在销售某种产品时强迫交易相对人购买其不需要、不愿购买的商品，或者接受其他不合理的条件。这种行为不仅限制了交易相对人自由选择商品的活动，还会导致其他竞争对手的交易机会相对减少的后果，妨碍了市场的竞争自由。搭售行为的本质是占有市场支配地位的企业通过这种行为将其在某个市场的竞争不公平地辐射到搭售品的市场上，从而不公平地限制这些产品或者服务的竞争。

6. 独家交易。独家交易又称排他性交易，指占有市场支配地位的经营者只允许它的客户与其自身或者其指定的其他经营者进行交易，否则即拒绝与该客户进行交易。独家交易行为的本质是阻碍交易相对人与支配企业的竞争对手进行交易，因而限制了支配企业与其同行之间的竞争。

借鉴以上国际上通行的对滥用市场支配地位的规制类型，我国《反垄断法》第17条以列举的方式规定："禁止具有市场支配地位的经营者从事下列滥用市场支配地位的行为：①以不公平的高价销售商品或者以不公平的低价购买商品；②没有正当理由，以低于成本的价格销售商品；③没有正当理由，拒绝与交易相对人进行交易；④没有正当理由，限定交易相对人只能与其进行交易或者只能与其指定的经营者进行交易；⑤没有正当理由搭售商品，或者在交易时附加其他不合理的交易条件；⑥没有正当理由，对条件相同的交易相对人在交易价格等交易条件上实行差别待遇；

⑦国务院反垄断执法机构认定的其他滥用市场支配地位的行为。"

（四）我国其他现行法律对滥用市场支配地位的规制

对于部分滥用市场支配地位的垄断行为，我国《价格法》也有相应的规定。

对于价格歧视行为，根据《价格法》第14条第5项规定，经营者不得在提供相同商品或者服务时，对具有同等交易条件的其他经营者实行价格歧视。对于违反规定的经营者，可以依据《价格法》第40条的规定，责令改正，没收违法所得，可以并处违法所得5倍以下的罚款；没有违法所得的，予以警告，可以并处罚款；情节严重的，责令停业整顿，或者由工商行政管理机关吊销营业执照。

四、对经营者集中的规制

（一）经营者集中的概念

经营者集中是反垄断法上的一个专门术语，是指经营者通过合并、取得股权或者资产的方式取得对其他经营者的控制权，以及通过合同等方式取得对其他经营者的控制权或者能够对其他经营者施加决定性影响。经营者集中有以下突出特征：

1. 参与集中的经营者须是独立的且处于存续状态的企业，包括各种形式的独立企业。

2. 经营者集中必须要有经营者集中的行为，包括：经营者合并、经营者通过取得股权或者资产的方式取得对其他经营者的控制权、经营者通过合同等方式取得对其他经营者的控制权或者能够对其他经营者施加决定性影响。

3. 经营者集中的后果是一个经营者能够直接或者间接控制另一个经营者，而经营者之间发生的这种直接或者间接的控制，对相关市场的竞争产生了影响。

（二）经营者集中的利弊分析

经营者集中是伴随着商品经济的高度发展而产生的一种社会经济现象。由于经营者集中能够在较短的时间内使数个企业的资金、人员、物资以及经营活动结合在一起，可以使集中后的企业提高经营效益和竞争力，是快速进入新的市场领域的有效方式，还可以成为挽救濒临破产企业的手段。在一些特殊经济形势下，一国政府为了提高本国企业在国际上的竞争力，也会鼓励采用经营者集中。

经营者适度集中，有利于发挥规模经济的作用，但过度集中又会产生企业垄断，从而限制竞争甚至消灭竞争。经营者集中有可能产生的危害主要表现在以下几个方面：

1. 经营者集中有可能消除潜在的竞争。如果一个在市场上有优势的企业与可能与之竞争的企业发生了反垄断法意义上的经营者集中，那么，这种集中就消除了二者之间的市场竞争。如果一个企业意欲扩大业务，进入另一个企业的市场，通常来讲，二者之间应该是竞争关系，但是，如果意欲扩大业务的企业是通过与该经营者集中而进入这一市场的，那么，二者之间潜在的竞争关系就会被消除。

2. 经营者集中可能会导致市场的集中。这在同行业的横向经营者集中中表现尤为明显。集中前，企业之间是相互独立的竞争者；集中后，不仅在总体上竞争者的数量减少了，而且就单个企业而言，它的竞争对手也减少了，这就直接导致了市场的集中。

3. 经营者集中可能会增加市场进入障碍。这主要发生在同一生产过程的纵向经营者集中中。如果产品生产企业与原材料供应商之间集中，或者产品生产企业与销售企业之间集中，就极有可能使其他企业难以跨越障碍而进入市场。而且这种可能一旦变成现实，就会构成"市场进入障碍"。

4. 经营者集中可能使一些处于优势地位的企业提高商品的价格，从而损害消费者的利益。在集中的市场上，具有优势地位的企业拥有足够的市场份额，这可以使其轻而易举地提高商品的价格，获取更高额的利润，从而损害消费者的利益。

（三）经营者集中反垄断审查的申报制度

1. 经营者集中的申报标准。我国《反垄断法》第21条规定，"经营者集中达到国务院规定的申报标准的，经营者应当事先向国务院反垄断执法机构申报，未申报的不得实施集中。"可见，我国反垄断法建立了强制事先申报制度。根据《国务院关于经营者集中申报标准的规定》第3条规定，经营者集中达到下列标准之一的，经营者应当事先向国务院商务主管部门申报，未申报的不得实施集中：

（1）参与集中的所有经营者上一会计年度在全球范围内的营业额合计超过100亿元人民币，并且其中至少两个经营者上一会计年度在中国境内的营业额均超过4亿元人民币；

（2）参与集中的所有经营者上一会计年度在中国境内的营业额合计超过20亿元人民币，并且其中至少两个经营者上一会计年度在中国境内的营业额均超过4亿元人民币。

营业额的计算，应当考虑银行、保险、证券、期货等特殊行业、领域的实际情况，具体办法由国务院商务主管部门会同国务院有关部门制定。

经营者集中未达到以上规定确定的申报标准，但按照规定程序收集的事实和证据表明该经营者集中具有或者可能具有排除、限制竞争效果的，国务院商务主管部门应当依法进行调查。

2. 免于申报的情形。经营者集中有下列情形之一的，可以不向国务院反垄断执法机构申报：①参与集中的一个经营者拥有其他每个经营者50%以上有表决权的股份或者资产的；②参与集中的每个经营者50%以上有表决权的股份或者资产被同一个未参与集中的经营者拥有的。

3. 经营者集中的申报应当提交的资料。经营者向国务院反垄断执法机构申报集中，应当提交下列文件、资料：申报书；集中对相关市场竞争状况影响的说明；集中协议；参与集中的经营者经会计师事务所审计的上一会计年度财务会计报告；国务院反垄断执法机构规定的其他文件、资料。

申报书应当载明参与集中的经营者的名称、住所、经营范围、预定实施集中的日期和国务院反垄断执法机构规定的其他事项。

值得注意的是，经营者提交的文件、资料不完备的，应当在国务院反垄断执法机构规定的期限内补交文件、资料。经营者逾期未补交文件、资料的，视为未申报。

（四）经营者集中的审查

1. 经营者集中的审查程序。根据我国反垄断法的规定，经营者集中审查分为两个阶段：初步审查阶段和进一步审查阶段。

（1）初步审查。国务院反垄断执法机构应当自收到经营者提交的符合的文件、资料之日起30日内，对申报的经营者集中进行初步审查，作出是否实施进一步审查的决定，并书面通知经营者。国务院反垄断执法机构作出决定前，经营者不得实施集中。

国务院反垄断执法机构作出不实施进一步审查的决定或者逾期未作出决定的，经营者可以实施集中。

（2）进一步审查。国务院反垄断执法机构决定实施进一步审查的，应当自决定之日起90日内审查完毕，作出是否禁止经营者集中的决定，并书面通知经营者。作出禁止经营者集中的决定，应当说明理由。审查期间，经营者不得实施集中。

有下列情形之一的，国务院反垄断执法机构经书面通知经营者，可以延长前款规定的审查期限，但最长不得超过60日：①经营者同意延长审查期限的；②经营者提交的文件、资料不准确，需要进一步核实的；③经营者申报后有关情况发生重大变化的。

国务院反垄断执法机构逾期未作出决定的，经营者可以实施集中。

2. 经营者集中审查应考虑的因素。审查经营者集中，应当考虑下列因素：①参与集中的经营者在相关市场的市场份额及其对市场的控制力；②相关市场的市场集中度；③经营者集中对市场进入、技术进步的影响；④经营者集中对消费者和其他有关经营者的影响；⑤经营者集中对国民经济发展的影响；⑥国务院反垄断执法机构认为应当考虑的影响市场竞争的其他因素。

3. 审查决定的种类和法律效果。我国《反垄断法》第28条规定，经营者集中具有或者可能具有排除、限制竞争效果的，国务院反垄断执法机构应当作出禁止经营者集中的决定。但是，经营者能够证明该集中对竞争产生的有利影响明显大于不利影响，或者符合社会公共利益的，国务院反垄断执法机构可以作出对经营者集中不予禁止的决定。《反垄断法》第29条规定，对不予禁止的经营者集中，国务院反垄断执法机构可以决定附加减少集中对竞争产生不利影响的限制性条件。

综合以上规定，经营者集中反垄断审查决定可以归纳为以下几种：①对经营者集中不予禁止的决定；②附限制性条件不予禁止的决定；③禁止经营者集中的决定。国务院反垄断执法机构应当将禁止经营者集中的决定或者对经营者集中附加限制性条件的决定，及时向社会公布。

4. 限制性条件的种类。在审查过程中，为消除或减少经营者集中具有或者可能具有的排除、限制竞争的效果，参与集中的经营者可以提出对集中交易方案进行调整的限制性条件。根据经营者集中交易具体情况，限制性条件可以包括如下种类：

（1）剥离参与集中的经营者的部分资产或业务等结构性条件；

（2）参与集中的经营者开放其网络或平台等基础设施、许可关键技术（包括专利、专有技术或其他知识产权）、终止排他性协议等行为性条件；

（3）结构性条件和行为性条件相结合的综合性条件。

（五）国家安全审查

我国《反垄断法》借鉴其他国家的做法，为保障国家安全，在《反垄断法》第31条规定，"对外资并购境内企业或者以其他方式参与经营者集中，涉及国家安全的，除依照本法规定进行经营者集中审查外，还应当按照国家有关规定进行国家安全审查。"需要注意的是，并非所有"外资并购境内企业或者以其他方式参与经营者集中"都要启动国家安全审查程序。

五、对行政性垄断的规制

（一）行政性垄断的概念和特征

根据我国《反垄断法》的规定，可以把行政性垄断界定为行政机关和法律、法规授权的具有管理公共事务职能的组织滥用行政权力，排除、限制竞争的行为。概括地讲，行政性垄断主要有以下法律特征：

1. 行政性垄断的行为主体是行政机关和法律、法规授权的具有管理公共事务职能的组织。

2. 行政性垄断是行政机关和法律、法规授权的具有管理公共事务职能的组织滥用行政权力的结果，它是一种非法垄断。行政性垄断所凭借的是一种行政权力优势，即所谓超经济的力量；并且，这种优势是通过对行政权力的滥用表现出来的。

3. 行政性垄断通常是一种抽象行政行为。行政性垄断的大多数情况是由地方政府以及中央、地方各级政府部门以政府规章、命令、决定或政策等形式发布的。

4. 行政性垄断具有鲜明的强制性。行政性垄断以行政权力为后盾，借助行政权力的权威不正当地干预特定市场上企业间的竞争。

5. 行政性垄断主要产生于经济转型国家和商品经济不发达的国家。发达的市场经济国家由于国家对经济的干预很少，故行政性垄断因欠缺产生的土壤而极少出现；而由计划经济体制向市场经济体制过渡的国家以及商品经济不发达国家，由于实现彻底转制要有一个过程，旧的计划体制的残余还在起作用，再加上官本位思想严重，故易滋生行政性垄断。

（二）行政性垄断的成因和危害

1. 行政性垄断的成因。行政性垄断产生的原因是复杂和多方面的，综合起来主要有以下原因：

（1）经济体制改革的不彻底和行政管理体制改革的相对滞后是行政性垄断产生的根本原因。由于经济体制改革的不彻底和政治体制改革的相对滞后，地方政府及其所属部门为谋求本地区、本部门的经济利益和"政绩"，屡屡滥用行政权力，或者直接参与企业的生产经营（如组建行政性公司），或者对企业间的竞争进行排除和限制（如地区封锁、部门封锁），使得在计划经济体制下国家对经济的全面垄断转变成转制时期非法的局部性（地区性和部门性）行政性垄断。

（2）多元化行政利益的驱动是行政性垄断产生的重要原因。随着改革的深化，旧体制下国家全面垄断的状况不复存在，中央政府直接管理经济的权限和职能大大减少，而地方政府以及中央政府各部门对经济的管理权限和职能却大大增加。与此同时，由于实行"划分收支、分级包干"的财政体制和"分税制"，行政利益日趋多元化、地区化和部门化。在这种情况下，为了保证本地区或本部门企业收入的增加，进而实现行政利益——主要体现为经济利益和所谓"政绩"——的最大化，地方政府或政府部门往往滥用其行政权力，进行行政性垄断。

（3）生产力水平不均衡、产业结构不合理、中央财政支付转移制度不健全、国家对行政性垄断欠缺必要的法律规制、行政人员依法行政法律意识的淡薄，也是行政性垄断产生的重要原因。

2. 行政性垄断的危害。行政性垄断是一种比经济性垄断影响更广泛、更持久、更严重的排除和限制竞争的不法行为，因而其危害性远甚于经济性垄断。具体来说，行政性垄断的危害性主要体现在以下诸方面：

（1）阻碍全国统一市场的形成。行政性垄断总是以某一地区或某一部门的利益为出发点，将该地区或该部门与其他地区或其他部门隔绝开来，从而直接阻碍和破坏全国市场的形成。

（2）损害市场主体独立自主的经营权和消费者的利益。地区垄断和部门垄断等行政性垄断行为破坏了优胜劣汰机制正常发挥作用，保护了落后经营者，广大消费者没有选择的余地，不得不接受质量低劣的商品或服务。

（3）阻碍形成自由、公平的有效竞争秩序。行政性垄断通过"条块分割"和企业差别待遇制等行政手段，直接阻碍企业之间的自由和公平的竞争，从而在一定的交易领域直接限制甚至排除了竞争，自然难以期待出现有效竞争的良好秩序。

（4）极易演化为经济性垄断。自 20 世纪 80 年代以来，为发展规模经济和打破地区、部门垄断，国务院经济管理部门纷纷采用行政手段促成企业的兼并、重组，从而建立了一批全国性和地区性的行政性公司和企业集团，这样一来，非但反行政性垄断的目的未达到，反而在一定程度上增强了地区封锁和部门垄断，严重限制了竞争。由于这些行政性公司、企业集团都占有很大的市场份额，一旦进入了经济领域，极易演化成经济性垄断。

（5）行政性垄断的根本目的在于保护地区和部门的利益，它的泛滥使企业将大量的费用用于政府寻租行为，这必然产生官商勾结、权钱交易等腐败现象。

（三）反垄断法对行政性垄断行为的规制

行政性垄断不单单是我国所独有的现象，其他体制转型国家均有发生。这些国家也特别注意运用竞争法机制来监督政府的行为，防止政府部门滥用行政权力实施限制竞争的行为。例如，匈牙利 1990 年制定的《禁止不正当竞争法》、保加利亚

1991 年制定的《保护竞争法》、俄罗斯 1990 年制定的《关于在商品市场中竞争和限制垄断活动的法律》以及乌克兰 1992 年制定的《禁止垄断和企业活动中不正当竞争行为法》中，均有规制行政性垄断的规定。

我国《反垄断法》的第五章专章规定了对滥用行政权力排除、限制竞争行为的规制。包括以下几种类型：

1. 行政强制交易。行政强制交易是指行政机关和法律、法规授权的具有管理公共事务职能的组织滥用行政权力，对市场交易进行干预和限制，扭曲和强制市场主体的交易行为，排除和限制市场竞争。反垄断法禁止行政机关和法律、法规授权的具有管理公共事务职能的组织滥用行政权力，限定或者变相限定单位或者个人经营、购买、使用其指定的经营者提供的商品的行为。

2. 妨碍商品在地区之间自由流通。妨碍商品在地区之间自由流通，是指地方政府及其所属部门为了本地区利益，利用行政权力排斥、限制竞争的行为。《反垄断法》规定了行政机关和法律、法规授权的具有管理公共事务职能的组织不得滥用行政权力，实施妨碍商品在地区之间自由流通的四种行为，包括：①对外地商品设定歧视性收费项目、实行歧视性收费标准，或者规定歧视性价格；②对外地商品采取与本地同类商品不同的技术要求、检验标准，或者对外地商品采取重复检验、重复认证等歧视性技术措施，限制外地商品进入本地市场；③采取专门针对外地商品的行政许可，限制外地商品进入本地市场；④设置关卡或者采取其他手段，阻碍外地商品进入或者本地商品运出。

3. 对外地经营者实行差别待遇。为防止行政权力对外地经营者实行差别待遇，行政机关和法律、法规授权的具有管理公共事务职能的组织都不得滥用行政权力，采取与本地经营者不平等待遇等方式，排斥或者限制外地经营者在本地投资或者设立分支机构。

4. 排斥或限制外地经营者招投标行为。排斥和限制招投标活动是指某地方的行政机关和法律、法规授权的具有管理公共事务职能的组织，为保护地方利益，通过设定歧视性资质要求、评审标准或者不依法发布信息等方式，排斥和限制外地经营者参加本地的招投标活动，将外地经营者排斥出市场，从而人为割裂本地市场和外地市场的行为。反垄断法禁止行政机关和法律、法规授权的具有管理公共事务职能的组织从事排斥或限制外地经营者招投标行为。

5. 强制经营者从事垄断行为。强制经营者从事垄断行为是指行政机关和法律、法规授权的具有管理公共事务职能的组织强制经营者从事反垄断法所规定的垄断行为，破坏正常的市场竞争秩序的行为。《反垄断法》对此予以禁止。

6. 从事排除、限制竞争的抽象行政行为。从事排除、限制竞争的抽象行政行为是指行政机关滥用其所拥有的从事抽象行政行为的权力，制定含有排除、限制竞争内容的规范性文件的行为。

六、反垄断法的实施

（一）反垄断法的适用原则

关于反垄断法的适用原则，在美国的实践中形成了本身违法原则（per se ille-gal）和合理原则（rule of reason）两项重要原则。这两项原则最初是作为判断是否构成垄断协议的标准而确立的，后被各国反垄断法所采用，作为判断垄断及垄断性行为违法与否的原则，成为"重要的或者基本性的竞争政策分析工具"。

本身违法原则，是指当某种行为一旦被认定为反垄断法明文规定的类型，无须对其经济理由和经济后果进行进一步调查，便可认定其非法。本身违法原则的形成经历了一系列的判例，在 1940 年美国诉索科尼真空油公司案（*United States v. Socony-Vacuum Oil Co.*）中，该原则得到最终确立。本身违法原则最大的优势是避免了旷日持久的司法调查，从而节省诉讼成本。同时，这一原则的适用，为反垄断法带来了极大的确定性，使企业可预期其行为所带来的后果。例如，价格卡特尔、数量卡特尔、联合抵制等行为属于典型的可适用本身违法原则的行为。

合理原则，是指在衡量案件的所有情况下，决定企业的行为是否对竞争有不合理的限制。合理原则是一种衡量方法，用来确定案件中的行为是否属于法律禁止的行为。根据合理原则，是否对竞争秩序构成危害是特定的垄断状态或者垄断行为成为反垄断法规制对象的直接尺度。反垄断主管机关在全面衡量当事人行为对市场影响的基础上，确定该行为是否违法。从美国法发展史上可知，创设合理原则的初衷在于豁免少数限制性协议，具有弥补本身违法原则的不足的功能。然而，值得注意的是，合理原则的弹性在增加法官和执法官员的自由裁量权的同时，也进一步增加了争议解决中的非连续性和不可预见性。这既是该原则的最大优点，也是它的致命缺陷。另外，合理原则的弹性也产生了新的司法成本，降低了特定行为合法性的确定性，增加了诉讼争议的发生率。

合理原则采取个案评价的方式，体现了该原则的灵活性。合理原则的应用与一国的产业政策和竞争政策息息相关，这正体现了反垄断法的经济政策性，所以，合理原则在不同的国家以及同一个国家的不同发展时期的判断标准都是不同的。

（二）反垄断法的豁免制度

反垄断法的豁免（exemption）条款是反垄断法的重要条款之一。在严格意义上讲，适用除外制度和豁免是不同的。适用除外（exclusion）制度是指在制定反垄断法时就规定对某些行业或行为不适用反垄断法。豁免则是依照法律应当或可以禁止的行为，按照法律的特别规定，不认定其违法，不追究其行为责任。豁免一般需要向特别机关申报并获得批准。豁免条款是指反垄断法中专门设置的规定某些特定领域、某些特定事项或者某些特定情况下的垄断行为不适用反垄断法的条款。这并非说被豁免的垄断行为对竞争没有危害，豁免是利益衡量的结果，即在"利大于弊"的情况下，将其排除适用反垄断法的禁止规定。

从经济部门发展的特殊性和维护国家利益的需要出发，各国反垄断法都程度不同地豁免了一些特殊经济部门内的特定限制竞争行为，以及其他方面的一些具有特定内容的行为。我国《反垄断法》在"垄断协议"一章中规定了7类垄断协议的豁免，包括：①为改进技术、研究开发新产品的；②为提高产品质量、降低成本、增进效率，统一产品规格、标准或者实行专业化分工的；③为提高中小经营者经营效率，增强中小经营者竞争力的；④为实现节约能源、保护环境、救灾救助等社会公共利益的；⑤因经济不景气，为缓解销售量严重下降或者生产明显过剩的；⑥为保障对外贸易和对外经济合作中的正当利益的；⑦法律和国务院规定的其他情形。此外，我国《反垄断法》在"经营者集中"一章中规定了经营者集中的豁免，即经营者集中具有或者可能具有排除、限制竞争效果的，国务院反垄断执法机构应当作出禁止经营者集中的决定。但是，经营者能够证明该集中对竞争产生的有利影响明显大于不利影响，或者符合社会公共利益的，国务院反垄断执法机构可以作出对经营者集中不予禁止的决定。

之所以规定豁免制度，主要是出于以下两方面的考虑：①为了在特定的经济部门避免因竞争所可能造成的巨大社会资源的浪费；②为了增加反垄断法的灵活性，使其更能适应经济发展的复杂性，以更好地实现保护竞争、促进经济发展的立法目的。可见，规定豁免制度的目的是以政府的经济发展战略和竞争政策为目标，以局部或个别的反垄断豁免保障整体竞争力和整个经济的持续发展。

（三）反垄断主管机构

1. 机构的设置特点。"徒法不足以自行"，而且反垄断法的规定往往比较原则，因此如何保证反垄断法的实施就是一个十分重要的立法和执法问题。各国法律一般都专门规定反垄断的主管机关，由其负责反垄断法的执法。

总结其他国家和地区的立法例，可以发现反垄断的主管机关具有以下特点：

（1）主管机关的法定性。各国对主管机关的设立及职权由法律明确规定，不但赋予了主管机关较高的法律地位和独立性，而且使其行使职权有了具体的法律依据。

（2）主管机关的独立性。由于违反反垄断法的主体通常能得到丰厚的利益，他们为了获得或者维护这种地位，有很强的寻租动机，因此为使主管机关摆脱各种利益冲突和其他机关对它的影响，并避免出现监管者被俘获的现象，各国都强调主管机关的独立性。美国联邦贸易委员会是独立的管制委员会，德国联邦卡特尔局虽然隶属于联邦经济部，但德国却是以强调主管机关独立性著称的，联邦卡特尔局裁决的独立性基本可以不受利益集团争执的影响。

（3）主管机关的专业性。由于竞争关系本身就是一种复杂的社会现象，而且反垄断法规定一般都很原则，对执法者执法水平有很高的要求。此外反垄断法的执法不仅牵涉到法律问题，还可能与一国或一地区的产业政策、经济政策相联系，因此，各国反垄断主管机关一般由法学家、律师和经济学家等专家组成，这些成员具有法学、经济学和商业管理等专业知识。具有专业性和专家化的主管机关不但可以提高执法活动的科学性和效率，而且能提高主管机关的独立性，因为这些人员本身就是专家，不容易受到其他因素的影响。

（4）主管机关权力的广泛性。为了保证反垄断法能得到有效实施，各国一般规定主管机关有广泛的权力。虽然主管机关性质上是行政机关，但其享有的权力远远超过了行政权力，还享有准立法权和准司法权。主管机关有权根据法律或立法机关的授权制定颁布具有普遍约束力的规范性文件，并且可以按照准司法程序处理违反反垄断法的案件。

2. 主管机构的职权。由于违反反垄断法的主体通常是实力强大的企业（还可能是享有行政权力的行政机关），而且违反反垄断法的案件都有很大的影响，为了保证主管机关能够有效实施反垄断法，法律一般都赋予主管机关很强的执法权力。考察其他国家和地区主管机关的权限，对于设计我国反垄断主管机关的职权具有借鉴意义。

一般而言，反垄断主管机构除具有相应的行政执法权之外，还应当拥有对垄断案件进行裁决的准司法权和制定与反垄断有关内容的规范性文件的准立法权。从我国反垄断法的规定可以看出，国务院反垄断执法机构享有较强的行政执法权，反垄断委员会可以制定和发布反垄断指南，拥有一定意义上的准立法权。但由于执法体制的限制，我国不具备拥有准司法权条件的执法机构，因而反垄断法没有规定反垄断主管机关的准司法权，这在一定程度上可能影响反垄断法的实施。

3. 主管机构的工作程序。反垄断法主要是由反垄断法的主管机关通过行政权进行的。主管机关处理案件的审理程序包括受理和调查程序、审理程序、执行和诉讼程序。

（1）受理和调查程序。主管机关受理程序不但可以由自己主动发起，而且可以根据消费者或者经营者的举报和投诉发起。如果经初步调查证实了最初怀疑，主管机关便正式调查。调查可以是公开的也可以是不公开的。在调查程序中，主管机关应该享有充分的调查权，如传唤证人的权力、询问权、查阅调查权。相关经营者和单位应该配合调查，否则，主管机关可以对其处以罚款或者进行其他处罚。

我国《反垄断法》规定任何单位和个人均有权举报垄断行为。反垄断执法机构可以依职权也可以依举报启动调查程序。在调查过程中，反垄断执法机构拥有入户检查权、询问权、查阅复制文件的权力、查封扣押证据的权力以及查询银行账户的权力。由于这些执法权的行使将对相对人的利益产生重要影响，因此，反垄断法规定了这些调查措施的实施应当经执法机构的负责人批准。同时，也规定了执法人员对执法过程中所知悉的商业秘密的保密义务。

（2）审理程序。主管机关在对涉嫌垄断行为调查核实、依法做出决定前，为保证主管机关能够独立、公正地做出处理决定，多数国家反垄断的审查程序为准司法程序，给予被调查的经营者、利害关系人陈述意见和提出申辩的机会。主管机构应当充分听取被调查的经营者、利害关系人的意见，对其提出的事实、理由和证据，应当进行复核。

一些国家和地区允许反垄断执法机构在反垄断案件的调查过程中、最后的裁决之前与被调查者进行协商和解。如果经过协商，被调查者同意停止或者改变被指控的行为，并保证今后不再从事违反反垄断法的行为时，反垄断执法机构就可以中止调查，并监督被调查者执行。

在反垄断机关审查过程中，要保证当事人的程序性权利，包括文书送达的要求、当事人辩解的权利，甚至应允许当事人在案件处理过程中聘请律师。被调查的经营者、利害关系人提出的事实、理由和证据成立的，主管机关应当予以采纳。主管机关经过审理，认为构成垄断行为的，应当依法做出处理决定，并可以向社会公布。

（3）执行和诉讼程序。对于主管机关的裁决，当事人如果不在法定期间内提出诉讼，就必须执行该裁决。有些国家和地区规定主管机关对于自己发生效力的裁决有执行权。如美国联邦贸易委员会享有司法执行权（judicial enforcement），对违反联邦贸易委员会主管的任何法律的行为，该委员会可以得到初步的和永久的禁令（preliminary and permanent injunctive relief）。[1]我国台湾地区"公平交易委员会"下设的法务处有权执行处罚决定。[2]

多数国家规定，对于主管机关决定不服的，可以向法院提起诉讼。值得注意的是，这些国家一般都规定由较高级别的法院负责上述案件。例如，对美国联邦贸易委员会裁决不服的，可以向联邦上诉法院直至联邦最高法院起诉；对德国联邦卡特尔局关于企业合并裁决不服起诉时，应向柏林州高级法院起诉，对其做出的判决不服的，可以向联邦法院起诉。

我国《反垄断法》规定，对于反垄断执法机构做出的与经营者集中有关的决定不服的，当事人可以提起行政复议，对行政复议不服的，再依法提起行政诉讼。对于反垄断执法机构的其他决定不服的，当事人可以自由选择行政复议或行政诉讼。

（4）我国反垄断委员会与反垄断执法机构。我国《反垄断法》能否有效实施，在很大程度上取决于能否建立高效运行的反垄断主管机构。依据《反垄断法》规定，我国负责《反垄断法》实施的机构是反垄断委员会和国务院反垄断执法机构，有学者称之为"双层多元"的执法机制。

反垄断委员会是随着《反垄断法》的颁布和实施而新设的一个国务院下属机构。依据《反垄断法》第9条的规定，反垄断委员会仅仅是一个"负责组织、协调、指导反垄断工作"的议事协调机构，仅拥有拟定竞争政策、制作评估报告、制定反垄断指南和协调反垄断工作等权力，并不拥有反垄断执法权这一《反垄断法》实施的核心权力。这与世界各国委员会制的反垄断主管机关相去甚远，但反垄断委员会的设立为将来的机构改革保留了一线希望，为我国建立统一、权威的反垄断主管机关平添了一份期待。

---

〔1〕　孔祥俊：《反垄断法原理》，中国法制出版社2001年版，第738页。
〔2〕　赖源河编审：《公平交易法新论》，中国政法大学出版社、元照出版公司2002年版，第153页。

我国反垄断执法权掌握在国务院反垄断执法机构的手中，这是由于长期的竞争执法实践，已经形成了以商务部、发改委和国家工商总局为主的多头执法体制，部门利益的纠葛所产生的障碍在反垄断立法过程中无法克服，因而最终采取目前的这种折衷模式。在《反垄断法》颁行后，根据国务院关于反垄断执法工作的部门职责分工，在国务院反垄断委员会的组织、协调、指导下，由商务部、国家发改委与工商总局，分别负责相应的反垄断执法工作。这种"分权式"的执法体制，在执法过程中不无可能出现竞相执法与相互推诿并存的情形；由于"政出多门"，反垄断法的统一性和权威性也可能被削弱。2018年3月，十三届全国人大一次会议审议通过了国务院机构调整方案。根据该方案，国家发改委、工商总局、商务部下属反垄断职能以及国务院反垄断委员会办公室等职能进行整合，统一并入新组建的国家市场监督管理总局。国家市场监督管理总局成立，标志着我国反垄断执法新时代的到来。需要说明的是，从事反垄断执法工作的除了反垄断委员会和国务院反垄断执法机构之外，还包括经国务院反垄断执法机构授权的省级地方政府的相应机构，也包括垄断行业的监管机构。

（四）反垄断法的私力实施

反垄断法私力实施制度主要目的是鼓励受害人通过提起诉讼的方式积极参与竞争法的执法，同时借助民事赔偿责任，阻吓违反竞争法的行为。例如，美国《克莱顿法》第4条规定了3倍损害赔偿制度，即规定由于垄断而受到损害的当事人可以向法院提起民事诉讼，要求违法行为人承担不超过3倍损失额的民事赔偿责任。这种规定得到一些国家和地区的效仿，日本和我国台湾地区的立法都明确赋予了受害人的民事诉权。我国台湾地区的"公平交易法"第32条规定："法院因被害人的请求，如为事业之故意行为，得依侵害情节，确定损害额以上的赔偿，但不得超过已证明损害额的3倍。"

我国《反垄断法》第50条规定了经营者实施垄断行为的民事责任。由此可知，垄断受害人可以依据本条的规定提起民事赔偿诉讼。但是，显然该规定过于粗糙，在原告资格、行政程序是否前置、举证责任、公权力支持等方面还需要未来反垄断实施条例进一步规定细化。

七、反垄断法中规定的法律责任

依据我国《反垄断法》规定，垄断行为应承担的法律责任包括民事责任和行政责任。此外，还包括反垄断执法机构执法过程中相关人员或单位的责任以及反垄断执法机构工作人员在执法过程中的责任。

（一）垄断行为的民事责任

《反垄断法》规定民事责任的意义在于保护合法经营者和消费者的权益不受损害，以及弥补其受到的损害，获得相应的补偿。《反垄断法》第50条规定，"经营者实施垄断行为，给他人造成损失的，依法承担民事责任。"可以说该条规定原则上确立了我国的反垄断民事赔偿机制，使得受到垄断行为损害的主体可以通过民事救济途径获得补偿。

（二）垄断行为的行政责任

《反垄断法》规定行政责任的目的在于利用行政处罚的手段使被破坏的市场经济竞争秩序得以恢复。《反垄断法》对于经济性垄断只规定了罚款这一种行政责任形式。每一种经济性垄断行为可能承担的罚款数额以及考虑因素，本书不再赘述。而对于行政性垄断行为，《反垄断法》只规定了"由上级机关责令改正；对直接负责的主管人员和其他直接责任人员依法给予行政处分"内容。

依据《反垄断法》第 53 条的规定，对于反垄断执法机构的行政处罚决定不服的，当事人可以自由选择行政复议或行政诉讼。

（三）反垄断法中的刑事责任

在反垄断执法机构执法过程中，相关人员或单位拒绝提供有关材料、信息，或者提供虚假材料、信息，或者隐匿、销毁、转移证据，或者有其他拒绝、阻碍调查行为的，反垄断法除了规定行政责任之外，还规定了相应的刑事责任。

此外，对于反垄断执法机构工作人员在执法过程中滥用职权、玩忽职守、徇私舞弊或者泄露执法过程中知悉的商业秘密，构成犯罪的，依法追究刑事责任；尚不构成犯罪的，依法给予行政处分。

第三节　反不正当竞争法律制度

一、反不正当竞争法的立法目的和调整对象

（一）反不正当竞争法的立法目的

立法目的是制定、解释、适用以及研究法律理论的依据和指针，因此，把握一部法律的立法目的有助于切实掌握该部法律的实质精神。《反不正当竞争法》第 1 条明确指出制定该法的目的是"促进社会主义市场经济健康发展，鼓励和保护公平竞争，制止不正当竞争行为，保护经营者和消费者的合法权益"。从反不正当竞争法的内容与结构上看，反不正当竞争法的立法目的可以分为以下三个层次：

第一个层次是"制止不正当竞争行为，鼓励和保护公平竞争"。该层次是反不正当竞争法立法的直接目的。反不正当竞争法首先规制的是具体的不正当竞争行为，从而才可以维护公平的市场竞争机制。对于"不正当竞争行为"，《反不正当竞争法》在第 2 条第 2 款予以界定，是指"经营者在生产经营活动中，违反本法规定，扰乱市场竞争秩序，损害其他经营者或者消费者的合法权益的行为"。不正当竞争行为是整部《反不正当竞争法》规制的核心部分，正是规制各种反面的危害公平竞争的行为，才得以达至保护正面的公平竞争秩序，为具体的竞争行为提供模式，以规范和引导竞争者开展公平竞争。

第二个层次是"保护经营者和消费者的合法权益"。该层次是反不正当竞争法的间接目的。不正当竞争行为往往具有损害竞争对手和消费者合法权益的双重性质。

对于"经营者",《反不正当竞争法》在第 2 条第 3 款予以界定，是指"从事商品生产、经营或者提供服务的自然人、法人和非法人组织"。此处的经营者主要是指从事不正当竞争行为的经营者的竞争对手，即与该经营者处于同一竞争关系的经营者。消费者指的是为生活消费需要而购买、使用商品或者接受服务的个人。《反不正当竞争法》直接规制的是不正当竞争行为，但是其直接保护的是竞争秩序，而不是竞争者。所以经营者与消费者乃是对竞争持续进行保护的间接受益者。

第三个层次是"促进社会主义市场经济健康发展"。该层次是《反不正当竞争法》的最终目的。《反不正当竞争法》是 1993 年 3 月《宪法》修正案通过以后制定的，该修正案明确确认了"社会主义市场经济体制"。因此在随后制定的《反不正当竞争法》保障的是社会主义市场经济，而不是其他类型的经济体制。社会主义市场经济仍旧是市场经济，具有市场经济的一般共性，即以市场竞争作为调节资源配置的主要手段。竞争机制乃是市场经济的基本运行机制之一，而只有通过优胜劣汰才可以使市场的竞争者不断地改进自己的技术，提高产品的质量，不断完善提供的服务，不断降低自己的成本，才可以使消费者享有更好的服务，买到物美价廉的商品。但是不可避免的是，竞争的副产品——不正当竞争行为也会随之产生，扰乱市场竞争秩序。所以才需要制定《反不正当竞争法》，以抑制市场经济的消极影响，规范市场竞争秩序，使竞争行为符合社会主义市场经济的发展要求，从而有利于发展社会主义生产力，有利于提高人们物质文化生活水平，有利于提高我国的综合国力。

（二）反不正当竞争法的调整对象

反不正当竞争法的调整对象与反不正当竞争法的立法目的直接相关，因为立法目的决定了本法要保护的利益，而调整对象则是所保护利益的现实载体。但是由于国家对竞争关系的管理，所以才出现了反不正当竞争法调整对象两分法的观点，即竞争关系与竞争管理关系。其中竞争关系具体细分为基于正常竞争而在竞争者之间形成的竞争关系及使用不正当手段或者其他方法形成的竞争关系。而反不正当竞争法侧重于从反面规制不正当竞争行为，从而保护正常的竞争秩序。

由于竞争法目标是创制公平的竞争规则。因此，竞争者之间的竞争乃是横向的竞争关系，而国家与竞争者之间的竞争管理关系则是纵向的竞争管理关系。横向的竞争关系只有在纵向的竞争管理关系的框架下才能运行，纵向的竞争管理关系必须以横向的竞争关系为基础，为横向的竞争关系的运行提供前提条件，也为横向的竞争关系的运行提供保障。可见这两种关系是相互制约、相互作用的，二者是不可分割的。如果将这两种关系强行分割开来，则不会出现现代意义的竞争法。事实上，其他国家的反不正当竞争法的成功经验就在于，将市场经济中所形成的竞争关系与竞争管理关系作为一个整体加以调整。

《反不正当竞争法》调整横向的竞争关系的具体内容主要表现为：①界定竞争的领域，以创设竞争条件，保证竞争有序进行。如果竞争者超越竞争的领域就不属于竞争法调整范畴。②国家界定竞争者在竞争过程中竞争权利、竞争义务、竞争责任，以保证竞争在合法的状态下进行。③国家界定不正当竞争行为的具体种类，以此规范竞争者的竞争行为，保证竞争秩序的正常化。由此可见，反不正当竞争法更加注重从宏观上、整体上加以调整。这也正是反不正当竞争法与调整微观竞争领域的合同法、民法的主要区别。也正是这种区别才使反不正当竞争法归属于经济法的范畴，而不是其他法律部门。但是这也反映了反不正当竞争法与民法存在着一定的交叉与联系。

反不正当竞争法调整国家与竞争者之间的竞争管理关系的具体内容主要表现为：①确定竞争监督管理体制，创制反不正当竞争执法机构并规定其地位，保证竞争执法机构与其他执法部门的协调工作；②确定反不正当竞争执法机构的职责权限，以及对不正当竞争行为进行监督管理的范围与方式；③确定反不正当竞争执法机构行使调查、处理反不正当竞争案件职权时的执法程序，以保证反不正当竞争法实体法的贯彻实施；④反不正当竞争执法机构依据反不正当竞争法的规定，做出执法解释或依此对案件做出裁判，以此规范竞争秩序。

所以，反不正当竞争法调整的对象包括两个方面：一类是竞争者之间的竞争关系，另一类是国家基于对经济的干预而与竞争者形成的竞争管理关系。

二、不正当竞争行为概述

（一）不正当竞争行为的概念和特征

1. 不正当竞争行为的概念。德国《反不正当竞争法》第 1 条规定："行为人在商业交易中以竞争为目的而违背善良风俗，可向其请求停止行为和损害赔偿。"匈牙利《禁止不正当竞争法》第 3 条规定："①企业主必须注意经济竞争的自由和公平。②禁止以欺诈的手段，特别是以侵犯或危害竞争者与消费者的合法权益，或者以违反诚实经营的手段进行经济活动。"《保护工业产权巴黎公约》第 10 条规定："凡在工商业活动中违反诚实惯例的竞争行为即构成不正当竞争的行为。"我国《反不正当竞争法》第 2 条第 2 款规定："本法所称的不正当竞争行为，是指经营者在生产经营活动中，违反本法规定，扰乱市场竞争秩序，损害其他经营者或者消费者的合法权益的行为。"

法国著名的反不正当竞争法专家塞特·戈尔（Saint Gal）认为："凡利用欺诈的手段出售其产品，目的在于从所取得现状获得利益，或使他人的商品或企业解体，其中包括尚不足以使其商业市场之全部或一部分受到打击的行为，均应视为实现经济竞争中的不正当竞争。"[1]有人认为，"不正当竞争，主要是指经营者采用欺骗、胁迫、利诱以及其他违背诚实信用和公平竞争商业惯例的手段从事市场交易。"[2]还有人认为，"不正当竞争行为，就是经营者采取不正当的手段争取交易机会的行为，

---

〔1〕 戴奎生、邵建东、陈立虎：《竞争法研究》，中国大百科全书出版社 1993 年版，第 14 页。

〔2〕 国家工商行政管理局条法司：《现代竞争法的理论与实践》，法律出版社 1993 年版，第 17 页。

而不正当手段则是违反《反不正当竞争法》规定的'损害其他经营者的合法权益，扰乱社会经济秩序'的行为。"[1]

对于不正当竞争行为的界定应当指出该行为的违法性、行为主体、行为危害性以及行为目的。本书认为，不正当竞争行为是指竞争者实施的违反竞争法规定，以谋取非法利益为目的，采用不正当手段损害其他竞争者以及消费者的利益，扰乱社会竞争秩序的竞争行为。

2. 不正当竞争行为的特征。

（1）不正当竞争行为的主体为违法竞争经营者。不正当竞争行为的实施主体为市场交易的参加者。根据我国《反不正当竞争法》第2条第3款，所谓"经营者"是指从事商品生产、经营或者提供服务的自然人、法人和非法人组织。有可能从事不正当竞争的主体范围很广，只要是参与到市场竞争中的主体就有可能成为不正当竞争行为的实施主体，这既包括依法登记并具有法人资格的企业、事业单位、社会团体，也包括依法登记但不具有法人资格的私营独资企业、合伙企业，不具有法人资格的中外合作企业、外商独资企业等经济组织以及个体工商户等。

（2）不正当竞争行为是一种违法行为。不正当竞争行为的违法性主要表现在违反了《反不正当竞争法》的规定，这既包括违反了该法第二章关于禁止不正当竞争行为的各种具体规定，也包括违反该法原则性的规定，尤其是根据不正当竞争行为的一般概念判定第二章所列举以外的各种不正当竞争行为。由于在现实的经济交往中，不正当竞争行为具有复杂性与多样性，并且随着经济实践的发展，各种各样的不正当竞争行为还会层出不穷，所以，如果一个行为并未被《反不正当竞争法》明确列为不正当竞争行为，但是该行为违背了自愿、公平、平等、诚实信用的原则，违背了公认的商业道德，损害了其他经营者或者消费者的合法权益，扰乱了市场竞争秩序，则该行为仍应当认定为不正当竞争行为。

（3）不正当竞争行为是一种侵权行为。所谓不正当竞争行为的侵权性，是指不正当竞争行为损害了或者可能损害了经营者的合法权益。不正当竞争行为采用不正当的手段破坏市场竞争秩序，损害其他经营者的合法权益，比如其他经营者的知识产权、名誉权、财产权等，使守法的经营者蒙受物质上与精神上的双重损害。"其他经营者"应当做广义的理解，既包括实际的经营者，也包括潜在的经营者。因为竞争是一个动态的过程，如果某些竞争者采取了不正当竞争行为，从而使市场的准入标准提高，阻碍了其他竞争者的进入，这实际上取消了其他经营者竞争的资格。另外，一些不正当竞争行为还有可能损害消费者的利益，比如虚假广告与欺骗性的有奖销售。

另外，不正当竞争行为的侵害结果既可以是已经发生损害结果，也可以是损害结果尚未发生。损害结果已经发生容易认定，问题在于损害结果尚未发生时如何确

〔1〕　孔祥俊：《反不正当竞争法的适用与完善》，法律出版社1998年版，第50页。

定该行为的违法性。一个不正当竞争行为在没有发生现实的损害结果时，就没有受到损害的利益相对人。但是这仍然侵犯了正常的竞争秩序，损害了国家对经济秩序的管理，所以对于此种类型的行为，仍需要对不正当竞争行为主体进行行政处罚。

（二）不正当竞争行为的类型及其表现

1. 市场混淆行为。市场混淆行为，是指经营者采用假冒或者模仿之类的不正当手段，使其商品或提供的服务与他人的商品或提供的服务相混淆，而导致或足以导致购买者误认的行为。

根据 2017 年修订的《反不正当竞争法》第 6 条的规定，[1]我国法律规定的市场混淆行为主要有：

（1）擅自使用与他人有一定影响的商品名称、包装、装潢等相同或者近似的标识。这一不正当竞争行为的构成要件有：①商品名称、包装、装潢等须有一定影响。"有一定影响"是一个相对概念，是指在相关大众中有一定知名度的商品。一般来讲，如果某一商品能够得以较长时期并广泛地销售、使用，在其相关领域广为人知并有较好的声誉，则可以认定其有一定影响。有一定影响的商品特有的名称、包装、装潢，是指经营者为自己的商品独创的具有显著性特点的名称、包装、装潢，是该商品与其他商品相区别的标志。只有这样，才能成为有一定影响的商品的象征，对它的擅自使用即构成不正当竞争行为。②这一不正当竞争行为在客观方面表现为两种基本形式：一种是使用与他人有一定影响的商品相同的名称、包装、装潢，即做相同使用；另一种是使用他人有一定影响的商品近似的名称、包装、装潢，即做相近似的使用。

（2）擅自使用他人有一定影响的企业名称（包括简称、字号等）、社会组织名称（包括简称等）、姓名（包括笔名、艺名、译名等）。企业名称、社会组织名称、姓名是区别商品或服务来源的营业标志，是反映经营者的营业或服务活动的外在特征。企业名称、社会组织名称、姓名体现了经营者通过付出努力和资本获得的无形资产。保护企业名称、社会组织名称、姓名，可以保护附于名称或者姓名中的商业信誉。盗用他人的商业信誉是典型的不正当竞争行为。

该行为具有两个基本特征：①在客观上擅自使用他人有一定影响的企业名称、

第十三章

---

〔1〕 我国 1993 年《反不正当竞争法》第 5 条对禁止市场混淆行为作了列举性规定。2017 年《反不正当竞争法》修订，主要包括以下三个方面：一是进一步澄清了混淆行为的概念，以"引人误认为是他人商品或者与他人存在特定联系"作为判断标准，以被仿冒的标识在相关领域中"有一定影响"为前提。二是以列举加兜底方式对混淆行为进行规制，以适应实践发展的需要，防止挂一漏万。三是删除了其他法律法规、本法其他条款已有明确规定的内容。例如，"假冒他人注册商标"已有《商标法》规范；"在商品上伪造或者冒用认证标志、名优标志等质量标志，伪造产地，对商品质量作引人误解的虚假表示"已有《产品质量法》《消费者权益保护法》《认证认可条例》等规范；"对商品质量作引人误解的虚假表示"，与《反不正当竞争法》关于禁止虚假宣传的规定存在交叉重叠，这次修改，将上述内容予以删除。

社会组织名称、姓名；②使人误认为是他人的商品，即导致市场交易中商品来源的混淆。在具体认定时需注意：其一，企业登记主管机关依法登记注册的企业名称，以及在中国境内进行商业使用的外国企业名称，应当认定为本条规定的"企业名称"。具有一定的影响力，有一定的市场知名度、为相关公众所知悉的企业名称中的字号，可以认定为本条规定的"企业名称"。其二，依法登记注册的社会组织的名称，在市场上有一定的影响力和知名度，可以认定为本条规定的"社会组织名称"。其三，在商品经营中使用的自然人的姓名，应当认定为本条规定的"姓名"。具有一定的市场知名度、为相关公众所知悉的自然人的笔名、艺名、译名等，可以认定为本条规定的"姓名"。

（3）擅自使用他人有一定影响的域名主体部分、网站名称、网页等的行为。新修订的《反不正当竞争法》于本条将"擅自使用他人有一定影响的域名主体部分、网站名称、网页等"行为也认定为是经营者的市场混淆行为。这意味着，"山寨"他人有一定影响的域名、网站、网页等网络活动中的特殊标识将受到反不正当竞争法的规制。这对于规范网络环境，保护互联网企业的正当权益有着重要作用。

（4）其他足以引人误认为是他人商品或者与他人存在特定联系的混淆行为。为规范今后可能出现的其他混淆行为，本条规定了兜底认定条款，即"其他足以引人误认为是他人商品或者与他人存在特定联系的混淆行为"。需要说明，适用兜底条款应当慎重，即仅在其行为"足以"引人误认为是他人商品或者与他人存在特定联系时，才构成本条规定的市场混淆行为。而是否属于混淆，最终要从结果上进行判断。其中"引人误认"一般以相关公众（即相关领域的普通消费者，区别于专业人士、无关人员）以与商品价值相适应的一般注意力对商品形成的整体印象来进行判断。混淆的结果包括两种：一种是商品来源混淆，即把经营者的商品误认为是他人商品；另一种是特定联系混淆，即误以为该经营者或者其商品与被混淆对象存在商业联合、许可使用、商业冠名、广告代言等特定关系。

2. 商业贿赂。商业贿赂是指经营者在市场交易活动中，为争取交易机会，特别是为争得相对于竞争对手的市场优势，通过秘密给付财物或者其他报酬等不正当手段贿赂对方单位或者个人的行为。根据国家工商行政管理总局《关于禁止商业贿赂行为的暂行规定》，所谓财物，是指现金和实物，包括经营者为销售或购买商品，假借促销费、宣传费、赞助费、科研费、劳务费、咨询费、佣金等名义，或者以报销各种费用等方式，给付对方单位或者个人的财物。所谓其他手段，是指提供国内外各种名义的旅游、考察等给付财物以外的其他利益的手段。

商业贿赂具有以下特征：

（1）商业贿赂的主体是从事市场交易的经营者，既可以是卖方，也可以是买方。

（2）商业贿赂是经营者在主观上出于故意和自愿进行的行为，其目的是为了排挤竞争对手以占取竞争优势。

（3）商业贿赂在客观方面表现为违反国家有关财务、会计及廉政等方面的法律、法规的规定，秘密给付财物或其他报酬，具有很大的隐蔽性。

（4）商业贿赂的对象是对其交易项目的成交具有决定性影响的单位或者个人。具体包括交易相对方的工作人员、受交易相对方委托办理相关事务的单位或者个人以及利用职权或者影响力影响交易的单位或者个人。

（5）商业贿赂的形式除了金钱回扣之外，还有提供免费度假、旅游、高档宴席、色情服务，赠送昂贵物品，房屋装修，以及解决子女、亲属入学、就业等多种方式。

根据我国 2017 年修订的《反不正当竞争法》第 7 条规定，[1]经营者不得采用财物或者其他手段贿赂特定单位或者个人，以谋取交易机会或者竞争优势，但是，"经营者在交易活动中，可以以明示方式向交易相对方支付折扣，或者向中间人支付佣金。经营者向交易相对方支付折扣、向中间人支付佣金的，应当如实入账。接受折扣、佣金的经营者也应当如实入账"。根据国家工商行政管理总局《关于禁止商业贿赂行为的暂行规定》，所谓回扣，是指经营者销售商品时在账外暗中以现金、实物或者其他方式退给对方单位或者个人的一定比例的商品价款；所谓折扣，即商品购销中的让利，是指经营者在销售商品时，以明示并如实入账的方式给予对方的价格优惠，包括支付价款时对价款总额按一定比例即时予以扣除和支付价款总额后再按一定比例予以退还两种形式；所谓佣金，是指经营者在市场交易中给予为其提供服务的具有合法经营资格的中间人的劳务报酬；所谓账外暗中，是指未在依法设立的反映其生产经营活动或者行政事业经费收支的财务账上按照财务会计制度规定明确如实记载，包括不记入财务账、转入其他财务账或者做假账等；所谓明示和入账，是指根据合同约定的金额和支付方式，在依法设立的反映其生产经营活动或者行政事业经费收支的财务账上，按照财务会计制度规定明确如实记载。

3. 虚假或者引人误解的商业宣传。根据我国 2017 年修订的《反不正当竞争法》第 8 条的规定，[2]经营者不得对其商品的性能、功能、质量、销售状况、用户评价、曾获荣誉等作虚假或者引人误解的商业宣传，欺骗、误导消费者；经营者不得通过

---

[1] 1993 年《反不正当竞争法》第 8 条对禁止商业贿赂作了规定。2017 年《反不正当竞争法》修订，主要包括以下方面：一是对商业贿赂的对象作了系统梳理，由"对方单位或者个人"修改为"交易相对方的工作人员""受交易相对方委托办理相关事务的单位或者个人"以及"利用职权或者影响力影响交易的单位或者个人"三类主体；二是突出了商业贿赂的本质特征，即其目的是谋取交易机会或者竞争优势；三是增加了关于员工行贿的责任认定规定。

[2] 1993 年《反不正当竞争法》第 9 条对禁止引人误解的虚假宣传作了规定。2017 年《反不正当竞争法》修订，主要包括以下方面：一是删除了关于禁止虚假广告的内容，因为《广告法》已经对此作了专门规定。二是针对电子商务领域通过虚假交易进行虚假宣传问题，特别强调，经营者不得对其商品的"销售状况""用户评价"作虚假宣传；同时增加一款规定，经营者不得通过组织虚假交易等方式，帮助其他经营者进行虚假或者引人误解的商业宣传。三是明确了虚假宣传的形式是虚假或者引人误解的商业宣传，结果是欺骗、误导消费者。

组织虚假交易等方式，帮助其他经营者进行虚假或者引人误解的商业宣传。

我国现行法规定的虚假或者引人误解的商业宣传既包括虚假宣传，也包括引人误解的宣传两种类型。所谓虚假宣传，是指商品宣传的内容与商品的实际情况不相符合。所谓引人误解的宣传，是指就一般的社会公众的合理判断而言，宣传的内容会使接受宣传的人或者受宣传影响的人对被宣传的商品产生错误的认识，从而影响其购买决策的商品宣传。有些宣传的内容虽是真实的，但仍然可能产生引人误解的后果。经营者具有下列行为之一，足以造成相关公众误解的，可以认定为本条规定的引人误解的宣传：①对商品作片面的宣传或者对比的；②将科学上未定论的观点、现象等当作定论事实用于商品宣传的；③以歧义性语言或者其他引人误解的方式进行商品宣传的。

值得注意的是，目前电子商务领域利用虚假交易进行虚假宣传的情况较为普遍，有的网店通过虚假交易给自己虚构成交量、交易额、用户好评，以吸引消费者点击、购买，即通过"刷单炒信"的方式不正当地谋取交易机会或者竞争优势。针对上述情况，新修订的《反不正当竞争法》第8条一方面特别强调经营者不得对其商品的"销售状况""用户评价"等作虚假或者引人误解的商业宣传，欺骗误导消费者；另一方面，增设一款，明确规定"经营者不得通过组织虚假交易等方式，帮助其他经营者进行虚假或者引人误解的商业宣传"。

4. 侵犯商业秘密。根据2017年修订的《反不正当竞争法》第9条的规定，[1]所谓商业秘密，是指不为公众所知悉、具有商业价值并经权利人采取相应保密措施的技术信息和经营信息。认定商业秘密，需要把握以下要件：①该信息不为公众所知悉，即具有秘密性。这种秘密性是相对的。一个经营者的独门秘方可能是商业秘密；几个经营者分头研发得到的相同技术成果，只要其他多数经营者不掌握，也可能分别构成商业秘密。②该信息具有商业价值。首先，具有商业价值，是指该信息能够给经营者带来经济利益或者竞争优势；其次，具有商业价值的信息，可以是能够带来直接的、现实的经济利益或者竞争优势的信息，也可以是能够带来间接的、潜在的经济利益或者竞争优势的利益。③权利人采取了相应保密措施。首先，保密措施的方式是多种多样的；其次，保密措施应当与商业秘密的商业价值、独立获取难度等因素"相应"。商业秘密的价值越大，他人通过独立研发、反向工程获取的难度越大，经营者就有义务采取越严格的保密措施；如果商业秘密的价值较小，他人独立获取难度不大，对经营者提出过高的保密要求，则不具有经济合理性。④该信息应当是技术信息或者经营信息。对二者应作广义理解。技术信息可以包括产品

---

[1] 1993年《反不正当竞争法》第10条对禁止侵犯商业秘密作了规定。2017年《反不正当竞争法》修订，主要包括以下方面：一是对商业秘密的定义作了进一步修改完善，将"能为权利人带来经济利益"修改为"具有商业价值"，删除了"实用性"要求，明确了权利人采取保密措施的标准是"相应"；二是对员工、前员工参与侵犯商业秘密问题，作了进一步梳理、完善。

配方、设计方案、加工工艺、操作手法、控制程序、制作方法等信息。经营信息可以包括客户信息、货源信息、产销信息、招投标中的标底及标书内容等信息。[1]

此外，根据《反不正当竞争法》和国家工商行政管理总局《关于禁止侵犯商业秘密行为的若干规定》规定，侵犯商业秘密行为主要有五种表现形式：

（1）以盗窃、贿赂、欺诈、胁迫或者其他不正当手段获取权利人的商业秘密；

（2）披露、使用或者允许他人使用以前项手段获取权利人的商业秘密；

（3）与权利人有业务关系的单位和个人违反合同约定或者违反权利人保守商业秘密的要求，披露、使用或者允许他人使用其所掌握的权利人的商业秘密；

（4）权利人的职工违反合同约定或者违反权利人保守商业秘密的要求，披露、使用或者允许他人使用其所掌握的权利人的商业秘密；

（5）第三人明知或者应知商业秘密权利人的员工、前员工或者其他单位、个人实施前款所列违法行为，仍获取、披露、使用或者允许他人使用该商业秘密。《反不正当竞争法》从保护公平竞争、制止不正当竞争的角度，将侵犯商业秘密的行为作为不正当竞争行为予以禁止，是对我国知识产权法律制度的补充。同时，《反不正当竞争法》为制止人才流动中的侵犯商业秘密的行为提供了法律依据。

5. 违反规定的有奖销售。有奖销售，是指经营者销售商品或者提供服务，附带性地向购买者提供物品、金钱或者其他经济上的利益的行为，包括奖励所有购买者的附赠式有奖销售和奖励部分购买者的抽奖式有奖销售。凡以抽签、摇号等带有偶然性的方法决定购买者是否中奖的，均属于抽奖方式。抽签、摇号是典型的抽奖式有奖销售方式，但抽奖式有奖销售并不限于这些方式。在有奖销售中，凡以偶然性的方式决定参与人是否中奖的，均属于抽奖式有奖销售，而偶然性的方式是指具有不确定性的方式，即是否中奖只是一种可能性。经政府或者政府有关部门依法批准的有奖募捐及其他彩票发售活动，不适用本规定。

根据2017年修订的《反不正当竞争法》第10条的规定，经营者进行有奖销售不得存在下列情形：

（1）所设奖的种类、兑奖条件、奖金金额或者奖品等有奖销售信息不明确，影响兑奖；

（2）采用谎称有奖或者故意让内定人员中奖的欺骗方式进行有奖销售；

（3）抽奖式的有奖销售，最高奖的金额超过5万元。

6. 商业诽谤。2017年修订的《反不正当竞争法》第11条规定："经营者不得编造、传播虚假信息或者误导性信息，损害竞争对手的商业信誉、商品声誉。"经营者编造、传播虚假信息或者误导性信息，损害竞争对手的商业信誉、商品声誉（即商业诽谤），是侵害公民或法人名誉权和荣誉权行为的一种商业化表现形式。商业诽谤是一种典型的不正当竞争行为。商业信誉和商品声誉是经营者在市场竞争中赢得优

---

[1] 参见王瑞贺主编：《中华人民共和国反不正当竞争法释义》，法律出版社2018年版，第29~30页。

势地位的资本和支柱。损害竞争对手的商业信誉、商品声誉，会给竞争对手的正常经营活动造成不利影响，损害其应有的市场竞争优势地位，甚至导致严重的经济损失。

商业诋毁行为在构成要件上有以下特点：①行为主体必须是经营者，即从事商品经营或者营利性服务的法人、其他经济组织和个人。②行为人主观方面为故意，而不是过失。行为人实施商业诋毁行为，是以削弱竞争对手的市场竞争力并谋求自己的市场竞争优势为目的的。③侵害客体是作为行为人竞争对手的经营者的商誉。④行为的客观方面表现为编造、传播虚假信息或者误导性信息，对竞争对手的商誉进行诋毁、贬低，给其造成或可能造成一定的损害后果。编造虚假信息或者误导性信息，是指故意编造对竞争对手不利的，与其商业信誉、商品声誉真实情况不相符合的事情，包括无中生有的编造，也包括对事实的恶意歪曲。传播虚假信息或者误导性信息，是指以各种形式使他人知悉其所编造的虚假信息或者误导性信息。商业诋毁行为主要表现为：①利用散发公开信、召开新闻发布会、刊登对比性广告、声明性广告等形式，制造、散布贬损竞争对手商业信誉、商品声誉的虚假信息或者误导性信息。②在对外经营过程中，向业务客户及消费者散布虚假信息或者误导性信息，以贬低竞争对手的商业信誉，诋毁其商品或服务的质量声誉。③利用商品的说明书，吹嘘本产品质量上乘，贬低同业竞争者生产销售的同类产品。④唆使他人在公众中造谣并传播、散布竞争对手所售的商品质量有问题，使公众对该商品失去信赖，以便自己的同类产品取而代之。⑤组织人员，以顾客或消费者的名义，向有关经济监督管理部门做关于竞争对手产品质量低劣、服务质量差、侵害消费者权益等情况的虚假投诉，从而达到贬低其商业信誉的目的。

7. 互联网不正当竞争行为。近年来，随着互联网技术和商业模式的快速发展，互联网领域涉及不正当竞争的纠纷不断出现。2017 年修订的《反不正当竞争法》，根据互联网领域反不正当竞争的客观需要，专门增加了针对互联网领域不正当竞争行为的规定。根据该法第 12 条的规定，经营者不得利用技术手段，通过影响用户选择或者其他方式，实施下列妨碍、破坏其他经营者合法提供的网络产品或者服务正常运行的行为：

（1）未经其他经营者同意，在其合法提供的网络产品或者服务中，插入链接、强制进行目标跳转；

（2）误导、欺骗、强迫用户修改、关闭、卸载其他经营者合法提供的网络产品或者服务；

（3）恶意对其他经营者合法提供的网络产品或者服务实施不兼容；

（4）其他妨碍、破坏其他经营者合法提供的网络产品或者服务正常运行的行为。

以上行为属于互联网领域特有的、利用技术手段实施的不正当竞争行为。这类行为不同于传统经济领域内的不正当竞争行为，属于随着互联网技术的发展出现的新情况。修订前的《反不正当竞争法》对此缺乏相应的具体规范。对这类行为，以往司法实践中一般根据"一般条款"（《反不正当竞争法》第 2 条关于不正当竞争行为的规定），以相关行为违反诚实信用原则或者商业道德等，将其认定为不正当竞争行为并进行处理。

三、法律责任

根据我国《反不正当竞争法》的规定，不正当竞争行为应承担的法律责任包括经济民事责任、行政责任和刑事责任等责任形式。

（一）不正当竞争行为的经济、民事责任

《反不正当竞争法》规定经济、民事责任的意义在于保护经营者和消费者的合法权益权益不受损害，以及受到损害时可以得到相应的补偿。

经营者的不正当竞争行为给他人造成损害的，应当依法承担民事责任。

经营者的合法权益受到不正当竞争行为损害的，可以向人民法院提起诉讼。因不正当竞争行为受到损害的经营者的赔偿数额，按照其因被侵权所受到的实际损失确定；实际损失难以计算的，按照侵权人因侵权所获得的利益确定。赔偿数额还应当包括经营者为制止侵权行为所支付的合理开支。

经营者实施不正当竞争行为，应当承担民事责任、行政责任和刑事责任，其财产不足以支付的，优先用于承担民事责任。

（二）不正当竞争行为的行政责任

《反不正当竞争法》规定行政责任的目的在于，利用行政处罚的手段使被破坏的市场经济竞争秩序得以恢复。该法规定的行政责任形式主要包括责令停止违法行为、责令改正、消除影响、没收违法所得、罚款以及吊销营业执照等。每一种不正当竞争行为可能承担的行政责任的具体类型，不再赘述。

当事人对监督检查部门作出的决定不服的，可以依法申请行政复议或者提起行政诉讼。

（三）不正当竞争行为的刑事责任

刑事责任是对违法行为进行的最为严厉的法律制裁，适用于那些对其他经营者、消费者和社会经济秩序损害严重、情节恶劣的不正当竞争行为。对于刑事责任，《反不正当竞争法》只是作了原则规定，确定具体的刑事责任要适用我国刑事法律的相应规定。

案　例

一、企业行为不正当竞争案例

[案情] 常州市常新矿山机械设备公司系常州市朝阳街道所办的集体所有制企业。为扩大市场，该公司于 1995 年 3 月印制了 8500 份产品推销信函，拟邮寄给国内有关单位以推销自己的产品。该信函中称："本企业是机械部定点生产选矿设备和

水泥设备的专业骨干企业，系国家二级企业，有职工 1000 余人，其中工程技术人员近 200 人"，"主导产品球磨机曾先后获省优和部优称号，并出口到澳大利亚、越南等国家。"经调查发现，常新矿山机械设备公司在产品推销信函中关于企业和产品的介绍与事实不符，纯属捏造。直到案发日止，该公司已邮寄出这种具有虚假内容的信函 306 份。

常州市工商局钟楼分局根据上述调查的事实认为，常新矿山机械设备公司的行为违反了 1993 年《反不正当竞争法》第 9 条第 1 款的规定，构成不正当竞争行为。因此，该工商分局依照 1993 年《反不正当竞争法》第 24 条第 1 款的规定，对其作出如下处罚：①立即停止违法行为，清除影响，对剩余的信函予以没收；②处以 1 万元罚款，上缴国库。[1]

[点评] 本案中，常州常新矿山机械设备公司利用产品推销信函进行的虚假宣传行为，目前在社会上大量存在。这种行为的基本特点是在产品推销信函中对企业本身或对其产品做了引人误解的虚假介绍，这种介绍在客观上取得了一定的宣传效果。邮寄内容虚假的产品介绍材料，虽然不像虚假广告那样会造成众多消费者或用户的误解，但足以造成相关消费者或用户的误解。因此，常新矿山机械设备公司的行为属于不正当竞争行为。常州市工商局钟楼分局依据《反不正当竞争法》第 24 条的规定处理，定性准确，处罚得当。

二、行业协会涉嫌价格垄断案

国家发展改革委员会对方便面价格串通案调查情况的通报

[案情] 2007 年 7 月下旬以来，方便面涨价的消息引起社会各界广泛关注。国家发改委不断收到群众举报和律师来函，反映"世界拉面协会中国分会"（以下简称"方便面中国分会"）及相关企业涉嫌串通上调方便面价格。国家发改委随即立案调查，并约见有关人员了解情况。

现初步查明，2006 年底至 2007 年 7 月初，方便面中国分会先后三次召集有关企业参加会议，协商方便面涨价事宜。

一、基本事实

2006 年 12 月 26 日，方便面中国分会在北京召开第八次峰会，研究棕榈油和面粉涨价引起的企业成本增加问题。会议商定了高价面（当时价格每包 1.5 元以上）、中价面（当时价格每包 1 元以上）和低价面（当时价格每包 1 元以下）涨价的时间和实施步骤。

2007 年 4 月 21 日，方便面中国分会在杭州召开第九次峰会，再次研究方便面调价日程。会议明确了调价幅度和调价时间，高价面从每包 1.5 元涨到 1.7 元，计划 6 月 1 日全行业统一上调。

---

〔1〕 徐杰、时建中主编：《经济法概论案例教程》，知识产权出版社 2004 年版。

2007年7月5日，方便面中国分会又一次在北京召开价格协调会议，部分企业决定从7月26日起全面提价。7月23日，该会负责人接受媒体采访，公布了涨价消息，社会反响强烈。

有关企业按照以上会议的协调与安排，从2007年6月起，相继调高了方便面价格。

二、认定结论

国家发改委认定：方便面中国分会多次组织企业策划、协调、商议方便面涨价幅度、步骤、时间；印刷会议纪要在《中国面制品》杂志刊发，向全行业传递龙头企业上调价格的信息；通过媒体发布方便面涨价信息，致使部分地区不明真相的群众排队抢购。上述行为，严重扰乱了市场价格秩序，阻碍了经营者之间的正当竞争，损害了消费者合法权益。此外，方便面中国分会在被调查过程中，没有提供完整的会议纪要文本；接受调查后，通过媒体发表不实言论，否认串通涨价事实。

方便面中国分会和相关企业的行为，违反了《价格法》第7条"经营者定价，应当遵循公平、合法和诚实信用的原则"、第14条"经营者不得相互串通，操纵市场价格"、第17条"行业组织应当遵守价格法律、法规，加强价格自律"，以及国家发改委《制止价格垄断行为暂行规定》第4条"经营者之间不得通过协议、决议或者协调等串通方式统一确定、维持或变更价格"的规定，已经构成相互串通、操纵市场价格的行为。

三、处理意见

国家发改委责令方便面中国分会立即改正错误；公开向社会作出正面说明，消除不良影响；宣布撤销三次会议纪要中有关集体涨价的内容。对方便面中国分会和相关企业的串通涨价行为，国家发改委将深入调查，并依法作出进一步处理。

国家发改委价格监督检查司有关负责人员指出，方便面价格属于市场调节价，企业有权自主决定。今年上半年，由于进口棕榈油、小麦粉（方便面面饼用料）价格大幅上涨，推动方便面生产成本上升。在这种情况下，企业适当提高方便面价格是可以理解的。但企业调整价格的行为必须符合《价格法》规定，严禁由行业组织牵头实施价格联盟，严禁企业之间采取相互串通等不正当竞争手段操纵市场价格。国家发改委提醒，所有行业协会和经营者要引以为戒，正在酝酿串通涨价的要立即停止；已经有串通涨价苗头和行动的要主动纠正，立即停止执行。同时要求所有行业组织都应当增强价格法制意识，依法开展行业协会工作，引导企业合法经营、正当竞争。所有企业都要正确行使定价权，遵循公平、合法和诚实信用的原则定价，严格遵守国家法律、法规规定，通过改善品质、创新技术、改革机制等途径，消化成本上升压力。

日前，按国家发改委的部署，各级人民政府正在全国集中开展主要食品价格及相关收费专项检查。各级价格主管部门要依法严厉查处经营者之间相互串通，或者通过行业协会、中介组织以协议、决议、会议纪要、协调、口头约定等方式合谋涨

第十三章

价；捏造、散布涨价信息，囤积商品，造成不明真相的群众排队抢购，导致商品价格出现大幅度上涨；以及通过抬高等级、短缺数量、以假充真、以次充好等欺诈手段变相提高价格的行为。对检查发现的典型案件将公开曝光，并追究相关责任人、领导人的责任。

国家发改委欢迎新闻媒体、社会各界和广大群众积极参与价格监督，如发现价格违法线索，随时向各级价格主管部门设立的"12358"价格举报电话投诉。国家发改委希望通过社会各界共同努力，坚决查处各类价格违法行为，切实整顿和规范市场价格秩序，维护广大群众的利益。

[点评] 本案是 2007 年发生的一起典型的行业协会主导的横向价格垄断协议案件。横向价格垄断协议又称为横向价格卡特尔，是严重违法的垄断行为，外国反垄断法对横向卡特尔的态度十分严厉，一般都适用"本身违法"原则。

案件发生在《反垄断法》实施之前，因此，我们可以看出负责处理价格垄断案件的国家发改委处理该案的主要法律依据是《价格法》的有关规定。在当年 8 月底通过的我国《反垄断法》第 13 条明确禁止了经营者"固定或变更商品价格"。这个条款将成为今后我国处理横向价格垄断协议案件最重要的法律依据。

本案的一个特别之处在于发起横向价格垄断协议的是行业协会。行业协会由于其特殊的法律性质使得其在发动横向价格垄断协议的时候比一般的企业更具有优势和号召力，自然也容易受到立法和执法机构的关注。我国《反垄断法》第 16 条明确禁止行业协会组织本行业的经营者达成垄断协议。如果行业协会组织本行业经营者达成垄断协议的，反垄断执法机构可处以 50 万元以下的罚款，情节严重的，社会团体登记机关可以撤销登记。

三、寡头经营者分割销售市场案

中国电信集团公司与中国网络通信集团公司合作协议

[案情] 本协议由以下双方于 2007 年 2 月 16 日在北京市签署：

中国电信集团公司（以下简称"中国电信"）

注册地址：北京市西城区金融大街 31 号

法定代表人：王晓初

中国网络通信集团公司（以下简称"中国网通"）

注册地址：北京市西城区复兴门内大街 156 号 C 座

法定代表人：张春江

中国电信和中国网通作为国有特大型通信骨干企业，经营本地电话、长途电话、国际电话和互联网业务等电信业务，肩负着向社会提供通信服务、推进国家信息化、促进国民经济和社会发展的历史重任。

中国电信和中国网通以国务院《关于印发电信体制改革方案的通知》（国发［2001］36 号）文件精神为指导，及时主动落实中央提出的科学发展观和国家建设资源节约型社会的方略，进一步加强合作、理性竞争，对于营造规范的电信市场环境，确保国有资产保值增值，更好地服务于广大用户，具有深远的影响。

双方在遵守国家法律法规的前提下，本着"维持现状、面对现实、规范将来"的精神，经双方友好协商，达成以下共识。

1. 合作原则

1.1. 遵守国家法律法规，服从政府监管。

1.2. 公平公正对等，互惠互利，协调协商，诚实守信。

1.3. 合理利用资源，避免重复建设，促进共同发展。

1.4. 规范市场行为，开展理性竞争，避免恶性价格战。

1.5. 尊重用户权益，为用户提供更好的通信服务。

1.6. 在对等、公平、合理、科学的基础上，开展互联互通。

2. 合作内容

2.1 停止在非主导区域发展新用户（包括传统固话用户，大灵通、小灵通等无线市话用户，宽带用户，呼叫中心等所有类型客户）

2.1.1 非主导区域停止发展新政企客户

2.1.1.1 2007年3月1日前，在双方集团大客户部管控下，各省（区、市）非主导方向主导方提交在2007年2月28日前已提供服务的政企客户列表（含集团总部发展的客户），列表应包括客户所在地、客户名称、所提供的服务种类、是否单独提供服务等内容，双方据此共同确认政企客户名单和使用的业务。在双方确认的政企客户名单内的客户，视为老政企客户，不在双方确认的政企客户名单内的客户，视为新政企客户。

2.1.1.2 对于新政企客户

如客户需求不涉及跨南北，一律由主导方提供服务，非主导方不得进行投标和提供服务。

如客户需求涉及跨南北，由主导方投标，中标后，长途段由中标方提供；本地段南方21省由中国电信提供，北方10省由中国网通提供。

2.1.1.3 对于老政企客户

当该客户仅使用了一方的业务时，该方可继续跟踪服务，另一方不再参与竞标。

当该客户同时使用了双方的业务时，如客户提出需求是新业务需求且跨南北，由主导方投标，中标后，长途段由中标方提供；本地段南方21省由中国电信提供，北方10省由中国网通提供。如客户提出需求是新业务需求且不跨南北，由主导方投标并提供服务；如客户需求是在原有设备上进行扩容提供老业务，一律由原业务提供方提供业务。

2.1.1.4 为满足IDC、ISP、网吧客户的高通信质量需求，双方可为上述客户提供双接入服务。

2.1.1.5 双方不在非主导区域发展新的400X、800客户。

2.1.1.6 对 1 字头及 95/96 字头业务台

对 1 字头政府公务类、社会服务类短号码和 95 字头一点集中设台的企业短号码话务台业务，应由集中设台所在地的主导方进行投标，中标后，长途段由中标方提供；本地段南方 21 省由中国电信提供，北方 10 省由中国网通提供。

对 1 字头政府公务类、社会服务类短号码和 95 及 96 字头本地分散设台的企业短号码话务台业务，由主导方进行投标，中标后，南方 21 省由中国电信负责提供接入，北方 10 省由中国网通负责提供接入。

2.1.1.7 由中标方对技术规范、接口标准、设备型号及服务规范统一等组网方案进行要求，双方应在其主导区域内提供开通服务、故障测试、故障处理、运行报告等服务内容。

2.1.2 停止发展公众用户

2.1.2.1 自 2007 年 3 月 1 日起，非主导方在各本地网不再增加新的端局号，在各省不再增加新的 IP 地址段。

2.1.2.2 非主导方不再进行针对公众客户的基础电信业务的宣传及促销活动，不再推行新套餐，不再增加代理商。

2.1.2.3 非主导方电话用户总数在 2007 年 2 月底的基础上不再增加。非主导方电话用户总数以双方关口局过网的非主导方用户总数为准。2007 年 3 月 15 日前，双方集团交换分省的非主导方 2007 年 2 月过网电话用户总数。

2.1.2.4 非主导方宽带用户总数在 2007 年 2 月底的基础上不再增加。非主导方宽带用户总数以在信息产业部备案的非主导区域 IP 地址段下的用户总数为准。2007 年 3 月 1 日前，双方集团交换非主导方分省的 IP 地址段、宽带用户总数。

2.2 控制重复建设，加强资源合作

2.2.1 自 2007 年 3 月 1 日起，双方停止在非主导区域的所有项目投资，因安全因素所需的机房改造、优化互联网结构以及国际光缆引接三项投资除外。

2.2.2 双方在电信基础设施方面开展资源合作。双方在非主导区域内现有资源无法满足需求时，应优先租用主导方本地网网络元素和设施（包括电路、光纤、子管、管道、杆路等网络元素和局房、电源以及相关配套设施等），各自在本主导区域内以提供给大客户的最低价格向对方出租基础电信设施资源。

2.3 保证网间互联畅通

2.3.1 双方高度重视并充分满足对方的互联需求。一方向另一方提出互联申请后，另一方应积极配合，给予优先安排，保证在规定时限内完成网络互联和业务开放。双方均不擅自向对方开放或在对方网络开放双方尚未协商同意开放的网间业务。

2.3.2 双方协商确定网间互联方式，并相互配合做好互联电路的扩容、调整等工作。

2.3.3 双方在网间结算及大客户合作的结算工作中诚信合作，明确双方对口责任部门和具体负责人，规范账务核对、差异处理、资金结算周期与流程，相互提供

结算清单,以保证按时、准确、完整地进行结算,不得擅自以更改路由、变换主叫号码、人为调整网间结算数据或以机构变更重组等方式逃避、滞后结算。

2.4 规范通信建设行为

2.4.1 双方必须严格遵守通信建设的各项规定,不得危害对方通信设施安全。

2.4.2 双方严禁擅自改动、迁移、使用或拆除对方的通信线路(管线)及设施,严禁擅自将通信线路及设施引入或附挂在对方的机房、管道和杆路等设施。

2.4.3 双方严禁在对方固定通信线路上擅自加装各种电信设备(拨号器、选路器、音频接入设备、并接分线设备、小交换机等)改变对方路由、旁路对方话务量。

2.4.4 当发生路权纠纷时,双方要积极采取协商的办法解决纠纷,杜绝破坏通信设施行为的发生。

2.5 维护对方企业商誉

2.5.1 对于发生的纠纷,双方不得通过媒体恶意炒作,损害对方的企业形象。

2.5.2 双方不得通过煽动用户、代理商上访等方式解决纠纷。

2.5.3 双方不得通过任何明示或暗示的方式向用户诋毁对方商誉和企业形象。

2.6 进一步加强维护合作

2.6.1 双方制定进入所租用对方机房进行设备维护、紧急故障处理、工程实施等工作的相关流程。

2.6.2 双方进一步加强网络维护工作的沟通与合作,共享维护资源和经验,不断提高网络维护水平和运行效率。

2.6.3 双方在重要通信、应急通信、大客户通信和互联网网络安全、资源保护等领域加强合作,共同做好党政通信、应急通信、重要通信、大客户通信支撑保障及互联网资源开发工作。

2.6.4 对于涉及重要通信、大客户通信、应急通信等发生的故障,应明确接入段故障处理时的指挥、资源调度的管理制度和处理流程。

2.7 开展其他方面的业务、技术合作

2.7.1 在信息产业部组织 PC-PHONE 商用试验期间,鉴于 PC-PHONE 的技术和商用模式尚不完善,双方均不在对方主导区域发展 PC-PHONE 电话语音业务。商用试验结束后,如确因形势变化而需要发展,双方另行协商。

2.7.2 双方在 3G、PC-PHONE 等技术研究、新技术跟踪、体制标准研究等方面积极开展合作。

2.7.3 双方共同推进国际标准,促进我国电信业的发展。

2.7.4 在新技术测试、新产品入网等不涉及公司商业秘密的技术领域,双方共享信息资源。

2.7.5 双方积极探讨在其他业务领域的合作,在涉及共同利益的问题上加强沟通、统一立场,如有必要,以专项协议形式落实合作事宜。

3. 实行投资收入预算调控

3.1 2007 年，中国电信北方 10 省（区、市）投资预算不超过 30 亿元，收入预算不超过 55 亿元；中国网通南方 21 省（区、市）投资预算不超过 70 亿元，收入预算不超过 105 亿元。

3.2 双方在非主导区域不得进行预算外投资。严格禁止租赁设备、合资建设、合作经营、借用设备等变相投资和经营行为。否则，其发生的预算外投资额和收入将纳入非主导区域 2007 年投资和收入预算总额。

3.3 在 2007 年 3 月 1 日前，双方集团公司相互交换非主导区域内分省的投资及收入预算安排。双方 2007 年非主导区域收入预算口径应以 2006 年各自上报信息产业部规划司的收入口径为准。

4. 强化监督，加强落实

4.1 双方在集团、省级层面建立自上而下的监督协调机制。双方集团领导建立定期会晤制度，沟通双方投资、收入、用户发展情况。双方集团市场部、大客户部等专业对口部门间加强沟通，管控省公司做好按月交换数据及监督协调工作。双方省级公司设立协调对口部门，督促协议落实，协调解决落实过程中的问题。

4.2 双方集团每双月 15 日交换一次分省的已发生的收入、投资额数据。

4.3 在双方集团市场部门管控下，双方省级公司按月交换本省（区、市）关口局过网的非主导方电话用户总数及宽带用户总数和 IP 地址段，保证 2007 年各自非主导方用户总数在 2007 年 2 月底的基础上不再增加。

4.4 双方省级机构要根据本协议，重点监督非主导方对停止发展用户、收入控制、投资控制等原则的执行。

4.5 年终由会计师事务所对非主导方投资收入预算执行情况进行审计，相互交换。

4.6 为加强协议落实，双方集团共同确认集团、省级的第三方管控机构，双方应将相互交换的信息报送第三方，接受第三方的监督检查，在双方出现分歧时，以第三方的协调意见为准。

5. 保密及对外披露

5.1 协议的保密条款为持续性条款，且无论本协议无效或终止，均不影响保密条款的有效性。

5.2 双方均对本协议及其附件，以及协议中涉及提供的资料和信息等负有保密的义务，未经对方书面许可，任何一方不得向第三方提供（法律和本协议规定的除外）。当需要对外披露时，双方应共同协商，统一步骤和披露口径。

5.3 双方在签署具体相关协议时，不得违背本协议中约定的原则，不得向用户、媒体等其他第三方披露本协议的任何内容。

6. 通知

任何一方依照本协议要求发出的通知或其他联系应以中文书写，通知可以专人递交，或以挂号信件，或以公认的快递服务或图文传真发送到另一方。通知视为有效送达的日期，应按下述方法确定：

（1）专人递交的通知在专人递交之日视为送达；

（2）以挂号信件发出的通知应在寄出日（以邮戳为凭）后第10日视为已送达；

（3）以图文传真发送的通知在成功传送和接收日后的第1个工作日视为已送达。

7. 违约责任与争议解决

7.1 合作过程中发生的争议，双方通过友好协商解决。对于本协议未尽事宜，双方应本着规范竞争、诚信合作的原则协商解决。

7.2 双方集团公司对于违反本协议有关条款的下属机构的主要负责人和当事人，应根据公司规章制度分别给予经济处罚和行政处分，情节严重者，直至给予免除全年绩效奖励和撤职的处理，并抄送对方。

7.3 如非主导方发生新发展用户的情况，应将新发展用户转交给主导方；如发生收入、投资超出预算额度的情况，应按照超出数额向对方支付等额的违约金。

8. 免责条款

因不可抗力导致双方或一方不能履行或不能完全履行本协议条款时，双方相互不承担违约责任，但应及时告知对方，并提供有关部门的证明。在不可抗力影响消除后的合理时间内，双方均存在履约能力时，应当继续履行协议。

9. 协议期限

本协议自2007年3月1日起生效，有效期至2007年12月31日。如果在此期间发生行业重组、发放新的移动牌照等重大事件，且双方对本协议均无异议的，本协议继续生效。

10. 适用范围

本协议中"双方"包括但不仅限于各集团公司及其下属全资子公司、分公司及附属公司，对于双方参股的公司，各集团公司有义务积极推动控股方不得采取有悖于本协议相关规定的行为。

附属公司，就本协议双方而言，指由该方直接或间接控制的任何公司、企业或其他拥有法人资格的实体，如果①过半数的投票权由该方直接或间接持有；或②过半数的可分配利润由该方直接或间接享有；或③董事会的组成由该方直接或间接控制；或④过半数的注册资本由该方直接或间接持有。

"主导方"指南方21省（区、市）的中国电信各省级公司和北方10省（区、市）的中国网通各省级公司；"非主导方"指南方21省（区、市）的中国网通各省级公司和北方10省（区、市）的中国电信各省级公司。北方10省（区、市）指：北京、天津、河北、山西、内蒙古、辽宁、吉林、黑龙江、山东、河南共10省（区、市）。南方21省（区、市）指：上海、江苏、浙江、安徽、福建、江西、湖北、湖南、广东、海南、广西、重庆、四川、贵州、云南、西藏、陕西、甘肃、青海、宁夏、新疆共21省（区、市）。

11. 附则

如果本协议的任何条款在任何时候变成不合法、无效或不可强制执行而不从根本上影响本协议的效力时，本协议的其他条款应不受影响。

未经双方书面确认，任何一方不得自行变更或修改本协议。

本协议一式陆份，双方各执叁份。

本协议由双方法定代表人或其授权代表在文首载明的日期签署。

中国电信集团公司　　　　　　　　　中国网络通信集团公司
法定代表人　　　　　　　　　　　　法定代表人
或授权代表：　　　　　　　　　　　或授权代表：

[点评] 本案是一份典型的寡头经营者以分割销售市场为目的达成的垄断协议。分割销售市场是横向垄断协议的重要类型，是指处于竞争关系的经营者间对销售产品的相关市场商定进行人为的划分，每个经营者负责销售相关市场的特定区域，并且卡特尔的其他成员不得跨区销售产品。由于厂商之间约定不跨区经营，由此在各个地区市场内，经营者就不再面临其他卡特尔成员的竞争，其所面临的竞争压力大大降低。我国《反垄断法》第13条明确禁止经营者达成分割销售市场的垄断协议。

在本案中，由于来自移动和联通等移动运营商的竞争，以固定电话为主要业务的中国电信和中国网通面临着严峻的挑战，因此二者采取分割南北市场的方式，避免在相关业务上进行竞争。这种行为违反了我国《反垄断法》有关禁止经营者达成分割销售市场垄断协议的规定。虽然在我国电信市场存在着中国移动一家独大的局面，但是发展业务、提高效益并不是通过签订违法的垄断协议来实现的，电信行业以及电信企业本身不断的改革和创新才是提高企业经济效益和提升企业竞争力的根本途径。

思考题

1. 竞争的形态有哪些？竞争法应当保护的是哪一种竞争？请阐明你的观点。
2. 行政性垄断是我国特有的现象吗？如何看待行政性垄断问题？
3. 反垄断法与反不正当竞争法在法理念上有何区别？
4. 反垄断法如何在借鉴外国立法经验的基础上实现本土化？
5. 2017年修订的《反不正当竞争法》删除了哪些原本属于反垄断法规定的内容？如何评价这一修法举措？

第14章

金融市场监管法

学习目的与要求：

　　金融市场的公共物品特性、自然垄断特性、外部效应和信息不对称问题决定了政府作为独立于市场交易主体之外的第三方应当对金融市场进行监管。我国金融监管法的宗旨在于维护金融体系的安全和稳定、保护消费者和公众的合法权益以及促进金融业的公平有效竞争。为适应我国混业经营发展的需要，设立单一监管机构，实行统一金融监管是我国金融监管的理想模式。金融监管的主要内容包括市场准入、资本要求、合规性监管、风险监管、公司治理监管、市场退出监管等。通过本章的学习，学生需要掌握有关商业银行、证券市场、期货市场、保险市场以及信托市场监管的法律制度，对我国的金融监管体系有系统认识。

第一节　金融市场监管法原理

一、金融市场监管的理论基础

（一）金融市场的概念及其分类

　　现代市场经济是以金融业为核心的经济，金融市场则是金融业存在和发展的基础。金融市场是指以金融资产为交易对象而形成的供求关系及其机制的总和，它包括如下三层含义：①是金融资产进行交易的一个有形和无形的场所；②它反映了金融资产的供应者和需求者之间形成的供求关系；③它包含了金融资产交易过程中所产生的运行机制，其中最主要的是价格机制。金融资产，也被称为金融工具，是指一切代表未来收益或资产合法要求权的凭证。[1] 活跃的金融市场和健全的金融体系除了为资金供需双方提供融资平台以外，还能够有效动员社会闲置资金向生产型投

---

[1]　周道许、程春峰编著：《金融监管原理与实务》，中国言实出版社 2002 年版，第 31 页。

资转化，加速资本积累；而且，金融市场还能够引导资金流向高效益的部门和地区，优化资源配置。许多国家和地区的发展历史与实践表明，金融市场的发达程度不但是整体经济发展水平的标志，而且发达的金融市场还能对经济发展起到显著的推动作用。

金融市场根据不同标准可以分为不同类型：①按金融市场交易期限不同可分为货币市场和资本市场。货币市场即短期资金市场，专门融通一年以内的短期资金；资本市场又称为长期资金市场，是提供长期资本的市场，其交易对象是期限在一年以上的金融工具。②按金融市场交割期限不同可分为现货市场和期货市场。现货市场是指交易双方成交后，立即办理交割手续的市场；期货市场是指交易双方成交后，按交易双方约定的价格数量在远期进行交割的市场。③按金融交易的场所不同可分为有形市场和无形市场。有形市场是指有固定交易场所的市场；无形市场则没有固定的交易场所，是以电讯联系方式进行交易的市场。

（二）金融市场监管的理论基础

在美国 20 世纪 30 年代爆发金融危机之后，以美国为代表的西方国家放弃了自由银行制度，对银行实施严格的监督管理，在利率水平、业务范围和经营地域等方面对银行机构施加了种种限制。从历史来看，银行等金融机构破产、金融危机频发和经济衰退的现象相伴而生，导致了政府开始实施并不断强化金融市场监管。但从理论上讲，金融体系具有的内在不稳定性，金融业的公共物品特性、自然垄断性、外部效应、信息不对称则是政府实行金融监管的最根本原因。

1. 金融业的公共物品特性。由于金融市场发挥着调节和配置资源的重要作用，一个稳定、公平和有效的金融市场和金融体系带来的利益为社会公众共同分享，无法排斥某一部分社会成员享受此利益，而且增加某一主体享用此种利益也并不影响金融体系成本。因此，金融市场和金融体系对整个社会经济具有明显的公共物品特征，需要政府的外部监管来保持金融体系的健康稳定。

2. 金融市场的自然垄断特性。金融机构是经营货币的特殊企业，它所提供的产品和服务特征决定了其不完全适用一般工商企业的自由竞争原则。一方面，金融机构规模经济的特征使金融机构的自由竞争很容易形成金融业的高度垄断，不仅会对资源配置效率和消费者福利方面带来损失，而且金融寡头的出现还将产生经济或政治上的不利影响；另一方面，金融机构过度竞争将导致整个金融体系的不稳定，进而危及整个经济体系的稳定。因此，自从自由银行制度崩溃以后，金融监管的一个重要使命就是如何在维持金融体系竞争效率的同时，保证整个体系的相对稳定和安全。

3. 金融市场的外部效应。金融业是一个特殊的高风险行业，它所面临的风险包括信用风险、利率风险、汇率风险、市场风险、操作风险、法律风险等，而且风险之间存在极强的连锁效应，一个金融机构陷于危机，往往会导致公众对其他金融机构丧失信任，极易在整个金融体系引起系统风险。另外，金融业与国民经济其他经济部门存在极为密切的联系，金融风险的爆发和金融危机的出现将导致货币信用紧缩，进而影响整个国民经济增长，甚至导致严重的经济衰退。1997 年东南亚金融危机导致的严重后果即是金融市场外部效应的明证。

4. 金融市场的信息不对称。信息是预测未来必不可少的最基本要素，因而在理性决策中占据着举足轻重的地位。由于金融业务的高度专业性和现代金融机构的复杂性，导致相关信息在金融机构和客户之间分布极不均衡，普通的金融市场参与者如要获得充分信息，通常要支付巨大成本，这将导致金融市场的交易量和效率降低。

为解决金融市场自身无法解决的上述问题，政府作为独立于市场交易主体之外的第三方有必要对金融市场进行监管。

二、金融市场监管法的宗旨及原则

（一）金融市场监管法的宗旨

1. 维护金融体系安全和稳定。金融体系是全社会货币的供给者和货币运行及信用活动的中心，金融业运行的状况对社会经济的运行和发展起着至关重要的作用。金融机构是以营利为目的的特殊企业，加之市场竞争越来越激烈，在以高杠杆率为特征的经营方式下，金融机构有动力从事高风险的金融业务，以获取更大的利润，但如果某个金融机构的经营活动出现问题，将引发其他金融机构的信用危机，甚至对整个国民经济都会产生重大影响。为此，金融监管的首要目标是要维护国家金融体系的安全和稳定。

2. 保护消费者和公众利益。金融机构作为信用中介，集中了社会公众和各部门的闲置资金，金融机构为存款人或投资者等消费者和社会公众提供金融服务的同时，其经营状况还直接关系到每一位消费者的利益。而由于金融机构业务的高度专业性，普通消费者通常难以掌握其经营状况，合法权益难以得到有效保障。而存款人和投资者的信心是金融市场存在和发展的前提，因此，维护消费者和公众的合法权益是金融监管要实现的重要目标。

3. 促进金融业公平有效竞争。竞争是市场经济的基本规律，也是保护先进、淘汰落后的有效机制。良好的金融秩序是保证金融安全的重要前提，公平合理的竞争是保持良好金融秩序的重要条件。为了金融业的健康发展，金融监管当局要创造一个公平、高效、适度、有序的竞争环境，既要保证不会由于金融业高度垄断而丧失效率和活力，又要防止出现过度竞争而波及金融业的安全和稳定。

（二）金融市场监管法的原则

1. 独立监管原则。独立监管原则是指监管机构不受政府干预和利益集团俘获，按照法定监管目标实施监管。监管独立性之所以重要，主要原因在于以下两个方面：一是独立的监管机构具备必要的专业技能，特别是能够在复杂情况下对问题及时做出反应；二是独立的监管机构可以使监管免受不当的政府干预，增加监管行为的透明度和稳定性。监管独立性可以进一步区分为目标独立性（goal independence）和工具独立性（instrument independence）。政府可以设定监管目标，但监管机构要能够独立决定如何实现监管目标。国际货币基金组织制定的"货币和金融政策透明度良好实践准则"（简称 MFP 准则）列举的衡量金融监管独立性的标准主要有四个方面：①在金融中介机构和金融市场的准入、监管方面，监管机构应该具备良好的现代化法律和制度结构；②对于被监管金融机构的公司治理，监管机构应该有权力制定相应法规和实施指导；③监管机构应保证决策的独立性；④监管机构具备充足且专业化的监管能力。[1]

2. 审慎监管原则。审慎监管原则是指监管机构应当关注金融机构如何衡量和管理经营中的风险，而不是其业务和风险水平是否符合规定，给金融机构充分的创新空间和自由，使金融监管具有更大的灵活性。换言之，审慎监管原则即坚持金融监管要以金融机构的风险管理为基础和核心。坚持审慎监管原则，在制度构建时更加注重激励相容（incentive compatibility），金融监管不能仅仅考虑监管目标，还应当参照金融机构的经营目标，将金融机构的内部风险管理和市场约束纳入监管范畴，引导这两种力量来支持监管目标的实现。美联储主席格林斯潘对激励相容的监管做过一个简要的界定，即激励相容监管应当是符合，而不是违背投资者和银行经理利润最大化目标的监管。因此，所谓激励相容，实际上就是在金融监管中更多地引入市场化机制，并充分尊重金融机构自身的风险管理。[2]

3. 适度监管原则。金融监管是一把"双刃剑"，适度的金融监管可以减少系统风险，保证金融市场稳定，提高金融运行的效率；但监管过度可能阻碍金融业发展、降低金融机构的竞争力。因为金融市场监管越严格，成本就越高。这里的"成本"不仅包括监管导致的直接成本，还包括执法成本、守法成本、道德风险等，而且过度金融监管将阻碍金融机构提供更低廉、更富创造性、更富竞争力的产品和服务，抑制金融创新。坚持适度监管原则，应做到：①监管机构要摒弃行政管理思维，尊重市场机制作用和金融机构的经营自主权利，严格按照相关法律法规规定的范围进行监管，避免越权监管；②监管机构应注意发挥各类金融业协会和证券交易所等金融同业机构的自律监管作用，充分发挥自律监管更加贴近金融市场、成本更低的优点；③监管机构要处理好金融监管与金融创新的关系，在金融全球化和自由化的大环境下，金融监管机构应适当放松监管，为金融机构实施创新提供一定空间。而且，在放松直接管制的同时，应监督各类金融机构建立综合性的风险监管自控机制，有效地防范和化解金融风险，加强并扩充金融安全方面的监管措施，进而实现金融创新和金融监管的良性互动。

4. 并表监管原则。并表监管是指金融监管机构应以整个金融集团为对象，对金

〔1〕 Assessments of the IMF Code of Good Practices on Transparency in Monetary and Financial Policies-Review of Experience, p. 20. available at http://www. imf. org/external/np/mae/mft/assess/122303. pdf.

〔2〕 巴曙松在北京大学金融与证券研究中心举行的湘财证券资本市场高级论坛上所做的"资本监管引发中国金融市场大变局"的演讲，载 http://www. doctor-cafe. com/detail1. asp? id =3034.

第
十
四
章

融集团的总体经营和所有风险进行监督。这里的金融集团既包括集团直接的分支机构和子公司，也包括集团的控股公司和金融附属公司。资本监管、防止资本的重复计算是并表监管的核心内容之一。巴塞尔银行监管委员会对监管当局的并表监管提出了以下原则：①监管当局应了解银行集团的整体结构和主要业务；②监管当局应确保银行集团总部全面监测、有效控制其境内外分支机构和附属机构的各项业务，监督整个集团内部的风险管理和内部控制情况，定期获取并核实所有境内外业务的信息；③监管当局有权全面审查银行从事的各项银行和非银行业务，无论是银行直接从事的业务（包括海外机构的业务），还是通过附属机构间接从事的业务；④监管当局的监管框架能够评估一家商业银行或银行集团从事的非银行业务给该银行或银行集团带来的风险；⑤监管当局有权要求银行集团在并表基础上达到审慎监管标准，包括资本充足率、风险集中等标准，并确定哪些标准适用于单个银行，哪些适用于并表的银行，哪些对两者均适用；⑥监管当局能够收集各个银行集团的并表财务信息；⑦监管当局有权对银行集团的境外机构进行现场检查；⑧监管当局有权要求银行集团的母公司和附属机构采取纠正措施，必要时限制或界定银行集团整体的业务范围和开展这些业务的海外场所等。[1]

5. 市场约束原则。市场约束（market discipline），也称市场纪律，是指在市场化环境下，银行利益相关人，包括存款人、债权人、银行股东等，出于对自身利益的考虑关注其利益所在银行的经营情况，并根据自身掌握的信息和对于这些信息的判断，在必要的时候采取一定的措施，促使银行更加审慎经营。市场任何时间和任何地点都在监督机构，从不间断，监管效果最佳。《新巴塞尔协议》将市场约束和资本监管、监管审查并列为金融监管的三大支柱，使金融体系中的市场约束受到高度重视。为保证市场约束作用得以实现，各国金融监管机构要求和鼓励金融机构及时、准确、全面、公开地向公众披露信息，在信息可得的基础上，通过市场参与者以自由选择行为来发挥对机构的监督和制约作用，通过经济力量本身对金融机构和金融活动实施约束。

6. 监管协作原则。对于尚未设立超级监管机构的国家，通常存在多个金融监管机构，由于金融业务创新发展和金融控股公司等混业经营机构的出现，银行业、证券业和保险业品种交叉日益增多，为避免监管职能出现真空地带，加强监管机构之间的协作十分重要。而且，随着金融全球化的发展，跨国金融集团大量出现，且规模不断膨胀，必须加强对跨国金融集团的监管并防范金融风险在各国的快速传播。目前，各国监管机构加强监管协作，积极加强与他国金融监管机构、国际金融组织之间的交流与合作，签订双边谅解备忘录，建立定期磋商和交流制度等，杜绝跨国金融机构的监管真空，建立国际金融监管合作体系，实现国际化联合监督。

——————————

[1]　"什么是并表监管"，载 http://www.cbrc.gov.cn/chinese/home/jsp/docView.jsp? docID = 929.

第十四章

三、金融市场监管模式及我国的选择

（一）金融市场的主要监管模式

目前世界各国金融监管模式主要分为三类：分业监管（sector regulation）模式、统一监管（integrated regulation）模式、超级监管（mega-regulation）模式。[1]

1. 分业监管模式。分业监管是指对不同金融机构或金融业务按照所属行业进行划分，由不同的监管部门分别监管，早期的金融市场多采用这一监管模式。近期，随着混业经营的日益普及，部分国家的分业监管体制逐步由机构监管向功能监管过渡，或两者兼而有之。例如美国，在混业经营的限制取消后，在分业监管总体框架保持不变的情况下，对以金融控股公司为代表的混业经营金融机构主要采取了功能监管的方式，同时赋予联邦储备委员会监督金融控股公司整体运行稳定的职责，加强了对混业经营金融机构的监管措施。功能监管（functional regulation）是指金融监管从通常地针对特定类型的金融机构（针对银行、证券公司、保险公司等不同金融机构实施监管），转变为针对特定类型金融业务（针对银行业务、证券业务、保险业务分别加以监管），而对"边界性"金融业务亦明确监管主体，同时强化不同监管主体间合作的监管法律体系。

2. 统一监管模式。统一监管是指按照监管目标的不同，将一项或几项监管目标赋予统一监管机构进行监管。统一监管的典型案例是澳大利亚采取的双峰式（twin peaks）监管模式。1997 年，为了提高澳大利亚金融监管的效率，降低监管成本，提高金融市场的整体竞争力，澳大利亚政府对金融市场的监管体制做了大幅度调整。按照监管目的的不同，分别设立了澳大利亚审慎监管局（the Australian Prudential Regulation Authority）和澳大利亚证券投资委员会（the Australian Securities and Investment Commission），分别对各类金融机构的审慎经营以及市场行为（包括保护投资者利益）进行监管。目前，采取统一监管模式的国家和地区越来越多，但基于各国不同的文化背景、金融市场发展路径和阶段，统一监管的方式和程度各不相同。例如，有的国家将银行和证券市场的审慎监管统一交给一个监管机构负责，有的国家将证券和保险市场的审慎监管统一交给一个监管机构负责，还有的国家将银行和保险市场的审慎监管统一交给一个监管机构负责。

3. 超级监管模式。超级监管模式是统一监管模式的一种极端方式，即对不同金融机构的所有金融监管职能均交给一个监管机构统一负责。目前，英国、新加坡、韩国等国家和地区采取这一模式，其主要特点是金融市场和金融机构相对集中，有利于超级监管模式的建立和运行。值得注意的是，通常情况下，超级监管的范围不包括金融市场的系统稳定，该职责一般由各国中央银行承担。此外，超级监管的职责通常也不由中央银行承担，以避免可能产生的利益冲突，以及造成中央银行权力

---

[1] 祁斌、王欧："国际金融监管体制的演变及其发展趋势"，载 http://www.p5w.net/stock/news/jgxw/200702/t780175.htm.

的过度膨胀。

（二）金融混业经营浪潮

目前，各国金融监管模式处于变革期，越来越多的国家选择统一监管模式，英国的大卫·卢埃林（David Llewellyn）教授在1999年对73个国家的金融监管组织结构进行研究，发现34个国家实行银行、证券、保险业分业监管，而采取不同形式统一监管的国家约占53.4%，有14个国家实行单一机构监管，25个国家实行部分统一监管，后者包括银行证券统一监管、保险单独监管（9个），银行保险统一监管、证券单独监管（13个），以及证券保险统一监管、银行单独监管（3个）三种形式，并且指定专业监管机构，即完全分业监管的国家在数目上呈现出减少趋势。[1]上述监管模式变化与混业经营成为国际金融运作的主流有密切关系。除了以德国、瑞士、奥地利为代表的欧洲大陆国家从二战后一直实行混业经营制度外，英国、日本、美国等一批于20世纪30年代起开始实行金融分业经营制度的主要工业化国家，也已先后走上了混业经营之路。早在1986年，英国就完成了"大爆炸"式金融改革，允许银行兼营证券业务，建立多元化经营的综合金融企业集团。1985年5月，日本发布了《金融自由化与日元国际化》报告，从此金融自由化正式启动；1997年后，又开始实施"人事体系改革一揽子法"工程，全面废除了银行不能经营证券、保险业务的禁令，允许金融机构跨行业经营各种业务。1999年11月，美国国会通过了《金融服务现代化法案》，宣布正式废除禁止银行与证券公司跨行业经营的《格拉斯——斯蒂格尔法案》（the Glass-Steagall Act），允许银行、证券、保险互相跨行业经营及竞争，标志着美国由分业经营向混业经营转变。

（三）我国金融市场监管模式选择

近年来，学者对于我国放弃分业经营模式，逐步走向混业经营已基本形成共识。随着各国金融经营模式的变化，我国严格的分业经营模式也有所松动，先是放宽分业经营限制，允许合格的证券商和基金公司进入银行同业拆借市场融资，允许保险资金有条件进入证券市场，允许合格商业银行设立基金管理公司；后于2003年和2005年分别对《商业银行法》和《证券法》进行修订，在保留"证券业和银行业、信托业、保险业实行分业经营、分业管理，证券公司与银行、信托、保险业务机构分别设立"规定的同时，明确"国家另有规定的除外"，为混业经营扫清了法律障碍。特别是金融控股公司作为混业经营的实现形式发展迅猛，已出现的金融控股公司包括以下类型：①由非银行金融机构形成的金融控股公司，如中信控股、平安集团等；②国有商业银行通过独资或合资成立的金融机构形成的控股公司，如中国银行的中银控股公司、中国建设银行的中国国际金融有限公司、中国工商银行的工商东亚金融控股公司等；③由企业集团形成的金融控股公司。此外，货币市场基金等各类金融创新产品的出现也对分业监管模式提出了重大挑战。

---

[1]　王桂梅："国外金融监管组织结构的演变及我国的对策"，载《国际金融研究》2000年第9期。

与分业金融监管相比，超级监管模式具有以下优势：①可节约监管成本。监管机构数目的减少有利于节约机构设立的行政成本与相互协调合作信息成本，实现规模效益和范围效益，可避免金融机构受到重复和交叉监管。[1]②可优化监管资源的配置。监管资源，尤其是拥有丰富的金融监管理论和实践操作经验的专业人士相对稀缺，单一监管机构可充分汇集监管资源，并在协调一致的基础上实现资源共享，区别不同金融机构和金融活动风险程度合理配置监管资源。③可明确监管职责，避免机构之间的推诿卸责。金融机构利用监管盲区逃避监管或利用监管程度差异进行"监管套利"（regulation arbitrage）问题在单一监管机构中可以较大程度地解决。④有助于形成与能够集聚大量金融资源的金融控股公司等大型组织相抗衡和有效外部制约的强大力量，从而保障社会安全和公共利益。

因此，为适应我国混业经营发展的需要，我们认为设立单一监管机构，实行统一金融监管，是我国金融监管的理想模式。在现有条件下，应当根据功能监管的思路，对现有分业监管模式进行修正。

四、金融市场监管的主要内容

为维护金融体系安全和稳定，保护消费者和公众利益，促进金融市场公平有效竞争，金融监管机构对各类金融机构实施监管的主要内容包括：

（一）市场准入监管

金融市场准入监管，是指金融监管机构允许经营金融产品的金融机构进入金融市场的行为。市场准入监管是金融监管的基础。金融市场准入包括三个方面，即机构准入、业务准入和高级管理人员准入。机构准入，是指依照法定标准，批准金融机构及其分支机构的设立；业务准入，是指按审慎性标准批准金融机构的业务范围和开办新的业务品种；高级管理人员准入，是指对金融机构高级管理人员任职资格的核准或认可。

（二）资本监管

资本监管，是指为维护金融机构的清偿能力，保护公共利益，监管机关对金融机构资本充足率等资本状况做出特殊要求以及相关的监管措施。资本充足率（capital adequacy ratio）是资本监管的基础概念，是指金融机构合格自有资本与风险资产的比例。对银行等金融机构而言，股权资本主要用于以下目的：为银行股东提供持久的收入来源；为银行提供持久的资金来源；能够承担风险和吸收损失；提供业务发展的基础；使股东相信银行的管理既安全又稳健。正是由于资本的特殊作用，制定最低的资本充足率有助于降低存款者、债权人和其他利益相关人遭受损失的风险，并有助于监管者维护整个银行体系的稳定。[2]

---

[1]　郑振龙、张雯："金融监管的制度结构研究"，载《世界经济》2001年第12期。
[2]　Basle Committee on Banking Supervision, Core Principles for Effective Banking Supervision, September 1997, p. 23.

对资本充足率分析与评价主要从以下方面入手：①资本结构分析，主要分析哪些资本项目具有债务性质，哪些资本具有股本性质，金融机构所承担的成本；②资本使用效率分析，主要是指资本杠杆比率，表明一定数量的核心资本支持金融机构资产规模程度；③资本充足情况分析，分析资本充足率和核心资本充足率水平与发展趋势，资产增长率与资本增长率的比较及发展趋势，确定资本是否足以弥补该机构资产和负债在数量和质量上的不稳定性和不足，是否足以弥补风险损失；④同比分析，将被监管金融机构的资本充足率及资本结构与同类机构进行比较，分析变化倾向和同类机构平均水平的差异；⑤对比分析，调阅金融机构资本充足率计算表及资本充足率对外披露说明，将金融机构资本充足率计算结果与检查人员对被检查机构的资本充足率检查进行对比、分析差异。资本监管的原则是金融机构的资本应当与风险程度和性质相适应，如果金融机构要扩大经营规模或增加总资产，其资本水平也应相应提高，以保持适当的资本充足性。

（三）合规性监管

合规性监管，是指通过稽核检查手段，对金融机构执行金融法律法规、政策制度等情况进行监管，以规范金融机构经营行为，维护金融秩序。合规性监管是对金融机构遵守法律法规、监管规章制度的评价，针对目前我国金融机构中仍存在大量的有章不循、案件频发的现实情况，合规性监管仍然是我国金融监管的一项重要内容。但是由于各项监管规章制度往往落后于金融业务的快速发展，因而合规性监管有一定的滞后性，而且合规性监管没有深入了解金融机构的风险管理水平，因而难以掌握金融机构真实的管理水平和风险状况，这就需要通过加强风险监管进行弥补。

（四）风险监管

风险监管注重考核金融机构识别（identify）、衡量（measure）、监测（monitor）和控制（control）风险的能力和水平，尤其注重金融机构内部的风险控制和管理。风险监管的核心内容是通过资产负债比例管理和风险管理来制约金融机构的资产规模、资产结构和风险度，以达到资产的安全性、流动性和营利性的统一。风险监管与合规性监管的主要区别是：风险监管更注重商业银行风险管理等内部机制的实施，立法机关和监管机关不依赖于对商业银行设定经营具体指标和要求，而是对银行的风险识别、衡量、监测和控制提出原则性要求，银行依照监管要求建立健全的内部控制和风险管理机制，监管机构主要通过现场检查或非现场检查审查银行内控和风险管理的有效性。风险监管的核心就是对商业银行风险管理的监管，也就是监管机关通过检查银行是否建立完善的风险管理制度，分析这些制度是否得到合理执行，从而实现对商业银行风险的监管。

（五）公司治理结构监管

金融机构公司治理结构的本质是以责任明晰为前提的内外部多主体（包括监管当局、董事会、高级管理层、内外部审计机构、股东、社会公众等利益相关者）动态博弈的一个制度框架。在该框架下，金融机构设定目标及实现这些目标要运用的手段，并监控这些目标的实现程度。因此，没有稳健的公司治理，金融监管就无法有效发挥作用。金融监管机构通常对金融机构的董事会、高级管理人员在公司治理和风险管理中的职责予以明确规定，并监督其人员履行上述职责的情况。

（六）市场退出监管

国际银行业发展与监管的理论和实践证明，银行业金融机构的优胜劣汰是市场经济规律作用的必然结果。失去竞争力的银行业金融机构从竞争中退出市场，既是竞争的结果，也是维护良性的竞争秩序、促进银行业稳健发展的客观需要。在金融机构出现经营风险时依法可采取解散监管、撤销监管、整顿监管、接替监管、破产监管和保险监管等监管处置措施。市场退出监管通常包括对于有问题的金融机构采取接管和救助措施；对于难以挽救的危机机构，及时采取收购兼并、破产等市场退出性处置措施等，以防止演变为系统性或地区性金融风险。由于金融机构退出通常对市场产生较大影响，为避免影响公众对金融体系的信心，防止产生系统风险，在建立市场退出机制的同时还应当建立存款保险制度、投资者保护制度，在金融机构关闭或破产情况下，确保存款人和投资者利益能够通过简捷的渠道予以保护。

第二节　商业银行监管法

一、商业银行与商业银行监管

（一）商业银行的概念和特征

"商业银行"一词是英文"Commercial Bank"的意译。对这一概念的界定，不同的学科提法不尽相同。我国《商业银行法》第2条对商业银行进行了定义："本法所称的商业银行是指依照本法和《中华人民共和国公司法》设立的吸收公众存款、发放贷款、办理结算等业务的企业法人。"

由以上定义，我们认为，商业银行的特征应包括以下要点：①商业银行与一般公司企业一样，是以营利为目的的企业。②商业银行又是不同于一般公司企业的特殊企业，其特殊性具体表现为经营对象的差异。工商企业经营的是具有一定使用价值的商品，从事商品生产和流通；而商业银行是以金融资产和金融负债为经营对象，经营的是特殊商品——货币和货币资本。③与专业银行相比，商业银行的业务更综合，功能更全面，经营一切金融"零售"业务（门市服务）和"批发"业务（大额信贷业务），为客户提供所有的金融服务。因此可以认为，商业银行的本质是以经营工商企业存贷款为主要信用业务，并以获取利润为经营目标的金融信用机构。

商业银行的性质与特征决定了其在国民经济生活中的重要地位，因而对商业银行实行严格高效的监管，是银行业合法、健康发展的根本保障。

（二）商业银行风险与监管

银行业作为一个特殊的行业，具有特殊的风险，一旦一家银行出现危机，则有可能引发全局性的、系统性的金融风暴。因此，充分认识商业银行的风险，将有利于我们认识商业银行监管的重要性，并有助于制定行之有效的监管政策和措施。商业银行的风险主要有：

1. 信用风险。贷款是银行的主要活动。贷款活动要求银行对借款人的信用水平做出判断。这些判断并非总是正确的，借款人的信用水平也可能因为各种原因而下降。因此，银行面临的一个主要风险就是信用风险或者说交易对象无力履约的风险。

2. 市场风险。由于市场价值的变动，银行的表内和表外头寸会面临遭受损失的风险。按照既定的会计准则，这类风险在银行的交易活动中最明显，不管它们是与债务和股本工具有关，还是与外汇或商品头寸有关。市场风险具体表现为外汇风险及金融机构在投资买卖动产、不动产时由于市场价值波动而产生的风险。

3. 利率风险。利率风险是指银行的财务状况在利率出现不利的波动时所面对的风险，这种风险不仅影响银行的盈利水平，也影响其资产、负债和表外金融工具的经济价值。

4. 流动性风险。流动性风险是指银行无力为负债的减少或资产的增加提供融资，即当银行流动性不足时，它无法以合理的成本迅速增加负债或变现资产以获得足够的资金，从而影响了其盈利水平。在极端情形下，流动性不足会使银行资不抵债。

5. 操作风险。操作风险是指银行在日常经营中因为各种人为的失误、欺诈以及其他事故而引起的风险。最重大的操作风险在于内部控制及公司治理机制的失效。

由于商业银行在经营过程中存在着以上风险，因而需要政府对这些风险进行有效的防范和监管，而法律则为商业银行监管制度的确立提供了保障。

二、我国商业银行监管法律制度

金融业监管本身是一种政府的经济调控行为，因而具有较强的政策性，然而这种政策性本身不能证明其合理性。正如《银行业监督管理法》第1条开宗明义所昭示的："为了加强对银行业的监督管理，规范监督管理行为，防范和化解银行业风险，保护存款人和其他客户的合法权益，促进银行业健康发展，制定本法。"由此可见，只有对商业银行的监管目标、监管原则、监管主体、监管措施等一系列监管制度通过法律的形式固定下来之后，方可使科学合理高效的监管制度得到法律的保障，同时排除监管的主观性和随意性，也可因此有效地杜绝监管"俘虏"和监管"寻租"。

在国际上，巴塞尔银行监管委员会成立于1975年，被广泛视为银行监管领域的首要国际组织，其宗旨是促进监管合作，提高监管质量，减少各国之间的差距。该委员会分别于1988年和1997年发布了《关于统一国际银行资本衡量和资本标准的协议》（简称《1988年资本协议》）和《有效银行监管的核心原则》（简称《核心原则》），这两份文献共同构成国际银行监管领域的纲领性和指导性的规则。2006年巴塞尔委员会又发布了新版的《核心原则》，对新时期银行业监管提出了新的要求。

就我国商业银行的监管制度的构建而言，我国银行业普遍意识到，巴塞尔委员会的这两份文献代表了国际银行监管的协调和统一之趋势，在法律制度方面，结合国情，我国初步实现了与这两份文献的接轨。

（一）商业银行监管的目标

监管目标是各国制定监管制度的依据，监管目标的确立关系到具体的监管规定，因此，监管目标的确定是对商业银行进行监管的首要问题。由于各国的历史、经济、文化背景以及发展情况互有差异，各国制定的监管目标也不完全一致。《核心原则》认为，监管的目标是保持金融体系的稳定性和信心，以降低存款人的金融体系风险。根据该原则，银行监管的目标至少有二：

1. 保证银行的稳定经营和健康发展，维护金融秩序，确保广大公众对金融体系的信心。不同国家不同时期的监管目标是有差异的，但是银行业的稳定健康发展和整个金融体系的有序运行则自始至终都是一个重要目标。国民经济的正常运行离不开银行，只有银行业的稳定健康发展，才能使整个金融体系处于有序运行状态。

2. 维护社会公众利益，尤其是存款人的利益。银行是一种中介机构，是以负债经营为特点的高风险企业。银行通过吸收居民储蓄和企业存款获得资金，没有存款，银行就没有生命力，因此银行必须把存款人的利益放在第一位，防患于未然，加强监管，尽可能地使银行规范经营，是维护存款人利益的最好办法。

我国《银行业监督管理法》第 3 条第 1 款规定："银行业监督管理的目标是促进银行业的合法、稳健运行，维护公众对银行业的信心。"可见，我国商业银行监管的目标主要包括两个：①促进银行业的合法稳健运行，保证银行业的健康经营和发展；②维护公众对银行业的信心。这样的监管目标完全符合巴塞尔委员会《核心原则》对监管目标的建议，符合现代商业银行监管的目标。

（二）商业银行的监管机构及其职责

监管机构的设置模式将在很大程度上影响到商业银行监管的效果。很久以来，我国的中央银行即中国人民银行集制定货币政策和银行监管于一身，这种状况无法适应金融业迅速发展带来的高风险所需要的监管专业性的挑战。因此，2003 年银行业监督管理委员会应运而生，代替央行成为监督管理商业银行的主要机构。与此同时，《中国人民银行法》、《商业银行法》以及《银行业监督管理法》等法律规范也对商业银行的监管机构及其职责进行了协调和整合，为银行监管机构有效履行其监管职能提供了制度上的支持。需要指出的是，虽然原银监会已成为商业银行监管的主要机构，但央行、国家审计部门以及商业银行内部的监察和稽核部门同样履行其自身对商业银行的特殊监管职责。2018 年银行保险监督管理委员会设立，将原银监会与保监会职责整合，依照法律法规统一监督管理。

1. 银行保险监督管理委员会。根据 2003 年底颁布的《银行业监督管理法》，原中国银监会依法对经其批准的境内金融机构和在境外设立的金融机构的业务活动实施监督管理。《银行业监督管理法》也成为原银监会作为商业银行主要监管机构的法律依据。

依据《银行业监督管理法》的有关规定，原银监会对商业银行具有下列监管职责：①依照法律、行政法规制定并发布对商业银行及其业务活动监督管理的规章、规则；②依照法律、行政法规规定的条件和程序，审查批准商业银行的设立、变更、终止以及业务范围；③对商业银行的董事和高级管理人员实行任职资格管理；④依照法律、行政法规制定商业银行的审慎经营规则；⑤对银行业金融机构的业务活动及其风险状况进行非现场监管，建立商业银行监督管理信息系统，分析、评价商业银行的风险状况；⑥对商业银行的业务活动及其风险状况进行现场检查，制定现场检查程序，规范现场检查行为；⑦对商业银行实行并表监督管理；⑧会同有关部门建立银行业突发事件处置制度，制定银行业突发事件处置预案，明确处置机构和人员及其职责、处置措施和处置程序，及时、有效地处置银行业突发事件；⑨负责统一编制全国银行业金融机构的统计数据、报表，并按照国家有关规定予以公布；⑩对已经或者可能发生信用危机，严重影响存款人和其他客户合法权益的商业银行实行接管或者促成机构重组；⑪对有违法经营、经营管理不善等情形的商业银行予以撤销；⑫对涉嫌金融违法的商业银行及其工作人员以及关联行为人的账户予以查询；⑬对涉嫌转移或者隐匿违法资金的申请司法机关予以冻结；⑭对擅自设立商业银行或非法从事商业银行业务活动予以取缔；⑮负责国有重点商业银行监事会的日常管理工作。

2. 中国人民银行。与原银监会的监管职责相对应，自 2003 年《中国人民银行法》修改之后，中国人民银行就将商业银行监管的大部分职能让渡给原银监会。然而这并非意味着央行不再是商业银行的监管机构。依据《中国人民银行法》的规定，中国人民银行依法监测金融市场的运行情况，对金融市场实施宏观调控，促进其协调发展。这即意味着央行的监管方式由微观走向宏观，专门执行金融业的宏观调控的职能。与此同时，央行还可以根据执行货币政策和维护金融稳定的需要，建议原银监会对银行业金融机构进行检查监督。此外，当商业银行机构出现支付困难，可能引发金融风险时，为了维护金融稳定，央行经国务院的批准，有权直接对商业银行进行检查监督。

由此可见，与原银监会相比，中国人民银行在商业银行监管体系中所起的作用是一个宏观监管者的角色，它在宏观上对以商业银行为主体的金融业活动进行调控，保障金融秩序的稳定和金融业的健康发展，而一旦有发生金融危机之可能时，央行又可以直接对相关的商业银行采取具体的监管措施。

3. 国家审计部门。政府审计特殊的功能、地位、方式和手段，决定了其对商业银行的监管是其他监管机关无法取代的。在我国，国家审计部门即国家审计署及其地方审计机关依据《审计法》及相关法律法规对商业银行进行审计监督。

依据《审计法》的规定，审计部门或其派驻商业银行的人员可以对商业银行的总部和分支机构行使审计职权，包括：①按照规定对被审计的商业银行报送的预算、财务收支计划、预算执行情况、决算报告、财务报告以及其他财务收支文件进行审计；②对涉及银行的会计凭证、会计账簿、会计报表等资料进行审计；③对被审计的商业银行的有关财务会计问题，向有关部门及个人进行调查；④发现被审计的商业银行有违反法律法规和财务制度的行为时，可以予以制止，并决定给予相应的处理；⑤发现被审计的商业银行执行的上级行或总行有关财务收支制度与国家现行的法律、行政法规或财务制度有抵触或矛盾时，建议总行修改本系统的规定，使本系统的规定符合国家的规定；⑥按照规定，向政府有关部门报告和向社会公布被审计银行的审计结果报告。

4. 商业银行内部的监督部门。商业银行内部都应当设有稽核部门和检查部门，专门负责对银行的存款、贷款、结算、金融服务、信托和保管等业务活动的财务情况进行稽核，对银行的会计及账目是否符合国家的规定进行检查。对分支机构应当进行经常性的稽核和检查监督。目前，我国商业银行本系统内部制定了《稽核工作基本程序》，稽核人员应当按照规定的要求进行稽核，将稽核报告提交有关部门，并对检查出的问题进行稽核处理和复议审查。

（三）商业银行监管的内容

1. 对商业银行的市场准入监管。就金融监管来讲，对市场准入的控制是保证金融业稳定健康发展的有效预防性措施。巴塞尔委员会的《核心原则》中提出了对商业银行发照程序和对机构变动的审批，其中，对发照程序的审批就是指商业银行的准入监管。

我国《商业银行法》和《银行业监督管理法》都对商业银行的市场准入做出了规定。2003 年，原银监会又通过了《关于调整银行市场准入管理方式和程序的决定》，进一步规范了商业银行的准入问题。依据法律规定设立商业银行，应当经过原银监会的审查批准。未经批准，任何单位和个人不得从事吸收公众存款等商业银行业务，任何单位不能在名称中使用"银行"字样。

《商业银行法》规定，设立商业银行应当具备下列条件：①有符合《商业银行法》和《公司法》规定的章程；②有符合本法规定的注册资本最低限额；③有具备任职专业知识和业务工作经验的董事、高级管理人员；④有健全的组织机构和管理制度；⑤有符合要求的营业场所、安全防范措施和与业务有关的其他设施。此外，设立商业银行，还应当符合其他审慎性条件。

在商业银行的最低注册资本限额方面，全国性的商业银行是 10 亿元人民币，城市商业银行是 1 亿元人民币，而农村商业银行为 5000 万元人民币，注册资本应当是实缴资本。原银监会可依据审慎监管的要求调整注册资本最低限额，但不得少于以上规定的限额。

《商业银行法》规定，设立商业银行，申请人应当向原银监会提交相关文件、资料，符合规定的，申请人应当填写正式申请表，提交相关文件、资料。经批准设立的商业银行，由原监会颁发经营证，并凭该许可证向原工商局办理登记，领取营业执照。

关于商业银行的高级管理人员的任职资格，《金融机构高级管理人员任职资格管

第十四章

理办法》对银行管理人员的任职资格做出了明确规定，以确保银行业的运行能够掌握在那些品行良好、信誉高、业务水平高的人员手中，实现银行的稳健运行，保护存款人利益，维护金融秩序。

2. 对商业银行的业务运营监管。对商业银行的业务运营监管又称为持续性监管，是指对商业银行在业务经营过程中所可能产生的各种风险进行监督防范。这个阶段的监管是商业银行监管的主要部分，其内容主要包括资本充足率监管、信贷风险监管以及流动性监管。

（1）资本充足率监管。必要的资本是银行抵御风险的最直接、最基本的手段，银行的资本充足有利于抵御各种风险，从而保障银行安全和存款人的利益。资本充足率是指一家银行资本对其风险资产的比例（即资本充足率＝资本/风险资产）。资本充足率监管是对商业银行进行风险监管，保证其健康运营的核心内容。1988 年通过的《巴塞尔协议》首次统一了资本充足率标准和计算方式，直到 2003 年《新巴塞尔协议》意见稿，资本充足率标准和计算方式一直在不断进行改进和完善。如今，巴塞尔委员会将总资本充足率的最低标准定为 8%，并且核心资本的比率不得低于 4%，二级资本不超过一级资本的 100%，三级资本不超过一级资本的 28%。这些规定虽然没有法律效力，但却成为衡量银行实力、经营稳健程度的重要标志，得到世界上许多国家的遵守。

我国《商业银行法》第 39 条对资本充足率也做出了明确的规定。根据该规定，商业银行贷款，资本充足率不得低于 8%。此外，为了加强对商业银行资本充足率的监管，原中国银监会于 2006 年 12 月 28 日修订了《商业银行资本充足率管理办法》（以下简称《办法》）。《办法》贯穿审慎监管的理念，规范了商业银行资本充足率的计算办法，引入国际上成熟的资本监管经验，在对资本充足率的监督检查方面建立了一套操作性强、透明度高的标准和程序。《办法》根据资本充足率的高低，把商业银行分为三类，即资本充足、资本不足和资本严重不足的银行。对于不同类型的银行，分别采取不同的监管措施，以增强资本监管的有效性。

（2）信贷风险监管。商业银行获得经营收入的一个最主要的途径就是发放贷款。而在开展信贷业务的过程中，银行不可避免地要遭受到信贷风险。信贷风险是造成商业银行经营困难的主要原因之一，它不仅关系到银行的资本充足率，而且也关系到银行的安全性、流动性和赢利性。

巴塞尔委员会制定的《核心原则》中专门对信贷风险管理问题作出规定。根据该部分的内容，银行应当在以下几个方面加强监管以降低信贷风险：①银行监管者应该保证银行的信贷和投资职能客观并建立在稳健原则的基础上。②监管当局应该对银行有关单项信贷、资产分类和提取呆账准备金进行定期检查和评估。③银行应该限制对单一借款人和相关借款人的贷款，防止风险集中。④关联贷款的限制。

我国《商业银行法》第 39 条对信贷风险的监管也做出了明确的规定："商业银行贷款，应当遵守下列资产负债比例管理的规定：……③对同一借款人的贷款余额与商业银行资本余额的比例不得超过 10% ……" 可以看出, 该规定是对负债比例和风险集中的比较原则性的规定, 体现了与《巴塞尔协议》的初步接轨。

此外, 对贷款的科学合理的分类, 也有利于确定信贷风险状况, 及时准确地反映银行的盈余, 因而也成为国际公认的银行业审慎监管的原则。当今普遍使用的分类方法是贷款五类分类法, 即依据借款人偿还贷款本金和利息的情况、借款人的财务状况、信用支持状况等确定的贷款遭受损失的风险程度, 将贷款质量分为正常、关注、次级、可疑和损失五类。2001 年, 我国中国人民银行发布了《贷款风险分类指导原则》, 并于 2002 年 1 月 1 日正式在中国银行业全面推行贷款风险分类管理, 实现了与国际规则的接轨。

（3）流动性监管。商业银行流动性是指银行能够及时满足各种资金需要和收回资金的能力。商业银行必须保持一定的流动性资产, 以便其能够灵活周转来满足客户随时的提现或贷款的要求。如果银行无法提供充足的现金和其他流动性资产, 则可能面临流动性危机, 从而引发金融秩序的混乱。

巴塞尔委员会的《核心原则》中也提出了对商业银行的流动性监管, 认为流动性监管的目的是确保银行有能力充分满足其合同承诺。强有力的流动性管理的关键因素包括: 良好的管理信息系统、中央流动性系统、可选方案的净融资要求分析、融资来源的多样化以及应急计划。我国《商业银行法》第 39 条对资本充足率也做出了明确的规定: "商业银行贷款, 应当遵守下列资产负债比例管理的规定: ……②流动性资产余额与流动性负债余额的比例不得低于 25% ……" 同时, 中国人民银行 1994 年发布的《商业银行资产负债比例管理暂行监控指标》也对我国商业银行流动性监管在流动性资产负债比例指标、备付金比例指标、拆借资金比例指标及存贷款比例指标等方面做出了详尽的规定。

（四）商业银行监管的方式

适当的监管指标对商业银行监管的有效实现固然重要, 但合理的监管方式与手段也不可忽视。正确的监管方式与手段能够保证监管当局了解到准确的监管方面的信息, 是实施有效监管、对商业银行风险进行控制的重要途径, 也是监管当局审慎监管的重要保证。依据国际惯例, 一般把商业银行的监管分为现场检查和非现场检查两种方式。

1. 现场检查。现场检查, 是指银行监督机构到被检查的商业银行进行实地检查, 通过查阅报表、账册、文件等各种资料并进行咨询调查, 来分析、检查和评价银行的经营情况的一种监管方式。现场检查是监管当局全面掌握商业银行情况的重要渠道, 通过深入商业银行开展现场检查, 监管机构能够真实掌握被检查机构的情况, 掌握珍贵的第一手资料, 这是金融决策的直接依据。我国《银行业监督管理法》第 24 条对现场检查做出了规定: "银行业监督管理机构应当对银行业金融机构的业务活动及其风险状况进行现场检查。国务院银行业监督管理机构应当制定现场检查程序, 规范现场检查行为。"

现场检查可以分为两类，一类是全面检查，一般是定期进行的，如一年一次或者若干年一次；另一类是专项检查，一般是针对非现场检查中发现的问题所进行的专门检查，专项检查是不定期的。只要在非现场检查中发现问题，监管当局认为有必要进行现场检查的，都可以随时进行现场检查。

现场检查作为监管机关的一项职责，应当具有一定的法律程序，才可保障检查的合法性和合理性。依据《银行业监督管理法》第34条的规定："银行业监督管理机构根据审慎监管的要求，可以采取下列措施进行现场检查：①进入银行业金融机构进行检查；②询问银行业金融机构的工作人员，要求其对有关检查事项作出说明；③查阅、复制银行业金融机构与检查事项有关的文件、资料，对可能被转移、隐匿或者毁损的文件、资料予以封存；④检查银行业金融机构运用电子计算机管理业务数据的系统。进行现场检查，应当经银行业监督管理机构负责人批准。现场检查时，检查人员不得少于2人，并应当出示合法证件和检查通知书；检查人员少于2人或者未出示合法证件和检查通知书的，银行业金融机构有权拒绝检查。"然而，此条款只是对商业银行的现场检查做出的简单规定，更加详尽而具有操作性的规定还有待于原银监会进一步规范。

在进入现场检查以后，监管机构按照规定的现场检查的内容对银行进行检查，具体包括资本充足率（Capital Adequacy）、资产质量（Assets Quality）、管理水平（Management）、赢利水平（Earning）和流动性（Liquidity），并且根据这些指标对银行进行综合评级。这也是美国所创设的骆驼（CAMEL）评级制度。该体系的实用性使之成为国际通行的评级办法。2004年我国颁布的《股份制商业银行风险评级体系（暂行）》即是借鉴于此。该体系将银行综合评级分为良好、一般、关注、欠佳、差五个等级。评级结果将作为监管的基本依据，并作为股份制商业银行市场准入和高级管理人员任职资格管理的重要参考。

2. 非现场检查。商业银行的非现场检查是指对商业银行报送的报表、数据按一定标准和程序、目标和原则进行分析，从而揭示银行资产和资金的流动性、安全性和效益性。非现场检查具有预警性、全面性、连续性等优点，监管当局详细审查银行报送的各种报表和资料，通过现代化的金融风险预警系统，对商业银行的业务活动进行全面监控，从而能够随时掌握每个商业银行和整个银行体系的运行状况，知晓存在的问题，并且针对问题及时采取措施，是一种很好的风险预防工具。非现场检查的关键在于报表数据的真实性、及时性以及一套科学的评级体系。

我国《银行业监督管理法》第23条对非现场检查做出了原则性的规定："银行业监督管理机构应当对银行业金融机构的业务活动及其风险状况进行非现场监管，建立银行业金融机构监督管理信息系统，分析、评价银行业金融机构的风险状况。"

我国对商业银行非现场检查的具体规定主要体现在《商业银行非现场监管报表报告书》和《商业银行非现场监管报表填写说明》中。总体来讲，我国目前的非现场检查监管指标包括五大类：资本充足性指标、赢利状况指标、资产质量指标、资产流动性指标以及合规性指标。这五种指标体系较为全面，也符合国际惯例。但这些指标还仅仅是一个个相互关联的指标，是单项的，而没有在此指标基础上的风险评估体系。因此，需要进一步借鉴国外的做法，对商业银行的风险做出综合测评，起到风险预警的作用。

第三节　证券市场监管法

一、证券、证券业、证券市场和证券法概述

（一）证券

证券是记载并代表一定权利的书面凭证，它表明持有人有权取得相关权益。证券广义上包括资本证券、货币证券和货物证券。我国证券法上规范的证券仅仅是以股票、债券为主的资本证券。各国证券法对证券的范围有不同规定。美国证券法中证券的范围十分广泛，凡是与投资者利益相关的金融工具、证书、证券、契约、权利等都属于其所要规范的。而我国《证券法》规定的证券是：股票、债券、证券投资基金，以及经国务院依法认定的其他证券。证券法规范的证券具有以下法律特征：①具有投资属性；②证明持有人拥有某种财产权利；③是一种可以流通的权利凭证。

受分业经营、分业监管的制约，蓬勃涌现的诸多具有投资性质的保险产品、银行理财产品、集合投资计划等均未被纳入证券监管的范畴，导致对同类证券产品监管标准不统一。特别是在互联网金融勃兴的今天，很多投资形式其实质都是证券投资，但是《证券法》没有为其正名，使得很多的正常融资需求难以得到有效满足。例如，众筹模式实际上就是通过互联网发行的证券，但《证券法》并没有对这种新的证券行为作出规定。《证券法》应当扩展证券定义的范围，涉及信托、委托理财、份额化交易的文化产品等物权、债权、信托权益的权益凭证，都应纳入证券范围。传统商业银行的理财产品业务、投行业务、债券业务等，保险机构的投资业务等都应纳入证券业务范畴。[1]

（二）证券业

证券业是金融业的支柱之一。它是指通过证券市场进行有价证券的募集、发行、交易以及管理监督。随着西方近代信用制度的建立和股份公司的出现，证券市场的发展就具备了制度前提和物质基础。信用制度使得货币收入和储蓄转化为货币资本投入到证券市场中去；股份公司的建立带来股票和债券的发行流通，为证券市场提供了主要的交易对象。

从世界范围来看，证券业的发展经历了 17 世纪初到 20 世纪 30 年代初的自由放任阶段、20 世纪 30 年代初到 60 年代末的法治建设阶段和 20 世纪 70 年代以来的迅速发展阶段。在我国，清政府洋务派兴办股份制企业后，证券市场就随之产生了。

---

[1]　李曙光："证券法修改的方向"，载《中国金融》2014 年第 12 期。

1891 年外商设立的"上海股份公所"是我国最早的证券交易市场。新中国的证券交易市场建立于 1986 年。1990 年和 1991 年，上海证券交易所和深圳证券交易所的先后建立，推动了我国证券业的发展。经过 20 多年的发展，我国证券业正逐步地成长起来。

（三）证券市场

证券市场是股票、公司债券等有价证券及其衍生产品发行和交易的场所，它通过各类证券的发行和交易来募集和融通资金，以获取预期利益。证券市场是市场经济的重要组成部分，它能够筹集资金，优化资源配置，调整产业结构，增强企业活力，是政府货币政策的重要依托。

从市场职能的角度来看，证券市场可以分为发行市场和交易市场。证券的发行市场，即一级市场，通过发行证券进行筹资活动。它为资本需求者提供募集资金的渠道，又为资本供应者提供投资的场所。证券的交易市场，即二级市场，是对已发行的证券进行买卖、转让和流通的市场。它使证券持有者能够卖掉所持证券进行变现，又使新的投资者能够进行投资。

目前我国正大力推行股票发行注册制改革。2015 年 12 月 27 日，第十二届全国人民代表大会常务委员会第十八次会议通过了《全国人民代表大会常务委员会关于授权国务院在实施股票发行注册制改革中调整适用〈中华人民共和国证券法〉有关规定的决定》，授权国务院对拟在上海证券交易所、深圳证券交易所上市交易的股票的公开发行，调整适用《中华人民共和国证券法》关于股票公开发行核准制度的有关规定，实行注册制度。2018 年 2 月第十二届全国人民代表大会常务委员会第三十三次会议通过了《全国人民代表大会常务委员会关于延长授权国务院在实施股票发行注册制改革中调整适用〈中华人民共和国证券法〉有关规定期限的决定》，决定对国务院在股票发行注册制改革中对《证券法》的调整适用期限延长 2 年至 2020 年 2 月 29 日，国务院应当及时总结实践经验，于延长期满前，提出修改法律相关规定的意见。这就对《证券法》规定的股票发行核准制进行了变通，解决了注册制改革中于法有据的问题。原有的新股发行审核使股票发行背离了市场化原则，严重扭曲了发行市场。IPO（首次公开募股）注册制改革的核心就是让市场实现优胜劣汰，让市场活力更充分迸发，体现出股票发行中的市场化改革方向，有助于进一步发挥市场配置资源的决定性作用，限制政府诸多不当权力和行为。当然，注册制只是股票上市的一种方式，注册制的实施不是最终目的，改革的目的是将造假、欺诈行为降到最低，更加注重信息披露的准确性。[1]

虽然我国 IPO 已经趋于常态化，但退市并未实现常态化。我国证券市场退市率相对于国外成熟市场差距仍较大。退市制度是资本市场一项基础性制度，是关于证券交易所制定的关于上市公司暂停、终止上市等相关机制，以及风险警示等退市配

第十四章

---

[1]　李曙光："证券法修改的方向"，载《中国金融》2014 年第 12 期。

套机制的制度性安排，也是市场经济优胜劣汰铁律的一个体现，是市场经济健康稳定运行的基石。目前，中国资本市场新股发行实现了常态化，但只进不出的现象极其严重，"僵尸企业"问题成为市场隐患。要解决退市常态化问题，应当进一步改革上市公司退市制度，以退市情形三分法为基础，将各种可能的退市情形进一步细化为退市制度；应当强化信息披露违法违规强制退市标准，只要属于信息披露严重违规也可考虑强制退市。完善退市制度，落实资本市场上的优胜劣汰，是推进供给侧结构性改革，完善社会主义市场经济体制的题中应有之义。退市制度和上市制度犹如鸟之两翼，只有两大制度齐头并进，共同有效实施，才能发挥资本市场为实体经济服务的功能，公平公正竞争，优化资源配置，激发市场活力，形成信号机制，并真正保护中小投资者合法权益，实现我国证券市场高质量的健康发展。[1]

（四）证券法

证券法有广义和狭义之分。广义上的证券法是调整全部证券法律关系的法律规范的总称。狭义上的证券法仅指证券法典，在我国，即1998年制定的《证券法》（2014年修订）。我国证券法规定的基本原则有：保护投资者利益原则，公开、公平、公正原则，平等、自愿、有偿、诚实信用原则，合法原则，分业经营、分业管理原则，以及国家集中统一监管和行业自律相结合原则。

二、证券市场监管法律制度概述

证券监管，广义上是指各级国家机关及一些民间组织对证券市场各参与主体及其行为进行监管；狭义上主要是行政机关的监督和管理。证券监管通过克服证券市场信息不对称的弊端，解决证券市场外部性问题，控制证券市场的风险，以维护证券市场的秩序和保护投资者利益。

证券监管法律制度主要包括监管主体、监管目标、监管对象和监管方式四个方面。监管主体往往是专门的监管机构，例如，美国的证券交易委员会（SEC）、我国的证券监督管理委员会（CSRC）。证券监管的实践通常需要证券监管的目标来指导。1998年9月，证监会国际组织内罗毕年会通过的《证券监管的目标与原则》确立的证券市场监管的主要目标是：保护投资者；确保公正、有效和透明的市场；减少系统性风险。我国新修订的《证券法》也开宗明义地提出了我国证券监管的目标，即规范证券发行和交易行为；保护投资者的合法权益；维护社会经济秩序和社会公共利益，促进社会主义市场经济的发展。为实现上述目标，应当以保护投资者利益为基础，贯彻证券市场的公开、公平、公正原则。监管的对象主要是指证券市场参与者和证券市场发生的行为和活动。监管的方式主要体现在建立和完善监管制度，明确监管职责和权限以及具体的监管手段。

各国证券监管的模式不尽相同，主要有三种：以美国为代表的集中型监管模式；以英国为代表的自律型监管模式；以德国为代表的中间型监管模式。集中型监管强

---

[1] 李曙光："实现中国资本市场退市机制常态化"，载《证券时报》2018年2月2日，第A9版。

调设立全国性的专门的监管机构，运用专门的证券市场监管的法律法规来统一管理全国的证券市场；自律型监管主要依靠证券交易所和证券业协会等自律性组织对证券业实行有效的监管，而政府很少对证券市场进行集中统一的监管；中间型监管则兼具集中型和自律型的特点，由政府部门、自律性组织等多元化的监管主体共同对证券市场进行监管。随着各国证券监管实践的发展，政府监管和自律监管在不断地协调和融合，以期能够有效实现证券监管的目标。

政府监管有其固有的缺陷，自律监管则成为其重要的补充。自律监管主要指证券交易所、证券业协会和证券公司等的监管，是证券监管体系的重要组成部分。它管理证券市场主体的注册、准入，监督证券市场交易行为，处理争议，以维护市场秩序和保护市场参与者的利益。证券监管具有灵活性、专业性、低成本、高效率的优势，能够克服政府监管的某些弊端，在监管体系中起着不可或缺的作用。

三、我国证券市场监管法体制和制度

（一）我国证券监管体制

随着证券市场的发展，我国的证券监管体制大致经历了从地方监管到中央监管、从分散监管到集中监管的过程，主要分为三个阶段。

第一个阶段：20 世纪 70 年代末期至 90 年代初期。这一时期是中国证券市场的起步阶段，以地方政府的监督管理为主，导致政出多门，未能形成集中统一的监管，监管主体明显缺位，具有分散监管的特点。

第二个阶段：20 世纪 90 年代初到 1997 年底。这一时期，既有国务院证券委员会和中国证监会作为专门的证券监管机构，又有地方政府对区域内的证券市场进行管理。同时，中央政府各有关部门也履行着相关的证券监管职责，呈现出多头监管的特点。

第三个阶段：1997 年底至今。这一时期，我国建立了全国集中统一的证券监管体制。1997 年 8 月 15 日，国务院决定上海、深圳证券交易所由地方管理改为由证监会直接管理。1997 年 11 月，中央金融工作会议撤销国务院证券委员会，将其职能交由中国证监会执行。1998 年 4 月，中国人民银行监管证券市场的职能也交给中国证监会执行。同时，地方证券监管机构也收归中国证监会领导。至此，基本建立了由中国证监会及其派出机构组成的全国集中统一的监管体系。1998 年 12 月颁布的《证券法》正式从法律层面上确认了这一集中统一的监管体系，进一步明确和强化了证监会的职责。

目前，我国证券市场的监管体制总的来说是以政府监管为主，自律监管为辅。即证监会负责全国证券市场的监管，其派出机构负责区域内的日常监管；而证券交易所及证券业协会的自律监管则起到辅助作用。二者相辅相成，以促进我国证券市场的健康发展。

（二）我国证券监管机构

我国《证券法》规定：国务院证券监督管理机构依法对全国证券市场实行集中

统一监督管理。国务院证券监督管理机构根据需要可以设立派出机构,按照授权履行监督管理职责。国务院证券监督管理机构,即中国证监会,设有股票发行审核委员会和国际顾问委员会两个专门委员会,还设有内部职能部门、直属事业单位、派出机构、专员办,根据国务院的授权依法履行其行政监管职能,对我国证券业和期货业实行集中、统一的监管。

《证券法》第十章"证券监督管理机构"专门对证监会的监管职责和权限进行了规定。其中,第179条规定了证监会的具体监督管理职责:①依法制定有关证券市场监督管理的规章、规则,并依法行使审批或者核准权;②依法对证券的发行、上市、交易、登记、存管、结算,进行监督管理;③依法对证券发行人、上市公司、证券公司、证券投资基金管理公司、证券服务机构、证券交易所、证券登记结算机构的证券业务活动,进行监督管理;④依法制定从事证券业务人员的资格标准和行为准则,并监督实施;⑤依法监督检查证券发行、上市和交易的信息公开情况;⑥依法对证券业协会的活动进行指导和监督;⑦依法对违反证券市场监督管理法律、行政法规的行为进行查处;⑧法律、行政法规规定的其他职责。国务院证券监督管理机构可以和其他国家或者地区的证券监督管理机构建立监督管理合作机制,实施跨境监督管理。同时,根据第180条的规定,国务院证券监督管理机构依法履行职责,有权采取下列措施:①对证券发行人、上市公司、证券公司、证券投资基金管理公司、证券服务机构、证券交易所、证券登记结算机构进行现场检查;②进入涉嫌违法行为发生场所调查取证;③询问当事人和与被调查事件有关的单位和个人,要求其对与被调查事件有关的事项作出说明;④查阅、复制与被调查事件有关的财产权登记、通讯记录等资料;⑤查阅、复制当事人和与被调查事件有关的单位和个人的证券交易记录、登记过户记录、财务会计资料及其他相关文件和资料,对可能被转移、隐匿或者毁损的文件和资料,可以予以封存;⑥查询当事人和与被调查事件有关的单位和个人的资金账户、证券账户和银行账户,对有证据证明已经或者可能转移或者隐匿违法资金、证券等涉案财产或者隐匿、伪造、毁损重要证据的,经国务院证券监督管理机构主要负责人批准,可以冻结或者查封;⑦在调查操纵证券市场、内幕交易等重大证券违法行为时,经国务院证券监督管理机构主要负责人批准,可以限制被调查事件当事人的证券买卖,但限制的期限不得超过15个交易日,案情复杂的,可以延长15个交易日。可见,证监会在履行职责时享有现场检查权,调查取证权,询问权,查阅、复制、封存权,账户的查询、冻结、查封权,限制交易权。

我们认为,一方面需要通过审批权的行使、日常监督管理和违规行为的查处等方式来保障上述监管职责的实现;另一方面又要对上述监督管理权进行约束,既需要对监管执法进行内部约束,又需要对其进行外部监督,使监管者能够独立、公正、高效地履行监管权力,提高监管的有效性。

我国的证券监管目前还存在一定问题,亟待解决。首先,目前证监会执法权限偏软,执法手段不足,证券市场虽已确定"宽进严管"的监管理念,但"严管"力度依然不够，难以起到充分的警戒作用，进一步导致违法违规行为屡禁不止。应当完善监管执法手段，加快监管转型。证监会的职权应从审核审批向监管执法转型，监管工作的重心应从事前把关向事中、事后监管转移。要完成这一转型，就需要《证券法》完善证监会的监管方式、充实执法权限、完善执法手段、创新执法机制，加大对违法行为特别是内幕交易、虚假宣传、操纵市场行为的打击力度，使监管措施和处罚规定更具威慑力。

其次，投资者保护机制薄弱。我国资本市场长期以来的立法指导思想偏重于市场规模、市场结构、市场功能的发展和完善，而对投资者尤其是中小投资者的保护不够重视，中小投资者保护制度多是原则性规定，制度操作性不够甚至形同虚设。相对于投资者，金融机构处于强势地位，我国法律对金融消费者合法权益的保护还处于空白，一定程度上不利于投资者权益保护。《证券法》的立法原则主要是保护投资者的利益，尤其是对中小投资者的保护，《证券法》本质上就是一部投资者保护法。因此应当建立健全投资者保护机制，特别是加强对中小投资者利益的保护。证监会主席肖钢曾提出投资者保护制度的七个方面：证券侵权民事赔偿制度、证券市场的公益诉讼制度、和解金赔偿制度、监管机构责令购回制度、承诺违约强制履约制度、主动补偿投资者制度和证券专业调解制度。这些有价值的制度虽不易实施，但其公开提出也昭示了《证券法》应当更注重投资者保护的目标取向。[1]

（三）我国证券业的自律监管

《证券法》第 102 条第 1 款规定，证券交易所是为证券集中交易提供场所和设施，组织和监督证券交易，实行自律管理的法人。第 174 条第 1 款规定，证券业协会是证券业的自律性组织，是社会团体法人。由此可见，我国证券业的自律监管主要是证券交易所和证券业协会的监管。

证券交易所是为证券的集中交易提供场所和设施，组织监督证券交易，实行自律管理的法人，分为公司制和会员制两种。我国的证券交易所是不以营利为目的的会员制事业法人。1990 年 12 月和 1991 年 7 月上海证券交易所和深圳证券交易所分别正式营业。目前，我国证券交易所的监管就是指上海证券交易所和深圳证券交易所的监管。根据《证券法》第五章和《证券交易所管理办法》等相关规定，其自律监管的职能主要体现在以下方面：

1. 具有证券交易所会员资格，才能进入证券交易所进行交易。

2. 在证券交易所挂牌交易的是经依法核准的上市交易的股票、公司债券及其他证券。股票、公司债券的暂停上市、恢复上市或者中止上市事务，由证券交易所依照法律、行政法规的规定办理。

3. 证券交易所对出现突发性事件影响证券交易的正常进行的情形，可以采取技术性停牌的措施；对出现不可抗力的突发性事件或出于维护证券交易的正常秩序的

---

[1]　李曙光："证券法修改的方向"，载《中国金融》2014 年第 12 期。

目的，可以采取临时停市的措施。

4. 证券交易所实时监控着在交易所进行的证券交易，依照中国证监会的要求，对异常的交易情况提出报告；同时可以限制出现重大异常交易情况的证券账户，并报中国证监会备案。

5. 证券交易所监督上市公司信息披露的情况，督促上市公司依法及时、准确地披露信息。

6. 证券交易所对在证券交易所内从事证券交易的人员进行监管，对他们违反交易所有关交易规则的行为，给予纪律处分；情节严重的，不仅要撤销其资格，还要禁止其进行证券交易。

证券业协会是由证券商组成的对证券行业实行自律监管的组织，是社会团体法人。它制定行业自律规则，解决争端、调解和仲裁，管理证券从业人员、场外交易市场、证券公司，同时还有部分执法职能。行业协会依据其职责的不同，可以分为两种类型：①具有自律监管职责的行业协会；②没有自律监管职责的行业协会。我国证券业协会属于第一种类型。《证券法》第176条规定，证券业协会履行下列职责：①教育和组织会员遵守证券法律、行政法规；②依法维护会员的合法权益，向证券监督管理机构反映会员的建议和要求；③收集整理证券信息，为会员提供服务；④制定会员应遵守的规则，组织会员单位的从业人员的业务培训，开展会员间的业务交流；⑤对会员之间、会员与客户之间发生的证券业务纠纷进行调解；⑥组织会员就证券业的发展、运作及有关内容进行研究；⑦监督、检查会员行为，对违反法律、行政法规或者协会章程的，按照规定给予纪律处分；⑧证券业协会章程规定的其他职责。

证券业协会对投资者利益的保护具有重大意义，具体表现在：教育和组织会员遵守法律法规，查处市场违规行为，调解投资者之间的纠纷，执行市场准入，管理证券从业人员，监督会员的业务活动，评估揭示会员的风险，将保护投资者利益放在第一位。

目前，我国证券业的自律监管更多强调的是证券交易所的自律监管。《证券法》明确而具体地规定了证券交易所的自律监管地位和职能。例如，赋予证券交易所上市、暂停上市、终止上市条件的设定权和核准权；赋予证券交易所对上市公司股东、实际控制人等信息披露义务人的监管权和限制异常交易的权力。这体现了国家对自律监管的重视以及对自律组织权力的认可和保护。然而，我国证券业协会的监管一直薄弱，因此，一方面应当进一步加强证券业协会的自律监管；另一方面又要协调证券业协会和政府主管部门、证券交易所的关系，使自律监管进一步加强，对政府监管起到更好的补充作用。除此之外，《证券法》还规定，国家审计机关依法对证券交易所、证券公司、证券登记结算机构、证券监督管理机构进行审计监督。

第四节　期货市场监管法

一、期货与期货交易

（一）期货

"期货"的英文为 Futures，由"未来"一词演化而来，其含义是交易双方共同约定的，在未来的某一日期，按规定的价格买卖一定数量的商品、金融投资或现金的标准合同。

期货严格说来并不是货物，而是一种法律合约，是事先订好的、远期合同的一种形式。期货合同与远期合同的不同在于，远期合同可以是在买卖双方间通过"场外市场"进行买卖，而期货合同则必须在期货交易所里进行交易。

期货从类别上可以分为商品期货和金融期货两种。商品期货是以实物商品为标的物的期货合约，如小麦、肉类、金属等期货。金融期货指以金融工具为标的物的期货合约，如证券、货币、汇率、利率等期货。商品期货和金融期货的主要区别在于期货合约的标的物属性和交割方式的不同。商品期货的标的物是实物商品，是可见物品，需要库存空间，有标准交割仓库。金融期货的标的物是名义物品，比如指数、汇率、价格（外汇期货）等，不需要存储空间，没有交割仓库。所以商品期货都采用实物交割，金融期货都采用现金交割。[1]

金融期货交易产生于 20 世纪 70 年代的美国市场。1972 年，美国芝加哥商业交易所（CME）的国际货币市场开始国际货币的期货交易。1975 年，芝加哥商业交易所开展房地产抵押券的期货交易。现在，芝加哥商业交易所、纽约期货交易所和纽约商品交易所等都进行各种金融工具的期货交易，货币、利率、股票指数等都被作为期货交易的对象。

金融期货基本上可分为三大类：外汇（汇率）期货、利率期货和股指期货。所谓外汇期货，是指以汇率为标的物的期货合约，以此回避汇率风险。它是金融期货中最早出现的品种。自 1972 年芝加哥商业交易所的国际货币市场分步推出第一张外汇期货合约以来，随着国际贸易的发展和世界经济一体化进程的加快，外汇期货交易一直保持着旺盛的发展势头。它不仅为广大投资者和金融机构等经济主体提供了有效的套期保值的工具，而且也为套利者和投机者提供了新的获利手段。所谓利率期货，就是以利率为标的物的标准化的期货合约。20 世纪 70 年代中期以来，为了治理国内经济，在汇率自由浮动后稳定汇率，西方各国纷纷推行金融自由化政策，以往的利率管制得以放松甚至取消，导致利率波动日益频繁且剧烈。面对日趋严重的

---

〔1〕 国内期货市场初期也采用过现金交割（比如当年的海南交易所的橡胶、咖啡等均可采取现金交割），但因为现金交割易出现违规，造成各类逼仓事件层出不穷，所以在 1999 年期货市场规范后就被完全取消。

利率风险，各类金融商品持有者，尤其是各类金融机构迫切需要一种既简便可行，又切实有效的管理利率风险的工具。在这种背景下，利率期货应运而生。经过30多年的发展，利率期货已经成为一种重要的金融衍生品。所谓股指期货，是以股票指数为标的物的期货合约。1982年2月24日，美国堪萨斯期货交易所率先推出价值线综合指数期货，利用股指期货对股票指数和所持有的股票进行套期保值，以此规避股票市场上的股指波动和价格波动带来的风险。股指期货具有发现价格、稳定市场、增强流动性、促进资本形成的作用，是国际资本市场重要的风险管理工具。现在，全世界交易规模最大的股指合约是芝加哥商业交易所的 S&P500 指数合约。

（二）期货交易

期货交易，是指在期货交易场所买卖标准化期货合约的一种有组织的交易方式。期货交易是因现货商品经营商和加工商的风险问题、融资问题、库存问题和定价问题而发展起来的。随着商业发展和库存积累的需要，尤其是对季节性生产的农作物而言，现货商和加工商发现了自身的问题，认为采用远期合约是最好的管理方法。这种远期合约发展成为标准化的程序，最终经过调整完善，形成期货交易。

期货交易已经成为现代市场经济必不可少的组成部分，其功能是其他任何市场成分所不具备的。如果利用得好，期货交易具有非常全面的职能，例如，提供持续、切实、大量交易的机会；形成公正价格；提供标准价格、指标价格，使现货交易顺利、明朗、快捷；通过竞争促进价格的合理化后经济效率的提高；季节性（时间）、地域性（空间）价格的均衡化；在极大范围内调节供给和需求；资源与财富的适当分配；提供套期保值的场所以回避价格风险；通过套期保值提高商品担保价值；提供换金场所；代行仓库职能；社会闲散投资资金的公共利用；提供资产运营手段及机会，等等。在这些职能中，最为重要的职能是：①发现公正和均衡价格；②回避价格风险；③调节供求关系；④提供持续的大宗交易场所；⑤提供资产运营机会；⑥吸收和利用社会闲散资金。

期货市场之所以具有上述功能，是因为期货交易独特的风险转移（risk transfer）和价格发现（price discovery）机制。风险转移依赖于套期保值。套期保值使期货市场成为将风险从那些不愿或不能承担风险的人们那里转移到投机者那里的场所，通过这一过程，期货市场也成为社会财富的创造者。"具有流动性、投机性、活跃的期货市场是那些存在风险问题的人所能够或广泛使用的有用的和有效的工具。发展完善的期货市场不仅可以有效地发挥风险转移功能，而且完成这一任务的成本如此之低，以至于没有其他工具能与之媲美。"[1]对于单个企业而言，通过套期保值，库存货物等的价格风险得以回避，生产者、销售者、需求者都不必担心价格风险，不必挤买、挤卖而使自身经济利益受损。同时，套期保值企业还可以在竞争中战胜未套

---

[1]　[美]托马斯·A.海尔奈莫斯：《期货交易经济学：为商业和个人盈利》，王学勤译，中国财政经济出版社2004年版，第353～354页。

期保值的企业，实现自己公司事业的扩大。期货市场上还可以进行实物交割，卖期保值可在交割期交割实物，马上换取现金；买期保值可在交割期接受实物，取得与自己的库存同样的效果。此外，库存商品在套期保值后不必担心因降价而贬值，银行可以放心地以此为担保进行融资。在美国，对于未保值的粮食等商品只承认50%左右的担保率，而已保值的则给予95%以上的担保率。已保值的商品变成了比不动产、有价证券还切实可靠的担保商品。倘若没有期货市场，生产者、商人将对价格的混乱变动无计可施，导致经济活动缺乏稳定性，交易的标准价格也无从参照，生产活动的交易行为都将萎缩。期货市场的价格在迷茫纷杂的经济社会中，起到了灯塔和指南针的作用。没有它，就像在黑夜的大海中驾驶无舵船航海一样。

价格机制是市场经济中"看不见的手"的核心机制。有效的公正价格能够准确反映市场均衡所在，从而实现经济资源的有效配置。在现货市场上，受到多种复杂因素的影响，公正均衡价格往往难以及时发现，甚至根本无法发现。期货市场通过"公开叫价拍卖"（open outcry auction）机制，使市场具有高度竞争的特性，十分有利于形成公正均衡价格。这就是期货市场成为现货市场价格确定标准的原因所在。值得指出的是，对于尚处于转型期的不成熟的市场经济国家来说，短期内不可能实现整体市场体系和市场机制的全面完善，但却完全有可能建立一个相对完善的期货市场，使期货市场"先完善起来"。上海期货交易所作为全球铜的三大定价中心之一、亚洲铜定价中心，这就是一个很好的证明。我国是农业大国、世界工厂的资源消耗大国，也是世界重要新兴力量和世界新兴金融中心，农产品、原材料和包括人民币汇率在内的金融产品定价问题，都是关系我国经济安全的重大战略问题。只有争取定价权和话语权，才能维护国家利益。

世界发达国家无不致力于期货市场的发展和完善，以提高其国际竞争力，因为他们充分认识到了期货市场对国民经济的整体贡献。美国财政部长劳伦斯·H. 萨默斯2000年3月17日在第25届国际期货业年会的书面发言中，将期货业对美国经济发展所做的重大贡献概括为六个方面：①美国期货业为美国经济的其他部门带来了巨大的后续利益，由投资引致的经济扩张创造了繁荣和生产率的高速增长。②通过对美国资本进行最有效、最经济的分配和运用，使资本投向具有发展前景的产业。③维护了美国金融体系竞争力，强化了美国作为世界金融中心的领导地位。④有利于更好地分散和管理风险。金融衍生品市场通过转移金融风险，使美国的企业和机构更有效地进行套期保值，推动资源的有效配置，进一步促进美国生产力的提高。⑤有利于降低企业和消费者的融资成本，包括贷款、保险费和其他形式融资的成本。⑥有助于增强国民经济的实力。功能发挥正常的、高效的资本市场拓宽了企业和金融机构进入资本市场的渠道，降低了进入资本市场的成本，增加了经济发展的机会，促进了经济的增长。

（三）期货交易的高风险性及风险的可控性

期货市场以转移风险为天职，但却无不处于风险之中。期货市场的风险是指由于期货市场中存在的不确定性因素，使得期货交易主体遭受损失，以及对其他市场成员和整个社会经济环境造成危害的可能性。期货市场本质上是交易风险的市场，因而必然是风险高度集中的市场。垄断、操纵、非理性投机、交易规则不完善、法律不健全或者执法不严格、监管不到位等，都会使期货市场产生巨大的风险。这种风险经由保证金交易的放大效应，非常容易传导到整个市场，甚至波及全社会，影响宏观经济均衡和稳定。

期货市场的高风险性使得期货市场在其发展初期备受人们抨击。美国期货交易市场就曾一度被指为"大地上的一种罪恶""私人财产的威胁""公共道德的敌人""投机者的贼窝"等。在我国，由于发生了许多触目惊心的风险事件，期货市场也被一些人视为洪水猛兽，有所谓"期货即欺货"等视期货为"欺祸"的种种贬损的说词。

面对尚不成熟的期货市场，政府往往表现出欲禁不能的矛盾心理。19世纪末的美国就曾经出现过禁止期货交易的州立法，不过此类法律从来没能得到真正执行。从1860年起，美国联邦立法机构也曾就废除期货交易进行了多次努力。在开始于1874年的50年间，禁止期货交易的方案连续不断地向联邦国会提交。在第一部规范期货市场的联邦法律出台之前，期货市场正面临着生存与死亡的重大抉择。人们越来越希望能有一部法律对期货市场进行规制，或是放弃或禁止所有的期货市场；或是关停像洋葱和土豆那样的个别市场；或是进一步规范市场，防止过度投机和炒作。后来，经过争论，人们逐渐认为期货市场"无罪"，至少达不到被取缔或完全被限制的程度。

期货市场之所以没有被全面关闭，一方面是因为其特有的经济功能，另一方面则是因为期货交易风险的可控性。控制期货交易风险的途径就是不断完善交易规则和法律法规。"期货交易规则的历史基本上与期货交易本身一样古老。哪里有交易活动，哪里就必然有有关交易行为的规则。"[1]各种类型的保证金制度、涨跌停板制度、大户报告制度、持仓限制制度等精巧的制度安排，都是交易所在反对市场操纵的斗争中不断发展起来的。期货市场的统一立法和有效监管是期货市场风险控制的终极手段。20世纪20年代初，期货市场在经过了大约70年行业自律管理后，迎来了联邦监管立法。当时立法的正当理由是，"交易所交易商品的价格极易受到投机、操纵、控制的影响，以及由于这些影响而产生的突发的不合理的价格波动，对生产者、消费者以及在州与州之间的商贸中从事商品、产品及副产品的人们的伤害"[2]。此后，期货市场监管立法不断得到完善，期货市场也步入了有序的良性发展轨道。

---

〔1〕 [美] 托马斯·A. 海尔奈莫斯：《期货交易经济学：为商业和个人盈利》，王学勤译，中国财政经济出版社2004年版，第368页。

〔2〕 [美] 托马斯·A. 海尔奈莫斯：《期货交易经济学：为商业和个人盈利》，王学勤译，中国财政经济出版社2004年版，第11页。

我国大陆期货交易和期货市场时间很短，却大致经历了和美国类似的过程。20世纪90年代初期期货市场处于比较狂热的时期，交易规则非常不完善，立法几乎是空白，期货交易、期货品种开发、交易所和期货商设立与运作等各个环节均缺乏必要的风险防范机制。"3.27国债事件"发生时，交易所的规则中甚至连涨跌停板制度和持仓限额制度都没有。经过"苏州红小豆602事件""天津红9609事件""广联籼米事件""天然橡胶R708事件"等一连串的风险事件及其带来的惨痛教训，期货行业和管理层开始意识到游戏规则的必要性。于是，期货市场迎来两次规范整顿。对期货市场的规范整顿实际上是强制性制度变迁，一方面通过行政手段坚决制止期货市场的盲目发展，另一方面则加紧期货交易立法工作。经过几年的努力，《期货交易管理条例》等一批行政法规得以出台或相对完善，期货市场也逐步在规范中复苏和发展起来。

二、我国目前期货市场存在的主要问题

今天的期货市场是在两度清理整顿的背景下逐步发展起来的。经过多年的规范和整顿，期货市场已逐步从无序到有序，并开始走出低谷，步入规范发展的新阶段。然而，期货市场存在的问题仍然不少。其中，带有根本性的问题有：

1. 上市交易品种结构单一、不协调，数量较少。我国目前有上海期货交易所、郑州商品交易所、大连商品交易所三大商品期货交易所。2006年9月8日，经国务院同意、中国证监会批准，由三大商品期货交易所、上海证券交易所和深圳证券交易所共同发起设立了中国金融期货交易所。我国实行严格的期货合约上市审批制度，目前在四大交易所上市品种总共有52种，其中4747种为商品期货，只有沪深300指数、上证50指数、中证500指数、5年期国债、10年期国债五种金融期货，外汇期货、利率期货等其他种类的金融期货仍为空白。与美国相比，1950年前后美国期货市场就已经上市了28个期货品种，上世纪90年代初期美国期货市场上市了74个新品种。我国目前上市的期货品种数量仍然较少。这所造成的后果是：微观上，无法满足企业和金融机构通过套期保值转移风险的需求；宏观上，不能有效利用期货市场价格发现功能引导工农业生产。另外，由于上市品种结构不协调、数量太少，导致市场规模太小。目前，期货公司主要利润来源于佣金收入，单一的经纪业务模式使期货公司同质化。多达上百家期货公司恶性竞争，甚至为了吸引客户而做违规操作，不利于期货业的健康成长发展。

2. 交易所与期货公司之间利益严重失衡。期货市场是由交易所、期货公司及包括套期保值者和投机者在内的广大客户群所形成的和谐的利益共同体。在目前交易所采取"准会员制"的组织形式下，交易所与其"会员"期货公司之间的利益严重失衡。这种利益失衡集中表现为期货交易所与期货公司之间手续费分配不公。以大豆期货为例，经纪公司收取的手续费通常只有5元/手，而上缴到大商所的费用是4元/手，经纪公司只能得到1元；如果考虑到期货公司太多而上市期货品种太少导致期货商之间以降低手续费为竞争手段，那么，期货商从每手交易中实际所得的手续费还不到1元。这与国际期货市场期货公司享有手续费收入70%～80%的分配结构正好相反。其结果当然是交易所盈利而期货商亏损。但是另一方面，在期货公司和交易所整个结构中间，期货公司占有最多的人员，提供最多的服务，承担最多的风险。这种利益失衡的后果，主要是交易所缺乏创新和改善服务的激励，期货公司由于长期亏损，也无法为参与市场的企业和个人提供优质服务，不利于形成良好的市场结构，不利于提高期货市场的质量。

3. 融入国际市场程度不高。期货市场是具有高度共通性的市场，全球期货市场之间紧密关联。世界各主要期货市场的交易所之间或者广泛进行联网合作，形成战略联盟，或者干脆进行合并，以提高在全球市场中的竞争力与影响力；发达市场国家的企业广泛利用全球期货市场，通过在具有互补性的不同交易所进行套期保值和风险管理；投机者和期货基金则利用交易所提供的现代化交易手段，每日24小时不间断地往来穿梭于世界主要期货市场之间。总之，当今期货市场堪称是全球化程度最高的市场。反观中国，虽然我国逐渐放开境外投资者和期货公司进入限制并且批准部分企业赴境外市场从事套期保值业务，但是我国期货市场"引进来"和"走出去"步伐仍较为缓慢。我国目前仍未有国际化品种试点运行，外资不能控股、境内期货市场没有对外开放等限制政策也对境内外机构的合作空间和业务范围产生较大影响，国内进入国外市场开展业务也尚处于初级阶段。综合来看，中国期货市场在国际化方面的探索尚待起步。

4. 市场管制度过高。期货市场属于高风险市场，有效监管十分必要。但是，目前期货市场采取行政管理措施进行过度管制，则有因噎废食之嫌。对期货市场的管制，从管制对象看，包括交易所、期货公司和客户；从手段上看，则既有进入管制也有价格管制；从被管制行为看，既有市场交易行为管制又有内部组织行为管制。这些管制措施对于处于转型中的期货市场而言，有些是必要的，比如控制交易所的设立和数量；有些则是适宜的，比如对品种上市的严格审批和对交易佣金的管制。过度管制使得目前期货市场呈现出不发达市场的典型特征，清理整顿的氛围至今还笼罩着期货市场和期货行业，市场创新受到极度压抑。因此应当取消不合理的管制领域，调整不合理的管制措施，以利于激活市场潜力。

5. 法律不健全，监管不尽人意。如上所述，我国现在还缺乏《期货交易法》这样的期货市场的根本大法，对期货市场的监管主要依靠行政法规和证监会的部门规章，而有关规定又带有深厚的清理整顿的管理法色彩，不仅无法适用期货市场发展的需要，还会对期货市场的发展形成障碍。与此同时，试图通过强行禁止的方式来达到消灭风险的保守方法，不仅未能实现消灭风险的目的，反而使风险隐患被掩盖起来，不利于风险的及时发现和预防。2003年，上海天胶期货市场价格出现戏剧性变化，2004年发生了"中国版巴林事件"——"中航油事件"，此后又发生了"国储铜事件""国储棉事件"等，都是这一弊端的明证。

三、期货市场监管及其立法

由于期货交易具有"以小博大"的杠杆效应，在套期保值和发现价格的同时又带来了市场风险、信用风险、流动性风险、操作风险和法律风险，并且随着场外期货交易的大幅增加，产生的风险也越来越明显。如何控制这些风险，就成为监管当局必须面对的重要问题。

（一）国外期货市场的监管模式

从世界各国情况来看，目前有 90 多个国家和地区设立了监管机构，100 多个国家设立了各种形式的自律组织。[1] 其中，最具代表性的是美国、英国和日本。

1. 美国。1974 年以前，美国期货市场都由交易所自我管理。但随着期货交易品种扩大到金融产品后，由政府、期货业协会和交易所组成的三级监管模式逐步形成。1975 年，美国商品期货交易委员会（CFTC）成立，它是美国期货市场的最高权力和监管机构，是美国政府独立的行政机构，行使对期货市场的监管职责，监督市场相关主体的行为，规范期货交易，其他任何行政部门均无权干预。在政府宏观管理下，期货交易所、期货业协会（NFA）实施自律管理。2000 年，美国国会通过了《2000 年商品期货现代化法案》（简称 CFMA）。法案最重要的一点是，取消了自 1982 年以来对期货合约及其期权合约的禁止性规定。法案不仅在衍生品的交易方式上赋予了期货交易所及其他机构相当大的自由度（如准予机构参与者的交易活动在一定程度上可不受 CEA 限制），而且还建立起了对衍生品结算组织的监管构架。

2. 英国。英国期货市场早期注重行业自律组织、期货交易所和清算所及市场参与者的自我监管。在 1986 年颁布《金融服务及市场法》之前，金融市场唯一的管理主体是英格兰银行，市场主要依靠自律管理。1997 年 5 月，财政大臣宣布将英国金融管理组织重整，首先把银行业监督职权从英格兰银行移转到证券投资管理委员会；并于 1997 年 12 月 28 日将证券投资管理委员会更名为"金融服务管理局"（FSA）。2001 年 4 月 1 日，英国正式实行《金融服务及市场法》，最终建立起在单一监管机构基础上的、涵盖所有金融业务领域的监管体制。FSA 虽然定位于非政府组织，但《金融服务及市场法》直接授予其负责全国的、涵盖所有金融业务领域的监管权力。根据该法的规定，由英国财政部任命 FSA 的董事会成员，包括主席、首席执行官、3 名管理董事和 11 名非执行董事，董事会具体制定 FSA 的政策，FSA 的日常工作通过英国行政院向议会负责。目前，FSA 下属有三个重要的执行管理部门：零售市场管理部、批发及机构市场管理部和监管服务部。统一的监管体制出现后，FSA 的制约机构——金融服务及市场特别上诉庭也于 2001 年 12 月 1 日开始运作。金融服务及市场特别上诉庭直接隶属于内阁大法官，政府任命一批兼有法律及金融专长的职业人士组成陪审团，它的裁决有权推翻 FSA 的原有决定。同时，英国还建立了单一的赔偿机制。

------

〔1〕　李辉主编：《期货市场导论》，浙江大学出版社 2002 年版。

3. 日本。日本期货市场也采取政府、期货业协会和交易所组成的三级管理模式，但并未设立全国统一的期货市场管理机构，而是由各专业主管部门对本行业的期货交易实行全面监管。具体而言，就是由农林水产省管理农产品期货，通商省管理工业品期货，大藏省管理金融期货。日本"三省归口管理"的政府监管体制似乎各自为政，协调性差，不利于统一的市场管理和市场风险的集中控制。但从实际运作结果来看，日本的期货市场并未因这种监管模式发生较大的风险，反而有利于期货和现货的协调，有利于套期保值功能的实现。

另外，随着国际金融市场的自由化、全球化程度加深，金融产品不断创新，金融衍生品市场日趋广泛，往往会发生世界性的金融事件，这就对各国监管机构提出了挑战和要求。为了避免类似事件再度发生，各国监管机构加强了国际间的合作，成立了如证监会国际合作组织（IOSCO）、十国集团、巴塞尔委员会等正式或非正式的国际组织，加强了对期货市场监管的国际合作。根据 IOSCO 的归纳，国际期货监管协作的主要目标是：相互合作，以保证不仅在国内而且在国际范围内的市场监管更优化，从而保持市场的公正和效率；相互交流各自监管行为与经验的信息，以促进国内市场的发展；加强联合，努力建立监管标准，对国际期货交易实施有效监督；提供相互帮助，通过严格标准和有效的实施来确保市场的完整性。通过市场监管的国际合作，各国监管机构希望建立信息共享机制，以制约跨国界的欺诈、市场操纵和内幕交易行为。随着市场监管国际合作的加强，国际间游资利用各国监管制度的差异和漏洞进行套利的机会大大减少，由此促进了全球期货市场的进一步发展。

（二）我国的期货市场监管法律制度

我国开展期货交易始于 19 世纪末。1921 年，过度的期货投机引起了交易所的信用危机，绝大多数交易所破产。因此，当时的国民党政府颁布《物品交易条例》，对期货市场进行法律规制。此后，有少数交易所一直运作，直到国民政府被推翻。1949 年以后，为了打击投机，控制国民经济，期货交易所被查封和关闭，大量打击投机交易的政策规定取代了对期货交易的法律监管。

改革开放以后，我国开始重新发展期货市场。1990 年，郑州粮食批发市场成立，成为新中国第一家引入期货机制的市场；1992 年，深圳金属交易所成立，这是我国大陆第一家完全以期货交易方式运行的交易市场。此后，各地相继成立了交易各类品种的交易所。

伴随着期货市场的发展，很多问题也随之而来。如交易所数量过多，无法实现交易所发现价格的功能；交易所内部管理松散，规章制度不健全；风险控制不严，没有对大户操纵、内幕交易采取很好的防范措施；各地的地方保护主义也给交易所的发展带来了严重的障碍。面对这些问题，1993 年 4 月，国家工商行政管理总局发布了《期货经纪公司登记管理暂行办法》，规定了期货经纪公司的审批条件及程序。同年 11 月，国务院发布 69 号文件，整顿我国的期货市场。依照文件精神，我国成立了中国证监会期货部，统一管理全国的期货市场。1994 年以来，中国证监会采取措施，指定了 14 家试点期货交易所，并对试点期货交易所的规章、章程进行审核；同时，国务院暂停在国内开展境外期货经纪业务，对已有的期货经纪机构，由中国证监会重新审核批准。同时，人大常委会财经委员也开始着手制定期货交易法的工作。

在这一期间，我国期货市场的监管经历了一个由地方到中央，由多个部门的分散监管到统一部门集中监管的过程，并积极借鉴国外的监管经验。整体来说，我国期货市场监管体制的形成与建立，基本上是学习和仿效国际上通行的三级管理体制的模式。

2007 年 4 月 15 日，我国《期货交易管理条例》开始实施，条例先后进行了四次修订，最新修订条例自 2017 年 3 月正式实施。条例分别对期货交易所的组织架构、期货公司的业务范围、期货交易规则、期货业协会的权利义务、期货监督管理的原则与措施等进行了详细阐述。同时，中国证监会也发布了《期货交易所管理办法》和《期货公司管理办法》，从而为中国期货市场的积极稳妥发展奠定了一定的制度基础。但是，我国目前仍然缺乏一部法律层面的统一的期货市场监管制度，期货交易法立法仍然是我们面临的一项重要而急迫的任务。

（三）起草期货交易法要解决的主要问题

全国人大财经委于 2006 年 3 月成立了期货交易法起草小组，启动了期货交易法立法工作，成为业内关注的焦点。找准期货市场存在的问题，有利于制定立法政策，明确立法思路。针对目前期货市场的状况，起草期货交易法应当首先解决以下问题：

1. 建立统一的监管体制，处理好监管与培育市场、发展市场以及市场创新之间的关系。这个问题关系到我们要制定一部什么样的期货交易法。期货市场是一个监管依赖型市场，监管法律法规体系和监管机构的监管理念决定期货市场的禀赋。从国际期货发展趋势看，各国普遍致力于构建灵活的监管制度，以适应市场创新和全球竞争的需要。制定中的期货交易法应当适应国际趋势，建立统一的监管体制，还应当肩负培育市场、打开市场空间的重任。

鉴于期货市场的高风险特性，现代期货市场与普通商品市场相比历来是高管制度的市场。但是，监管的目的在于防范风险，防范风险的目的在于促进市场发展。因此，不能有效防范风险或者虽抑制了风险却使市场失去活力的监管，都是不可取的，立法和监管政策应当予以避免。出于增加本国期货市场竞争力之目的，各国期货市场监管部门纷纷采取措施以放松对期货市场的管制程度，使其监管体系保持相当的灵活性，根据市场变化来改革监管体制中不适合市场需要的部分。放松管制的措施包括但不限于：①确认相关产品 OTC 市场的合法地位；②赋予交易所更大的权力；③交易佣金自由化；④放松对大户报告制度的要求；⑤更加灵活的新品种上市制度等。

放松管制是保持一国期货市场国际竞争力的需要。美国 CFTC 经过考察后认为，与其他国家相比，美国期货市场并没有因为管制差异而在任何方面显示出竞争劣势。但 CFTC 仍然重申，要不断检讨其监管体制，以确保其能够与促进市场完善和保护投资者的职责相一致，在监管体制方面要始终保持与市场变化同步；不得妨碍国内期货市场的发展，影响美国期货市场的国际竞争力，特别应该考虑与国外交易所相比国内交易所的执行成本。

放松管制还与场外交易（OTC）市场的迅猛发展有关。远期合约（forward contract）、互换（swap）以及期权（options）的场外交易市场没有被直接监管。由此，相对于期货市场，场外交易严重缺乏管理，从而导致期货交易所抱怨这种不公平阻碍了它们开发新型衍生产品的积极性。20 世纪 90 年代，商品期货交易委员会放松了许多管制，以帮助期货交易所与场外交易市场竞争。到 1999 年，CFTC 新任主席威廉·雷纳（William Rainer）提倡进一步放松对与场外交易市场产品相竞争的新产品的管理，从而使得 CFTC 职责定位在提供监管而非直接的管理。

当然，应当指出的是，鉴于期货市场转移风险和发现公正价格的神圣使命，期货市场必须符合商品、金融和市场监管完整性的国际标准。因此，尽管监管框架不同，各国监管机构必须努力确保其市场监管和保护客户的标准符合一般可接受的最低限度。

期货市场是一个立法依赖型市场，期货市场每一次发展和创新都与立法紧密相关。以美国为代表的世界期货交易市场的发展经历了三次重大变革（"三次浪潮"），每一次变革都有一个"法规要素"。第一次浪潮开始于 20 世纪 70 年代中期，其核心是金融期货的诞生，此间的制度变革就是立法确立了 CFTC 作为独立监管机构的法律地位，期货市场的特性也随之发生根本性变化；第二次浪潮始于 20 世纪 80 年代初期，其核心是因现金结算制度确立而产生了股票指数期货；第三次浪潮开始开 20 世纪 90 年代，其核心是电子交易技术的采用改变了期货交易的方式，导致期货交易所的公司化浪潮，同时 OTC 市场等因素催生了 CFMA（《2000 年商品期货现代化法案》）。可以说，期货市场的每一个变化都可能导致期货立法的修订，而期货市场的变化本身恰恰又是期货立法变革的结果。如果没有一个及时配套的政策法规环境，所有的发展和进步都不可能发生。

迄今为止，我国期货市场与立法之间的关系同世界期货市场的发展方向正好相反，即随着一个个清理整顿的规定的出台，期货市场一步步陷于窘境。管制过度已成为期货市场发展的最大障碍。为了培育市场，应当考虑取消或者调整以下管制措施：①对期货交易品种的过度管制；②对期货交易所组织形式和治理结构的过度管制；③对期货公司业务领域的过度管制；④对期货市场交易者的过度管制；⑤对境外业务的过度管制；⑥对交易佣金的过度管制等。只有改革这些不合理的管理制度，才能改变目前期货市场作为典型的不发达市场的窘迫境地。同时，鉴于期货市场的高风险特性，应当建立统一的监管体制，建议考虑在我国建立独立的期货交易监管委员会，把证监会监管期货的职能分离出来，以利于建立统一和高度专业化的监控体制，防范和控制期货市场中的过度投机与欺诈交易行为，使防范风险与放松管制有机地结合在一起。

2. 扩大期货交易范围，尤其要对股指期货等金融衍生产品进行规定。期货品种主要包括商品期货与金融期货两大类。[1]其中，商品期货主要包括农产品期货、金属产品期货、能源产品期货；金融期货主要有利率期货、外汇期货（货币期货）、股票指数期货、个股期货（single stock future）。20 世纪 70 年代初期之前，上市交易的期货品种很少，主要是商品期货中的农产品期货。美国商品交易法（the Commodity Exchange Act，CEA）第 1 条第（a）项第 4 款列举一连串的农产品作为商品期货的种类，因为早期的交易商品多属于农产品，美国早期的期货管理部门也附属于农业部门之下，称作谷类期货管理局（the Grain Futures Administration，1922 ~ 1936 年），1936 年改为商品交易委员会（the Commodity Exchange Commission，1936 ~ 1947 年），1947 年又改为商品交易管理局（the Commodity Exchange Authority，1947 ~ 1975 年），它们都是美国农业部的下属部门，直到 1975 年 4 月 21 日 CFTC 成立。

美国商品期货交易委员会 CFTC 和 SEC 一样，是美国联邦政府的一个独立机构。CFTC 成立的依据是 1974 年《商品期货交易委员会法》（Commodity Futures Trading Act），该法出台的背景正是因为期货交易发展到 20 世纪 70 年代初，已出现了相当数量的非农业商品的期货（如金、银）。市场结构的变化要求扩大商品交易法的适用范围，用于包括所有在市场上交易的产品。由于农业部下属的期货监管部门对于非农业产品的商品不但没有能力也没有兴趣加以管理，所以，为了更好地规范变化了的期货市场，在联邦层面上成立了类似于 SEC 那样的独立监管机构。

期货品种多样化的革命性事件是金融期货的诞生。金融期货以金融工具作为期货合约标的，主要包括外汇期货、利率期货、股指期货，以及晚近出现的个股期货。金融期货自从 1972 年诞生之后，便迅速发展壮大，逐渐成为期货市场的主要交易品种，如今金融期货已占期货市场交易总额的 90% 左右，处于绝对主导的地位。"20 世纪 70 年代引入的金融期货合约，使期货市场发生了翻天覆地的变化，彻底改变了期货市场的特征。"[2]如今，期货品种的范围还在不断扩大，天气、保险、电力、空气污染权、垃圾、计算机芯片等期货品种都已经出现了，美国甚至试图开设"政治期货"，让投资者下注未来可能发生的恐怖事件。

期货品种的多样化与金融化，与监管部门鼓励有经济效益和符合社会公共利益的期货品种上市的政策紧密相关。美国的 CFTC 成立后，不断调整对期货合约上市

---

〔1〕　美国 CFTC 把期货商品细分成 10 大类，即谷物类、畜产品类、金属类、金融类、外汇类、粮食类、纤维类、石油制品类、林产品类和指数类，并分别用 A-J10 个英文字母表示。参见郭鸿主编：《期货市场运作与投资》，中国物价出版社 2002 年版，第 108 页。

〔2〕　［美］J. 达瑞尔·杜菲：《美国期货市场》，段庚清译，山西经济出版社 1995 年版，第 4 页。

的监管政策，把更多的自主权交给期货交易所，形成有利于新型期货合约上市的监管环境。CFTC 甚至应 CBOT 和 CME 等交易所的请求，把决定品种上市的权限下放给期货交易所。在日本，原有的交易品种不过为小豆、粗糖、橡胶、生丝、棉丝等，其他产品都是 1982 年黄金上市以后上市的商品。特别是 1990 年修订《商品期货交易法》后，日本引入了"试验上市制度"，将期货合约上市的监管理念从原先的"有益论"改为"无害论"，大大简化上市程序。1999 年日本再次修订《商品期货交易法》时，"重要国际商品"的追加上市得到认可。出于增强本国期货交易所国际竞争力和本国期货市场的国际影响力的考虑，其他国家和地区的情况也大体类似。如今，全球期货市场上市的期货品种有上千种，仅芝加哥期货交易所（CBOT）上市的期货合约就达 90 多种。

期货市场上市交易的品种还包括期权和其他衍生产品。完整意义上的期货交易所，应是组织和管理期货、期权及其他金融衍生产品交易的组织机构。总之，期货品种及期货市场早已超出了商品期货的狭隘范围，期货市场已经是名副其实的"衍生品市场"；期货交易法虽称为期货交易法，事实上为"衍生性商品交易法"。

从立法技术上看，相关立法大都对期货交易定义宽泛，给市场以很大的自主空间。美国《商品交易法》通过对交易合约的标的商品（commodity）广泛定义，使期货交易覆盖了非常广泛的范围，该法所指的商品是指"小麦、棉花、稻米、玉米、燕麦、大麦、稞麦、亚麻籽、高粱、饲料、黄油、鸡蛋、爱尔兰土豆、羊毛、毛条、动植物油（包括猪油、牛油、棉籽油、花生油、豆油以及其他各种动植物油）、棉籽、花生、大豆、大豆粉、牲畜、畜产品及冷冻浓缩桔子汁，以及公法 85 - 839 所规定的除洋葱之外的所有其他商品及物品（goods and articles），以及期货交割合同当前或将来要涉及的所有服务（services）、权利（rights）和利益（interests）等"。我国台湾地区"期货交易法"也对期货交易做了广泛的界定。依其规定，期货交易是指"从事衍生商品、货币、有价证券、利率、指数或其他利益"的包括期货契约、选择权契约、期货选择权契约、杠杆保证多契约在内的契约交易。

3. 顺应国际期货市场发展趋势，积极应对交易所的公司化。期货交易所是期货市场的核心组成部分，期货交易能否顺利进行，在很大程度上取决于期货交易所能否充分发挥其功能和作用。期货交易所的组织形式和法律地位问题，关系到交易所与期货公司之间的利益分配，直接影响到期货市场功能的发挥。

交易所一般有会员制和公司制两种形式。会员制期货交易所是由全体会员共同出资组建，认购等额的会员资格费作为注册资本，会员享有在交易所内交易的权利。其特点是：不以营利为目的；交易所的所有权、控制权与使用权归全体会员共同所有；实行会员集体决策，通常每个会员只有一票，有同等表决权。会员制有利于保证交易的公平、公开和公正进行。公司制交易所是指以股份有限公司的形式设立的交易所。其特点主要是：以营利为目的；交易所以投资者认股或发行股票的形式筹集资金；投资者是交易所的股东，既可以是交易所的会员，也可以不是交易所的会员，但大多数既是股东也是会员；交易所的决策、管理、运营和利润分配等事项与普通股份公司完全相同，除非期货交易法有特别规定，应适用公司法的规定。

我国目前的期货交易所实际上是"准会员制"。之所以称其为"准会员制"，是因为其所有权结构和管理运作与标准的会员制有很大的差距。这种"准会员制"交易所的显著特点是：①企业化运行。我国期货交易所进行会员制改造时，试图克隆当时美国会员制模式，但是在实际运行中却是按照企业的运行机制进行管理。比如，"期货交易所的注册资本划分为均等份额，由会员出资认缴"；总裁为交易所的法定代表人；在交易所当年的收入达到预算水平之后，交易所以减收或者不收手续费的方法变相向会员单位让利；交易所照章纳税等，都类似于公司的股份制。②人事上的行政任命体制。标准的会员制一般由全体会员组成的会员大会选举产生理事会，理事会选举理事长、副理事长并聘任总经理、副总经理。我国目前交易所的部分理事由证监会委派，理事、副理事长由证监会提名，交易所总经理和副总经理由中国证监会任免，交易所中层管理人员的任免报中国证监会备案。实践中，交易所的人事安排基本上由证监会任免。由于证监会掌握着交易所高级管理人员任免权，因此从组织形式上看，交易所更像是证监会的下属企业、直属事业单位或行政机构。

"准会员制"交易所除了其法律性质和地位上的尴尬，最大弊端就是上述提及的交易所与"会员"之间的利益失衡。由于交易所实质上处于政府行政的附属地位，在根本上否定了会员作为交易所利益主体的地位，不仅不能充分保障广大会员的合法利益，而且也在某种程度上扭曲了交易所的行为动机和行为取向，使得交易所名义上是一个自律监管者，但实际上却是一个"二政府"。在这种情况下，期货市场受管制压抑显然不可避免。

解决上述问题的途径当然也可以考虑沿着原有的路径继续走下去，实行彻底的会员制改造，将交易所建设成为标准的会员制。但是，交易所组织形式的主流和国际趋势已是公司制，而不是会员制。

20 世纪 90 年代中期我国开始交易所会员制改造时，会员制仍然是主流，尤其是美国的交易所，基本上是非营利性实体。但是自从 20 世纪 90 年代初以来，随着电子化交易方式的普遍化，越来越多的交易所变成了营利性的公司。这就是交易所的公司化。交易所的公司化主要是股份公司化，有的还公开上市。自 1998 年 9 月 EUREX（欧洲金融期货交易所）实行股份公司化以来，世界各主要交易所纷纷实行股份公司化。2001 年，一贯坚持会员制传统的美国，其商品交易所和证券交易所也都实现了股份化。

第十四章

表一：世界重要期货交易所公司化的情况[1]

时间	实行公司化的交易所名称	股东构成
1998 年	EUREX（欧洲金融期货交易所）	股东限定为会员
	ASX（澳洲证券交易所）	股东向非会员开放并公开上市
1999 年	LIFFE（伦敦金融期货交易所）	预定股东向非会员开放
2000 年	CBOT（芝加哥期货交易所）	2005 年完成改制并上市
	HKEX（香港交易所）	公开上市
	SGX（新加坡交易所）	公开上市
2001 年	CME（芝加哥商业交易所）	股东向非会员开放
	OSE（日本大阪证券交易所）	股东向非会员开放
	TSE（日本东京证券交易所）	股东向非会员开放

期货交易所承担着转移风险、发现公正价格的功能，其公益性和公正性要求较高，非营利性的会员组织有利于保证其公益性和公正性，但随着世界性的市场化、国际化、交易电子化，交易所日益需要"庞大资金"和"快速决策"的支持，会员制组织形式在这方面已力不从心，股份公司制的组织形式恰好能够在快速决策和资金筹措方面提供便利，这是期货交易所公司化的原因所在。交易所公司化的根本动力是技术进步，从某种意义上讲，是交易的电子化导致了交易所的公司化。通讯技术对期货交易方式的根本改造，不仅提高了交易效率，大大节约了交易成本，而且打破了原来会员制下的会员垄断。期货交易所从会员制到公司制的转变，是技术革新推动制度变迁的又一例典范。与公司化紧密相关的是，全球范围内的期货交易所之间的联网与合并。由于期货市场竞争趋向激烈，期货市场的格局从分散趋向集中。为了确保已有的规模，争夺市场份额，增强市场竞争力，众多大、中、小规模的交易所都选择了合并方式。正是交易所的公司化，使得交易所像普通公司那样进行兼并重组成为现实。总之，公司化有利于适应电子化交易方式，改善交易所的法理结构，为改善交易所的服务迅速融资，实现交易所与会员和期货公司之间的利益平衡。期货交易法应当明确规定，交易所可以采取会员制或公司制，并为两种不同的组织形式设计相应的配套制度。

4. 明确场外交易（OTC 市场）的法律地位，协调好 OTC 市场与交易所市场的关系。从市场形态来看，期货市场既包括场内交易市场（交易所市场），也包括场

---

〔1〕 资料来源：根据有关资料和报道综合整理。

外交易市场（柜台市场，OTC 市场）。一般来说，商品期货只能在交易所市场交易，商品远期合约在场外市场交易；金融衍生产品中的部分期货性产品，以及除期货、期权和期货期权外的其他衍生金融产品主要在 OTC 市场交易。从产生的时间顺序来看，衍生产品先产生于交易所市场，而后才有场外交易；但是从交易量看，当前全球 OTC 市场的交易规模大约 5 倍于交易所市场的规模。近年来，衍生产品的场外交易规模不断扩大。一些传统的场内交易产品，如与股权相联系的衍生产品更多地在场外进行交易，场外交易产品日趋复杂，品种不断增加，极大地促进了衍生品市场的繁荣和发展。尽管从市场监管的角度来看，由于场外交易缺乏足够的透明度，使监管难度大大增加，产生的风险也越来越明显，但并不能因此否认其积极的作用。针对这种情况，一方面，各国通过立法确认场外交易的合法性，另一方面，也通过立法和行政措施来加强对场外交易的监管。2000 年 12 月 15 日，美国第 106 届国会通过了《2000 年商品期货现代化法案》（The Commodity Futures Modernization Act of 2000，CFMA）。CFMA 在首页中写道："重新批准并修改《商品交易法》（CAE），旨在建立期货市场及场外交易（OTC）衍生品市场的法律确定性，进一步增强其竞争力和降低系统性风险及其他目的。"通过加强对场外衍生品交易的监管，将其纳入相对规范的轨道，大大降低了场外交易的风险，也促进了市场的进步发展，使得当今的期货市场形成了交易所交易与场外交易并存、互补并相互竞争的格局。因此缺乏场外交易市场的期货市场是不完整的市场。

就交易方式而言，交易所交易与 OTC 交易存在以下基本区别：

表二：交易所交易与 OTC 交易的基本区别[1]

交易所市场	OTC 市场
在交易所内通过公开竞价交易	交易双方私下谈判交易
网络化、存在众多交易对手并有结算体系做保证	双方交易、无网络化要求
保证金交易，实行每日盯市制度以确保合约履行	无须提供担保、不实行每日盯市结算
合约条款高度标准化	合约条款个性化

交易所市场与 OTC 市场最大的不同是法律适用和监管程度不同，场内交易受期货交易法的调整，监管严厉；场外交易不适用期货交易法，监管较少。然而，正是由于不像交易所交易那样有明确的法律监管，OTC 市场交易的法律地位存在很大的

---

〔1〕　资料来源：CBOT：Commodity Trading Manual（1997），Fitzroy Dearborn Publishers，Chicago and London 1997. p. 323.

不确定性。法律不确定性主要来自衍生品合约是否要受 CEA 的调整和 CFTC 的管辖，CFTC 与 SEC、美联储、财政部等有关机构在监管上如何分工，等等。法律上的不确定性是影响 OTC 市场发展的最大问题。由美国财政部长、美联储主席、SEC 主席和CFTC 主席共同组成的专门研究金融衍生品 OTC 市场问题的"主席工作组"（President's Working Group），在其向国会提交的名为《OTC 金融衍生品市场与商品交易法》的报告中指出："美国 OTC 衍生品市场近年来一直笼罩着法律不确定性的乌云，如不将其驱散，将会阻碍这个重要市场的创新与发展，使交易转到美国以外的市场，从而损害美国在这个领域的领先地位。"认识到衍生品市场在金融市场中的重要地位以及持续的法律不确定性所产生的危害，工作组用 6 个月时间专门研究OTC 衍生品市场的现有监管框架、最近的创新和未来潜在的发展。工作组建议对《商品交易法》进行修订，以实现以下目的：①通过确定 OTC 衍生品市场的法律确定性和消除创新障碍，促进 OTC 市场的创新、竞争、效率和透明度；②通过消除法律障碍，以建立恰当的、受监管的结算体系，减少系统性风险；③通过授予 CFTC处理有关外汇交易的问题的权力，保护外汇交易的零售顾客免受不公正对待；④通过上述措施维持美利坚合众国在迅速发展的 OTC 市场中的领先地位。[1]美国国会接受了工作组关于修改《商品交易法》的意见，制定并颁布了《2000 年商品期货现代化法案》（CFMA）。CFMA 从根本上重新定义了美国国内的衍生品交易规则，为新产品和新市场奠定了法律基础。CFMA 涉及的内容范围非常广泛，具体条款细则错综复杂，它体现出的是一种强烈的放松管制的趋势，为新产品诞生和市场发展带来了前所未有的机遇。它在很大程度上放松了对互换交易、OTC 衍生品交易以及这些产品多边交易的限制，通过规定"合格的合约交易者"（eligible contract participant，ECPs）明确了哪些交易者要服从 CFTC 的监管，而哪些交易者则不必；通过对相关监管机构之间的协调分工进行明确规定，以解决多重监管时存在的不确定性；还特别就互换（swap）合约的法律地位进行了明确规定等。

在我国，由于金融衍生品的交易所交易没有任何实质性进展，使得金融机构和企业只能通过私下交易来进行金融资产的风险管理，其结果是 OTC 市场的火爆。在我国加入世贸组织的对外承诺、市场利率化渐行渐近等因素影响下，外资银行率先把成熟的外汇利率衍生产品引入中国市场。例如在 2003 年 3 月，在中国监管层对衍生品市场还没有明确的政策意向的情况下，花旗银行和渣打银行就在我国境内推出外汇衍生产品。当时，花旗的"优利账户"和渣打的"汇利账户"在上海等大城市热销，许多客户把外汇从中资银行取走，去买这些回报丰厚的产品。随后，中资银行纷纷跟进，中国建设银行的"汇得赢"、中国工商银行的"节节高"、中国银行的"赢得多"和兴业银行的"万汇通"等外汇结构性衍生品被迅速推向市场，相关衍

---

[1] The President's Working Group on Financial Markets: Over-the-Counter Derivatives Markets and the Commodity Exchange Act, November 9, 1999.

生产品交易在我国正日趋成长。2004 年 2 月 4 日，原中国银监会发布《金融机构衍生产品交易业务管理暂行办法》（2011 年修订），为我国商业银行从事金融衍生品业务提供了制度基础。从实施情况来看，我国主要商业银行和部分外资银行取得了业务准入资格。面对重要且火爆的 OTC 市场，期货交易立法自然应当慎重处理好 OTC 市场的法律地位，解决好 OTC 衍生品市场与中国金融期货交易所市场之关系。这是一个重大的现实课题。

总之，我们应加快期货交易法的起草，解决影响中国期货市场发展的一些根本性问题，防范和控制期货交易风险。期货交易法的起草过程应当是一个广泛宣传期货的过程，期货交易法立法应当成为现代期货市场理念的启蒙与先导。

第五节　保险市场监管法

一、保险市场监管法概述

保险监管是一个国家对本国保险业的监督和管理，即国家保险监督机构依照法定职权对保险市场和保险企业监督管理的活动。保险市场监管法是调整保险监管关系的法律规范的总和。它涉及保险业、保险市场和保险中介市场的监督管理，规定监管的原则和基本制度、监管体制、保险机构的设立与撤销、业务范围和风险控制等。

保险业是一个特殊的行业。首先，它以各种风险为经营对象，行业本身具有风险事故发生的偶然性和不平衡性。其次，保险业务具有分散性。保险业务承保的风险范围广、经营的险种多，以至于囊括了社会经济的各个领域。最后，保险影响具有广泛性。因为保险业务的分散，一旦保险公司经营不善，则将可能影响社会生活的各个方面，关系到社会经济的稳定和发展。

因此，要加强对保险业的监督管理，其目的主要在于保证保险公司的偿付能力，保护被保险人及受益人的合法利益；规范保险市场的行为，防止利用保险进行欺诈；维护保险市场秩序，最终促进保险业的健康发展。

我国保险市场监管法可分为两部分：①《保险法》中的有关保险监管的法律规定；②我国保险监管机构颁布的大量规章，如《保险代理人管理暂行规定》（1996 年 2 月 2 日，已失效）、《保险经纪人管理规定（试行）》（1998 年 2 月 24 日，已失效）、《保险业监管指标》（1998 年 9 月 11 日，已失效）、《保险公司管理规定》（2000 年 1 月 13 日，已失效）、《保险公估人管理规定（试行）》（2000 年 1 月 14 日）、《保险兼业代理管理暂行办法》（2000 年 8 月 4 日）等。

二、保险监管体制

一个国家的保险监管制度通常由两部分构成：①国家通过制定有关保险法规，对本国保险业进行宏观指导与管理；②国家的保险监管机构依据法律或行政授权对保险业进行行政管理，以保证保险法规的贯彻执行。

（一）保险监管机构

我国保险监管机构经历了一个变迁的过程。起初是中国人民银行非银行金融机构管理司的保险处。1995 年《保险法》颁布，中国人民银行开始内部机构调整，成立保险司，专门负责保险市场的监管。1998 年 11 月，经国务院批准，按照金融分业经营、分业管理的原则，原中国保险监督管理委员会成立，负责对全国保险业的监管。

原中国保监会是全国商业保险的监管机构，作为国务院直属事业单位，根据国务院授权履行行政管理职能，依照法律、法规统一监督管理全国保险市场。其主要职责是：

1. 拟定保险业发展的方针政策，制定行业发展战略和规划，起草保险业监管的法律、法规，制定业内规章；

2. 依法对保险企业的经营活动进行监督管理和业务指导，维护保险市场秩序；

3. 依法对保险机构和保险从业人员的不正当竞争等违法、违规行为以及对非保险机构经营或变相经营保险业务进行调查、处罚；

4. 培育和发展保险市场，推进保险业改革，完善保险市场体系，促进保险业公平竞争。

5. 建立保险风险评价、预警和监控体系，跟踪分析、监测、预测保险市场运行状况，促进保险企业稳健经营与业务的健康发展。

2018 年 3 月，银监会和保监会进行职责整合，组建中国银行保险监督管理委员会，作为国务院直属事业单位，不再保留银监会、保监会。

（二）保险监管方式

一个国家采取何种方式对保险业实施监管，国际上尚未形成固定标准，不同国家根据其不同的经济环境和法律制度选择不同的方式。纵观历史，通常适用的方式有三种：公示方式、准则方式和实体方式。

1. 公示方式是三种保险监管方式中最为宽松的方式，指政府对保险业的经营不做直接监督管理，有关保险业的组织形式、保险合同的格式设计、保险资金的运用等，均由保险人自行决定，而政府只是规定保险人按照政府规定的格式及其内容，将其营业结果定期呈报给主管机关，并予以公告。英国曾采取此种监管方式，这种方式极大地促进了保险业的发展，但是此种方式也存在固有缺陷：保险人与被保险人之间的信息不对称，容易滋生保险人的不正当经营，极大地损害被保险人的利益。公示的监管方式因不利于切实有效地保证被保险人的利益而被放弃。

2. 准则方式，又可称之为规范监管方式或形式监管方式，指国家对保险业的经营制定一定的准则，但只限于针对重大事项，例如保险公司的最低资本额、资产负债表的审查、法定公告的主要内容、监管机构的制裁方式等，要求保险业共同遵守的一种监管方式。这种方式比公示监管更强调保险经营形式的合法性，是一种"适中的监管方式"，但是因为它仅从形式出发，难以起到严格有效的监管作用。

3. 实体方式，是一种严格的监管方式，指国家制定完善的保险监督管理规则，主管机构根据法律法规赋予的权力，对保险市场尤其是保险公司进行全面监督管理的一种监管方式。该方式由瑞士首创，现已被各国所采用。实体监督方式的过程大体可分为三个阶段：第一阶段为保险业设立时的监管，也称为保险许可证监管，保险主管机关依照法令规定核准其营业登记并发给营业执照，包括新公司、合资公司、分公司的设立及其新设分支机构等，公司设立所需的最低资本金、保证金等。第二阶段为保险业经营期间的监管，此阶段监管过程为实体监管的核心。因此，采用实体监管的国家，大都以保险法、保险业管理法，外国保险业许可管理法等对保险经营过程予以规范，并对保险业进行实体监督和检查。第三阶段为保险业破产的监督，即在保险公司经营失败时，对其破产和清算进行监管。此阶段包括监管机构对该保险公司的接管，其目的是保护被保险人的利益，恢复保险公司的正常经营。接管组织认为被接管的保险公司的财产已不足以清偿所负债务的，经监管机构批准，依法向人民法院申请宣告该保险公司破产。

目前我国对于保险市场采取的是严格的监管模式，这主要表现在《保险法》对保险市场准入的门槛设置、组织形式、保险经营、保险资金的运用、保险投资方式以及保险市场的开放等方面，都进行了严格的限制。

（三）保险监管内容

保险监管所涉及的内容较为广泛，一般来说，其可以分为组织监管、经营监管和财务监管。

1. 组织监管。

（1）对保险公司的设立、变更、终止的监管。对保险公司的监管，主要涉及对保险公司的设立、变更、终止的监督管理。设立保险公司必须得到主管机关的批准。按照我国法律规定，保险公司包括国有独资保险公司和股份有限责任公司，其须经原中国保监会的核准，同时必须符合法律规定的组织形式和条件，必须提交法律规定的文件和资料，由原保监会审查并颁发保险经营业务许可证，方可进行注册登记营业。此外，保险公司还应按照资本或者基本实收总额的一定比例缴存保证金。而后领取营业执照，才能开始营业。保险公司有法律规定的变更事项，须经原保监会的批准。保险公司因分立、合并或者公司章程规定的解散事由出现，须经原保监会的批准后才能解散。经营人寿保险业务的保险公司，除分立、合并外，不得解散。保险公司资不抵债时，只有经原保监会同意后，才能向人民法院申请破产。另外，保险代理人、保险经纪人、保险公证人等保险中介机构的资格和设立亦需受原保监会的监管。

我国加入 WTO 以及对开放金融市场的承诺，大大吸引了世界各国的保险从业者来华投资。但是鉴于保险业的特殊性和重要性，我国法律规定外资保险公司欲取得中国保险市场主体资格，必须经原保监会批准，原保监会对外资保险公司的设立申请，严格按照法定条件和程序进行审批。

第十四章

（2）对保险公司从业人员的资格认定。对保险公司的监管，还包括对保险公司从业人员的从业资格审查。保险公司的从业人员包括保险公司的高层管理人员和保险专业部门的经营人员。各国保险法大都规定保险公司具有经营决策权的领导成员必须具备一定的条件，不符合国家规定条件者，不能担任保险公司领导职务。没有达到法定数量的合格领导人数的保险公司不允许开业。

2. 经营监管。保险公司成立后开始经营保险业务，经营监管即是对保险公司业务经营活动的监督管理，其主要内容有：

（1）经营范围的监管。经营范围的监管通常包括两个方面：①保险人可否兼营保险以外的其他业务，非保险人可否兼营保险和类似保险的业务；②同一保险公司可否经营性质不同的数种保险业务。

我国《保险法》明确规定，经营商业保险业务，必须是依照本法设立的保险公司。其他单位和个人不得经营商业保险业务。同一保险人不得同时兼营财产保险业务和人身保险业务。保险公司的业务范围由保险监督管理机构依法核定，保险公司只能在被核定的业务范围内从事保险经营活动。违反保险法规定，擅自设立保险公司或者非法从事商业保险业务活动的，由保险监督管理机构予以取缔；构成犯罪的，依法追究刑事责任；尚不构成犯罪的，由保险监督管理机构没收违法所得，并处以罚款，逾期不改正或者造成严重后果的，责令停业整顿或者吊销经营保险业务许可证。

（2）保险条款和费率的监管。保险合同是一种专业性很强的技术合同。在实际生活中，保险合同的内容及主要条款由保险人一方确定。保险人根据本身承保能力和技术特点，确定承保的基本条件，规定双方的权利与义务。投保人只能依据保险人设定的不同险种的标准合同进行选择，一般情况下难以对合同的内容加以变更。从表面上看，保险合同是当事人双方自愿订立的，实际上，这种保险关系是保险合同双方当事人在一种信息不对称、交易力量不对等的基础上建立起来的。投保人保险知识的缺乏和对保险法律的不了解，使得投保人往往处于弱者的地位。这就在客观上要求保险监督机关需从保护被保险人权益出发，对保险合同及其条款进行严格监管，以达到公平合理的目的。我国《保险法》明确规定商业保险主要险种的基本保险条款和保险费率由原中国保监会制定，保险公司拟订的其他险种的保险条款和保险费率应报原保监会备案。其中，"主要险种"是指《保险公司管理规定》中所列举的险种；"基本保险条款"为关系当事人基本权益的条款，如保险标的及保险金额、保险责任及其免除等。由于保险费率是计算保险费的依据，它对当事人利益关系重大。保险费率一经制定或者核准，保险公司必须严格执行，不得对其擅自提高或者降低。

3. 财务监管。财务监管主要是为保证保险企业有足够的偿付能力，而对影响其财务状况的内容进行监管。其内容一般包括以下方面：

（1）资金运用的监管。资金运用是保险公司经营业务的主要范畴，是保险公司收入的一项重要来源。对保险资金运用进行监管，其目的在于确保资金运用的安全，维护保险公司的偿付能力，提高资金运用的收益，提高资金运用的流动性，防止投机性或者不正当投资行为的发生。保险资金的来源有二：自有资金和外来资金。前者包括资本金、公积金、公益金和未分配盈余；后者包括未满期保费准备金、责任准备金、赔款准备金和特别准备金。我国《保险法》对于保险公司的资金运用有具体规定：保险公司的资金运用必须稳健，遵循安全性原则，并保证资产的保值增值。保险公司的资金运用，限于在银行存款、买卖政府债券、金融债券和国务院规定的其他资金运用形式。保险公司的资金不得用于设立证券经营机构，不得用于设立保险业以外的企业。保险公司运用的资金和具体项目的资金占其资金总额的具体比例，由保险监督管理机构规定。

（2）偿付能力的监管。偿付能力的监管是国家对保险业监管的首要目标，也是其监管的核心内容，其目的在于确保被保险人的权益不受损害。我国《保险法》为保证保险公司的偿付能力，对保险公司的资本金和最低偿付能力额做出了强制性规定，同时，对保险公司提取未到期责任准备金、未决赔款准备金、公积金和保险保障基金做了业务性规定，并赋予了原中国保监会对其进行监督的职权。如果保险公司未按法律规定的要求提取或结转各项准备金，可责令其限期依法提取或结转，如果保险公司不具有与其业务规模相适应的最低偿付能力，可责令其增加资本金，补足差额，并可根据实际情况，调整公司的当事人及有关管理人员，直至采取限制公司业务、限期整顿、停业等措施。同时，《保险公司管理规定》在第六章对保险公司偿付能力进行了具体的规定。

（3）财务状况的监管。国家为有效地管理保险公司的经营，必须及时了解保险公司的营业状况。各国一般都规定保险公司在年终时要向主管部门递交年终报告，反映其财务核算情况。报告的内容由主管部门统一制定，以便国家监督和检查，法律还赋予保险行政监督机构以相当的权力直接定期和抽样检查保险公司的财务报表。我国《保险法》规定，保险公司应当于每一会计年度终了后 3 个月内，将上一年度的营业报告、财务会计报告及有关报表报送保险监督管理机构，并依法公布。此外，保险公司应当于每月月底前将上一月的营业统计报表报送保险监督管理机构。同时，《保险公司管理规定》还要求保险公司报送的营业报告、财务会计报告和清算报告必须由公司法人代表、保险监督部门认可的注册会计师、清算人员签章。这些规定都是为了防止保险公司发生财务危机，确保保险公司财务活动的稳定。

三、特殊监管

对保险公司实施整顿和接管，是保险监督管理机构对保险公司的经营活动采取的特殊监管措施。其目的是恢复保险公司的正常经营活动，保护被保险人的合法权益，避免由于保险企业经营困难而引起保险市场混乱，维持保险市场的正常秩序。

（一）保险公司的整顿

1. 概念。保险公司的整顿是指在保险公司有违反《保险法》规定的某些行为，并且在国家监督管理部门规定的期限内未予改正的情况下，国家监督管理部门采取必要的措施对该保险公司进行整治、监督，介入其日常经营管理的行为。

实践中，保险公司资金运用违法而使得财务状况恶化是保险监管机关对保险公司进行整顿的主要原因。我国《保险法》明确规定，保险公司未按照本法规定提取或者结转各项准备金，或者未按照本法规定办理再保险，或者严重违反本法关于资金运用的规定的，由保险监督管理机构责令该保险公司采取下列措施限期改正。保险公司在限期内未予改正的，由保险监督管理机构决定选派保险专业人员和指定该保险公司的有关人员，组成整顿组织，对该保险公司进行整顿。可见，我国启动对保险公司的整顿要满足两个前提条件：①保险公司实施了违反《保险法》规定的某些行为；②保险公司对其存在的上述违法行为未能在原保监会规定的限期内予以改正。

2. 法律特点。对保险公司的整顿权由整顿组织行使。整顿组织的成员由保险监督管理机关选派和指定，由保险专业人员和该保险公司有关人员组成。但在整顿过程中，保险公司仍是一个独立的法人，具有法律规定的权利能力和行为能力，保险公司的原有业务继续进行，日常业务活动仍由保险公司自主进行。但是，保险公司的这种自主权受到了一定程度的限制，即应当在整顿组织的监督下实施。相应地，整顿组织在整顿期间享有的是一种监督权，有权监督保险公司的日常经营活动，既可以监督保险公司限期改正已经出现的违法行为，还可以停止其在业务中新出现的违规行为。需要指出的是，对保险公司进行整顿，不是终止其原有业务，而是要保证其原有业务的连续性。但是对于保险公司新开办的业务，例如新增加某些险种，则必须征得保险监督管理机关的同意，如果监管机关认为该新业务对保险公司偿付能力不利或者有其他违法行为，则有权停止该项业务。此外，整顿组织享有的监督权是职责，其必须行使而不能放弃，在保险公司整顿过程中，如果整顿组织怠于行使保险公司日常业务监督权，应承担法律责任。

可见，对保险公司进行整顿，目的是改善保险公司的经营管理状况，杜绝出现各种违法经营情况，保障其偿付能力，保护被保险人的利益。因此，当被整顿的保险公司的违法行为已经纠正、经营管理状况得到改善、整顿理由已经消失时，整顿组织应提交报告，得到保险公司批准后，结束整顿，从而完整交还保险公司的日常经营管理权。若整顿无效果，保险监督机关则可以对该保险公司进行接管和清算。

（二）保险公司的接管

1. 概念。保险公司的接管是指在保险公司实施了违反《保险法》规定的某些行为并且造成了严重后果的情况下，保险监督管理机构采取必要的措施代为行使该保险公司的经营管理权力，以保护被保险人的利益，恢复保险公司正常经营的行为。

我国《保险法》明确规定，接管的目的是对被接管的保险公司采取必要措施，以保护被保险人的利益，恢复保险公司的正常经营。被接管的保险公司的债权、债务关系不因接管而变化。保险公司违反《保险法》的规定，损害社会公共利益，可能严重危及或者已经危及保险公司的偿付能力的，保险监督管理机构可以对该保险公司实行接管。

我国保险实务中，保险公司有违反《保险法》规定的行为且情节严重，是保险公司被接管的主要原因，也是最根本的原因。其违法行为通常是在资金的运用上，如资金明显不实，未按照《保险法》规定运用保险资金等。保险公司的上述违法行为使得其偿付能力无法保证，特别是保险公司严重违反资金运用的规定，导致资金周转发生困难，致使无法履行到期债务。这样，保险的功能就不能得到实现，最终会损害社会公共利益。

2. 法律特点。对保险公司进行接管是一种较为严厉的保险监督措施，比整顿更为严格，其适用对象只针对有严重违法行为的保险公司。因此，保险公司在被接管后，其经营能力受到很多限制，丧失了原有的经营管理权力，这使得保险公司的股东大会、董事会、监事会和高管人员均被迫停止权力的行使，而经营管理权由接管组织统一行使。但是，被接管的保险公司仍然具有独立的法人主体资格，在接管的期限内，被接管的保险公司债权、债务关系不因接管而发生变化。接管期限届满后，保险监督管理机关可以决定延期，但是最长不得超过两年。接管组织应当采取措施恢复被接管的保险公司的正常经营能力。若接管期限届满，被接管的保险公司不仅没有恢复正常的经营能力，相反，接管组织认为被接管的保险公司的财产已经不足以清偿所负债务，经保险监督管理机构批准，应依法向人民法院申请宣告该保险公司破产。

第六节　信托市场监管法

一、信托、信托市场监管概述

（一）信托的概念与特征

1. 信托的概念。信托是一种起源于英国的财产转移和管理制度，并从英国衡平法的判例中逐渐发展而来。就信托的概念而言，不同国家由于不同的经济文化背景和历史传统的不同，定义各不相同。信托，简而言之，就是一种财产转移并加以管理的手段。英美法系国家多将信托定义为一种信任关系，受托人为他人利益拥有特定财产的法律上的所有权，负有为受益人利益管理处分该财产的衡平法上的义务。我国的《信托法》将信托定义为："委托人基于对受托人的信任，将其财产权委托给受托人，由受托人按委托人的意愿以自己的名义，为受益人的利益或者特定目的，进行管理或者处分的行为。"

2. 信托的特征。从信托的定义来看，信托主要有以下特征：①信托基于信任而设立，委托人和受托人之间具有充分的信任关系。②信托作为一种法律关系，由三方当事人参加，即委托人、受托人和受益人。实践中，委托人和受益人实际上可以为一人，但在法律上必须以不同的身份分别享有权利和承担义务。③信托财产名义上由受托人享有，信托财产具有独立性。④受托人虽以自己名义管理和处分信托财产，但必须按委托人的意愿和为受益人的利益行使，信托财产实质上归属于委托人和受益人。

（二）信托市场监管概述

从狭义上讲，信托市场监管是国家信托监督管理机关依法对信托市场和信托市场主体进行监督和管理，促进信托市场正常、稳定、有效的发展。这主要是一种以政府为主体的监管活动。从广义上讲，信托市场的监管还包括行业协会及社会大众，包括委托人、受益人、社会中介组织、法院等对信托市场的监管。

市场机制作为资源配置的基本手段具有其他机制不可替代的优势，但市场机制并不是完美的，其具有固有的缺陷，靠市场本身是难以克服的。而信托市场作为市场的一个有机组成部分，也具有自身的缺陷，使国家对信托市场的监管成为必要。信托是基于信任而产生的一种法律关系，这本身就代表着一定的道德风险。信托围绕委托人、受托人、受益人三方关系展开，这种基于信托财产之上的所有权、占有处分权和收益权三权分离的特质，对委托人和受益人来说代表了一种不确定性，对受托人来说则担负着一定的信誉责任，均承担一定的风险。受托人基于忠实的义务，同时为自己的信誉和利益，实现信托财产的利益最大化，但自身经营管理能力的差异或多或少使受托人面临风险的不确定性，而且在自身利益和受益人利益发生冲突时，受托人极有可能损害受益人的利益。信托市场存在的种种不确定性和风险，为保证信托制度安全、有效地运转使对其监管成为必要。

二、信托市场监管法概述

信托市场监管法是调整在对信托市场进行监管过程中发生的社会关系的法律规范的总和。

（一）信托市场监管法的特点

1. 规范内容的变动性。信托市场监管法调整的是监管信托市场的过程中所发生的社会关系，这需要根据信托市场的发展变化及时做出调整，市场情况随时发生变动，而信托市场所处的金融市场更是瞬息万变，这意味着信托市场监管法也要因时而动。当然，其基本的原则和法律制度是稳定的。

2. 表现形式上存在大量单行法规。由于信托业融汇于金融业的各个方面，涉及范围广，综合性的基本法律难以包括，需要颁布大量的单行法规予以补充，信托市场变动大，用法律规定难以调和与法律的稳定性之间的矛盾，所以颁布大量的单行法规更能适应信托市场变动大的特点。

3. 立法体制上大量采用授权立法。以前述观点，即信托市场变动大需要颁布大量的单行法规而言，信托市场监管法在立法体制上需要大量采取授权立法，国家立法机关除对基本的法律制度作出规定，还授权行政机关制定行政法规，或授权对行政法规做出修改补充。我国的信托市场监管法即表现为大量的行政法规或规章，如原银监会颁布的《信托公司管理办法》《信托公司集合资金信托计划管理办法》《信托公司治理指引》等信托监管规章。

（二）信托市场监管法的目标

信托市场监管法的目标就是信托监督管理机关实施监管所要达到的目的。

1. 保护投资者的利益。信托市场的投资者就是信托关系中的委托人和受益人，实践中，委托人与受益人多为一人，信托本就是为受益人的利益管理处分财产的法律制度，而鉴于信托财产之上的所有权、占有处分权和收益权三权分离的特质，如何监管受托人为受益人利益最大化是监管法的目标之一。

2. 促进信托业健康稳定的发展。信托市场本身存在的种种缺陷依靠市场本身难以解决，这就需要国家公权力的适当介入，对信托市场加以规范和约束，才能使信托业健康稳定的发展，发挥这种制度的最大功能。

三、信托市场监管法的主要内容

（一）监管主体

从狭义上讲信托市场的监管主体，只有政府监管即国家信托监督管理机关；从广义上讲，还包括行业协会的自律监管和社会大众的社会监管。其中，社会大众包括中介组织、委托人、受益人、媒体等。

1. 政府监管。政府监管是指专门的政府机关对信托市场进行的全面监管。政府是最重要的监管主体，监管在很大程度上就意味着国家公权力的介入，它借助政府的权威对信托市场的违规违法行为打击更彻底、更深入，并可以更全面地掌握信托市场各方面的信息。另外，政府监管主要代表委托人和受益人的利益对受托人进行监管，是对委托人和受益人相对弱势力量的加强，能更好地保护受益人的利益，促进信托市场监管法目标的实现。各国均有专门的监管机关对信托市场进行监管，如美国的信托市场监管机关分为联邦机关和州机关两个层次，其中联邦监管机关主要包括通货管理署、联邦储备银行、联邦存款保险公司和储备监察办公室，州监管机关主要是州一级的银行管理机关。我国信托监管机关原是中国人民银行，现为中国银行保险监督管理委员会。

2. 自律监管。自律监管主要指行业协会的监管，如英国的投资公司协会、日本的投资信托协会、我国于2004年成立的信托业协会。相对于政府监管，自律监管有两个鲜明的特征：①专家管理，避免了大量非专业人员介入监管造成效率低下的问题；②更强调监管的连续性，它把对会员公司的监管融于协会内部的日常交流之中，发现一个问题解决一个问题，而不是等到问题堆积起来之后再去解决，这样有利于问题的及早解决，减少受益人及整个信托业的损失，有利于避免政府监管对市场可能造成的大起大落，推动信托业的平稳发展。[1]

---

〔1〕　吴弘、贾希凌、程胜：《信托法论——中国信托市场发育发展的法律调整》，立信会计出版社2003年版，第126页。

3. 社会监管。社会监管的主体广泛，包括委托人和收益人，社会中介组织，法院及媒体等。委托人和受益人是投资者，是信托的利害关系人，其对受托人的监管是应有之义，法院作为有关信托案件的裁决者，也是一种有力的监管力量。社会中介组织如会计事务所对信托机构出具会计报告，对信托机构的财务进行监督。

（二）监管对象

信托委托人基于对受托人的信任，将财产交付给受托人并为受益人的利益管理处分信托财产，而如何保证受托人为受益人的利益管理处分财产是监管的最重要的部分。受托人在现实中多表现为公司形式，其具有经营和信息优势，委托人和受益人处于相对的弱势地位，且信托机构的经营也关系到整个信托市场甚至金融市场的稳定，所以受托人是最主要的监管对象。我国《信托法》第24条第1款规定："受托人应当是具有完全民事行为能力的自然人、法人。"虽然在法律上自然人和法人都可以成为受托人，但在实践中，从事信托业务的只有信托公司，我国尚未出现民事信托的实践，所以我国信托监管对象集中在信托公司。

（三）监管内容

1. 信托业的市场准入制度。市场准入是商事主体进入市场的一道门槛，从事信托业必须具备相应的从事信托经营业务的权利能力和行为能力。它意味着设立信托机构必须得到监管机关的许可，具体包括信托经营机构设立监管、经营范围监管和经营管理人员从业资格监管。

（1）信托经营机构设立监管。监管机关对信托经营机构的设立一般都规定了详细的限制条件，主要包括最低注册资本、机构组织、从业人员、股东资历等要求。我国对信托机构的设立设定了比较严格的条件，根据新修订的《信托公司管理办法》第8条规定："设立信托公司，应当具备下列条件：①有符合《中华人民共和国公司法》和中国银行业监督管理委员会规定的公司章程；②有具备中国银行业监督管理委员会规定的入股资格的股东；③具有本办法规定的最低限额的注册资本；④有具备中国银行业监督管理委员会规定任职资格的董事、高级管理人员和与其业务相适应的信托从业人员；⑤具有健全的组织机构、信托业务操作规程和风险控制制度；⑥有符合要求的营业场所、安全防范措施和与业务有关的其他设施；⑦中国银行业监督管理委员会规定的其他条件。"

（2）营业范围监管。金融机构的营业范围是其权利能力的法律表现，必须经过监管机关核准后才能取得。信托机构的经营范围也必须符合相关法律的规定，在其核准范围内经营才合法有效。但由于信托具有高度灵活性的特点，监管机关在设定其经营范围的同时必定会留出一定的弹性空间，以适应信托业的不断发展创新。信托机构按经营范围可以分为多样化经营和专业化经营。多样化经营允许信托机构在经营信托业务的同时经营银行、证券和保险业务，如美国就允许信托机构从事多样化经营。专业化经营模式只允许信托机构经营信托业务，不得从事其他金融业务，如日本采取这种模式。根据我国《信托公司管理办法》第16条的规定："信托公司可以申请经营下列部分或者全部本外币业务：①资金信托；②动产信托；③不动产信托；④有价证券信托；⑤其他财产或财产权信托；⑥作为投资基金或者基金管理公司的发起人从事投资基金业务；⑦经营企业资产的重组、购并及项目融资、公司理财、财务顾问等业务；⑧受托经营国务院有关部门批准的证券承销业务；⑨办理居间、咨询、资信调查等业务；⑩代保管及保管箱业务；⑪法律法规规定或中国银行业监督管理委员会批准的其他业务。"另外，根据 17 条的规定："信托公司可以根据《中华人民共和国信托法》等法律法规的有关规定开展公益信托活动。"可见，我国规定了信托公司以经营信托业务为主，并允许其经营其他金融业务，如证券承销业务。

（3）信托经营人员从业资格监管。经营人员的素质直接关系到信托业的发展，一般公司人员的选聘大都通过市场机制完成，但在关系到社会公共利益的行业中，国家对其从业人员要设定一定的条件以保证该行业的长久发展及社会公共利益的实现。信托业务关系到投资人财产的安全和升值，其很多业务也涉及公共利益，所以有必要对其从业人员进行资格监管。根据我国《信托公司管理办法》第 51 条的规定："中国银行业监督管理委员会对信托公司的信托从业人员实行信托业务资格管理制度。符合条件的，颁发信托从业人员资格证书；未取得信托从业人员资格证书的，不得经办信托业务。"第 50 条第 1 款规定："中国银行业监督管理委员会对信托公司的董事、高级管理人员实行任职资格审查制度。未经中国银行业监督管理委员会任职资格审查或者审查不合格的，不得任职。"我国不仅对信托机构一般的从业人员规定了任职条件，而且对高级管理人员规定了更为严格的任职条件，以保证信托公司的经营质量和素质。

2. 信托业营业活动监管。市场准入是监管机关对信托机构的第一道监管程序，它是保证整个信托行业正常稳定发展的基础，信托机构依法设立后进行种种营业活动，而监管机关对其营业活动的监管是其监管的主要部分，也是其难点部分。

（1）审慎经营义务。审慎经营义务意味着信托机构在经营信托业务及其他依法许可的金融业务时要谨慎小心，不得不经合理分析和预测盲目投资，给受益人带来不可挽回的损失。由于受托人只有名义上的信托财产的所有权，在管理处分财产时难免比处分自己的财产时更盲目冲动，所以法律给信托机构设定了审慎经营的义务，以求其管理处分信托财产时更加理性。我国《信托公司管理办法》第 24 条规定："信托公司管理运用或者处分信托财产，必须恪尽职守，履行诚实、信用、谨慎、有效管理的义务，维护受益人的最大利益。"并在第 54 条规定了违反审慎经营义务的责任："信托公司违反审慎经营规则的，中国银行业监督管理委员会责令限期改正；逾期未改正的，或者其行为严重危及信托公司的稳健运行、损害受益人合法权益的，中国银行业监督管理委员会可以区别情形，依据《中华人民共和国银行业监督管理法》等法律法规的规定，采取暂停业务、限制股东权利等监管措施。"

（2）内部控制监管。信托内部控制监管是对信托机构内部控制机制的建立和完善进行督促，但不是具体规定信托机构应建立什么样的内部控制机制。信托机构内部控制机制的建立并有效运行可以有效防范信托机构经营风险，使信托机构更加长久稳定的发展。监管机关通常引导和规范信托机构建立有效的内部控制机构，防范经营风险。我国《信托公司管理办法》第44条规定："信托公司应当按照职责分离的原则设立相应的工作岗位，保证公司对风险能够进行事前防范、事中控制、事后监督和纠正，形成健全的内部约束机制和监督机制。"第45条规定："信托公司应当按规定制订本公司的信托业务及其他业务规则，建立、健全本公司的各项业务管理制度和内部控制制度，并报中国银行业监督管理委员会备案。"

（3）信息披露监管。信息披露是指特定市场主体以特定方式向客户、公众和主管机关公开经营管理信息。它对保护投资人的利益和保证监管机关有效监管具有重大意义。信托投资公司的信息披露包括两个方面，即具体信托计划的信息披露和公司自身经营情况的披露。对具体信托计划的信息披露，原银监会颁布了《关于信托投资公司集合资金信托业务信息披露有关问题的通知》，对信托投资公司作为受托人管理、运用和处分信托财产时，向委托人和受益人的信息披露行为予以规范。而原银监会颁布的《信托投资公司信息披露管理暂行办法》规范的是信托投资公司自身情况的信息披露行为，适用于在我国境内依法设立的信托投资公司。最新修订的《信托公司集合资金信托计划管理办法》对信托公司集合资金信托计划的信息披露也做出了相应的规定。

（4）关联交易监管。在企业财务和经营决策中，如果一方有能力直接或间接控制另一方或对另一方施加重大影响，视为关联方，关联交易就是关联方之间的交易。由于关联交易特有的内部性和信息不对称等原因容易造成利益冲突，各国都将关联交易列为监管的重要方面。信托机构作为受托人管理处分财产，具有信息上的优势和经营上的便利，容易使关联交易造成亏损而难以判断，有必要特别予以限制。我国《信托公司管理办法》第33条规定："信托公司开展固有业务，不得有下列行为：①向关联方融出资金或转移财产；②为关联方提供担保；③以股东持有的本公司股权作为质押进行融资。信托公司的关联方按照《中华人民共和国公司法》和企业会计准则的有关标准界定。"第35条规定："信托公司开展关联交易，应以公平的市场价格进行，逐笔向中国银行业监督管理委员会事前报告，并按照有关规定进行信息披露。"

3. 信托业退出市场监管。信托机构的市场退出是指信托机构主动或被动的退出金融市场，从而消灭法人资格的行为。市场经营机构可能由于经营决策的变化、环境的变化、市场的变化等原因退出市场，退出市场必须清理所有的法律关系，并承担应有的法律后果。一般的市场主体退出市场按一般的民商事法律自动完成退出行为，但由于信托机构涉及金融属性和众多的投资者的利益，在退出时容易引发重大的危机，所以监管机关要对信托机构的市场退出进行监管，这不仅可以更好地保护投资者的利益，而且有利于维护金融市场的稳定。根据退出的原因的不同，信托机构的退出可分为解散式退出、撤销式退出和破产式退出。按主体意愿不同分为主动式退出和被动式退出。对信托机构的退出市场的监管可分为以下方式：

（1）解散核准。对信托机构由于分立、合并或其他理由申请解散的，监管机关在审查解散方案确认其没有违法违规的行为和各方当事人利益都得到合理满足后，对其解散进行核准。我国《信托公司管理办法》第 13 条规定："信托公司出现分立、合并或者公司章程规定的解散事由，申请解散的，经中国银行业监督管理委员会批准后解散，并依法组织清算组进行清算。"

（2）接管或督促重组。对信托机构陷入经营困境或信用危机，严重影响受益人合法权益的，监管机关可以依法对其接管或督促重组。接管是指由监管机关经营管理信托机构，力图扭转信托机构经营的困境，督促重组是监管机关督促信托机构改变经营理念或方式，改变不利的局面，这两者都是给信托机构新的机会，避免信托机构亏损继续扩大，最终走向破产。我国《信托公司管理办法》第 55 条规定："信托公司已经或者可能发生信用危机，严重影响受益人合法权益的，中国银行业监督管理委员会可以依法对该信托公司实行接管或者督促机构重组。"

（3）撤销。撤销是针对信托机构经营状况十分恶劣，已严重损害公众利益且无法拯救的情况，监管机关强制撤销其经营资格。我国《信托公司管理办法》第 61 条规定："信托公司有违法经营、经营管理不善等情形，不予撤销将严重危害金融秩序、损害公众利益的，由中国银行业监督管理委员会依法予以撤销。"

（4）破产。对信托机构不能清偿到期债务或资不抵债的情况，经监管机关的同意，可以向法院提出破产申请。在法院宣告破产后，监管机关继续监管清算组的清算工作。我国《信托公司管理办法》第 14 条规定："信托公司不能清偿到期债务，且资产不足以清偿债务或明显缺乏清偿能力的，经中国银行业监督管理委员会同意，可向人民法院提出破产申请。中国银行业监督管理委员会可以向人民法院直接提出对该信托公司进行重整或破产清算的申请。"

案　例

一、商业银行违规签发票据案

[案情] 2000 年 4 月至 2001 年 1 月，交通银行沈阳分行假日支行、中国银行沈阳分行、建设银行阜新分行、华夏银行沈阳分行五爱支行四家金融机构，擅自放宽条件，对一些企业签发的无真实贸易背景的 23.77 亿元商业汇票给予承兑与贴现，致使其中 5.1 亿元贴现资金违规流入股市。

上述 4 家银行分支机构的行为严重违反了《票据法》第 10 条关于"票据的签发、取得和转让，应当遵循诚实信用的原则，具有真实的交易关系和债权债务关系"的规定，以及《金融违法行为处罚办法》第 14 条关于"金融机构对违反票据法规定的票据，不得承兑、贴现、付款或者保证"的规定。根据《金融违法行为处罚办法》等有关规定，中国人民银行决定并责成相关金融机构，对上述四家金融机构及其责任人进行了严肃处理。[1]

[点评] 本案反映了商业银行在金融业务操作过程中发生的违法情形。对于这样的违法行为，银行业监督管理部门应当及时地发现并进行处理。本案发生在中国银行保险监督管理委员会设立之前，因此监管部门是中国人民银行。

银行监管措施分为现场检查和非现场监管。现场检查是指监管人员直接深入到金融机构进行业务检查和风险判断分析。监管机构对监管过程发现的问题将作出相应的处理。银行违反审慎经营规则的，国务院银行业监督管理机构或者其省一级派出机构应当责令限期改正；逾期未改正的，或者其行为严重危及该银行机构的稳健运行、损害存款人和其他客户合法权益的，经国务院银行业监督管理机构或者其省一级派出机构负责人批准，可以区别情形，采取下列措施：责令暂停部分业务、停止批准开办新业务；限制分配红利和其他收入；限制资产转让；责令控股股东转让股权或者限制有关股东的权利；责令调整董事、高级管理人员或者限制其权利；停止批准增设分支机构。银行整改后，应当向国务院银行业监督管理机构或者其省一级派出机构提交报告。国务院银行业监督管理机构或者其省一级派出机构经验收，认为符合有关审慎经营规则的，应当自验收完毕之日起 3 日内解除对其采取的前款规定的有关措施。本案中的监管机构对沈阳部分商业银行分支机构的处罚决定即属于这种情况。

二、银广夏提供虚假财务报告、提供虚假证明文件案

[案情] 银广夏［即广夏（银川）实业股份有限公司］是宁夏回族自治区的第一家上市公司。1994 年 6 月，其股票"银广夏 A"（0557）在深圳交易所成功上市。

1997 年 3 月 17 日，银广夏董事局作出对深圳广夏软盘配件有限公司、深圳广夏微型软盘有限公司、深圳广夏录像器材有限公司注销的决定，但此重大事项却未予披露。这三家公司在被工商部门依法吊销法人资格后，却依然堂而皇之地出现在银广夏 1999 年、2000 年年报和 2001 年中报中。

1997 年 3 月 18 日，银广夏在未履行资产收购相关程序下，非法收购大股东深圳广夏文化实业有限公司资产——已关停的深圳广夏软盘配件公司，使银广夏被大股东"抽血"960 万元，直接侵害了中小投资者的合法权益。此重大事项也未履行披露的义务。

银广夏 1999 年年报、2000 年年报均披露，1999 年筹集的配股资金 3 亿多元已全部投入承诺的配股资金项目，但实际仅投入 1.78 亿元，其余被银广夏董事局及其控股子公司占用及借款，其中支付董事局经费 1200 万元。银广夏在 2000 年年报中披露，以价值 4351 万元的超临界萃取设备作为投资，对芜湖广夏华东玻璃制品股份公司进行增资扩股，并设立了芜湖广夏生物技术股份公司，注册资本 7535 万元，其

---

[1] 徐杰、时建中主编：《经济法概论案例教程》，知识产权出版社 2004 年版。

中，银广夏持股 44.29%，天津广夏持股 35%。事实上，直至 2001 年 3 月 6 日芜湖广夏生物技术股份公司才成立，注册资本仅为 3184 万元，银广夏持股比例为 30%，天津广夏则根本没有出资。

1998 年~2001 年，银广夏先后发布了若干关于其控股子公司天津广夏的利好公告，包括：天津广夏掌握了先进的二氧化碳超临界萃取技术，进口了相应的先进设备；自 1998 年始，向德国诚信公司（Fidelity Trading GmBH）提供该技术所生产的产品，2000 年的出口额达到 1.8 亿马克。2001 年 3 月，银广夏公告称其又与德国诚信公司签订了连续三年总金额为 60 亿元的订货协议。

在此过程中，银广夏副董事长兼总裁也屡次作出与其公告内容相似的表述。为该公司提供会计服务的深圳中天勤会计师事务所（以下简称中天勤）对该公司财务出具了"无保留意见"的审计报告。

然而，实际情况并非如此。首先，根据二氧化碳萃取技术的研究水平和天津广夏萃取设备的产出能力，天津广夏不可能在预定时间内生产出满足合同需要数量的产品。其次，银广夏提供的出口售价，远远高于国际市场与众多国内厂家、行业专家提供的参考价格，某些产品的价格悬殊竟达 3~5 倍。银广夏公告的出口额也严重不实。据海关证明，天津广夏 1999 年与 2000 年的出口额远远低于其公布的出口额，分别只有 481 万美元和 3 万多美元。而 2001 年上半年，没有一分钱的出口额。同时，公司的主要客户德国诚信公司，并非已成立 160 年，也非西·伊利斯公司的子公司，而是成立于 1990 年，注册资本也仅有 10 万马克。

银广夏的虚假陈述引起了其股价的持续上涨。从 1999 年 12 月至 2000 年 4 月，银广夏从 13.97 元涨至 35.83 元，较一年前启动时的价位上涨 440%。2001 年 3 月，银广夏公布的 2000 年年报表明，银广夏每股收益增长超过 60%，达到每股 0.827 元。

2001 年 8 月 2 日，《财经》杂志一篇题为《银广夏陷阱》的文章揭露了上述事实，震惊了整个证券市场。随后，银广夏股票停牌。9 月 9 日，银广夏复牌。复牌后的银广夏连续 15 次跌停板，每股股价从 30 元跌至 6 元，造成投资者直接损失 68.63 亿元。

2001 年 8 月 3 日，中国证监会对此案正式立案稽查。经查明，银广夏虚构利润 7.45 亿元。9 月 8 日，银广夏公司总裁、总会计师，天津广夏董事长、总经理因涉嫌提供虚假财会报告罪被刑事拘留。同时，财政部、证监会对中天勤进行专项调查，认定两名签字注册会计师违反了中国法律的有关规定，存在"重大过失"，涉案的签字注册会计师被依法移送公安机关，事务所的执业资格也被吊销。

中天勤在对银广夏审计中存在严重失职。这家事务所内部管理混乱，审计态度随意，审计人员对审计目的、目标、范围以及需重点关注的问题，多数表达不清，内部风险控制制度不健全而且执行不力。对银广夏的审计中，他们未履行基本的三级复核制度，审阅与签发均由一人包办，审核工作实际流于形式。中天勤对天津广夏 1999 年、2000 年年末的银行存款余额，未实施有效检查及函证程序；确认天津广夏 1999 年和 2000 年虚假出口产品收入时，没有向海关询证；确认天津广夏出口产品收款金额和购买原材料付款金额，没有向银行询证。2000 年，中天勤发出 14 封询证函，没有收到一封回函，对这一异常现象却没有引起重视。中天勤还出具不实的募集资金使用情况报告，确认银广夏用募集资金对酿酒葡萄种植基地及葡萄酒项目投资金额为 2.45 亿元。经核实，实际投资金额仅为 1 亿多元。此外，中天勤对银广夏一些重大关联交易视而不见，未合并报表的控股公司达 26 家，共有 1.5 亿元的关联资金未予披露。

银广夏股价骤跌引发诉讼，2001 年 9 月 11 日，江苏省无锡市崇安区法院受理了 28 名股东诉"银广夏"及"中天勤""虚假证券信息纠纷"一案，其余各地的股东也纷纷向法院起诉。但最高院认为受理此类案件的条件尚不成熟，通知对该类案件暂不受理，法院对银广夏的民事诉讼暂停。2002 年 1 月 15 日，最高人民法院发布通知解除了这一禁令，但要求此类案件的受理应以证监会作出处罚决定为条件。2002 年 4 月 23 日，证监会作出了行政处罚。2004 年 4 月 20 日，银广夏民事赔偿案被银川市中级人民法院正式受理。2004 年 12 月 28 日，银川市中级人民法院公开开庭，首次审理柏松华诉银广夏虚假陈述民事赔偿案，法院判令银广夏赔偿柏松华投资损失、佣金、印花税及利息损失共计 110 672.05 元及承担部分案件受理费。

[点评] 从银广夏公司造假被媒体披露，到中国证监会作出行政处罚决定，银广夏——这只依靠疯狂造假"创造"出惊人业绩的股票，从大红大紫到一路跌落，使投资者损失惨重。银广夏一案引发的"怀疑现象"——怀疑上市公司、机构、股评人士和监管部门，对中国股市的信誉度造成很大打击。

1. 重圈钱、轻治理，是我国上市公司的一大通病。从假造报表骗取上市资格到随意变更募集资金投向，从虚增收入和利润到披露虚假信息，从虚假重组到掏空上市公司，这些现象动摇了股市的信用之基，成为影响股市长远发展的重要原因。

经过调查，银广夏的公司治理结构很不健全，没有形成股东、董事会、管理层、子公司之间的权力制衡，明显处于失效状态。董事会对其聘任的经理层人员，没有实施充分有效的监督，内部管理混乱，为造假者提供了可乘之机。银广夏的董事不能在公司内部及时发现和制止伪造经营业绩等严重错误，也负有不可推卸的责任。上市公司是证券市场的基石。提高上市公司质量，最重要的是规范其治理结构。

2. 证券监管部门要加强监管。2001 年以来，证券监管部门前所未有地加大了监管力度。银广夏造假被媒体披露后，中国证监会立即组织力量，以最快的速度查清了其造假事实，并发现了一系列其他严重问题，移送公安机关查办。要通过严厉查处让违法违规者深感痛楚，让虚假披露或从事内幕交易的上市公司承担责任。

3. 要建立和完善证券民事赔偿机制。按我国有关法律规定，上市公司造假，可能受到的最高刑事处罚是 3 年有期徒刑外加罚金。红光实业是我国第一家被追究刑事责任的上市公司，原公司董事长、总经理被判有期徒刑 3 年。银广夏事件发生后，股市民事赔偿机制初步建立。今后，股市违法违规者除了承担刑事责任、行政责任外，还要承担民事责任。股民因被欺骗而蒙受的损失，将由违法违规者赔偿。司法的介入，将使银广夏事件得到彻底的清查，保护中小股东利益将真正进入法制轨道。

另外，规范会计秩序，构筑市场"防火墙"，也是我们需要注意的地方。在银广夏造假行为被披露后，面临信誉危机的不仅是上市公司本身，还包括出具了严重失实审计报告的会计师事务所，因此必须大力整顿会计市场秩序。

希望银广夏事件在唤醒市场信用机制的同时，能够促进投资者利益保护机制的建立，真正为投资者创造一个公开、公平、公正的证券投资环境。

三、中科创业操纵证券交易价格案

[**案情**] 深圳康达尔（集团）股份有限公司是一家以养鸡为主业的深市上市公司（股票名称为康达尔，股票代码为 0048，以下简称为 0048 股票），1997 年香港的"禽流感"，使康达尔公司几近崩溃，几万只鸡瘟死香港，股价狂跌不止。当时的朱焕良掌握了康达尔 90% 以上的流通盘，此次暴跌套住他几个亿的资金。为了挽回损失，朱焕良找到了化名为"吕梁"的吕新建，双方开始合谋操纵深圳康达尔（集团）股份有限公司的流通股。

为更好地操纵市场，吕新建利用其在海南成立的海南燕园投资管理有限公司等几家公司大量收购深圳康达尔股份有限公司法人股，并控制了该公司董事会。吕新建特意将深圳康达尔股份有限公司更名为深圳市中科创业投资股份有限公司，股票名称为"中科创业"，把公司包装为"将涉足优质农业、生物医药、网络信息设备、网络电信服务、高技术产业投资等多个新兴产业领域。通过项目投资、股权投资等多种投资方式以及其他资本运营手段，逐渐发展成为一家具有一定产业基础的投资控股公司"。通过发布开发高科技产品及企业重组等利好消息方式不断影响 0048 股票的交易价格。吕新建还与朱焕良签订了合作协议，并按约定比例共同持有 0048 股票。在吕新建指使下，丁福根、董沛霖、何宁一、李芸、边军勇等人，在北京、上海、浙江等 20 余个省、自治区、直辖市，以单位或个人名义先后在 120 余家证券营业部开设股东账户 1500 余个，并通过相关证券营业部等机构，以委托理财等方式向出资单位或个人融资人民币 50 余亿元。在操纵 0048 股票的过程中，丁福根、庞博等人根据吕新建的指令，在与朱焕良商定了 0048 股票交易的时间、价位、数量后，亲自或指令他人交易 0048 股票。丁福根、庞博、何宁一、李芸、边军勇等人利用开设的多个证券交易账户和股东账户，集中资金优势、持股优势，联合、连续对 0048 股票进行不转移所有权的自买自卖等操纵活动。吕新建一方最高持有或控制 0048 股票达 5600 余万股，占 0048 股票流通股总量的 55.36%，严重影响 0048 股票交易价格和交易量。董沛霖在担任上海华亚实业发展公司法定代表人期间，明知吕新建意图操纵 0048 股票，仍与其所在公司总经理李芸及杭州华亚实业公司法定代表人何宁一商定，通过帮助吕新建融资为各自所在公司获取利益，共为吕新建融资人民币 7.7 亿余元。边军勇在明知吕新建意图操纵 0048 股票的情况下，按照吕新建的指令融资人民币 1.5 亿余元，并按照丁福根、庞博的指令购买或转托管 0048 股票。在多种因素的刺激下，0048 股票的股价一路上涨，1998 年，0048 股价在 17 元左右，1999 年 7 月便跃至 45 元，到 2000 年 2 月一度上涨到 80 元以上。然而好景不长，从 2000 年 12 月 25 日开始，一直平稳运行的股票突然连拉 10 个跌停板，跌去 50 亿市值，出现了大崩盘，到 2001 年 1 月 11 日，股票才止住连续跌停。而此时股价已经由 33.59 元跌落至 13 余元。鉴于中科创业事件已严重影响到了股市运行的正常秩序，2001 年 1 月 10 日，中科创业被中国证监会立案稽查。

2002 年 6 月 11 日，"中科创业操纵股价"案在北京市第二中级人民法院开庭审理，法院认为，被告人丁福根、庞博、边军勇为获取不正当利益，被告单位上海华亚实业发展公司原法定代表人董沛霖、原总经理李芸为使该单位获取不正当利益，被告人何宁一为使所在单位获取不正当利益，明知吕新建等人意图操纵 0048 股票价格，仍采取多种方式帮助吕新建融资，并按照吕新建的指令指使他人或直接参与操纵 0048 股票价格，严重影响了 0048 股票的交易价格和交易量，侵害了国家对证券交易的管理制度和投资者的合法权益，情节严重，其行为均已构成操纵证券交易价格罪，依法应予惩处。被告人董沛霖、何宁一、李芸系所在单位直接负责的主管人员，依法应承担相应的刑事责任。2003 年 4 月 1 日，北京市第二中级人民法院对深圳市中科创业投资股份有限公司（简称"中科创业"）操纵证券交易价格案一审公开宣判，以操纵证券交易价格罪判处上海华亚实业发展公司罚金人民币 2300 万元；以操纵证券交易价格罪分别判处丁福根、董沛霖、何宁一、李芸、边军勇、庞博等 6 名被告人 4 年至 2 年零 2 个月有期徒刑，并对丁福根、边军勇、庞博分别判处罚金 50 万元至 10 万元。

[点评] 有"中国股市第一案"之称的中科创业操纵证券交易价格案，责任人受到了惩罚，操纵证券交易价格应该承担什么样的责任呢？在股价操纵案中如何保护投资者的利益？仍是我们不能释怀的问题。

当时，法院认定，丁福根、庞博等人的行为构成我国《刑法》所设定的操纵证券交易价格罪。但违法者承担的仅仅是刑事责任，与市场操纵者们获取的巨大不当利益和投资者巨大的损失相比，不成比例，而投资者无法追究其民事责任。

操纵证券交易价格到底应该承担什么样的法律责任？《股票发行与交易管理暂行条例》（以下简称《条例》）第 74 条规定：对违反条例规定有操纵行为的单位和个人，根据不同情况，单处或者并处警告、没收非法获取的股票和其他非法所得、罚款；对情节严重的股份有限公司，可以停止其发行股票的资格；对于情节严重的证券经营机构，可以限制、暂停其证券经营业务或者撤销其证券经营业务许可。中国证监会《证券市场禁入执行规定》规定：利用资金、信息等优势以及其他手段操纵证券市场价格的有关个人为证券市场禁入者。《证券法》（2014 年修正）第 77 条规定，禁止任何人以下列手段操纵证券市场：①单独或者通过合谋，集中资金优势、持股优势或者利用信息优势联合或者连续买卖，操纵证券交易价格或者证券交易量；②与他人串通，以事先约定的时间、价格和方式相互进行证券交易，影响证券交易价格或者证券交易量；③在自己实际控制的账户之间进行证券交易，影响证券交易价格或者证券交易量；④以其他手段操纵证券市场。操纵证券市场行为给投资者造成损失的，行为人应当依法承担赔偿责任。第 203 条规定，违反本法规定，操纵证券市场的，责令依法处理非法持有的证券，没收违法所得，并处以违法所得 1 倍以上 5 倍以下的罚款；没有违法所得或者违法所得不足 30 万元的，处以 30 万元以上 300 万元以下的罚款。单位操纵证券市场的，还应当对直接负责的主管人员和其他直接负责人员给予警告，并处以 10 万元以上 60 万元以下的罚款。《刑法》182 条规定：操纵证券、期货市场，情节严重的，处 5 年以下有期徒刑或者拘役，并处或者单处罚金；情节特别严重的，处 5 年以上 10 年以下有期徒刑，并处罚金。

由此可以看出，中国证券市场的法制建设虽取得了一定的进步，但还有很长的一段路要走。

四、中航油案

[案情] 中国航油集团公司成立于 1993 年，由中央直属大型国企中国航空油料控股公司控股，总部和注册地均位于新加坡。公司成立之初经营十分困难，一度濒临破产，后逐渐扭亏为盈，从单一的进口航油采购业务逐步扩展到国际石油贸易业务，并于 2001 年在新加坡证券交易所主板上市，成为中国首家利用海外自有资产在国外上市的中资企业。短短几年间，其净资产增长了 700 多倍，股价也是一路上扬，市值增长了 4 倍，一时成为资本市场的明星。公司经营的成功为其赢来了一连串声誉，新加坡国立大学将其作为 MBA 的教学案例，2002 年公司被新交所评为"最具透明度的上市公司"奖，并且是唯一入选的中资公司。公司总裁陈久霖被《世界经济论坛》评选为"亚洲经济新领袖"。

2003 年，中航油新加坡公司在取得中国航油集团公司授权后，开始做油品套期保值业务。总裁陈久霖却擅自扩大业务范围，从事石油衍生品期权交易。2004 年一季度，油价攀升导致公司潜亏 580 万美元，公司决定延期交割合同，期望油价能回跌，交易量也随之增加。2004 年二季度，随着油价持续升高，公司的账面亏损额增加到 3000 万美元左右。公司因而决定再延后到 2005 年和 2006 年才交割，交易量也再次增加。2004 年 10 月，油价再创新高，公司此时的交易盘口达 5200 万桶石油，账面亏损再度大增。根据合同，需向交易对方（银行和金融机构）支付保证金。每桶油价每上涨 1 美元，新加坡公司要向银行支付 5000 万美元的保证金，由此导致新加坡公司现金流量枯竭，10 月 10 日，出现严重资金周转问题的中航油首次向母公司呈报交易和账面亏损。为了补加交易商追加的保证金，公司已耗尽近 2600 万美元的营运资本、1.2 亿美元银团贷款和 6800 万美元应收账款资金，账面亏损高达 1.8 亿美元，另外已支付 8000 万美元的额外保证金。10 月 20 日，母公司提前配售 15% 的股票，将所得的 1.08 亿美元资金贷款给中航油。10 月 26 日和 28 日，公司因无法补加一些合同的保证金而遭逼仓，蒙受 1.32 亿美元实际亏损。11 月 8 日到 25 日，公司的衍生商品合同继续遭逼仓，截至 25 日，实际亏损达 3.81 亿美元。至此，账面实际损失和潜在损失总计约 5.54 亿美元。

2006 年 3 月 21 日，新加坡初等法院对中航油前总裁陈久霖作出判决，判其服刑 4 年 3 个月，同时罚款 335 000 新元（约 207 000 美元）。

在 2006 年 4 月的一次会议上，国资委主任李荣融面对 400 多位中央企业和地方国资委法规负责人举中航油案例时表示，造成中航油事件的重要原因之一是"法律意识淡薄"，并强调"一定要严格依法办事，重视法律风险"，"特别是海外上市公司，海外的子企业、孙公司董事长总经理的任命要慎重。""这些重大法律纠纷案件产生的原因较为复杂，但核心问题是：决策草率，法律审核把关不严。"

[**点评**] 造成中航油事件的一个重要原因是不遵守法律规定。中航油自 2003 年开始买卖石油衍生品，除了对冲日常业务的风险外，也从事投机性的交易活动。而国务院 1998 年 8 月发布的《国务院关于进一步整顿和规范期货市场的通知》中明确规定：取得境外期货业务许可证的企业，在境外期货市场只允许进行套期保值，不得进行投机交易。中航油进行的是 OTC 交易，即场外交易（OTC 场外交易的风险高于场内交易），国务院《期货交易管理暂行条例》第 4 条规定：期货交易必须在期货交易所内进行。禁止不通过期货交易所的场外期货交易。

中航油事件也暴露了监管的不足，其内部的监管机制形同虚设。《期货交易管理暂行条例》第 48 条规定：国有企业从事期货交易，限于从事套期保值业务，期货交易总量应当与其同期现货交易总量相适应。而中航油投机交易从最初的 200 万桶发展到 5200 万桶，远远超过其套期保值总量，却始终没有被阻止，最终导致"中航油事件"。

期货交易所的风险监控机制存在问题。1995 年 2 月 26 日，在新加坡交易所的前身新加坡国际金融交易所，新加坡巴林公司期货经理尼克·里森投资日经 225 股指期货失利，导致巴林银行遭受巨额损失，合计损失达 14 亿美元。当时，新加坡国际金融交易所考虑到巴林银行的大客户地位，在通知追加保证金后并没有要求他们立即补足，而是给了一定的宽限期，没有做到严格的监控制度。两件重大的金融衍生品交易事件，相隔 10 年，在同一家交易所再次发生金融衍生品交易事件。无论是巴林银行还是中航油，投资市场都是有风险的，过度投机是巨额亏损的边缘。中国目前的金融期货期权市场并不健全，中航油事件促使我们正确面对期货、期权市场风险，加强和完善风险监管。

中航油案促使我们思考我国的期货市场发展。虽然目前一致认为我国期货市场存在过度管制，使得期货市场呈现出不发达市场的典型特征，清理整顿的氛围笼罩着期货市场和期货行业，市场创新受到极度压抑，应当取消不合理的管制领域，调整不合理的管制措施，以利于激活市场潜力。但期货市场属于高风险市场，由于期货交易具有杠杆效应，在套期保值和发现价格的同时又带来了市场风险、信用风险、流动性风险、操作风险和法律风险，并且随着场外期货交易的大幅增加，产生的风险也越来越明显，因此有效监管仍是十分必要的。

五、"327"国债期货案

[案情] 国债期货交易是非常好的金融衍生品交易。国债由政府发行保证还本付息，风险度小，被称为"金边债券"，但我国1992年发行的国库券并不顺利，购买不活跃，价格也一直很低。为此，1993年政府决定向社会公众开放国债期货交易，在二级市场上可以对此进行做多做空的买卖。1993年10月25日，北京商品交易所率先推出国债期货交易。同日，上海证券交易所也向全社会公众开放国债期货交易。

1994年，中国人民银行提高3年期以上储蓄存款利率和恢复存款保值贴补，国库券也同样保值贴补，但保值贴补率的不确定性为炒作国债期货提供了空间。大量机构投资者由股市转入债市，投资者把焦点放在对"327"国债期货品种到期价格的预测上。

"327"是国债期货合约的代号，它对应的是1992年发行，1995年6月到期兑付的3年期国库券，该券发行总量是240亿元人民币。该券9.5%的票面利息加保值补贴率，每百元债券到期应兑付132元。与当时的银行存款利息和通货膨胀率相比，"327"的回报太低了。于是有市场传闻，财政部可能要提高"327"的利率，到时会以148元的面值兑付。但财政部是否对之实行保值贴补，并不确定。随着对财政部是否实行保值贴补的猜测和分歧，"327"国债期货价格发生大幅变动。以万国证券公司为代表的空方主力认为1995年1月起通货膨胀已见顶回落，不会贴息，于是坚决做空，而其对手中经开则依据物价翘尾、周边市场"327"品种价格普遍高于上海以及提前了解财政部决策动向等因素，坚决做多，不断推升价位。

1995年2月以后，"327"价格一直在147.80元和148.30元之间徘徊，1995年2月23日，提高"327"国债利率的传言得到证实，百元面值的"327"国债将按148.50元兑付。一直在"327"品种上与万国联手做空的辽国发突然倒戈，改做多头。"327"国债在1分钟内竟上涨了2元，10分钟后共涨了3.77元。327国债每上涨1元，万国证券就要赔进十几个亿。按照它的持仓量和现行价位，一旦到期交割，它将要拿出60亿元资金。为维护自己利益，万国证券在148.50价位封盘失败后，在交易结束前最后8分钟，于16时22分13秒突然以730万手、价值1460亿元的空单，将价格从151.30元打压至147.50元收盘，使"327"合约暴跌3.8元，若以收盘时的价格来计算，这一天做多的机构，包括像辽国发这样空翻多的机构都将血本无归，而万国不仅能够摆脱危机，还可以赚到42亿元。

收市后上交所紧急磋商，宣布23日16时22分13秒之后的所有"327"品种的交易异常，是无效的，该部分不计入当日结算价、成交量和持仓量的范围。经过此次调整，当日国债成交额为5400亿元，当日"327"品种的收盘价为违规前最后签订的一笔交易价格151.30元。如果按照上交所确定的收盘价到期交割，万国赔60亿元人民币；如果按照151.30元平仓，万国亏16亿元。

1995年5月17日，中国证监会鉴于中国当时不具备开展国债期货交易的基本条件，发出《关于暂停全国范围内国债期货交易试点的紧急通知》，开市仅两年零六个月的国债期货无言谢幕，中国第一个金融期货品种划上句号。

1995 年 9 月 20 日，国家监察部、中国证监会等部门公布了对"327"事件的调查结果和处理决定："这次事件是一起在国债期货市场发展过快、交易所监管不严和风险控制滞后的情况下，由上海万国证券公司、辽宁国发（集团）公司引起的国债期货风波"。1996 年 4 月，万国不得不与它当年最强劲的竞争对手申银证券公司合并。1997 年，万国证券总经理管金生被上海市第一中级人民法院以渎职、挪用公款等罪名判刑 17 年。

[点评] 发生在期货市场管理混乱时期的"327"事件，对中国期货业的影响是深刻的。它使我国在金融衍生产品上的第一次试点以失败告终。这一次失败也使得是不是重新推出国债期货、是不是在中国发展金融衍生品一度成为引起广泛争议的问题。

2006 年 9 月 8 日，中国金融期货交易所在上海宣告成立，成为中国内地首家金融衍生品交易所，反思 10 余年前造成金融市场地震的"327 国债"事件，将有助于金融衍生品的健康发展。

1. 缺乏法律法规，监管乏力。1994 年 11 月 22 日，提高 327 国债利率消息刚面世，上海证券交易所的国债期货就出现了振幅为 5 元的行情，未引起注意，许多违规行为没有得到及时、公正的处理。万国证券在预期已经造成错误无法弥补巨额亏损时，以搅乱市场来收拾残局。事发后第二天，上交所发出《关于加强国债期货交易监管工作的紧急通知》，中国证监会、财政部颁布了《国债期货交易管理暂行办法》，中国才有了第一部具有全国性效力的国债期货交易法规。

2. 保证金过低。"327"事件前，上交所规定客户保证金比率是 2.5%，深交所规定为 1.5%，交易中心规定是 1%。保证金水平的设置是期货风险控制的核心。用 500 元的保证金就能买卖 2 万元的国债，把操纵者潜在的盈利与风险放大了 40 倍。偏低的保证金水平与国际通行标准相距甚远，甚至不如国内当时商品期货的保证金水平。

3. 没有涨跌停板制和持仓限量制度。涨跌停板制度是国际期货界通行的制度，而事发前上交所根本就没有采取这种控制价格波动的基本手段，出现上下差价达 4 元的振幅，交易所没有预警系统。当时中国国债的现券流通量很小，国债期货某一品种的可持仓量应与现货市场流通量之间保持合理的比例关系，并在电脑撮合系统中设置。从"327"合约在 2 月 23 日尾市出现大笔抛单的情况看，交易所显然对每笔下单缺少实时监控，导致上千万手空单在几分钟之内通过计算机撮合系统成交，扰乱了市场秩序。

4. 无法杜绝透支交易。我国证券期货交易所以计算机自动撮合为主要交易方式，按"逐日盯市"方法来控制风险，而非"逐笔盯市"的清算制度，故不能杜绝透支交易。交易所无法用静态的保证金和前一日的结算价格控制当日动态的价格波动，使得空方主力违规抛出千万手合约的"疯狂"行为得以实现。

5. 多头监管的弊端。中国的国债期货交易最初是在地方政府的批准下推出的，《国债期货交易管理暂行办法》颁布前，中国一直没有在法律上明确国债期货交易的主管机构。财政部负责国债的发行并参与制定保值贴补率；中国人民银行负责包括证券公司在内的金融机构的审批和例行管理，并制定和公布保值贴补率；证监会负责交易的监管；而各个交易组织者主要由地方政府直接监管。多头监管导致监管效率的低下，甚至出现监管措施上的真空。

六、永安保险公司案

[**案情**] 永安保险公司是我国唯一一家设在西部地区的保险公司，总部在西安，营业区域为西北五省及山西、四川省和重庆市。永安保险公司于 1996 年 1 月 22 日经中国人民银行总行批准筹建，同年 8 月 25 日正式成立。注册资金为 6.8 亿元，主要经营财产保险、责任保险、信用保证保险等业务。永安保险公司在经营过程中，存在资本金不足、异地展业、内部管理混乱、偿付能力严重不足等问题。因此，1997 年 12 月 1 日，中国人民银行陕西省分行发布公告，依法对该公司进行接管。这是我国首例保险公司被接管案。[1]

[**点评**] 为保证保险公司的稳健经营，各国法律对其组织设立、实收资本、经营规则等事项一般均有明确规定。这些规定体现了国家对保险业的严谨规制，保险公司应当立足国情、省情和民情，有效科学地从事经营活动。在本案中，永安保险公司作为一家股份制的商业保险公司，从外部条件讲，其设立符合西部经济发展的实际需要，是有积极意义的，但由于其实质条件欠缺，导致其被接管。正如案例所描述的，违规经营和资本金不足是被接管的主要原因。永安保险公司违反了《公司法》和《公司法人登记管理条例》对于公司设立的资本金交付条件的要求，在公司的成立程序上已经违法。另一方面，《保险法》规定，如果保险公司损害社会公共利益，可能或已经严重危及保险公司的偿付能力的，保险业监督管理部门可以进行接管，以保证被保险人的利益，这也正是中国人民银行陕西省分行对永安保险公司进行接管的直接法律依据。

七、兴华基金发行违规案

[**案情**] 1998 年，中国证监会依照有关法律法规，对兴华基金发行中违反基金管理法规的有关机构和个人进行了处罚。兴华证券投资基金是继开元、金泰证券投资基金后公开上网发行的第三只基金。在发行前，中国证监会重申了关于申购证券投资基金的有关规定，明确了基金账户开设、基金申购的有关要求，但是在兴华证券投资基金的发行过程中，仍有一些机构和个人违规申购基金，少数证券经营机构未能完全履行职责制止基金发行中的违规行为。为确保基金的发行正常进行，维护广大中小投资者利益，促进证券市场规范有序、健康稳定发展，中国证监会决定对

违规机构和个人作出相应的处罚：①所有违规申购基金的机构和个人，申购一律无效，其申购资金在正常申购资金解冻后继续冻结 5 个工作日。②对违规申购基金 500 万份以上的广州华易实业有限公司，罚款 15 万元；对深圳锡昌实业有限公司，罚款 10 万元，并公开通报批评。③对未采取措施制止法人申购基金、投资者以多个账户申购基金的 13 家证券经营机构及其负责人内部通报批评，并要求其提交书面检讨。[1]

[点评] 本案是证监会对基金发行中违规申购基金的行为进行处罚的案例。基金实际上是金融信托的重要形式，从本案中，我们可以看出基金是信托业和证券业融合发展的产物。基金信托又称为投资基金，是指通过信托、契约或者公司的形式，借助发行基金券的方式，将社会尚不确定的投资者的资金集中起来，形成一定规模的信托资产，交由专门的投资机构进行管理，所获得的收益由投资者按出资比例分享的金融信托投资制度。在本案中，证监会作为监管证券市场的国家机构，对属于证券业业务范围内的基金拥有监管职权。同时基金业是金融信托的重要形式，但是我国不论是在信托法律体系的建立方面，还是在主管机关对信托业的监管方面，都还处于起步阶段，需要通过其他相关的金融行业监管部门的监管才能达到监管目的。

第十四章

思考题

1. 金融市场监管法与一般市场监管法的法律特征有什么不同？
2. 运用经济法原理解释金融市场监管法的运行机制。
3. 概述我国目前金融业现状以及对监管模式选择的影响。
4. 金融监管如何适应不断变化中的金融产品创新？
5. 试述商业银行监管的目标。
6. 论我国证券市场的监管体制。
7. 期货市场监管的模式有哪些？
8. 保险市场监管主要有哪些方式？
9. 试述信托市场监管法的主要内容。

---

〔1〕　徐孟洲主编：《金融法学案例教程》，知识产权出版社 2003 年版。

第四编　　其他经济法律制度 <<<

第 15 章

消费者保护法

学习目的与要求:

消费者保护法是国家为了维护社会正义和实质公平,对处于弱者地位的消费者及其利益予以特别保护而制定的法律规范的总称。在承认消费者与经营者之间不平等地位的基础上,消费者保护法以消费者整体利益的保护为出发点,重新审视并确立了消费者与经营者之间的权利义务关系,以使两者间失衡的关系重新走向平衡,从而维护正常的市场经济秩序。以此为基本理念,国家(政府)积极地介入了对消费者与经营者关系的调整,以法律形式确认消费者的权利,结合本国的实际情况,对消费者实行特别保护,对生产者和经营者的行为实行监管,对侵害消费者合法权益的生产者和经营者,突破单纯民事补偿的救济方式,采用行政、民事、刑事相结合的手段追究其法律责任。通过本章学习,学生应当在了解消费者保护法基本理念的前提下,重点掌握消费者与经营者的权利义务关系以及消费争议解决机制、国家对产品质量的监管制度、生产者和销售者的产品质量义务和责任、国家对食品安全的监管体制以及监管制度的基本框架。

随着工业化以及市场经济的发展,消费者与经营者这一对平等主体之间的关系开始失衡,资源和信息占有的极端不对称,使消费者沦为这一关系中的弱势一方,消费者保护的专门立法应运而生。有关消费者保护的立法,以社会为本位,以政府对产品生产者和经营者行为的监管为手段,协调平衡消费者与经营者之间的利益冲突,使消费者和生产经营者在真正平等的基础上和谐共处,保证市场交易的正常秩序。

第一节　消费者保护法概述

一、消费者运动

消费者是与生产者和销售者相对应的社会群体,在市场经济中,其间的买卖关系是平等主体之间的法律关系，通过合同法进行调整。但随着生产力的发展、现代工业文明的兴起和企业力量的强大及其对社会的控制，消费者逐渐成为一个弱势群体：①由于存在利益冲突，加之经济地位的悬殊，生产者和销售者在向消费者提供商品和服务时，往往给消费者的人身和财产造成损害，严重侵害消费者利益。②随着生产力的发展和科学技术的进步，由于双方信息的不对称，一些新产品在给消费者带来舒适的同时，也给其安全带来了威胁。与此同时，在传统民事合同的框架下，生产者和销售者利用资源和信息占有的优势，通过格式合同加重消费者的义务，对产品缺陷导致的消费者损害以不具有直接契约关系为由拒绝赔偿。种种情况表明，消费者与生产者和销售者之间的关系严重失衡。这直接导致了消费者为维护自身权益、免受生产者和销售者强加的不平等地位和侵害、争取社会公正而从事的社会运动——消费者运动的兴起。

继 1891 年纽约成立消费者协会之后，1898 年一些地方组织联合起来组成美国全国消费者同盟，这是世界上第一个全国性的消费者组织。其后，随着生产力和市场经济的发展，美国消费者运动的内容逐步扩展到产品的安全、卫生和质量等方面。在消费者运动的促进下，美国颁布了大量保护消费者权益的法律，其内容涉及消费品安全、卫生管理、交易规则、产品责任等各个领域。从世界范围看，第二次世界大战之后，相对安宁的生活环境使得人们对生活品质提出了更高的要求，为了保护消费者的利益，各种消费者组织应运而生。例如日本 1948 年的"清除劣质火柴大会"，1956 年的全国消费者团体联络会议及消费者宣言。在各国消费者组织趋于成熟的基础上，1960 年由美、英、荷、澳、比五国消费者组织发起，在海牙（现在总部设在英国伦敦）成立了国际消费者联盟组织。

中国的消费者运动始于 20 世纪 80 年代。随着经济市场化程度的不断提高以及消费者问题的出现，加之国际消费者运动的影响，1983 年河北省新乐县成立了我国第一个消费者组织，1984 年广州市消费者委员会成立，同年，中国消费者协会在北京成立。1987 年在马德里举行的国际消费者联盟组织第十二届大会上，中国消费者协会被接纳为该组织的会员。

二、消费者政策与消费者立法

在消费者运动为政府所关注的背景下，产生了政府的消费者政策。1962 年，美国总统肯尼迪在其国情咨文中第一次提出包括安全权、知情权、选择权、提出消费意见权等在内的消费者权益的概念。其后，无论是发达国家还是发展中国家，政府均介入了对消费者的保护，并结合本国实际情况，制定相应的消费者保护政策。

消费者政策是针对消费者问题的产生并以解决消费者问题为核心目标的国家经济政策，是一国政府制定宏观经济政策必须考虑的因素。在不同的国家，或在同一国家的不同经济发展时期，消费者政策各不相同。消费者政策通常体现在消费者保护法中，并决定着一定时期消费者保护法的价值取向。

以美国为例，在 19 世纪末 20 世纪初，政府关注的重点是国内日益猖獗的限制竞争的垄断行为。由于经济生活中的联合抵制、价格协定等行为严重损害了消费者的利益，美国政府所采取的抑制垄断、鼓励竞争政策在维护竞争秩序的同时客观上保护了消费者利益，因此，美国这一时期的消费者保护是伴随着反垄断的主题进行的。其后至 20 世纪 60 年代之前，美国的消费者运动以争取洁净食品和药品为目标。当时，由于经营者的控制，欺骗、低劣、掺假和危险产品充斥市场，因此，消费者保护主要侧重于消费品的安全、卫生、标识及产品质量责任等方面。这一时期美国颁布的《纯净食品和药品法》《肉类检查法》《食品药物及化妆品法案》《全国交通和汽车安全法》《儿童玩具安全法》《电冰箱安全法》《天然气、管道煤气安全法》《毒品包装法》等一系列法律，充分体现了这一时期美国政府的消费者政策。20 世纪 60 年代以后，美国经济的高度发展使信贷消费作为一种新的消费形式得以迅速普及，对信贷消费过程中信贷机构、销售商及消费者之间的法律关系调整，从而保护作为弱者的消费者的合法权益的要求日益迫切，[1]因此，美国的消费者政策及法律由前述领域转到对信贷消费过程中信贷机构、销售商及消费者之间的法律关系的调整上，美国国会在信贷消费者交易规则的制定方面的作用得以进一步加强，自 1968 年制定了《消费信贷保护法》之后，又陆续颁布了《公平信贷报告法》《信贷机会均等法》《消费者租借法》《正当收债行为法》《电子资金转账法》《公平信用和付款卡公开法》《房屋信贷消费者保护法》《异地交易及消费者欺诈预防法》《信用恢复组织法》等法律。[2]

　　自 20 世纪 70 年代石油危机之后，西方国家已经开始反思消费社会产生的弊病。石油价格的大幅上涨，并波及其他能源，引起通货膨胀，使舆论在过去的十多年间注意到限制某些原料、反对浪费的必要性。西方国家的首脑几乎是以官方正规文件的形式向其国民敲响了消费社会的警钟。关注某些产品的最大耐用性，注重在一定维修条件下的最佳或者最短寿命，发展维修的有效服务（售后服务）也成为目前消费者政策以及消费者立法关注的焦点。[3]

　　就中国的消费者政策与消费者立法而言，改革开放初期，发展经济建设、满足人民群众日益增长的物质文化需要成为国家经济工作的重心，国家经济政策的制定以丰富物质财富为第一要务。这决定了消费者政策必须服从经济发展的总体需要。当消费者的权益与经营者的权益发生矛盾和冲突时，在政策上趋向于保护经营者的权益，民事合同也随之成为调整双方关系的基本法律依据。而随着改革的深入以及市场化程度的不断提高，消费者问题已经成为严重的社会问题，直接影响到经济的稳定和可持续发展。因此，政府制定了包括消费者保护在内的市场秩序监管政策。消费者保护的重点集中于民生安全，产品质量，食品、药品的质量、安全、卫生，

第十五章

---

〔1〕　张为华：《美国消费者保护法》，中国法制出版社 2000 年版，第 5 页。

〔2〕　张为华：《美国消费者保护法》，中国法制出版社 2000 年版。

〔3〕　[法] 热拉尔·卡：《消费者权益保护》，姜伊群译，商务印书馆 1997 年版，第 2 页。

商品的标识等方面。与此相应，自1985年起，我国先后颁布了《计量法》《标准化法》《产品质量法》《反不正当竞争法》《消费者权益保护法》《食品安全法》等法律法规，初步形成了消费者权益保护的法律体系。可以预见，随着经济结构的转型，中国的消费者政策将继续朝着有利于社会经济可持续发展的方向做出调整。

三、消费者保护法及其理念

（一）消费者保护法的概念

消费者保护法是指国家为了维护社会的实质正义和公平对处于弱者地位的消费者予以特别保护而制定的法律规范的总称。从消费者运动产生及发展的过程可以看出，由于消费者运动在市场经济发展的不同时期具有不同的目标，作为消费者运动产物的消费者保护立法也随之发展，逐渐成为一个体系。因此消费者保护法的概念可以从狭义和广义两个方面解释。狭义的消费者保护法仅指保护消费者权益的基本法，例如日本的《保护消费者基本法》（1986）、我国的《消费者权益保护法》（1993）。广义的消费者保护法是指所有关于消费者权益保护的法律。在这个意义上，消费者保护法可以分为三个层次：第一个层次是消费者保护的基本法；第二个层次是某一专门领域的保护消费者法律，例如美国的《纯净食品和药品法》和《肉类检查法》，日本的《访问交易法》和《分期付款销售法》，我国的《产品质量法》《食品安全法》《计量法》《标准化法》等；第三个层次是散见于其他经济法律法规中的保护消费者条款以及其他间接起到保护消费者作用的法律，在这方面，最为典型的是《反垄断法》及《反不正当竞争法》。也正是从广义的角度，学术界普遍认为，美国的谢尔曼反托拉斯法是世界上最早的消费者保护立法。

（二）消费者保护法的调整对象

消费者保护法的调整对象包括所有以保护消费者权益为目的的活动所产生的经济关系。这些经济关系可以划分为以下类型：国家（政府）与经营者之间的关系，即为了保护消费者而产生的政府监管机构与经营者之间的监管与被监管关系；国家（政府）与消费者之间的关系，即政府监管机构在为消费者提供指导、服务以及保护消费者权益过程中产生的政府与消费者之间的关系；消费者与经营者之间的关系，即在消费者保护法的框架内产生的消费者与经营者之间的法定权利与义务关系。可以说，消费者保护法是以消费者权益保护为核心、对销售者和生产者的行为予以管理的法，是经济法的重要组成部分。

（三）消费者保护法的基本理念

在自给自足的自然经济条件下，生产者与消费者基本上合二为一，不存在单纯的消费利益，也不会产生消费者阶层，因此不具备产生经营者与消费者之间固有矛盾的社会基础。至自由竞争资本主义时期，虽然分化出了生产者和消费者，但受经济发展水平所限，消费者与经营者基本上能够处于一个相对平等的地位，法律也宣扬平等地保护商品关系的参加者，消费者的利益在合同法的框架内得到保护，其与经营者的矛盾冲突尚不激烈，在整个社会中消费者也未以弱势群体的形象出现。当资本主义社会进入垄断阶段后，垄断组织和大型企业的迅速发展在给社会创造巨大财富的同时，也利用自己在经济上的优势地位强制消费者，而单个的消费者在与这些垄断组织和企业的较量中很难获胜，经济实力上的悬殊以及信息的不对称使消费者与生产经营者的地位越来越不平等。此时，在意思自治基础上建立起来的契约关系不仅不能协调双方之间的关系，反而被具有强势地位的一方所利用，受到损害的消费者处于求告无门的境地。

鉴于此，平等、意思自治的传统法律调整理念在消费者运动中被彻底抛弃。在承认消费者与经营者之间不平等地位的基础上，法律以消费者整体利益的保护为出发点，重新审视并确立了消费者与经营者之间的权利义务关系，以期缓和两者之间的利益冲突，并使两者间严重失衡的关系重新走向平衡，从而保障和维护市场经济秩序。以此为基本理念，国家和政府积极地介入了对消费者与经营者关系的调整，以法律形式确认消费者的权利，结合本国的实际情况，对消费者实行特别保护，对生产者和经营者的行为实行监管，对侵害消费者合法权益的生产者和经营者，突破单纯民事补偿的救济方式，采用行政、民事、刑事相结合的手段追究其法律责任。

第二节　消费者权益保护法律制度

于消费者保护法的基本理念，消费者保护的基本法以消费者权益的保护为核心，在重新构建消费者与经营者权利义务关系的基础上，建立起包括消费争议的解决及经营者责任在内的消费者权益保护制度。这些制度充分考虑到消费者与经营者之间的不平等地位，突出了对消费者的特殊保护。

一、消费者与经营者的界定

（一）消费者

根据我国《消费者权益保护法》的规定，消费者是为生活消费需要购买、使用商品或接受服务的个人。因此，法律意义上的消费者是由国家确定其法律地位并保护其特定权利的主体。从国内外学术界的研究看，法律意义上的消费者应当具备以下特征：①消费者消费活动的目的是生活消费需要。所谓消费是指购买商品或接受服务不是为了经营，不是为了将购买的标的再次投入流通领域并从中赚取买卖差价。因此消费者的消费活动被限制在生活消费的范围内。《消费者权益保护法》明确规定，除农民购买、使用直接用于农业生产的生产资料之外，生产消费不在该法调整的范围之内。②消费者仅限于自然人。有一种观点认为，消费者不限于自然人，还包括单位或法人。但从消费者保护法理念的角度看，由于单位或法人有足够的能力与经营者相抗衡，在相关的交易关系中不存在强弱差别，因此无需对其予以特殊保护。对此，国际上已基本达成共识。例如，国际标准化组织消费者政策委员会在1978年5月的首届年会上便将消费者定义为"以个人消费为目的而购买或使用商品或服务的个体社会成员"。[1]③消费者的消费客体包括商品和服务，消费者的消费活动表现为购买、使用商品或接受服务。在中国，消费者界定涉及的一个难点是购买动机或购买心理问题。购买动机或购买心理是不是判断消费者的依据？这一问题的讨论来自我国《消费者权益保护法》颁行后曾出现的一类"特殊的消费者"——"知假买假者"。讨论中形成了两种对立的观点。一种观点认为，"知假买假者"或"疑假买假者"购买假货的目的仅是为了获得惩罚性赔偿，而不是将假货再次投入流通领域，转手倒卖，因此，他们不具备经营者的实质，由此推出，他们只能是消费者。另一种观点则主张，"知假买假者"是自愿买假，不是受到经营者欺诈的结果，因此，他们不属于《消费者权益保护法》中保护的消费者。本教材认为，由于消费者问题产生的背景是经营者的强大及滥权对消费者及市场经济秩序的损害，因此消费者问题的本质就是对抗经营者，对处于弱势的消费者提供特殊救济。由此出发，购买商品时的主观心理状态在一般情况下不应成为判断消费者的依据。至于"知假买假者"，由于是特定社会经济情况下产生的非常规现象，因此认定该行为性质的出发点应当是国家消费政策以及消费者保护法的立法宗旨或理念，重点应当考察该行为的结果对消费者保护秩序的影响，即判断的关键在于立法政策选择，而不在于一般法理解释。

在我国司法实践中，2013年12月最高人民法院发布了《关于审理食品药品纠纷案件适用法律若干问题的规定》，该规定第3条指出："因食品、药品质量问题发生纠纷，购买者向生产者、销售者主张权利，生产者、销售者以购买者明知食品、药品存在质量问题而仍然购买为由进行抗辩的，人民法院不予支持。"2017年，最高人民法院在《对十二届全国人大五次会议第5990号建议的答复意见》中指出，职业打假人自出现以来，对于增强消费者的权利意识，鼓励百姓运用惩罚性赔偿机制打假，打击经营者的违法侵权行为产生了一定积极作用，但就现阶段情况看，职业打假人群体及其引发的诉讼出现了许多新的发展和变化，其负面影响日益凸显，我们认为不宜将食药纠纷的特殊政策推广适用到所有消费者保护领域，目前可以考虑在除购买食品、药品之外的情形，逐步限制职业打假人的牟利性打假行为。上述表明，在消费者权益保护制度不断完善的今天，基于"知假买假者"或者"职业打假人"行为对消费者保护法律秩序的负面影响，立法对其在总体上持否定态度。

（二）经营者

根据我国《消费者权益保护法》的规定，经营者是为消费者提供其生产、销售的商品或者提供服务的法人、自然人和其他经济组织。作为与消费者相对应的法律概念，经营者行为的目的在于营利而向消费者提供商品或者服务。从经济活动过程的角度，经营者包括生产者和销售者，前者处在生产领域中，是从事生产活动的主体；后者处于流通领域中，是从事流通活动的主体。

---

[1] 转引自张严方：《消费者保护法研究》，法律出版社2003年版，第119页。

不同于传统法律的是，尽管是一对当事人，但消费者保护法中的经营者与消费者不是平等交易关系中的当事人。由于经营者行为的负外部性，在消费者保护法框架下，经营者被预先设定为强势群体，其经营行为是政府监管的对象，消费者保护法在划定消费者受保护范围的同时，通过着力规范经营者的行为，最终实现其调整目标。

二、消费者的权利与经营者的义务

承认消费者和经营者之间在资源及信息占有上的不平等，以消费者权利保护为核心重新构建两者之间的权利义务关系，是消费者保护法的基本出发点。因此，与一般民事合同关系不同，消费法律关系主体的权利义务是不对应的，立法偏重经营者法定义务的规定，学界认为，这不仅是消费者保护法权利义务体系的基础及典型特征，也是企业社会责任的一种体现。

（一）消费者的权利

消费者权利是基于消费者这一特定身份而确定并建立起来的一种价值体系。伴随着消费者运动的兴起，"消费者主义""消费权利"等思想深入人心，消费者权利逐渐形成并日渐成熟，这种权利的设定体现了法律对作为弱者的消费者特殊保护的意图。

1962 年 3 月 15 日，美国总统肯尼迪向美国国会提出了"关于保护消费者利益的总统特别国情咨文"，首次概括了消费者的四项权利：消费者有权获得商品的安全保障（安全权）、有权获得了解商品的权利（知情权）、有权自由选择商品（选择权）、有权就消费事务提出意见（建议权）。基于这项特别国情咨文的特殊意义，1983 年国际消费者组织联盟做出决定，将每年的 3 月 15 日定为"国际消费者权益日"，消费者的权利得到了全世界的公认。在上述四项权利的基础上，1969 年美国总统尼克松提出，消费者在其财产或者人身遭到损害时，有要求获得适当赔偿的权利（索赔权）。1975 年美国总统福特提出消费者应当享有接受消费教育的权利，上述权利的提出使消费者权利体系进一步完善。

1979 年，消费者运动的国际协调机构 CI（Consumers International）提出，包括发展中国家在内，世界上所有的消费者都拥有 8 项权利：生活的基本需求得到保障的权利、安全的权利、知情的权利、选择的权利、被倾听的权利、接受赔偿的权利、接受消费者教育的权利、在健全的环境中工作生活的权利。[1]

根据我国《消费者权益保护法》的规定，消费者享有以下权利：安全权、知悉真情权、自由选择权、公平交易权、依法求偿权、依法结社权、获得消费及其权益保护知识权、人格尊严权、个人信息受保护权、监督权等。

---

〔1〕　[日]铃木深雪：《消费生活论——消费者政策》，张倩、高重迎译，中国社会科学出版社 2004 年版，第 21 页。

（二）经营者的义务

为了实现对消费者权利的特别保护，消费者保护法注重对经营者义务的规定。就我国情况看，强化对经营者义务的规定成为2013年我国《消费者权益保护法》修订的一个重点。归纳该法第16~29条的规定，经营者应当承担以下义务：

1. 依法履行义务，恪守商业道德。根据《消费者权益保护法》第16条的规定，经营者向消费者提供商品或者服务，应当依照《消费者权益保护法》及其他相关法律法规的规定履行义务；在双方约定不违反法律、法规规定的前提下，经营者应当按照约定履行义务。经营者向消费者提供商品或者服务，应当恪守商业道德，诚信经营，保障消费者合法权益；不得设定不公平、不合理的交易条件，不得强制交易。

2. 听取意见和接受监督。根据《消费者权益保护法》第17条的规定，经营者应当听取消费者对其提供的商品或者服务的意见，接受消费者的监督。

3. 保证提供的商品或服务符合保障人身、财产安全的要求。根据《消费者权益保护法》第18条、19条的规定，①经营者应当保证其提供的商品或者服务符合保障人身、财产安全的要求。对可能危及人身、财产安全的商品和服务，应当向消费者作出真实的说明和明确的警示，并说明和标明正确使用商品或者接受服务的方法以及防止危害发生的方法。②宾馆、商场、餐馆、银行、机场、车站、港口、影剧院等经营场所的经营者，应当对消费者尽到安全保障义务。③经营者发现其提供的商品或者服务存在缺陷，有危及人身、财产安全危险的应当立即向有关行政部门报告和告知消费者，并采取停止销售、警示、召回、无害化处理、销毁、停止生产或者服务等措施。采取召回措施时，经营者应当承担消费者因商品被召回支出的必要费用。

4. 提供商品或服务的真实信息。根据《消费者权益保护法》第20条的规定，①经营者向消费者提供有关商品或者服务的质量、性能、用途、有效期限等信息，应当真实、全面，不得作虚假或者引人误解的宣传。②经营者对消费者就其提供的商品或者服务的质量和使用方法等问题提出的询问，应当作出真实、明确的答复。③经营者提供商品或者服务应当明码标价。

5. 提供真实姓名或者名称。根据《消费者权益保护法》第21条、第28条的规定：①经营者应当标明其真实名称和标记。租赁他人柜台或者场地的经营者，应当标明其真实名称和标记。②采用网络、电视、电话、邮购等方式提供商品或者服务的经营者，以及提供证券、保险、银行等金融服务的经营者，应当向消费者提供经营地址、联系方式、食品或者服务的数量和质量、价款或者费用、履行期限和方式、安全注意事项和风险警示、售后服务、民事责任等信息。

6. 依法出具相应的凭证和单据。根据《消费者权益保护法》第22条的规定，经营者提供商品或者服务，应当按照国家有关规定或者商业惯例向消费者出具发票等购货凭证或者服务单据；在消费者索要时，经营者必须出具。

7. 提供符合要求的商品和服务。根据《消费者权益保护法》第23条的规定，

①除消费者购买商品或者接受服务前已经知道其存在瑕疵，且存在该瑕疵不违反法律强制性规定的以外，经营者应当保证在正常使用商品或者接受服务的情况下其提供的商品或者服务应当具有的质量、性能、用途和有效期限。②经营者以广告、产品说明、实物样品或者其他方式表明商品或者服务的质量状况的，应当保证其提供的商品或者服务的实际质量与表明的质量状况相符。③经营者提供的机动车、计算机、电视机、电冰箱、空调器、洗衣机等耐用商品或者装饰装修等服务，消费者自接受商品或者服务之日起六个月内发现瑕疵，发生争议的，由经营者承担有关瑕疵的举证责任。

8. 依法接受退、换货。根据《消费者权益保护法》第 24 条、25 条的规定，①经营者提供的商品或者服务不符合质量要求的，消费者可以依照国家规定、当事人约定退货，或者要求经营者履行更换、修理等义务。没有国家规定和当事人约定的，消费者可以自收到商品之日起七日内退货；七日后符合法定解除合同条件的，消费者可以及时退货，不符合法定解除合同条件的，可以要求经营者履行更换、修理等义务。依照上述规定进行退货、更换、修理的，经营者应当承担运输等必要费用。②经营者采用网络、电视、电话、邮购等方式销售商品，消费者有权自收到商品之日起七日内退货，且无需说明理由，但下列商品除外：消费者定作的；鲜活易腐的；在线下载或者消费者拆封的音像制品、计算机软件等数字化商品；交付的报纸、期刊。除上述所列商品外，其他根据商品性质并经消费者在购买时确认不宜退货的商品，不适用无理由退货。消费者退货的商品应当完好。经营者应当自收到退回商品之日起七日内返还消费者支付的商品价款。退回商品的费用由消费者承担；经营者和消费者另有约定的，按照约定。

9. 依法使用格式条款。根据《消费者权益保护法》第 26 条的规定，①经营者在经营活动中使用格式条款的，应当以显著方式提请消费者注意商品或者服务的数量和质量、价款或者费用、履行期限和方式、安全注意事项和风险警示、售后服务、民事责任等与消费者有重大利害关系的内容，并按照消费者的要求予以说明。②经营者不得以格式条款、通知、声明、店堂告示等方式作出排除或者限制消费者权利、减轻或者免除经营者责任、加重消费者责任等对消费者不公平、不合理的规定，不得利用格式条款并借助技术手段强制交易。③格式条款、通知、声明、店堂告示等含有上述所列内容的，其内容无效。

10. 不得侵犯消费者人格权、人身自由权。《消费者权益保护法》第 27 条规定，经营者不得对消费者进行侮辱、诽谤，不得搜查消费者的身体及其携带的物品，不得侵犯消费者的人身自由。

11. 依法收集和使用信息。根据《消费者权益保护法》第 29 条的规定，①经营者收集、使用消费者个人信息，应当遵循合法、正当、必要的原则，明示收集、使用信息的目的、方式和范围，并经消费者同意。经营者收集、使用消费者个人信息，应当公开其收集、使用规则，不得违反法律、法规的规定和双方的约定收集、使用

第十五章

信息。②经营者及其工作人员对收集的消费者个人信息必须严格保密，不得泄露、出售或者非法向他人提供。经营者应当采取技术措施和其他必要措施，确保信息安全，防止消费者个人信息泄露、丢失。在发生或者可能发生信息泄露、丢失的情况时，应当立即采取补救措施。③经营者未经消费者同意或者请求，或者消费者明确表示拒绝的，不得向其发送商业信息。

三、消费争议的解决与经营者的责任

在确定消费者权利及经营者义务的基础上，消费者保护法从消费争议的解决及经营者责任两个角度构建起消费者权利保护具体制度。其中，消费者争议解决途径的制度设计除沿用传统民商法的和解、仲裁、诉讼等方式外，最有特色的是消费者协会在争议解决中的地位和作用。而在经营者责任制度设计中，立法者充分考虑到消费者与经营者之间的不平等地位，从责任主体的确定、不同性质责任形式的综合使用等方面，突出了对消费者的特殊保护。

（一）消费争议的解决途径

1. 与经营者协商和解。在现实生活中，当消费者的合法权益受到侵害时，通常先与经营者进行交涉，因此，与经营者协商和解是最常采用的方式，也是解决此类纠纷最基本的途径。

2. 请求消费者协会或者依法成立的其他调解组织调解。与传统民事纠纷的解决不同，消费者组织在消费争议的解决中扮演了重要的角色。如前所述，消费者组织是伴随着消费者运动的兴起而产生的一种社会组织，它由消费者自愿组织，以保护消费者为宗旨进行活动，代表消费者阶层与经营者相抗衡。因此，与承担维护市场秩序、保护消费者及其利益的国家行政机关不同，消费者组织在本质上是一个民间组织。由于消费者组织在保护消费者权益中的重要作用，我国《消费者权益保护法》规定，消费者协会和其他消费者组织是依法成立的对商品和服务进行社会监督的保护消费者合法权益的社会组织。根据《消费者权益保护法》的规定，消费者协会除履行向消费者提供消费信息和咨询服务、参与制定有关消费者权益的法律法规以及规章和强制性标准、参与有关行政部门对商品和服务的监督及检查、就有关消费者合法权益的问题向有关部门反映、查询、提出建议、对损害消费者合法权益的行为通过大众传播媒介予以揭露和批评等公益性职责之外，按照自愿原则，还有权受理消费者投诉，并对投诉事项进行调查和调解，当投诉事项涉及商品和服务质量问题时，可以委托具备资格的鉴定人鉴定，同时，就损害消费者合法权益的行为，消费者协会有权支持受损害的消费者提起诉讼或者依照《消费者权益保护法》的规定提起诉讼。

3. 向有关行政部门投诉。向有关行政部门投诉属于行政保护的范畴。行政保护是由行政机关通过行政执法和监督活动对消费者进行的保护。行政保护的特点是专业性、及时性和灵活性。一方面，行政机关通过制定实施细则和具体办法，使保护消费者的法律更具操作性；另一方面，行政机关具有一定范围的执法权，可以通过

行政处罚等措施制裁侵害消费者利益的行为，通过行政调解、行政裁决等方式解决消费纠纷，以维护交易双方的利益平衡。在我国，市场监督管理部门是综合性行政经济监督管理机关，凡是发生在消费领域的消费纠纷，消费者都可以向市场监督管理部门申诉。如果需要其他有关行政部门协助处理的，有关部门应予以配合，如物价管理机关、技术监督机关、卫生监督机关、生态环境部都有权配合市场监督管理部门就消费者的有关投诉予以处理。行政部门在处理消费纠纷时采用的具体方式有行政调解、行政命令、行政处分、行政处罚等。

4. 根据仲裁协议提起仲裁。如果消费者与经营者在建立消费关系时事先约定了仲裁条款，则双方一旦发生纠纷即可依据该条款提起仲裁。相对于诉讼而言，仲裁程序简便、结案快、成本低，尤其适用于数额较小的消费争议。同时，仲裁审理不公开进行，有利于保护经营者的商业秘密，维护其商业形象，因此，经营者也愿意选择此种争议解决方式。根据我国法律，纠纷双方一旦选择仲裁即不得就争议再提起诉讼，如果当事人认为仲裁机关的裁决确有错误，可以对仲裁机关提起行政诉讼。

5. 向人民法院提起诉讼。这是指消费者通过向法院起诉解决消费争议。与其他解决争议的方式相比，诉讼由法院代表国家行使审判权，其判决具有国家强制力，因此毫无疑问是解决消费争议最有力度的途径。但诉讼解决消费争议也存在明显不足：①如果经营者侵害消费者利益的现象比较普遍，通过诉讼来解决纠纷不仅成本太高，而且法院也将不堪重负；②消费者在诉讼中要支出各种成本，相对于诉讼金额及获得的赔偿额，有时得不偿失。基于上述，为降低诉讼成本，尽可能发挥诉讼在解决消费争议方面的作用，使消费者权益保护落到实处，我国在2012年修订的《民事诉讼法》中规定了消费公益诉讼制度以及小额诉讼制度；在2013年修订的《消费者权益保护法》中规定，对侵害众多消费者合法权益的行为，中国消费者协会以及在省、自治区、直辖市设立的消费者协会，可以向人民法院提起诉讼；在2017年修订的《民事诉讼法》中规定，人民检察院在履行职责中发现食品药品安全领域侵害众多消费者合法权益的损害社会公共利益的行为，在法律规定的有权起诉的组织不提起诉讼的情况下可以向人民法院提起诉讼，有起诉权的组织提起诉讼的，人民检察院可以支持起诉。此外，2016年发布的《最高人民法院关于审理消费民事公益诉讼案件适用法律若干问题的解释》对以下问题作出了规定：①消费民事公益诉讼案件的起诉主体为：中国消费者协会，省、自治区、直辖市设立的消费者协会，法律规定或者全国人大及其常委会授权的机关和社会组织。②提起消费民事公益诉讼应当提交下列材料：符合《民事诉讼法》第121条规定的起诉状，并按照被告人数提交副本；被告的行为侵害众多不特定消费者合法权益或者具有危及消费者人身、财产安全危险等损害社会公共利益的初步证据；消费者组织就涉诉事项已按照《消费者权益保护法》第37条第四项或者第五项的规定履行公益性职责的证明材料。③消费民事公益诉讼案件的管辖：公益诉讼案件由侵权行为地、被告住所地中级人民法院管辖；经最高人民法院批准，高级人民法院可以根据本辖区实际情况，在辖区内确定部分中级人民法院受理第一审消费民事公益诉讼案件。④消费民事公益诉讼与私益诉讼的关系：公益诉讼的审理不影响实际受害人另行提起私益诉讼，私益诉讼的原告请求适用公益诉讼裁判的，法院可以准许，但被告有相反证据足以推翻的除外。

（二）经营者的责任

1. 责任主体。在一般的民事关系中，侵权行为人即为责任主体。而在现代消费法律关系中，消费者直接面对的销售者并不一定是侵害消费者权益的行为人；同时，在一些特殊的经营情况下，例如企业合并或分立、租赁经营等，经营者的身份经常会发生转换而难以识别。所有这些，都会由于经营者处于强势地位而导致消费者受到损害时难以找到责任承担者。因此，为使消费者的保护落到实处，我国《消费者权益保护法》结合实际情况作出以下规定：

（1）销售者先行承担责任原则。即消费者在购买、使用商品时，其合法权益受到侵害的，可以向销售者要求赔偿，属于生产者的责任或属于向销售者提供商品的其他销售者的责任的，销售者有权向生产者或其他销售者追偿。

（2）生产者与销售者之间的连带责任。消费者或者其他受害人因商品缺陷造成人身、财产损害的，可以向销售者或者生产者要求赔偿。之后，按照实际责任的认定，承担责任的销售者或生产者有权向应当承担责任的生产者或销售者追偿。

（3）在侵权企业分立、合并的情况下，责任主体为变更后承受原企业权利义务的企业。根据相关法律的规定，企业分立或合并后，其权利义务由变更后的企业享有和承担。企业因侵权产生的损害赔偿义务是企业分立、合并后应该承受的义务之一，因此，变更后的企业成为承担责任的主体。

（4）使用他人营业执照的违法经营者与营业执照持有人之间的连带责任。依据我国有关法律的规定，将营业执照出租、出借、转让、出卖给他人使用的，均属违法行为，通过上述途径使用他人营业执照进行经营的，属于违法经营者，其提供商品或者服务损害消费者合法权益的，与营业执照持有人一起构成共同侵权，均要向消费者承担赔偿责任，为方便消费者索赔，消费者可以选择向使用他人营业执照的违法经营者要求赔偿，或者向营业执照持有人要求赔偿。

（5）消费者在展销会、租赁柜台购买商品或接受服务受到损害的，销售者或服务者是责任主体。展销会结束或租赁柜台期满后，为方便消费者维护其合法权益，消费者可以向销售者、服务者、展销会的举办者和柜台的出租者要求赔偿，展销会的举办者和柜台的出租者赔偿后，有权向销售者或者服务者追偿。

（6）消费者通过网络交易平台购买商品或者服务，其合法权益受到损害的，责任主体是销售者或者服务者，但当网络交易平台提供者不能提供销售者或者服务者的真实名称、地址和有效联系方式的，消费者可以向销售者、服务者、网络交易平台提供者要求赔偿；网络交易平台提供者作出更有利于消费者的承诺时，应当履行承诺。网络交易平台提供者赔偿后，有权向销售者或者服务者追偿。

（7）网络交易平台提供者的连带责任。网络交易平台提供者明知或者应知销售

第十五章

者或者服务者利用其平台侵害消费者合法权益，未采取必要措施的，依法与该销售者或者服务者承担连带责任。

（8）侵害消费者合法权益行为的发生与虚假广告或者其他虚假宣传行为有关时，首先，责任主体是利用虚假广告或者其他虚假宣传方式提供商品或者服务的经营者，但广告经营者、发布者不能提供经营者的真实名称、地址和有效联系方式的，应当承担赔偿责任。其次，广告经营者、发布者发布虚假广告的，消费者可以请求行政主管部门予以惩处。再次，广告经营者、发布者设计、制作、发布关系消费者生命健康商品或者服务的虚假广告，造成消费者损害的，应当与提供该商品或者服务的经营者承担连带责任。最后，社会团体或者其他组织、个人在关系消费者生命健康商品或者服务的虚假广告或者其他虚假宣传中向消费者推荐商品或者服务，造成消费者损害的，应当与提供该商品或者服务的经营者承担连带责任。

2. 责任形式。我国《消费者权益保护法》规定的责任是一个由民事、行政以及刑事等不同性质的责任形式构成的体系。

（1）民事责任。①与其他相关法律、法规的衔接。《消费者权益保护法》规定，经营者提供商品或者服务有下列情形之一的，除《消费者权益保护法》另有规定外，应当依照其他有关法律法规的规定承担民事责任：商品或者服务存在缺陷；不具备商品的使用性能而出售时又未作说明；不符合在商品或者其包装上注明采用的商品标准；商品质量不符合以商品说明、实物样品等方式表明的质量状况；生产国家明令淘汰的商品或销售变质、失效的商品；销售商品的数量不足；服务内容和费用违反约定；对消费者提出的修理、重作、更换、退货、补足商品数量、退还货款和服务费用或赔偿损失的要求，故意拖延或无理拒绝。此外，经营者对消费者未尽到安全保障义务，造成消费者损害的，应当承担侵权责任。②《消费者权益保护法》对民事责任的特别规定。其一，造成消费者或者其他受害人人身伤害、残疾、死亡的民事责任。经营者提供的商品或者服务造成消费者和其他受害人人身伤害的，承担损害赔偿的范围包括医疗费、护理费、交通费等为治疗和康复支出的合理费用，以及因误工减少的收入；造成残疾的，还应当赔偿残疾生活辅助具费和残疾赔偿金；造成死亡的，还应当支付丧葬费和死亡赔偿金。其二，侵害消费者人身权益的民事责任。对于侵害消费者人格尊严、侵犯消费者人身自由或者消费者个人信息依法得到保护的权利的，承担责任的形式包括停止侵害、恢复名誉、消除影响、赔礼道歉，并赔偿损失。其三，精神损害赔偿。经营者有侮辱诽谤、搜查身体、侵犯人身自由等侵害消费者或者其他受害人人身权益的行为，造成严重精神损害的，受害者可以要求精神损害赔偿。其四，造成消费者财产损害的民事责任。经营者提供商品或者服务造成消费者财产损害的，应当按照法律规定或者当事人约定承担修理、重作、更换、退货、补足商品数量、退还货款和服务费用或者赔偿损失等民事责任。其五，以预收款方式经营时违约的民事责任。经营者以预收款方式提供商品或者服务，未按照约定提供的，应当按照消费者的要求履行约定或者退回预付款，并承担预付款

第
十
五
章

的利息、消费者必须支付的合理费用。其六，依法被认定为不合格商品的退货责任。依法经有关行政部门认定为不合格的商品，消费者要求退货的，经营者应当负责退货。其七，惩罚性赔偿。惩罚性赔偿是《消费者权益保护法》民事责任规定的最具特色之处。根据《消费者权益保护法》第 55 条，首先，经营者提供商品或者服务有欺诈行为的，应当按照消费者的要求增加赔偿其受到的损失，增加赔偿的金额为消费者购买商品的价款或者接受服务的费用的 3 倍；增加赔偿的金额不足 500 元的，为 500 元，法律另有规定的，依照其规定。其次，经营者明知商品或者服务存在缺陷仍向消费者提供，造成消费者或者其他受害人死亡或者健康严重损害的，受害人有权要求经营者按照《消费者权益保护法》关于人身伤害损害赔偿及精神损害赔偿的规定赔偿损失，并有权要求所受损失 2 倍以下的惩罚性赔偿。上述规定与传统民事责任和刑事责任不同。传统的民事责任强调对受害者的补偿功能，以恢复被侵害的民事权利为目的，通常不具有惩罚性；传统的刑事责任强调对犯罪的惩戒，不强调对受害者的补偿功能，即便有惩罚性损害赔偿措施，在适用时也要考虑加害人的主观恶意和道德风险。而《消费者权益保护法》的惩罚性赔偿制度同时贯穿了补偿与惩罚两种意图，在强调弥补受害者损失的同时，注重对加害者的惩罚。在我国，惩罚性赔偿制度还有一个立法意图，即鼓励和调动消费者与欺诈行为和假货作斗争的积极性，发挥消费者自身在保护其权益中的作用。

（2）行政责任。根据《消费者权益保护法》的规定，经营者承担行政责任的情形有：提供的商品或者服务不符合保障人身、财产安全要求；在商品中掺杂、掺假，以假充真、以次充好，或以不合格商品冒充合格商品；生产国家明令淘汰的商品或销售失效、变质的商品；伪造商品产地、伪造或冒用他人的厂名或厂址、篡改生产日期、伪造或冒用认证标志等质量标志；销售的商品应当检验、检疫而未检验、检疫或者伪造检验、检疫结果；对商品或者服务作虚假或者引人误解的宣传；拒绝或者拖延有关行政部门责令对缺陷商品或者服务采取停止销售、警示、召回、无害化处理、销毁、停止生产或者服务等措施；对消费者提出的修理、重作、更换、退货、补足商品数量、退还货款和服务费用或赔偿损失的要求故意拖延或无理拒绝；侵害消费者人格尊严、侵犯消费者人身自由或者侵害消费者个人信息依法得到保护的权利，等等。具体责任形式有责令改正、警告、没收违法所得、罚款、责令停业整顿、吊销营业执照等。同时，处罚机关应当将处罚记入信用档案，向社会公布。经营者对行政处罚决定不服的，可以依法申请行政复议或者提起行政诉讼。此外，拒绝、阻碍有关行政部门工作人员依法执行职务，但未使用暴力、威胁方法的，由公安机关依照《治安管理处罚法》的规定处罚。

（3）刑事责任。根据《消费者权益保护法》的规定，经营者具有以下情形之一，构成犯罪的，依法追究刑事责任：经营者违反《消费者权益保护法》规定提供商品或者服务，侵害消费者合法权益，构成犯罪的；以暴力、威胁等方法阻碍有关行政部门工作人员依法执行职务的；国家机关工作人员玩忽职守或者包庇经营者侵害消费者合法权益的行为，情节严重，构成犯罪的。

第三节 产品质量法

工业化是新技术被不断运用于产品生产的过程。在这一过程中，一方面，随着生产力的发展和科学技术的进步，新产品给消费者带来舒适和方便，但与此同时，由于生产者与消费者之间信息的不对称，消费者无法评估新产品可能存在的质量缺陷及其可能给人类带来的损害。这毫无疑问给消费者的财产和生命安全带来了威胁。另一方面，消费者的弱势地位、激烈的市场竞争有可能迫使或诱使经营者违背其应承担的社会责任，违反其应履行的义务，通过制售假冒伪劣产品侵害消费者的权益。因此，以统一的产品质量法（也可简称"产品法"）对生产者的行为进行监管，通过产品质量监督管理制度以及生产者和销售者产品质量义务和责任的规定对经营者责任予以明确，是除基本法之外对消费者进行保护的重要制度安排。

一、产品质量法意义上的产品

在通常意义上，产品是指人类劳动所创造出来的具有价值和使用价值的物品。随着科学技术在生产中的运用，对产品概念范围的理解呈扩大趋势。其中，美国卡特勒教授对产品概念在广义上的理解最具有代表性：产品是指市场上提供的、满足人们各种消费欲望的所有实物、服务、人、场所、组织以及意见。[1]

从产品质量法的角度，产品范围的界定与生产者或经营者的产品质量法定义务的确定具有密切联系。由于事关消费者保护，因此产品范围界定在很大程度上又取决于一国的消费者政策。由于消费者政策的区别，不同国家对产品界定的范围也存在差异。例如，在美国，只要可以用于交易、消费的有价值的物品都属于产品法上的"产品"；在英国，其《消费者保护法》所规定的产品包括人工产品（制成品）与天然产品、动产与合并到不动产中去的动产、通常意义上的固定装置与附添的建筑物，此外还包括船舶、飞机等。[2]我国《产品质量法》规定，产品是指经过加工、制作，用于销售的产品。但建设工程、军工产品不适用《产品质量法》的规定。由此可见：①我国法律认为建设工程、军工产品属于广义的产品法意义上的产品，仅由于其特殊性需要另行制定专门法律调整；②未经加工天然形成的物品、未经加工的初级农产品没有被列入产品质量的范围。

因此从总体上看，各国产品法对产品的界定存在着以下分歧：

1. 产品法上的产品是否仅限于经过加工的物品？一般意义上，人的加工是产品存在质量问题的重要原因，因此经过加工的物品无可争议的成为产品法上的产品。自然形成未经任何人工加工的天然物品是不是产品法上的产品，则主要取决于国家

---

〔1〕 转引自刘静：《产品责任论》，中国政法大学出版社2000年版，第107页。
〔2〕 赵相林、曹俊主编：《国际产品责任法》，中国政法大学出版社2000年版，第49页。

的消费者政策。在消费者政策偏重保护消费者的国家，尽管不存在生产者或制造者，天然物品也可以由于存在直接的销售者和最终的使用者而被认定为产品，此时，销售者就应当对消费者的损害承担责任，例如，1973 年在海牙订立的《关于产品责任适用法律的公约》将天然产品界定为产品。此外，还有一类比较特殊的物品——农产品。农产品是介于工业品与天然产品之间的一类产品，其形成过程既有人为因素，也有天然因素，因此，各国对其持不同态度。例如，除卢森堡外大多数欧共体成员国对初级农产品和猎物做了排除，但何谓初级农产品却未形成共识，英国 1987 年《消费者保护法》将农产品限定为种植业、畜牧业和水产业的产品。通常的做法是将其有条件地排除在产品法的调整范围之外。另外，即使将其纳入产品的范围，也不适用严格责任原则。

2. 不动产是否被排除在产品法上的产品之外？各国的产品法一般都肯定动产属于产品的范畴，但对于不动产却有不同认识。例如，德国、英国、丹麦、挪威等国的产品法均认定不动产不属于产品的范畴，但美国却认为产品包括动产但却不限于动产。由于现代社会人们对于动产与不动产认识的变化，动产与不动产的界限并非一成不变，因而产品的范围可能会延伸到不动产。

3. 产品法上的产品是否包含无形产品？无形产品是可以感知但又触及不到的一种客观存在，这类特殊产品能否列入产品法上产品的范围，要视具体情况而定。例如，英国相关法律及《欧洲共同体产品责任指令》认为电属于产品，但诸如声、光、波、热、磁等却不在产品法上的产品之列。对于智力产品可否作为产品法上的产品，各国立法均未明确规定，司法实践的差异也很大。欧洲大部分国家倾向于认为智力产品不属于产品法上的产品的范围，不适用严格责任，而美国的做法在大多数情况下却正好相反。

二、产品质量的监督管理

在许多发达国家，由于市场经济体制非常完善，依靠有序的市场秩序和良性的市场竞争可以促使生产者提高产品质量，因此其产品法只规定产品责任，而不涉及产品质量监督管理。但我国的情况则不同。由于处于经济转型时期，市场机制不健全不仅使无序竞争、假冒伪劣产品猖獗，而且单靠市场的力量难以取得优胜劣汰的效果，因此，政府监管对产品质量的控制至关重要。基于此，我国产品质量法包含了产品质量监管以及产品责任两方面的内容，基本法也因此称为"产品质量法"，而不是"产品责任法"。

根据我国《产品质量法》的规定，产品质量监督管理制度是国务院产品质量监督管理部门以及县级以上地方产品质量监督部门依法定职权对产品质量进行监督管理的制度，包括产品质量检验制度、企业质量体系认证制度、产品质量认证制度以及产品质量监督检查制度。应当说明，2018 年 3 月 13 日，根据国务院总理李克强提请第十三届全国人民代表大会第一次会议审议的国务院机构改革方案的议案，我国组建国家市场监督管理总局。该议案提出，将国家工商行政管理总局的职责、国家质量监督检验检疫总局的职责、国家食品药品监督管理总局的职责、国家发展和改革委员会的价格监督检查与反垄断执法职责、商务部的经营者集中反垄断执法以及国务院反垄断委员会办公室等职责整合，组建国家市场监督管理总局，作为国务院直属机构。新组建的国家市场监督管理总局于3月21日正式成立。因此，目前产品质量监督管理职责由国家各级市场监督管理部门承担。

（一）产品质量检验制度

产品质量检验是按照国家标准、行业标准对产品质量进行检查验证的制度。产品质量检验是保证产品质量的基本制度，其核心在于质量检验标准的制定。《产品质量法》明确规定，产品质量应当检验合格，不得以不合格产品冒充合格产品。对可能危及人体健康和人身、财产安全的工业产品，必须符合保障人体健康和人身、财产安全的国家标准、行业标准；未制定国家标准、行业标准的，必须符合保障人体健康和人身、财产安全的要求。禁止生产和销售不符合保障人体健康和人身、财产安全的标准和要求的工业产品。

（二）企业质量体系认证制度

根据《产品质量法》的规定，企业质量体系认证制度是由国务院市场监督管理部门认可的或者国务院市场监督管理部门授权的部门认可的认证机构根据企业的申请，依据国际通用的质量管理标准，对企业的产品质量保证能力和质量管理水平进行全面审查，对于符合条件的企业颁发认证证书的活动。企业质量体系认证制度起源于工业发达国家。目前英、美、德、法、加拿大等国的企业质量体系认证制度处于世界先进水平。其中，英国是ISO9001～ISO9003等三个质量保证模式标准的主要起草国，美国是ISO9004标准的主要起草国。我国最先在广东、上海等经济发达地区的企业中推行《质量管理和质量保证》系列标准，随着《产品质量法》的颁布实施，企业质量体系认证制度在全国推广开来。我国企业质量体系认证实行自愿原则，目的在于鼓励和督促企业加强内部质量管理。

（三）产品质量认证制度

根据《产品质量法》的规定，产品质量认证制度是由国务院市场监督管理部门认可的或者国务院市场监督管理部门授权的部门认可的认证机构根据企业的申请，参照国际先进的产品标准和技术要求，通过颁发证书的形式以证明某一产品的质量符合规定的要求，并对其实施监督的制度。质量认证制度伴随消费者运动的兴起而产生，当假冒伪劣产品大行其道时，消费者希望有一个独立于经营者的公正的第三方对产品质量的可信度做出一个客观的评价，为消费者提供必要的产品信息指导。1903年英国工程标准委员会首创了世界第一个用于证明符合标准的产品质量认证标志——"BS"标志，又称"风筝标志"。经过一个多世纪的发展，实行产品质量认证制度已经是国际上的一种通行的做法。依照《产品质量法》的规定，我国根据自愿原则推行产品质量认证制度，经认证合格的，由认证机构颁发产品质量认证证书，准许企业在产品或者其包装上使用产品质量认证标志。产品质量认证机构应当依照国家规定对准许使用认证标志的产品进行认证后的跟踪检查，对不符合认证标准而使用认证标志的，要求其改正，情节严重的，取消其使用认证标志的资格。

（四）产品质量监督检查制度

根据我国《产品质量法》的规定，产品质量监督检查制度是以政府监管机关抽查为主要方式的了解产品的质量状况、督促生产者和销售者认真执行产品标准、从整体上提高产品质量的制度。该制度在本质上是国家机关行使公权力的主动行为，是政府机关履行市场监管职责的表现。我国《产品质量法》对产品质量监督检查制度作出了以下规定：

1. 国家对产品质量实行以抽查为主要方式的监督检查制度，对可能危及人体健康和人身、财产安全的产品，影响国计民生的重要工业产品以及消费者、有关组织反映有质量问题的产品进行抽查。抽查的样品应当在市场上或者企业成品仓库的待销产品中随机抽取。监督抽查工作由国务院市场监督管理部门规划和组织，县级以上地方市场监督管理部门在本行政区域内也可以组织监督抽查。但国家监督抽查的产品，地方不得另行重复抽查；上级监督抽查的产品，下级不得另行重复抽查。

2. 国家和地方市场监督管理部门根据抽查的需要可以对产品进行检验，检验抽取样品的数量不得超过检验的合理需要，并不得向被检查人收取检验费用，监督抽查所需检验费用按照国务院规定列支。生产者、销售者对抽样检验的结果有异议的，可以自收到检验结果之日起 15 日内向实施监督抽查的市场监督管理部门或者其上级部门申请复检，由受理复检的部门作出复检结论。

3. 对依法进行的产品质量监督检查，生产者、销售者不得拒绝。依法进行监督抽查的产品质量不合格的，由实施抽查的部门责令其生产者、销售者限期改正；逾期不改正的，由省级以上人民政府市场监督管理部门予以公告；公告后经复查仍不合格的，责令停业，限期整顿；整顿期满后经复查产品质量仍不合格的，吊销营业执照。监督抽查的产品有严重质量问题的，按照《产品质量法》的有关规定处罚。

4. 国务院和省、自治区、直辖市人民政府的市场监督管理部门应当定期发布其监督抽查的产品的质量状况公告。

除上述之外，为保证产品质量监督的公正性和权威性，《产品质量法》还规定，产品质量检验机构必须具备相应的检测条件和能力，经省级以上人民政府市场监督管理部门或者其授权的部门考核合格后方可承担产品质量检验工作；从事产品质量检验、认证的社会中介机构必须依法设立，不得与行政机关和其他国家机关存在隶属关系或者其他利益关系；产品质量检验机构、认证机构必须依法按照有关标准，客观、公正地出具检查结果或者认证证明。

为使产品质量监督得以顺利实施，并防止公权力的滥用，根据《产品质量法》的规定，县级以上市场监督管理部门根据已经取得的违法嫌疑证据或者举报，对涉嫌违反《产品质量法》规定的行为进行查处时，可以行使下列职权：对涉嫌从事违法生产、销售活动的场所实施现场检查；向当事人的法定代表人、主要负责人和其他有关人员调查、了解与涉嫌从事违法的生产、销售活动有关的情况；查阅、复制当事人有关的合同、发票、账簿以及其他有关资料；对有根据认为不符合保障人体健康和人身、财产安全的国家标准、行业标准的产品或者有其他严重质量问题的产品，以及直接用于生产、销售该项产品的原辅材料、包装物、生产工具，予以查封或者扣押。

三、产品责任制度

产品责任制度包括：生产者及销售者的产品质量义务；不履行义务产生的民事、行政及刑事责任。生产者及销售者的产品质量义务不是一般意义上的民事义务，而是为保护消费者而由法律直接规定的法定义务，因此该义务不与经营者权利对应。出于保护消费者的需要，产品责任不仅具有不同性质的责任组合的特点，而且民事责任的归责原则也比较特殊。

（一）生产者及销售者的产品质量义务

1. 生产者的产品质量义务。根据我国《产品质量法》的规定，生产者应当承担的产品质量义务有：①产品质量应当符合下列要求：不存在危及人身、财产安全的不合理的危险，有保障人体健康和人身、财产安全的国家标准、行业标准的应当符合该标准；具备产品应当具备的使用性能（但对产品存在使用性能瑕疵作出说明的除外）；符合在产品或其包装上注明采用的产品标准，符合以产品说明、实物样品等方式表明的质量状况。②产品或其包装上的标识必须真实，并符合法定要求：有产品质量检验合格证明；有中文标明的产品名称、生产厂厂名及厂址；根据产品的特点和使用要求，需要标明产品规格、等级、所含主要成分的名称和含量的，用中文相应予以标明，需要事先让消费者知晓的，应当在外包装上标明，或者预先向消费者提供有关资料；限期使用的产品，应当在显著位置清晰地标明生产日期和安全使用期或者失效日期；使用不当容易造成产品本身损坏或者可能危及人身、财产安全的产品，应当有警示标志或者中文警示说明；易碎、易燃、易爆、有毒、有腐蚀性、有放射性等危险物品以及储运中不能倒置和其他有特殊要求的产品，其包装质量必须符合相应要求，依照国家有关规定作出警示标志或者中文警示说明，标明储运注意事项。③不得生产国家命令淘汰的产品；不得伪造产地，不得伪造或冒用他人的厂名、厂址；不得伪造或冒用认证标志等质量标志；不得掺杂、掺假、以假充真、以次充好、以不合格产品冒充合格产品。

2. 销售者的产品质量义务。根据我国《产品质量法》的规定，销售者应当承担的产品质量义务有：建立并执行进货检查验收制度，验明产品合格证明和其他标识；采取措施保持销售产品的质量；不得销售国家明令淘汰并停止销售的产品和失效、变质的产品；销售产品的标识符合法定要求；不得伪造产地，不得伪造或冒用他人的厂名、厂址，不得伪造或冒用认证标志等质量标志。

（二）产品责任制度

产品责任是指生产者、销售者以及对产品质量负有直接责任的主体，违反产品质量法规定，不履行产品质量义务应当承担的法律后果。产品责任是一个由民事责任、行政责任以及刑事责任构成的完整体系。本着对消费者进行特殊保护、维护市场经济秩序的立法意图，产品责任的一些具体规定突破了民事责任制度的传统规范。

1. 损害赔偿责任。此类责任制度包含以下内容：

（1）产品瑕疵的损害赔偿责任。我国《产品质量法》首先根据损害后果的不同程度，将产品质量问题划分为产品瑕疵和产品缺陷，据此确定生产者或销售者的不同损害赔偿责任。其中，产品瑕疵是指产品存在下列情形之一：产品不具备应有的使用性能而事先未作说明的；产品不符合在产品或其包装上注明采用的产品标准；产品不符合以产品说明、实物样品等方式表明的质量状况。当出现上述情形之一时，销售者应当负责修理、更换、退货，给消费者造成损失的销售者应当赔偿损失。销售者承担责任后，属于生产者的责任或者属于向销售者提供产品的其他销售者的责任的，销售者有权向其追偿。生产者之间、销售者之间、生产者与销售者之间订立的买卖合同、承揽合同有不同约定的，合同当事人按照合同约定执行。

（2）产品缺陷的损害赔偿责任。我国《产品质量法》对产品缺陷的规定包括缺陷的界定以及相关归责原则的确定。①哪些缺陷是产品质量法意义上的缺陷？研究表明，包括设计缺陷、制造缺陷、指示缺陷等在内的产品缺陷已经被各国立法所接受，但对下列两类缺陷是否属于产品缺陷尚存在不同观点：一是原材料缺陷，有的国家将其单独列为一类产品缺陷，有的将其列入制造缺陷之中；二是科学上不能发现的缺陷，此类缺陷在产品投入流通领域之时，因当时的科学技术水平所限无法发现，但其又确实存在，由此给使用者造成损害，经营者是否承担责任，各国规定不一，司法实践中处理也不同。英国认定此种情况下产品的提供者不承担责任；日本则认定产品的提供者要承担责任；在美国，不同的案例判决结果大相径庭。我国《产品质量法》规定的产品缺陷是指下列情形：产品存在危及人身、他人财产安全的不合理危险；产品有保障人体健康和人身、财产安全的国家标准、行业标准的，是指不符合该标准。由此可见，我国法律首先从损害后果角度概括界定产品缺陷；其次，将不符合保障人体健康和人身、财产安全的国家标准或行业标准列出，作为可以直接认定产品缺陷的唯一情形，体现了强化产品质量监管的立法意图，但由于没有对"不合理危险"作出规定，可能导致其他情形的产品缺陷在认定上出现困难。②如何确定产品缺陷损害赔偿责任的归责原则？将产品质量问题划分为产品瑕疵和产品缺陷，其目的就是根据两者对消费者产生的不同损害程度，分别确定责任人应当承担的损害赔偿责任，使消费者的利益得到最大限度的保护。就损害赔偿责任的承担而言，责任轻重首先取决于归责原则的确定。随着消费者保护运动的发展，世界各国的产品责任法大都从合同法中分离出来，归责原则也由过失责任发展为严格责任。我国《产品质量法》对产品缺陷责任没有实行统一的归责原则，而是根据具体的侵权人实行不同的归责原则。因缺陷产品造成人身、他人财产损害的，生产者应当承担赔偿责任，但生产者能够证明其未将产品投入流通，或产品投入流通时引起损害的缺陷尚不存在，或将产品投入流通时的科学技术水平尚不能发现缺陷存在的，不承担赔偿责任。由于销售者的过错使产品存在缺陷，造成人身、他人财产损害的，销售者应当承担赔偿责任。销售者不能指明缺陷产品的生产者也不能指明缺陷产品的供货者的，销售者应当承担赔偿责任。从上述规定看，首先可以肯定，《产品质量法》对生产者实行严格责任；其次，对销售者适用过错责任和严格责任的混合归责原则，即由于销售者的过错使产品存在缺陷，造成人身、他人财产损害的，销售者承担过错责任，而销售者不能指明缺陷产品的生产者及供货者的，销售者承担严格责任。

（3）生产者、销售者、产品质量认证机构、社会团体及社会中介的连带责任。我国《产品质量法》规定，首先，因产品存在缺陷造成他人人身财产损害的，受害人可以向产品的生产者或销售者要求赔偿。之后，按照实际责任的认定，向消费者承担责任的生产者或销售者有权向应当承担责任的销售者或生产者追偿。其次，产品质量认证机构违反《产品质量法》的相关规定，对不符合认证标准而使用认证标志的产品，未依法要求其改正或者取消其使用认证标志资格的，对因产品不符合认证标准给消费者造成的损失，与产品的生产者、销售者承担连带责任。再次，社会团体、社会中介机构对产品质量做出承诺、保证，而该产品又不符合其承诺、保证的质量要求，给消费者造成损失的，与产品的生产者、销售者承担连带责任。上述规定加重了生产者、销售者、社会团体、社会中介机构的责任，充分体现了对消费者特殊保护的立法思想。

（4）诉讼时效。我国《产品质量法》规定，因产品存在缺陷造成损害要求赔偿的诉讼时效期间为二年，自当事人知道或者应当知道其权益受到损害时起计算；因产品存在缺陷造成损害要求赔偿的请求权，在造成损害的缺陷产品交付最初消费者满十年丧失，但尚未超过明示的安全使用期的除外。

2. 产品质量行政责任。根据我国《产品质量法》的相关规定，应当承担产品质量行政责任的行为包括：生产、销售不符合保障人体健康、财产安全的国家标准、行业标准的产品；在产品中掺杂、掺假，以假充真、以次充好，或以不合格产品冒充合格产品；生产国家明令淘汰的产品、销售国家明令淘汰并停止销售的产品；销售变质、失效的产品；伪造产品产地，伪造或冒用他人厂名或厂址、伪造或冒用认证标志等质量标志；产品标识、有包装的产品标识不符合法律规定；销售《产品质量法》规定禁止销售的产品；拒绝接受依法进行的质量监督检查；产品质量检验机构、认证机构伪造检验结果或出具虚假证明；产品质量检验机构、认证机构出具的检验结果或者证明不实，造成损失的；明知属于《产品质量法》禁止生产或销售的产品而为其提供运输、保管、仓储便利条件，或为以假充真的产品提供制假生产技术的；服务业将《产品质量法》禁止销售的产品用于经营性服务；隐匿、转移、变卖、毁损被市场监督管理部门查封、扣押的物品；各级人民政府工作人员和其他国家机关工作人员包庇、放纵产品生产、销售中的违法行为，或向从事违法生产或销售活动的当事人通风报信，帮助其逃避查处，或阻挠、干预执法部门依法进行的查处并造成严重后果；市场监督管理部门或产品质量检验机构在产品质量监督抽查中超过规定的数量索取样品或者向被检查人收取检验费用，或违法向社会推荐产品，或以监销、监制等方式参与产品经营活动；市场监督管理部门的国家工作人员滥用职权、玩忽职守、徇私舞弊，尚未构成犯罪的。

《产品质量法》规定，对上述违法行为由市场监督管理部门给予以下行政制裁：责令停止生产；责令停止销售；没收违法生产或销售产品；没收违法所得；罚款；责令更正；责令停业整顿；吊销营业执照；取消或撤销检验资格或认证资格；行政处分。当事人对行政处罚不服可依法申请复议。此外，拒绝、阻碍市场监督管理部门工作人员依法执行职务，但未使用暴力、威胁方法的，由公安机关依照《治安管理处罚法》的规定处罚。

3. 产品质量刑事责任。根据我国《产品质量法》的相关规定，以下行为构成犯罪的，依法追究刑事责任：生产、销售不符合保障人体健康、财产安全的国家标准、行业标准的产品；在产品中掺杂、掺假，以假充真、以次充好，或以不合格产品冒充合格产品；销售变质、失效的产品；产品质量检验机构、认证机构伪造检验结果或出具虚假证明；明知属于《产品质量法》禁止生产或销售的产品而为其提供运输、保管、仓储便利条件，或为以假充真的产品提供制假生产技术的；各级人民政府工作人员和其他国家机关工作人员包庇、放纵产品生产、销售中的违法行为，或向从事违法生产或销售活动的当事人通风报信，帮助其逃避查处，或阻挠、干预执法部门依法进行的查处造成严重后果；市场监督管理部门的国家工作人员滥用职权、玩忽职守、徇私舞弊；以暴力、威胁方法阻碍市场监督管理部门的工作人员依法执行职务。

四、产品召回制度

（一）产品召回制度概述

产品召回制度，是指产品的生产商、进口商或者经销商在得知其生产、进口或经销的产品存在可能危害消费者健康安全的情形时，依法向政府部门报告，及时通知消费者，并在政府有关监管机构监督下，从市场和消费者手中收回有问题的产品，予以更换、退货、补充、修正、赔偿的补救措施。

产品召回制度于 20 世纪 60 年代发端于美国，其后在世界各国得到推广。除美国之外，目前实行召回制度的国家还有日本、韩国、加拿大、英国和澳大利亚等国。与产品召回制度成熟的国家相比，我国在这方面的立法起步比较晚。2002 年《上海市消费者权益保护条例》中首先规定了产品召回制度。该《条例》第 33 条第 1 款规定："经营者发现其提供的商品或者服务存在严重缺陷，即使正确使用商品或者接受服务仍然可能对消费者人身、财产安全造成危害的，应当立即中止、停止出售该商品或者提供该项服务；商品已售出的，应当采取紧急措施告知消费者，并召回该商品进行修理更换或者销毁，同时应当向有关行政管理部门和行业协会报告。"2004

年 3 月 12 日，由国家质量监督检验检疫总局、国家发展和改革委员会、商务部和海关总署共同制定颁布了《缺陷汽车产品召回管理规定》，其后，《儿童玩具召回管理规定》《食品召回管理规定》《药品召回管理办法》等相继出台。2009 年颁布的《食品安全法》是我国首部明确规定产品召回制度的法律。

（二）产品召回法律关系中的主体与客体

1. 产品召回法律关系的主体包括以下三类：

（1）产品召回的监管者。由于产品召回需要付出巨大的成本，因此，不是每一个生产者都会主动执行，由此决定了国家（政府）监管的重要性和必要性，监管者成为产品召回法律关系中必不可少的主体之一。根据我国《食品安全法》以及其他相关法律法规规定，国家各级市场监督管理部门在其职责范围内负责监督生产者召回缺陷产品，当生产者不召回缺陷产品时责令其召回。

（2）产品召回的实施者。产品召回的实施者通常是制造商和进口商。在生产——销售——消费链条中，生产者位于首要环节，制造商将缺陷产品投入流通领域，并最终进入消费领域，是缺陷产品的源头。进口商虽然不是直接的生产者和设计者，但却是将缺陷产品引入本国市场的始作俑者，因此，制造商和进口商开启了危险之源，根据"就危险源之开启或使之持续者，须采取必要的可期待之保护他人措施"的原则，[1]制造商和进口商理应承担产品召回责任。

（3）产品召回的协助者。缺陷产品从生产者到消费者必经销售渠道，销售商和租赁商是中间环节，因此在产品召回过程中，他们协助制造商和进口商实施缺陷产品警示以及召回。此外，参与产品召回法律关系的主体还包括公布产品召回信息的新闻媒体、对产品召回进行监督的消费者团体以及对缺陷产品进行检验鉴定的中立的权威产品质量鉴定机构等。[2]

2. 产品召回法律关系的客体。产品召回法律关系的客体即缺陷产品，缺陷是产品被召回的原因和理由，因此是产品召回制度确立的基础。这决定了对产品缺陷的鉴定成为决定产品是否需要召回的关键。以美国为例，在鉴定产品缺陷的时候不仅要看产品是否符合相关法规和标准的要求，还要考虑缺陷类型、缺陷产品的销售量、危险的严重程度、伤害发生的概率等因素，然后分别采取相应的纠正行动和补救措施。按照我国相关法律法规的规定，缺陷产品的判断通过相应的安全危害调查和评估制度进行。

（三）产品召回程序

产品召回有制造商主动召回和政府指令召回两种。根据我国《食品安全法》第 63 条的规定，主动召回是指生产者、销售者和进口商自觉承认生产、销售、进口的商品存在缺陷，并自觉收回，予以免费修理、更换、退赔，自觉承担民事责任；责

〔1〕 转引自李昌麒主编：《经济法学》，法律出版社 2007 年版，第 369 页。
〔2〕 转引自李昌麒主编：《经济法学》，法律出版社 2007 年版，第 369～370 页。

第
十
五
章

令召回是指生产者或销售者生产销售的产品存在缺陷，但未依法实施主动召回或者停止经营，或隐瞒产品缺陷，或政府市场监督管理部门监督抽查中发现产品存在安全隐患、可能对人体健康或生命安全造成损害的，不正当处理缺陷产品的，由政府市场监督管理部门依法责令生产者召回的制度。

不论哪种情况，召回都基本经历以下几个步骤：第一步是缺陷产品的报告或投诉，这是启动召回程序的首要环节。第二步是初步危害评估，以确定产品是否存在实质性危害。第三步是产品缺陷鉴定，这是决定产品是否需要召回的关键。第四步是召回确认和召回计划的制订，产品经鉴定，一旦被认定有缺陷就会立即通知企业，并要求其制订出切实可行的召回计划。第五步是发布召回信息，发布的渠道可以有多种，网络、电视、广播、报纸等均可，但信息的内容和表现方式应该有确定的要求。第六步是召回实施，即由企业对产品回收并采取补救措施，具体内容包括产品回收、纠正行动和补救措施等。在这一过程中，不论是主动召回还是指令召回，政府市场监督管理机构都必须进行监督，并要求企业做好详细的召回记录，作为召回验收的重要依据。第七步是验收和召回终结。

产品召回的实施者应当依法作好并保存召回记录，在法定期限内向国家市场监督管理部门提交召回总结报告，上述部门应依法组织专家委员会进行审查，对召回效果进行评估，并将审查结论书面通知产品召回的实施者。当监管机构审查认为缺陷产品的召回未达到预期效果时，将通知生产者继续或再次进行召回；当监管机构认为缺陷产品对消费者的危害降到了最低限度时，即可确认召回结束。

应当指出，虽然我国的产品召回制度已初步建立，但在召回产品的范围、召回标准、监管制度等方面仍存在问题，整个制度的体系性也不够强。因此我国产品召回制度的完善是目前政府和学界共同关注的问题。

第四节　食品安全法律制度

与其他工业产品一样，在现代工业文明进程中，由于企业对利润的追求以及新技术的不断采用，工业化生产的食品在给消费者带来美味口感和享受的同时，也带来了威胁。值得注意的是，虽然食品质量属产品质量的范畴，但与一般工业品质量问题不同的是，基于食品与人类生命安全和身体健康的密切关系以及食品消费范围的极其广泛，食品质量问题对消费者生命和财产的威胁更加巨大和直接，各国的消费政策均表现出对食品质量问题的特别关注，食品质量问题被提升到公众安全保障的层面。与此相应，在立法上，食品质量监管也采用更加严格的制度和专门立法的方式。在我国，国家高度重视食品安全，早在 1995 年就颁布了《中华人民共和国食品卫生法》。在此基础上，2009 年 2 月 28 日，第十一届全国人大常委会第七次会议通过了《中华人民共和国食品安全法》。同年 7 月，国务院颁布了《食品安全法实施条例》。根据法律实施情况，全国人大于 2015 年对《食品安全法》进行了修订。

我国现行《食品安全法》坚持预防为主、风险管理、全程控制、社会共治的原则，建立了统一权威的食品安全监管机构；以食品安全风险监测、评估以及食品安全标准的建立为基础，对食品生产经营全过程实施科学、严格的监督管理制度，突出对保健食品、特殊医学用途配方食品、婴幼儿配方食品等特殊食品的监管，加强对网络食品交易、食品广告、食品检验机构以及人员的监管；为提高各级政府及相关监管部门的应急处理能力，提高监管效能，建立了食品安全预防和处置机制；为切实保障人民群众的生命安全和身体健康，建立最严格的法律责任制度等。

一、食品安全监管体制

在传统上，我国食品生产销售的监管活动涉及国家各级卫生行政、市场监督管理等部门，针对此前多头监管、政出多门以及监管不到位的现状，《食品安全法》以提高监管效能为目标，建立健全了新的食品安全监管体制。

（一）食品安全监管主体

1. 根据《食品安全法》的规定，国务院设立食品安全委员会作为高层次的议事协调机构，对食品安全监管工作进行协调和指导，国务院市场监督管理部门依法定职责对食品生产经营活动实施监督管理，国务院卫生行政部门依法定职责组织开展食品安全风险监测和风险评估，会同国务院市场监督管理部门制定并公布食品安全国家标准；国务院其他有关部门依法定职责承担有关食品安全工作。

2. 根据《食品安全法》的规定，县级以上地方人民政府对本行政区域的食品安全监督管理工作负责，统一领导、组织、协调本行政区域的食品安全监管工作以及食品安全突发事件应对工作，建立健全食品安全全程监管的工作机制和信息共享机制。与此同时，根据县级以上人民政府依法确定的食品安全监管职责，县级以上市场监督管理部门、卫生行政部门和其他有关部门在各自职责范围内负责本行政区域的食品安全监管工作。为使监管落到实处，《食品安全法》还规定，县级以上地方人民政府实行食品安全监督管理责任制，县级以上人民政府应将食品安全工作纳入本级国民经济和社会发展规划，将食品安全工作经费列入本级政府财政预算。

3. 根据《食品安全法》的规定，县级以上人民政府市场监督管理部门履行食品安全监管职责，有权采取下列措施：①进入生产经营场所实施现场检查；②对生产经营的食品、食品添加剂、食品相关产品进行抽样检验；③查阅、复制有关合同、票据、账簿以及其他有关资料；④查封、扣押有证据证明不符合食品安全标准或者有证据证明存在安全隐患以及用于违法生产经营的食品、食品添加剂、食品相关产品；⑤查封违法从事生产经营活动的场所。此外，《食品安全法》还规定，县级以上人民政府市场监督管理部门应建立食品生产经营者食品安全信用档案，并可以依法对食品生产经营者的法定代表人或主要负责人进行责任约谈。

（二）被监管主体

根据《食品安全法》的规定，在中华人民共和国境内从事下列活动的主体是食品安全监管法律关系中的被监管主体：①食品生产（生产和加工）和食品经营（销售和餐饮服务）；②食品添加剂的生产经营；③用于食品的包装材料、容器、洗涤剂、消毒剂和用于食品生产经营的工具、设备的生产经营；④食品生产经营者使用食品添加剂、食品相关产品；⑤食品的贮存和运输；⑥对食品、食品添加剂和食品相关产品的安全管理。此外，虽然食用农产品质量的质量安全管理遵守我国《农产品质量安全法》的规定，但食用农产品的市场销售、有关质量安全标准的制定、有关安全信息的公布和《食品安全法》对农业投入品作出规定的，相关主体为食品安全监管法律关系的被监管主体。

二、食品安全风险监测和评估制度

为我国《食品安全法》确立了以食品安全风险监测和评估为基础的科学监管制度，明确食品安全风险评估结果作为制定、修订食品安全标准和对食品安全实施监督管理的科学依据。

1. 食品安全风险监测制度。《食品安全法》规定，国家建立食品安全风险监测制度，由国务院卫生行政部门会同国务院市场监督管理部门，制定、实施国家食品安全风险监测计划，对食源性疾病、食品污染以及食品中的有害因素进行监测。省、自治区、直辖市人民政府卫生行政部门会同同级市场监督管理部门，根据国家食品安全风险监测计划，结合本行政区域的具体情况，制定、调整本行政区域的食品安全风险监测方案，报国务院卫生行政部门备案并实施。

2. 食品安全风险评估制度。《食品安全法》规定，国家建立食品安全风险评估制度，运用科学方法，根据食品安全风险监测信息、科学数据以及有关信息，对食品、食品添加剂、食品相关产品中生物性、化学性和物理性危害因素进行风险评估。该项工作由国务院卫生行政部门负责组织，并成立由医学、农业、食品、营养、生物、环境等方面的专家组成的食品安全风险评估专家委员会进行，评估结果由国务院卫生行政部门公布。有下列情形之一的，应当进行食品安全风险评估：通过食品安全风险监测或者接到举报发现食品、食品添加剂、食品相关产品可能存在安全隐患的；为制定或者修订食品安全国家标准提供科学依据需要进行风险评估的；为确定监督管理重点领域、重点品种需要进行风险评估的；发现新的可能危害食品安全隐患的；需要判断某一因素是否构成食品安全隐患的；国务院卫生行政部门认为需要进行风险评估的其他情形。食品安全风险评估结果是制定、修订食品安全标准和实施食品安全监督管理的科学依据。经食品安全风险评估得出食品、食品添加剂、食品相关产品不安全结论的，国务院市场监督管理部门应当依职责立即向社会公告，告知消费者停止食用或使用，并采取相应措施，确保该食品、食品添加剂及食品相关产品停止生产经营；需要制定或修订相关食品安全国家标准的，国务院卫生行政部门应当会同国务院市场监督管理部门立即制定或修订。

三、食品安全标准

鉴于食品安全标准在食品安全监管中的重要地位，针对实践中在食品安全标准方面存在的问题，《食品安全法》明确规定食品安全标准是强制执行标准，食品安全国家标准由国务院卫生行政部门会同国务院市场监督管理部门负责制定和公布；对缺乏国家标准的地方特色食品，省、自治区、直辖市人民政府卫生行政部门可制定并公布食品安全地方标准，报国务院卫生行政部门备案；国家鼓励食品生产企业制定严于食品安全国家标准或者地方标准的企业标准在本企业适用，并报省级卫生行政部门备案。省级以上人民政府卫生行政部门应当在其网站上公布制定和备案的食品安全国家标准、地方标准和企业标准，供公众免费查阅、下载。

为规范食品安全标准，《食品安全法》以列举的方式规定食品安全标准应当包括以下内容：①食品、食品添加剂、食品相关产品中的致病性微生物、农药残留、兽药残留、生物毒素、重金属等污染物质以及其他危害人体健康物质的限量规定；②食品添加剂的品种、使用范围、用量；③专供婴幼儿和其他特定人群的主辅食品的营养成分要求；④对与卫生、营养等食品安全要求有关的标签、标志、说明书的要求；⑤食品生产经营过程的卫生要求；⑥与食品安全有关的质量要求；⑦与食品安全有关的食品检验方法与规程；⑧其他需要制定为食品安全标准的内容。

四、食品生产经营各环节的监管

为切实保障食品安全，我国《食品安全法》坚持预防为主的原则，对食品的生产、加工、包装、运输、储藏和销售等各个环节，对食品生产经营过程中涉及的食品添加剂、食品相关产品、用于食品生产经营的工具和设备等各有关事项的监管做出了详细的规定。

（一）一般规定

1. 食品生产经营条件的监管。食品生产经营应当符合食品安全标准，并符合下列要求：①具有与生产经营的食品品种、数量相适应的食品原料处理和食品加工、包装、贮存等场所，保持该场所环境整洁，并与有毒、有害场所以及其他污染源保持规定的距离。②具有与生产经营的食品品种、数量相适应的生产经营设备或者设施，有相应的消毒、更衣、盥洗、采光、照明、通风、防腐、防尘、防蝇、防鼠、防虫、洗涤以及处理废水、存放垃圾和废弃物的设备或者设施。③有专职或者兼职的食品安全专业技术人员、管理人员和保证食品安全的规章制度。④具有合理的设备布局和工艺流程，防止待加工食品与直接入口食品、原料与成品交叉污染，避免食品接触有毒物、不洁物。⑤餐具、饮具和盛放直接入口食品的容器，使用前应当洗净、消毒，炊具、用具用后应当洗净，保持清洁。⑥贮存、运输和装卸食品的容器、工具和设备应当安全、无害，保持清洁，防止食品污染，并符合保证食品安全所需的温度、湿度等特殊要求，不得将食品与有毒、有害物品一同贮存、运输。⑦直接入口的食品应当使用无毒、清洁的包装材料、餐具、饮具和容器。⑧食品生产经营人员应当保持个人卫生，生产经营食品时，应当将手洗净，穿戴清洁的工作衣、帽等。销售无包装的直接入口食品时，应当使用无毒、清洁的容器、售货工具和设备。⑨用水应当符合国家规定的生活饮用水卫生标准。⑩使用的洗涤剂、消毒剂应当对人体安全、无害。⑪法律、法规规定的其他要求。

2. 禁止生产经营的食品。为切实保护公众的生命安全和身体健康，《食品安全法》规定禁止生产经营下列食品、食品添加剂及食品相关产品：①用非食品原料生产的食品或者添加食品添加剂以外的化学物质和其他可能危害人体健康物质的食品，或者用回收食品作为原料生产的食品。②致病性微生物，农药残留、兽药残留、生物毒素、重金属等污染物质以及其他危害人体健康的物质含量超过食品安全标准限量的食品、食品添加剂及食品相关产品。③用超过保质期的食品原料、食品添加剂生产的食品、食品添加剂。④超范围、超限量使用食品添加剂的食品。⑤营养成分不符合食品安全标准的专供婴幼儿和其他特定人群的主辅食品。⑥腐败变质、油脂酸败、霉变生虫、污秽不洁、混有异物、掺假掺杂或者感官性状异常的食品、食品添加剂。⑦病死、毒死或者死因不明的禽、畜、兽、水产动物肉类及其制品。⑧未按规定进行检疫或者检疫不合格的肉类，或者未经检验或者检验不合格的肉类制品。⑨被包装材料、容器、运输工具等污染的食品及食品添加剂。⑩标注虚假生产日期、保质期或者超过保质期的食品、食品添加剂。⑪无标签的预包装食品、食品添加剂。此外，国家为防病等特殊需要明令禁止生产经营的食品以及其他不符合法律、法规或者食品安全标准的食品、食品添加剂及食品相关产品也在禁止生产经营之列。

3. 食品生产经营许可证制度。为落实对食品生产经营条件的监管，《食品安全法》规定国家对食品生产经营实行许可制度。除销售食用农产品外，凡从事食品生产、食品销售、餐饮服务应当依法取得许可。县级以上地方人民政府市场监督管理部门应当依照《行政许可法》的规定，审核申请人提交的相关资料，必要时对申请人的生产经营场所进行现场核查；对符合规定条件的，决定准予许可；对不符合规定条件的，决定不予许可并书面说明理由。此外，《食品安全法》还规定，国家对食品添加剂生产实行许可制度；对利用新的食品原料生产食品，或者生产食品添加剂、食品相关产品新品种，应当向国务院卫生行政部门提交相关产品的安全性评估材料申请许可；生产经营的食品中不得添加药品，可以添加按照传统既是食品又是中药材的物质，其目录由国务院卫生行政部门会同市场监督管理部门制定并公布。

4. 食品安全全程追溯制度。我国《食品安全法》规定，国家建立食品安全全程追溯制度，食品经营者应当依《食品安全法》的规定建立食品安全追溯体系，保证食品可追溯；国家鼓励食品生产经营者采用信息化手段采集、留存生产经营信息，建立食品安全追溯体系；国务院市场监督管理部门会同国务院农业行政等有关部门建立食品安全全程追溯协作机制。

（二）食品生产经营过程的控制

我国《食品安全法》明确规定：

1. 食品生产经营企业应当建立健全食品安全管理制度，对职工进行食品安全知识培训，加强食品检验工作，依法从事生产经营活动；食品生产经营企业应当就原料控制、生产工序、设备、贮存包装等生产关键环节控制、原料及半成品检验、成品出厂检验等检验控制、运输和交付控制等事项制定并实施控制要求，保证所生产的食品符合食品安全标准；食品生产经营者应当建立食品安全自查制度。

2. 国家鼓励食品生产经营企业符合良好生产规范要求，实施危害分析与关键控制点体系，提高食品安全管理水平。对通过良好生产规范、危害分析与关键控制点体系认证的食品生产经营企业，认证机构应当依法实施跟踪调查，对不再符合认证要求的企业，应当依法撤销认证，及时向县级以上人民政府市场监督管理部门通报，并向社会公布。

3. 食用农产品生产者应当按照食品安全标准和国家有关规定使用农药、肥料、兽药、饲料和饲料添加剂等农业投入品，严格执行农业投入品使用安全间隔期或者休药期的规定，不得使用国家明令禁止的农业投入品，禁止将剧毒、高毒农药用于蔬菜、瓜果、茶叶和中草药等国家规定的农作物。

4. 学校、托幼机构、养老机构、建筑工地等集中用餐单位的食堂应当严格遵守法律、法规和食品安全标准；从供餐单位订餐的，应当从取得食品经营许可的企业订购，并按照要求对订购的食品进行查验。上述集中用餐单位的主管部门应当加强对集中用餐单位的食品安全教育和日常管理，降低食品安全风险，及时消除食品安全隐患。

5. 集中交易市场的开办者、柜台出租者和展销会举办者应当依法审查入场食品经营者的许可证，明确其食品安全责任，定期进行检查，发现有违法行为的，应当及时制止并立即报告所在地县级以上人民政府食品药品监督管理部门。网络食品交易第三方平台提供者应当对入网食品经营者进行实名登记，明确其食品安全管理责任，依法应当取得许可的，还应当审查其许可证，发现入网食品经营者有违法行为的，应当及时制止并立即报告所在地县级以上人民政府市场监督管理部门，发现有严重违法行为的，应当立即停止提供网络交易平台服务。

6. 食品召回。食品生产者、经营者发现其生产或者经营的食品不符合食品安全标准或者有证据证明可能危害人体健康的，生产者应立即停止生产，召回已经上市销售的食品，通知相关生产经营者和消费者，并记录召回和通知情况；经营者应立即停止经营，通知相关生产经营者和消费者，并记录停止经营和通知情况。食品生产者认为应当召回的，应当立即召回；由于食品经营者的原因造成其经营的食品出现上述情形的，食品经营者应当召回。食品生产经营者应当对召回的食品采取无害化处理、销毁等措施，防止其再次流入市场。但对因标签、标志或者说明书不符合食品安全标准而被召回的食品，食品生产者在采取补救措施且能保证食品安全的情况下可以继续销售，但销售时应向消费者明示补救措施。食品生产经营者应当将食品召回和处理情况向所在地县级人民政府市场监督管理部门报告；需要对召回的食品进行无害化处理、销毁的，应当提前报告时间、地点。市场监督管理部门认为必要的，可以实施现场监督。食品生产经营者未依照本条规定召回或者停止经营的，县级以上人民政府市场监督管理部门可以责令其召回或者停止经营。

第十五章

（三）对标签、说明书和广告的监管

针对实践中长期以来存在标签、说明书不规范的情况，《食品安全法》明确规定生产经营者对其提供的标签、说明书的内容负责，并对下列情况的标签、说明书作出规定：①预包装食品的包装上应当有标签，并标明下列事项：名称、规格、净含量、生产日期；成分或者配料表；生产者的名称、地址及联系方式；保质期；产品标准代号；贮存条件；所使用的食品添加剂在国家标准中的通用名称；生产许可证编号以及法律法规或者食品安全保障规定应当标明的其他事项。对专供婴幼儿和其他特定人群的主辅食品，其标签还应当标明主要营养成分及其含量。②食品经营者销售散装食品，应当在散装食品的容器、外包装上标明食品的名称、生产日期或者生产批号、保质期以及生产经营者名称、地址、联系方式等内容。③生产转基因食品应当按照规定显著标示。④食品添加剂应当有标签、说明书和包装。食品和食品添加剂的标签、说明书，不得含有虚假内容，不得涉及疾病预防、治疗功能。此外，针对实践中存在的食品广告违法情况，《食品安全法》规定，食品广告的内容应当真实合法，不得含有虚假内容，不得涉及疾病预防、治疗功能；食品生产经营者对食品广告内容的真实性、合法性负责。

（四）对特殊食品的监管

针对近年来我国在特殊食品的生产经营中存在的问题，为切实保护消费者的健康以及生命、财产安全，《食品安全法》对以下特殊食品的监管作出了专门规定：

1. 保健食品的监管。《食品安全法》规定，①保健食品声称保健功能应当具有科学依据，不得对人体产生急性、亚急性或者慢性危害。保健食品原料目录和允许保健食品声称的保健功能目录，由国务院市场监督管理部门会同国务院卫生行政部门、国家中医药管理部门制定、调整并公布。②保健食品原料目录应当包括原料名称、用量及其对应的功效，列入保健食品原料目录的原料只能用于保健食品生产，不得用于其他食品生产。③使用保健食品原料目录以外原料的保健食品和首次进口的保健食品应当经国务院市场监督管理部门注册。首次进口的保健食品中属于补充维生素、矿物质等营养物质的，应当报国务院市场监督管理部门备案。其他保健食品应当报省、自治区、直辖市人民政府市场监督管理部门备案。④保健食品的标签、说明书不得涉及疾病预防、治疗功能，内容应当真实，与注册或者备案的内容相一致，载明适宜人群、不适宜人群、功效成分或者标志性成分及其含量等，并声明"本品不能代替药物"。⑤保健食品的功能和成分应当与标签、说明书相一致。

2. 特殊医学用途配方食品的监管。根据《食品安全法》的规定，特殊医学用途配方食品应当经国务院市场监督管理部门注册；注册时应当提交产品配方、生产工艺、标签、说明书以及表明产品安全性、营养充足性和特殊医学用途临床效果的材料；特殊医学用途配方食品广告适用《中华人民共和国广告法》和其他法律、行政法规关于药品广告管理的规定。

3. 婴幼儿配方食品的监管。我国《食品安全法》规定，①婴幼儿配方食品生产企业应当实施从原料进厂到成品出厂的全过程质量控制，对出厂的婴幼儿配方食品实施逐批检验，保证食品安全；②生产婴幼儿配方食品使用的生鲜乳、辅料等食品原料、食品添加剂等，应当符合法律、行政法规的规定和食品安全国家标准，保证婴幼儿生长发育所需的营养成分；③婴幼儿配方食品生产企业应当将食品原料、食品添加剂、产品配方及标签等事项向省、自治区、直辖市人民政府市场监督管理部门备案；④婴幼儿配方乳粉的产品配方应当经国务院市场监督管理部门注册，不得以分装方式生产婴幼儿配方乳粉，同一企业不得用同一配方生产不同品牌的婴幼儿配方乳粉。

五、食品检验制度

《食品安全法》规定的食品检验制度，其内容主要包括：①检验机构的资质管理，即除法律另有规定的以外，食品检验机构按照国家有关认证认可的规定取得资质认定后，方可从事食品检验活动。②实行检验机构与检验人负责制，即食品检验由食品检验机构指定的检验人独立进行，检验人应当依照有关法律、法规的规定，并依照食品安全标准和检验规范对食品进行检验，尊重科学，恪守职业道德，保证出具的检验数据和结论客观、公正，不得出具虚假的检验报告。食品检验报告应当加盖食品检验机构公章，并有检验人的签名或者盖章。食品检验机构和检验人对出具的食品检验报告负责。③县级以上人民政府市场监督管理部门应当对食品进行定期或者不定期的抽样检验，并依据有关规定公布检验结果，不得免检。

六、食品进出口监管制度

《食品安全法》对食品进出口的监管制度，其内容主要包括：①对进口的食品、食品添加剂以及食品相关产品执行我国食品安全国家标准，进口尚无食品安全国家标准的食品，由境外出口商、境外生产企业或者其委托的进口商向国务院卫生行政部门提交所执行的相关国家（地区）标准或者国际标准，国务院卫生行政部门对相关标准经审查后，认为符合食品安全要求的，可决定暂予适用，并及时制定相应的食品安全国家标准；②对境外发生的食品安全事件可能对我国境内造成影响，或者在进口食品、食品添加剂及食品相关产品中发现严重食品安全问题的，国家出入境检验检疫部门应当及时采取风险预警或者控制措施，并向国务院市场监督管理、卫生行政、农业行政等部门通报；③向我国境内出口食品的出口商或者代理商、进口食品的进口商应向国家出入境检验检疫部门备案，向我国境内出口食品的境外食品生产企业应当经国家出入境检验检疫部门注册；④进口的预包装食品应有中文标签、中文说明书，该标签、说明书应符合我国《食品安全法》及其他有关法律、行政法规的规定，符合食品安全国家标准的要求；⑤进口商应建立食品进口和销售记录制度，如实记录食品的名称、规格、数量、生产日期、生产或者进口批号、保质期、出口商和购货者名称及联系方式、交货日期等内容，并保存相关凭证，记录和凭证的保存期限应符合《食品安全法》的规定。

第十五章

七、食品安全事故处置制度

为提高各级政府对食品安全事故的应急处置能力，《食品安全法》建立了食品安全预防和处置制度，其内容主要包括：①食品安全事故应急预案的制定。根据规定，国务院负责组织制定国家食品安全事故应急预案；县级以上地方人民政府依照有关法律法规和上级人民政府的食品安全事故应急预案以及本行政区域的实际情况，制定本行政区域的食品安全事故应急预案，并报上一级人民政府备案；食品生产经营企业应当制定食品安全事故处置方案，定期检查本企业各项食品安全防范措施的落实情况，及时消除食品安全事故隐患。②食品安全事故的处置。按照规定，发生食品安全事故的单位应当立即予以处置，防止事故扩大，事故发生单位和接收病人进行治疗的单位均应及时向事故发生地县级人民政府市场监督管理部门、卫生行政部门报告；其他相关监管部门在日常监督管理中发现食品安全事故或者接到事故举报，应当立即向同级市场监督管理部门通报。发生食品安全事故，接到报告的县级人民政府市场监督管理部门应当按照应急预案的规定向本级人民政府和上级人民政府市场监督管理部门报告，县级人民政府和上级人民政府市场监督管理部门应当按照应急预案的规定上报。县级以上人民政府市场监督管理部门接到食品安全事故的报告后，应当立即会同卫生行政、农业行政等部门进行调查处理，并依法采取救援、救治、封存、信息发布等措施，防止或者减轻社会危害。任何单位或者个人不得对食品安全事故隐瞒、谎报、缓报，不得隐瞒、伪造毁灭有关证据；任何单位和个人不得阻扰、干扰食品安全事故的调查处理。

八、法律责任

《食品安全法》规定的法律责任是一个包括民事责任、行政责任和刑事责任在内的责任制度体系。其中，食品生产经营者及其他相关主体违反《食品安全法》对食品生产经营各环节的监管规定，不依法履行其义务的违法行为，由相关监管部门给予行政处罚，包括责令改正，给予警告，没收违法所得以及违法生产经营的食品和用于违法生产经营的工具、设备、原料等物品；罚款，责令停产停业，吊销许可证，专业技术人员一定期限内禁止执业、吊销执业证书，给予直接负责的主管人员和其他直接责任人员记大过、降级、撤职或者开除的处分；主要负责人引咎辞职等。民事责任主要包括：①违反《食品安全法》规定造成人身、财产或者其他损害的，依法承担赔偿责任。②生产不符合食品安全标准的食品或者销售明知是不符合食品安全标准的食品（食品标签、说明书存在不影响食品安全且不会对消费者造成误导的瑕疵的除外），消费者除要求赔偿损失外，还可以向生产者或者经营者要求支付价款 10 倍或者损失 3 倍的赔偿金；增加赔偿的金额不足 1000 元的，为 1000 元。③认证机构出具虚假认证结论，广告经营者、发布者设计、制作、发布虚假食品广告，社会团体或者其他组织、个人在虚假广告或者其他虚假宣传中向消费者推荐食品，使消费者的合法权益受到损害的，与食品生产经营者承担连带责任。④违反《食品安全法》规定应当承担民事赔偿责任和缴纳罚款、罚金，其财产不足以同时支付时，先承担民事赔偿责任。违反《食品安全法》的规定构成犯罪的，依法追究刑事责任。

除上述之外，还应当指出，针对《食品安全法》施行以来司法审判实践中出现的主要问题，2013 年《最高人民法院关于审理食品药品纠纷案件适用法律若干问题的规定》作出了以下规定：

第一，消费者举证证明所购买食品、药品的事实以及所购食品、药品不符合合同的约定，主张食品、药品的生产者、销售者承担违约责任的，人民法院应予支持；消费者举证证明因食用食品或者使用药品受到损害，初步证明损害与食用食品或者使用药品存在因果关系，并请求食品、药品的生产者、销售者承担侵权责任的，人民法院应予支持，但食品、药品的生产者、销售者能证明损害不是因产品不符合质量标准造成的除外。

第二，相关主体的连带责任。①集中交易市场的开办者、柜台出租者、展销会举办者未履行食品安全法规定的审查、检查、管理等义务，发生食品安全事故，致使消费者遭受人身损害，消费者请求集中交易市场的开办者、柜台出租者、展销会举办者承担连带责任的，人民法院应予支持。②消费者通过网络交易平台购买食品、药品遭受损害，网络交易平台提供者不能提供食品、药品的生产者或者销售者的真实名称、地址与有效联系方式，消费者请求网络交易平台提供者承担责任的，人民法院应予支持。网络交易平台提供者承担赔偿责任后，向生产者或者销售者行使追偿权的，人民法院应予支持。网络交易平台提供者知道或者应当知道食品、药品的生产者、销售者利用其平台侵害消费者合法权益，未采取必要措施，给消费者造成损害，消费者要求其与生产者、销售者承担连带责任的，人民法院应予支持。③未取得食品生产资质与销售资质的个人、企业或者其他组织，挂靠具有相应资质的生产者与销售者，生产、销售食品，造成消费者损害，消费者请求挂靠者与被挂靠者承担连带责任的，人民法院应予支持。④消费者因虚假广告推荐的食品、药品存在质量问题遭受损害，依据消费者权益保护法等法律相关规定请求广告经营者、广告发布者承担连带责任的，人民法院应予支持。社会团体或者其他组织、个人，在虚假广告中向消费者推荐食品、药品，使消费者遭受损害，消费者依据消费者权益保护法等法律相关规定请求其与食品、药品的生产者、销售者承担连带责任的，人民法院应予支持。⑤食品、药品检验机构故意出具虚假检验报告，造成消费者损害，消费者请求其承担连带责任的，人民法院应予支持。食品、药品检验机构因过失出具不实检验报告，造成消费者损害，消费者请求其承担相应责任的，人民法院应予支持。食品认证机构故意出具虚假认证，造成消费者损害，消费者请求其承担连带责任的，人民法院应予支持。食品认证机构因过失出具不实认证，造成消费者损害，消费者请求其承担相应责任的，人民法院应予支持。

第三，人民法院不支持以下抗辩：①因食品、药品质量问题发生纠纷，购买者向生产者、销售者主张权利，生产者、销售者以购买者明知食品、药品存在质量问题而仍然购买为由进行抗辩的，人民法院不予支持。②食品、药品生产者、销售者提供给消费者的食品或者药品的赠品发生质量安全问题，造成消费者损害，消费者主张权利，生产者、销售者以消费者未对赠品支付对价为由进行免责抗辩的，人民法院不予支持。③食品的生产者与销售者应当对于食品符合质量标准承担举证责任。食品、药品虽在销售前取得检验合格证明，且食用或者使用时尚在保质期内，但经检验确认产品不合格，生产者或者销售者以该食品、药品具有检验合格证明为由进行抗辩的，人民法院不予支持。

案　例

一、如何判断生产经营的食品是否符合食品安全标准?[1]

[**案情**] 2014年底，消费者吴先生从某生物科技公司处购买了50盒"某某牌富硒破壁灵芝孢子粉"，共支付货款4000元。收到货物后，吴先生发现其所购产品的食品生产许可和流通许可对应的均为普通食品，而据吴先生所知，灵芝属于药品，不得添加到普通食品当中。吴先生认为，该生物科技公司的行为违反了《食品安全法》，属于销售明知是不符合食品安全标准的食品，应给予惩罚性赔偿，故与生物科技公司进行交涉。但生物科技公司仅仅退还了产品的部分货款3780元，拒绝支付相应赔偿款。因协商不成，吴先生于2015年1月向嘉定区法院递交诉状，要求生物科技公司返还剩余货款220元，并支付十倍赔偿金4万元。

诉讼中，生物科技公司辩称，其认可吴先生购货的事实，之所以未全额退还货款，是因为吴先生只退回了48盒产品，另有2盒产品未予寄回。至于十倍赔偿问题，生物科技公司也承认，根据国家的有关规定，破壁灵芝孢子粉不能作为普通食品销售，应当补办一个保健品许可证，在手续上确实存在缺陷。但其认为其销售的破壁灵芝孢子粉货真价实，只是手续不完备，故不同意支付十倍赔偿金。

法院审理中查明，首先，涉案产品所对应的生产许可证号经相关食品药品监督管理部门确认，其产品申证单位为蔬菜制品"食用菌（干制食用菌）"，食品品种明细为香菇、木耳，并非灵芝孢子粉，也就是说涉案产品并未取得相应的食品生产许可。其次，涉案产品没有相关产品标准，销售的产品包装上也没有标注产品标准代码，其安全性无从保障。法院判决生物科技公司返还吴先生价款220元，并赔偿吴先生销售价款的赔偿金4万元；吴先生退还生物科技公司"某某牌富硒破壁灵芝孢子粉"2盒。

[**点评**] 本案中双方争议的焦点是生物科技公司销售的涉案产品是否符合食品安全标准。

首先，根据《食品安全法》第35条的规定，国家对食品生产和经营实行许可制

---

〔1〕　本案例来自中国法院网 http://www.chinacourt.org/a，最后访问日期：2018年1月26日。

度，法院查明，虽然涉案产品所对应的生产许可证号经相关食品药品监督管理部门确认，但其产品申证单位为蔬菜制品"食用菌（干制食用菌）"，食品品种明细为香菇、木耳，并非灵芝孢子粉。

其次，《食品安全法》第38条明确规定，食品生产经营中不得添加药品，但可添加按照传统既是食品又是中药材的物质，而此类物质的目录由国务院卫生行政部门会同国务院食品药品监督管理部门制定、公布。2014年5月9日《国家卫生计生委办公厅关于破壁灵芝孢子粉有关问题的复函》指出，灵芝孢子粉缺乏长期食用历史且已作为药物使用，作为普通食品原料使用尚无足够的科学依据，因此破壁灵芝孢子粉不宜作为普通食品原料。根据上述可以肯定，涉案产品的原料（成分或者配料）灵芝孢子粉不属于法定的可用于生产经营的食品或者添加物。

再次，根据我国《食品安全法》关于食品安全标准的相关规定，食品安全标准制定和适用针对的是食品，灵芝孢子粉不属于可以用于生产经营的食品，也不属于法定的在食品生产中可以添加的物质，因此也就不存在所谓可以适用于作为食品生产和销售的"某某牌富硒破壁灵芝孢子粉"的"食品安全标准"。法院在审理中查明的"涉案产品没有相关产品标准，销售的产品包装上也没有标注产品标准代码"，充分说明了这一点。

最后，根据《食品安全法》第148条的规定，生产不符合食品安全标准的食品或者经营明知是不符合食品安全标准的食品，消费者除要求赔偿损失外，还可以向生产者或者经营者要求支付价款十倍或者损失三倍的赔偿金。本案中生物科技公司作为销售商，其所销售的产品来源于其关联公司，故生物科技公司对该产品的生产许可状况、产品标准状况均应知情，其销售的涉案产品套用其他产品的生产许可证且没有产品标准码，对此，生物科技公司应属明知，且应当知晓食药监部门有关灵芝孢子粉不得作为食品原料用于生产经营的规定，却仍将其作为食品销售，主观故意明显，应当承担支付相应价款十倍赔偿金的责任。

二、上海福喜案[1]

[案情] 2016年10月2日上海市食药监管局宣布，嘉定区市场监管局已对上海福喜食品有限公司依法作出警告、没收违法生产的食品、没收违法所得、罚款1698.4万元、吊销和注销相关食品生产许可证的行政处罚；徐汇区市场监管局已对上海福喜食品有限公司的上级公司欧喜投资（中国）有限公司作出警告、罚款730.1万元等行政处罚。两公司被罚款合计人民币2428.5万元。此外，嘉定、徐汇两区市场监管局将按规定，将上海福喜食品有限公司和相关责任人员纳入上海食品严重违法失信"黑名单"。2016年7月1日，上海市第三中级人民法院对上海福喜食品有限公司和福喜食品有限公司（注册在河北廊坊）犯生产、销售伪劣产品罪作

第十五章

出二审终审判决，驳回上诉，维持原判。司法审判结束后，嘉定区和徐汇区市场监管局立即启动了对"上海福喜案"涉及的上海福喜食品有限公司和其上级公司欧喜投资（中国）有限公司的行政处罚程序。

[点评] 本案的处理过程所呈现的核心问题是，当通过舆论监督发现违反《食品安全法》的行为时，相关监管部门以及司法部门应当如何启动相关预案，依法履行职责，惩处违法者，保证食品安全，保障公众身体健康和生命安全。

上海福喜食品有限公司（以下简称上海福喜）是欧喜投资（中国）有限公司在河北省投资肉食品加工厂之后，在中国投资的第二个"国际标准"的肉类、蔬菜加工企业，其自称有鸡肉和牛肉/猪肉两条国际一流的生产流水线。2014 年 7 月 20 日，上海福喜被媒体曝光其生产时出现众多涉嫌违法违规的行为：一是散落在地上的鸡肉、牛肉等原料没有"报废"，被工人直接放回了生产线；二是"过期近半个月"的鸡块原料（标注生产日期：2014 年 5 月 28 日和 5 月 30 日，保质期限 6 天）经绞碎后重新用于生产；三是将"次品"肉绞碎后，和原料混在一起重新利用；四是将"超过保质期 7 个月"的"臭肉"切割成小片重新包装，并将保质期的时间涂改延后了 1 年；五是自称该公司前质量管理人员的举报者提供了"阴阳账本"，一本记录了使用过期原料、延长保质期、修改生产日期等现场情况，一本则经过修改，应付审核、监管。

媒体曝光当日，上海食药监管部门即依法对上海福喜进行突击检查。经初步调查，监管部门查封了该企业，并控制了涉嫌存在问题的产品，同时责令上海福喜下游相关企业立即封存来自福喜公司的食品原料，执法人员还紧急约谈了上海福喜投资方欧喜投资（中国）有限公司负责人。同日，国家食药监管总局立即部署安排对该事件进行全面调查处理，要求各地食药监管部门对欧喜投资（中国）有限公司在河北、山东、河南、广东、云南等地投资设立的所有食品生产企业立即开展全面彻查，对发现的违法违规行为严肃查处；由当地食药监管部门派出专门执法人员，对企业实行现场监管；安排各地食药监管部门对使用上海福喜产品的餐饮服务单位进行全面突击检查，责令餐饮服务单位立即停止销售、使用并就地封存上海福喜生产的所有食品。

2014 年 7 月 22 日，上海市食药监管局和市公安局等部门成立的"720"联合办案指挥部对外宣布，初步认为上海福喜涉嫌有组织实施违法生产经营行为，5 名相关责任人已被控制。此前的约谈中，上海福喜质量部经理已经承认，对于过期原料的使用，公司多年来的政策一贯如此，且"问题操作"由高层指使，并称至少有厂长以上的同意才能实施。上海市食药监管局初步查明，麦当劳、必胜客、汉堡王、棒约翰、德克士、7–11 便利店等连锁企业及中外运普菲斯冷冻仓储有限公司、上海昌优食品销售有限公司、上海真兴食品销售有限公司普陀分公司等 9 家企业使用了上海福喜的产品。

2014 年 7 月 26 日，上海市食药监管局公布了上海福喜新的违法行为。经查，上海福喜将退货的 6 个批次"烟熏风味肉饼"（2013 年 5 月生产，保质期至 2014 年 2 月）更换包装、名称更改为"风味肉饼"，并将生产日期篡改为 2014 年 1 月 4 日、11 日和 12 日。据查，这 6 个批次"烟熏风味肉饼"共生产了 4396 箱约 31.65 吨。截至 7 月 25 日，监管部门共发现涉嫌存在问题的麦乐鸡 18 吨、烟熏风味肉饼 78.1 吨、小牛排 48 吨，共计 144.1 吨。同时，食药监管部门约谈了福喜公司产品的主要采购商——麦当劳、百胜集团（肯德基和必胜客）、棒约翰、汉堡王、德克士等 5 家连锁餐饮企业、6 个品牌的总部主要负责人。这些企业从上海福喜采购的涉嫌问题产品，占当时已被监管部门封存总量的 96%。

2014 年 8 月 4 日，上海市食药监管局、工商局等部门组成联合调查组，依据中国相关法律要求，进驻欧喜投资（中国）有限公司，对其履行食品安全企业主体责任等情况开展全面行政执法检查。2014 年 8 月 29 日，因涉嫌生产、销售伪劣产品罪，胡骏等 6 名上海福喜的涉案高管被上海市人民检察院第二分院依法批准逮捕。

2015 年 1 月 4 日，最后一批问题食品在上海市动物无害化处理中心被销毁，"上海福喜案件"在全国涉及的 521.21 吨问题食品的召回和无害化处理工作全部结束。

2016 年 2 月 1 日，上海市嘉定区人民法院对上海福喜、河北福喜以及杨立群、贺业政等 12 名被告人犯生产、销售伪劣产品罪一案作出一审判决，以生产、销售伪劣产品罪，分别判处上海福喜和河北福喜罚金人民币 120 万元；判处杨立群有期徒刑三年，并处罚金人民币 10 万元，驱逐出境；判处贺业政等 9 人二年八个月至一年七个月不等的有期徒刑，并处 8 万至 3 万元不等罚金。上述 9 人中有 4 人适用缓刑。2016 年 7 月 1 日，上海市第三中级人民法院对被告人上海福喜、河北福喜以及被告人杨立群、贺业政等犯生产、销售伪劣产品罪一案进行二审公开宣判，依法裁定准许上诉人上海福喜、河北福喜以及上诉人杜平、胡骏、刘立杰、张晖、李亚军撤回上诉，驳回上诉人杨立群、贺业政、张广喜、薛洪萍的上诉，维持原判。

第十五章

思 考 题

1. 结合具体法律制度，论法律对消费者的特殊保护。
2. 结合我国实际，论无理由退货制度及其完善。
3. 论我国的消费公益诉讼制度及其完善。
4. 论述产品缺陷损害赔偿责任的归责原则。
5. 结合实际，论我国产品召回制度的完善。
6. 结合 2015 年《食品安全法》的修订，论我国食品安全监管体制。
7. 结合我国实际，论食品安全全程追溯制度。
8. 试评析我国特殊食品监管制度。

第 16 章
国有资产法

学习目的与要求：

　　我国是社会主义国家，国有资产是社会主义市场经济制度的物质基础，规模十分庞大，对国民经济和社会生活的影响深广。从法律角度来说，国有资产指的是全民所有即国家所有的财产以及附着于这些财产之上的权利，它不仅包括经营性资产、非经营性和资源性资产，也包括国家依据法律或者凭借国家权力在这些资产上所享有的权利。中国传统的国有资产管理主要是国有企业的资产管理。国家实行由国务院和地方人民政府分别代表国家履行出资人职责，享有所有者权益，权利、义务和责任相统一，管资产和管人、管事相结合的国有资产管理体制。国务院国有资产监督管理委员是依法履行出资人职责的机构，地方国资委分别代表国家对由国务院履行出资人职责以外的国有及国有控股、国有参股企业，履行出资人职责。保护国有财产也是我国宪法的基本原则。2008年10月28日通过、2009年5月1日起施行的《中华人民共和国企业国有资产法》为国有资产的保护提供具体的法律规则，是针对国有资产的具体操作规范。通过本章的学习，要求从整体上认识和理解国有资产的基础知识，把握我国的国有资产管理体制，对国有资产的法律保护制度能够全面掌握。

第一节　国有资产概述

一、国有资产的概念

（一）资产（asset）与财产（property）

　　资产是指可作为生产要素投入到生产经营过程中，并能带来经济利益的财产。《国际评估准则》对资产的定义为："在会计术语中，资产是指投资者拥有或由投资者控制的资源，可以合理预计未来可获得的经济利益。某项资产的所有权本身是一项无形资产，但所拥有的资产则既可能是有形的，也可能是无形的。"我国《企业会计准则》对资产的定义为："企业过去的交易或者事项形成的、由企业拥有或者控制的、预期会给企业带来经济利益的资源。"《辞海》对资产的定义为："资产，负债的对称。会计要素之一。指某一主体由于过去的交易或事项而获得或控制的可预期的未来经济利益。包括各种财产、债权和其他权利。"[1]

根据《牛津法律大辞典》的解释，财产主要有两种含义：①财产所有权，存在于任何客体之中或之上的完全的权利，包括占有权、使用权、出借权、转让权、用尽权、消费权和有关财产的其他权利；②所有权的客体，即所有物，所拥有的物体，但用指人类的一切物权（如不受诽谤的权利）过于宽泛，往往指诸如股票之类的无形财产。[2]

由此可见，财产的外延大于资产：①只有作为生产要素投入生产经营的财产和财产权利，才是资产；②资产具有增值功能，而财产不一定会增值。

（二）"国有资产"的定义

关于国有资产的定义，目前有两种观点。一种观点是狭义的国有资产，指的是增值型或经营性国有资产，特别指的是国有企业的资产。另一种观点是广义的国有资产概念，指国有财产或国家财产，即依法为国家所有的一切财产，既包括增值型或经营性国有资产，也包括非增值型或非经营性国有资产。从法律角度来说，国有资产指的是全民所有即国家所有的财产以及附着于这些财产之上的权利，它不仅包括经营性资产、非经营性和资源性资产，也包括国家依据法律或者凭借国家权力从这些资产上所取得的准物权以及国家享有的债权和无形产权。《企业国有资产法》第2条规定："本法所称企业国有资产（以下称国有资产），是指国家对企业各种形式的出资所形成的权益。"此处所用的"国有资产"概念是狭义的。

由于历史上一贯使用"国有资产"概念，使其在历史演进过程中具有广泛内涵，我们通常所说的国有资产也是广义上的概念。因此本书亦采用"国有资产"的说法，并不将之与"国有财产"做严格区分。

（三）国有资产与相关概念辨析

1. 国有资产与公共财产、集体财产的区别。一般说来，国有资产由全体国民或代表全体国民行使权力的国家机器占有、使用；公共财产由某个范围内的团体共同享有；集体财产由最初国有资产拨款设立的集体企业所有。关于公共财产，我国《刑法》第91条作了规定。公共财产包括以下形式的各种财产：

（1）国有财产。即国家所有的财产，包括国家机关、国有公司、企业、国有事业单位、人民团体中的财产，以及国有公司、企业、国有事业单位在合资企业中的国家拥有的股份和资产。

第十六章

---

[1]　参见夏征农、陈至立主编：《辞海》，上海辞书出版社2009年版，第3052页。

[2]　[英] 戴维·M. 沃克：《牛津法律大辞典》，李双元等译，法律出版社2003年版，第913页。

（2）劳动群众集体所有的财产。它包括集体所有制的公司、企业、事业单位、经济组织中的财产，以及按照集体所有制进行管理的一些社会团体的财产。在经济活动中，公民多人合伙经营积累的财产，属于合伙人共有，不属于集体所有的财产。

（3）用于扶贫和其他公益事业的社会捐助或者专项基金的财产。这部分资产主要是指服务于学校、残疾人康复中心、养老院，以及希望工程等社会公益事业的财产。个人、组织或单位向社会公益事业以及向贫困地区或者特困的个人所捐赠、赞助的款物以及专门用于上述公益事业的各种基金，虽然从财产来源上可能是个人、私营企业以及集体的财产，但因为已经属于并用于扶贫和社会公益事业，实际上已经成为公共财产。

（4）在国家机关、国有公司、企业、集体企业和人民团体管理、使用或者运输中的私人财产，以公共财产论。这部分财产虽然属于私人所有，但交由国家机关、国有公司、国有企业、集体企业和人民团体管理、使用、运输，上述单位就有义务保护该财产，一旦发生丢失、损毁，负有赔偿责任，所以《刑法》规定将这部分财产作为公共财产来对待和保护。

2. 国有资产与私有财产的关系。关于公民私人财产，《刑法》第92条作了明确规定。公民私人所有的财产包括以下四种：

（1）公民的合法收入、储蓄、房屋和其他生活资料。公民的合法收入，包括公民个人的工资收入、劳动所得以及其他各种依法取得的收入，如接受继承、馈赠而获得的财产等；储蓄，是指公民将其合法的收入存入银行、信用社等金融机构；房屋，是指公民私人所有的住宅、经营性场所等房产，由公民所在单位分配的未购买的住房，不属于公民私人所有的房屋；其他生活资料，主要是指公民的各种生活用品，如家具、交通工具等。公民合法的生活资料的获得必须符合法律规定，非法占有的生活资料不受法律保护，如贪污受贿得到的钱财，法律不但不予保护，反而应当没收。

（2）依法归个人、家庭所有的生产资料。这包括各种劳动工具和劳动对象，如拖拉机、插秧机等机器设备，耕种的庄稼，用于耕种的牲畜，饲养的家禽、家畜，自己种植的树木以及其他用于生产的原料等。

（3）个体户和私营企业的合法财产。个体户包括个体工商户和农村承包经营户。根据《民法总则》的规定：自然人从事工商业经营，经依法登记，为个体工商户。农村集体经济组织的成员，依法取得农村土地承包经营权，从事家庭承包经营的，为农村承包经营户。因此，个体户是以个人或家庭为生产单位的，其合法财产属于该个人或者家庭所有。私营企业是指由自然人投资设立或由自然人控股，以雇佣劳动为基础的营利性经济组织，包括按照《公司法》《合伙企业法》《个人独资企业法》规定登记注册的私营有限责任公司、私营股份有限公司、私营合伙企业和私营独资企业。私营独资企业是指按《私营企业暂行条例》的规定，由1名自然人投资经营，以雇佣劳动为基础，投资者对企业债务承担无限责任的企业；私营合伙企业是指按《合伙企业法》的规定，由自然人、法人和其他组织依法在中国境内设立的普通合伙企业和有限合伙企业。普通合伙企业由普通合伙人组成，合伙人对合伙企业债务承担无限连带责任。有限合伙企业由普通合伙人和有限合伙人组成，普通合伙人对合伙企业债务承担无限连带责任，有限合伙人以其认缴的出资额为限对合伙企业债务承担责任；私营有限责任公司是指按《公司法》的规定，由50个以下自然人投资或由单个自然人控股的有限责任公司；私营股份有限公司是指按《公司法》的规定，由2个以上200个以下自然人投资，或由单个自然人控股的股份有限公司。

（4）依法归个人所有的股份、股票、债券和其他财产。个人所有的股份，是指在股份有限公司中，以个人出资认购的股份。公民个人出资认购的股份，属于个人所有的财产。股票，是指股份有限公司依法发行的表明股东权利的有价证券。债券，是国家或企业依法发行的，约定在到期时向持券人还本付息的有价证券，分为公债券、金融债券和企业债券。公债券是指国家发行的债券，国库券就是一种公债券。金融债券是指由金融机构直接发行的债券。企业债券即企业发行的债券。个人所有的股票、债券，包括公民个人购买的依法向社会公开发行的股票和债券，也包括通过继承、馈赠等其他合法方式取得的股票、债券。

国有资产和私人财产两个概念是互相对应的，但长期以来，两者的界定都不清晰，虽然在观念上更多强调保护国有资产，但是，在法律上对国有资产的保护与对私有财产的保护都不完善。

二、国有资产的类型

依据不同的标准，可以对国有资产作出不同种类的划分。目前常见的分类方法有：

1. **按照经济用途**，国有资产可划分为经营性国有资产和非经营性国有资产。经营性国有资产是指国家作为出资者投入的从事商品生产、流通、服务等领域，以营利为主要目的，依法经营或使用的国有资产。其使用单位应是具有独立法人资格的从事生产流通的企业，主要指国有企业（国有资本），并包括实行独立核算、企业化管理的事业单位，也包括行政单位利用非经营性国有资产转为经营性国有资产的情况。[1]依据世界银行的解释，国有企业包括国有独资企业公司、国有控股公司和国家享有一定权益的企业，只要涉及国有资产权益的都可以容纳在内。非经营性国有资产，是指不投入生产经营，而由国家机关、事业单位和社会团体用于国家公务和社会公益事业的国有资产，以及尚未启用的国有资产。[2]这类资产不直接参与商品生产和商品流通，基本上存在于社会消费领域，如国防、文教、卫生、社会福利等方面，虽然所占比例较小，但在整个社会系统中处于关键地位，对政治、经济和

---

〔1〕 刘玉平主编：《国有资产管理与评估》，经济科学出版社2004年版，第4页。

〔2〕 屈茂辉：《中国国有资产法研究》，人民法院出版社2002年版。

社会的发展都有举足轻重的作用。非经营性国有资产在占有和使用过程中，要求维护其安全与完整，使资产得到合理有效的使用，保证占用非经营性国有资产的单位、机构履行职责并产生良好的社会效益。非经营性国有资产的占有、使用主体主要是行政事业单位，按照现行行政事业编制和财务管理的分类，包括国家机关、事业单位、社会团体、社团组织以及附属经营单位。非经营性国有资产的构成主要包括：国家拨给行政事业单位的资产；行政事业单位按照国家政策规定，运用国有资产组织收入形成的资产；接受馈赠和其他法律确认为国家所有的资产，比如历史文化遗产。从表现形式来看包括流动资产、固定资产、对外投资和其他资产。

2. 按照物权法的分类，国有资产可以分为以下几类：

（1）矿藏、水流、海域；

（2）城市的土地和法律规定属于国家所有的农村和城市郊区的土地；

（3）森林、山岭、草原、荒地、滩涂等自然资源，但法律规定属于集体所有的除外；

（4）法律规定属于国家所有的野生动植物资源；

（5）无线电频谱资源；

（6）法律规定属于国家所有的文物；

（7）国防资产；

（8）依照法律规定为国家所有的铁路、公路、电力设施、电信设施和油气管道等基础设施。

《物权法》规定和列举的国有财产范围，是我国在基本法律中第一次全面规定和列举国有财产，具有重要的现实意义。

3. 按照广义的民商法对财产的分类，国有资产分为[1]：

（1）物及物权。这里的物权指的是国家所享有的直接支配特定物并享受其利益的权利。作为物权客体的物，既可以是有体物，也可以是法律上可得支配的空间、能源与自然力（拟制物），还可以是权利。而狭义的物，仅限于能够作为民事法律关系客体的物，即人身之外能够为人力所控制、支配并具有经济价值的有体物，其包括不动产与动产、主物与从物、融通物与不融通物、特定物与种类物、可分物与

第十六章

---

[1] 日本《国有财产法》第2条规定："本法中国有财产，是指下列各项由国家负担而成为国有的财产或者依法令规定或捐赠而成为国有的财产：①不动产；②船舶、浮标、浮栈、浮船坞和飞机；③前二号所列的不动产及动产的从物；④地上权、地役权、矿业权和其他相当的权利；⑤专利权、著作权、商标权、实用新型专利权和其他相当的权利；⑥股票（包括散股）、公司债券（包括依特别法设立的法人发行的债券）、新股认购权证券、地方债证券、投资信托或贷款信托的受益证券、外国人或外国法人发行的证券中相当于上述所列者以及因出资获得的权利。但，国家为运用资金或积金及与此相当的目的而临时取得所者除外。"我国台湾地区"国有财产法"第2条规定："国家依据法律规定，或基于权力行使，或由于预算支出，或由于接受捐赠所取得之财产，为国有财产。凡不属于私有或地方所有之财产，除法律另有规定外，均应视为国有财产。"

不可分物、单一物、结合物与集合物、原物与孳息等。[1]这一部分国有资产占了国有资产总数的绝大比例，并且往往以国家所有权的形态表现出来。国家所有权是国家对全民所有制财产的占有、使用、收益和处分的权利，是全民所有制在法律上的表现。

（2）准物权。准物权是指在物权法所规定的物权种类之外，性质与要件等相近于物权并准用物权法规定的财产权，又称附属物权。准物权是较为广泛的概念，不仅包括矿业权、水权、渔业权和狩猎权，还包括公路收费权、森林采伐权等权利，并且这一概念所涵盖的具体权利类型将随着我国法律和实践的变化而不断发展。

（3）股权。国有股权，是国有股东（国有资产投资者）基于出资而取得的，依据公司法、国有资产法或公司章程规定的规则，参与或决定公司事务和享受财产利益的权利。它具有股权的一般属性，即国有股东与其他股东一样，按各自股份和出资比例多少行使股权，处于同股、同权、同利、同责的地位。同时，它具有异于非国有股权的特殊性，主要表现在国有股东只限于经国家授权专职或兼职投资的机构或部门，以及占用国有资产的法人单位，并非任何法人和公民都可成为国有股东；国有股东的设置、界定、行使和变动，都必须纳入国有资产管理范围。

（4）债权。国有债权，指国家作为一方债权人所享有的请求另一方债务人给付某种财产利益的权利。它往往是国家作为债权人主体对外进行借贷所形成的权利，如外国政府的借债、本国持有的外国债券等。

（5）无形产权。例如国旗、国徽、国家发明、专有技术等。根据我国《专利法》《商标法》《著作权法》等法律的规定，全民所有制单位依法取得的知识产权，由国家所有、本单位持有。

4. 对于国有资产还可以按照其他方法进行分类。例如，按存在状态，可分为有形资产和无形资产；按形成方式，可分为资源性资产和非资源性资产；按所在地域范围的不同，可分为境内国有资产和境外国有资产等。

第二节　国有资产管理体制

一、国有资产管理体制改革的探索

中国传统的国有资产管理主要是国有企业的资产管理，由于国有企业是政府投资的企业，一直处于计划经济僵化的管理模式之下。从20世纪80年代末期，国家开始尝试对国有资产的管理模式进行改革。1988年8月，国务院决定成立国家国有资产管理局。同年10月，国家国有资产管理局正式组建，职责是行使对中华人民共和国境内外全部国有资产的管理职能。但是，国家国有资产管理局自成立以来，并没有完整地行使国有资产管理职能，该职能一直由多个政府部门分享；另一方面，

---

〔1〕　江平主编：《民法学》，中国政法大学出版社2015年版，第220～223页。

随着国有经济的发展壮大，政府作为管理部门和出资人代表的身份冲突日趋严重，已到了非改不可的地步。

1993 年 11 月，中共中央十四届三中全会作出《中共中央关于建立社会主义市场经济体制若干问题的决定》，明确对国有资产实行国家统一所有，政府分级监管，企业自主经营的体制。这意味着在政企分开之外，首次提出了政资分开，即政府的国有资产所有者管理职能与社会经济管理职能分开。此后，深圳、上海等地开始进行国有资产管理体制的探索。

1998 年，国务院机构改革过程中，国家国有资产管理局被撤销并入财政部。在同一次机构改革过程中，机械、化工、内贸、煤炭等 15 个以主管行业内企业为主要职能的专业经济部门被改组为隶属于国家经贸委的"局"，并明确不再直接管理企业。2001 年 2 月，国家经贸委下属 9 个国家局被撤销，并成立了 10 大工业行业协会。

二、新的国有资产管理体制

2002 年 11 月，十六大宣布在坚持国家所有的前提下，国家要制定法律法规，建立中央政府和地方政府分别代表国家履行出资人职责，享有所有者权益，权利、义务和责任相统一，管资产和管人、管事相结合的国有资产管理体制，并将在中央政府和省、市（地）两级地方政府设立国有资产管理机构。

2003 年 3 月，根据第十届全国人民代表大会第一次会议关于国务院机构改革方案的决定，成立了国务院国有资产监督管理委员会，国有资产监督管理委员会是国务院直属的正部级特设机构，国资委的监管范围为中央所属企业（不含金融类企业）的国有资产。地方所属企业的国有资产，由改革后设立的省、市（地）两级地方政府国有资产管理机构负责监管。其他国有资产，依照相关的法律法规进行管理。

1. 国务院国资委的主要职责。包括：①根据国务院授权，依照《企业国有资产法》等法律和行政法规履行出资人职责，指导推进国有企业改革和重组；对所监管企业国有资产的保值增值进行监督，加强国有资产的管理工作；推进国有企业的现代企业制度建设，完善公司治理结构；推动国有经济结构和布局的战略性调整。②代表国家向部分大型企业派出监事会；负责监事会的日常管理工作。③通过法定程序对企业负责人进行任免、考核并根据其经营业绩进行奖惩；建立符合社会主义市场经济体制和现代企业制度要求的选人、用人机制，完善经营者激励和约束制度。④通过统计、稽核对所监管国有资产的保值增值情况进行监管；建立和完善国有资产保值增值指标体系，拟订考核标准；维护国有资产出资人的权益。⑤起草国有资产管理的法律、行政法规，制定有关规章制度；依法对地方国有资产管理进行指导和监督。⑥承办国务院交办的其他事项。

2. 国有资产监督管理委员会与企业的关系。《企业国有资产法》第 11 条第 1 款和第 2 款规定："国务院国有资产监督管理机构和地方人民政府按照国务院的规定设立的国有资产监督管理机构，根据本级人民政府的授权，代表本级人民政府对国家出资企业履行出资人职责。国务院和地方人民政府根据需要，可以授权其他部门、机构代表本级人民政府对国家出资企业履行出资人职责。"国有资产监督管理委员会不得直接干预企业的生产经营活动，使企业真正成为自主经营、自负盈亏的市场主体和法人实体，实现国有资产保值增值。企业应自觉接受国有资产监督管理委员会的监管，不得损害所有者权益，同时努力提高经济效益。

3. 国有资产监督管理委员会与财政部的关系。国有资产监督管理委员会开展国有资产管理工作，在财务会计方面执行国家统一的财务会计制度，接受财政部监督；国有资产监督管理委员会管理的国有资产统计结果报财政部备案，国有资产管理法律、法规草案的起草、拟订征求财政部意见。国家支持国有企业改革与发展的财政措施，包括中央困难企业下岗职工基本生活保障费用、分流人员费用，破产企业安置职工等费用，由财政部按原渠道解决，继续由财政部管理和监督。国有资产监督管理委员会对所监管的国有资产进行预算管理，条件成熟时按国家有关预算编制规定，负责所监管企业国有资产经营预算的编制工作，作为国家总预算的组成部分由财政部统一汇总和报告，预算收入的征管和使用接受财政部监督。

近年来，中央对国企改革与国有资产管理作出了新的部署。2013 年 11 月，党的十八届三中全会通过的《中共中央关于全面深化改革若干重大问题的决定》指出：要"完善国有资产管理体制，以管资本为主加强国有资产监管，改革国有资本授权经营体制，组建若干国有资本运营公司，支持有条件的国有企业改组为国有资本投资公司。国有资本投资运营要服务于国家战略目标，更多投向关系国家安全、国民经济命脉的重要行业和关键领域，重点提供公共服务、发展重要前瞻性战略性产业、保护生态环境、支持科技进步、保障国家安全。划转部分国有资本充实社会保障基金。完善国有资本经营预算制度，提高国有资本收益上缴公共财政比例，2020 年提到 30%，更多用于保障和改善民生"。

2015 年 8 月，中共中央、国务院颁布的《关于深化国有企业改革的指导意见》提出到 2020 年在国有企业改革重要领域和关键环节取得决定性成果的目标，并指出：要完善国有资产管理体制，以管资本为主推进国有资产监管机构职能转变，改革国有资本授权经营体制，推动国有资本合理流动优化配置，推进经营性国有资产集中统一监管。要强化监督以防止国有资产流失，强化企业内部监督，完善企业内部监督体系，明确监事会、审计、纪检监察、巡视以及法律、财务等部门的监督职责，完善监督制度，增强制度执行力；建立健全高效协同的外部监督机制，整合出资人监管、外派监事会监督和审计、纪检监察、巡视等监督力量，建立监督工作会商机制，提高监督效能；实施信息公开加强社会监督，完善国有资产和国有企业信息公开制度，及时回应社会关切，充分发挥媒体舆论监督作用；严格责任追究，建立健全国有企业重大决策失误和失职、渎职责任追究倒查机制和企业国有资产的监督问责机制。

2015 年 12 月，国资委、财政部、发展改革委联合印发《关于国有企业功能界定与分类的指导意见》，指出：立足国有资本的战略定位和发展目标，结合不同国有企业在经济社会发展中的作用、现状和需要，根据主营业务和核心业务范围，将国有企业界定为商业类和公益类。对商业类国有企业要坚持以管资本为主加强国有资产监管，重点管好国有资本布局、提高国有资本回报、规范国有资本运作、维护国有资本安全。建立健全监督体制机制，依法依规实施信息公开，严格责任追究，在改革发展中防止国有资产流失。其中，对主业处于充分竞争行业和领域的商业类国有企业，重点加强对集团公司层面的监管，落实和维护董事会依法行使重大决策、选人用人、薪酬分配等权利，保障经理层经营自主权，积极推行职业经理人制度。对主业处于关系国家安全、国民经济命脉的重要行业和关键领域、主要承担重大专项任务的商业类国有企业，重点加强对国有资本布局的监管，引导企业突出主业，更好地服务国家重大战略和宏观调控政策。对公益类国有企业，要把提供公共产品、公共服务的质量和效率作为重要监管内容，加大信息公开力度，接受社会监督。

三、地方的四种国有资产管理模式

在当时国有资产管理形成了四种模式：①深圳模式——由深圳市国资委及下属的办事机构国资办、三家资产经营公司、三家公司下属的国有企业组成的三层架构国有资产管理模式；②上海模式——"三个层次、两级管理、三个体系"模式；③辽宁模式——省委企业工委和国有资产管理委员会合署办公的两委归一模式；④吉林模式——"两级出资、三层架构"的非政府机关管理模式。

国有资产管理体制改革面临两个问题：①政府在国有资产运营过程中集出资人与政府管理部门两个角色于一身的问题；②国有资产管理部门与其他政府部门的权力分割，为实现国有资产的统一管理，国有资产管理部门面临着集中职能的问题。国有资产管理部门需要集中原本分散在各个不同部门的权力，而这种权力集中无疑是从专业经济部门及政府行政部门手中分走权力，这几乎遭到了所有部门的一致反对，以至于在1998年政府机构改革过程中，仅有国资局和医药管理局两个部门被彻底撤销。

地方的试点是国家国有资产管理体制改革的试验田。在试点中，总结出了四种有代表性的国有资产管理模式：深圳模式、上海模式、辽宁模式和吉林模式。

1. 深圳模式。深圳的国有资产管理模式是三层架构：第一层是深圳市国资委及下属的办事机构国资办，属于政府性质，主要职能是对国有资产实现行政管理。国有资产管理委员会成立于1992年，是一个高层议事机构，主任是市长，副主任是分管经济的副市长，各个经济主管部门的负责人是国资委的构成人员。第二层是三家资产经营公司（投资管理公司、建设投资控股公司和商贸投资控股公司。市投资管理公司主要负责管理公用事业、基础设施以及工业企业中的国有资产；建设投资公司主要覆盖建筑、安装和施工领域的国有资产；商贸投资公司主要覆盖商业、贸易、旅游等领域的国有资产），属于特殊的企业法人，主要行使国有资本出资人的职能、公司法所赋予股东的三项职能以及资本运作的职能。第三层是三家公司下属的国有企业，其任务是从事生产经营。在这三层架构下实现了三个职能分离：政府作为全社会管理者的职能和作为国有资产管理者的职能分离，政府对国有企业的行政管理职能和国有资产的运作职能分离，国有资产的运营职能和企业的具体生产经营职能分离。这种模式存在以下几个问题：国资委是一个议事机构，不可能经常开会，重大问题得不到解决。三家资产经营公司带有较浓厚的行政色彩。在初期，国资办和国有资产投资管理公司就是两块牌子、一套人马，1996 年才分离并增设建设控股和商贸控股两家公司。在第三层面，某些国有企业内部形成了一种新的内部人控制现象。派驻到企业的产权代表或者说国有股股东代表，往往与企业的经理层形成一个利益共同体。2004 年深圳在全国首创并产生过广泛影响的国有资产三级管理架构可能在简化为两级管理架构，即国资委（市国资办）——国有资产经营公司——国有企业三级管理体制中国有资产经营公司一环将被取消，国资委拟改成国资局，只负责资本运作。

2. 上海模式。1993 年，上海撤销了设在财政局的国有资产管理局，成立国有资产管理委员会。撤销行业主管局，将 19 个行业主管局或行政性公司，改造为由政府授权经营的国有独资控股公司和集团公司，由他们代表国家对下属企业行使国有股东的权利。上海市的国资管理体制是"三个层次、两级管理、三个体系"。三个层次中，第一个层次是国资委及派员组成国资委的市经委等归口管理部门，组织部、财政局等党政部门，市长兼任国资委主任；第二个层次是 39 家授权经营的国有独资控股公司和集团公司，相当一部分由原行业主管局翻牌而来。两级管理，即市、区县两级政府（含党的部门）各自对市属和区县属的国有资产进行管理。三个体系是指管理体系、监督体系、运营体系。这种模式由于回避了从政府各职能部门分权的问题，从前的多部门共管企业以及各部门无人对企业负责的现状并未得到解决。

3. 辽宁模式。该模式的特点是两委归一，即省委企业工委和国有资产管理委员会合署办公，国有资产管人、管事、管资产和管监督的职权实现了统一。1999 年，在全国范围内党政机关与所属企业、公司脱钩工作的背景下，辽宁探索新的国有资产管理模式。2000 年实现了两委合署办公，合署后的两委包括了原企业工委、原国有资产监督管理局有关企业经营性资产的处室人员以及稽查特派员队伍。在其管辖下的是从原来 280 余户脱钩企业而来的 24 家大型控股集团。该种模式存在的问题是，这种改革只是在政府层次上将对国有资产的管理权统一，但远谈不上政资分离、政企分开，更没有构建出一个真正的市场经济主体。在现有的法律框架内，这种管理模式也面临问题。以辽宁铁法集团为例，该集团是由原铁法矿务局改制而成的国有独资公司，2002 年 8 月 28 日完成债转股工作后，公司原主债权人中国信达公司持有其 36.46% 股份，省直国有资本缩减到总资本的 60%，已经不再是一个国有独资公司，但根据《公司法》的规定，政府机关只能授权经营国有企业，不能直接持有公司股份。因此，"两委"要么在集团边上再做出一个国有独资的控股公司，要么完全转让其资产，现有框架则面临困境。

4. 吉林模式。1999 年，企业脱钩后，如果再将国有资产交给其他机构，等于没有发生实质性的变化。吉林决定采用非政府机关的管理模式，开始了"两级出资、三层架构"的国有资产管理体制的改革。所谓两级出资，第一级是国有资本营运决策会议；第二级则是资本营运机构。决策会议对营运机构行使出资人职能，营运机构则对其所投资的企业行使资本所有者职能，而决策会议与营运机构再加上营运投资的二级企业，三者共同构成了所谓的"三级架构"。决策会议按行业成立，由分管该行业的副省长担任主任，成员包括行业专家、学者及有关厅局官员，作为向企业决策提供指导意见的非常设机构，决策会议根据需要不定期召开，其秘书处作为一个常设的咨询机关而存在。决策会议的主要职责是研究和决定设在其旗下的营运机构的投资去向，实现资本的保值增值，但不得参与营运机构的具体经营活动，在决策会议内，所有成员决定决策是否通过，包括主任在内均是一人一票。吉林目前已经成立冶金、商贸、机械、物资和森工 5 个营运决策会议，下辖总计 13 家大型公司，其中包括纯粹的控股公司、集团公司和集团控股公司三种模式。2001 年下半年成立的省委企业工委，负责领导班子的选任，企业工委将企业领导人选按 1:2 的比例向省委提出，省委通过后再报给决策会议，决策会议最终决定由谁出任企业领导，甚至可以拒绝接受企业工委的提名，并要求企业工委重新提名，企业工委掌握的是人选的初筛权，决策会议则掌握了否决权。吉林模式的优点是实现了政资、政企的分开，但不完整的人事决定权、大量官员参与的决策会议，都显得改革不够彻底。

第三节　国有资产法律保护制度

我国是一个以公有制为主体、多种所有制经济共同发展的社会主义国家。确保国有资产的安全和增值，对于发挥社会主义制度的优越性、增强我国的经济实力、国防实力和民族凝聚力具有十分重要的意义。在中国经济转型期，由于历史的原因和经济的快速发展，形成了博大丰饶、数量庞大的国有资产（尤其是国有企业等经营性国有资产）。然而，由于产权权属不清，管理职能不明，政府角色错位，国有资产流失现象严重。由于该问题相当复杂，难度很大，仅靠行政手段、经济手段难以解决，必须通过法律机制加以保障和推进。

国有资产法律保护是我国经济转型期和市场经济改革实践的重大难点问题。改革开放、建立和完善社会主义市场经济是我国社会和经济的一项重大变革。在这场变革中，国有企业改革、国有资产管理体制改革必然成为改革的重要内容。随着改革的进一步深入，由于国有资产保护法律机制的不完善，对国有资产流失的担忧已经开始延缓改革的进程。2005 年，"中航油案""三九集团案"等涉及大量国有资产流失问题的案件的出现，已经使得国有资产保护成为一个备受关注的课题。甚至由于缺乏对国有资产和国资管理的准确定位和界限划分，以保护国有资产为由，侵犯私有财产权的现象也时有发生，如"顾雏军案"，该案已于 2017 年 12 月由最高人民法院启动再审程序。因而，对国有资产法律保护机制的研究，有利于我国经济结构的调整和改革的深入推进。

切实有效地保护国有资产，有利于社会主义市场经济的完善。自发的市场经济存在其自身的缺陷，需要政府的宏观调控，从而促进市场公平竞争，提高经济资源效率，实现经济的快速健康增长。国有资产是政府用以调控经济、维护经济安全、实现经济发展战略的重要资源，建立有效保护和利用国有资产的法律机制，能够更好地发挥国有资产在经济调控中的作用，促进社会主义市场经济体制的完善。

保护国有财产也是我国宪法的基本原则。我国宪法明确规定社会主义的公共财产神圣不可侵犯。国家保护社会主义的公共财产。禁止任何组织或者个人用任何手段侵占或者破坏国家的和集体的财产。完善国有资产保护法律制度，制定针对国有资产的具体的操作规范，为国有资产的保护提供具体的法律规则，成为我国立法的一项迫切需要。

2008年10月28日，第十一届全国人大常委会第五次会议高票通过了《企业国有资产法》。经过15年的立法马拉松，历经三届全国人大，这部颇富中国特色、在中国特色社会主义法律体系中起支架作用的重要法律终于出台。这部法律存在六大创新与突破，进一步完善了我国的国有资产法律保护制度。

第一，《企业国有资产法》明确了国有资产法的适用范围。国有资产法的适用范围问题指的是国有资产法覆盖什么样的国有资产范围的问题，因此首先需要对国有资产作出界定。按照学术界的定义，国有资产指的是全民所有即国家所有的财产以及附着于这些财产之上的权利，它不仅包括物权方面的经营性资产、非经营性和资源性资产，也包括国家依据法律或者凭借国家权力从这些资产上所取得的准物权以及国家享有的债权和无形产权。

经营性国有资产主要指的是国有企业中的国有资产。关于国有企业的法律界定，目前有三种观点：第一种观点认为，国有企业指的是全部资产只限于国家所有的企业或国有独资公司，它们的全部资产都由中央政府或地方政府投资；第二种观点认为，国有企业指的是主要出资人为国家或国家授权的部门，国有资本占控制地位，国家拥有控制权的企业或公司；第三种观点认为，国有企业指的是国有资本在一企业资本中参股超过10%者。目前国资委的监管范围只限于经营性资产中的国有工业企业、流通类企业的资产，不包括金融类的国有资产、新闻媒体的资产以及其他部委管理的资产，如铁道部、烟草局等管理的资产。

非经营性国有资产主要指的是行政事业性国有资产，具体包含以下内容：①行政机关。行政机关占有的国有资产，即政府的资产，规模非常巨大，包括各级政府的基础设施、办公设备等动产、不动产。②事业单位。据统计，目前我国有各类事业单位130多万个，其中独立核算的有95.2万个，纳入政府事业单位编制的工作人员近3000万，所占用的国有资产近3000亿。中国现有的事业单位定义为非企业法人，分为如下三类：一是行政类事业单位机关法人，即直接承担政府行政职能、为政府提供服务的事业单位。主要从事监管、资质认证、质检、鉴证及机关后勤服务等方面的事务，如中国证券监督管理委员会、中国保险业监督管理委员会。二是公益类事业单位、社会团体法人，即承担公共事业发展职能，为社会提供服务的事业单位。三是生产经营类事业单位、事业单位法人，即从事非商事业，具有固定社员或独立财产的组织，承担中介沟通职能、为市场和企业服务的事业单位，主要从事科教文卫等社会事业和与公共基础设施建设、公用事业服务相关的事务，如公立医院、大学科研机构、博物馆、影剧院、各种职业培训中心等。③文化历史遗产。如长城、故宫、兵马俑、泰山，这都是中华文明留下来的无价之宝，也是国有资产。

资源性国有资产包括土地、海洋、河流、森林、草地、矿山、滩涂等。应当说，资源性国有资产管理的改革刚刚开始。近些年，一些地方以各种名义圈占土地，滥伐国有土地，破坏生态环境。针对这种情况，国家已经开始了对森林资产采取所有权和经营权分离等改革，并着手对有关资源性方面的法律进行完善。

在国有资产法起草过程中，曾经就国有资产法立法的适用范围进行过激烈的争论，有过"大""中""小"三个方案，最后考虑到制定一部涵盖所有国家财产及其权利的法律的条件目前尚未成熟，从操作角度讲最好是狭义立法。经营性国有资产在国有资产中占有很大比重，具有特殊的地位和作用，实践中迫切需要专门立法，各方面对国有资产的关注，也多集中在确保企业国有资产的保值增值上。因此，立法机关决定先制定一部适用于经营性国有资产（即企业国有资产）的法律。因此，将企业国有资产法的立法范围定位于经营性国有资产。

第二，《企业国有资产法》扩大解释了企业国有资产的范围，明确规定金融企业国有资产也属于企业国资法调整的范围。新法规定："国有资产是指国家对企业各种形式的出资所形成的权益"，"金融企业国有资产的管理与监督，法律、行政法规另有规定的，依照其规定"。这就把法律起草过程中争论不休的金融国有资产是否适用新法的问题解决了，也为下一步统一的金融国有资产出资人的出现留下了端口与空间。以前的草案一直没有明确金融国资是否属企业国资法所辖。2007年底的一审草案规定，《企业国有资产法》仅适用于经营性国有资产，即国家对企业的出资和由此形成的权益。后来的二审稿对金融国资的监管问题也规定得模糊不清。鉴于巨额金融资产在国有资产的比例，金融国有资产的监管的必要性不容忽视。截至2007年末，中央级金融类企业国有资本总额1.2万亿元，占全部实收资本的80%以上，管理的资产总额已逾40万亿元。目前现有相关证券、期货、商业银行、基金等金融类企业法律法规，均未明确对金融国资的监管。新法明确规定了金融企业国有资产也属于企业国资法调整的范围。

新法之所以作出这样的调整，是因为全球金融危机让我们意识到，国有金融资产的统一监管是多么重要。雷曼兄弟的破产、高盛和摩根士丹利转型为银行投资控股公司以及金融机构的多米诺骨牌效应为我们提供了一系列很好的借鉴案例。目前我国不同类型的金融资产分属不同监管部门，这对控制金融风险是不利的，下一步应尽快建立一个独立统一的金融国资委。

第三，《企业国有资产法》界定了国资委作为"干净"出资人的法律地位。根据党的十六大提出的"国家要制定法律法规，建立中央政府和地方政府分别代表国家履行出资人职责"的国有资产管理体制的要求，总结这几年改革的实践经验，新法对履行出资人职责的机构作了专章规定，按照国有独资、控股、参股的不同企业类型，规定了政府授权的机构履行出资人职责的主要内容、方式和责任等，以从法律制度上解决国有资产出资人代表到位，行使国有资产出资人权益，承担维护出资人权益责任的问题。因此，对履行出资人职责的机构，该法规定：国务院国有资产监督管理机构和地方人民政府按照国务院的规定设立的国有资产监督管理机构，以及国务院和地方人民政府授权的其他有关部门、机构，按照本级人民政府的授权，代表本级人民政府对国家出资企业履行出资人职责。法律规定，履行出资人职责的机构应当按照国家有关规定，定期向本级人民政府报告有关国有资产总量、结构、变动、收益等汇总分析的情况。履行出资人职责的机构应当依照法律、行政法规以及企业章程履行出资人职责，保障出资人权益，防止国有资产损失。

《企业国有资产法》在第七章又特别规定了国有资产监督由人大常委会、政府及政府审计机关、社会公众监督等构成。虽然该法没有明示国资委的监管职能被去除，但它朝剥离国资委现有的行政监督职能方向迈出了清晰的一步，为厘清委托人、出资人、经营人、监管人、司法人"五人关系"打下了法理基础。

第四，《企业国有资产法》严格界定了国家出资企业及其管理者。对于经营性国有资产的载体及经营主体，该法作了专章规定（第三章）。该法规定，国家出资企业包括企业全部注册资本均为国有资本的国有独资公司和非公司制的国有独资企业，也包括企业注册资本中包含部分国有资本的国有资本控股公司和国有资本参股公司。《企业国有资产法》规范的重点是国有独资企业、国有独资公司和国有控股公司。

由于企业管理者直接负责企业财产的经营管理，国家出资企业的管理者对维护国有资产权益关系重大。《企业国有资产法》按照建立健全与现代企业制度相适应的企业管理者选拔任用机制的要求，总结企业人事制度改革的实践经验，并与公司法等法律规定相衔接，按照国有独资、控股、参股的不同企业类型，对国家出资企业管理者的有关事项作了专章规定（第四章）：第25条规定，未经履行出资人职责的机构同意，国有独资企业、国有独资公司的董事、高级管理人员不得在其他企业兼职。未经股东会、股东大会同意，国有资本控股公司、国有资本参股公司的董事、高级管理人员不得在经营同类业务的其他企业兼职。未经履行出资人职责的机构同意，国有独资公司的董事长不得兼任经理。未经股东会、股东大会同意，国有资本控股公司的董事长不得兼任经理。董事、高级管理人员不得兼任监事。

《企业国有资产法》还规定：主要负责人应接受经济责任审计。国家出资企业的董事、监事、高级管理人员，应当遵守法律、行政法规以及企业章程，对企业负有忠实义务和勤勉义务，不得利用职权收受贿赂或者取得其他非法收入和不当利益，不得侵占、挪用企业资产，不得超越职权或者违反程序决定企业重大事项，不得有其他侵害国有资产出资人权益的行为。

第五，《企业国有资产法》使国有企业改制与资产转让有了较明确的法律依据。实践中，国家出资企业的合并、分立、改制、增减资本、发行债券、重大投资、为他人提供担保、国有资产转让以及大额捐赠、利润分配、申请破产等事项，不仅与出资人权益关系重大，也是发生国有资产流失的主要环节。如在国有企业改制过程中，有的企业没有进行国有资产评估，低估贱卖国有资产；有的企业在经营过程中违规投资、违规贷款，擅自用企业国有资产为他人提供担保；有的国有资产转让程序不公正、不公开、不透明、不竞价，少数人收受贿赂，侵吞国有资产等，因此，《企业国有资产法》专列一章，重点规定了企业改制、与关联方交易、资产评估、国有资产转让等关系到国有资产出资人权益的重大事项，"严防'暗箱操作'、公开公平公正"成为核心原则，使得实践中争议较大、社会关注度较高、群众议论较多的国有资产的流动性问题有了新的法律依据。该法按照国家出资企业的不同类型，对关系出资人权益重大事项的决定权限和决策程序作了明确规定，规定了企业改制、与关联方交易、国有资产转让、资产评估等应遵守的基本规则，防止以"暗箱操作"等手段侵害国有资产出资人权益。

要知道，原来涉及国企改制方面的纠纷案件，法院大多以无法律依据为由不予受理，而 MBO（管理者收购）与外资并购问题则是近些年国有资产流失问题争论的重点。《企业国有资产法》对这些影响出资人权益的事项作了较具体的规定，既让国资能流动起来，又给予其出资人约束甚至须获得政府行政许可的限制。

第六，《企业国有资产法》正式建立了国有资本经营预算制度，并使其有了操作的基础。《企业国有资产法》规定，国家建立健全国有资本经营预算制度，对国家作为出资人取得的国有资本收入实行预算管理。如何完善公共财政预算、国有资本经营预算、社会保障预算这三大预算是近年来政策界和学术界讨论颇多的问题，而如何建立国有资本经营预算制度则是预算制度改革中的焦点问题。鉴于此，该法明确规定对国有资本收益实行预算管理，依照预算法的规定，并参照 2007 年 9 月国务院发布的《国务院关于试行国有资本经营预算的意见》，该法对国有资本经营预算的收支范围、编制原则、编制和批准程序等作了原则规定（第六章）。同时，考虑到国有资本经营预算制度正在试点，还需要在实践中逐步调整完善，该法规定，国有资本经营预算管理的具体办法和实施步骤由国务院规定，报全国人大常委会备案。

《企业国有资产法》部分回答了国家举办国有企业的目的的问题，即除了少数关系到国家政治经济安全的国有企业允许亏损之外，国家举办国有企业的目的理论上是让其赢利。而国有企业的红利上缴应有信息披露，程序须透明公正。国企红利上缴的规模与用途，新法虽然没有具体规定，但新法强调，有关预算管理办法与实施步骤由国务院规定。实践中，国企上缴红利多用于解决国企自身改革与发展问题，少数纳入公共财政预算与社会保障预算之中。

这部《企业国有资产法》是中国社会转型期的产物。虽然它是近30年国企改革开放进展的一个总结，但同时也打上不少无奈的时代印记，如立法范围偏窄、国资委的"小国资委"定位、对大量需改革的政府部门担任出资人角色的认可、国资监管职能归属不清晰、企业高管薪酬具体规定的缺乏、对交易无效行为的认定、境外国资监管的空白以及立法过于原则化等等，这些都是这部法律的瑕疵与遗憾之处，但是只要把这部新法定位于是一部完整、全面的《国有资产法》的前奏，那这部法律的出台与实施就迈出了坚实的一步。《国有资产法》要分步立法、逐渐推进。这部法律仅仅是个起步，今后还要在此基础上制定广义的《国有资产法》。

针对国有资产保护，国务院于2015年10月下发《关于加强和改进企业国有资产监督防止国有资产流失的意见》，该意见以国有资产保值增值、防止流失为目标，提出应坚持问题导向，立足体制机制制度创新，加强和改进党对国有企业的领导，切实强化国有企业内部监督、出资人监督和审计、纪检监察、巡视监督以及社会监督，严格责任追究，加快形成全面覆盖、分工明确、协同配合、制约有力的国有资产监督体系，对国有资产保护在《企业国有资产法》的基础上提出了进一步的要求。我国企业国有资产是全体人民的共同财富，保障国有资产安全、防止国有资产流失，是全面建成小康社会、实现全体人民共同富裕的必然要求。应做好国有资产监督法律法规的立改废释工作，按照法定程序修订完善企业国有资产法等法律法规中有关企业国有资产监督的规定，制定防止企业国有资产流失条例，将加强企业国有资产监督的职责、程序和有关要求法定化、规范化。

案　例

一、"郎顾之争"

[案情] 郎咸平是香港中文大学和长江商学院的首席教授，1986年获得宾夕法尼亚大学沃顿商学院金融学博士学位，曾经执教于多家知名的商学院。郎咸平以保护中小股民为理念，因而被媒体尊称为"郎监管"。他先后指责海尔、格林柯尔等国内知名公司在"国退民进"过程中席卷国家财富，建议停止以民营化为导向的产权改革。

郎咸平曾四问海尔，矛头直指"海尔职工持股会"，质疑海尔是在"曲线MBO"，是为了完成借壳和实现国有股权稀释，秘密MBO侵吞国资。他还在内地及香港的多份报章多个专栏中，以深圳证券信息有限公司公开披露的41家电子类公司业绩数据为基础，质疑TCL的账目及财务表现，并指TCL创业的22年，李东生由几乎身无分文演变到身价近12亿元，成为TCL改革的最大受益者。TCL发展的过程实际是国有资产逐步流向个人的过程。

2004 年 8 月 9 日，在复旦大学一次题为《格林柯尔：在"国退民进"的盛宴中狂欢》的演讲中，郎咸平指责格林柯尔董事长顾雏军使用"七板斧"伎俩，在"国退民进"过程中席卷国家财富。郎咸平表示，他和他的学生经过 3 个月的研究后发现，顾雏军先后收购了科龙、美菱、亚星客车以及 ST 襄轴等四家公司，号称投资 41 亿元，但实际只投入 3 亿多元。期间顾雏军采取了多种手法巧取豪夺，郎咸平将顾雏军的巧取豪夺归纳为"七大板斧"——安营扎寨、乘虚而入、反客为主、投桃报李、洗个大澡、相貌迎人以及借鸡生蛋。郎咸平指出，顾雏军收购四家公司时，均以公司大幅度亏损为由，压低收购价格。实际上，这些公司的大幅亏损都是顾雏军一手制造的。顾雏军在完成收购前，一般会提前进驻被收购企业担任董事长，公司的大幅亏损报告都是在他任董事长之时出台的。比如，2002 年 5 月，顾雏军完成对科龙的收购，但早在 2001 年 11 月左右，顾雏军就担任了科龙的董事长，在收购美菱、亚星、ST 襄轴时，出现了同样的情况。郎咸平指出，顾雏军制造亏损的手法就是大幅提高企业运营费用。以收购科龙为例，科龙此前的运营费用为其营业额的 10% 左右，顾雏军当上董事长后就将其提高到 20%。这些企业的利润率一般不过 5%，大幅提高费用必然导致巨幅亏损。

郎咸平认为，MBO 是一个掠夺国有资产的最好方法，国企管理层没有资格要求股权，因为平台是国家股东给的。国企管理层必须善尽职业经理人的信托责任，如果国企管理者变成了股东，就好比家里很脏，请了个保姆来打扫，结果保姆反过来成了主人一样的荒谬。中国在"国退民进"中出现的问题，是合法掩护非法，是利用法制不健全侵吞国家财产。

2004 年 8 月 10 日，《东方早报》和《香港商报》对其发言刊出采访摘要，此发言立刻受到内地媒体关注。8 月 11 日，新浪等网站对郎咸平的演讲及其相关文章进行了转载。8 月 13 日，郎咸平接到由顾雏军委托的香港齐伯礼律师行的律师函，指控经媒体刊出的郎咸平演讲摘要文章对顾雏军造成了诽谤。格林柯尔董事长顾雏军于 8 月 16 日正式以"诽谤罪"向香港高等法院提起诉讼，引发"郎顾之争"，亦称"郎顾之讼"。

2004 年 8 月 20 日，《北京晨报》发表了《顾雏军郎咸平公案反思：经济学界为何集体失语》一文，引发了经济学界主流派与非主流派之间的争论，论战的烈火通过互联网等现代媒体迅速地燃烧到公众之中。引发了一场将政府官员、经济学家乃至平民百姓都卷入其中的国企产权改革大讨论中。这是 1994 年国企改革争论以来的第一次席卷全国的大讨论。整整 10 年，社会各界对国企改革的探索从未停止过，而争论的话题也有着很强的连贯性：国企改革究竟选择什么样的方式才能够既达到改革的既定目标，同时又为全社会所接受。10 年里国企改革所走过的艰难之路和一些经济学家在论述改革的后果方面出现的严重歧义，点燃了人们的疑问之火，而"郎顾之争"成为这点燃燎原之火的导火索。在这次争论中，人们提出了很多值得思考的问题：改制企业的职工的权益如何保护？如何引入监督机制，以公开交易破除暗箱操作？如何厘清国资管理的体系，让政府与社会中介机构各尽其责？产权是不是改革的唯一核心？民营企业在国企产权改革中究竟该扮演什么样的角色？国有资产流失如何理性看待？国企改革是否还有其他的路径选择？等等。

在"郎顾之争"后，2004年9月29日，国资委研究室通过《人民日报》刊登《坚持国企改革方向，规范推进国企改制》一文，代表国资委表态。文章指出，"在我国目前情况下，国有及国有控股的大企业不宜实施管理层收购并控股"。

[点评] 从法律角度看"郎顾之争"，关于国有企业改革和产权改革的合法性问题，必须从中国20多年改革的整体视角来分析。对中国国有企业改革和产权改革的评价也不能割裂我们这20多年改革的整体性。如果承认中国改革成功的话，这种成功中必然包括中国的国有企业改革的成功；如果不否认中国改革的成就的话，就不能否认国有企业改革和产权改革的成就。从这个角度上，中国20多年改革的成就已经证明了以国企和产权改革为核心的经济改革体现了这种全民利益的最大化，这一点正是国有企业改革和产权改革的实质性合法基础。国有企业改革和产权改革在形式上的合法性也是没有问题的。当然，确实存在国有资产的流失问题，但中国的国企及产权改革是在中国众多国有企业出现了经营不善、亏损严重、财富浪费和真正的资产流失现象之后的选择，改革实践确定了国有企业改革是正确的。

目前针对解决国有资产流失问题的法律制度由三个层次构成：第一个层次是宪法中国有资产保护的原则规定；第二个层次是部门法中对国有资产保护的规定，从全民所有制工业企业法到公司法，法律中存在大量保护国有资产的操作条文。第三个层次是政府有关部门的规章和办法，已经建立起一套包括法律、政策以及产权交易的规则框架，这套规则框架中对于国有资产流失已经有很好的预防和遏制措施，但没有得到很好地实施和执行。应加快完善国有企业改制和产权改革的法律框架：一是加快国有资产法的立法进程，把"政策法""实践法"上升为"法治之法"。国有资产法应该是一个宪法性的文件，它应该真正体现全民利益的最大化，同时应该重点规范国有资产管理体系和经营预算体系，明确国有资产交易的法律程序及对职工权益的保护。二是在国资转让、产权改革的过程中要注重通过司法程序和可诉性的手段来加强对国有资产的保护。

二、"三九危机"

[案情] 1985年以深圳南方制药厂起步的三九集团，在短短10多年中，曾一度成为拥有超过200亿元总资产、3家上市公司和400余家子公司，涉足药业、农业、房地产、食品、汽车、旅游等产业的庞然大物，但由于管理不善，财务状况非常混乱，危机在高速扩张中积聚。

1996年初，香港昌腾（中国）投资有限公司成立了由香港昌腾公司实际控股100%的深圳海景高尔夫度假村有限公司，具体负责在龙岗区坪山镇马峦村7.64平方公里建设高尔夫球场及配套设施项目。1999年10月，昌腾公司董事长林清渠通过朋友介绍认识了时任三九企业集团下属香港三九汽车有限公司总经理的被告人陈达成，陈获知林拥有梅沙高尔夫球场项目后，向当时的三九企业集团总经理赵新先汇报，赵新先指示陈代表三九企业集团与林洽谈收购此项目。此后，赵、陈多次与林清渠洽谈收购事宜，并达成收购意向。

2000年2月在收购项目未经正式评估、未经三九企业集团党委研究，也未按规定上报国家计委及有关部门审批的情况下，赵新先擅自代表公司与林清渠在香港签订了《股权收购协议》，约定由三九企业集团下属香港三九实业公司向林清渠收购其持有的香港昌腾公司80%股权并拥有海景高尔夫公司80%股权，收购价格为港币4.7亿元，分两期支付。事后赵新先等人伪造了《香港三九实业有限公司在其注册地址召开董事会的会议记录》，由时任香港三九实业有限公司董事的赵新先、被告人荣龙章和时任三九药业公司财务部长、总会计师的被告人张欣戎在会议记录上签名确认，虚构董事会会议讨论通过上述收购事宜。

因香港三九实业有限公司并无支付能力，赵新先指示陈达成、荣龙章、张欣戎三人组织对收购款项的筹措与支付。提出以申请银行贷款和股东分红的形式支付4.7亿元收购款项，并报赵新先批准。随后，三九药业公司在深圳中信银行通过质押人民币2.3亿存款，在中信嘉华银行取得港元2亿贷款，作为收购股权的首期款项直接支付给了林清渠。上述贷款到期后，三九药业公司以质押的存款抵偿香港三九汽车有限公司的贷款债务。

同年5月29日，赵新先还指示陈达成、张欣戎、荣龙章等人采取虚增分红数额的手段，并伪造《深圳三九药业有限公司董事会关于1999年滚存利润分配的决议》，由赵新先、张欣戎、荣龙章等人签名确认，虚构以分红名义向香港三九公司支付2.926亿元人民币。并据此向国家外汇管理机构及相关银行骗购外汇共计3530万美元汇至香港广安银行。同年6月，香港三九公司将该款开出2.7亿港元汇票，由张欣戎交付给林清渠作为收购股权的二期款项。上述收购完成后，三九企业集团将"深圳海景高尔夫度假村有限公司"改名为"三九大龙健康城有限公司"，由于收购前后均未取得土地使用权证，项目收购前所取得的政府审批文件均属计划、规划性质，尚不具备开发、经营的条件，此项目至今仍处于停滞状态。三九企业集团2004年清产核资时，已对该笔用于收购香港昌腾投资公司80%股权的4.7亿港元全额报国资委批准作为损失核销。

三九系牵涉的400余家公司的大家庭，在五级公司管理体系下，其三级以下的财务管理已严重失控。2003年，三九集团陷入债务危机，有多达21家债权银行追讨债务并纷纷起诉。据估计，到2005年，三九系深圳本地债权银行贷款已从98亿升至107亿，而遍布全国的三九系子公司和关联公司的贷款和贷款担保余额约在60亿~70亿之间，两者合约为180亿元。

2007年6月27日，原三九集团董事长赵新先因"国有公司人员滥用职权罪"被深圳市罗湖区法院一审判处有期徒刑一年零九个月。与赵新先当庭听判的，还有前三九集团三名高管。

第十六章

[点评] 对经营性国有资产的保护和增值是一直困扰国资管理部门和国资经营者的问题，也是法学家、经济学家和企业家的一个难题。"三九危机"彰显了目前国资经营和公司治理中存在的严重问题，必须采取有效措施加以解决。

国资监管存在问题。2003 年 3 月，根据第十届全国人民代表大会第一次会议关于国务院机构改革方案的决定，成立了国务院国有资产监督管理委员会，并在省、市（地）两级地方政府设立国有资产管理机构，代表国家履行出资人职责，享有所有者权益，权利、义务和责任相统一，建立了管资产和管人、管事相结合的国有资产管理体制。国资管理机构根据国务院授权，依照《中华人民共和国企业国有资产法》等法律和行政法规履行出资人职责，指导推进国有企业改革和重组；对所监管企业国有资产的保值增值进行监督，完善公司治理结构。代表国家向部分大型企业派出监事会；负责监事会的日常管理工作。通过法定程序对企业负责人进行任免、考核并根据其经营业绩进行奖惩，维护国有资产出资人的权益。但在本案中，赵新先在三九集团中大权在握，集党委书记、总裁、董事长和监事会主席四职于一身，在三九集团中无人能对其权力进行限制。除赵新先以外的上述涉案人员，在事发之前所管理的三九旗下公司，都是三九集团的标杆企业。整个三九系完全被内部人控制。对董事长赵新先没有必要的制衡机制，董事会由内部人控制严重，导致了高管的权力高度集中，企业成为"家天下"。

监管不力，缺乏应有监管，三九公司在公司治理方面就不可避免存在很多问题。无论在公司运营、企业管理还是人事任免上，都更像一个"赵氏企业"，公司治理结构形同虚设。加上制度和法规不健全，外部监督失效、一些相关法规具体操作上的问题留有空白，有关法规贯彻不彻底，有法不依，制度和政策不统一、不协调。这些因素，加剧了公司治理中不规范甚至严重违规行为的蔓延，使问题在企业逐渐积累，最终造成无法挽回的损失。

第
十
六
章

思 考 题

1. 什么是国有资产？国有资产的范围、类型有哪些？
2. 国有资产法与物权法的关系是什么？
3. 如何完善我国的经营性国有资产法律保护制度？
4. 2012 年 6 月 14 日，黑龙江省人大审议通过《黑龙江省气候资源探测和保护条例》，规定"气候资源归国家所有，对气候资源探测将实行探测许可制度"。气候资源是否属于国有资产范围？为什么？

声　明　1. 版权所有，侵权必究。

2. 如有缺页、倒装问题，由出版社负责退换。

图书在版编目（ＣＩＰ）数据

经济法学/李曙光主编. —3版. —北京：中国政法大学出版社, 2018.8（2024.1重印）
ISBN 978-7-5620-8534-8

Ⅰ.①经…　Ⅱ.①李…　Ⅲ.①经济法－法学－中国　Ⅳ.①D922.290.1

中国版本图书馆CIP数据核字(2018)第205599号

出　版　者	中国政法大学出版社
地　　　址	北京市海淀区西土城路 25 号
邮　　　箱	fadapress@163.com
网　　　址	http://www.cuplpress.com（网络实名：中国政法大学出版社）
电　　　话	010－58908435(第一编辑部) 58908334(邮购部)
承　　　印	固安华明印业有限公司
开　　　本	720mm×960mm　1/16
印　　　张	27.75
字　　　数	575 千字
版　　　次	2018 年 8 月第 3 版
印　　　次	2024 年 1 月第 2 次印刷
印　　　数	4001～6000 册
定　　　价	59.00 元